유튜브로 쉽게 끝내는

은행권 필기시험

통합기본서

시대에듀

2026 시대에듀 유튜브로 쉽게 끝내는
은행권 NCS 필기시험 통합기본서

Always **with you**

사람의 인연은 길에서 우연하게 만나거나 함께 살아가는 것만을 의미하지는 않습니다.
책을 펴내는 출판사와 그 책을 읽는 독자의 만남도 소중한 인연입니다.
시대에듀는 항상 독자의 마음을 헤아리기 위해 노력하고 있습니다. 늘 독자와 함께하겠습니다.

머리말 PREFACE

3개의 일반은행과 7개의 특수은행은 서류전형에 이어 NCS 직업기초능력평가를 통해 인재를 선발하고 있다. 은행권 전반에 NCS 기반 블라인드 채용이 정착하면서 불필요한 스펙 대신 직무능력 중심으로 채용을 진행하는 것이다.

또한 경제 · 경영 · 금융 · IT상식 등의 직무 · 전공 상식을 평가하여 실제 업무수행능력을 평가하고 있다. 하지만 은행별로 NCS 직업기초능력평가 및 직무 · 전공 상식의 유형과 난이도가 상이하여 은행권 채용 필기시험을 준비하는 수험생들이 혼란을 겪는 경우가 많다.

이에 시대에듀에서는 은행권에 입사하고자 하는 수험생들이 필기시험에 효과적으로 대비할 수 있도록 다음과 같은 특징을 가진 본서를 출간하였다.

도서의 특징

❶ **채용 가이드**

3개의 일반은행과 7개의 특수은행의 은행정보 및 채용분석을 통해 은행별 합격솔루션을 제공하였다.

❷ **기출복원문제**

2025년 주요 은행권 NCS 기출복원문제를 수록하여 최근 출제경향을 한눈에 파악할 수 있도록 하였다.

❸ **직업기초능력평가**

은행권 NCS 출제영역별 핵심이론 및 출제예상문제를 수록하여 체계적인 학습이 가능하도록 하였다.

❹ **직무수행능력평가**

전공지식(경제)과 상식(경제 · 경영 · 금융 · IT)의 핵심용어 및 출제예상문제를 통해 직무 · 전공 시험까지 준비할 수 있도록 하였다.

❺ **최종점검 모의고사**

실제 은행권 필기시험과 유사한 문제 유형으로 구성된 최종점검 모의고사로 시험 전 자신의 실력을 스스로 평가할 수 있도록 하였다.

❻ **경제 · 금융 동향 및 은행별 이슈**

최신 경제 · 금융 동향에 대한 Q&A와 은행별 최신 이슈 및 면접 기출을 정리하여 논술 및 면접 평가에 대비할 수 있도록 하였다.

끝으로 본서가 은행권 채용을 준비하는 여러분 모두에게 합격의 기쁨을 전달하기를 진심으로 바란다.

SDC(Sidae Data Center) 씀

주요 금융권 적중 문제 TEST CHECK

신한은행

의사소통능력 ▶ 주제 · 제목찾기

2025년 적중

32 다음 글의 중심 내용으로 가장 적절한 것은?

> 발전된 산업 사회는 인간을 단순한 수단으로 지배하기 위해 새로운 수단을 발전시키고 있다. 여러 사회 과학과 심층 심리학이 이를 위해 동원되고 있다. 목적이나 이념의 문제를 배제하고 가치 판단으로부터의 중립을 표방하는 사회 과학들은 인간 조종을 위한 기술적 · 합리적인 수단을 개발해 대중 지배에 이바지한다. 마르쿠제는 이런 발전된 산업 사회에서의 도구화된 지성을 비판하면서 이것을 '현대인의 일차원적 사유'라고 불렀다. 비판과 초월을 모르는 도구화된 사유라는 것이다.
> 발전된 산업 사회는 이처럼 사회 과학과 도구화된 지성을 동원해 인간을 조종하고 대중을 지배할 뿐만 아니라 향상된 생산력을 통해 인간을 매우 효율적으로 거의 완전하게 지배한다. 즉, 발전된 산업 사회는 높은 생산력을 통해 늘 새로운 수요들을 창조하고, 모든 선전 수단을 동원하여 이러한 새로운 수요들을 인간의 삶을 위해 불가결한 것으로 만든다. 그리하여 인간이 새로운 수요들을 지향하지 않을 수 없게 한다. 이렇게 산업 사회는 늘 새로운 수요의 창조와 공급을 통해 인간의 삶을

수리능력 ▶ 자료추론

2025년 적중

42 다음은 엔화 대비 원화 환율과 달러화 대비 원화 환율 추이 자료이다. 이에 대한 〈보기〉의 설명 중 옳은 것을 모두 고르면?

〈원/엔 환율 추이〉

〈원/달러 환율 추이〉

문제해결능력 ▶ 참 · 거짓

2025년 적중

53 다음 다섯 사람이 얘기를 하고 있다. 이 중 두 사람은 진실만을 말하고, 세 사람은 거짓만을 말하고 있다. 지훈이 거짓을 말할 때, 진실만을 말하는 사람을 짝지은 것은?

> • 동현 : 정은이는 지훈이와 영석이를 싫어해.
> • 정은 : 아니야. 난 둘 중 한 사람은 좋아해.
> • 선영 : 동현이는 정은이를 좋아해.
> • 지훈 : 선영이는 거짓말만 해.
> • 영석 : 선영이는 동현이를 싫어해.
> • 선영 : 맞아. 그런데 정은이는 지훈이와 영석이 둘 다 좋아해.

① 동현, 선영　　② 정은, 영석

하나은행

의사소통능력 ▶ 주제 · 제목찾기

2025년 적중

10 다음 글의 중심 내용으로 가장 적절한 것은?

> 칸트는 인간이 이성을 부여받은 것은 욕망에 의해 움직이지 않게 하기 위함이라고 말하면서 자신의 행복을 우선시하기보다는 도덕적인 의무를 먼저 수행해야 한다고 주장했다. 칸트의 시각에서 볼 때 행동의 도덕적 가치를 결정하는 것은 어떠한 상황에서든 모든 사람이 그 행동을 했을 때에 아무런 모순이 생기지 않아야 한다는 보편주의이다. 내가 타인을 존중하지 않으면서 타인이 나를 존중하고 도와줄 것을 기대한다면, 이는 보편주의를 위배하는 것이다. 그러므로 남이 나에게 해주길 바라는 것을 실천하는 것이 바로 도덕적 행동이라는 것이다. 따라서 도덕적 행동이 나의 이익이나 본성과 일치하지 않더라도 나는 나의 의무를 수행해야 한다고 역설했다.

① 칸트의 도덕관에 대한 비판
② 칸트가 생각하는 도덕적 행동

수리능력 ▶ 도형

2025년 적중

41 다음 삼각형의 면적은?

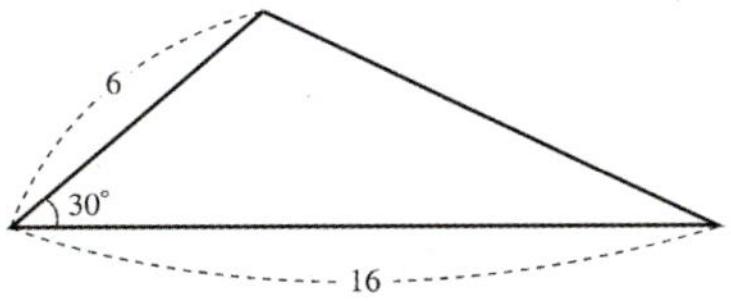

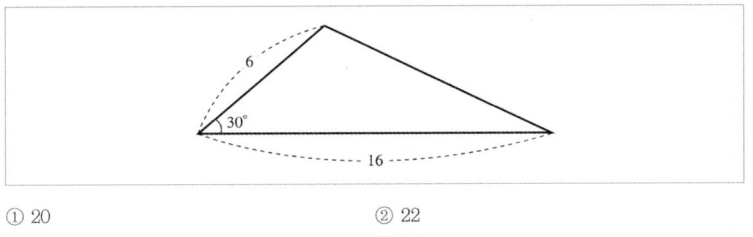

① 20 ② 22
③ 24 ④ 54

문제해결능력 ▶ 문제처리

2025년 적중

62 H은행은 행원들의 체력증진 및 건강개선을 위해 운동 프로그램을 운영하고자 한다. 해당 프로그램을 운영할 업체는 행원들을 대상으로 한 사전조사 결과를 바탕으로 결정된다. 다음 〈조건〉에 따라 업체를 선정할 때, A～D업체 중 최종적으로 선정될 업체는?

〈후보 업체 사전조사 결과〉

구분	프로그램	흥미 점수	건강증진 점수
A업체	집중GX	5점	7점
B업체	필라테스	7점	6점
C업체	자율 웨이트	5점	5점
D업체	근력운동	6점	4점

조건

- H은행은 전 행원을 대상으로 후보 업체들에 대한 사전조사를 하였다. 각 후보 업체에 대한 흥미 점수와 건강증진 점수는 전 행원이 10점 만점으로 부여한 점수의 평균값이다.
- 흥미 점수와 건강증진 점수를 2 : 3의 가중치로 합산하여 1차 점수를 산정하고, 1차 점수가 높은 후보 업체 3개를 1차 선정한다.

주요 금융권 적중 문제 TEST CHECK

KB국민은행

의사소통능력 ▶ 비판 · 반박하기

2025년 적중

09 다음 중 ㉠의 입장에서 호메로스의 『일리아스』를 비판한 내용으로 적절하지 않은 것은?

> 기원전 5세기, 헤로도토스는 페르시아 전쟁에 대한 책을 쓰면서 『역사(Historiai)』라는 제목을 붙였다. 이 제목의 어원이 되는 'histor'는 원래 '목격자', '증인'이라는 뜻의 법정 용어였다. 이처럼 어원상 '역사'는 본래 '목격자의 증언'을 뜻했지만, 헤로도토스의 『역사』가 나타난 이후 '진실의 탐구' 혹은 '탐구한 결과의 이야기'라는 의미로 바뀌었다.
> 헤로도토스 이전에는 사실과 허구가 뒤섞인 신화와 전설, 혹은 종교를 통해 과거에 대한 지식이 전수되었다. 특히 고대 그리스인들이 주로 과거에 대한 지식의 원천으로 삼은 것은 『일리아스』였다. 『일리아스』는 기원전 9세기의 시인 호메로스가 오래전부터 구전되어 온 트로이 전쟁에 대해 읊은 서사시이다. 이 서사시에서는 전쟁을 통해 신들, 특히 제우스 신의 뜻이 이루어진다고 보았다. 헤로도토스는 바로 이런 신화적 세계관에 입각한 서사시와 구별되는 새로운 이야기 양식을 만들어 내고자 했다. 즉, 헤로도토스는 가까운 과거에 일어난 사건의 중요성을 인식하고, 이를 직접 확인 · 탐구하여 인과적 형식으로 서술함으로써 역사라는 새로운 분야를 개척한 것이다.
> 『역사』가 등장한 이후, 사람들은 역사 서술의 효용성이 과거를 통해 미래를 예측하게 하여 후세인(後世人)에게 교훈을 주는 데 있다고 인식하게 되었다. 이러한 인식에는 한 번 일어났던 일이 마치 계절처럼 되풀이하여 다시 나타난다는 순환 사관이 바탕에 깔려 있다. 그리하여 오랫동안 역사는 사람을 올바르고 지혜롭게 가르치는 '삶의 학교'로 인식되었다. 이렇게 교훈을 주기 위해서는 과거에 대한 서술이 정확하고 객관적이어야 했다.
> 물론 모든 역사가가 정확성과 객관성을 역사 서술의 우선적 원칙으로 앞세운 것은 아니다. 오히려 헬레니즘과 로마 시대의 역사가들 중 상당수는 수사학적인 표현으로 독자의 마음을 움직이는 것을 목표로 하는 역사 서술에 몰두하였고, 이런 경향은 중세 시대에도 어느 정도 지속되었다. 이들은 이야기를 감동적이고 설득력 있게 쓰는 것이 사실을 객관적으로 기록하는 것보다 더 중요하다고 보

문제해결능력 ▶ 명제

2025년 적중

16 제시된 명제가 모두 참일 때, 빈칸에 들어갈 명제로 가장 적절한 것은?

> • 어휘력이 좋지 않으면 책을 많이 읽지 않은 것이다.
> • 글쓰기 능력이 좋지 않으면 어휘력이 좋지 않은 것이다.
> • ______________________

① 글쓰기 능력이 좋으면 어휘력이 좋은 것이다.
② 책을 많이 읽지 않으면 어휘력이 좋지 않은 것이다.
③ 어휘력이 좋지 않으면 글쓰기 능력이 좋지 않은 것이다.
④ 글쓰기 능력이 좋지 않으면 책을 많이 읽지 않은 것이다.

수리능력 ▶ 거리 · 속력 · 시간

2025년 적중

32 일정한 속력으로 달리는 기차가 길이 480m인 터널을 완전히 통과하는 데 걸리는 시간이 36초이고 같은 속력으로 길이 600m인 철교를 완전히 통과하는 데 걸리는 시간이 44초일 때, 기차의 속력은?

① 15m/s
② 18m/s
③ 20m/s
④ 24m/s

IBK기업은행

의사소통능력 ▶ 내용일치

2025년 적중

04 다음은 우리나라 국고제도에 대한 개요이다. 이에 대한 설명으로 적절하지 않은 것은?

〈우리나라 국고제도의 개요〉

- 국고금의 범위
  국고금에는 중앙정부가 징수하는 국세와 관련 법규에 따른 각종 범칙금, 과징금, 연금보험료, 고용보험료, 국유재산 등에 대한 전용료・사용료, 각종 벌금 등이 있으며, 지방자치단체가 징수하는 지방세(주민세, 재산세, 자동차세 등)나 공공기관이 부과하는 공과금(전기요금, 전화요금 등)은 포함되지 않는다.
- 국고금의 종류
  국고금이 효율적이고 투명하게 관리・운용되기 위해서는 국고관련 법령에 근거한 계획적인 수입 및 지출이 필요한데, 이를 위해 한국은행은 국고금을 그 성격 및 계리체계 등을 기준으로 '수입금과 지출금', '자금관리용 국고금' 그리고 '기타의 국고금'으로 구분하여 관리한다.
  ① 수입금과 지출금
  수입금은 법령 또는 계약 등에 의해 국가의 세입으로 납입되거나 기금에 납입되는 자금을 말하

자원관리능력 ▶ 비용계산

2025년 적중

11 I컨벤션에서 회의실 예약 업무를 담당하고 있는 K씨는 2주 전 B기업으로부터 오전 10시 ~ 낮 12시에 35명, 오후 1시 ~ 오후 4시에 10명이 이용할 수 있는 회의실 예약문의를 받았다. K씨는 회의실 예약 설명서를 B기업으로 보냈고 B기업은 자료를 바탕으로 회의실을 선택하여 결제했다. 하지만 이용일 4일 전 B기업이 오후 회의실 사용을 취소하게 되었다고 할 때, 〈조건〉을 참고하여 B기업이 환불받게 될 금액은?(단, 회의에서는 노트북과 빔프로젝터를 이용하며, 부대장비 대여료도 환불규칙에 포함된다)

〈회의실 사용료(VAT 포함)〉

회의실	수용 인원(명)	면적(m^2)	기본임대료(원)		추가임대료(원)	
			기본시간	임대료	추가시간	임대료
대회의실	90	184	2시간	240,000	시간당	120,000
별실	36	149		400,000		200,000
세미나 1	21	43		136,000		68,000
세미나 2						
세미나 3	10	19		74,000		37,000

수리능력 ▶ 금융상품 활용

2025년 적중

20 최과장은 'N적금'에 가입하였다. 최과장에 대한 정보가 다음과 같을 때, 최과장이 만기에 수령할 원리금을 구하면?(단, 이자 소득에 대한 세금은 고려하지 않는다)

〈정보〉

- 최과장은 만 41세로, 2024년 11월부터 자신의 명의로 I은행의 적금 상품 중 하나에 가입하고자 하였다.
- 최과장은 2024년 12월 1일에 스마트뱅킹을 통하여 I은행의 N적금에 가입하였다.
- 최과장은 가입기간 동안 매월 1일마다 20만 원을 적립한다.
- 최과장은 2025년 1월부터 급여를 I은행 입출금계좌를 통하여 지급받고 있었으며, 만기해지일까지 지속된다.
- 해당 적금 계좌에 대하여 질권설정을 하지 않았으며, 지급제한 사항도 해당되지 않는다.

도서 200% 활용하기 STRUCTURES

채용 가이드 + 기출복원문제

01 | KB국민은행

1 은행정보

기관명	주식회사 국민은행 / KB KOOKMIN BANK
은행장	이환주
설립일	2001년 11월 1일
본사소재지	서울특별시 영등포구 국제금융로8길 26
홈페이지	www.kbstar.com

2 채용절차

서류전형 ▶ 필기전형 ▶ 1차 면접전형 ▶ 2차 면접전형 ▶ 건강검진 신원조회

3 세부전형

다음의 세부전형은 2025년 하반기 채용 공고를 기준으로 작성하였습니다.

서류전형	평가항목
	지원서 심사 및 역량검사(개인별 응시)

▼

필기전형	평가항목	시험과목
	직업기초능력(40문항)	의사소통능력, 문제해결능력, 수리능력
	직무심화지식(40문항)	금융영업, 디지털 부문 활용능력
	상식(20문항)	경제 / 금융 / 일반 상식

▼

1차 면접전형	평가항목
	실무자 면접 : 영업역량 및 직무 적합성 검증을 위한 심층 면접(BEI 면접), 세일즈 면접, 토론 면접 실시 ※ 1박 2일 합숙면접 中 TOPCIT 테스트® 및 인성검사 실시

▼

CHAPTER 03 | 2025년 주요 은행권 NCS 기출복원문제

정답 및 해설 p.002

| 하나은행

01 다음 글의 중심 내용으로 가장 적절한 것은?

> H은행이 은행권 최초로 인공지능 기술을 이용한 '기술력 기반 ML 모형'을 개발했다. 이를 통해 H은행은 기존의 재무제표 기반으로 진행했던 중소기업의 신용평가 방법에서 벗어나, 2014년부터 기술신용평가에서 축적된 중소기업의 정보 및 보유 기술을 기반으로 성장 가능성을 평가할 수 있게 되었다.
> AI 학습데이터인 기술력 기반 ML 모형은 기업이 보유한 기술과 관련한 정보, 예를 들면 특허 및 기술 인증뿐만 아니라 기술 인력, 기술개발 현황, 기술 사업화 역량 등을 활용하여 해당 기업이 현재 보유한 기술들을 바탕으로 미래에 얼마나 성장할 수 있을지에 대해 평가한다. 즉, 재무제표를 통해서는 알 수 없었던 기업의 미래의 신용을 평가할 수 있게 된 것이다.
> H은행은 기술력 기반 ML 모형으로 기업의 기술 평가 데이터를 분석하여 리스크 측면에서 설명 가능한 항목을 구별하고 변동성이 낮은 항목을 학습해 평가 결과의 안정성을 확보했다. 이를 통해 기업의 미래 신용도에 긍정 및 부정 영향을 미치는 요인이 무엇인지 파악이 가능하게 되었다.

① 은행권 최초로 중소기업의 기술력을 평가하다.
② 인공지능 기술을 통해 기업의 미래를 평가하다.
③ 은행권 최초로 인공지능 기술을 신용평가에 도입하다.
④ 인공지능 기술을 통해 기업평가에 안정성을 확보하다.

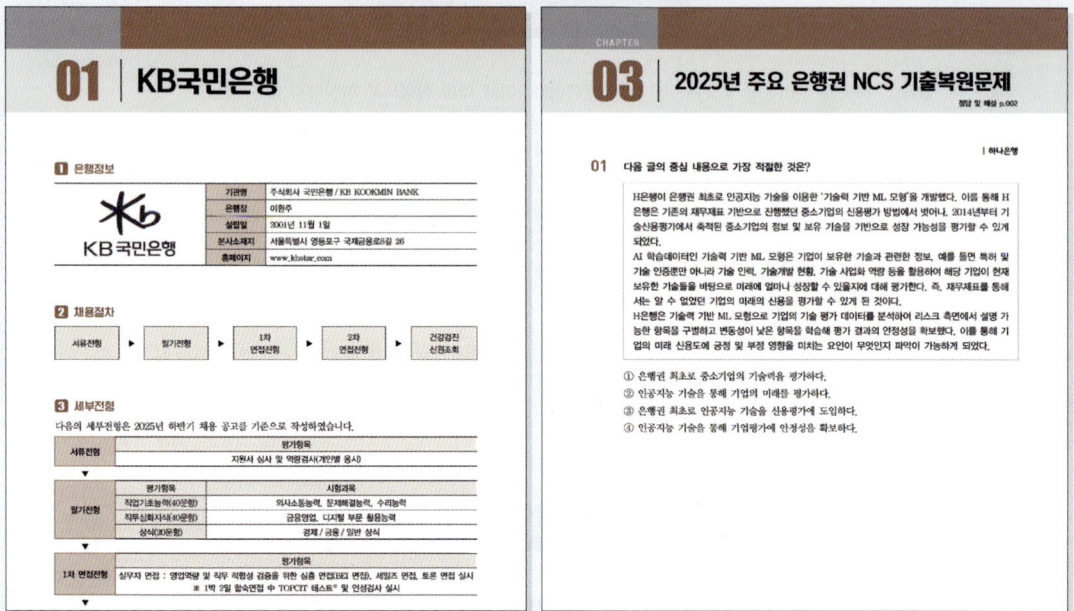

▶ 은행별 채용분석 및 합격솔루션과 2025년 주요 은행권 NCS 기출복원문제로 최근 출제경향을 파악하도록 하였다.

직업기초능력평가 + 직무수행능력평가

SECTION 01 | 핵심이론

01 의사소통능력

(1) 의사소통의 중요성

① **의사소통** : 두 사람 또는 그 이상의 사람들 사이에서 일어나는 의사 전달 및 상호 교류를 의미하며, 어떤 개인 또는 집단이 다른 개인 또는 집단에게 정보·감정·사상·의견 등을 전달하고 또 그것들을 받아들이는 과정으로 이루어진다.
② **의사소통의 중요성** : 의사소통은 각기 다른 사람들의 의견 차이를 좁혀줌으로써, 선입견을 줄이거나 제거할 수 있는 수단이다.
③ **의사소통능력** : 상대방과 대화를 나누거나 문서를 통해 의견을 교환할 때 상호 간에 전달하고자 하는 의미를 정확하게 전달할 수 있는 능력을 말하며, 글로벌 시대에 필요한 외국어 문서이해 및 의사표현능력도 여기에 포함된다.

(2) 의사소통능력의 종류

① 문서적인 측면
㉠ 문서이해능력 : 업무와 관련된 문서를 통해 구체적인 정보를 획득·수집·종합하는 능력
㉡ 문서작성능력 : 상황과 목적에 적합하도록 문서를 작성하는 능력
② 언어적인 측면
㉠ 경청능력 : 원활한 의사소통의 방법으로 상대방의 이야기를 듣는 능력
㉡ 의사표현능력 : 자신의 의사를 목적과 상황에 맞게 설득력을 가지고 표현하는 능력

(3) 바람직한 의사소통을 저해하는 요인

① '일방적으로 말하고', '일방적으로 듣는' 무책임한 마음
② '전달했는데', '아는 줄 알았는데'라고 착각하는 마음
③ '말하지 않아도 아는 문화'에 안주하는 마음

(4) 의사소통능력의 개발

SECTION 01 | 기초경제학

TOPIC 01 경제학의 기초

1. 경제학의 개요

(1) 자원의 희소성

인간의 욕망을 충족시킬 재화나 용역이 상대적으로 부족한 자원의 성질

(2) 경제재와 자유재

① **경제재** : 희소성을 가진 자원으로 일상생활에서 대가를 지불하고 구입하는 일련의 재화 또는 서비스
② **자유재** : 희소성을 가지고 있지 않아 대가를 지불하지 않고도 누구나 마음대로 쓸 수 있는 재화 또는 서비스
※ 경제재와 자유재는 시대나 환경에 따라 서로 바뀔 수 있음 예 물은 과거에 자유재였으나 현재는 경제재

2. 기회비용과 매몰비용

(1) 기회비용(경제적 비용)

여러 선택 대안 중 한 가지를 선택함으로써 포기해야 하는 다른 선택 대안 중에서 가장 가치가 큰 것을 말하며, 명시적 비용과 암묵적 비용을 더하여 산출
① **명시적 비용(회계적 비용)** : 기업이 생산을 위해 타인에게 실제적으로 지불한 비용
② **암묵적 비용(잠재적 비용)** : 기업 자신의 생산 요소에 대한 기회비용

(2) 매몰비용

사업을 중단하더라도 회수할 수 없는 이미 투입된 비용으로, 사업 중단에 따른 기회비용은 0임

3. 생산가능곡선(PPC; Production Possibility Curve)

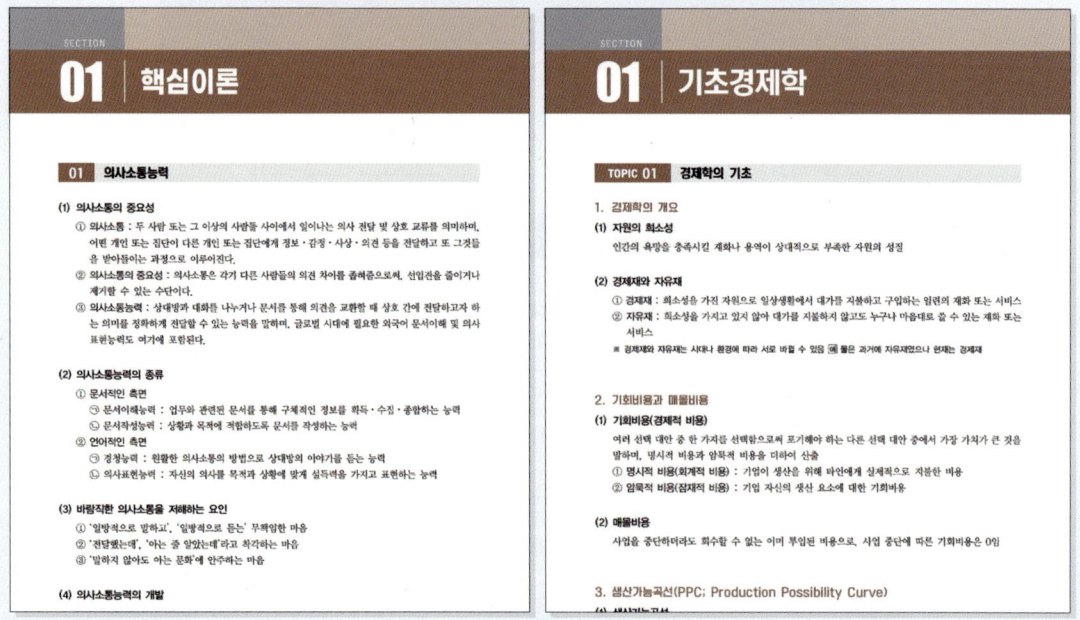

▶ 은행권 출제영역별 직업기초능력평가 및 직무수행능력평가를 체계적으로 학습할 수 있도록 하였다.

최종점검 모의고사

제1회 최종점검 모의고사

모바일 OMR

☑ 응시시간 : 120분 ☑ 문항 수 : 120문항

정답 및 해설 p.084

01 다음 글의 제목으로 가장 적절한 것은?

부모와 긍정적인 관계를 형성한 청소년은 성인이 되고 나서도 원만한 인간관계 등을 통해 개인의 삶에 긍정적인 영향을 주는 것으로 나타났다. 미국 아이오와 대학교 연구팀은 미국 시애틀 거주자를 대상으로 이에 대한 연구를 진행했다. 우선 실험참가자들이 청소년일 때 부모와의 관계를 확인하고, 이후 부모와의 긍정적인 관계가 성인이 된 후 어떠한 영향을 미쳤는지 살폈다.
5년이 지난 뒤 19 ~ 22세 사이의 성인이 된 실험 참가자들에게서 타액 샘플을 채취한 다음 코르티솔 수치를 살폈다. 코르티솔은 스트레스에 반응하여 분비되는 호르몬으로, 인간관계를 자연스럽게 형성하면서 나타나는 호르몬으로도 볼 수 있다. 성별, 수입 상태, 수면 습관 등 다양한 변인을 통제한 상태에서 분석해본 결과, 부모와 청소년의 관계는 코르티솔 수치와 연관성을 보였다.
대부분의 실험 참가자들은 청소년기에 부모에게서 많은 칭찬과 보상을 받고 원만한 관계를 맺음으로써 성인기에 코르티솔 수치가 높아진 것으로 나타났다. 코르티솔 수치가 높다는 것은 주의에 집중하고 민첩하며 재빠른 상황 판단과 대처를 할 수 있다는 의미로, 이는 원만한 인간관계로 이어져 개인의 삶에 좋은 영향을 미친다고 볼 수 있다. 인간관계에서 벌어지는 미묘한 문제를 잘 알아채고 세부적인 사항들에 좀 더 주목할 수 있기 때문이다.
그런데 일부 실험 참가자는 다른 양상이 나타났다. 청소년기에 시작된 부모의 칭찬과 보상이 코르티솔 수치에 별다른 영향을 미치지 않은 것이다. 이는 어릴 때부터 범죄, 가정 문제 등으로부터 이미 스스로를 보호하고 경계하면서 자랐기 때문일 것으로 분석된다. 즉, 부모와의 관계가 자녀의 삶에 영향을 미칠 뿐만 아니라 외부 환경이 끼치는 영향 역시 무시할 수 없다는 의미로 해석될 수 있는 것이다.

① 대인관계 형성, 인종별로 다르게 나타나
② 코르티솔로 나타나는 부모와 자식의 관계
③ 부모와의 좋은 관계, 개인의 삶에 영향 미쳐
④ 외부환경으로 나타나는 자녀의 스트레스

제2회 최종점검 모의고사

모바일 OMR

☑ 응시시간 : 120분 ☑ 문항 수 : 120문항

정답 및 해설 p.087

01 다음 〈보기〉의 밑줄 친 단어 중 의미가 서로 비슷한 것을 모두 고르면?

보기
㉠ 세상이 무너지는 슬픔을 뒤로하고, 그는 종교에 의지하며 살았다.
㉡ 경서는 일주일 내내 야근했더니, 침대에 눕자마자 몸이 무너져 내리는 듯한 피로감을 느꼈다.
㉢ 이 제품은 구조가 간단하여 기계를 잘 모르는 나도 쉽게 조립할 수 있었다.
㉣ 사태를 해결하기 위해 늦은 시간까지 대응책을 구상했지만, 도무지 해결방안이 떠오르지 않았다.
㉤ 회사는 이번 공채부터 신입사원들을 위한 새로운 제도를 입안했다.
㉥ 20살 때부터 내가 하고 싶은 일부터, 해야 하는 일까지 내 스스로 설계했다.

① ㉠, ㉢, ㉣ ② ㉡, ㉢, ㉤
③ ㉢, ㉣, ㉥ ④ ㉣, ㉤, ㉥

02 다음 글의 밑줄 친 어휘 중 어법상 옳지 않은 것은?

어젯밤 꿈에서 돌아가신 할머니를 만났다. 할머니는 숨겨둔 비밀을 밝힐 때가 됐다며, 꿈에서 깨면

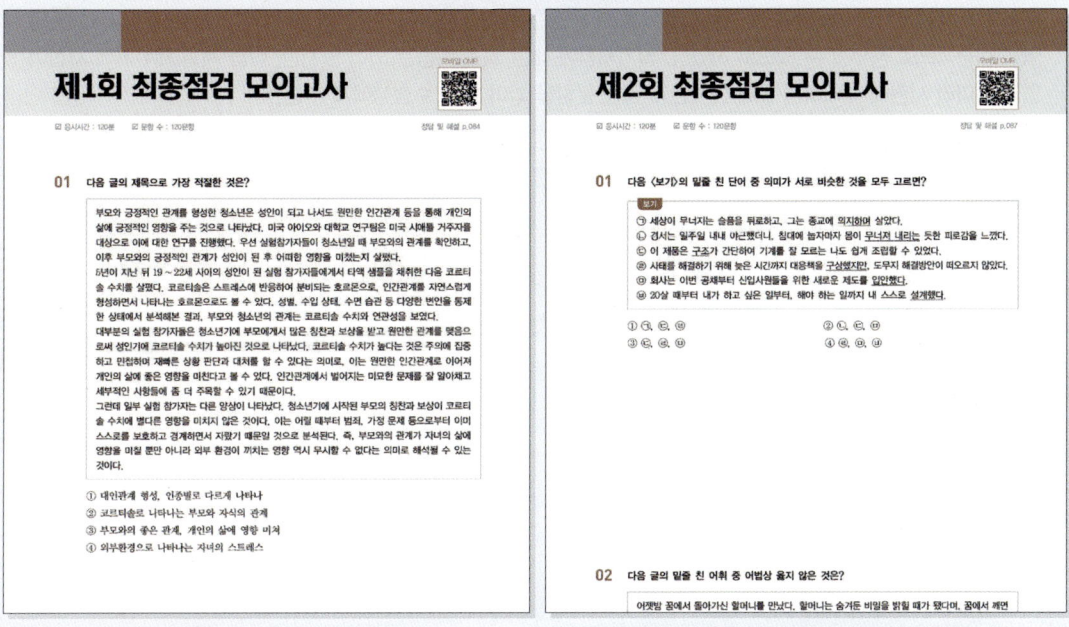

▸ 실제 은행권 필기시험과 유사한 문제 유형으로 구성된 모의고사로 자신의 실력을 스스로 평가하도록 하였다.

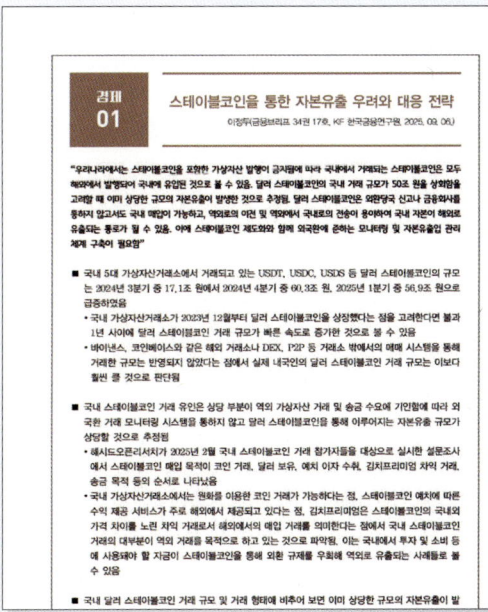

은행권 면접대비

경제 01

스테이블코인을 통한 자본유출 우려와 대응 전략

이정두(금융브리프 34권 17호, KF 한국금융연구원, 2025. 09. 06.)

"우리나라에서는 스테이블코인을 포함한 가상자산 발행이 금지됨에 따라 국내에서 거래되는 스테이블코인은 모두 해외에서 발행되어 국내에 유입된 것으로 볼 수 있음. 달러 스테이블코인의 국내 거래 규모가 50조 원을 상회함을 고려할 때 이미 상당한 규모의 자본유출이 발생한 것으로 추정됨. 달러 스테이블코인은 외환당국 신고나 금융회사를 통하지 않고서도 국내 매입이 가능하고, 역외로의 이전 및 역외에서 국내로의 전송이 용이하여 국내 자본이 해외로 유출되는 통로가 될 수 있음. 이에 스테이블코인 제도화와 함께 외국환에 준하는 모니터링 및 자본유출입 관리체계 구축이 필요함"

■ 국내 5대 가상자산거래소에서 거래되고 있는 USDT, USDC, USDS 등 달러 스테이블코인의 규모는 2024년 3분기 중 17.1조 원에서 2024년 4분기 중 60.3조 원, 2025년 1분기 중 56.9조 원으로 급증하였음
- 국내 가상자산거래소가 2023년 12월부터 달러 스테이블코인을 상장했다는 점을 고려한다면 불과 1년 사이에 달러 스테이블코인 거래 규모가 빠른 속도로 증가한 것으로 볼 수 있음
- 바이낸스, 코인베이스와 같은 해외 거래소나 DEX, P2P 등 거래소 밖에서의 매매 시스템을 통해 거래한 규모는 반영되지 않았다는 점에서 실제 내국인의 달러 스테이블코인 거래 규모는 이보다 훨씬 클 것으로 판단됨

■ 국내 스테이블코인 거래 유인은 상당 부분이 역외 가상자산 거래 및 송금 수요에 기인함에 따라 외국환 거래 모니터링 시스템을 통하지 않고 달러 스테이블코인을 통해 이루어지는 자본유출 규모가 상당할 것으로 추정됨
- 해시드오픈리서치가 2025년 2월 국내 스테이블코인 거래 참가자들을 대상으로 실시한 설문조사에서 스테이블코인 매입 목적이 코인 거래, 달러 보유, 예치 이자 수취, 김치프리미엄 차익 거래, 송금 목적 등의 순서로 나타났음
- 국내 가상자산거래소에서는 원화를 이용한 코인 거래가 가능하다는 점, 스테이블코인 예치에 따른 수익 제공 서비스가 주로 해외에서 제공되고 있다는 점, 김치프리미엄은 스테이블코인의 국내외 가격 차이를 노린 차익 거래로서 해외에서의 매입 거래를 의미한다는 점에서 국내 스테이블코인 거래의 대부분이 역외 거래를 목적으로 하고 있는 것으로 파악됨. 이는 국내에서 투자 및 소비 등에 사용돼야 할 자금이 스테이블코인을 통해 외환 규제를 우회해 역외로 유출되는 사례들로 볼 수 있음

■ 국내 달러 스테이블코인 거래 규모 및 거래 형태에 비추어 보면 이미 상당한 규모의 자본유출이 발

01 1차면접(실무진면접)

1. 직무역량면접 – 공통

[공통] 최근 경제 이슈에 대해 설명해 보시오.
[공통] 다른 사람을 설득하는 자신만의 방법에 대해 말해 보시오.
[공통] 은행원이 되기 위해 어떠한 노력을 했는가?
[공통] 은행원이 갖춰야 할 역량은 무엇이라고 생각하는가?
[공통] 본인만의 영업 전략은 무엇인가?
[공통] 타 은행과 비교하여 당행이 가진 강점과 취약점은 무엇인가?
[공통] 지원자의 어떠한 역량으로 당행을 발전시키겠는가?
[공통] 당행의 상품 중 아는 것 한 가지를 설명하시오.
[신한은행] 고객이 체험할 수 있는 생활밀착형 ESG서비스(은행권)에 대해 말해 보시오.
[신한은행] 수도권 이외의 지방과의 상생과 활성화를 위한 기업 브랜딩 전략에 대해 말해 보시오.
[신한은행] 중소기업 금융에 있어 발생할 수 있는 리스크에 대해 말해 보시오.
[신한은행] 4차 산업혁명으로 AI의 역할이 증대되면서 은행원의 역할이 감소될 때, 본인은 어떻게 대응할 것인지 말해 보시오.
[신한은행] 자산포트폴리오를 어떻게 구성할 것인가?
[신한은행] 한국은행 총재라면 금리를 올릴 것인가, 내릴 것인가?
[신한은행] ETF가 무엇인가?
[신한은행] 5,000만 원으로 포트폴리오를 구성해 보시오.
[KB국민은행] 시중은행과 인터넷 전문은행의 차이점과 시중은행이 발전해야 할 방향에 대해 말해 보시오.
[KB국민은행] 최근 은행은 비대면 전환이 대세인데 대면 업무를 하고 싶은 이유는 무엇인가?
[KB국민은행] 골드펀드에 대해 세일즈 마케팅 전략을 수립하시오.
[KB국민은행] 은행 · 보험 · 증권의 차이를 설명하시오.
[KB국민은행] 현재 세계 경제 상황을 어떻게 바라보고 있는가?
[IBK기업은행] 4차 산업 기술 중 사용해본 기술이 있는가?
[IBK기업은행] 본인이 은행장이라면 혁신을 이루어야 할 사업 분야는 어느 부문이라고 생각하는지 우선순위를 정하고 그 이유를 설명하시오.
[IBK기업은행] 당행이 경쟁력을 확보하기 위해서는 어떻게 해야 하는가?
[NH농협은행] 저금리 시대에 은행과 농협의 대응 방안은?
[NH농협은행] 미국 금리가 인상되면 농협 매출이 어떻게 될 것 같은가?
[NH농협은행] 세계에서 유통되고 있는 3가지 원유를 설명해 보시오.

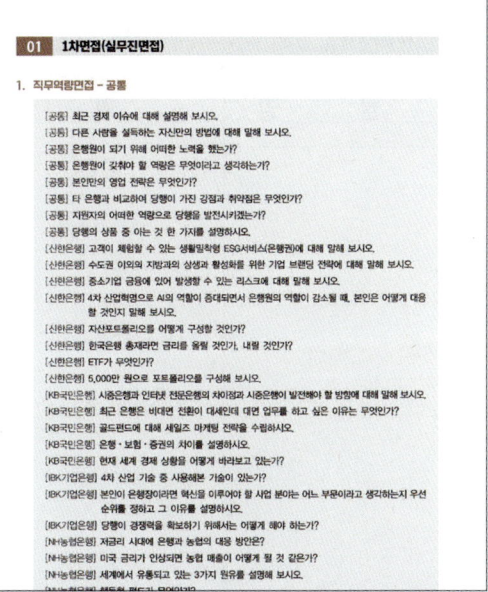

▸ 최신 경제 · 금융 동향에 대한 Q&A와 은행별 최신 이슈 및 면접 기출로 채용 전반에 대비하도록 하였다.

학습플랜 STUDY PLAN

1주 완성 학습플랜

본서에 수록된 전 영역을 단기간에 끝낼 수 있도록 구성한 학습플랜이다. 한 번에 전 영역을 공부하지 않고, 한 영역을 집중적으로 공부할 수 있도록 하였다. 필기시험에 대한 기초 학습은 되어 있지만, 학습 계획 세우기에 자신이 없거나 미리 시험에 대비하지 못해 단시간에 많은 분량을 봐야 하는 수험생에게 추천한다.

ONE WEEK STUDY PLAN			
Start!	1일 차 □	2일 차 □	3일 차 □
	____월 ____일	____월 ____일	____월 ____일
4일 차 □	5일 차 □	6일 차 □	7일 차 □
____월 ____일	____월 ____일	____월 ____일	____월 ____일

나만의 학습플랜

필기시험을 처음 준비하는 수험생이나 장기간에 걸쳐 꾸준히 학습하기 원하는 수험생 그리고 자신의 일정에 따라 준비하고자 한다면 나만의 학습플랜을 구성하여 목표한 만큼 공부할 수 있도록 하였다. 이 책의 목차를 바탕으로 자신의 시간과 능력에 맞게 계획을 제대로 세웠다면, 합격으로 반 이상 간 것이나 다름없다.

FOUR WEEKS PLAN

	SUN	MON	TUE	WED	THU	FRI	SAT
1주 차 ☐	☐	☐	☐	☐	☐	☐	☐
	SUN	MON	TUE	WED	THU	FRI	SAT
2주 차 ☐	☐	☐	☐	☐	☐	☐	☐
	SUN	MON	TUE	WED	THU	FRI	SAT
3주 차 ☐	☐	☐	☐	☐	☐	☐	☐
	SUN	MON	TUE	WED	THU	FRI	SAT
4주 차 ☐	☐	☐	☐	☐	☐	☐	☐

이 책의 차례 CONTENTS

Add+ 특별부록

PART 1 직업기초능력평가

PART 2 직무수행능력평가

PART 3 최종점검 모의고사

PART 4 은행권 면접대비

별 책 정답 및 해설

Add+

특별부록

CHAPTER 01

일반은행 채용 가이드

※ 본 채용 가이드는 2025년 기준으로 작성하였으며,
세부 내용은 반드시 해당 홈페이지의 채용 공고를 확인하기 바랍니다.

01 | KB국민은행

1 은행정보

KB 국민은행	기관명	주식회사 국민은행 / KB KOOKMIN BANK
	은행장	이환주
	설립일	2001년 11월 1일
	본사소재지	서울특별시 영등포구 국제금융로8길 26
	홈페이지	www.kbstar.com

2 채용절차

서류전형 ▶ 필기전형 ▶ 1차 면접전형 ▶ 2차 면접전형 ▶ 건강검진 신원조회

3 세부전형

다음의 세부전형은 2025년 하반기 채용 공고를 기준으로 작성하였습니다.

서류전형	평가항목
	지원서 심사 및 역량검사(개인별 응시)

▼

필기전형	평가항목	시험과목
	직업기초능력(40문항)	의사소통능력, 문제해결능력, 수리능력
	직무심화지식(40문항)	금융영업, 디지털 부문 활용능력
	상식(20문항)	경제 / 금융 / 일반 상식

▼

1차 면접전형	평가항목
	실무자 면접 : 영업역량 및 직무 적합성 검증을 위한 심층 면접(BEI 면접), 세일즈 면접, 토론 면접 실시 ※ 1박 2일 합숙면접 中 TOPCIT 테스트* 및 인성검사 실시

▼

2차 면접전형	평가항목
	임원 면접 : 인성, 조직적합도, 직무전문성 등 종합 역량 검증을 위한 심층 종합 면접 실시

*TOPCIT 테스트(30문항) 시험과목 : 기술영역 – 데이터 이해와 활용
비즈니스영역 – IT비즈니스와 윤리, 프로젝트관리와 테크니컬 커뮤니케이션

4 NCS 출제영역

의사소통능력	수리능력	문제해결능력	자기개발능력	자원관리능력
○	○	○		
대인관계능력	정보능력	기술능력	조직이해능력	직업윤리

5 채용분석

(1) 인재상

> 창의적인 사고와 행동으로 변화를 선도하며
> 고객가치를 향상시키는 프로금융인

① 고객우선주의 : 고객 지향적인 마인드와 적극적인 서비스 개선 노력, 프로의식으로 고객의 가치 창출
② 자율과 책임 : 위임된 권한에 따라 스스로 판단, 결과와 성과에 대한 책임
③ 적극적 사고와 행동 : 혁신적인 사고방식으로 변화를 선도, 최고 전문가로 성장하기 위한 끊임없는 자기계발 노력
④ 다양한 가치의 존중 : 다양한 사고와 가치를 존중하고 포용할 수 있는 개방적 사고, 미래가치에 대한 확신과 지속적인 창출노력

합격솔루션 1

서류전형에 앞서 기업에 대한 정보부터 파악합니다. 자기소개서에 기업의 인재상을 모두 담으려고 하는 경우가 많은데, 모든 항목을 억지로 끼워 맞출 필요는 없습니다. 본인에게 가장 가깝다고 생각하는 항목을 선택하여, 직접 경험한 사례를 바탕으로 해당 역량을 충분히 갖추었음을 직·간접적으로 드러내야 합니다.

(2) 서류전형

KB국민은행은 서류전형에서 지원서 심사와 함께 역량검사를 실시합니다.

합격솔루션 2

자기소개서에 기술한 내용은 역량검사 결과와 함께 인성 면접 자료로 활용되므로 반드시 본인의 경험에 기반한 사실을 적어야 합니다. 따라서 구체적인 사례를 통해 직무와 관련된 본인의 역량이 잘 드러나도록 작성해야 합니다. 또한 개인별로 역량검사가 실시되므로 이에 대한 준비가 필요합니다.

(3) 필기전형

KB국민은행은 NCS로 구성된 직업기초능력평가 외에 직무심화지식 및 상식을 평가합니다.

합격솔루션 3

상식문제가 출제되기 때문에 신문이나 서적을 통해 따로 공부해야 합니다. NCS 직업기초능력 문제의 배점이 높고, 문항 수가 많기 때문에 직업기초능력평가에서 상대적 우위를 가지는 것이 유리합니다.

(4) 면접전형

KB국민은행은 2회의 면접전형을 실시하며 1박 2일 동안 합숙 면접으로 진행되는 1차는 실무자 면접, 종합 면접으로 진행되는 2차는 임원 면접으로 진행됩니다.

합격솔루션 4

모든 면접은 자기소개서와 인성검사를 토대로 시행되므로 사실 여부와 일치성이 가장 중요합니다. 또한 인성 면접은 실무진과의 질의응답을 통해 지원자가 지원 직무에 대해 얼마나 이해하고 준비해왔는가를 평가하기 때문에 자기소개서를 다시 한번 보고, 예상되는 질문에 대한 답변을 미리 준비해야 합니다.

6 은행소개

(1) 미션

세상을 바꾸는 금융 고객의 행복과 더 나은 세상을 만들어 갑니다.

세상을 바꾸는 금융	고객의 행복	더 나은 세상을 만들어 갑니다
고객, 더 나아가서는 국민과 사회가 바라는 가치와 행복을 함께 만들어 갑니다.	금융을 통해 고객이 보다 여유롭고 행복한 삶을 영위하도록 항상 곁에서 도와 드리겠습니다.	단순한 이윤 창출을 넘어 바람직하고 풍요로운 세상(사회)을 만들어 가는 원대한 꿈을 꾸고 실천하겠습니다.

(2) 비전

최고의 인재와 담대한 혁신으로 가장 신뢰받는 평생금융파트너

최고의 인재

- 고객과 시장에서 인정받는 최고의 인재가 모이고 양성되는 금융전문가 집단을 지향합니다.
- 다양한 금융업무를 수행할 수 있는 차별화된 Multi-Player를 지향합니다.

담대한 혁신

- 현실에 안주하지 않고, 크고 담대한 목표를 세우고 끊임없는 도전을 통해 혁신을 시도하며 발전해 나갑니다.
- 과감하게 기존 금융의 틀을 깨고 금융패러다임 변화를 선도합니다.

가장 신뢰받는

- 치열한 경쟁 속에서 꾸준하게 고객중심의 사고와 맞춤형 서비스, 차별화된 상품으로 고객에게 인정받겠습니다.
- 주주, 시장, 고객이 신뢰하는 믿음직스러운 금융그룹으로 자리매김하겠습니다.

평생금융파트너

- 고객 Life-Stage별 필요한 금융니즈를 충족시키는 파트너가 되겠습니다.
- 고객에게 가장 빠르고 편리한 금융서비스를 제공하고, 다양한 영역에서 도움을 주는 친밀한 동반자가 되겠습니다.

(3) 핵심가치

① 고객중심
- 업무추진 시 고객의 입장과 이익을 우선 고려하는 ‘고객중심적인’ 판단과 의사결정을 합니다.

② 전문성
- 해박한 금융지식을 갖추어 업계 최고 수준의 역량을 갖춘 금융인을 목표로 합니다.
- 직원 개인의 가치와 경쟁력을 높여 고객에게 최고의 서비스를 제공하고, 조직의 발전에 기여합니다.

③ 혁신주도
- 미래 금융분야의 First Mover로서 변화를 주도하고 최적화된 금융의 가치를 만들고 제공합니다.
- 유연하고 창의적인 사고를 바탕으로 실패를 두려워하지 않는 과감한 도전을 통하여 결실을 맺겠습니다.

④ 신뢰정직
- 금융회사 임직원으로서의 기본소양인 윤리의식을 바탕으로 신의성실과 정직의 태도를 일상업무 속에 항상 견지합니다.

⑤ 동반성장
- 개인의 성장과 조직의 발전에만 머무르지 않고, 사회 구성원으로서 역할 및 책임을 다하여 국민과 함께 성장하며 사회발전에 기여합니다.

7 CI

KB 국민은행	Basic Symbol Mark KB 국민은행의 국문로고 타입으로 KB국민은행만의 고유서체로 구성되어 있으며, KB국민은행의 일원임을 나타내고자 할 때 사용한다. 심볼과 함께 시그니처로 구성할 수 있으며, 단독으로 사용한다. KB금융그룹의 심볼마크는 아시아 금융을 선도하는 글로벌 금융 브랜드가 되고자 하는 KB금융그룹의 기업의지를 반영하고 있다. 별의 의미를 내포하는 Star-b의 심볼은 KB금융그룹의 미래지향적인 모습과 World-Class로 도약하는 높은 의지를 나타낸다.

02 신한은행

1 은행정보

기관명	주식회사 신한은행 / Shinhan Bank
은행장	정상혁
설립일	1982년 7월 7일
본사소재지	서울특별시 중구 세종대로9길 20
홈페이지	www.shinhan.com

2 채용절차

지원서 접수 ▶ 필기시험 (SLT) ▶ 온라인 역량검사 ▶ 1차 면접 (직무적합도 중심) ▶ 2차 면접 (인성 중심) ▶ 채용검진

3 세부전형

다음의 세부전형은 2025년 하반기 채용 공고를 기준으로 작성하였습니다.

지원서 접수	평가항목
	입행지원서

▼

필기시험 (SLT)	평가항목	시험과목
	NCS / 금융상식	의사소통능력, 수리능력, 문제해결능력, 금융상식
	디지털 리터러시 평가	논리적 사고, 알고리즘 설계

▼

1차 면접 (직무적합도 중심)	평가항목
	심층 면접, 직무 PT, 토론 면접

▼

2차 면접 (인성 중심)	평가항목
	인성 면접

4 NCS 출제영역

의사소통능력	수리능력	문제해결능력	자기개발능력	자원관리능력
○	○	○		
대인관계능력	정보능력	기술능력	조직이해능력	직업윤리

5 채용분석

(1) 인재상

따뜻한 가슴을 지닌 창의적인 열정가

① 따뜻한 가슴 : 고객과 사회의 따뜻한 미래를 생각하며 정직과 신뢰로 언제나 바르게 행동하는 사람
② 창의적인 : 자신의 꿈을 위해 유연하고 열린 사고로 남들과는 다르게 시도하는 사람
③ 열정가 : 실패를 두려워하지 않는 열정으로 도전적 목표를 향해 누구보다 빠르게 실행하는 사람

합격솔루션 1

서류전형에 앞서 기업에 대한 정보부터 파악합니다. 자기소개서에 기업의 인재상을 모두 담으려고 하는 경우가 많은데, 모든 항목을 억지로 끼워 맞출 필요는 없습니다. 본인에게 가장 가깝다고 생각하는 항목을 선택하여, 직접 경험한 사례를 바탕으로 해당 역량을 충분히 갖추었음을 직·간접적으로 드러내야 합니다.

(2) 서류전형

신한은행은 NCS 역량기반 블라인드 채용을 시행합니다.

합격솔루션 2

자기소개서에 기술한 내용은 인성검사 결과와 함께 2차 면접전형 자료로 활용되므로 반드시 본인의 경험에 기반한 사실을 적어야 합니다. 따라서 구체적인 사례를 통해 직무와 관련된 본인의 역량이 잘 드러나도록 작성해야 합니다. 또한 금융전문자격증(CFA, FRM, AFPK), 전문자격증(KICPA, AICPA, 보험계리사, 변호사, 감정평가사, 공인노무사, 세무사), IT전문자격증(빅데이터분석기사, ADP, DAP, SQLP) 등 소지자에 대하여 우대사항이 적용되므로 입행지원서 작성 전 반드시 우대사항 해당 여부를 확인해야 합니다.

(3) 필기전형

신한은행은 NCS로 구성된 직업기초능력평가 외에도 금융상식 및 디지털 리터러시 평가를 시행하고 있습니다.

합격솔루션 3

신한은행은 필기전형으로 SLT(Shinhan Literacy Test)를 실시합니다. NCS인 의사소통능력, 수리능력, 문제해결능력과 금융상식을 평가하며, 논리적 사고, 알고리즘 설계 등 디지털 리터러시도 함께 평가합니다.

(4) 면접전형

신한은행은 1차 면접에서 직무적합도를 중심으로 평가하며, 2차 면접에서 인성을 중심으로 평가합니다.

합격솔루션 4

모든 면접은 자기소개서와 인성검사를 토대로 시행되므로 사실 여부와 일치성이 가장 중요합니다. 또한 실무진과의 질의응답을 통해 지원자가 지원 직무에 대해 얼마나 이해하고 준비해왔는가를 평가하기 때문에 면접 전 자기소개서를 다시 보고, 예상되는 질문에 대한 답변을 미리 준비해야 합니다. 또한 1차 면접전형의 직무 PT는 솔루션, 롤플레잉, 시사 PT 등 다양한 유형으로 진행되니 면접 준비에 참고하기 바랍니다.

6 은행소개

(1) 미션

금융으로 세상을 이롭게 한다.

미래를 함께하는 따뜻한 금융이란
상품, 서비스, 자금운용 등에서 과거와는 다른 방법, 새로운 환경에 맞는 새로운 방식을 추구하여
고객과 신한 그리고 사회의 가치가 함께 커지는 상생의 선순환 구조를 만들어 가는 것입니다.

① 금융의 본업

시대적 흐름에 맞는 금융상품·서비스를 통해 고객의 목표 달성을 지원하거나 고객이 맡긴 자금을 잘 운용하여 불려주는 것을 의미합니다.

② 창조적 금융

본업을 잘하기 위한 도구인 금융상품과 서비스 그리고 자금운용방식은 시대·환경변화에 따라 달라집니다. 따라서 상품·서비스·자금운용방식 등에서 과거와는 다른 방법, 새로운 환경에 맞는 새로운 방식을 찾아야 하는데, 이러한 새로운 방법론을 통틀어 '창조적 금융'이라고 합니다.

③ 상생의 선순환 구조

창조적 금융을 통해 고객에게 더 큰 가치를 제공하게 되면 더 많은 고객이 신한과 거래를 하고 싶어할 것이므로 신한의 기업가치도 점점 커질 것입니다. 나아가 신한이 더 많은 고객의 성공을 돕고 자원의 효율적 배분이라는 금융의 기능을 잘 수행하면, 사회 전체의 가치도 커져 나갈 것입니다. 이처럼 고객·신한·사회의 가치가 함께 커 나가면서 상생과 발전을 이루어가는 모습이 상생의 선순환 구조입니다.

(2) 비전

더 쉽고 편안한, 더 새로운 은행

쉽고 편리한 더 쉬운 은행	안전하고 신뢰할 수 있는 더 편안한 은행	참신하고 독창적인 더 새로운 은행
고객이 금융을 더 쉽고 편하게 이용할 수 있도록 온·오프라인 금융서비스를 개선하며, 디지털 생태계를 통해 고객의 일상과 비즈니스에 은행을 더욱 가깝게 연결하겠습니다.	고객이 꿈을 실현할 수 있도록 안전하고, 신뢰할 수 있는 올바른 금융을 제공함으로써 고객의 마음을 더 편안하게 하겠습니다.	신한만의 전문성과 혁신적인 디지털 기술을 창조적으로 융합한, 참신하고 독창적인 '一流' 금융서비스를 통해 고객에게 더 새로운 가치를 제공하겠습니다.

(3) 핵심가치

바르게	빠르게	다르게
고객과 미래를 기준으로 바른 길을 선택한다.	빠르게 실행하고 배우며 성장한다.	서로 다름을 존중하며 남다른 결과를 만든다.

7 CI

신한은행	기존 신한금융그룹의 상징이었던 비둘기 및 새싹은 21세기의 미래 감성에 맞게 재해석되어 피어나는 미래에 대한 희망으로 표현되었고, 그 형태의 외관을 이루는 '구'는 국제화를 의미하는 글로벌의 상징으로, 가운데 S의 형상은 끝없는 성장을 향해 달려나가는 지표로서의 금융사의 진로로 상징화되었습니다.

03 하나은행

1 은행정보

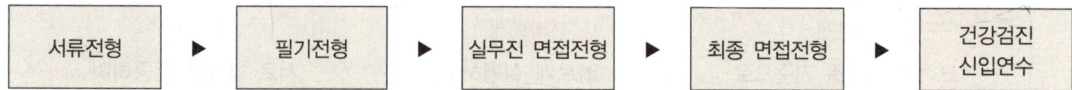

하나은행	기관명	주식회사 하나은행 / HANA BANK
	은행장	이호성
	설립일	1967년 1월 30일
	본사소재지	서울특별시 중구 을지로 35
	홈페이지	www.kebhana.com

2 채용절차

서류전형 ▶ 필기전형 ▶ 실무진 면접전형 ▶ 최종 면접전형 ▶ 건강검진 신입연수

3 세부전형

다음의 세부전형은 2025년 하반기 채용 공고를 기준으로 작성하였습니다.

서류전형	평가항목
	개인별 온라인 지원서 및 자기소개서 작성

▼

필기전형	구분	평가항목
	종합금융 / 지역인재	• 의사소통능력, 수리능력, 문제해결능력, 금융 및 디지털 상식 • 온라인 역량검사
	ICT 및 디지털 / AI	• 온라인 코딩테스트(알고리즘 및 SQL) • 온라인 역량검사

▼

실무진 면접전형	평가항목
	기초직무(BEI), PT, 하나 FIT

▼

최종 면접전형	평가항목
	인성 및 역량 중심 종합 면접

4 NCS 출제영역

의사소통능력	수리능력	문제해결능력	자기개발능력	자원관리능력
○	○	○		
대인관계능력	정보능력	기술능력	조직이해능력	직업윤리

5 채용분석

(1) 인재상

Hana People on Integrity
온기, 용기, 동기의 마음으로 하나가 됩니다.

사람에 대한 온기 Humanity	미래에 대한 용기 First Mover	성장에 대한 동기 Growth Mind
직원은 동료와 도움을 함께 주고받습니다. 리더는 서로를 이해하며 협업을 조율합니다.	직원은 빠르게 실행하고 변화를 시도합니다. 리더는 변화 방향을 가이드하며 먼저 행동합니다.	직원은 성장을 계획하고 실천합니다. 리더는 성장을 이끌고 지원합니다.

합격솔루션 1

서류전형에 앞서 기업에 대한 정보부터 파악합니다. 자기소개서에 기업의 인재상을 모두 담으려고 하는 경우가 많은데, 모든 항목을 억지로 끼워 맞출 필요는 없습니다. 본인에게 가장 가깝다고 생각하는 항목을 선택하여, 직접 경험한 사례를 바탕으로 해당 역량을 충분히 갖추었음을 직·간접적으로 드러내야 합니다.

(2) 서류전형

하나은행은 블라인드 채용을 시행합니다.

합격솔루션 2

자기소개서에 기술한 내용은 인성검사 결과와 함께 2차 면접전형 자료로 활용되므로 반드시 본인의 경험에 기반한 사실을 적어야 합니다. 따라서 구체적인 사례를 통해 직무와 관련된 본인의 역량이 잘 드러나도록 작성해야 합니다. 또한 어학성적 우수자, 전문자격증(변호사, 공인회계사, 세무사, 감정평가사, 변리사, 보험계리사, 공인노무사, 관세사) 소지자 등에 대해 우대사항이 적용되므로 지원서 작성 전 반드시 우대사항 해당 여부를 확인해야 합니다.

(3) 필기전형

하나은행은 NCS, 금융 및 디지털 상식 또는 코딩테스트를 평가하며 개인별 온라인 역량검사를 시행합니다.

합격솔루션 3

NCS 직업기초능력 문제의 배점이 높고 출제 문제 수가 많기 때문에 직업기초능력평가에서 상대적 우위를 가지는 것이 유리합니다. 또한 개인별 온라인 역량검사가 진행되므로 이에 대한 대비가 필요합니다.

(4) 면접전형

하나은행은 1차 면접전형에서 실무진 면접을 본 후 합격자에 한해 인성 및 역량중심 최종 면접을 진행합니다.

합격솔루션 4

기초직무(BEI) 면접은 실무진과의 질의응답을 통해 지원자가 지원 직무에 대해 얼마나 이해하고 준비해왔는가를 평가하기 때문에 자기소개서를 다시 보고, 예상되는 질문에 대한 답변을 미리 준비해야 합니다. 또한 PT 면접은 주어진 주제에 대하여 발표한 후 이에 대한 질의응답으로 진행됩니다. 하나 FIT 면접은 면접관과 지원자가 일대일로 진행하는 것으로, 지원자의 경험과 성향이 하나은행 인재상과 부합하는지 평가합니다.

6 은행소개

(1) 미션

함께 성장하며 행복을 나누는 금융 Growing Together, Sharing Happiness

하나은행의 미션은 하나금융그룹의 미션과 동일하며, 보다 나은 사회를 만들기 위해 함께 노력하는 모든 이해관계자들이 성장할 수 있는 활동을 실천하되 기업 본연의 목적인 성장과 사회적 책임을 균형있게 추구하는 '건강한 성장'을 추구합니다.
지금껏 그래왔듯이 하나은행은 본연의 역할을 충실히 수행하면서 모든 이해관계자들과는 성장 이익을 함께 나누고 금융을 통한 공유가치 창출을 통해 사회구성원들의 행복추구에 적극 동참할 것입니다.

(2) 2030비전

하나로 연결된 모두의 금융 All Connected in Hana Finance

하나은행의 새로운 비전은 하나금융그룹의 새로운 비전과 동일한 개념으로 하나만의 혁신적인 플랫폼을 통해 모든 사람들이 마음껏 금융을 즐기고, 신뢰를 바탕으로 한 금융의 새로운 가치를 창출하자는 의미를 담고 있습니다.
이를 통해 하나은행이 나아가야 할 3대 방향을 혁신, 신뢰, 플랫폼으로 설정하고 '1. 하나만의 방식으로, 2. 시공 / 미래 / 가치를 연결하여, 3. 모두가 함께 누리게 될 금융 그 이상의 금융'의 의미를 담았습니다.
또한 손님 중심 미래형 혁신 사업모델을 기반으로 단순 성장 중심이 아닌 가치 중심 도약을 추구하여 손님, 주주, 사회와 함께 대한민국을 넘어 아시아 No.1 금융그룹이 될 수 있도록 노력할 것입니다.

(3) 전략목표

O.N.E value 2030

Our Value	New Value	Extra Value
손님을 우선하는 하나만의 가치를 실현	지속가능경영 실현으로 새로운 가치를 제공	변화에 적극적으로 대응하여 더 나은 가치를 창출

(4) 핵심가치

INTEGRITY 정직과 성실

금융업의 가장 기본적인 윤리로, 항상 정직하고 맡은 바를 성실하게 이행

① PASSION 열정

자발적 동기부여를 통한 변화와 혁신 추구

② OPENNESS 열린마음

급변하는 환경 속에서 유연하고 개방적인 사고를 유지하고 편견 없는 마음가짐으로 소통

③ WITH CUSTOMER 손님우선

손님의 니즈를 앞서 파악하고 만족시키며, 손님의 이익을 최우선으로 고려

④ EXCELLENCE 전문성

차별화된 상품과 서비스를 위해 맡은 분야에서 최고가 되겠다는 자세로 전문 역량계발

⑤ RESPECT 존중과 배려

개개인의 가치 존중과 상대방에 대한 배려를 통해 구성원 상호 간 잠재력 극대화의 여건 조성

(5) 필수덕목

Integrity는 신용을 팔고 사는 것을 금융산업의 본질로 이해하고 있는 하나은행 임직원의 필수덕목으로 정직, 성실, 투명과 함께 '기본으로 돌아가라.'라고 할 때의 바로 그 '기본 중의 기본'을 의미합니다.

7 CI

하나은행	하나은행의 CI는 창업정신인 자주, 자율, 진취를 기반으로 신뢰받는 은행, 앞서가는 은행, 글로벌 은행, 손님과 함께 하는 은행을 모티브로 하고 있습니다.

Concept

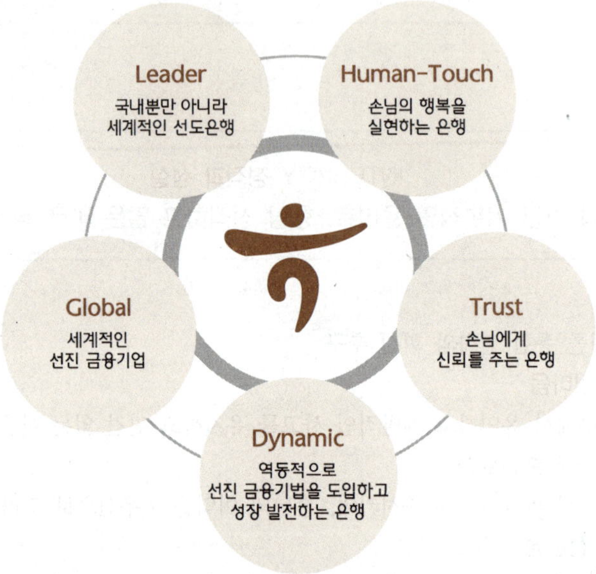

CHAPTER 02

특수은행 채용 가이드

※ 본 채용 가이드는 2025년 기준으로 작성하였으며,
세부 내용은 반드시 해당 홈페이지의 채용 공고를 확인하기 바랍니다.

01 한국산업은행

1 은행정보

기관명	한국산업은행 / The Korea Development Bank
회장	박상진
설립일	1954년 4월 1일
본사소재지	서울특별시 영등포구 은행로 14
홈페이지	www.kdb.co.kr

2 채용절차

서류심사 ▶ 필기시험 ▶ 1차 면접 ▶ 2차 면접 ▶ 건강검진
신원조회

3 세부전형

다음의 세부전형은 2026년 채용 공고를 기준으로 작성하였습니다.

서류심사	평가항목
	지원동기 및 입행 후 계획·역량개발 노력·자기소개 등, 어학성적 충족 여부

▼

필기시험	평가항목		시험과목
	직업기초능력		의사소통능력, 수리능력, 문제해결능력, 정보능력
	직무수행능력	직무 지식	경영학, 경제학 중 택 1
		논리적 사고력	일반시사논술 ※ IT, AI, 글로벌 분야는 일반시사논술 미실시

▼

1차 면접	구분	평가항목
	경영, 경제, 에너지, 로봇·기계, 토목·건축, 항공우주, 조선	직무능력 면접, PT 면접, 심층과제 면접
	IT	직무능력 면접, PT 면접, 코딩역량평가
	AI	직무능력 면접, PT 면접, AI역량평가
	글로벌	직무능력 면접, 심층역량평가

▼

2차 면접	평가항목
	조별 인터뷰

4 NCS 출제영역

의사소통능력	수리능력	문제해결능력	자기개발능력	자원관리능력
○	○	○		
대인관계능력	**정보능력**	**기술능력**	**조직이해능력**	**직업윤리**
	○			

5 채용분석

(1) 인재상 – KDB Way

KDB Way란 비전 달성을 위해 공유해야 할 전 임직원의 행동규범을 의미합니다.

- 고객의 니즈를 최우선으로 생각한다.
- 익숙함에서 벗어나 계산된 도전을 하자.
- 외부와 협력하여 더 나은 길을 찾는다.
- 미래를 생각하고 행동하자.
- 전문가로서 대안을 제시한다.
- 열린 마음으로 변화를 수용하자.
- 소통하며 주도적으로 일하자.
- 현장에서 답을 찾자.
- 책임을 완수하여 사회적 신뢰를 얻는다.
- 디지털 마인드를 갖자.

합격솔루션 1

서류전형에 앞서 기업에 대한 정보부터 파악합니다. 자기소개서에 기업의 인재상을 모두 담으려고 하는 경우가 많은데, 모든 항목을 억지로 끼워 맞출 필요는 없습니다. 본인에게 가장 가깝다고 생각하는 항목을 선택하여, 직접 경험한 사례를 바탕으로 해당 역량을 충분히 갖추었음을 직·간접적으로 드러내야 합니다.

(2) 서류전형

한국산업은행은 매해 서류전형에서 '지원동기 및 입행 후 계획'을 작성할 것을 요구합니다. 그리고 어학 성적은 구체적인 점수를 기입하는 란 없이 기준점수를 충족하였는지 여부만 조사하며, 기준점수를 충족하지 못하더라도 '미충족'을 선택한 후 지원 가능합니다.

합격솔루션 2

자기소개서에 기술한 내용은 인성검사 결과와 함께 인성면접 자료로 활용되므로 반드시 본인의 경험에 기반한 사실을 적어야 합니다. 또한 매해 빠지지 않는 항목으로 '역량개발 노력'이 있으며, 원서접수에 앞서 미리 관련 내용을 준비하여 구체적인 사례를 통해 직무와 관련된 본인의 역량이 잘 드러나도록 작성해야 합니다.

(3) 필기전형

한국산업은행은 NCS로 구성된 직업기초능력평가 외에도 지원분야의 전공필기시험을 통한 직무수행능력평가를 시행합니다.

합격솔루션 3

전공필기시험은 학부 전공수준으로 출제되며, 직렬별로 CPA, 행시, 사시 준비생과 경쟁하는 경우가 부지기수이므로 상당히 오랜 준비기간을 가져야 합니다. 따라서 NCS로 구성된 직업기초능력평가에서 상대적 우위를 가지는 것이 유리하며, 빠른 시간 안에 정확하게 푸는 연습이 되어 있어야 합니다.

(4) 면접전형

한국산업은행은 대부분 기업에서 실시하는 직무능력 면접 외에 PT 면접과 심층과제 면접을 통해 자료정리 및 발표능력을 평가하고 팀 과제수행을 통해 협응력, 상황대처능력 등을 평가합니다.

합격솔루션 4

모든 면접은 자기소개서와 인성검사를 토대로 시행되므로 사실 여부와 일관성이 가장 중요합니다. 또한 직무능력면접 실무진과의 질의응답을 통해 지원자가 지원한 직무에 대해 얼마나 이해하고 준비해왔는가를 평가하기 때문에 자기소개서를 다시 보고 예상되는 질문에 대한 답변을 미리 준비해야 합니다. PT 면접과 심층과제 면접의 경우 평소 자료를 일목요연하게 요약하고 정리하는 습관을 들여 논리적으로 주장을 전개함으로써 지원자의 발표능력을 드러내야 합니다.

6 은행소개

(1) 미션

> 대한민국 경제의 1%를 책임지는 정책금융기관

(2) 비전

> 대한민국과 함께 성장하는 글로벌 금융 리더, '더 큰 KDB'

(3) 역할

미래성장 기반 마련을 위한 혁신성장 가속화	기업체질 개선 및 산업경쟁력 강화 지원
• 혁신 창업·성장 생태계 활성화 촉진 • 미래 전략산업 발굴과 산업구조 전환 지원	• 중소·중견기업의 성장역량 제고 • 기초산업 및 주력산업 경쟁력 강화 지원

(4) 정책금융

① 혁신성장금융

- 혁신·벤처기업에 대한 모험·성장자본 공급 및 혁신산업 생태계 조성을 통해 미래 신성장 산업을 육성하고 기업경쟁력을 제고합니다.

② 투자금융

- 회사채 주선, 구조화 금융, M&A, PE 등 다양한 자본시장의 Tool을 활용하여 기업의 원활한 자금조달을 지원합니다.

③ 글로벌금융

- 국내기업의 해외 新시장 개척을 지원하고 해외 PF금융, Cross – Border 금융 등 글로벌 금융시장의 선도적 개척을 통해 대한민국 대표차주 역할을 수행합니다.

④ 사회적금융

- 기업의 일자리창출, 국가 균형발전, 대・중소기업 동반성장 등 포용적 금융을 강화하고, 기후・환경금융을 주도합니다.
- 남북경협, 북한개발에 대한 연구・조사 기능을 강화하고 한반도 협력시대를 체계적으로 준비합니다.

7 CI

한국산업은행

글로벌 금융리더로서의 한국산업은행

세계적인 은행이 갖추어야 하는 유연한 흐름을 뫼비우스띠 형상에서 모티브를 얻어 표현하였고, 원만한 교류의 의미를 마주보는 'K'문자 형태를 활용하여 새로운 금융에너지로서 발돋움할 한국산업은행의 성장을 나타냅니다.

한국산업은행의 변화와 도전

같은 형태를 대칭시킴으로써 강한 임팩트를 느낄 수 있으며, 높낮이가 다른 배치로 운동감과 역동성을 전달하여 앞으로 한국산업은행이 나아가야 할 변화와 도전을 보여줍니다.
또한 볼륨감 있게 입체적으로 표현하여 한국산업은행만의 열린생각과 창조적인 움직임을 전달합니다.

새로운 금융의 패러다임

대한민국을 대표하는 글로벌 금융기관인 '한국산업은행'의 자신감과 대표성을 전달합니다. 또한 모던하고 무겁지 않은 느낌의 서체를 이용하여 친근감과 동시에 미래지향성을 부여했습니다.

02 한국수출입은행

1 은행정보

기관명	한국수출입은행 / The Export – Import Bank of Korea
은행장	안종혁(직무대행)
설립일	1976년 6월 21일
본사소재지	서울특별시 영등포구 은행로 38
홈페이지	www.koreaexim.go.kr

2 채용절차

1차 필기전형 ▶ 2차 필기전형 ▶ 1차 면접전형 ▶ 2차 면접전형 ▶ 건강검진 신원조회

3 세부전형

다음의 세부전형은 2025년 하반기 채용 공고를 기준으로 작성하였습니다.

1차 필기전형	평가항목	시험과목
	직업기초능력평가	의사소통능력, 수리능력, 문제해결능력, 조직이해능력

▼

2차 필기전형	평가항목		시험과목
	직무수행능력평가	경영	지원분야 전공지식 및 일반논술
		경제	
	직업성격검사		적부심사

▼

1차 면접전형	평가항목	
	NCS 기반 직무역량 평가	영어활용능력 평가 : TOEIC S&W

▼

2차 면접전형	평가항목
	조직가치적합도 평가

4 NCS 출제영역

의사소통능력	수리능력	문제해결능력	자기개발능력	자원관리능력
○	○	○		
대인관계능력	**정보능력**	**기술능력**	**조직이해능력**	**직업윤리**
			○	

5 채용분석

(1) 인재상

① 최고의 전문가를 추구하는 수은인
② 리더십과 팀워크를 중시하는 수은인
③ 미래와 세계에 도전하는 수은인
④ 국민과 고객으로부터 신뢰받는 수은인
⑤ 고객가치 창출에 기여하는 수은인

합격솔루션 1

서류전형에 앞서 기업에 대한 정보부터 파악합니다. 자기소개서에 기업의 인재상을 모두 담으려고 하는 경우가 많은데, 모든 항목을 억지로 끼워 맞출 필요는 없습니다. 본인에게 가장 가깝다고 생각하는 항목을 선택하여, 직접 경험한 사례를 바탕으로 해당 역량을 충분히 갖추었음을 직·간접적으로 드러내야 합니다.

(2) 서류전형

한국수출입은행은 별도의 서류전형 발표 없이 접수인원 전원이 1차 필기전형에 응시합니다.

(3) 필기전형

한국수출입은행은 NCS로 구성된 직업기초능력평가 외에도 지원분야의 전공필기시험을 통한 직무수행능력평가를 시행합니다. 직무수행능력평가에서는 전자계산기의 사용이 가능하나, 공학용·재무용 계산기는 사용 불가합니다.

합격솔루션 2

전공필기시험은 학부 전공수준으로 출제되며, 직렬별로 CPA, 행시, 사시 준비생과 경쟁하는 경우가 부지기수이므로 상당히 오랜 준비기간을 가져야 합니다. 따라서 NCS로 구성된 직업기초능력평가에서 상대적 우위를 가지는 것이 유리하며, 빠른 시간 안에 정확하게 푸는 연습이 되어 있어야 합니다.

(4) 면접전형

한국수출입은행은 직무역량 외에 영어활용능력을 평가합니다.

합격솔루션 3

NCS 기반 직무역량평가는 실무진과의 질의응답을 통해 지원자가 지원 직무에 대해 얼마나 이해하고 준비해왔는가를 평가하기 때문에 예상되는 질문에 대한 답변을 미리 준비해야 합니다. 영어활용능력은 1차 면접전형이 시작되는 전 주의 주말에 TOEIC Speaking & Writing을 치르게 하여 평가합니다.

6 은행소개

(1) 미션

대외경제협력 증진을 통한 국민경제의 건전한 발전

(2) 비전

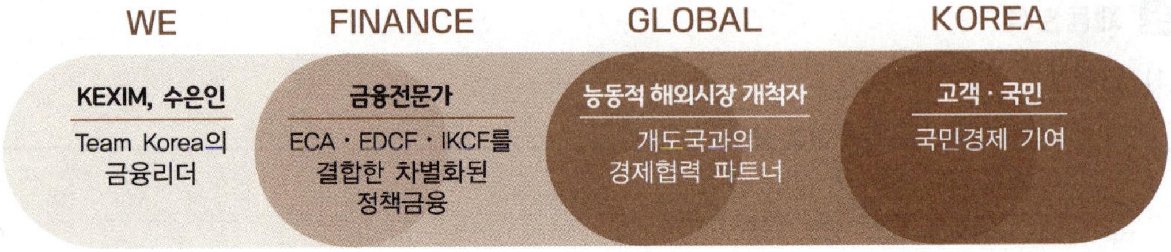

(3) 10대 발전방향

Core Business Evolution	• 전통 주력 산업 초격차 공고화 및 신흥 미래 산업 경쟁력 강화 • 무역 환경변화 대응역량 강화 • 중소 · 중견 지원 생산성 강화 • 기금 운영 경쟁력 공고화
Beyond Core	• 개발금융 기능 강화 및 수단 다각화 • 비여신 사업 강화 • 해외 네트워크 최적화 및 역할 확대
Impact Based Strategic Prioritization	• 리스크 관리 및 심사체계 고도화 • 전행 사업 최적화 및 과제 추진 거버넌스 체계 확립 • 경영 관리 지속성 및 역량 강화

(4) 핵심가치

① 동반자(Partnership) : 고객의 오랜 친구로 함께 하겠습니다.

② 글로벌(Global) : 더 넓은 세계를 향한 든든한 디딤돌이 되겠습니다.

③ 신뢰(Trust) : 변함없는 믿음으로 고객의 성장에 가치를 더하겠습니다.

④ 전문성(Expertise) : 최고의 역량, 최고의 경쟁력으로 미래를 움직이겠습니다.

(5) 기능 및 역할

① 공적수출신용기관(ECA)으로서 국가수출 촉진 지원

- 해외건설・플랜트, 선박 등 주요 수출산업 및 창조경제 부문의 금융 지원
- 해외투자・해외자원개발 산업에 대한 전략적 지원
- 국민경제에 긴요한 주요자원 및 필수원자재 등의 수입 지원

② 대외경제협력기금(EDCF)을 통한 대 개도국 경제협력 증진

- 개도국 경제개발 원조 사업에 대한 심사, 차관공여계약 체결, 자금집행 및 사후관리
- 공적개발원조(ODA) 정책방향 연구

③ 남북협력기금(IKCF)을 통한 통일기반 조성에 기여

- 유・무상 지원 사업에 대한 심사, 자금집행 및 사후관리
- 북한의 조선무역은행과 함께 청산결제 전담은행으로 지정

7 CI

<table>
<tr><td>한국수출입은행</td><td>그래픽 모티브
영문 약칭인 Korea Eximbank에서 Korea의 'K'와 'R', EXIM의 'E'를 활용하여 세계를 향해 뻗어나가는 한국수출입은행의 모습을 역동적이고 심플하게 표현하고 있습니다. 화살표 모양의 'E'는 대내외 경영환경 변화에 적극 대응하는 한국수출입은행의 진취적인 기상과 미래를 향한 도전정신을 상징합니다.</td></tr>
<tr><td colspan="2">컬러
신뢰를 나타내는 파란색 계열의 색상으로 '국제거래지원 핵심은행'으로서의 전문적인 이미지를 강조합니다.</td></tr>
<tr><td colspan="2">로고타입
현대적인 감각에 맞게 개발된 글씨체에 중후한 느낌의 Dark Gray 색상을 사용하여 정책금융기관으로서의 품위를 가미하였습니다.</td></tr>
</table>

03 IBK기업은행

1 은행정보

IBK기업은행	기관명	중소기업은행 / INDUSTRIAL BANK OF KOREA
	은행장	김성태
	설립일	1961년 7월 25일
	본사소재지	서울특별시 중구 을지로 79
	홈페이지	www.ibk.co.kr

2 채용절차

서류심사 ▶ 필기시험 ▶ 실기시험 ▶ 면접시험 ▶ 건강검진 신원조회

3 세부전형

다음의 세부전형은 2025년 하반기 채용 공고를 기준으로 작성하였습니다.

서류심사	평가항목
	적부심사 : 채용 분야별 입행지원서 내용의 불량·불성실* 여부 검증

▼

필기시험	평가항목		시험과목
	직업기초능력평가		의사소통능력, 문제해결능력, 조직이해능력, 자원관리능력, 수리능력, 정보능력
	직무수행능력평가	금융일반	경영·경제 관련 직무상식, 시사
		디지털	데이터베이스, 빅데이터, AI, 블록체인, 시사
		IT	전산학, 시사

▼

실기시험	평가항목
	실무역량, 의사전달력, 논리력, 팀워크, 윤리의식 등의 평가항목을 기준으로 종합평가 ※ 실기시험 前 AI역량검사 및 인성검사(온라인) 실시

▼

면접시험	평가항목
	다대다 질의응답을 통해 인성, 윤리의식, 직무·조직적합도 등의 평가항목을 기준으로 종합평가

*은행명 오류, 표절, 무관·반복·부족한 답변, 블라인드 저촉 등

4 NCS 출제영역

의사소통능력	수리능력	문제해결능력	자기개발능력	자원관리능력
○	○	○		○
대인관계능력	**정보능력**	**기술능력**	**조직이해능력**	**직업윤리**
	○		○	

5 채용분석

(1) 서류전형

IBK기업은행의 서류전형은 적부심사이며, 통과자 전원이 필기시험에 응시합니다.

합격솔루션 1

자기소개서에 기술한 내용은 인성검사 결과와 함께 인성 면접 자료로 활용되므로 반드시 본인의 경험에 기반한 사실을 적어야 합니다. 따라서 구체적인 사례를 통해 직무와 관련된 본인의 역량이 잘 드러나도록 작성해야 합니다. 또한 은행명 오류, 표절, 무관·반복·부족한 답변, 블라인드 저촉 등 입행지원서 내용의 불량·불성실 여부를 검증하므로 유의해야 합니다.

(2) 필기전형

IBK기업은행은 NCS로 구성된 직업기초능력평가 외에도 직무수행능력평가를 시행합니다.

합격솔루션 2

직무수행능력평가는 학부 전공·전문자격증 시험수준으로 출제되기 때문에 신문이나 서적을 통해 따로 공부해야 합니다. 그 범위가 넓고 양이 많기 때문에 직업기초능력평가에서 상대적 우위를 가지는 것이 유리합니다. 또한 평가 요소별·NCS 영역별 시간제한과 오답에 대한 감점이 없으니 참고하기 바랍니다.

(3) 면접전형

IBK기업은행은 다대다 질의응답을 통해 인성, 윤리의식, 직무·조직적합도 등을 종합평가합니다.

합격솔루션 3

모든 면접은 자기소개서와 인성검사를 토대로 시행되므로 사실 여부와 일치성이 가장 중요합니다. 오리엔테이션, 아이스 브레이킹, P/T 면접, 토론 면접, 일대일 면접, 인성 면접 등을 통해 지원자의 친화력, 영업력, 협응력 등을 종합적으로 평가합니다. 면접 기간 동안 다른 지원자를 의식하기보다는 함께 협동하여 공동체적 결과를 창출하는 모습을 보여주어야 합니다.

6 은행소개

(1) 비전

최고의 서비스를 혁신적으로 제공하는
글로벌 초일류 금융그룹

(2) 경영방향

가치금융
관련된 모두의 가치를 높임

튼튼한 은행		반듯한 금융	
시장선도	내실경영	고객신뢰	사회책임
• 中企 성장지원 강화 • 미래성장동력 확보 • 기술 생태계 활성화 • 그룹 시너지 제고	• 선제적 리스크 관리 • 지속적 균형 성장 • 최고의 디지털 경쟁력 • 실질적 글로벌 성과	• 고객 최우선 경영 • 금융소비자 보호 • 내부통제 고도화 • 금융사고 제로	• 포용적 금융 • 금융접근 편의성 제고 • 기업시민 역할 수행 • 글로벌 ESG 실천

행복하고 보람 있는 조직

공정한 인사	균등한 기회	역량 있는 인재
일과 삶의 균형	신뢰와 화합	활기찬 조직

(3) 핵심가치

신뢰와 책임	열정과 혁신	소통과 팀웍
신뢰와 책임으로 언제나 바른 길을 가겠다는 IBK의 마음가짐	열정과 창의적 사고로 혁신을 추구하는 IBK의 일하는 방식	서로 소통하며 팀웍을 중요하게 생각하는 IBK 문화를 구현

7 CI

IBK기업은행	사각형이 기울어진 것은 정적인 형태에서 벗어나 앞으로 나가고자 하는 역동성과 진취성을 표현 Young IBK 정신 중 '도전정신'을 의미

사각형 내부는 IBK를 도형화하여 디자인한 것

- 기업은행이 고객과 함께 하늘을 열어가는 큰 새의 날개처럼 밝은 미래를 열어간다는 약속을 의미
- 파란색의 하늘과 구름은 기존 CI의 장점을 보존한 것으로 성공, 희망, 미래를 의미하며, Young IBK의 정신 중 '창의'를 의미

'I'자는 바로 고객 자신을 의미

- 지금까지의 고객이념이 3인칭이었다면, 이제부터는 바로 '나'인 1인칭이라는 신개념 강조
- 모든 것에 우선하는 바로 '나', 즉 고객을 최우선으로 하겠다는 IBK의 철학을 상징
- 국민 4천 8백만 명의 눈높이에 맞춰 '나를 위해 존재하는 은행', '나의 성공을 약속하는 은행'으로 거듭나겠다는 의미

가운데의 'B'자는 하늘 높이 날면서 먼 곳까지도 두루 살피는 큰 새를 형상화한 것으로 'Win - Wing'이라는 애칭을 보유

- 'Win – Wing'은 심볼의 가운데에 있는 날개
- 'Win'은 고객의 성공, 희망, 미래를 열어가는 '성공 날개'가 되겠다는 IBK의 약속을 상징
- 'Wing'은 Global Leading Bank로서 고객과 함께 힘차게 비상하겠다는 기업은행의 약속을 상징
- 'Win – Wing'의 가운데 붉은색 삼각형은 끊임없는 고객과 은행의 교류와 발전, 전진을 의미하며, Young IBK 정신 중 '열정'을 상징

04 NH농협은행

1 은행정보

기관명	농협은행(주) / NongHyup Bank
은행장	강태영
설립일	2012년 3월 2일
본사소재지	서울특별시 중구 통일로 120
홈페이지	www.nhbank.com

2 채용절차

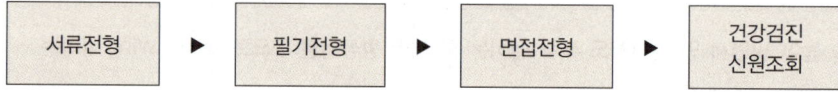

서류전형 ▶ 필기전형 ▶ 면접전형 ▶ 건강검진 신원조회

3 세부전형

다음의 세부전형은 2025년 5·6급 채용 공고를 기준으로 작성하였습니다.

서류전형	평가항목
	블라인드 작성 원칙 위반, 불성실 기재, 허위 기재, AI를 활용한 작성 여부 검증 ※ 원서접수 후 온라인 인·적성평가(Lv.1) 시행

▼

필기전형	평가항목	시험과목
	인·적성평가(Lv.2)	조직적합성, 성취 잠재력 평가 등
	직무능력평가	의사소통능력, 수리능력, 문제해결능력, 자원관리능력, 정보능력, 기술능력, 조직이해능력 등
	직무상식평가*	디지털 상식, 금융·경제 분야 용어·상식
	논술평가**	농업·농촌 관련 주제 약술 1문항+직무 분야별 논술 2문항 중 택 1

▼

면접전형	구분	평가항목
	PT 면접(IT·디지털)	주어진 주제에 대한 프레젠테이션과 추가 질의·응답 형식으로 진행
	토론 면접	주어진 주제 및 상황에 대하여 지원자 간, 팀 간 토론 형식으로 진행
	세일즈 면접	제시된 자료를 통해 상품에 대한 이해 및 세일즈능력을 검증하는 형식으로 진행
	상황 면접	다양한 상황과 질문에 의해 대답하는 형식으로 진행
	문화적합성 면접	다대다 면접으로 지원자의 인성과 조직 문화적합도를 검증하는 형식으로 진행

*6급 신규직원 채용 절차에 해당

**5급 신규직원 채용 절차에 해당

4 NCS 출제영역

의사소통능력	수리능력	문제해결능력	자기개발능력	자원관리능력
○	○	○		○
대인관계능력	**정보능력**	**기술능력**	**조직이해능력**	**직업윤리**
	○	○	○	

5 채용분석

(1) 인재상

① **최고의 금융전문가 :** 최고의 금융서비스를 제공하기 위해 필요한 금융전문지식을 갖추고 부단히 노력하는 사람

② **소통하고 협력하는 사람 :** 고객 및 조직구성원을 존중하고 소통과 협력에 앞장서는 사람

③ **사회적 책임을 실천하는 사람 :** 도덕성과 정직성을 근간으로 고객과의 약속을 끝까지 책임지는 사람

④ **변화를 선도하는 사람 :** 다양성과 변화를 적극 수용하여 독창적 아이디어와 혁신을 창출하는 사람

⑤ **고객을 먼저 생각하는 사람 :** 항상 고객의 입장에서 고객을 먼저 생각하고 고객만족에 앞장서는 사람

합격솔루션 1

서류전형에 앞서 기업에 대한 정보부터 파악합니다. 자기소개서에 기업의 인재상을 모두 담으려고 하는 경우가 많은데, 모든 항목을 억지로 끼워 맞출 필요는 없습니다. 본인에게 가장 가깝다고 생각하는 항목을 선택하여, 직접 경험한 사례를 바탕으로 해당 역량을 충분히 갖추었음을 직・간접적으로 드러내야 합니다.

(2) 서류전형

NH농협은행은 원서접수 후 온라인 인・적성평가(Lv.1)를 시행합니다.

합격솔루션 2

자기소개서에 기술한 내용은 인성검사 결과와 함께 인성면접 자료로 활용되므로 반드시 본인의 경험에 기반한 사실을 적어야 합니다. 따라서 구체적인 사례를 통해 직무와 관련된 본인의 역량이 잘 드러나도록 작성해야 합니다. 또한 온라인 인・적성평가(Lv.1)의 결과는 추후 오프라인 인・적성평가(Lv.2)를 통해 검증되므로 솔직하게 응시해야 합니다.

(3) 필기전형

NH농협은행은 NCS로 구성된 직무능력평가 외에도 직무상식평가 또는 논술평가를 시행합니다.

합격솔루션 3

응시하는 직무별로 직무능력평가의 출제영역이 다르므로 시험공고를 보고 미리 파악해두어야 합니다.
또한 6급 신규직원 채용 시 직무상식평가를, 5급 신규직원 채용 시 약술 1문항과 논술 1문항(2문항 중 택 1)으로 구성된 논술평가를 시행하므로 평소 틈틈이 농업・농촌, 경제・금융, 디지털・ICT 관련 기사를 및 이슈를 숙지해 두어야 합니다.

(4) 면접전형

NH농협은행은 2회의 면접이 아닌 1회의 최종면접 형태로 여러 단계에 걸쳐 진행되며, 지원 분야별로 면접 방식이 상이합니다.

합격솔루션 4

모든 면접은 자기소개서와 인성검사를 토대로 시행되므로 사실 여부와 일치성이 가장 중요합니다. 또한 직무역량평가는 실무진과의 질의응답을 통해 지원자가 지원 직무에 대해 얼마나 이해하고 준비해왔는가를 평가하기 때문에 자기소개서를 다시 한번 보고, 예상되는 질문에 대한 답변을 미리 준비해야 합니다.

6 은행소개

(1) 비전

사랑받는 일등 민족은행

사랑받는 은행	일등은행	민족은행
고객, 임직원뿐만 아니라 국민 모두에게 사랑받는 신뢰할 수 있는 은행	고객서비스와 은행 건전성, 사회공헌 모든 측면에서 일등이 되는 한국을 대표할 수 있는 은행	100% 민족자본으로 설립된 은행으로 진정한 가치를 국민과 공유하는 존경받을 수 있는 은행

(2) 경영목표

① 전략목표

고객이 먼저 찾는 매력적인 은행

② 추진전략

- 고객 맞춤형 서비스 제공
- 디지털 혁신 주도
- 차별적 사업역량 구축
- 지속가능한 신뢰 경영 확립

(3) 윤리경영

NH농협은행은 경제적, 법적, 윤리적 책임 등을 다함으로써 모든 이해관계자인 고객, 농민조합원, 협력업체, 지역농(축)협, 직원 등 모두가 함께 성장・발전하여 사랑과 신뢰를 받는 일등 민족은행을 만듭니다.

(4) ESG 경영

① 비전

미래를 만드는 시작, 농협금융을 만나는 순간

② 전략

- E(환경) : Make the 'Green' Moment. 2050 탄소중립 달성 및 기후변화 대응 경영체계 구축
- S(사회) : Make the 'Hope' Moment. '협동과 혁신'의 가치 확산 및 농업·농촌·지역사회 상생 협력
- G(거버넌스) : Make the 'Right' Moment. ESG 경영 내재화 및 지배구조 투명성 제고

7 CI

NH농협은행	**시그니처** 시그니처는 심볼과 로고타입을 가장 합리적이고 균형적으로 조화시킨 것으로 NH농협은행의 정식 표기를 의미하며, NH농협은행의 이미지를 인식시키는 가장 직접적인 표현 형식입니다.

심볼마크

'V'꼴은 '농'자의 'ㄴ'을 변형한 것으로 싹과 벼를 의미하여 농협의 무한한 발전을, 'V'꼴을 제외한 아랫부분은 '업'자의 'ㅇ'을 변형한 것으로 원만과 돈을 의미하여 협동 단결을 상징합니다.

마크 전체는 '협'자의 'ㅎ'을 변형한 것으로 'ㄴ+ㅎ'은 농협을 나타내고 항아리에 쌀이 가득 담겨 있는 형상을 표시하여 농가 경제의 융성한 발전을 상징합니다.

05 Sh수협은행

1 은행정보

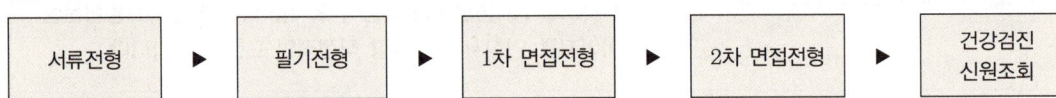

기관명	수협은행 / Suhyup Bank
은행장	신학기
설립일	1962년 4월
본사소재지	서울특별시 송파구 오금로 62
홈페이지	www.suhyup-bank.com

2 채용절차

서류전형 ▶ 필기전형 ▶ 1차 면접전형 ▶ 2차 면접전형 ▶ 건강검진 신원조회

3 세부전형

다음의 세부전형은 2025년 하반기 수협중앙회 채용 공고를 기준으로 작성하였습니다.

<table>
<tr><td rowspan="2">서류전형</td><td>평가항목</td></tr>
<tr><td>• 자격심사 : 지원자격 충족 및 성실 지원 여부 확인
• 서류평가 : 자격심사 결과 적격인 지원자
※ 단, 적격자 수가 합격 배수 이하일 경우 서류평가 없이 전원 합격 처리</td></tr>
</table>

▼

<table>
<tr><td rowspan="8">필기전형</td><td colspan="2">평가항목</td><td>시험과목</td></tr>
<tr><td colspan="2">직업기초능력평가</td><td>의사소통능력, 문제해결능력, 수리능력, 자원관리능력, 정보능력</td></tr>
<tr><td rowspan="5">직무시험</td><td>일반사무</td><td>(경영 · 경제) 경영학개론, 미시경제학, 거시경제학, 국제경제학
(법 · 행정) 민법, 상법, 헌법, 정책론, 조직론</td></tr>
<tr><td>계리 · 상품개발</td><td>미적분학, 선형대수학, 확률론, 기초통계학, 수리통계학, 회귀분석</td></tr>
<tr><td>IT</td><td>코딩능력평가(JAVA)</td></tr>
<tr><td>보험심사(어선원)</td><td>보건의료정보관리학, 의학용어, 의료관계법규, 의무기록정보분석실무</td></tr>
<tr><td>보험심사(어선)</td><td>조선(선박)해양공학개론, 소형선박조종이론(항해), 소형선박조종이론(기관), 해상교통안전법규</td></tr>
</table>

▼

<table>
<tr><td rowspan="4">1차 면접전형</td><td rowspan="2">구분</td><td colspan="2">평가항목</td></tr>
<tr><td>실무면접</td><td>인성면접</td></tr>
<tr><td>일반사무</td><td>토론 면접</td><td rowspan="2">본회 인재상에 기반한 면접
(다대다 면접)</td></tr>
<tr><td>그 외</td><td>직무역량 면접(다대다 면접)</td></tr>
</table>

▼

<table>
<tr><td rowspan="2">2차 면접전형</td><td>평가항목</td></tr>
<tr><td>인성 면접(다대다 면접)</td></tr>
</table>

4 NCS 출제영역

의사소통능력	수리능력	문제해결능력	자기개발능력	자원관리능력
○	○	○		○
대인관계능력	**정보능력**	**기술능력**	**조직이해능력**	**직업윤리**
	○			

5 채용분석

(1) 인재상

- 해양수산의 푸른 미래 창출에 앞장서는 수협인
- 고객의 행복을 최우선으로 생각하는 수협인
- 최고의 금융전문가를 지향하고 준비하는 수협인
- 야무진 일처리, 책임과 결과로 평가받고자 하는 수협인
- 정직과 신뢰를 중시하며, 소통하려는 열린 마음을 가진 수협인

합격솔루션 1

서류전형에 앞서 기업에 대한 정보부터 파악합니다. 자기소개서에 기업의 인재상을 모두 담으려고 하는 경우가 많은데, 모든 항목을 억지로 끼워 맞출 필요는 없습니다. 본인에게 가장 가깝다고 생각하는 항목을 선택하여, 직접 경험한 사례를 바탕으로 해당 역량을 충분히 갖추었음을 직·간접적으로 드러내야 합니다.

(2) 서류전형

Sh수협은행은 입사지원서 접수 후 온라인 인성검사를 치르며, 서류전형에서 지원자격 충족 및 성실 지원 여부를 확인하고 온라인 인성검사 결과를 종합하여 적격자를 선발합니다.

합격솔루션 2

자기소개서에 기술한 내용은 인성검사 결과와 함께 인성 면접 자료로 활용되므로 반드시 본인의 경험에 기반한 사실을 적어야 합니다. 따라서 구체적인 사례를 통해 직무와 관련된 본인의 역량이 잘 드러나도록 작성해야 합니다. Sh수협은행은 인성검사 결과 부적합자 또는 미응시자를 서류전형 점수와 무관하게 탈락 처리하므로 유의해야 합니다. 또한 직렬별 가점 자격증 목록 및 외국어 성적 가점 기준이 상이하므로 지원 전 반드시 확인해야 합니다.

(3) 필기전형

Sh수협은행은 NCS로 구성된 직업기초능력평가 외에 지원 직무에 따라 경영학·경제학·법학·행정학 혹은 코딩능력을 평가합니다.

합격솔루션 3

직무별 전공 선택 시험은 원론수준의 간단한 문제가 출제되며, 계산문제보다 이론과 원리에 대한 문제가 다수 출제되기 때문에 신문이나 서적을 통해 따로 공부해야 합니다.

(4) 면접전형

Sh수협은행은 1차 면접과 2차 면접을 구분하여 진행하고 있습니다.

합격솔루션 4

모든 면접은 자기소개서와 인성검사를 토대로 시행되므로 사실 여부와 일치성이 가장 중요합니다. 또한 직무역량면접은 실무진과의 질의응답을 통해 지원자가 지원 직무에 대해 얼마나 이해하고 준비해왔는가를 평가하기 때문에 자기소개서를 다시 한번 보고, 예상되는 질문에 대한 답변을 미리 준비해야 합니다.

6 은행소개

(1) 비전

은행업을 넘어 전방위 금융서비스를 제공하는 금융사로의 도약을
통해 고객과 함께 성장하며 믿을 수 있는 금융파트너가 되자

(2) 슬로건

임직원 모두가 한마음 한뜻으로 "5대 핵심경영"을 통해
변화하며, 새로운 미래를 향해 전진하자

사회적 책임 이행 가치경영	기초체력 강화 내실 경영	새로운 미래로 도약 미래경영
독보적 경쟁력 확보 차별경영	건강한 조직문화 신뢰경영	

(3) 윤리경영

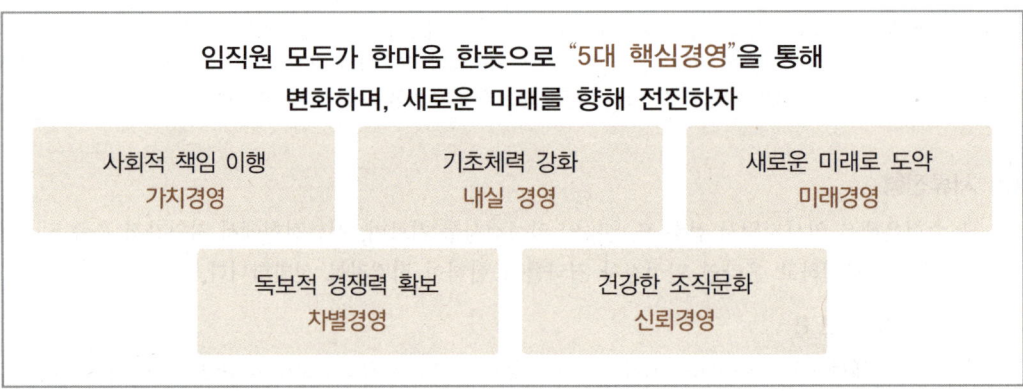

투명하고 깨끗한 세상! 수협이 앞장서겠습니다.

윤리경영을 통한 세계화	철저한 윤리경영의 실천 및 확산	윤리경영시스템의 운영 및 사회공헌
세계적으로 엔론사태 이후 기업의 준법정신을 높일 수 있는 "기업윤리"가 강조되고 있으며, 윤리경영이 글로벌 스탠더드로 부상되고 있습니다.	수협은 공사, 모든 용역, 구매 등 재계약 체결의 일련과정에서 금품 또는 향응을 수수하지 못하도록 계약 상대방과 청렴계약 체결 위반 시 계약 해지, 거래 중단 등 불이익 부과로 업무의 투명성 강화와 아울러 수협의 윤리경영 실천 및 거래업체의 윤리경영 확산을 도모하고 있습니다.	윤리경영은 일시적 유행이 아닌 시대적 요구사항으로 21세기 기업생존을 위한 필수요건임을 전 임직원이 인지하여, 기업경쟁력 강화 차원에서 변화와 혁신의 시대적 상황과 높아진 사회의식 수준에 부응하기 위하여 윤리경영시스템을 도입해 운영하고 있으며, 각종 사회봉사활동 및 공정하고 투명한 업무수행을 하고 있습니다.

(4) 사업안내

① **교육지원사업** : 수협중앙회는 어업인과 어촌사회 권익을 대변하고 수산업 발전과 어가 소득증대를 통한 어업인 삶의 질 향상에 앞장서고 있으며, 다양한 회원조합 지원 사업으로 협동조합의 본질적 가치 실현을 위해 노력하고 있습니다.

② **상호금융사업** : 수협상호금융은 어업인의 저축의식 고취와 재산형성을 도모하고 어업인이 필요로 하는 자금을 안정적으로 공급하는 한편, 회원조합 자체자금 조성에 기여하여 협동조합 고유목적 사업인 지도/교육 지원사업과 경제사업 수행에 필요한 자금을 공급함으로써, 어업인의 경제적 지위 향상은 물론 수산업의 생산량 증대에 힘쓰고 있습니다.

③ **공제보험사업** : 누구나 이용할 수 있는 수협보험! 고객과의 신뢰를 기반으로 각종 질병이나 불의의 재해로 인한 고객뿐만 아니라 소중한 가족과 재산상의 손실을 보장해 드립니다.

④ **정책보험사업** : 어업인 가족의 이익이 우선입니다! 신속하고 공정한 재해보상으로 우리의 어촌을 보호합니다.

⑤ **경제사업** : 수산물 유통을 선도하는 수협 경제사업! 어업인의 행복과 소비자의 건강한 내일을 약속합니다.

7 CI

Sh 수협은행	**커뮤니케이션 브랜드** 커뮤니케이션 브랜드 'Sh'는 고객과 원활한 소통을 위하여 사용하는 브랜드이자 수협의 영문 표기 'Su hyup'의 약칭으로, 수협 심볼과 별도로 사용되는 브랜드입니다. 바다(Sea)와 인간(Human)의 공존을 상징하는 바다의 역동성 있는 이미지를 바탕으로 글로벌하고 진취적인 수협 이미지를 표현하고 있습니다.

06 | MG새마을금고

1 은행정보

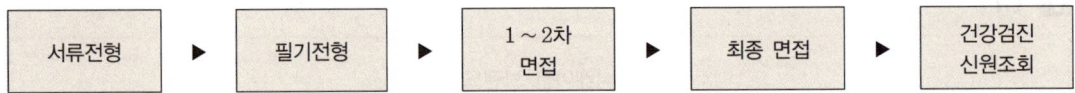

MG새마을금고		
	기관명	새마을금고중앙회 / KFCC(Korean Federation of Community Credit Cooperatives)
	회장	김인
	설립일	1973년 3월
	본사소재지	서울특별시 강남구 봉은사로 114길 20
	홈페이지	www.kfcc.co.kr

2 채용절차

서류전형 ▶ 필기전형 ▶ 1～2차 면접 ▶ 최종 면접 ▶ 건강검진 신원조회

3 세부전형

다음의 세부전형은 2025년 MG새마을금고중앙회 채용 공고를 기준으로 작성하였습니다.

서류전형	평가항목
	중복·모사 지원자 또는 불성실 지원자는 자동 탈락

▼

필기전형	평가항목	시험과목
	직무능력평가	의사소통능력, 수리능력, 문제해결능력
		금융·경제 상식
		직무전공(일반 : 경영, 경제, 민법 / IT : 전산이론)
	코딩테스트	IT 분야는 1차 면접 참석 전 온라인 코딩테스트 실시

▼

1～2차 면접	평가항목
	조별 토론, PT, 실무 면접

▼

최종 면접	평가항목
	인성 면접

4 NCS 출제영역

의사소통능력	수리능력	문제해결능력	자기개발능력	자원관리능력
○	○	○		
대인관계능력	정보능력	기술능력	조직이해능력	직업윤리

5 채용분석

(1) 인재상

① Coexistence 따뜻한 중앙회인
- 고객가치를 최우선으로 생각하고 행동하는 인재
- 고객의 동반성장을 지원하고 상생을 실천하는 인재

② Confidence 신뢰받는 중앙회인
- 정직함과 성실함을 갖추고 윤리의식을 지닌 인재
- 사명감과 책임의식을 가지고 솔선수범하는 인재

③ Creativity 창조적인 중앙회인
- 적극적이고 진취적인 자세로 변화를 선도하는 인재
- 창의와 열정을 바탕으로 전문역량을 갖춘 인재

④ Cooperation 협력하는 중앙회인
- 존중과 배려를 통해 화합하는 인재
- 열린 마음과 생각으로 소통하는 인재

합격솔루션 1

서류전형에 앞서 기업에 대한 정보부터 파악합니다. 자기소개서에 기업의 인재상을 모두 담으려고 하는 경우가 많은데, 모든 항목을 억지로 끼워 맞출 필요는 없습니다. 본인에게 가장 가깝다고 생각하는 항목을 선택하여, 직접 경험한 사례를 바탕으로 해당 역량을 충분히 갖추었음을 직·간접적으로 드러내야 합니다.

(2) 서류전형

MG새마을금고중앙회는 서류심사 후 합격자를 별도 발표하며, 중복·모사 지원자 또는 불성실 지원자는 자동 탈락한다.

합격솔루션 2

자기소개서에 기술한 내용은 인성검사 결과와 함께 인성 면접 자료로 활용되므로 반드시 본인의 경험에 기반한 사실을 적어야 합니다. 따라서 구체적인 사례를 통해 직무와 관련된 본인의 역량이 잘 드러나도록 작성해야 합니다. MG새마을금고중앙회는 전문자격증 등에 대하여 우대사항이 적용되므로 입사지원서 작성 전 지원하고자 하는 분야별 우대사항을 확인해야 합니다.

(3) 필기전형

MG새마을금고중앙회는 NCS로 구성된 직업기초능력평가 외에 금융·경제 상식과 직무전공 평가를 시행합니다.

합격솔루션 3

직무전공 시험은 원론수준의 간단한 문제가 출제되며, 계산문제보다 이론과 원리에 대한 문제가 다수 출제되기 때문에 신문이나 서적을 통해 따로 공부해야 합니다. 배점은 문항 간 동일하지만 NCS 직업기초능력의 문항 수가 많기 때문에 직업기초능력평가에서 상대적 우위를 가지는 것이 유리합니다.

(4) 면접전형

MG새마을금고중앙회는 1 ~ 2차 면접과 최종 면접을 구분하여 진행하고 있습니다.

합격솔루션 4

모든 면접은 자기소개서와 인성검사를 토대로 시행되므로 사실 여부와 일치성이 가장 중요합니다. 또한 직무역량 면접은 실무진과의 질의응답을 통해 지원자가 지원 직무에 대해 얼마나 이해하고 준비해왔는가를 평가하기 때문에 자기소개서를 다시 한번 보고, 예상되는 질문에 대한 답변을 미리 준비해야 합니다.

6 은행소개

(1) 존재이념

참여와 협동으로 풍요로운 생활공동체 창조

지역공동체와 더불어 개인의 삶의 풍요를 이루어
이웃과 더불어 잘사는 생활공동체를 만들자는 의미입니다.

(2) 비전

21C 선진종합금융 협동조합

새마을금고의 회원들에게 차원 높은 금융서비스를 제공하고 회원들이 새마을금고의 복지사업 혜택을 누리면서 보다 안정되고 풍요로운 삶을 누릴 수 있도록 하는 의미입니다.

(3) 경영이념

존재이념이나 비전을 달성하기 위한 새마을금고의 경영원칙으로
조직운영 원리이자 경영의사 결정의 기준이 됩니다.

민주경영	혁신지향	인간존중

(4) 새마을금고인의 정신

자조	호혜	공동체
회원 스스로 절약하고 새롭게 만들고 창조하며 개선하여 스스로 앞날을 개척하는 정신	이기주의와 개인주의를 극복하고 공동체의 삶을 풍요롭게 해주는 정신과 사랑, 봉사정신	이웃과 하나가 되어 사회를 풍요롭게 하자는 정신으로, 공동의 이익과 극대화되는 공동체사회를 추구함

7 CI

MG새마을금고

슬로건 컨셉

MG새마을금고의 슬로건 'Make Good'은 '좋아지다', '성공하다', '부자되다'라는 의미로 더 나은 고객의 삶뿐 아니라, 더 나은 지역 공동체와 세상을 생각하는 MG새마을금고의 철학을 전달합니다.

브랜드 컨셉

나 – 이웃 – 지역 – 사회가 함께 성장 · 발전해가는 따뜻한 철학, 사람 중심의 따뜻하고 풍요로운 이미지, 내 가족의 일처럼 마음을 다하는 서비스, 믿을 수 있는 금융서비스로 체계적이고 앞서가는 새마을금고

07 신협중앙회

1 은행정보

신협	기관명	신용협동조합중앙회 / NACUFOK(National Credit Union Federation of Korea)
	회장	김윤식
	설립일	1960년 5월 1일
	본사소재지	대전광역시 서구 한밭대로 745
	홈페이지	www.cu.co.kr

2 채용절차

서류전형 ▶ 필기전형 ▶ 1차 면접전형(실무진) ▶ 2차 면접전형(임원진) ▶ 건강검진 신원조회

3 세부전형

다음의 세부전형은 2026년 채용 공고를 기준으로 작성하였습니다.

서류전형	평가항목
	입사지원서, 자기소개서・역량기술서

▼

필기전형	평가항목	시험과목
	인적성검사	(공통) 근면성, 책임감, 협동성, 자주성, 준법성, 지도성, 집중력, 정서, 감정
	직무능력시험	(공통) 의사소통능력, 수리능력, 문제해결능력, 자원관리능력, 조직이해능력, 정보능력
	직무상식시험	(일반직군) 금융・경제・경영 또는 법・행정 중 선택 (IT직군) 소프트웨어 설계・계발, 데이터베이스 구축, 프로그래밍 언어 활용, 정보시스템 구축 관리
	논술시험	(일반직군) 금융・경제・경영 또는 법・행정 중 선택
	온라인 코딩테스트	(IT직군) 알고리즘, SQL

▼

1차 면접전형(실무진)	평가항목
	(일반직군) 실무 면접, 개인 PT 면접, 집단 PT 면접, 집단 토론 면접
	(IT직군) 실무 면접, 개인 PT 면접

▼

2차 면접전형(임원진)	평가항목
	(공통) 인성 면접

4 NCS 출제영역

의사소통능력	수리능력	문제해결능력	자기개발능력	자원관리능력
○	○	○		○
대인관계능력	**정보능력**	**기술능력**	**조직이해능력**	**직업윤리**
	○		○	

5 채용분석

(1) 인재상

① **몰입하는 인재**

매사에 집중과 몰입을 통해 속도감 있게 업무를 처리하여 조직에 활력을 불어 넣는 인재

② **협동하는 인재**

협동조합으로서의 정체성을 가지고 서민금융 공급과 사회적 역할을 확대하여 지역사회에 도움이 되는 인재

③ **글로벌한 인재**

국제금융협동조합인 신협의 국제적인 네트워크 협력 및 교류 확대를 이끌어 갈 글로벌 감각을 지닌 인재

④ **신뢰받는 인재**

항상 투명하고 정직한 자세로 신협의 사회적 선명성과 대외신인도를 제고시킬 인재

⑤ **변화하는 인재**

톡톡 튀는 아이디어를 제시하여 급변하는 금융환경에 능동적으로 대응하는 인재

합격솔루션 1

서류전형에 앞서 기업에 대한 정보부터 파악합니다. 자기소개서에 기업의 인재상을 모두 담으려고 하는 경우가 많은데, 모든 항목을 억지로 끼워 맞출 필요는 없습니다. 본인에게 가장 가깝다고 생각하는 항목을 선택하여, 직접 경험한 사례를 바탕으로 해당 역량을 충분히 갖추었음을 직·간접적으로 드러내야 합니다.

(2) 서류전형

신협중앙회는 서류심사 후 합격자를 신협 홈페이지에 공고한다.

합격솔루션 2

자기소개서에 기술한 내용은 인성검사 결과와 함께 인성 면접 자료로 활용되므로 반드시 본인의 경험에 기반한 사실을 적어야 합니다. 따라서 구체적인 사례를 통해 직무와 관련된 본인의 역량이 잘 드러나도록 작성해야 합니다. 내용을 허위 또는 현저히 불성실하게 작성하는 경우 불이익을 받을 수 있습니다.

(3) 필기전형

신협중앙회는 NCS로 구성된 직무능력시험 외에 직무상식시험, 논술시험(일반직군), 온라인 코딩테스트(IT직군)를 시행합니다.

합격솔루션 3

직무전공 시험은 원론수준의 간단한 문제가 출제되며, 계산문제보다 이론과 원리에 대한 문제가 다수 출제되기 때문에 신문이나 서적을 통해 따로 공부해야 합니다. 배점은 문항 간 동일하지만 NCS 직업기초능력의 문항 수가 많기 때문에 직업기초능력평가에서 상대적 우위를 가지는 것이 유리합니다. 신협중앙회의 경우 일반직군과 IT직군에서 묻는 직무상식 및 상세 전형이 다르므로 채용공고를 확인하는 것이 중요합니다.

(4) 면접전형

신협중앙회는 1차 면접과 2차 면접을 구분하여 진행하고 있습니다.

합격솔루션 4

모든 면접은 자기소개서와 인성검사를 토대로 시행되므로 사실 여부와 일치성이 가장 중요합니다. 또한 직무역량면접은 실무진과의 질의응답을 통해 지원자가 지원 직무에 대해 얼마나 이해하고 준비해왔는가를 평가하기 때문에, 자기소개서를 보고 예상되는 질문에 대한 답변을 미리 준비해야 합니다. 1차 면접은 일반직군의 경우 실무, 개인PT, 집단PT, 집단토론 면접이 시행되며, IT직군의 경우 실무, 개인PT 면접이 실시됩니다.

6 은행소개

(1) 소개

신협은 한국의 서민, 중산층을 위한 대표적인 비영리금융기관이다.

신협은 믿음과 나눔의 정신을 바탕으로 서민과 중산층을 위해 비영리로 운영되고 있는 협동조합 금융기관이다.

(2) 인사조직문화

소통문화 정착	일하는 자가 우대받는 문화 정착	자기계발을 통한 우수 인력 향상
• 타인을 배려하는 문화 • 조합과 조합원의 입장에서 근무하는 인재 양성 • 협동조합의 근본이념 이해	• 능력 있는 직원이 우대받는 문화 정책 • 능력중심의 성과 배분 • 성과주의 정착 • 책임과 권한의 범위 확립	• 지속적인 교육을 통한 전문지식 함양 • 전문지식을 통한 대조합 서비스 제고 • 조직이 필요한 지식을 보유한 인재 양성

(3) 윤리강령

신협중앙회는 협동조합의 가치와 신협운동의 정신을 보존하고 신협의 운영원칙을 준수하며 이를 바탕으로 한 정도경영을 실천해 조합원, 조합 임직원, 국가와 사회 등 모든 이해관계자들에게 사회적 책임을 다함으로써 복지사회건설에 기여하고자 한다.
이에 우리는 신협인으로서 지녀야 할 건전한 직업윤리와 사회구성원으로서 준수해야 할 윤리강령을 제정하고 가치판단과 행동양식으로 삼아 이를 적극 실천한다.

(4) 나눔경영

신협은 조합원이 필요로 할 때 도움을 주고,
이익은 지역과 조합원들에게 환원하는 나눔경영을 실천한다.

1960년 우리나라 최초의 순수 민간협동조합으로 태동	신협은 1960년 우리나라 최초의 순수 민간협동조합으로 태동한 이래, "사람이 먼저"라는 민본정신을 바탕으로 조합원의 사회적 경제 지위 향상과 지역사회 기여를 위해 최선의 노력을 다해왔다.
신협사회공헌재단 설립 누적 기부금 620억 원 돌파	신협은 다변화하는 사회문제에 대응하며 어둡고 그늘진 곳에 햇살 같은 역할을 실천하고자 2015년 전국 신협과 그 임직원들이 주축이 되어 신협사회공헌재단을 설립하였다. 재단은 2024년 기준 누적 기부금 620억 원을 돌파하는 등 신협의 나눔문화를 확산시킴과 동시에 잘살기 위한 경제운동, 사회를 밝힐 교육운동, 더불어 사는 윤리운동을 주제로 각 분야에서 다양한 사회공헌활동을 전개하고 있다.
모두가 행복한 내일을 만드는 데 앞장서는 신협	경제운동으로는 청년 일자리 지원, 협동조합 및 사회적 경제 조직 활성화 지원, 교육운동으로는 아동·청소년 등 다음 세대의 건강한 성장 지원, 윤리운동으로는 소외계층에 대한 복지서비스 지원 사업 등을 진행하고 있으며, 이밖에도 지역사회 문제해결을 위한 다양한 사회공헌 활동을 펼치고 있다.

7 CI

신협

심볼의 의미

선과 직선으로 이루어진 심볼의 전체적 형태는 신용협동조합의 3대 과제인 잘살기 위한 경제 운동, 사회를 밝힐 교육운동, 더불어 사는 윤리운동은 상호협동 관계에 의해서만 이루어진다는 이념을 기본으로 표현한 것으로 마치 충분한 영양을 흡수하여 만개하려는 꽃봉오리를 위에서 내려다 본 형태를 중심으로 그 속에 ㅅ, ㅇ, ㅎ 등 신용협동조합의 한글 머릿자를 따서 표현하여 더욱 신용협동조합의 정신에 부합시켰다. 또 기본 형태를 감싸고 있는 표현은 꽃받침 이미지와 두 손으로 감싸고 있는 이미지를 연상시켜 신용협동조합의 미래지향적 발전과 성장, 진취적인 사고에 의한 안정된 사회와의 유기적 관계를 나타낸 조형성이 강한 시각적 표상이다.

CHAPTER 03

2025년 주요 은행권 NCS 기출복원문제

※ 기출복원문제는 수험생들의 후기를 통해 시대에듀에서 복원한 문제로 실제 문제와 다소 차이가 있을 수 있으며, 본 저작물의 무단전재 및 복제를 금합니다.

03 | 2025년 주요 은행권 NCS 기출복원문제

정답 및 해설 p.002

| 하나은행

01 다음 글의 중심 내용으로 가장 적절한 것은?

> H은행이 은행권 최초로 인공지능 기술을 이용한 '기술력 기반 ML 모형'을 개발했다. 이를 통해 H은행은 기존의 재무제표 기반으로 진행했던 중소기업의 신용평가 방법에서 벗어나, 2014년부터 기술신용평가에서 축적된 중소기업의 정보 및 보유 기술을 기반으로 성장 가능성을 평가할 수 있게 되었다.
> AI 학습데이터인 기술력 기반 ML 모형은 기업이 보유한 기술과 관련한 정보, 예를 들면 특허 및 기술 인증뿐만 아니라 기술 인력, 기술개발 현황, 기술 사업화 역량 등을 활용하여 해당 기업이 현재 보유한 기술들을 바탕으로 미래에 얼마나 성장할 수 있을지에 대해 평가한다. 즉, 재무제표를 통해서는 알 수 없었던 기업의 미래의 신용을 평가할 수 있게 된 것이다.
> H은행은 기술력 기반 ML 모형으로 기업의 기술 평가 데이터를 분석하여 리스크 측면에서 설명 가능한 항목을 구별하고 변동성이 낮은 항목을 학습해 평가 결과의 안정성을 확보했다. 이를 통해 기업의 미래 신용도에 긍정 및 부정 영향을 미치는 요인이 무엇인지 파악이 가능하게 되었다.

① 은행권 최초로 중소기업의 기술력을 평가하다.
② 인공지능 기술을 통해 기업의 미래를 평가하다.
③ 은행권 최초로 인공지능 기술을 신용평가에 도입하다.
④ 인공지능 기술을 통해 기업평가에 안정성을 확보하다.

02 **다음 글을 읽고 〈보기〉의 빈칸에 들어갈 내용으로 가장 적절한 것을 고르면?**

H은행이 금융권 최초로 퇴직연금 가입 투자자의 '로보어드바이저 일임운용 서비스'를 시작하였다. 이는 투자자의 분석을 통해 맞춤형 포트폴리오를 생성한 뒤, 컴퓨터 알고리즘을 통해 고객이 어떤 상품에 투자하면 좋을지 판단해 개인형 IRP 적립금을 일임운용하는 금융서비스이다.
로보어드바이저 일임운용 서비스는 개인형 IRP 가입자가 이용할 수 있으며, 매년 추가로 납입한 가입자부담금 중 연간 900만 원에 한해 가입자 동의 시 일임이 가능하다.
H은행은 고객이 장기적으로 더 편리하고 더 안정적으로 노후 소득재원을 확보하고 관리할 수 있도록 이 금융서비스를 도입했다고 말하며, 이후에도 보다 혁신적인 금융서비스를 고객에게 제공할 수 있도록 지속적으로 개발하겠다고 밝혔다.

보기

'로보어드바이저 일임운용 서비스'란 ____________________ 알고리즘이 자동으로 개인형 IRP 적립금을 투자 관리해 안정적인 노후 소득재원을 확보해주는 서비스이다.

① 투자 금액에 맞춰
② 투자 흐름에 맞춰
③ 투자자 성향에 맞춰
④ 투자자 소득에 맞춰

| 하나은행

03 다음은 H은행 369 정기예금의 상품설명서이다. 이에 대한 설명으로 옳지 않은 것은?

〈369 정기예금〉

<table>
<tr><th>구분</th><th>내용</th></tr>
<tr><td>상품특징</td><td>• 3개월마다 높은 금리로 갈아탈 수 있는 옵션 보너스 제공
• 입출금과 거치식 예금의 장점만을 모은 편리하고 유용한 상품
• 내집 마련, 결혼 등 기쁜 날 해지 시 해당 기간별 고시 이율 적용</td></tr>
<tr><td>가입대상</td><td>• 실명의 개인 또는 개인사업자</td></tr>
<tr><td>예금종류</td><td>• 정기예금</td></tr>
<tr><td>가입기간</td><td>• 1년제</td></tr>
<tr><td>최저가입금액</td><td>• 3백만 원 이상(단, 인터넷뱅킹 및 스마트폰뱅킹은 최저 1만 원 이상)</td></tr>
<tr><td>이자지급방법</td><td>• 만기일시지급식</td></tr>
<tr><td>금리</td><td>• 예치 경과 기간에 따라 적용
(단위 : %)
<table>
<tr><th>구분</th><th>3개월(중도해지)</th><th>6개월(중도해지)</th><th>9개월(중도해지)</th><th>1년</th></tr>
<tr><td>금리(연율)</td><td>1.0</td><td>1.1</td><td>1.2</td><td>2.5</td></tr>
</table></td></tr>
<tr><td>일부해지</td><td>• 가입기간 중 만기해지 포함 총 3회 분할인출 가능(중도해지금리 적용)
• 분할해지 후 예금 잔액이 3백만 원 이상인 경우에만 가능</td></tr>
<tr><td>부가서비스</td><td>• 기쁜 날 서비스 : 자녀 결혼 등 목돈 필요로 중도해지 시, 가입 당시의 경과 기간별 금리 적용 지급
• 해지예약 서비스 : 신청 시 제일 먼저 돌아오는 3개월 해당 일에 자동해지 후 연결계좌 입금(연결계좌는 본인 명의 요구불통장만 가능하며, 해지예약 서비스를 통한 분할중도해지 불가)</td></tr>
</table>

① 중도해지를 이용할 수 있는 최대 횟수는 2회이다.

② 가입기간이 3개월 경과할 때마다 금리가 변경되는 상품이다.

③ 가입금액이 2백만 원인 고객은 일부해지 서비스를 이용할 수 없다.

④ 중도해지 신청 시 적용되는 금리는 제일 먼저 돌아오는 3개월에 해당하는 금리이다.

04 다음은 H은행 신혼부부전세론의 상품설명서이다. 이에 대한 설명으로 옳은 것은?

〈신혼부부전세론〉

구분	내용
상품특징	• 신혼부부 또는 결혼예정자를 대상으로 한국주택금융공사의 보증서를 담보로 하여 임차보증금의 90% 이내에서 주택의 전세(반전세 포함)자금을 지원하는 상품
대출대상	• 주택임대차계약을 체결한 국민인 거주자로 다음의 조건을 모두 충족하는 경우(임차보증금액 수도권 7억 원, 지방 5억 원을 초과하는 경우 대출 불가) – 현재 배우자와의 혼인기간이 7년 이내인 신혼부부 또는 보증신청일로부터 3개월 이내에 결혼하기로 한 결혼예정자 – 임차보증금의 5% 이상 지급한 만 19세 이상의 세대주 – 세대주와 동일세대를 이루고 있는 세대원 중 다음 하나에 해당하는 자 : 배우자, 직계존비속 및 그의 배우자, 신청인 및 배우자의 형제자매, 배우자의 직계존비속 및 그의 배우자
대상주택	• 공부상(등기부등본 등) 주거용 주택(미등기 주택도 가능)
대출한도	• 최대 2억 원 범위 내 다음 중 적은 금액 – 임차보증금의 90% 이내 – 신청인(배우자 포함) 연간소득의 최대 4.5배 이내
대출기간	• 전세계약 만기일 범위 내 최장 2년 • 최대 20년까지 1년 단위로 연장 가능 • 대출만기 시 자동연장되지 않으며, 임대차계약내용 변경(종료) 및 신용도에 따라 연장이 제한될 수 있으므로 반드시 만기 1개월 전에 대출받은 영업점 사전 상담 권장
대출신청시기	• 신규 : 임대차계약서상 잔금지급일과 주민등록전입일 중 빠른 날로부터 3개월 이내 • 갱신 : 주민등록전입일로부터 3개월 이상 경과하고, 계약갱신일로부터 3개월 이내(계약갱신일 이전에도 보증신청 가능)
상환방식	• 만기일시상환, 원(리)금균등분할상환
이자납입	• 이자 매월 후취

① 수도권의 대출 가능 금액은 지방보다 높다.

② 신혼부부전세론의 최대 대출 가능 한도는 1억 8천만 원이다.

③ 주민등록전입을 하지 않은 경우 기존 전세대출의 갱신이 불가하다.

④ 신청자인 세대주가 배우자와 동일세대를 이루고 있지 않다면 대출이 불가하다.

05 다음은 A지점에서 B지점까지 가는 도로망이고, 오른쪽이나 아래로만 이동할 수 있다. C지점이 공사로 인하여 통행이 불가능할 때, A지점에서 B지점까지 가는 경로의 경우의 수는?

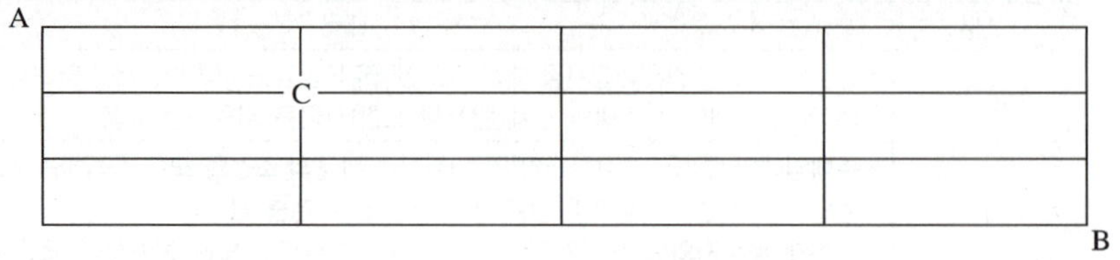

① 15가지　② 20가지
③ 25가지　④ 30가지

06 A와 B는 각각 1,000만 원을 가지고 2가지 종목에 500만 원씩 다음과 같이 투자하였다. 총수익을 토대로 수익률을 산정할 때, 수익률이 더 높은 사람과 두 사람의 수익률 차이는?

- A의 투자 결과
  - 첫 번째 종목에서 1차 +20%, 2차 −10%의 변동이 있었다.
  - 두 번째 종목에서 1차 −10%, 2차 +30%의 변동이 있었다.
- B의 투자 결과
  - 첫 번째 종목에서 1차 −10%, 2차 +10%의 변동이 있었다.
  - 두 번째 종목에서 1차 +10%, 2차 −10%의 변동이 있었다.

	높은 수익자	수익률 차이		높은 수익자	수익률 차이
①	A	11.5%p	②	A	13.5%p
③	B	11.5%p	④	B	13.5%p

※ 다음은 H기업 제품의 2024년 분기별 평균 판매 실적에 대한 자료이다. 이어지는 질문에 답하시오. **[7~8]**

〈2024년 H기업 제품의 분기별 평균 판매 실적〉

구분	출고단가(원)	판매수량(천 개)	할인율(%)	원가율(%)
1분기	12,000	40	25	60
2분기	15,000	30	20	60
3분기	10,000	50	0	65
4분기	14,000	50	0	50

※ (실제 판매단가)=(출고단가)×[1−(할인율)]
※ (매출액)=(실제 판매단가)×(판매수량)
※ (매출원가)=(매출액)×(원가율)
※ (매출총이익)=(매출액)−(매출원가) (단, 원가율은 실제 판매단가 기준으로 적용)

| 하나은행

07 제시된 자료를 참고할 때, H기업의 2024년 연간 매출액은?

① 18.6억 원　② 18.8억 원
③ 19.0억 원　④ 19.2억 원

| 하나은행

08 제시된 자료를 참고할 때, H기업의 2024년 연간 매출총이익은?

① 7.64억 원　② 7.82억 원
③ 8.05억 원　④ 8.13억 원

| 하나은행

09 **다음 중 4P 전략에 대한 설명으로 옳지 않은 것은?**

① 가격(Price)은 기업이 제품을 생산하는 데 들어가는 비용만을 고려하여 결정한다.
② 유통(Place)은 제품이나 서비스가 고객에게 전달되는 모든 경로와 장소를 의미한다.
③ 4P 전략은 마케팅 믹스 전략으로, 각 요소가 상호작용하여 고객의 구매 결정에 영향을 미친다.
④ 제품(Product) 요소에는 품질, 디자인, 브랜드, 서비스 등 고객에게 제공되는 모든 혜택이 포함된다.

| 하나은행

10 **H은행에서 열린 국제 콘퍼런스에 대하여 A ~ E는 서로의 참석 여부를 다음과 같이 진술하였다. 참석하지 않은 2명은 항상 거짓을 말하고 참석한 3명은 항상 참을 말할 때, 콘퍼런스에 참석하지 않은 2명은?**

- A : B와 D 중 1명만 콘퍼런스에 참석했다.
- B : E는 콘퍼런스에 참석하였다.
- C : B는 콘퍼런스에 참석하지 않았다.
- D : B와 E는 모두 콘퍼런스에 참석하지 않았다.
- E : A는 콘퍼런스에 참석하지 않았다.

① A, C ② B, D
③ B, E ④ C, D

11 다음 제시된 글을 읽고, 이어질 문장을 논리적 순서대로 바르게 나열한 것은?

농업생명자원에 생명공학기술을 도입하여 부가가치를 만들어 내는 신산업인 그린바이오산업은 농업, 종자, 미생물, 곤충, 천연물, 의약품 등 다양한 분야를 포함하는 신성장동력 산업으로 주목받고 있다.

(가) 예를 들어 전통 식품 소재나 생물체에서 유래한 물질을 활용하여 새로운 물질을 만들어 내거나 친환경 바이오 소재를 개발하는 것도 그린바이오산업의 한 분야이다.

(나) 우리나라 역시 2022년부터 그린바이오 사업의 일환으로 작물 재배와 품종 개량 연구를 통해 건강 기능성 성분 극대화 재배 매뉴얼을 개발 중에 있으며, 기존 품종보다 재배 가치가 높은 종자 지식 재산권을 확보해 궁극적으로 누구나 쉽게 개인 건강에 필요한 맞춤 식물 재배가 가능한 환경을 만드는 것을 목표로 하고 있다.

(다) 특히 현재 인류가 직면한 문제인 지구온난화로 인한 기후변화, 각종 전염병, 세계 인구 증가 추세 속에서 그린바이오산업을 통해 식량 생산성을 향상시켜 안정적인 식량 공급 체계를 구축할 수 있을 뿐만 아니라, 고령화 사회로 접어들면서 급증하는 의료비 부담을 줄이기 위한 헬스케어 서비스 역시 그린바이오산업을 통해 대응할 수 있을 것이라 기대되고 있다.

① (가) – (나) – (다)
② (가) – (다) – (나)
③ (나) – (가) – (다)
④ (다) – (가) – (나)
⑤ (다) – (나) – (가)

※ 다음 글의 내용으로 적절하지 않은 것을 고르시오. [12~13]

| 지역농협 6급(70문항)

12

금리상승과 환율의 큰 변동성, 대내외적으로 불확실한 정치 상황 등으로 인해 은행권의 관리 부담을 줄이기 위해 연기되었던 '스트레스 완충자본' 제도가 시행될 예정이다.
스트레스 완충자본이란 예외적이지만 발생할 수 있는 사건이나 금리, 환율, 성장률과 관련한 위기상황을 추정하여 금융시스템의 잠재적 취약성을 판단하는 위기상황분석(스트레스 테스트)을 거쳐 보통주자본비율 하락 수준에 따라 최대 2.5%p의 추가자본 적립의무를 부과하는 것이다.
만일 은행이 이를 준수하지 못한다면, 이익배당, 상여금 지급 등에 규제를 받게 된다. 다만, 독자적으로 자본을 보강하기 어렵거나 위기상황 시 정부의 손실보전 의무가 있는 산업은행과 수출입은행, 기업은행은 적용대상에서 배제되며, 새롭게 설립된 인터넷전문은행의 경우는 2년간의 유예기간을 거친 후 적용된다.
물론 이전에도 금융당국은 일정기간마다 은행에 스트레스 테스트를 시행해 손실흡수능력을 평가해 왔지만 그 결과가 미흡하더라도 해당 은행에 직접적인 조치를 취할 법적 근거가 없었다. 그러나 스트레스 완충자본 제도가 도입된다면 이제 법적 근거가 마련되는 셈이다.
이로써 은행은 예상치 못한 위기 상황이 발생하더라도 정상적인 기능을 지속할 수 있는 자본을 확충하게 되었다. 하지만 당장 은행 입장으로선 추가로 자본을 적립하여야 하는 부담을 지게 되어 원활한 자금 공급이 어려울 것으로 예측된다. 실제로 최근 경기 악화로 인해 중소기업을 시작으로 연체율이 증가해 은행권은 기업 대출 관리 중에 있어 해당 제도가 도입된다면 기업 대출의 문턱은 더 높아질 것으로 보인다.

① 스트레스 완충자본 제도는 모든 은행에 적용되지 않는다.
② 스트레스 완충자본 제도는 미래의 위기에 대응하는 대비책이다.
③ 스트레스 완충자본 제도는 은행에 당장의 자금 관리를 어렵게 한다.
④ 스트레스 완충자본 제도의 도입으로 은행의 손실흡수능력을 평가할 수 있게 되었다.
⑤ 스트레스 완충자본 제도가 시행된다면 은행의 중소기업 대출은 기존보다 어려워질 것이다.

13

ESG 경영이란 기업이 비재무적 가치인 환경 보호와 사회적 기여도를 고려하고 지배구조를 개선하여 이를 재무적 가치와 통합해 장기적인 성장을 이루고 리스크를 관리해 나가며 지속 가능한 경영을 추구하는 방식을 말한다.
환경적으로는 탄소 배출을 감축하거나 친환경 기술을 개발하는 등 환경오염과 기후변화에 대응할 수 있으며, 사회적으로는 장애인 등 사회적인 약자를 지원한다거나 지역사회에 공헌하는 등 사회적인 책임을 실천할 수 있다. 이는 투명하고 공정한 경영을 추구하고 주주의 권리를 보호하고, 윤리적인 의사결정 체계를 구축하는 등의 방식을 통해 지배구조를 개선하는 방식으로 이루어진다.
이러한 경영방식은 기업의 수익적인 측면을 우선하지 않기 때문에 기업의 이윤 창출에 단기적으로는 부정적인 영향을 미칠 수 있다. 하지만 ESG 경영으로 기업은 지속 가능한 성장과 리스크 감소로 수익률 향상을 기대할 수 있으며, 환경적 그리고 사회적으로 책임을 다하는 모습은 기업 이미지를 향상시킴으로써 소비자와 투자자 모두에게 신뢰를 쌓아 결과적으로 수익률 향상으로 이어질 수 있다. 이러한 기업환경 개선은 장기적인 이익뿐 아니라 단기적으로도 비용 절감, 내부 조직문화 개선 등 기업 발전에 큰 효용을 불러오고 있다.
예를 들어 친환경적인 가치를 가진 전기차의 배터리를 생산하는 기업인 L사는 자사 소유의 차량을 모두 친환경 차량으로 교체하는 것은 물론, 폐배터리 폐기 문제성을 인지하고 이에 대한 대응책으로 폐배터리 재활용 법인을 운영하기로 결정하였다. 또한 개발도상국의 배터리 주요 원자재를 생산하는 과정에서 아동 노동착취가 행해진 것을 인지하고 이를 직접 실사하며 후속 조치를 취하는 등 자사의 직접적인 잘못이 아님에도 불구하고 책임을 지는 모습을 보여 기업 이미지 강화에 성공하였다.
이처럼 ESG 경영은 이제 단순히 따르고 지켜야 할 가치 판단의 기준을 넘어서 기업의 생존과 직결된 핵심 전략으로 위치하고 있다.

① ESG 경영은 단기적으로 볼 때 기업의 발전을 저해한다.
② ESG 경영이란 기업의 비재무적인 요소를 개선해 나가는 경영방식을 말한다.
③ ESG 경영은 소비자와 투자자들이 기업을 판단하는 데 긍정적인 영향을 준다.
④ ESG 경영은 앞으로 선택사항이 아닌 필수사항으로 기업의 존립에 영향을 줄 것이다.

| 지역농협 6급(60문항)

14 A씨는 N은행의 만기일시지급식 예금에 가입하였다. A씨가 원금 100만 원을 3년간 단리로 예금하고 96,000의 이자를 받았다면, 해당 상품의 연 이율은 얼마인가?

① 3.0% ② 3.1%

③ 3.2% ④ 3.4%

| 지역농협 6급(60문항)

15 1부터 10까지의 정수가 적힌 공 10개 중에서 첫 번째는 2의 배수, 두 번째는 3의 배수가 나오도록 공을 뽑을 확률은?(단, 뽑은 공은 다시 넣는다)

① $\frac{5}{18}$ ② $\frac{3}{20}$

③ $\frac{1}{7}$ ④ $\frac{5}{24}$

| 지역농협 6급(60문항)

16 다음은 N국의 출산율과 이혼율에 대한 자료이다. 이에 대한 설명으로 옳지 않은 것은?

〈N국의 출산율과 이혼율〉

(단위 : 명, 건)

구분	출산율		이혼율	
		신생아 수		이혼 건수
2017년	1.17	460,000	2.1	100,000
2018년	1.05	400,000	2.2	110,000
2019년	0.98	380,000	2.3	115,000
2020년	0.92	370,000	2.1	100,000
2021년	0.84	365,000	2.0	90,000
2022년	0.81	360,000	1.95	90,000
2023년	0.78	350,000	1.75	85,000
2024년	0.72	340,000	1.85	90,000

※ 출산율 : 가임기 여성 1명이 평생 동안 낳을 것으로 예상되는 평균 신생아 수

※ 이혼율 : 인구 1,000명당 이혼 건수

① 2022년의 전체 인구는 전년 대비 증가하였다.

② 이혼율이 증가한 해에는 이혼 건수도 증가하였다.

③ 인구 1,000명당 신생아 수는 2018년이 2022년보다 적다.

④ 이혼 건수가 가장 많이 증가한 해에 신생아 수는 가장 많이 감소하였다.

17 다음은 N국의 연도별 민간투자사업방식에 따른 사업 현황에 대한 자료이다. 이에 대한 설명으로 옳지 않은 것은?

〈수익형 민간투자사업(BTO) 현황〉

구분	사업 개수(개)	사업 투입 인원(천 명)	사업 비용(백만 원)	사업 평균수익률(%)
2017년	60	100	1,000	5
2018년	70	150	1,100	4
2019년	77	140	1,200	3
2020년	30	50	500	−4
2021년	45	55	700	1
2022년	70	120	1,000	7
2023년	60	60	600	6
2024년	85	180	900	2

〈임대형 민간투자사업(BTL) 현황〉

구분	사업 개수(개)	사업 투입 인원(천 명)	사업 비용(백만 원)	사업 평균수익률(%)
2017년	270	1,700	15,000	2
2018년	300	2,000	16,000	1
2019년	400	2,600	18,000	4
2020년	200	1,000	7,500	−2
2021년	270	1,300	10,000	−1
2022년	150	1,600	12,000	5
2023년	200	2,300	11,500	4
2024년	300	2,200	14,500	−3

① BTO 사업에서 사업 비용의 전년 대비 증가율이 가장 큰 해는 2024년이다.
② BTO 사업과 BTL 사업 모두 사업 개수의 전년 대비 증가율이 가장 큰 해는 2022년이다.
③ BTL 사업에서 사업 평균수익률이 가장 낮은 해의 전년 대비 사업 비용 증가율은 25% 이상이다.
④ BTL 사업에서 사업 개수당 사업 비용이 가장 큰 해의 사업 평균수익률은 흑자를 기록하였다.
⑤ BTO 사업에서 사업 개수당 사업 투입 인원이 가장 많은 해의 전년 대비 사업 비용 증가율은 10%이다.

18 N은행의 A ~ D 4개 부서는 내일 있을 부서별 회의에서 필요한 사항을 충족하도록 회의실을 예약하고자 한다. 회의실 현황과 부서별 회의 정보가 다음과 같을 때, 부서별로 예약할 회의실이 바르게 연결된 것은?

〈회의실 현황〉

구분	최대수용인원	화이트보드	빔 프로젝터	화상회의 시스템	이용가능시간
가	9명	×	○	×	09:00 ~ 16:00
나	6명	○	×	○	10:00 ~ 14:30
다	8명	○	×	×	10:00 ~ 17:00
라	8명	×	×	○	11:30 ~ 19:00
마	10명	×	○	×	08:30 ~ 12:00

〈부서별 회의 정보〉

- 각 부서는 서로 다른 회의실을 예약한다.
- A부서는 총 8명이며, 전원 회의에 참석할 예정이다. 빔 프로젝터를 이용할 예정이며, 오전과 오후로 세션을 나누어 동일한 회의실을 2시간씩 사용하고자 한다.
- B부서는 총 7명이며, 전원이 회의에 참석하여 오후 4시부터 2시간 동안 싱가폴 지부와 화상회의를 진행할 예정이다.
- C부서는 총 10명이며, 3명은 출장으로 인해 불참할 예정이다. 회의는 오전 11시부터 2시간 동안 진행될 예정이며, 회의 시 화이트보드를 사용하고자 한다.
- D부서는 총 4명이며, 전원이 회의에 참석하여 빔 프로젝터를 이용하여 오전 중 3시간 반 동안 신상품 사전협의 회의를 진행하고자 한다.

	부서	회의실
①	A	마
②	B	가
③	C	나
④	C	다
⑤	D	라

| 지역농협 6급(60문항)

19 제시된 명제가 모두 참일 때, 다음 중 반드시 참인 것은?

- 클래식을 좋아하는 사람은 고전을 좋아한다.
- 사진을 좋아하는 사람은 운동을 좋아한다.
- 고전을 좋아하지 않는 사람은 운동을 좋아하지 않는다.

① 사진을 좋아하는 사람은 고전을 좋아한다.
② 클래식을 좋아하지 않는 사람은 운동을 좋아한다.
③ 고전을 좋아하는 사람은 운동을 좋아하지 않는다.
④ 운동을 좋아하는 사람은 클래식을 좋아하지 않는다.

| 지역농협 6급(60문항)

20 A ~ F 6명이 6층짜리 빌딩에 입주하려고 한다. 다음 〈조건〉을 만족할 때, 6명이 빌딩에 입주하는 경우의 수는?

조건

- A와 C는 고소공포증이 있어서 3층 위에서는 살 수 없다.
- B는 높은 경치를 좋아하기 때문에 6층에 살려고 한다.
- F는 D보다, D는 E보다 높은 곳에 살려고 한다.
- 각 층에는 1명씩만 거주한다.

① 2가지
② 4가지
③ 6가지
④ 8가지

21 다음 글의 주제로 가장 적절한 것은?

> 우리 사회는 타의 추종을 불허할 정도로 빠르게 변화하고 있다. 가족정책도 4인 중심에서 1 ~ 2인 가구 중심으로 변해야 하며, 청년실업율과 비정규직화, 독거노인의 증가를 더 이상 개인의 문제가 아닌 사회문제로 다뤄야 하는 시기이다. 여러 유형의 가구와 생애주기 변화, 다양해지는 수요에 맞춘 공동체 주택이야말로 최고의 주거복지 사업이다. 공동체 주택은 공동의 목표와 가치를 가진 사람들이 커뮤니티를 이뤄 사회문제에 공동으로 대처해 나가도록 돕고, 나아가 지역사회와도 연결시키는 작업을 진행하고 있다.
> 임대료 부담으로 작품활동이나 생계에 어려움을 겪는 예술인을 위한 공동주택, 1인 창업과 취업을 위해 골몰하는 청년을 위한 주택, 지속적인 의료서비스가 필요한 환자나 고령자를 위한 의료안심주택은 모두 시민의 삶의 질을 높이고 선별적 복지가 아닌 복지사회를 이루기 위한 노력의 일환이다. 혼자가 아닌 '함께 가는' 길에 더 나은 삶이 있기 때문에 오늘도 수요자 맞춤형 공공주택은 수요자에 맞게 진화하고 있다.

① 4차 산업혁명과 주거복지
② 선별적 복지 정책의 긍정적 결과
③ 주거난에 대비하는 주거복지 정책
④ 다양성을 수용하는 주거복지 정책

22 다음 문단을 논리적 순서대로 바르게 나열한 것은?

(가) 정책 수단 선택의 사례로 환율과 관련된 경제 현상을 살펴보자. 외국 통화에 대한 자국 통화의 교환 비율을 의미하는 환율은 장기적으로 한 국가의 생산성과 물가 등 기초 경제 여건을 반영하는 수준으로 수렴된다.

(나) 이처럼 환율이나 주가 등 경제 변수가 단기에 지나치게 상승 또는 하락하는 현상을 오버슈팅(Overshooting)이라고 한다.

(다) 이러한 오버슈팅은 물가 경직성 또는 금융 시장 변동에 따른 불안 심리 등에 의해 촉발되는 것으로 알려져 있다. 여기서 물가 경직성은 시장에서 가격이 조정되기 어려운 정도를 의미한다.

(라) 그러나 단기적으로 환율은 이와 괴리되어 움직이는 경우가 있다. 만약 환율이 예상과는 다른 방향으로 움직이거나 또는 예상과 같은 방향으로 움직이더라도 변동 폭이 예상보다 크게 나타날 경우 경제 주체들은 과도한 위험에 노출될 수 있다.

① (가) – (나) – (다) – (라)
② (가) – (나) – (라) – (다)
③ (가) – (다) – (라) – (나)
④ (가) – (라) – (나) – (다)

23 다음 글의 빈칸에 들어갈 내용으로 가장 적절한 것은?

> A카드가 자체 인공지능(AI) 기술을 로봇 프로세스 자동화 시스템에 접목해 고객 대응 역량을 대폭 강화했다고 밝혔다. A카드는 지난 2017년부터 '로봇 프로세스 자동화(RPA; Robotic Process Automation)' 활용을 금융업계에서 선도하며 카드 발급, 정산, 고객 상담, 데이터 분석 등 다양한 영역에서 단순·반복 업무를 자동화해왔다. 현재까지 총 135건의 RPA 과제를 수행하며 연간 약 7만 시간을 절감하는 성과를 거뒀다.
> 이번에는 단순 자동화를 넘어 AI를 접목한 '지능형 자동화(Intelligent Automation)' 시스템으로 고도화하고, 업무에 즉시 적용해 금융 디지털 혁신을 가속화하고 있다. 대표적으로 '금융당국 민원 처리 시스템'을 들 수 있다. 해당 시스템은 금융당국에 접수된 A카드 접수 민원을 RPA가 자동 수집하고 자체 개발 AI기술을 통해 내용을 분류·요약한 뒤 즉시 관련 부서로 배정한다. 이를 통해 민원 해결 속도와 정확성이 크게 향상돼 소비자 보호 활동이 한층 강화됐다.
> 이뿐만 아니라 '가맹점 부실징후 사전감지 모니터링 시스템'을 구축했다. RPA가 인터넷 포털·뉴스 등 외부 정보를 자동 수집하면, AI가 이를 분석해 가맹점 위험 신호를 조기 포착하고 리포트 형태로 제공한다. 데이터 기반 의사결정을 지원함으로써 부실 가맹점에 대한 선제적 대응과 리스크 관리 혁신을 동시에 실현한 것이다.
> A카드 K상무는 "AI와 RPA의 융합은 단순한 자동화를 넘어 디지털 혁신의 속도를 끌어올리는 핵심 동력"이라며 "앞으로도 A카드는 ______________________"라고 말했다.

① 인력을 총동원하여 수기로 확인하는 꼼꼼함을 더하겠다
② AI 남용 시대에 편승하지 않고 인재들의 능력을 믿겠다
③ 지능형 자동화를 확대해 차별화된 경쟁력을 만들어 나가겠다
④ 기술력 확보로 여태껏 이루지 못했던 자동화 시스템을 구축하겠다

24 다음은 M은행의 뛰어라정기적금 상품설명서이다. 이를 읽고 이해한 내용으로 적절하지 않은 것은?

〈뛰어라정기적금〉

<table>
<tr><th>구분</th><th colspan="2">세부내용</th></tr>
<tr><td>상품특징</td><td colspan="2">• 꿈을 실현하기 위하여 출발하는 청·중년층을 가입대상으로 하며 계약기간 동안 매월 일정금액을 납입하고 만기일에 이자와 원금을 지급받는 정액적립식 예금</td></tr>
<tr><td>가입대상</td><td colspan="2">• 만 19세 이상 만 50세 미만 개인으로, 전체 M은행 통합 1인 1계좌</td></tr>
<tr><td>계약기간</td><td colspan="2">• 1년</td></tr>
<tr><td>불입한도</td><td colspan="2">• 매월 30만 원 이하 1만 원 단위</td></tr>
<tr><td>이자지급</td><td colspan="2">• 만기지급식</td></tr>
<tr><td rowspan="4">이율</td><td colspan="2">• 기본이율 : 연 4%
• 우대이율(모든 우대이율은 만기해지 시 적용)</td></tr>
<tr><td>구분</td><td>세부내용</td></tr>
<tr><td>일반 우대이율
(최대 연 0.5%p)</td><td>• 본인명의 당행 요구불계좌로 만기자동이체를 등록한 후 만기자동이체된 경우 : 연 0.3%p
• 본인명의 당행 요구불계좌에서 이 상품으로 가입 월부터 10개월간 5회차 이상 자동이체로 납입하는 경우 : 연 0.3%p</td></tr>
<tr><td>상생 우대이율
(최대 연 1.5%p)</td><td>• 가입연도 1월 1일부터 가입 시 정한 만기일까지 다음 중 하나에 해당하는 경우(중복적용 불가) : 연 1.5%p
1. 결혼(청첩장 또는 이에 준하는 서류로 증빙)
2. 신규 입사(재직증명서 또는 이에 준하는 서류로 증빙)
3. 신규 사업 개설(사업자등록증 또는 이에 준하는 서류로 증빙)
4. 농립수산업 신규 종사(농지원부 또는 이에 준하는 서류로 증빙)
※ 증빙자료를 만기일 전 1영업일까지 당행에 제출하여야 함</td></tr>
</table>

① 이 상품의 최대 적용금리는 6%이다.

② 이 상품에 납입 가능한 최대 금액은 360만 원이다.

③ M은행에 본인명의의 요구불계좌가 없는 경우 일반 우대이율을 적용받을 수 없다.

④ 상생 우대이율을 적용받기 위해서는 만기일 전날까지 해당 증빙서류를 제출하여야 한다.

| MG새마을금고중앙회

25 A고객은 M은행 정기예금을 만기 납입했다. A고객이 가입한 상품의 정보가 다음과 같을 때, A고객이 받을 이자 금액은?

〈M은행 정기예금〉

- 가입자 : A(본인)
- 계약기간 : 24개월(만기)
- 저축방법 : 거치식
- 저축금액 : 2,000만 원
- 기본금리 : 연 0.5%
- 우대금리 : 거치금액 1,000만 원 이상 시 0.3%p
- 이자지급방식 : 만기일시지급, 단리식

① 320,000원　　② 325,000원
③ 328,500원　　④ 330,000원

| MG새마을금고중앙회

26 M사의 가～라 직원 4명은 원형 탁자에 둘러앉아 인턴사원 교육 관련 회의를 진행하고 있다. 직원들은 인턴 A～D를 1명씩 맡아 교육하고 있다. 다음 〈조건〉에 따라 직원과 인턴이 바르게 짝지어진 것은?(단, 방향은 탁자를 바라보고 앉았을 때를 기준으로 한다)

조건

- B인턴을 맡은 직원은 다 직원의 왼편에 앉아 있다.
- A인턴을 맡은 직원의 맞은편에는 B인턴을 맡은 직원이 앉아 있다.
- 라 직원은 다 직원 옆에 앉아 있지 않으나, A인턴을 맡은 직원 옆에 앉아 있다.
- 나 직원은 가 직원 맞은편에 앉아 있으며, 나 직원의 오른편에는 라 직원이 앉아 있다.
- 시계 6시 방향에는 다 직원이 앉아 있으며, 맞은편에는 D인턴을 맡은 직원이 있다.

① 가 직원 – A인턴　　② 나 직원 – D인턴
③ 다 직원 – C인턴　　④ 라 직원 – A인턴

27 M기업에서는 신입사원 2명을 채용하기 위하여 서류전형과 필기전형을 통과한 갑 ~ 정 4명의 최종 면접을 실시하였다. 다음과 같이 4개 부서의 팀장이 각각 4명을 모두 면접하여 채용 우선순위를 결정하였다고 할 때, 면접 결과에 대한 설명으로 옳은 것을 〈보기〉에서 모두 고르면?

〈면접 결과〉

순위 \ 면접관	인사팀장	경영관리팀장	총무팀장	회계팀장
1순위	을	갑	을	병
2순위	정	을	병	정
3순위	갑	정	정	갑
4순위	병	병	갑	을

※ 우선순위가 높은 사람순으로 2명을 채용함
※ 동점자는 인사, 경영관리, 총무, 회계팀장 순서로 부여한 고순위자로 결정함
※ 각 팀장이 매긴 순위에 대한 가중치는 모두 동일함

보기

ㄱ. '을' 또는 '정' 중 1명이 입사를 포기하면 '갑'이 채용된다.
ㄴ. 인사팀장이 '을'과 '정'의 순위를 바꿨다면 '갑'이 채용된다.
ㄷ. 경영관리팀장이 '갑'과 '병'의 순위를 바꿨다면 '정'은 채용되지 못한다.

① ㄱ
② ㄱ, ㄴ
③ ㄱ, ㄷ
④ ㄴ, ㄷ

28 다음 글의 제목으로 가장 적절한 것은?

시장경제는 국민 모두가 잘 살기 위한 목적을 달성하고자 수단으로써 선택한 나라 살림의 운영 방식이다. 그러나 최근에 재계, 정계, 그리고 경제 관료 사이에 벌어지고 있는 시장경제에 대한 논쟁은 마치 시장경제 그 자체가 목적인 것처럼 왜곡되고 있다. 국민들이 잘 살기 위해서는 경제가 성장해야 한다. 그러나 경제가 성장했는데도 다수의 국민들이 잘 사는 결과를 가져오지 못하고 경제적 강자들의 기득권을 확대 생산하는 결과만을 가져온다면 국민들은 시장경제를 버리고 대안적 경제 체제를 찾을 것이다. 그렇기 때문에 시장경제를 유지하기 위해서는 성장과 분배의 균형이 중요하다.
시장경제는 경쟁을 통해서 효율성을 높이고 성장을 달성한다. 경쟁의 동기는 사적인 이익을 추구하는 인간의 이기적 속성에서 기인한다. 국민 각자는 모두가 함께 잘 살기 위해서가 아니라 내가 잘 살기 위해서 경쟁을 한다. 모두가 함께 잘 살기 위한 공동의 목적을 달성하고자 하는 수단으로 시장경제를 선택한 것이지만, 개개인은 이기적인 동기로 시장에 참여하는 것이다. 이와 같이 시장경제는 개인과 공동의 목적이 서로 상반되는 모순인 것이 그 본질이다. 그래서 시장경제가 제대로 운영되기 위해서는 국가의 소임이 중요하다.
시장경제에서 국가가 할 일을 크게 세 가지로 나누어 볼 수 있다. 첫째는 경쟁을 유도하는 시장 체제를 만드는 것이고, 둘째는 공정한 경쟁이 이루어지도록 시장 질서를 세우는 것이며, 셋째는 경쟁의 결과로 얻은 성과가 모두에게 공평하게 분배되도록 조정하는 것이다. 최근에 벌어지고 있는 시장경제의 논쟁은 국가의 세 가지 역할 중에서 논쟁의 주체들이 자신의 이해관계에 따라서 선택적으로 시장경제를 왜곡하고 있다. 경쟁에서 강자의 위치를 확보한 재벌들은 경쟁 촉진을 주장하면서 공정경쟁이나 분배를 말하는 것은 반시장적이라고 매도한다. 정치권은 인기 영합의 수단으로 그리고 일부 노동계는 이기적 동기로 분배를 주장하면서 분배의 전제가 되는 성장을 위해 필요한 경쟁을 훼손하는 모순된 주장을 한다. 경제 관료들은 자신의 권력을 강화하기 위한 부처의 이기적인 관점에서 경쟁촉진과 공정경쟁 사이를 갈팡질팡하고 있다. 그러면서도 분배에 대해서 말하는 것은 금기시한다. 모두가 자신들의 기득권을 위해서 선택적으로 왜곡하고 있다.
경쟁은 원천적으로 공정성을 보장하지 못한다. 서로 다른 능력이 주어진 천부적인 차이는 물론이고, 물려받는 재산과 환경의 차이로 인하여 출발선에서부터 불공정한 경쟁이 시작된다. 그럼에도 불구하고 경쟁은 창의력을 가지고 노력하는 사람에게 성공을 가져다주는 체제이다. 그래서 출발점이 다를지라도 노력과 능력에 따라 성공의 기회가 제공되도록 보장하는 차원에서 공정경쟁이 중요하다.
또한 경쟁은 분배의 공평성을 보장하지 못한다. 경쟁의 결과는 경쟁에 참여한 모든 사람들의 노력의 결과로 이루어진 것이지, 승자만의 노력으로 이루어진 것은 아니다. 경쟁의 결과가 승자에 의해서 독점된다면 국민들은 경쟁의 참여를 거부할 수밖에 없다. 그래서 경쟁에 참여한 모두에게 공평한 분배가 이루어지는 것이 중요하다.

① 시장경제에서의 국가의 역할
② 시장경제에서의 개인 상호 간의 경쟁
③ 시장경제에서의 개인과 경쟁의 상호 관계
④ 시장경제에서의 경쟁의 양면성과 그 한계

29 다음 글에 대한 내용으로 적절하지 않은 것은?

> 유전자는 지구상의 모든 생물이 가지고 있는 것으로, 생물의 유전 형질을 결정하는 유전 정보의 기본 단위이다. 머리카락의 색, 키, 외모, 건강 등 생물의 모든 요소는 유전자에 담겨 있어 일종의 생물 설계도라고 불린다. 그런데 이 설계도에 작은 오류가 생긴다면 질병이 생기거나 신체 기능에 여러 문제가 발생할 수 있다. 대표적인 경우가 혈우병, 다운 증후군 등의 유전병이며, 통상적인 치료법으로는 완치하기 어려운 특징을 가진다. 그러나 최근에는 유전자 편집 기술을 통해 이러한 질병들을 고칠 수 있을 것으로 예상되어 의학·과학계에서 뜨거운 이슈로 떠오르고 있다.
> 유전자 가위라고도 불리는 유전자 편집 기술은 세포 속에 유전 정보를 담고 있는 DNA(디옥시리보핵산)에서 문제가 되는 부분을 핵산 분해 효소를 활용하여 제거한 뒤, 인공적으로 편집하여 더하거나 대체하는 유전자 조작 기술이다. 기존의 유전자 편집 기술은 특정한 염기서열을 선택적으로 식별하고, 그 부위의 DNA의 이중사슬을 절단하는 효소를 사용하는 제한효소법(ZFN, TALEN 등)을 사용하였다. 그러나 이는 DNA의 특정 부위를 절단하기 위해 각각의 표적 서열에 맞는 단백질(엔도뉴클레이즈)을 새로 설계하여 제작해야 하고 단백질을 직접 조작하는 방식으로 인해 적용할 수 있는 표적이 제한적이다. 또한 제작이 복잡하며 시간과 비용이 많이 드는 단점이 있다. 하지만 최근 새로운 유전자 가위 기술인 크리스퍼(CRISPR)가 개발되어 이러한 문제점이 상당 부분 해결됨에 따라 크리스퍼는 유전 공학의 혁명이라고 불리고 있다.
> 크리스퍼는 세균의 면역 시스템에서 착안한 유전자 편집 도구로 가이드 RNA(gRNA)와 Cas9 단백질을 활용한다. gRNA는 원하는 표적 DNA 서열을 정확히 인식하고 DNA를 자르는 효소인 Cas9을 이동시킨다. gRNA의 안내를 받아 이동한 Cas9 효소는 목표 위치의 DNA 이중사슬을 정확히 절단하고, 절단된 DNA는 세포의 복구 과정을 통해 유전자 삽입, 삭제, 변형을 할 수 있도록 한다. 기존에는 유전자를 자르기 위해 목표 위치에 맞는 효소가 일일이 필요했던 반면, 크리스퍼 방식은 변환이 쉬운 gRNA만 바꾸면 다양한 위치의 DNA를 정확히 자를 수 있을 뿐만 아니라 다양한 생물종의 DNA를 쉽게 편집할 수 있다.
> 이러한 유전자 편집 기술의 활용 범위는 매우 넓다. 대표적으로 유전병이 생기는 원인 유전자를 제거하고 정상 유전자로 고친다면 병의 원인을 없앨 수 있을 것이다. 농업 분야에서도 병충해에 강한 벼, 가뭄을 잘 견디는 옥수수, 영양소가 더 풍부한 토마토 등 무궁무진한 활용이 기대된다. 물론 유전자 편집 기술이 항상 긍정적인 결과만을 가져오지는 않는다. 원하는 부분을 고쳐도 예기치 않은 돌연변이가 생길 수 있으며, 사람의 유전자를 마음대로 바꾸는 것이 옳은 일인지에 대한 윤리적 정당성 문제도 있다. 과학자들은 기술을 안전하게 사용하기 위한 방법을 연구하고, 사회의 다양한 의견을 듣고 있다.
> 아직 해결해야 할 과제도 많지만, 유전자 편집 기술이 가져올 변화와 가능성은 무궁무진하다. 앞으로 이 기술이 인류의 삶과 건강에 어떤 영향을 미칠지 우리는 계속해서 관심을 가지고 지켜볼 필요가 있다.

① Cas9 효소는 DNA의 표적 이중사슬을 탐색하고 절단한다.
② 유전자 편집 기술은 활용 범위가 넓지만 돌연변이의 가능성이 있다.
③ 크리스퍼 방식으로 다수의 DNA 염기서열을 편집하려면 gRNA만 바꿔주면 된다.
④ 크리스퍼 방식은 기존의 유전자 가위 기술에 비해 유전자 편집 기술 적용 범위가 넓다.

| MG새마을금고 지역본부

30 M금고에서는 올해 고객만족도 조사를 통해 갑～병지점 세 곳 중 최고의 지점을 뽑으려고 한다. 인터넷 설문 응답자 5,500명 중 '잘 모르겠다.'를 제외한 응답자의 비율이 67%일 때, 갑지점을 택한 응답자의 수는?(단, 인원은 소수점 첫째 자리에서 반올림한다)

〈고객만족도 조사 현황〉

(단위 : %)

구분	갑지점	을지점	병지점	합계
응답률		23	45	100

※ 응답률은 '잘 모르겠다.'를 제외한 응답자 간의 비율임

① 1,119명　② 1,139명

③ 1,159명　④ 1,179명

| MG새마을금고 지역본부

31 A과장은 M금고의 신용대출 상품에 가입하려고 한다. 다음의 〈조건〉을 만족할 때, A과장이 첫 달에 지불해야 하는 월 상환액은?

조건

- 가입자명 : A(본인)
- 대출금액 : 1억 원
- 대출기간 : 1년
- 상환방법 : 만기일 일시상환
- 대출이율 : 4.5%

① 335,000원　② 375,000원

③ 390,000원　④ 400,000원

| MG새마을금고 지역본부

32 제시된 명제가 모두 참일 때, 다음 중 항상 참인 것은?

- 스포츠를 좋아하는 사람은 음악을 좋아한다.
- 그림을 좋아하는 사람은 독서를 좋아한다.
- 음악을 좋아하지 않는 사람은 독서를 좋아하지 않는다.

① 그림을 좋아하는 사람은 음악을 좋아한다.

② 음악을 좋아하는 사람은 독서를 좋아하지 않는다.

③ 스포츠를 좋아하지 않는 사람은 독서를 좋아한다.

④ 독서를 좋아하는 사람은 스포츠를 좋아하지 않는다.

33 다음은 2025년 M사 상반기 승진자 선발 방식에 대한 자료이다. A～E주임 5명 중 1명을 승진시키고자 할 때, 승진할 직원은?

〈2025년 상반기 승진자 선발 방식〉

- 승진후보자 중 평가점수가 가장 높은 순서대로 승진한다.
- 평가점수는 100점 만점으로 평가한다. 단, 가점을 합산하여 100점을 초과할 수 있다.
- 평가점수는 분기실적(40), 부서동화(30), 성실고과(20), 혁신기여점(10) 항목별 점수의 총합에 연수에 따른 가점을 합산하여 산정한다.
- 각 연수 이수자에게는 다음 표에 따라 가점을 부여한다. 단, 1명의 승진후보자가 받을 수 있는 가점은 5점을 초과할 수 없다.
- 동점자가 발생한 경우, 분기실적 점수와 성실고과 점수의 합이 높은 직원을 우선한다.

〈연수별 가점〉

(단위 : 점)

구분	혁신선도	조직융화	자동화적응	대외협력
가점	2	1	4	3

〈승진후보자 항목별 평가점수〉

(단위 : 점)

구분	분기실적	부서동화	성실고과	혁신기여	이수한 연수
A주임	29	28	12	4	조직융화
B주임	32	29	12	5	혁신선도
C주임	35	21	14	3	자동화적응, 대외협력
D주임	28	24	18	3	–
E주임	30	23	16	7	자동화적응

① A주임
② B주임
③ D주임
④ E주임

※ 다음 글을 읽고 이어지는 질문에 답하시오. [34~35]

(가) 한국거래소 단일 체제로 운영되었던 국내 주식시장이 넥스트레이드의 출범으로 복수 거래 시장 체제로 바뀌게 되었다. 이는 자본시장 인프라 경쟁체제 도입을 통한 시장 선진화와 투자자 효용증대를 위한 것으로 업계 관계자들은 이를 두고 이전보다 거래비용과 처리속도, 주문방식, 거래시간 등 인프라 환경이 투자자에게 유리하게 바뀔 수 있을 것이라며 넥스트레이드의 출범에 대해 긍정적으로 보고 있다.

(나) 먼저 투자자의 시장 접근성과 거래편의성을 향상시키기 위한 정규시장 전후로 거래시간이 확대된다. 정규시장보다 1시간 일찍 개장하는 프리마켓(08:00 ~ 08:50)과 정규시장 폐장 후 경쟁접속매매 방식으로 거래되는 애프터마켓(15:40 ~ 20:00)이 도입되어 현행 거래소의 거래시간에서 5시간 30분 확대된 12시간 동안 거래가 가능해진 것이다. 이러한 애프터마켓의 도입으로 해외 투자자가 해당 국가의 낮에 우리나라 주식을 거래할 수 있게 됨으로써 해외 투자자의 국내시장 접근성이 용이해져 야간시장 유동성 증가도 기대되고 있다.

(다) 또한 넥스트레이드는 새로운 호가 유형인 '중간가호가(Mid Point Order)'와 '스톱지정가호가(Stop Limit Order)'를 제공하겠다고 밝혔다. 중간가호가란 최우선매수・매도호가의 중간 가격(산술평균 가격)으로 매매하고자 하는 주문을 말하며, 이를 통해 안정적이고 풍부한 유동성이 확보될 것으로 기대된다. 스톱지정가호가란 시장가격이 투자자가 사전에 설정한 가격(Stop Price)에 도달하는 경우 지정가 호가로 매매하도록 전환되는 주문을 말한다. 다만, 두 호가 모두 넥스트레이드에서만 가능하며, 프리・애프터마켓 운영시간이 아닌 기존 정규시장에서만 사용이 가능하다.

(라) 이와 더불어 거래소 경쟁체제로 인해 기존 대비 투자비용을 절감할 수 있을 것으로 기대된다. 넥스트레이드가 거래소 경쟁체제 확립과 투자자 편익 향상을 위해 거래소보다 20 ~ 40% 낮은 수수료를 제공하겠다고 밝혔기 때문이다. 거래유형에 구분 없이 일률적으로 수수료를 부과하던 기존의 방식을 탈피해 기존 호가 잔량을 이용하여 거래를 체결하는 '테이커(Taker)'에는 기존 거래소 대비 80% 수준인 0.00182%를 부과하고, 시장에 유동성을 공급하는 '메이커(Maker)'에게는 이보다 더 낮은 0.00134%의 수수료를 부과하는 등 투자자 친화적인 수수료방식으로 진행할 예정이다.

34 다음 중 윗글의 대한 내용으로 가장 적절한 것은?

① 기존에는 국내 주식시장이 독점으로 운영되어 투자자들에게 불리했다.
② 애프터마켓의 도입 전에는 해외 투자자가 우리나라 주식을 거래할 수 없었다.
③ 중간가호가와 스톱지정가호가는 넥스트레이드에서만 할 수 있는 매매 주문이다.
④ 거래소 경쟁체제의 도입으로 모든 거래소에서 거래유형에 따라 부과되는 수수료가 상이해졌다.

35 윗글에서 〈보기〉의 문장이 들어갈 위치로 가장 적절한 곳은?

> **보기**
> 이에 대해 넥스트레이드 측은 “우리나라도 시간의 문제일 뿐, 언젠가는 24시간 주식거래체계를 갖추어야 국내 및 해외 투자자 니즈를 만족시키고, 글로벌 경쟁에서 뒤떨어지지 않을 것”이라고 덧붙였다.

① (가) 문단의 뒤
② (나) 문단의 뒤
③ (다) 문단의 뒤
④ (라) 문단의 뒤

※ 다음은 I퇴직연금의 상품설명서이다. 이어지는 질문에 답하시오. [36~37]

〈I퇴직연금〉

- I퇴직연금은 65세 정년퇴직한 사람만 퇴직 후 연금을 수령할 수 있다(정년퇴직일은 65세가 된 해 마지막 날임).
- I퇴직연금은 가입일로부터 매월 소득의 10%를 납입하여야 하며, 정년퇴직 시 납입을 중단하고 매월 1,200,000원을 지급받는다.
- I퇴직연금 상품은 정년퇴직일에 일시금으로 받을 수 있는 옵션이 있는데, 이는 납입기간이 30년 이상이거나, 총 납입금액이 2억 원 이상인 경우에만 가능하다.
- I퇴직연금은 정년퇴직일 이후 공모펀드, ETF, 예금 중 하나에 실물이전이 가능하며, 실물이전 후 상품의 리스크에 따른 추정 수익률은 다음과 같다.

구분	추정 수익률
공모펀드	• 30% 확률로 이전금의 30% 상승 • 20% 확률로 이전금의 20% 상승 • 50% 확률로 이전금의 10% 하락
ETF	• 15% 확률로 이전금의 100% 상승 • 25% 확률로 이전금의 50% 상승 • 55% 확률로 이전금의 30% 하락 • 5% 확률로 이전금의 50% 하락
예금	• 100% 확률로 이전금의 5% 상승

※ 기대 수익률은 상품별 추정 수익률의 확률 가중 평균하여 백분율로 표시한 것임

- 실물이전은 퇴직연금 납입액의 50%를 이전할 수 있으며 단 1회만 할 수 있다.
- 실물이전을 통해 선택한 상품의 가입기간은 5년이며, 5년 만기 후 해당 상품에 특성에 따른 금액을 일시금으로 수령한다. 단, 이 기간 동안 연금액은 수령하지 못한다.
- 실물이전을 하지 않은 채 연금을 받다가 사망하여 퇴직연금 총 납입금이 수령액보다 많다면, 잔여 납입금을 일시불로 상속할 수 있다. 이 경우 상속세는 5%이다.

| IBK기업은행

36 다음 중 I퇴직연금 상품에 대한 설명으로 옳지 않은 것은?

① I퇴직연금에서 실물이전할 경우, 기대 수익률이 가장 높은 상품은 공모펀드이다.

② I퇴직연금을 40세에 가입하고 월 소득이 800만 원일 때, 정년퇴직일에 일시금으로 수령할 수 있다.

③ 월 소득이 600만 원인 사람이 I퇴직연금에 20년간 가입 후 정년퇴직을 하여 10년간 연금을 수령하였다면, 납입금과 수령액은 동일하다.

④ I퇴직연금 납입금이 5천만 원이고 실물이전을 하지 않은 상태에서 30개월간 연금을 받다 사망한 경우, 상속 가능한 실제 금액은 1,330만 원이다.

| IBK기업은행

37 다음은 A씨의 급여상황 및 노후대책 계획이다. A씨가 정년퇴직 후 얻을 수 있는 최대금액은?(단, 금액은 연금 수령액과 실물이전 투자 수익을 모두 반영한다)

- 26세에 취업한 A씨는 65세에 정년퇴직을 하며, 연봉은 5년 단위로 재협상한다. 재협상 시 A씨의 연봉은 600만 원씩 상승한다.
- A씨의 최초 월급은 200만 원이며 그 외 수입은 없다.
- A씨는 36세에 I퇴직연금 상품에 가입할 예정이며, 정년퇴직까지 I퇴직연금을 유지할 예정이다.
- A씨는 76세에 실물이전을 진행할 예정이다.
- A씨는 85세 끝까지 연금을 받을 예정이다.

① 2억 8,800만 원
② 2억 9,250만 원
③ 2억 9,412만 원
④ 3억 5,302만 원

※ 다음은 I기업 직원의 5월 소득 및 지출에 대한 자료이다. 이어지는 질문에 답하시오(단, I기업의 직원은 제시된 6명뿐이다). **[38~39]**

〈I기업 직원의 5월 소득 관련 자료〉

구분	월 기본급	근속연수	근무지	비고
A사원	2,230천 원	2년	서울	–
B대리	2,750천 원	4년	경기	–
C대리	3,125천 원	5년	경기	장애 1급
D과장	3,500천 원	6년	인천	–
E차장	3,780천 원	10년	인천	–
F부장	4,200천 원	14년	세종	장애 5급

※ 월 급여 책정 원칙 : (월 기본급)+[근속급여(근속연수)×(100천 원)]+(직위 급여)+(근무지 급여)+(장애 급여)
- 직위 급여(천 원) : 사원(50), 대리(70), 과장(100), 차장(150), 부장(200)
- 근무지 급여(천 원) : 서울(0), 경기(30), 인천(50), 세종(100)
- 장애 급여(천 원) : 1급(250), 2급(200), 3급(150), 4급(100), 5급(50), 6급(30)

〈I기업 직원의 5월 지출 관련 자료〉

(단위 : 원)

구분	식비	주거비	통신비	세금	교육비	기타	합계
A사원	420,000	735,000	150,000	340,000	250,000	550,000	2,445,000
B대리	550,000	800,000	150,000	415,000	100,000	650,000	2,665,000
C대리	750,000	580,000	200,000	500,000	300,000	963,000	3,293,000
D과장	950,000	873,000	150,000	350,000	800,000	1,155,000	4,278,000
E차장	1,150,000	967,000	150,000	515,000	1,330,000	830,000	4,942,000
F부장	1,450,000	875,000	200,000	465,000	1,400,000	925,000	5,315,000

〈I기업 직원의 5월 기타 지출 항목 중 세부 자료〉

(단위 : 원)

구분	잡화비	여행비	금융상품 투자		업무비	합계
			예금	적금		
A사원	100,000	150,000	100,000	100,000	100,000	550,000
B대리	100,000	250,000	150,000	100,000	50,000	650,000
C대리	203,000	260,000	200,000	200,000	100,000	963,000
D과장	200,000	800,000	50,000	100,000	5,000	1,155,000
E차장	230,000	200,000	100,000	200,000	100,000	830,000
F부장	105,000	100,000	500,000	200,000	20,000	925,000

38 **다음 중 위 자료에 대한 설명으로 옳지 않은 것은?**

① I기업 직원들의 5월 소득 평균은 450만 원 이상이다.
② I기업 직원들 중 5월 소득에서 5월 지출을 뺀 금액이 가장 많은 사람은 C대리이다.
③ I기업 직원들 중 근속연수가 가장 짧은 직원의 5월 소득과 5월 지출은 각각 250만 원 이하이다.
④ I기업 직원들의 5월 지출은 각각 200만 원 이상이며, 이들의 평균 5월 지출은 350만 원 이상이다.

39 **다음 중 I기업 전체 직원의 금융상품 투자금액에서 각 직원이 차지하는 비율을 바르게 나타낸 그래프는?**

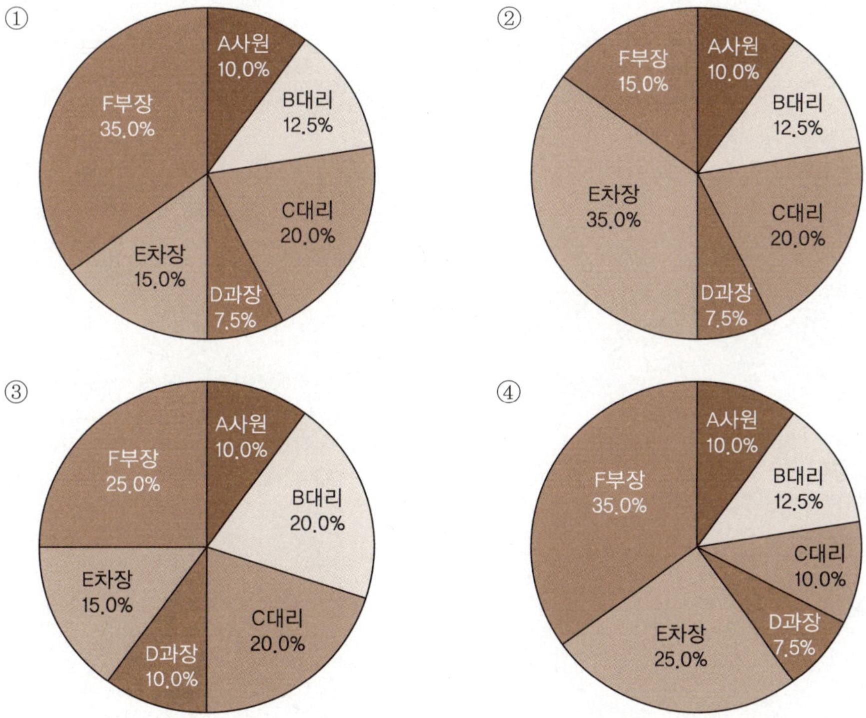

※ 다음은 I은행의 승진 규정과 대리 직급 승진 대상자의 평가 점수에 대한 자료이다. 이어지는 질문에 답하시오. **[40~41]**

〈I은행의 승진 규정〉

- 승진 대상자는 업무실적, 팀워크, 전문성, 성실성을 평가한다.
- 평가 항목별 점수는 100점을 만점으로 한다.
- 최종 평가 점수는 평가 항목별 점수에서 다음의 가중치를 반영하여 합산한다.

(단위 : %)

구분	업무실적	팀워크	전문성	성실성
가중치	40	15	25	20

- 최종 평가 점수가 동일할 경우, 업무실적과 전문성 점수의 평균이 더 높은 사람을 선정한다(단, 가중치는 반영하지 않는다).

〈대리 직급 승진 대상자 개별 평가 점수〉

(단위 : 점)

구분	업무실적	팀워크	전문성	성실성
A주임	60	90	84	98
B주임	70	86	84	96
C주임	91	76	96	53
D주임	84	92	76	80

| IBK기업은행

40 다음 중 I은행 승진 규정에 따라 대리로 진급하는 사람은?

① A주임 ② B주임
③ C주임 ④ D주임

| IBK기업은행

41 I은행은 특별 프로젝트를 진행하기 위해 제시된 승진 대상자들 중 1명을 대리로 진급시켜 팀장 직책을 부여하려 한다. 승진 규정을 다음과 같이 변경할 때, 팀장이 되는 사람은?

• 최종 평가 점수는 평가 항목별 점수에서 다음의 가중치를 반영하여 합산한다.

(단위 : %)

구분	업무실적	팀워크	전문성	성실성
가중치	15	30	40	15

• 최종 평가 점수가 동일할 경우, 팀워크와 전문성 점수의 평균이 더 높은 사람을 선정한다(단, 가중치는 반영하지 않는다).

① A주임 ② B주임
③ C주임 ④ D주임

※ 다음은 IBK 부모급여우대적금의 상품설명서이다. 이어지는 질문에 답하시오. **[42~43]**

〈IBK 부모급여우대적금〉

<table>
<tr><th>구분</th><th>세부내용</th></tr>
<tr><td>가입대상</td><td>• 실명의 개인(단, 개인사업자 및 외국인 비거주자 제외)
• 1인 1계좌</td></tr>
<tr><td>상품유형</td><td>• 정기적금(자유적립식)</td></tr>
<tr><td>가입방법</td><td>• 신규 및 해지 : 영업점, 비대면 채널(i_ONE Bank)</td></tr>
<tr><td>가입금액</td><td>• 최소 1만 원 이상, 월 50만 원 이내(만 원 단위)</td></tr>
<tr><td>계약기간</td><td>• 1년제</td></tr>
<tr><td>이자지급시기</td><td>• 만기일시지급식(만기 또는 중도해지 요청 시 이자를 지급)</td></tr>
<tr><td>기본이자율</td><td>• 연 2.5%</td></tr>
<tr><td>우대이자율</td><td>• 최고 연 4.0%p(계약기간 동안 다음 조건을 충족하고, 만기해지 시 우대이자율 제공)
① 부모급여나 아동수당을 6개월 이상 입금받는 경우 : 연 2.0%p
(부모 또는 자녀 명의 당행 입출금식 통장으로 입금 시)
② 주택청약종합저축 신규 가입 후 만기시점까지 보유한 경우 : 연 1.0%p
(부모 또는 자녀 명의 가입 시)
③ 한부모가족 지원대상자 : 연 1.0%p
(부모 또는 자녀 명의 한부모가족 증명서를 제출한 경우)
• 가족 실적합산
<table>
<tr><th>구분</th><th>내용</th></tr>
<tr><td>가족등록</td><td>• 적금 가입자 기준으로 가족(1명)을 등록할 수 있으며, 부모 – 자녀 관계만 1 : 1로 등록 가능
• 등록하는 가족 1명은 IBK 부모급여우대적금 가입 필수 아님
• 등록방법 : 가족관계 확인서류를 지참하여 영업점 방문</td></tr>
<tr><td>실적합산</td><td>• 가족등록 후 계약기간 중 충족된 실적은 합산하여 우대이자율 제공
(적금 가입과 우대조건을 충족한 고객의 명의가 달라도 합산하여 실적 인정)</td></tr>
</table></td></tr>
<tr><td>만기 후 이자율</td><td>• 만기 시점 이후 예치된 기간에만 적용
– 만기 후 1개월 이내 : (기본이자율)×50%
– 만기 후 1개월 초과 6개월 이내 : (기본이자율)×30%
– 만기 후 6개월 초과 : (기본이자율)×20%</td></tr>
<tr><td>중도해지이자율</td><td>• 납입기간 경과 비율[(경과일수)÷(계약일수)×100)]에 따라 차등 적용
– 납입기간 경과비율 10% 미만 : (기본이자율)×5%
– 납입기간 경과비율 10% 이상 20% 미만 : (기본이자율)×10%
– 납입기간 경과비율 20% 이상 40% 미만 : (기본이자율)×20%
– 납입기간 경과비율 40% 이상 60% 미만 : (기본이자율)×40%
– 납입기간 경과비율 60% 이상 80% 미만 : (기본이자율)×60%
– 납입기간 경과비율 80% 이상 : (기본이자율)×80%
• 중도해지이자율의 최저 이자율은 연 0.1%</td></tr>
<tr><td>계약해지방법</td><td>• 영업점 및 비대면 채널(i_ONE Bank)을 통해 해지 가능
• 만기자동해지 서비스 신청 가능</td></tr>
</table>

IBK기업은행

42 **다음은 행원과 고객의 상담 내용이다. 고객의 문의에 대한 행원의 답변으로 옳지 않은 것은?**

행원 : 안녕하세요. IBK 예금몰 상담원 ○○○입니다. 무엇을 도와드릴까요?
고객 : 안녕하세요. 제가 지인으로부터 IBK기업은행 적금 중 아동수당 관련하여 우대금리를 받을 수 있다고 추천을 받았는데 문의사항이 있어서 전화 드렸습니다.
행원 : 네, 고객님. 혹시 IBK 부모급여우대적금 말씀하시는 걸까요?
고객 : 네, 맞아요. 해당 상품에 가입하기 위한 특별한 조건이 있을까요?
행원 : ① 네, 고객님. IBK 부모급여우대적금 상품의 경우 부모와 자녀 간 실적을 공유하여 부모급여나 아동수당을 수급하는 분들에 한해 가입이 가능한 자유적립식 적금 상품입니다.
고객 : 부모와 자녀 간 실적을 공유한다는 것은 무슨 의미인가요?
행원 : ② 부모와 자녀 간 가족등록이 된 경우 적금 가입을 하신 분 이외에 등록된 부모님이나 자녀분이 우대이자율 조건을 충족하시면 적금 가입을 하신 분의 실적으로 합산되는 것을 의미합니다.
고객 : 그러면 만약 제가 부모우대적금에 가입을 하고, 제 딸의 명의로 된 IBK기업은행 통장에 아동수당이 6개월 이상 지급된다면 제가 가입한 적금에서 해당 우대이자율을 받을 수 있는 건가요?
행원 : ③ 네, 그렇습니다. 이러한 가족 실적합산을 적용받으시기 위해서는 반드시 가족등록이 필요하며, 가족관계 확인서류를 지참하여 영업점을 방문해 주셔야 합니다.
고객 : 감사합니다. 한 가지 더 궁금한 것이 있는데, 혹시 해당 적금에는 얼마나 많이 입금할 수 있나요?
행원 : ④ IBK 부모급여우대적금의 경우 1년제 상품입니다. 월마다 최대 50만 원씩 입금하실 수 있으므로 최대 입금액은 600만 원입니다.
고객 : 감사합니다. 조만간 관련 서류 챙겨서 영업점 방문하도록 하겠습니다.
행원 : 네, 감사합니다. 고객님의 방문을 기다리도록 하겠습니다. IBK 예금몰 상담원 ○○○이었습니다.

IBK기업은행

43 **다음과 같은 상황에서 A고객이 받을 수 있는 최고 이자율은?**

6살 아들이 있는 내국인 A고객은 IBK기업은행 영업점에 방문하여 자신의 명의로 IBK 부모급여우대적금에 가입하였으며 동시에 자신의 아들과 가족등록을 완료하였다. 가입 당시 A고객의 아들은 IBK기업은행의 통장에 8개월 동안 아동수당을 받고 있었으며, 아들의 명의로 주택청약종합저축을 가입하여 계속 유지하였다. A고객은 적금에 매월 10만 원씩 입금하였고 9개월 동안 유지하다가 중도해지하였다.

① 연 0.1%
② 연 1.5%
③ 연 2.0%
④ 연 3.3%

44 다음 글의 내용으로 적절하지 않은 것은?

> 기획재정부가 외환시장 구조개선 방안으로 국내 외환시장의 개장시간을 연장하게 되면서 국내 외환시장이 27년 만에 큰 변화를 맞이하게 되었다. 기존에는 오후 3시 30분에 마감되어 환율이 멈췄던 외환거래가 다음 날 새벽 2까지 대폭 연장되면서 원/달러 환율도 계속하여 변동하게 된 것이다.
> 이를 통해 국내외 투자자들의 환전 편의성은 늘리고 거래비용은 줄일 수 있게 되었다. 특히 국내 주식의 구매를 원하는 해외 투자자들이 RFI(Registered Foreign Investor, 등록 외국인 투자자) 자격을 갖추었을 경우 국내 금융회사 또는 외국 금융기관을 통해 미 달러화를 원화로의 실시간 환전이 가능해졌다. 따라서 새벽 2시까지 실시간 환율로 거래할 수 있어 매수 가능 주식 수가 증가할 것으로 기대되고 있다. 다만 이는 원/달러 환율에만 국한된 것으로, 원화와 이종통화 간의 거래시간은 이전과 동일하게 운영된다.
> 이와 같은 변화로 금융감독위원회는 새로운 회계 처리 기준을 마련하였는데, 이는 사실상 익일인 자정부터 새벽 2시까지 발생한 외환거래를 당일자로 회계 처리하는 것이다. 다만 결산일은 예외로 둔다.

① 국내 외환시장의 개장시간 연장으로 달러의 종가는 새벽 2시의 가격으로 봐야 할 것이다.
② 원화와 엔화 및 유로화 간의 거래 마감시간은 기존과 동일한 오후 3시 30분까지 운영된다.
③ 국내 외환시장의 개장시간 연장은 국내 투자자보다 해외 투자자들에게 더 큰 편의성을 가져다줄 것으로 보인다.
④ 국내 외환시장의 개장시간 연장으로 기존에는 오후 3시 30분 이후부터 동일한 환율로 이루어졌던 거래가 실시간 환율에 따라 거래가 가능해졌다.

45 다음 글을 읽고 추론한 내용으로 적절하지 않은 것은?

> 과거에는 공공 서비스가 경합성과 배제성이 모두 약한 사회 기반 시설 공급을 중심으로 제공되었다. 이런 경우 서비스 제공에 드는 비용은 주로 세금을 비롯한 공적 재원으로 충당한다. 하지만 복지와 같은 개인 단위 공공 서비스에 대한 사회적 요구가 증가함에 따라 관련 공공 서비스의 다양화와 양적 확대가 이루어지고 있다. 이에 따라 정부의 관련 조직이 늘어나고 행정 업무의 전문성 및 효율성이 떨어지는 문제점이 나타나기도 한다. 이 경우 정부는 정부 조직의 규모를 확대하지 않으면서 서비스의 전문성을 강화할 수 있는 민간 위탁 제도를 도입할 수 있다. 민간 위탁이란 공익성을 유지하기 위해 서비스의 대상이나 범위에 대한 결정권과 서비스 관리의 책임을 정부가 갖되, 서비스 생산은 민간 업체에 맡기는 것이다.
> 민간 위탁은 주로 다음과 같은 몇 가지 방식으로 운용되고 있다. 가장 일반적인 것은 '경쟁 입찰 방식'이다. 이는 일정한 기준을 충족하는 민간 업체 간 경쟁 입찰을 거쳐 서비스 생산자를 선정, 계약하는 방식이다. 공원과 같은 공공 시설물 관리 서비스가 이에 해당한다. 이 경우 정부가 직접 공공 서비스를 제공할 때보다 서비스의 생산 비용이 절감될 수 있고 정부의 재정 부담도 경감될 수 있다. 다음으로는 '면허 발급 방식'이 있다. 이는 서비스 제공을 위한 기술과 시설이 기준을 충족하는 민간 업체에 정부가 면허를 발급하는 방식이다. 자동차 운전면허 시험, 산업 폐기물 처리 서비스 등이 이에 해당한다. 이 경우 공공 서비스가 갖춰야 할 최소한의 수준은 유지하면서도 공급을 민간의 자율에 맡겨 공공 서비스의 수요와 공급이 탄력적으로 조절되는 효과를 얻을 수 있다. 또한 '보조금 지급 방식'이 있는데, 이는 민간이 운영하는 종합 복지관과 같이 안정적인 공공 서비스 제공이 필요한 기관에 보조금을 주어 재정적으로 지원하는 것이다.

① 과거 공공 서비스는 주로 공적 재원에 의해 운영됐다.
② 정부로부터 면허를 받은 민간 업체는 보조금을 지급받을 수 있다.
③ 서비스 생산을 민간 업체에 맡김으로써 공공 서비스의 전문성을 강화할 수 있다.
④ 공공 서비스의 양적 확대에 따라 행정 업무 전문성이 떨어지는 부작용이 나타난다.

| KB국민은행

46 제시된 명제가 모두 참일 때, 다음 중 반드시 참인 것은?

- 근대화는 전통 사회의 생활양식에 큰 변화를 가져온다.
- 생활양식의 급격한 변화로 전통 사회의 고유성을 잃는다.
- 전통 사회의 고유성을 유지한다면 문화적 전통을 확립할 수 있다.

① 전통 사회의 생활양식이 변했다면 근대화가 이루어진 것이다.
② 근대화가 이루어지지 않는다면 전통 사회의 고유성을 유지할 수 있다.
③ 문화적 전통이 확립되지 않는다면 전통 사회의 생활양식은 급격하게 변한다.
④ 전통 사회의 고유성을 유지한다면 생활양식의 변화 없이 문화적 전통을 확립할 수 있다.

| KB국민은행

47 K은행 직원 A～E 5명이 자신들의 직급에 대하여 다음과 같이 이야기하고 있다. 이들은 각각 사원, 대리, 과장, 차장, 부장이다. 1명의 말만 진실이고 나머지 사람들의 말은 모두 거짓이라고 할 때, 진실을 말한 사람은?(단, 직급은 사원 – 대리 – 과장 – 차장 – 부장 순이다)

- A : 나는 사원이고, D는 사원보다 직급이 높아.
- B : E가 차장이고, 나는 차장보다 낮은 직급이지.
- C : A는 과장이 아니고, 사원이야.
- D : E보다 직급이 높은 사람은 없어.
- E : C는 부장이고, B는 사원이야.

① A　　② B
③ C　　④ D

48 **다음은 2022년 카타르 월드컵과 2026년 북중미 월드컵 진행 방식에 대한 설명이다. 두 월드컵에서 진행되는 경기의 수의 합은?**

> **〈2022년 카타르 월드컵 진행 방식〉**
> - 총 32개국이 참여하여 8개 조에 4개국씩 조별리그를 진행하며, 조별리그는 풀리그 형식(4개국이 서로 한 번씩 경기)으로 진행한다.
> - 조별리그 상위 2개국씩 16강에 진출하며, 16강부터 결승까지 본선 토너먼트를 진행한다.
> - 4강에서 패배한 국가끼리 3, 4위전을 진행한다.
>
> **〈2026년 북중미 월드컵 진행 방식〉**
> - 총 48개국이 참여하여 12개 조에 4개국씩 조별리그를 진행하며, 조별리그는 풀리그 형식(4개국이 서로 한 번씩 경기)으로 진행한다.
> - 조별리그 상위 2개국씩은 32강에 우선 진출하며, 각 조 3위 중 승점, 골득실 등 성적이 좋은 8개 국가가 32강에 진출한다.
> - 32강부터 결승까지 본선 토너먼트를 진행한다.
> - 4강에서 패배한 국가끼리 3, 4위전을 진행한다.

① 167경기　　② 168경기

③ 169경기　　④ 170경기

49 다음은 국가별 환율 및 K은행 창구에서의 외화 송금수수료이다. 창구에서 100,000엔을 일본으로 3번 송금할 때, 지불해야 하는 당발송금수수료는? (단, 전신료는 건당 8,000원이며, 환전수수료 및 사후관리수수료는 없다고 가정한다)

〈국가별 환율〉

구분	미국	일본	독일	중국
환율	1,300원/달러	8.6원/1엔	1,400원/유로	180원/위안

〈K은행 창구에서의 외화 송금수수료〉

(단위 : 원/건)

송금액	송금수수료	
	국내	국외
미화 500달러 상당액 이하	5,000	5,000
미화 500달러 상당액 초과 미화 2,000달러 상당액 이하	10,000	5,000
미화 2,000달러 상당액 초과 미화 5,000달러 상당액 이하	15,000	5,000
미화 5,000달러 상당액 초과 미화 10,000달러 상당액 이하	20,000	5,000
미화 10,00달러 상당액 초과 미화 20,000달러 상당액 이하	20,000	10,000
미화 20,000달러 상당액 초과	25,000	10,000

※ (당발송금수수료)=(건당 외화 송금수수료)+(건당 전신료)+(건당 사후관리수수료)

① 23,000원
② 29,000원
③ 33,000원
④ 39,000원

50 다음은 서울시 자치구의 부동산 임대 계약 조건에 대한 자료이다. K기업 직원들 중 주거비를 가장 적게 지불한 사람은?(단, 차를 소유한 직원은 계약 당시부터 현재까지 소유하고 있으며, 거주기간 동안 비용의 변동은 없다고 가정한다)

〈서울시 자치구의 임대 계약 조건〉

(단위 : 천 원)

구분	전세	월세		관리비	추가금
	보증금	보증금	월 납부금		
영등포구	500,000	450,000	500	50	차량 1대당 10
금천구	450,000	330,000	450	40	–
동작구	500,000	400,000	550	30	–
관악구	400,000	300,000	500	20	–
서초구	500,000	500,000	800	70	차량 1대당 20
강남구	550,000	500,000	800	100	차량 1대당 20
송파구	540,000	500,000	600	80	차량 1대당 20
강동구	490,000	450,000	500	30	차량 1대당 10
마포구	470,000	450,000	600	50	–
은평구	450,000	380,000	500	50	–

※ 보증금 : 계약 시 1회 납부

※ 월 납부금, 관리비, 추가금 : 월 1회 납부

※ 관리비와 추가금은 전세와 월세 모두 납부하여야 함

〈K기업 직원들의 대화〉

- A직원 : 난 영등포구에서 전세로 계약하여 30년간 거주하고 했어. 차는 보유하고 있지 않아.
- B직원 : 난 은평구에서 월세로 계약하여 20년간 거주하고 했어. 차는 2대 보유하고 있어.
- C직원 : 난 강동구에서 전세로 계약하여 25년간 거주하고 했어. 차는 1대 보유하고 있어.
- D직원 : 난 금천구에서 월세로 계약하여 30년간 거주하고 했어. 차는 1대 보유하고 있어.

① A직원　　② B직원

③ C직원　　④ D직원

51 다음 글의 제목으로 가장 적절한 것은?

DID(Decentralized IDentity, 탈중앙화 신원증명) 기술의 적용으로 모바일 주민등록증의 발급이 가능해질 것으로 보인다. 모바일 주민등록증이란 기존 주민등록증과 동일한 법적 효력을 가진 신분증으로, 개인 스마트폰에 저장해 공공기관, 금융기관, 병원 등에 사용할 수 있음은 물론 최소한의 정보만 공유할 수 있어 과도한 개인정보 노출을 막아 개인정보 유출이나 부정사용을 방지하는 기능도 가지고 있다. 예를 들어 주민등록번호 앞자리만 공개한다거나 주소지를 가릴 수 있게 된 것이 이에 해당한다.
이는 DID 기술이 블록체인의 DLT(Distributed Ledger Technology, 분산원장기술)를 이용하기 때문이다. DLT는 데이터를 암호화해 블록에 저장한 후 이들을 연결해 다음 네트워크에 연결된 저장소에 각각 저장하는 기술로, 만일 일부 저장소가 해킹당했다 하더라도 다른 저장소를 통해 데이터의 사실 여부를 확인할 수 있어 데이터의 위변조를 방지하는 기능을 한다. 이러한 암호화 및 분산저장이 기존 방식과의 차이점인데, 이전에는 정부나 기업이 중앙 서버를 통해 데이터를 저장하고 관리했기 때문에 개인정보 유출이나 도용의 위험성이 있었기 때문이다.

① DID 기술의 도입, 모바일 신분 확인이 가능해지다
② DID 기술의 도입, 데이터의 분산 저장이 가능해지다
③ DID 기술의 도입, 기존 신분증의 문제점을 해결하다
④ DID 기술의 도입, 개인정보의 선택적 제공이 가능해지다
⑤ DID 기술의 도입, 신원 증명의 편의성과 보안성을 갖추게 되다

52 다음은 주요국 환율 정보이다. 이를 바탕으로 가장 많은 여행 경비를 지출한 사람은?

〈주요국 환율 정보〉

(단위 : 원)

구분	미국(USD)	유럽(EUR)	중국(CNY)	영국(GBP)	호주(AUD)	태국(THB)
환율	1,400	1,550	200	1,850	900	40

※ 단, 올해 환율은 고정환율로 1년 동안 변동하지 않은 것으로 가정함

〈올해 여행 경비〉

- A : 난 올해 여행에서 300USD와 4,000CNY, 80,000원을 썼어.
- B : 난 올해 여행에서 250EUR와 500GBP를 썼어.
- C : 난 올해 여행에서 100USD와 500AUD, 15,000THB와 100,000원을 썼어.
- D : 난 올해 여행에서 350EUR와 1,800CNY, 450AUD를 썼어.
- E : 난 올해 여행에서 150USD와 100CNY, 400GBP, 2,000THB와 200,000원을 썼어.

① A
② B
③ C
④ D
⑤ E

※ 다음은 신한은행 상품인 1982 전설의 적금의 상품설명서이다. 이어지는 질문에 답하시오. **[53~54]**

〈1982 전설의 적금〉

<table>
<tr><th>구분</th><th colspan="6">세부내용</th></tr>
<tr><td>가입대상</td><td colspan="6">• 실명의 개인 및 개인사업자(1인 1계좌)</td></tr>
<tr><td>예금과목</td><td colspan="6">• 정기적금</td></tr>
<tr><td>상품유형</td><td colspan="6">• 자유적립식</td></tr>
<tr><td>계약기간</td><td colspan="6">• 12개월</td></tr>
<tr><td>가입금액</td><td colspan="6">• 1원 이상 30만 원 이하</td></tr>
<tr><td>저축한도</td><td colspan="6">• 월 30만 원 이하</td></tr>
<tr><td>가입방법</td><td colspan="6">• 신한 SOL뱅크(스마트폰 애플리케이션), 영업점</td></tr>
<tr><td>한도</td><td colspan="6">• 30만 좌(3차에 걸쳐 10만 좌씩 판매)</td></tr>
<tr><td>기본금리</td><td colspan="6">• 연 3.0%</td></tr>
<tr><td rowspan="5">우대금리</td><td colspan="6">• 다음의 우대요건 충족 시 최고 연 4.7%p 우대금리 적용</td></tr>
<tr><th>구분</th><th colspan="4">우대요건</th><th>적용금리</th></tr>
<tr><td>카드 우대</td><td colspan="4">다음 각 요건을 충족하는 경우 높은 금리 우선 적용(중복 적용 불가)
1) 해당 상품 신규 가입 후 본인 명의 신한은행 입출금통장을 결제계좌로 하여 신한카드(신용/체크) 결제 실적이 6개월 이상인 경우 : 연 3.5%p
2) 신한카드(신용) 최초 가입 고객, 탈회 후 3개월 경과 고객, 유효기간 만료 고객이 해당 상품 가입 후 신한카드(신용)에 가입하고, 본인 명의 신한은행 입출금통장을 결제계좌로 하여 결제 실적이 3개월 이상인 경우 : 연 4.2%p</td><td>최고
연 4.2%p</td></tr>
<tr><td>쏠야구 우대</td><td colspan="4">만기 전전영업일까지 쏠야구 [응원 팀 설정]을 완료한 경우
※ 신한 SOL뱅크 → 전체메뉴 → 혜택 → 쏠야구 → 응원 팀 설정 → My팀 설정</td><td>연 0.5%p</td></tr>
<tr><td colspan="6">※ 계약기간 만기 전 중도해지한 계좌에 대해서는 우대금리 미적용</td></tr>
<tr><td rowspan="3">중도해지금리</td><td colspan="6">• 1개월 미만 : 연 0.10%
• 1개월 이상 : (기본금리)×[1−(차감률)]×(경과월수)÷(계약월수)
(단, 연 0.10% 미만으로 산출될 경우 연 0.10% 적용)</td></tr>
<tr><th>구분</th><th>1개월 이상</th><th>3개월 이상</th><th>6개월 이상</th><th>9개월 이상</th><th>11개월 이상</th></tr>
<tr><td>차감률</td><td>80%</td><td>70%</td><td>30%</td><td>20%</td><td>10%</td></tr>
<tr><td>만기 후 금리</td><td colspan="6">• 만기 후 1개월 이내 : 만기일 당시의 가입기간에 해당하는 일반정기적금 연 이자율의 1/2(단, 최저금리 연 0.10%)
• 만기 후 1개월 초과 6개월 이내 : 만기일 당시의 가입기간에 해당하는 일반정기적금 연 이자율의 1/4(단, 최저금리 연 0.10%)
• 만기 후 6개월 초과 : 연 0.10%</td></tr>
<tr><td>원금 또는 이자 지급 방법</td><td colspan="6">• 만기일시지급식 : 만기 또는 중도해지 요청 시 이자 지급</td></tr>
<tr><td>계약해지 방법</td><td colspan="6">• 영업점 및 신한은행 비대면채널(모바일, 인터넷뱅킹)에서 해지 가능
• 만기자동해지 서비스 이용 가능</td></tr>
<tr><td>예금자보호여부</td><td colspan="6">• 예금자보호법에 따라 원금과 소정의 이자를 합하여 1인당 "1억 원까지" 보호</td></tr>
</table>

53 **다음은 금융상품 담당 행원과 고객 간의 상담 내용이다. 행원의 답변 중 옳지 않은 것은?**

행원 : 안녕하세요. 신한은행 예금 담당 상담원 ○○○입니다. 무엇을 도와드릴까요?
고객 : 안녕하세요. 최근에 야구 관련해서 높은 금리를 받을 수 있는 적금이 있다고 들었는데 상담을 받고 싶어서요. 혹시 따로 가입 요건이 있을까요?
행원 : 네, 최근 신한은행 창립 43주년을 맞아 1982 전설의 적금을 고객님들께 제공해 드리고 있으며, ① 별도의 가입 요건 없이 1인 1계좌 개설이 가능하십니다. ② 다만, 판매 수량이 한정되어 있어 가입하시는 고객분들이 많을 경우 가입이 불가능하실 수 있습니다.
고객 : 해당 상품에 넣을 수 있는 최대 원금과 금리는 어떻게 되나요?
행원 : ③ 1982 전설의 적금은 12개월 상품으로 최대 360만 원까지 불입하실 수 있고, ④ 여러 우대금리를 적용받을 시 최대 연 7.7%까지 제공해 드리고 있습니다.
고객 : 알겠습니다. 혹시, 방문 가입도 가능한가요?
행원 : ⑤ 네. 영업점 방문을 통해서도 가능합니다만, 최대 우대금리를 받기 위해서는 스마트폰 애플리케이션이 필요하므로 신한 SOL뱅크 애플리케이션으로 가입 신청을 하셔야 합니다.
고객 : 그러면 스마트폰 애플리케이션을 통해서 가입하도록 하겠습니다. 감사합니다.
행원 : 네, 상담원 ○○○이었습니다. 감사합니다.

54 **다음 상황에 따를 때, 가장 높은 우대금리를 받는 고객은?(단, 고객들의 카드는 모두 본인 명의이며, 신한은행 입출금통장을 결제계좌로 한다)**

〈1982 전설의 적금 만기 시점 고객 상황〉

구분	고객 상황
A고객	• 신한 SOL뱅크 사용내역 없음 • 적금 신청 후 기존 신한은행 체크카드 5개월 결제 실적 보유
B고객	• 적금 가입 시 신용카드를 신규 가입하여 4개월 결제 실적 보유 • 적금 가입 이후 기존 신한은행 체크카드 6개월 결제 실적 보유 • 신한 SOL뱅크를 통해 응원 팀을 설정하지 않음
C고객	• 적금 신청 후 신한은행 체크카드를 최초로 가입하여 4개월 결제 실적 보유 • 신한 SOL뱅크를 통해 응원 팀 설정 완료
D고객	• 적금 가입 시 신한은행 체크카드를 신규 가입하여 8개월 결제 실적 보유 • 신한 SOL뱅크를 통해 응원 팀 설정 완료
E고객	• 적금 가입 이후 기존 신한은행 신용카드 6개월 결제 실적 보유 • 신한 SOL뱅크를 통해 응원 팀 설정 완료 • 11개월 차에 중도해지

① A고객
② B고객
③ C고객
④ D고객
⑤ E고객

| 신한은행

55 다음 연립방정식의 해를 바탕으로 할 때, $x \times y \div z$의 값으로 옳은 것은?

$$\begin{cases} x+y+z=26 \\ 2x-y+3z=22 \\ x+4y-z=50 \end{cases}$$

① 8
② 16
③ 32
④ 64
⑤ 86

| 신한은행

56 S은행은 조직을 개편함에 따라 기획 1～8팀의 사무실 위치를 변경하려 한다. 〈조건〉에 따라 변경한다고 할 때, 다음 중 변경된 사무실 위치에 대한 설명으로 옳은 것은?

창고	입구	계단
1호실	복도	5호실
2호실		6호실
3호실		7호실
4호실		8호실

조건

- 외근이 잦은 1팀과 7팀은 입구와 가장 가깝게 위치한다(단, 입구에서 가장 가까운 쪽은 1호실과 5호실 두 곳이다).
- 2팀과 5팀은 업무 특성상 복도를 끼지 않고, 같은 라인에 인접해 나란히 위치한다.
- 3팀은 팀명과 동일한 호실에 위치한다.
- 8팀은 입구에서 가장 먼 쪽에 위치하며, 복도 맞은편에는 2팀이 위치한다(단, 입구에서 가장 먼 쪽은 4호실과 8호실 두 곳이다).
- 4팀은 1팀과 5팀 사이에 위치한다.

① 기획 1팀의 사무실은 창고 뒤에 위치한다.
② 기획 3팀은 기획 5팀과 양옆에 나란히 위치한다.
③ 기획 2팀은 입구와 멀리 떨어진 4호실에 위치한다.
④ 기획 7팀과 기획 8팀은 계단 쪽의 라인에 위치한다.
⑤ 기획 4팀과 기획 6팀은 복도를 사이에 두고 마주한다.

57 **다음 글을 읽고 추론한 내용으로 적절하지 않은 것은?**

> 금융통화위원회는 다음 통화정책방향 결정 시까지 한국은행 기준금리를 현 수준(1.50%)에서 유지하여 통화정책을 운용하기로 하였다.
> 세계경제는 성장세가 확대되는 움직임을 나타내었다. 국제금융시장은 주요국 통화정책 정상화 기대 등으로 국채금리가 상승하였으나 주가가 오름세를 이어가는 등 대체로 안정된 모습을 보였다. 앞으로 세계경제의 성장세는 주요국 통화정책 정상화 속도, 미국 정부 정책방향, 보호무역주의 확산 움직임 등에 영향을 받을 것으로 보인다.
> 국내경제는 투자가 다소 둔화되었으나 수출이 호조를 지속하는 가운데 소비가 완만하게 개선되면서 견실한 성장세를 이어간 것으로 판단된다. 고용 상황은 서비스업 취업자 수 증가폭이 감소하는 등 개선세가 둔화되었다. 국내경제는 금년에도 3% 수준의 성장세를 나타낼 것으로 보인다. 투자가 둔화되겠으나 소비는 가계의 소득여건 개선 등으로 꾸준한 증가세를 이어가고, 수출도 세계경제의 호조에 힘입어 양호한 흐름을 지속할 것으로 예상된다.
> 소비자물가는 농축수산물 가격의 상승폭 축소, 도시가스요금 인하 등으로 1%대 중반으로 오름세가 둔화되었다. 근원인플레이션율(식료품 및 에너지 제외 지수)은 1%대 중반을 지속하였으며 일반인 기대인플레이션율은 2%대 중반을 유지하였다. 소비자물가 상승률은 당분간 1%대 초중반 수준을 보이다가 하반기 이후 오름세가 확대되면서 목표수준에 점차 근접하겠으며, 연간 전체로는 1%대 후반을 나타낼 것으로 전망된다. 근원인플레이션율도 완만하게 상승할 것으로 보인다.
> 금융시장은 장기시장금리가 주요국 금리 상승의 영향으로 오름세를 보였으나, 주가는 기업실적 개선 기대로 상승하는 등 대체로 안정된 모습을 나타내었다. 원/달러 환율은 미 달러화 약세 등으로 하락세를 지속하였다. 가계대출은 증가규모가 축소되었다. 주택가격은 전반적으로 낮은 오름세를 보였으나 수도권 일부 지역에서 상승세가 확대되었다.
> 금융통화위원회는 앞으로 성장세 회복이 이어지고 중기적 시계에서 물가상승률이 목표수준에서 안정될 수 있도록 하는 한편 금융안정에 유의하여 통화정책을 운용해 나갈 것이다. 국내경제가 견실한 성장세를 지속하는 가운데 당분간 수요 측면에서의 물가상승압력은 크지 않을 것으로 전망되므로 통화정책의 완화기조를 유지해 나갈 것이다. 이 과정에서 향후 성장과 물가의 흐름을 면밀히 점검하면서 완화정도의 추가 조정 여부를 신중히 판단해 나갈 것이다. 아울러 주요국 중앙은행의 통화정책 변화, 주요국과의 교역여건, 가계부채 증가세, 지정학적 리스크 등도 주의깊게 살펴볼 것이다.

① 세계경제는 최근 지속적으로 성장해 왔다.

② 국채금리는 주요국 통화정책의 영향을 받는다.

③ 주택가격과 금융시장은 전반적으로 오름세를 보이고 있다.

④ 국내 서비스업 취업자 수가 감소하였으나, 국내경제 성장률은 큰 변동이 없을 것으로 예측된다.

58 다음은 S은행에 근무 중인 귀하가 자사의 성과를 평가하기 위해 퇴직연금 시장의 현황을 파악하고자 조사한 퇴직연금사업장 취급실적 현황에 대한 자료이다. 이에 대한 설명으로 옳지 않은 것은?

〈퇴직연금사업장 취급실적 현황〉

(단위 : 건)

구분		합계	확정급여형 (DB)	확정기여형 (DC)	확정급여 · 기여형 (DB & DC)	IRP 특례
2022년	1/4	152,910	56,013	66,541	3,157	27,199
	2/4	167,458	60,032	75,737	3,796	27,893
	3/4	185,689	63,150	89,571	3,881	29,087
	4/4	203,488	68,031	101,086	4,615	29,756
2023년	1/4	215,962	70,868	109,820	4,924	30,350
	2/4	226,994	73,301	117,808	5,300	30,585
	3/4	235,716	74,543	123,650	5,549	31,974
	4/4	254,138	80,107	131,741	6,812	35,478
2024년	1/4	259,986	80,746	136,963	6,868	35,409
	2/4	263,373	80,906	143,450	6,886	32,131
	3/4	272,455	83,003	146,952	7,280	35,220
	4/4	275,547	83,643	152,904	6,954	32,046

① 퇴직연금을 도입한 사업장 수는 매 분기 꾸준히 증가하고 있다.

② 퇴직연금제도 형태별로는 확정기여형이 확정급여형보다 계약 건수가 많은 것으로 나타난다.

③ 2022 ~ 2024년 분기별 확정급여형 퇴직연금 취급실적은 동기간 IRP 특례의 2배 이상이다.

④ 2023년 중 전년 동분기 대비 확정기여형 퇴직연금을 도입한 사업장 수가 가장 많이 증가한 시기는 2/4분기이다.

ㅣ신협중앙회

59 초등학교 담장에 벽화를 그리기 위해 바탕색을 칠하려고 한다. 5개의 벽에 바탕색을 칠해야 하고, 벽은 일자로 나란히 배열되어 있다고 한다. 다음 〈조건〉에 따라 칠한다고 했을 때, 항상 옳은 것은?(단, 칠해야 할 색은 빨간색, 주황색, 노란색, 초록색, 파란색이다)

조건

- 주황색과 초록색은 이웃해서 칠한다.
- 빨간색과 초록색은 이웃해서 칠할 수 없다.
- 파란색은 양 끝에 칠할 수 없으며, 빨간색과 이웃해서 칠할 수 없다.
- 노란색은 왼쪽에서 두 번째에 칠할 수 없다.

① 노란색을 왼쪽에서 첫 번째 벽에 칠할 때, 주황색은 오른쪽에서 세 번째 벽에 칠하게 된다.
② 파란색을 오른쪽에서 두 번째 벽에 칠할 때, 주황색은 왼쪽에서 첫 번째 벽에 칠하게 된다.
③ 벽에 바탕색을 칠할 수 있는 경우의 수 중에 한 가지는 주황 – 초록 – 파랑 – 노랑 – 빨강이다.
④ 주황색은 왼쪽에서 첫 번째 벽에 칠할 수 없다.

ㅣ신협중앙회

60 김사원은 S은행에서 판매하는 적금 또는 펀드 상품에 가입하려고 한다. 다음은 S은행에서 추천하는 5개의 상품별 만족도와 중요 항목별 가중치 적용 기준이다. 그런데 김사원이 상품 정보를 알아보던 중 기본금리와 우대금리의 만족도를 바꿔 기록하였다고 할 때, 원래의 순위보다 순위가 올라간 상품은?(단, 평점은 만족도에 가중치를 적용한 값이다)

〈각 상품의 항목별 만족도〉

(단위 : 점)

구분	기본금리	우대금리	계약기간	납입금액
A적금	4	3	2	2
B적금	2	2	3	4
C펀드	5	1	2	3
D펀드	3	4	2	3
E적금	2	1	4	3

〈중요 항목 순위 및 가중치〉

구분	첫 번째	두 번째	세 번째	네 번째
항목 순위	기본금리	납입금액	우대금리	계약기간
가중치	50	30	15	5

※ 중요 항목 순위 및 가중치는 주요 고객 천 명을 대상으로 조사하였음

① A적금, B적금
② C펀드, D펀드
③ B적금, D펀드
④ D펀드, E적금

PART 1
직업기초능력평가

의사소통능력 출제비중

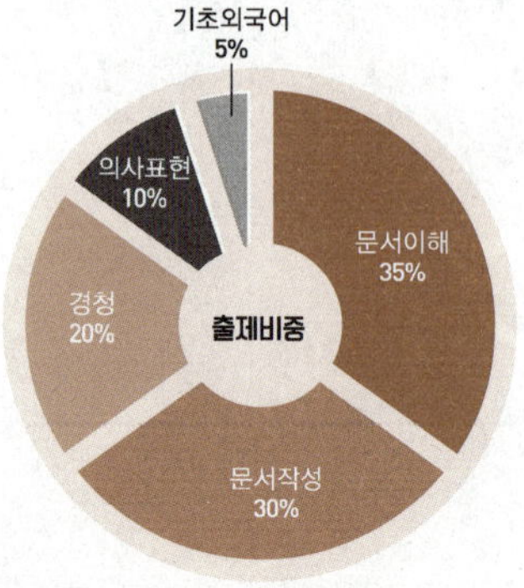

의사소통능력 영역소개

의사소통능력이란 업무를 수행할 때 글과 말을 읽고 들음으로써 다른 사람의 의도를 파악하고, 자신의 의사를 글과 말을 통해 정확하게 표현하는 능력을 말한다.

구분	내용	중요도
문서이해	다른 사람이 작성한 글을 읽고 그 내용을 이해하는 능력	★★★★★
문서작성	자신이 뜻한 바를 글로 표현하는 능력	★★★☆☆
경청	다른 사람의 말을 듣고 그 내용을 이해하는 능력	★★★★☆
의사표현	자신이 뜻한 바를 말로 표현하는 능력	★★★☆☆
기초외국어	외국어로 의사소통을 할 수 있는 능력	★☆☆☆☆

※※ 기초외국어(영어)의 경우 별도의 시험을 치르거나, 공인 어학시험 점수로 평가하는 은행이 다수이다.

CHAPTER 01

의사소통능력

SECTION 01 핵심이론

SECTION 02 출제예상문제

SECTION

01 핵심이론

01 의사소통능력

(1) 의사소통의 중요성

① 의사소통 : 두 사람 또는 그 이상의 사람들 사이에서 일어나는 의사 전달 및 상호 교류를 의미하며, 어떤 개인 또는 집단이 다른 개인 또는 집단에게 정보・감정・사상・의견 등을 전달하고 또 그것들을 받아들이는 과정으로 이루어진다.

② 의사소통의 중요성 : 의사소통은 각기 다른 사람들의 의견 차이를 좁혀줌으로써, 선입견을 줄이거나 제거할 수 있는 수단이다.

③ 의사소통능력 : 상대방과 대화를 나누거나 문서를 통해 의견을 교환할 때 상호 간에 전달하고자 하는 의미를 정확하게 전달할 수 있는 능력을 말하며, 글로벌 시대에 필요한 외국어 문서이해 및 의사표현능력도 여기에 포함된다.

(2) 의사소통능력의 종류

① 문서적인 측면

㉠ 문서이해능력 : 업무와 관련된 문서를 통해 구체적인 정보를 획득・수집・종합하는 능력

㉡ 문서작성능력 : 상황과 목적에 적합하도록 문서를 작성하는 능력

② 언어적인 측면

㉠ 경청능력 : 원활한 의사소통의 방법으로 상대방의 이야기를 듣는 능력

㉡ 의사표현능력 : 자신의 의사를 목적과 상황에 맞게 설득력을 가지고 표현하는 능력

(3) 바람직한 의사소통을 저해하는 요인

① '일방적으로 말하고', '일방적으로 듣는' 무책임한 마음

② '전달했는데', '아는 줄 알았는데'라고 착각하는 마음

③ '말하지 않아도 아는 문화'에 안주하는 마음

(4) 의사소통능력의 개발

① 검토와 피드백을 활용

② 명확하고 쉬운 단어를 선택하여 이해를 높이는 언어 단순화

③ 상대방과 대화 시 적극적으로 경청

④ 감정적으로 메시지를 곡해하지 않고 침착하게 감정 조절

02 문서이해능력

(1) 문서이해능력

① 문서

제안서・보고서・기획서・편지・이메일・팩스・메모・공지 사항 등 문자로 구성된 것을 말한다. 사람들은 일상생활에서는 물론 직업현장에서도 다양한 문서를 사용한다. 문서를 통하여 효율적으로 의사를 전달함으로써 자신의 의사를 상대방에게 전달하고자 한다.

② 문서이해능력

㉠ 직업현장에서 자신의 업무와 관련된 인쇄물이나 기호화된 정보 등 필요한 문서를 확인하여 읽고, 내용을 이해하여 요점을 파악하는 능력이다.

㉡ 문서에서 주어진 문장이나 정보를 읽고 이해하여 자신에게 필요한 행동이 무엇인지 추론할 수 있어야 하며, 도표・수・기호 등도 이해할 수 있는 능력을 의미한다.

(2) 문서의 종류와 용도

① **공문서** : 행정기관에서 대내적・대외적으로 공무를 집행하기 위해 작성하는 문서

② **기획서** : 적극적으로 아이디어를 내고 기획해 하나의 프로젝트를 문서 형태로 만들어, 상대방에게 기획의 내용을 전달하여 기획을 시행하도록 설득하는 문서

③ **기안서** : 회사의 업무에 대한 협조를 구하거나 의견을 전달할 때 작성하며, 사내 공문서라고 불림

④ **보고서** : 특정한 일에 관한 현황이나 그 진행 상황 또는 연구・검토 결과 등을 보고하고자 할 때 작성하는 문서

⑤ **설명서** : 대개 상품의 특성이나 사물의 성질과 가치, 작동 방법이나 과정을 소비자에게 설명하는 것을 목적으로 작성한 문서

⑥ **보도자료** : 정부기관이나 기업체, 각종 단체 등이 언론을 상대로 자신들의 정보가 기사로 보도되도록 하기 위해 보내는 자료

⑦ **자기소개서** : 개인의 가정환경과 성장과정, 입사동기와 근무자세 등을 구체적으로 기술하여 자신을 소개하는 문서

⑧ **비즈니스 레터(E-mail)** : 사업상의 이유로 고객이나 단체에 편지를 쓰는 것이며, 직장업무나 개인 간의 연락, 직접 방문하기 어려운 고객관리 등을 위해 사용되는 비공식적 문서이나, 제안서나 보고서 등 공식적인 문서를 전달하는 데도 사용

⑨ **비즈니스 메모** : 업무상 필요한 중요한 일이나 앞으로 체크해야 할 일이 있을 때, 필요한 내용을 메모형식으로 작성하여 전달하는 글

(3) 문서이해를 위한 구체적인 절차와 필요한 사항

① 문서이해의 구체적인 절차

㉠ 문서의 목적 이해하기

㉡ 문서가 작성된 배경과 주제 파악하기

㉢ 문서에 쓰인 정보를 밝혀내고 문서가 제시하고 있는 현안문제 파악하기

㉣ 문서를 통해 상대방의 욕구와 의도 및 내게 요구하는 행동에 관한 내용 분석하기

ⓜ 문서에서 이해한 목적달성을 위해 취해야 할 행동을 생각하고 결정하기
ⓗ 상대방의 의도를 도표나 그림 등으로 메모하여 요약·정리하기

② 문서이해를 위해 필요한 사항
㉠ 문서에서 꼭 알아야 하는 중요한 내용만을 골라 필요한 정보를 획득·수집·종합하는 능력
㉡ 다양한 종류의 문서를 읽고, 구체적인 절차에 따라 이해하고 정리하는 습관을 들여 문서이해능력과 내용종합능력을 키워나가는 노력
㉢ 책이나 업무에 관련된 문서를 읽고, 나만의 방식으로 소화하여 작성할 수 있는 능력

03 문서작성능력

(1) 문서작성의 중요성

① 문서작성의 중요성 : 개인의 의사표현이나 의사소통을 위한 과정으로서의 업무일 수도 있지만, 이를 넘어 조직의 사활이 걸린 중요한 업무의 일환이다.

② 문서작성능력 : 직장생활에서 요구되는 업무의 목적과 상황에 적합한 아이디어나 정보를 전달할 수 있도록 문서를 작성할 수 있는 능력이다.

(2) 문서작성 시 고려사항과 구성요소

① 문서작성 시 고려사항 : 대상, 목적, 시기, 기대효과

② 문서작성의 구성요소
㉠ 품위 있고 짜임새 있는 골격
㉡ 객관적이고 논리적이며 체계적인 내용
㉢ 이해하기 쉬운 구조
㉣ 명료하고 설득력 있는 구체적인 문장
㉤ 세련되고 인상적이며 효과적인 배치

(3) 문서작성법

① 상황에 따른 문서작성법
㉠ 요청이나 확인을 부탁하는 경우 : 일정한 양식과 격식을 갖추어 공문서 작성
㉡ 정보 제공을 위한 경우
- 회사 자체에 대한 인력보유 홍보나 기업정보 제공 : 홍보물이나 보도자료 등
- 제품이나 서비스에 대해 정보 제공 : 설명서나 안내서에 시각적인 자료 활용이 효과적

㉢ 명령이나 지시가 필요한 경우 : 명확한 내용의 업무 지시서
㉣ 제안이나 기획을 할 경우 : 관련된 내용을 깊이 있게 담을 수 있는 제안서나 기획서
㉤ 약속이나 추천을 위한 경우
- 약속은 고객이나 소비자에게 제품의 이용에 관한 정보를 제공하고자 할 때
- 추천은 개인이 다른 회사에 지원하거나 이직을 하고자 할 때

② 종류에 따른 문서작성법

㉠ 공문서 : 회사 외부로 전달되는 문서이므로 '누가, 언제, 어디서, 무엇을, 어떻게, 왜' 등이 정확하게 드러나도록 작성해야 한다.

- 날짜 작성 시 유의사항
  - 연도와 월일을 반드시 함께 기입한다.
  - 날짜 다음에 괄호를 사용할 경우에는 마침표를 찍지 않는다.
- 내용 작성 시 유의사항
  - 한 장에 담아내는 것이 원칙이다.
  - 마지막은 반드시 '끝'자로 마무리한다.
  - 복잡한 내용은 항목별로 구분한다('-다음-' 또는 '-아래-').
  - 대외문서이고, 장기간 보관되는 문서이기 때문에 정확하게 기술한다.

㉡ 설명서

- 명령형보다 평서형으로 작성한다.
- 상품이나 제품에 대해 정확하게 기술한다.
- 내용의 정확한 전달을 위해 간결하게 작성한다.
- 소비자들이 이해하기 어려운 전문용어는 가급적 사용을 삼간다.
- 복잡한 내용은 도표를 통해 시각화하여 이해도를 높인다.
- 동일한 문장 반복을 피하고 다양하게 표현한다.

㉢ 기획서

- 기획서 작성 전 유의사항
  - 기획서의 목적을 달성할 수 있는 핵심 사항이 정확하게 기입되었는지 확인한다.
  - 기획서는 상대에게 어필해 상대가 채택하게끔 설득력을 갖춰야 하므로, 상대가 요구하는 것이 무엇인지 고려하여 작성한다.
- 기획서 내용 작성 시 유의사항
  - 내용이 한눈에 파악되도록 체계적으로 목차를 구성한다.
  - 핵심 내용의 표현에 신경을 써야 한다.
  - 효과적인 내용전달을 위해 내용에 적합한 표나 그래프를 활용하여 시각화한다.
- 기획서 제출 시 유의사항
  - 충분한 검토를 한 후 제출한다.
  - 인용한 자료의 출처가 정확한지 확인한다.

㉣ 보고서

- 보고서 내용 작성 시 유의사항
  - 업무 진행 과정에서 쓰는 보고서인 경우, 진행 과정에 대한 핵심 내용을 구체적으로 제시하도록 작성한다.
  - 핵심 사항만을 산뜻하고 간결하게 작성한다(내용의 중복을 피하도록 한다).
  - 복잡한 내용일 때에는 도표나 그림을 활용한다.
- 보고서 제출 시 유의사항
  - 보고서는 개인의 능력을 평가하는 기본 요인이므로, 제출하기 전에 반드시 최종 점검을 한다.
  - 참고자료는 정확하게 제시한다.
  - 내용에 대한 예상 질문을 사전에 추출해 보고, 그에 대한 답을 미리 준비한다.

(4) 문서작성의 원칙

① 문장은 짧고, 간결하게 작성한다.
② 상대방이 이해하기 쉽게 쓴다.
③ 한자의 사용을 자제해야 한다.
④ 간결체로 작성한다.
⑤ 긍정문으로 작성한다.
⑥ 간단한 표제를 붙인다.
⑦ 문서의 주요한 내용을 먼저 쓴다.

(5) 문서작성 시 주의사항

① 문서는 육하원칙에 의해서 써야 한다.
② 문서는 작성 시기가 중요하다.
③ 문서는 한 사안을 한 장의 용지에 작성해야 한다.
④ 문서 작성 후 반드시 다시 한 번 내용을 검토해야 한다.
⑤ 문서의 첨부자료는 반드시 필요한 자료 외에는 첨부하지 않는다.
⑥ 문서 내용 중 금액, 수량, 일자 등의 기재에 정확성을 기하여야 한다.
⑦ 문장표현은 작성자의 성의가 담기도록 경어나 단어 사용에 신경을 써야 한다.

(6) 문서의 시각화

① 보기 쉬워야 한다.
② 이해하기 쉬워야 한다.
③ 다채롭게 표현되어야 한다.
④ 숫자는 그래프로 표시한다.

04 경청능력

(1) 경청의 중요성

① 경청의 의미

경청이란 다른 사람의 말을 주의 깊게 들으며, 공감하는 능력이다. 경청은 대화의 과정에서 신뢰를 쌓을 수 있는 최고의 방법이다. 듣는 이가 경청하면 상대는 안도감을 느끼고, 듣는 이에게 무의식적으로 믿음을 갖게 된다.

② 경청의 중요성

㉠ 상대방을 한 개인으로 존중하게 된다.
㉡ 상대방을 성실한 마음으로 대하게 된다.
㉢ 상대방의 입장에 공감하며 이해하게 된다.

(2) 효과적인 경청의 방법

① 혼자서 대화를 독점하지 않는다.
② 상대방의 말을 가로채지 않는다.
③ 이야기를 가로막지 않는다.
④ 의견이 다르더라도 일단 수용한다.
⑤ 말하는 순서를 지킨다.
⑥ 논쟁에서는 먼저 상대방의 주장을 들어준다.
⑦ 시선을 맞춘다(Eye Contact).
⑧ 귀로만 듣지 말고 오감을 동원해 적극적으로 경청한다.

(3) 대화를 통한 경청훈련

① 주의 기울이기(바라보기, 듣기, 따라하기)
② 상대방의 경험을 인정하고 더 많은 정보 요청하기
③ 정확성을 위해 요약하기
④ 개방적인 질문하기
⑤ '왜?'라는 말은 삼가기

(4) 경청의 올바른 자세

① 상대를 정면으로 마주하는 자세는 그와 함께 의논할 준비가 되었음을 알리는 자세이다.
② 손이나 다리를 꼬지 않는 소위 개방적 자세를 취하는 것은 상대에게 마음을 열어놓고 있다는 표시이다.
③ 상대방을 향하여 상체를 기울여 다가앉은 자세는 자신이 열심히 듣고 있다는 사실을 강조하는 것이다.
④ 우호적인 눈의 접촉은 자신이 관심을 가지고 있다는 사실을 알리는 것이다.
⑤ 비교적 편안한 자세를 취하는 것은 전문가다운 자신만만함과 편안한 마음을 상대방에게 전하는 것이다.

05 의사표현능력

(1) 의사표현의 중요성

① **의사표현** : 말하는 이가 자신의 생각과 감정을 듣는 이에게 음성언어나 신체언어로 표현하는 행위
② **의사표현의 중요성** : 의사표현은 그 사람의 이미지를 결정한다.
③ **의사표현능력** : 말하는 사람이 자신의 생각과 감정을 듣는 사람에게 음성언어나 신체언어로 표현하는 능력이다.

(2) 상황에 따른 의사표현법

① **상대방의 잘못을 지적할 때** : 먼저 상대방과의 관계를 고려한 다음, 상대방이 알 수 있도록 확실하게 지적한다.
② **상대방을 칭찬할 때** : 칭찬은 별다른 노력을 기울이지 않아도 항상 상대방을 기분 좋게 만든다.
③ **상대방에게 부탁해야 할 때** : 먼저 상대의 사정을 들음으로써 상대방을 우선시하는 태도를 보여준 다음, 응하기 쉽게 구체적으로 부탁한다.

④ **상대방의 요구를 거절해야 할 때** : 먼저 사과한 다음, 응해줄 수 없는 이유를 설명한다.
⑤ **명령해야 할 때** : '○○을 이렇게 해 주는 것이 어떻겠습니까?'라는 식으로 부드럽게 표현하는 것이 효과적이다.
⑥ **설득해야 할 때** : 먼저 양보해서 이익을 공유하겠다는 의지를 보여주어야만 상대방도 받아들이게 된다.
⑦ **충고해야 할 때** : 충고는 마지막 방법이다. 충고를 해야 할 상황이면, 예를 들거나 비유법을 사용하는 것이 바람직하다.
⑧ **질책해야 할 때** : '칭찬의 말＋질책의 말＋격려의 말'처럼, 질책을 가운데 두고 칭찬을 먼저 한 다음 끝에 격려의 말을 하는 샌드위치 화법을 활용한다.

(3) 원활한 의사표현을 위한 지침

① 올바른 화법을 위해 독서를 하라.
② 좋은 청중이 돼라.
③ 칭찬을 아끼지 마라.
④ 공감하고, 긍정적으로 보이게 하라.
⑤ 겸손은 최고의 미덕임을 잊지 마라.
⑥ 과감하게 공개하라.
⑦ '뒷말'을 숨기지 마라.
⑧ '첫마디'를 준비하라.
⑨ 이성과 감성의 조화를 꾀하라.
⑩ 대화의 룰을 지켜라.
  ㉠ 상대방의 말을 가로막지 않는다.
  ㉡ 혼자서 의사표현을 독점하지 않는다.
  ㉢ 의견을 제시할 때는 반론 기회를 준다.
  ㉣ 임의로 화제를 바꾸지 않는다.
⑪ 문장을 완전하게 말하라.

(4) 설득력 있는 의사표현을 위한 지침

① 'Yes'를 유도하여 미리 설득 분위기를 조성하라.
② 대비 효과로 분발심을 불러일으켜라.
③ 침묵을 지키는 사람의 참여도를 높여라.
④ 여운을 남기는 말로 상대방의 감정을 누그러뜨려라.
⑤ 하던 말을 갑자기 멈춤으로써 상대방의 주의를 끌어라.
⑥ 호칭을 바꿔서 심리적 간격을 좁혀라.
⑦ 끄집어 말하여 자존심을 건드려라.
⑧ 정보전달 공식을 이용하여 설득하라.
⑨ 상대방의 불평이 가져올 결과를 강조하라.
⑩ 권위 있는 사람의 말이나 작품을 인용하라.
⑪ 약점을 보여 주어 심리적 거리를 좁혀라.
⑫ 이상과 현실의 구체적 차이를 확인시켜라.

⑬ 자신의 잘못도 솔직하게 인정하라.
⑭ 집단의 요구를 거절하려면 개개인의 의견을 물어라.
⑮ 동조 심리를 이용하여 설득하라.
⑯ 지금까지의 노고를 치하한 뒤 새로운 요구를 하라.
⑰ 담당자가 대변자 역할을 하도록 하여 윗사람을 설득하게 하라.
⑱ 겉치레 양보로 기선을 제압하라.
⑲ 변명의 여지를 만들어 주고 설득하라.
⑳ 혼자 말하는 척하면서 상대의 잘못을 지적하라.

06 기초외국어능력

(1) 기초외국어능력의 필요성

① **기초외국어능력** : 직업생활에 있어 우리의 무대가 세계로 넓어지면서 한국어만이 아닌 다른 나라의 언어로 의사소통을 하는 능력
② **기초외국어능력의 필요성** : 국제화·세계화 시대에 살고 있는 우리는 다른 나라와의 무역을 당연하게 여긴다. 다른 나라와 무역을 하기 위해서는 우리의 언어가 아닌 국제적인 통용어를 사용하거나, 경우에 따라서는 그들의 언어로 의사소통을 해야 하는 경우가 생기기도 한다.

(2) 기초외국어능력이 필요한 상황

① 외국인과의 의사소통 상황에서 전화응대나 안내하는 상황
② 외국에서 들어온 기계가 어떻게 작동되는지 매뉴얼을 봐야 하는 상황
③ 외국으로 보낼 서류를 작성하거나, 외국에서 온 서류를 이해하여 업무를 추진해야 하는 상황

(3) 기초외국어능력 향상을 위한 공부법

① 왜 외국어 공부를 해야 하는지 그 목적부터 정하라.
② 매일 30분씩 눈과 손과 입에 밸 정도로 반복하여 공부하라.
③ 실수를 두려워하지 말고, 기회가 있을 때마다 외국어로 말하라.
④ 외국어에 익숙해질 수 있도록 쉬운 외국어 잡지나 원서를 읽자.
⑤ 혼자 공부하는 것보다는 라이벌을 정하고 공부하라.
⑥ 업무와 관련된 외국어 주요용어는 꼭 메모해 두자.
⑦ 출퇴근 시간에 짬짬이 외국어 방송을 보거나, 라디오를 들으라.
⑧ 외국어 단어를 암기할 때 그림카드를 사용해보라.
⑨ 가능하면 외국인 친구를 많이 사귈 수 있는 기회를 만들어 대화를 자주 나눠보라.

(4) 외국어 자신감 부족형의 특징

① 처음부터 잘 못한다는 사실을 지나치게 의식한다.
② 자신의 의사를 명확히 표현하지 못한다.
③ 자신의 의사를 간단하게 정리하지 못한다.
④ 심한 긴장감으로 위축되어 표현력이 떨어진다.

정답 및 해설 p.020

01 다음 글에서 〈보기〉의 문단이 들어갈 위치로 가장 적절한 곳은?

(가) 피타고라스학파는 사실 학파라기보다는 오르페우스(Orpheus)교라는 신비주의 신앙을 가진 하나의 종교 집단이었다 한다. 피타고라스가 살던 당시 그리스에서는 막 철학적 사유가 싹트고 있었다. 당시 철학계에서는 이 세상의 다양한 사물과 변화무쌍한 현상 속에서 변하지 않는 어떤 '근본적인 것(Arkhe)'을 찾는 것이 유행이었다. 어떤 사람은 그것을 '물'이라 하고, 어떤 사람은 '불'이라 했다. 그런데 피타고라스는 특이하게도 그런 눈에 보이는 물질이 아니라 추상적인 것, 곧 '수(數)'가 만물의 근원이라고 생각했다.

(나) 피타고라스학파가 신봉하던 오르페우스는 인류 최초의 음악가였다. 이 때문에 그들은 음악에서도 수적 비례를 찾아냈다. 음의 높이는 현(絃)의 길이와의 비례 관계로 설명된다. 현의 길이를 1/3만 줄이면 음은 정확하게 5도 올라가고 반으로 줄이면 한 옥타브 올라간다. 여러 음 사이의 수적 비례는 아름다운 화음을 만들어 낸다.

(다) 이 신비주의자들이 밤하늘에 빛나는 별의 신비를 그냥 지나쳤을 리 없다. 하늘에도 수의 조화가 지배하고 있다. 별은 예정된 궤도를 따라 움직이고 일정한 시간에 나타나 일정한 시간에 사라진다. 그래서 그들에게 별의 움직임은 리드미컬한 춤이었다. 재미있게도 그들은 별들이 현악기 속에 각자의 음을 갖고 있다고 믿었다. 그렇다면 천체의 운행 자체가 거대한 교향곡이 아닌가.

(라) 아득한 옛날 사람들은 우리와는 다른 태도로 자연과 세계를 대했다. 그들은 세상의 모든 것에 생명이 있다고 믿었고, 그 생명과 언제든지 교감할 수 있었다. 무정한 밤하늘에서조차 그들은 별들이 그려내는 아름다운 그림을 보고, 별들이 연주하는 장엄한 곡을 들었다.

언제부터인가 우리는 불행하게도 세계를 이렇게 느끼길 그만두었다. 다시 그 시절로 되돌아갈 수는 없을까? 물론 그럴 수는 없다. 하지만 놀랍게도 우리 삶의 한구석엔 고대인들의 심성이 여전히 남아 있다. 여기서는 아직도 그들처럼 세계를 보고 느낄 수 있다. 바로 예술의 세계다.

보기

세상의 모든 것은 수로 표시된다. 수를 갖지 않는 사물은 없다. 그러면 모든 것에 앞서 존재하는 것이 바로 수가 아닌가. 수는 모든 것에 앞서 존재하며 혼돈의 세계에 질서를 주고 형체 없는 것에 형상을 준다. 따라서 수를 연구하는 것이 바로 존재의 가장 깊은 비밀을 탐구하는 것이었다. 그러므로 수학 연구는 피타고라스 교단에서 지켜야 할 계율 가운데 가장 중요한 것으로 여겨졌다.

① (가) 문단의 뒤
② (나) 문단의 뒤
③ (다) 문단의 뒤
④ (라) 문단의 뒤

02 다음과 같은 개요를 바탕으로 하여 글을 쓸 때, 빈칸에 들어갈 말로 가장 적절한 것은?

○ 주제문 : ______________________

○ 개요

Ⅰ. 서론

Ⅱ. 현재의 소비 생활
- 저렴한 가격의 편의성만을 추구하는 제품 구매 및 사용
- 생산 및 유통, 소비 과정에서의 환경오염

Ⅲ. 대안 : 소비 생활의 변화 필요

1. 실천 방법
   가. 환경친화적인 제품의 구매
   나. 제품 사용 시 환경에 끼칠 영향을 고려함
2. 기대 효과
   가. 소비자가 환경 보전에 참여함
   나. 생산 및 유통, 소비 과정의 변화

Ⅳ. 결론 : 소비 생활의 관점 개선 촉구 및 제언

① 무분별한 일회용품 사용을 줄이자.
② 고가의 제품보다 합리적 가격의 제품을 구매하자.
③ 철저한 분리수거를 통해 환경오염을 줄이자.
④ 환경친화를 우선시하는 소비 생활을 하자.

03 다음 글의 내용으로 적절하지 않은 것은?

엘리스에 따르면 인간의 심리적 문제는 개인의 비합리적인 신념의 산물이다. 엘리스가 말하는 비합리적 신념의 공통적 특성은 다음과 같다. 첫째, 당위적 사고이다. 이러한 사고방식은 스스로에게 너무나 많은 것을 요구하게 하고, 세상이 자신의 당위에서 조금만 벗어나 있어도 그것을 참지 못하는 경직된 사고를 유발하게 된다. 둘째, 지나친 과장이다. 이는 문제 상황을 지나치게 과장함으로써 문제에 대한 차분하고 객관적인 접근을 가로막는다. 셋째, 자기 비하이다. 이러한 사고방식은 자신의 부정적인 한 측면을 기초로 자신의 인격 전체를 폄하하는 부정적 사고방식을 낳게 된다.

① 당위적 사고는 경직된 사고를 유발한다.
② 지나친 과장은 객관적 사고를 가로막는다.
③ 비합리적 신념에는 공통적 특징들이 존재한다.
④ 심리적 문제가 비합리적인 신념의 원인이 된다.

※ 다음은 M신문에 기재된 사설 내용이다. 이어지는 질문에 답하시오. [4~6]

오늘날 우리가 알고 있는 전력산업은 과거에도 중심적인 역할을 수행했다. 과거 1차 산업혁명에서는 증기에너지 기반의 기계화가 세상을 변화시켰고, 2차 산업혁명부터는 전력에너지를 기반으로 대량생산이 가능해지면서 본격적으로 전력기술이 인류의 문명을 크게 혁신시킨 핵심 기술로 등장했다. 하지만 우리가 지난 100여 년간 익숙하게 보아 온 전력산업이 현재 크게 변화하고 있다. 정보통신기술의 융합으로 이뤄지는 4차 산업혁명의 시대를 맞이하여 전력산업도 과감한 혁신을 추구해야 할 시점이 된 것이다.
세계 전력산업의 역사를 살펴보면 규제의 시대, 경쟁의 시대, 파괴적 혁신의 시대로 구분할 수 있다. 규제의 시대는 1990년 이전까지의 시대로 정부 주도하에 통합된 전력시스템을 구축함으로써 값싸고 안정적인 전력 공급을 국가의 중요 정책목표로 삼았던 시기이다. 하지만 요금구조의 경직성과 같은 규제에 따른 비효율성을 극복하기 위해 1990년대 전력산업에 시장원리를 도입함으로써 경쟁의 시대가 시작되었다. 발전부문은 시장 경쟁을 통해 가격을 결정하고 송배전은 독점을 인정하는 대신 망 이용요금을 규제하였으며, 판매부문은 원칙적으로 경쟁을 통해 요금이 결정되도록 하지만, 요금 급등을 억제하기 위해 규제기관의 승인을 받도록 하는 자유화부문과 규제부문으로 가격 결정 방식이 이원화된 시기였다. 경쟁의 시기에 앞서 언급한 글로벌 전력사들은 적극적 M&A와 사업 확장을 통해 매출액, 영업이익, 시가총액이 빠르게 증가하는 모습을 보였었다.
최근에 우리의 전력산업은 기후변화 대응을 위해 분산형 시스템이 주목받는 시대를 맞고 있다. 전 세계 탄소배출량의 약 40%를 점유하는 전력산업의 저탄소화는 친환경・신재생 전원의 확대 필요성에 그 어느 때보다 주목하고 있다. 분산전원의 발전은 전기차 충전과 가정용 ESS 사업에 참여하는 등 ICT 기술 발달과 함께 발전된 모습을 보이고 있다. 더불어 생산자이면서 소비자인 참여형 소비자를 통해 소비자가 전력산업의 주요 참여자로 변화되고 있는 전력산업은 그야말로 파괴적 혁신의 시대에 도래하는 중이다.
파괴적 혁신의 시대 특징은 상생, 융합, 연결이며 이는 최근 화두가 되는 4차 산업혁명의 방향성과 그 궤적을 함께하고 있다. 산업 간 경계가 낮아지고 이질적인 산업의 융합으로 새로운 사업 태동이 자유로우며 기업 간 경쟁이 아니라 네트워크 간 경쟁, 생태계 간 경쟁이 중요한 이슈가 되는 시대에 전력산업이 서 있는 것이다. 위기와 기회가 공존하는 상황에서 글로벌 전력회사는 민첩하고 유연한 산업 모델과 사업조직으로 대응하고 있다.
파괴적 혁신의 시대는 공생의 생태계하에서 기존 전력산업과 IoT, 빅데이터 등 4차 산업혁명 기술 간 접목을 통한 내부 효율성 제고(비용 절감)와 새로운 가치창출(신사업) 병행이 가능하다. 공급중심의 전력시스템을 소비중심의 전력시스템으로 재편하고 에너지솔루션 등 에너지 신산업이 새롭게 탄생할 계기도 만들 수 있다. 그러기 위해서는 전력사가 플랫폼 제공자로 역할을 지니고 플랫폼인 망을 4차 산업혁명 시대에 부합하도록 지능화시켜야 한다. 향후 에너지 서비스 산업의 핵심 활동은 대상별(고객, 설비 등) 맞춤형 서비스를 통한 소비자 가치증진에 있으며 데이터가 중심인 에너지 플랫폼이 그 핵심이 될 것이기 때문이다. 세계경제포럼(WEF)은 향후 10년 내 전력사 수익의 45%인 약 1,560조 원 규모가 디지털화를 통한 비즈니스모델에서 발생할 것으로 전망하고 있다. 이는 전력산업이 디지털에 기반을 둔 플랫폼을 통해 데이터를 매개로 현실과 사이버공간을 아우르며 존재해야 하고, 공급자와 소비자는 지난 100여 년간 유지해 온 전통적 프레임에서 벗어나 새롭게 정의되어야 함을 의미한다.

04 **다음 중 사설의 논지 전개상 특징으로 옳은 것은?**

① 다양한 이론을 비교하여 논의를 전개하고 있다.
② 객관적인 견해를 통해 향후 발전 방향을 제시하고 있다.
③ 현실의 상황을 비판하고, 문제점을 지적하고 있다.
④ 상반된 이론을 제시한 후 타협점을 모색하고 있다.

05 **다음 중 사설의 제목으로 가장 적절한 것은?**

① 세계 전력산업의 역사를 통해 알아본 전력산업의 현 문제
② 산업혁명을 이끈 에너지 산업의 위대함
③ 파괴적 혁신 시대를 맞이하는 전력산업
④ 전력산업에 시장원리를 도입해야 하는 이유

06 **다음 중 사설의 내용으로 적절하지 않은 것은?**

① 최근 전력산업은 친환경·신재생 전원의 확대 필요성에 주목하고 있다.
② 파괴적 혁신의 시대는 네트워크 간 경쟁이 중요한 이슈가 될 것이다.
③ 에너지 산업은 지금까지 인류 문명을 혁신시킨 핵심 기술이다.
④ 향후 에너지 서비스 산업의 핵심 활동은 생산자 가치증진에 있다.

07 다음 중 ㉠~㉣의 수정 방안으로 가장 적절한 것은?

> 우울증을 잘 초래하는 성향은 창조성과 결부되어 있기 때문에 생존에 유리한 측면이 있었다. 따라서 우울증과 관련이 있는 유전자는 오랜 역사를 거쳐 오면서도 사멸하지 않고 살아남아 오늘날 현대인에게도 그 유전자가 상당수 존재할 가능성이 있다. 베토벤, 뉴턴, 헤밍웨이 등 위대한 음악가, 과학자, 작가들의 상당수가 우울한 성향을 갖고 있었다. ㉠ <u>천재와 우울증은 어찌 보면 동전의 양면으로, 인류 문명의 진보를 이끈 하나의 동력이자 그 부산물이라 할 수 있을지도 모른다</u>.
>
> 우울증은 일반적으로 자기 파괴적인 질환으로 인식되어 왔지만 실은 자신을 보호하고 미래를 준비하기 위한 보호 기제일 수도 있다. 달성할 수 없거나 달성하기 매우 어려운 목표에 도달하기 위해 엄청난 에너지를 소모하는 것은 에너지와 자원을 낭비할 뿐만 아니라, 정신과 신체를 소진시킴으로써 사회적 기능을 수행할 수 없게 하고 주위의 도움이 없으면 생명을 유지하기 어려운 상태에 ㉡ <u>이르게 도 할 수 있다</u>. 이를 막기 위한 기제가 스스로의 자존감을 낮추고 그 목표를 포기하게 만드는 것이다. 이를 통해 고갈된 에너지를 보충하고 다시 도전할 수 있는 기회를 모색할 수 있다. ㉢ <u>또한, 지금과 같은 경쟁 사회는 새로운 기술이나 생각에 대한 사회적 요구가 커지기 때문에 정신적 소진 상태를 초래하기 쉬운 환경이 되고 있다</u>.
>
> 오늘날 우울증은 왜 이렇게 급격하게 늘어나는 것일까? 창조성이란 그 사회에 존재하고 있는 기술이나 생각에 대한 도전이자 대안 제시이며, 기존의 기술이나 생각을 엮어서 새로운 조합을 만들어 내는 것이다. 과거에 비해 현대 사회는 경쟁이 심화되고 혁신들이 더 가치를 인정받기 때문에 창조성이 있는 사람은 상당히 큰 선택적 이익을 갖게 된다. ㉣ <u>그렇지만</u> 현대 사회처럼 기존에 존재하는 기술이나 생각이 엄청나게 많아 우리의 뇌가 그것을 담기에도 벅찬 경우에는 새로운 조합을 만들어 내는 일은 무척이나 많은 에너지를 요한다. 결국 경쟁은 창조성을 발휘하게 하지만 지나친 경쟁은 정신적 소진을 초래하기 때문에 우울증이 많이 발생할 수 있다.

① ㉠ : 문단과 관련 없는 내용이므로 삭제한다.
② ㉡ : 문장의 주어와 호응되지 않으므로 '이른다'로 수정한다.
③ ㉢ : 두 번째 문단의 내용과 어울리지 않으므로 세 번째 문단으로 옮긴다.
④ ㉣ : 뒤 문장이 앞 문장의 결과이므로 '그리하여'로 수정한다.

08 **다음은 신입사원 A가 작성한 보고서의 일부이다. 신입사원 A의 보고서를 확인한 상사 B는 띄어쓰기가 적절하게 사용되지 않은 것을 보고, 신입사원 A에게 문서 작성 시 유의해야 할 띄어쓰기에 대해 조언을 하려고 한다. 상사 B가 조언할 내용으로 적절하지 않은 것은?**

> 국내의 한 운송 업체는 총 무게가 만톤에 달하는 고대 유적을 안전한 장소로 이전하는 해외 프로젝트에 성공하였습니다.
> 이번 프로젝트는 댐 건설로 인해 수몰 위기에 처한 지역의 고대 유적을 약 5km 가량 떨어진 문화공원으로 옮기는 문화유적 이송 프로젝트입니다.
> 운송 업체 관계자인 김민관 씨는 "글로벌 종합물류 기업에 걸맞은 시너지 효과를 창출하기 위해 더욱 더 노력하겠다."라고 말했습니다.

① 접사는 앞말과 붙여 써야 하므로 전체를 합한다는 뜻을 나타내는 접두사 '총'은 '총무게'와 같이 붙여 쓴다.

② 단위를 나타내는 명사는 앞말과 띄어 써야 하므로 '만톤'은 '만 톤'으로 띄어 써야 합니다.

③ '–여, –쯤, –가량'과 같은 접미사는 앞말과 붙여 써야 하므로 '5km 가량'은 '5km가량'으로 붙여 써야 합니다.

④ 성과 이름 그리고 이에 덧붙는 호칭어, 관직명 등은 모두 붙여 써야 하므로 '김민관 씨'는 '김민관씨'와 같이 붙여 써야 합니다.

09 **다음 기사에 나타난 직장생활에서의 원만한 의사소통을 저해하는 요인으로 가장 적절한 것은?**

> 한 취업 포털에서 20 ~ 30대 남녀 직장인 350명에게 설문 조사한 결과 어떤 상사와 대화할 때 가장 답답함을 느끼는지 질문에 직장 내에서 막내에 해당하는 사원급 직장인들은 '주구장창 자기 할 말만 하는 상사(27.3%)'와 대화하기 가장 어렵다고 호소했다. 덧붙여 직장 내에서 부하 직원과 상사 간 그리고 직원들 간에 대화가 잘 이뤄지지 않는 이유에 대해 '일방적으로 상사만 말을 하는 대화방식 및 문화(34.3%)'가 가장 큰 원인이라고 답했다.
> 따라서 직장 내 상사와 부하 직원 간의 대화가 원활해지려면 지시나 명령하는 말투가 아닌 의견을 묻는 대화법 사용하기(34.9%), 서로를 존대하는 말투와 호칭 사용하기(31.4%) 등의 기본 대화 예절을 지켜야 한다고 답했다.

① 평가적이며 판단적인 태도 ② 선입견과 고정관념

③ 잠재적 의도 ④ 의사소통 기법의 미숙

10 다음 글의 내용으로 적절하지 않은 것은?

국내에 보급된 에너지저장장치(ESS) 배터리 누적 용량이 1GWh를 넘어설 것으로 예상된다. 지난 2013년부터 ESS 보급이 본격화된 후 5년 만에 거둔 성과이다. 정부가 ESS 보급 정책 제도 개선을 이루고 인센티브를 적극적으로 적용한 덕이다. 2017년 10월까지 국내 신재생발전소와 송배전망, 산업체와 건물 등에 적용된 ESS 배터리의 누적 용량은 약 770MWh다. 한 업계 관계자는 "11월, 12월 두 달간 보급 수량을 더하면 1GWh를 상회할 것으로 보인다."며 "정부의 ESS 보급 정책이 탄력을 받아 가속화되고 있다."고 말했다.

2017년 ESS 보급 규모는 산업통상자원부가 예상했던 것보다 컸다. 산업부는 2017년 ESS 보급 규모를 2016년보다 20% 늘어난 270MWh로 예측했지만 이미 10월 말에 누적된 배터리 용량은 277MWh를 기록했다. 이처럼 ESS 보급이 늘어난 이유는 정부의 적극적인 ESS 보급 지원정책이 투자 수요를 증가시켰기 때문이다. 대표적인 지원정책은 태양광 발전에 ESS를 연계할 시 신재생공급인증서(REC) 가중치 5.0을 부여하는 것이다. 태양광 발전 연계형 ESS는 일조량이 좋은 낮에 생산된 전기를 충전한 뒤 REC 가중치를 부여하는 저녁 시간대에 방전하는 방식으로 운영된다.

2016년 9월 정부는 태양광 연계형 ESS REC 가중치 5.0을 신설하면서 2020년까지 약 4,400억 원(800MWh)의 ESS 시장 창출을 기대한다고 밝힌 바 있다. 실제로 태양광 발전시설만 설치할 때보다 ESS를 연계해 설치할 경우 월 수익이 2 ~ 3배 더 늘어나는 것으로 알려지면서 보급 규모가 늘어났다. 정부가 태양광 연계 ESS REC 가중치 5.0을 2018년 6월 말까지 그대로 지속하겠다고 밝힌 만큼 당분간 태양광 업계에서 ESS 수요는 계속해서 늘어날 전망이다. 2017년 말까지만 해도 2018년 가중치는 하향 조정될 것으로 점쳐졌었다. 2017년에 ESS를 설치하고 싶어도 리튬이온 배터리 수급 부족 등의 이유로 사업 자체를 포기하는 사례가 있었던 만큼 업계는 한시름 놨다는 입장이다.

2017년 초부터 시작한 ESS 전용특례요금제도도 보급 확대에 역할을 했다. ESS의 경우 설치비용과 유지보수비 등 초기비용이 많이 들기 때문에 경제 규모가 크지 않은 이상 쉽게 설치하기 어렵다. 이러한 부분을 개선하고자 한전에서는 2015년부터 ESS와 관련해 특례 할인을 실시해 왔다. 경부하 시간대인 심야시간 충전전력의 10%에 해당하는 전력요금을 할인해 준 것이다. 이후 2017년 1월부터는 경부하 시간대 ESS 충전요금에 대한 할인율을 최대 50%까지 올려 사업자들의 투자비 부담 경감을 꾀했다. 또 한전은 2019년까지 한시적으로 ESS 피크감축량에 해당하는 기본요금을 3배까지 할인한다. 이미 2016년 4월부터 기본요금을 할인해 왔지만 투자비용이 비싸 보급실적이 저조하다는 이유로 할인액수를 올렸다. 2020년부터 2026년 3월까지는 피크감축량에 해당하는 기본요금만 할인받을 수 있다. 정부는 이를 통해 ESS 설치 투자비의 회수 기간이 단축될 수 있을 것으로 기대한다. 업계 관계자는 "ESS 설치 투자비용을 보전받기까지는 평균적으로 6 ~ 9년이 걸린다."며 "하지만 4년가량의 짧은 시간 안에 투자비를 보전받는 업체도 나타나면서 ESS 설치에 대한 업계의 관심이 계속해서 모이는 중"이라고 말했다.

① 태양광 발전시설만 설치할 때보다 ESS를 같이 설치했을 때 월 수익이 증가한다.

② 태양광 연계 ESS REC 가중치는 2018년 1월부터 하향 조정되었다.

③ ESS는 초기비용이 많이 든다는 단점이 있다.

④ 한전은 ESS 전용특례요금제도를 도입해 투자비 부담을 경감시키고 있다.

11 **다음 기사를 읽고 전선업계를 비판한 내용으로 가장 적절한 것은?**

> 국내 전선산업은 구릿값 변동에 밀접하게 맞물려 성장과 침체를 거듭해 왔다. 케이블 원가의 60% 이상을 전기동이 차지하고, 회사의 매출·이익과 연관되다 보니 전선업계는 구리 관련 이슈에 매번 민감한 반응을 보일 수밖에 없는 상황이다. 특히 2017년은 전선업계에 그 어느 때보다도 구리 관련 이슈가 많았던 해로 기억될 전망이다. 계속해서 하향곡선을 그리던 국제 구리 시세가 5년 만에 오름세로 반전, 전선산업에 직간접적으로 영향을 주기 시작했고, L공사가 지중배전케이블의 구리-알루미늄 도체 성능 비교에 나서는 등 크고 작은 사건들이 일어났기 때문이다.
>
> 전선업계는 지난해 말, 수년간 약세를 보였던 구릿값이 강세로 돌아서자 기대감 섞인 시선을 보냈다. 수년 전의 경험을 바탕으로, 전선업계가 직면해있던 만성적인 수급 불균형과 경기침체로 인한 위기를 조금이나마 해소할 계기가 될 것이라는 장밋빛 전망이 나왔던 것이다. 2009년부터 2011년까지 구리가 전선업계의 역사적 호황을 이끌었던 사례가 있다. 2008년에 톤당 2,700달러대였던 구릿값은 2011년에 1만 달러를 돌파하며 끝없이 치솟았고, 전선업체들의 성장을 이끌었다.
>
> 그 이전만 해도 경제위기와 공급과잉 등으로 어려움을 겪었던 전선업계는 구릿값 상승 기류를 타고 분위기를 반전시켰다. 그러나 막상 지난해 11월 이후 상승세를 이어가고 있는 구리 시세가 시장에 적용되기 시작한 2017년에 들어서자, 이 같은 업계 기대감은 산산조각 났다. 오히려 빠르게 치솟는 구릿값을 시장가격이 따라잡지 못하면서, 기업의 수익성에 부정적 영향을 미치는 등 부작용이 이어지고 있기 때문이다. 지난해 11월 1일 4,862.5달러였던 구리 시세가 올해 10월 27일 7,073.5달러까지 45.5%가량 오르면서, 전선업체들의 매출도 대부분 올랐다. 반면 영업이익은 전년과 비슷한 수준이거나 반대로 줄어든 곳이 많았다.
>
> 무엇보다 불공정계약이 만연한 것도 동값 위기를 키우고 있다. 업계에 따르면 계약 체결 후 제품을 납품하고 수금하는 과정에서 전선업체와 구매자 간 불공정거래 문제가 심각한 상황이다. 전선업계는 구릿값이 상승할 경우 기존 계약금액을 동결한 상태에서 결제를 진행하고, 반대로 구릿값이 떨어지면 그만큼의 차액을 계약금에서 차감해 줄 것을 요구하는 등의 불공정거래 행위가 여전히 이어지고 있다고 입을 모으고 있다.

① 개구리 올챙이 적 생각 못 한다더니 구릿값이 비쌌을 때 생각 못 하고 있네.

② 소 잃고 외양간 고친다더니 구릿값이 올라가니깐 후회하고 있구나.

③ 등잔 밑이 어둡다더니 전선업계는 자신들의 문제를 이해하지 못하는군.

④ 달면 삼키고 쓰면 뱉는다더니 자기의 이익만을 생각하고 있구나.

※ 다음은 에너지 전환에 대한 뉴스의 기사 내용이다. 이어지는 질문에 답하시오. [12~13]

전국적인 한파로 전력수요가 치솟고 있는 가운데 국내 원전 24기 중 10기가 계획예방정비 등으로 가동되지 않으면서 원전과 석탄 비중을 줄이는 대신 신재생과 가스 비중을 높이는 에너지 전환이 사실상 시범운영에 들어갔다. 하지만 지난해부터 한전의 전력구입비가 급격히 상승하면서 LNG를 연료로 하는 분산형 전원을 우대하려던 전력시장 제도개선이 지연되거나 왜곡되고, 수요감축요청(DR)이 남발되는 등 문제점이 도출되고 있다. 최근 몇 년간 석탄과 원자력 등의 기저발전 설비 증가와 LNG연료비 하락에 따른 SMP 하락으로 민간 LNG발전사와 집단에너지사업자들의 경영난이 가중되었다. SMP란 한전에서 여러 발전사로부터 매입하는 전기의 단가로, 계통한계가격이라고 불린다. 이러한 경영난과 더불어 직도입이나 전력수급계약(PPA) 등의 수익 보전 방안이 없는 일반복합발전사와 열병합발전사들은 수년째 누적적자가 발생해 발전소 존폐 위기에 직면해 있다.
이에 정부는 지난해 에너지전환의 브리지 역할을 하는 LNG복합발전과 분산형 전원으로 다양한 사회적 편익을 가지는 집단에너지사업을 지원하기 위해 제도개선을 약속한 바 있다. 연료비도 보전이 안 되는 정산구조 탓에 발전기가 가동할수록 손실이 나는 구조적 문제를 해결하기 위해 LNG발전기 정산비용 현실화(발전기별 실제 효율 기준으로 보상) 등을 조속히 시행키로 한 것이다.
집단에너지의 경우도 열 제약 발전 시 연료비와 SMP 중 더 높은 가격으로 보상해 변동비를 보전해 주는 방안과 CP 정산 방식을 지금보다 친환경·분산형 발전이 혜택을 받을 수 있도록 조정하는 방안이 검토되어 왔다. 이에 따라 관련 업계도 전력시장이 정상화될 것으로 잔뜩 기대가 컸다. 하지만 90%를 웃돌던 원전 이용률이 지난해 71.3%까지 떨어지더니 올해 들어서 58%까지 하락하고, 유연탄 가격은 지난 1~2년 사이에 2배 가까이 급등하면서 한전의 전력구입비도 엄청나게 늘어나 상황이 달라졌다. 국내 발전시장의 경우 총제조원가에서 재료비가 차지하는 비중이 66% 수준이지만, 아직 전기요금 원가연동제를 도입하지 못하다 보니 한전도 적자 위기에 놓이게 되었다.
상황이 이렇다 보니 전력당국도 당초 약속했던 전력시장제도 개선에 소극적이고, 오히려 열 제약만을 가격결정에 반영해 언 발에 오줌 누기 식으로 SMP를 낮추는 방안을 모색하기에 이르렀다. 업계에선 지난 17년간 유지해 온 시장운영규칙에는 송전, 연료과부족, 예비력, 열 제약 등 모든 제약 상황이 반영되지 않았는데 느닷없이 열 제약만 가격에 반영하는 것은 불합리하다며 반발하고 있다. 열 제약을 가격에 반영할 경우 가동률이 높은 겨울철에 SMP가 하락해 LNG발전의 수익성이 더욱 악화된다는 게 업계의 설명이다.
정부는 또 올겨울 목표수요를 맞추고 SMP를 낮추기 위한 목적에서 수요감축요청(DR)을 8차례(총 24시간)나 발동했다. DR이 발령되면 그만큼 전력수요가 낮아져 비싼 LNG발전소 가동은 줄어들게 된다. 과거 한전의 수요관리 보상수준이 900원/kWh였지만, DR은 시장가격(SMP, 2월 1일 기준 93원)으로만 보상해 전기요금을 낮추는 효과가 있다. 이 때문에 DR에 참여하는 기업들은 공장 가동을 멈추면 매출이 줄기 때문에 보상금을 받아도 손해여서 공장가동을 멈춰서 조업 지장이 생기는 기회비용도 보상해야 합리적인 전력시장 메커니즘이라고 주장하고 있다.
전력전문가는 "현행 변동비기반(CBP) 전력시장이 근본적으로 시장 효율성 측면에서 구조적인 한계를 가지고 있으며, 특히 위험관리 측면에서 매우 취약한 형태여서 제도 개선이 필요한 것은 분명한데 정부가 전기요금 인상이 없다고 공언한 만큼 이를 적극 추진하기 어려운 상황"이라며 "앞으로 전력거래 변동성이 점점 커질 우려가 커서 단기적으로는 한전과 발전사 모두가 전력거래가격의 변동 위기를 회피할 수 있도록 인센티브를 반영한 계약제도 도입이 필요하다."고 말했다.

12 다음 중 기사의 전개상 특징으로 적절하지 않은 것은?

① 상반된 이론을 제시한 후 절충적 견해를 제시하고 있다.
② 현상의 문제점을 언급한 후 해결방안을 제시하고 있다.
③ 용어의 정의를 통해 기사 내용의 이해를 돕고 있다.
④ 전문가의 견해를 통해 해결방안을 제시하고 있다.

13 다음 중 기사를 읽고 이해한 내용으로 가장 적절한 것은?

① 수익 보전 방안이 있는 일반복합발전사는 존폐 위기를 벗어났다.
② 집단에너지의 경우 열 제약 발전 시 연료비와 SMP 중 더 낮은 가격으로 보상해 변동비를 보전해 주는 방안이 검토되었다.
③ 전국적인 한파로 국내 원전 24기 중 15기가 가동되지 않았다.
④ SMP 하락은 기저발전 설비 증가와 LNG연료비 하락에 의해 나타났다.

14 다음 대화에서 나타난 오류로 가장 적절한 것은?

> 의사 : 음주와 흡연은 고혈압과 당뇨를 유발할 수 있으니 조절하십시오.
> 환자 : 에이, 의사선생님도 술, 담배 하시잖아요.

① 성급한 일반화의 오류
② 피장파장의 오류
③ 군중에 호소하는 오류
④ 인신공격의 오류

15 **다음 문단을 논리적 순서대로 바르게 나열한 것은?**

(가) 세미나에 참석한 도미니카공화국의 한 관계자는 "한국이 전기차 보급 확대를 위해 노력하고 있는 모습이 매우 인상적이었다. 도미니카공화국에도 한국의 사례를 벤치마킹하여 하루빨리 전기차 충전인프라가 설치되기를 희망한다."고 밝혔다.
(나) 이번 기증에 대해 H공사는 앞으로도 도미니카공화국 전기차 충전인프라 구축을 위해 적극 협조할 것이며, 국산 전기자동차와 국내 충전시스템 수출이 도미니카공화국에 확대될 수 있도록 최선의 노력을 다할 계획이라고 말했다.
(다) 기술세미나는 총 7개 부문으로 구성되었으며 글로벌 전기차 동향과 한국의 전기차 보급정책, 전기차 충전기술 및 중남미 전기차 관련 연구결과를 발표하여 도미니카공화국의 전기차 도입 및 충전인프라 구축을 위한 정책 수립에 실질적인 도움을 주고자 기획하였다.
(라) 한편, H공사는 제4차 산업혁명 시대의 에너지 소비 트렌드 변화에 따라 전기차 개발과 보급 확대에 주력할 것이며, 정부의 목표인 2030년까지 전기차 1백만 대 보급을 위한 전기차 충전인프라 구축에 전력을 다할 계획이다.
(마) H공사는 5월 29일에 도미니카공화국의 전기차 정책도입 지원을 위해 전기차 2대와 충전설비 2대를 도미니카공화국 전력청에 기증하였다.
(바) 또한, 다음 날인 5월 30일(현지시간)에는 도미니카공화국 CNE 국가에너지위원장을 비롯하여 정부 및 민간 70여 업체 관계자 약 200명이 참석한 가운데 전기차 관련 기술세미나를 엠바하도르 호텔에서 개최하였다.

① (마) – (나) – (바) – (다) – (가) – (라)
② (마) – (라) – (가) – (다) – (나) – (바)
③ (마) – (나) – (라) – (가) – (바) – (다)
④ (마) – (다) – (라) – (가) – (바) – (나)

16 L씨가 다음 기사문을 읽고 가족들과 함께하는 시간을 갖기 위해 '가족의 밤'을 진행하기로 결심했을 때, L씨는 문서이해 과정 중 어느 단계에 해당하는가?

〈6남매를 성공적으로 키운 K씨〉

K씨 부부는 처음부터 집안에 책상 18개를 구해 놓고 애들이 보든 말든 거기서 책을 읽었다. K씨는 공부 습관을 들이는 데는 '규칙적 학습'이 열쇠라는 평범한 경험담을 강조했다. K씨는 아이들의 나이와 성향에 맞춰 공부 시간과 양을 함께 정했다. 계획에 무리가 없도록 했고, 아이들은 자신이 정한 양을 해낼 수 있었다. 또한, K씨 가족은 무슨 일이 있어도 아침 식사를 같이 했다. 매주 금요일 밤은 '가족의 밤'으로 TV를 함께 보며 의견을 나누었고, 토요일 아침 식사 후에도 반드시 가족회의를 열었다.

① 문서의 목적 이해
② 문서 작성의 배경·주제 파악
③ 문서에 쓰인 정보와 제시된 현안 파악
④ 문서에서 이해한 목적 달성을 위해 취해야 할 행동 결정

PART 1

17 **다음은 베란다형 태양광 미니발전소 보급업체의 자격기준 변경에 대한 기사이다. 이를 읽고 이해한 내용으로 적절하지 않은 것은?**

> 서울시가 베란다형 태양광 미니발전소 보급사업의 참가업체 기준을 강화했다. 앞으로 베란다형 태양광 미니발전소 보급사업에 참여하기 위해서는 전기공사업 면허를 소지해야 한다. 지난해까지는 전기공사업 면허 없이도 보급업체로 참여할 수 있었으나, 올해부터는 보급업체의 자격 기준을 전기공사업 등록업체로 제한한다고 밝힌 것이다. 이는 태양광 미니발전소가 전기를 생산하는 발전설비인 만큼 안전문제가 대두될 수 있고, 이를 미연에 방지하고자 기준을 강화했다고 볼 수 있다. 즉, 베란다에 설치되는 태양광 발전설비가 거치대 풍압시험, 모듈 내풍압성 시험 등을 거쳐야만 하므로 전기시설로 보아야 한다는 것이다.
> 실제 베란다형 태양광 미니발전소 사업은 2014년부터 시작되어 꾸준히 증가하고 있다. 2014년에는 1,777개의 가정에 설치되었으며, 2015년에는 3,259개가, 2016년에는 8,311개가 설치되었다. 또한, 2017년 상반기에만 7,991개가 설치되었다.
> 하지만 지금까지 전기공사업 면허가 없는 업체도 사업에 참여해 왔는데 갑자기 전기공사업 면허를 자격기준에 포함하면서 일부에서는 불만이 제기되고 있다. 동네 마트 등에서 쉽게 구할 수 있었던 미니태양광은 가전제품에 가까웠는데 아무나 설치할 수 없는 설비로 기준이 바뀌면서 불편해졌다는 것이다. 또한 태양광 설치의 대중화를 위해서는 서울시의 결정이 잘못되었다고 보는 사람들도 많다. 그러나 서울시는 면허를 갖추지 못하는 경우도 발생할 수 있으나, 안전문제를 등한시할 수는 없다는 입장으로 베란다형 태양광 미니발전소 보급사업에 대한 기준은 그대로 강화될 예정이다.

① 서울시는 안전문제를 이유로 태양광 미니발전소 보급업체에 참여하기 위해서는 전기공사업 면허를 소지해야 한다고 보고 있다.

② 베란다형 태양광 미니발전소 설치는 2014년에 비해 2016년에 4배 이상 증가하였다.

③ 태양광 미니발전소 보급업체 자격 기준 변경으로 일부에서는 태양광 설치의 대중화를 기대하고 있다.

④ 지난해까지는 전기공사업 면허가 없어도 태양광 미니발전소 보급업체로 참여할 수 있었다.

18 다음 중 스마트그리드를 사용할 시 얻는 효과에 대한 설명으로 적절하지 않은 것은?

> 스마트그리드란 기존의 전력망에 정보통신기술(IT)을 접목해 에너지 네트워크와 통신 네트워크가 합쳐진 지능형 전력망으로, 전력공급자와 소비자가 실시간으로 전기사용 관련 정보를 주고받음으로써 에너지 사용을 최적화할 수 있는 차세대 전력망 사업이다. 전력망을 디지털화함으로써 소비자는 스마트미터라는 개별 전력관리장치를 통해 전력의 수요·공급 상황에 따라 변동하는 가격 등의 관련 정보를 확인하고 실시간으로 에너지원을 선택할 수 있게 된다. 현재의 전력시스템은 최대 수요량에 맞춰 예비율을 두고 일반적으로 예상수요보다 15% 정도 많이 생산하도록 설계되어 있다. 전기를 생산하기 위해 연료를 확보하고 각종 발전설비가 추가적으로 필요하게 되며 버리는 전기량이 많아 에너지 효율도 떨어진다. 또한 석탄, 석유 가스 등을 태우는 과정에서 이산화탄소 배출도 늘어난다. 스마트그리드는 에너지 효율 향상에 의해 에너지 낭비를 절감하고, 신재생에너지에 바탕을 둔 분산전원의 활성화를 통해 에너지 해외 의존도를 감소시키며 기존의 발전설비에 들어가는 화석연료 사용절감을 통한 온실가스 감소효과로 지구 온난화도 막을 수 있다.

① 화석연료의 사용이 늘 것이다.
② 추가 자본이 줄 것이다.
③ 에너지 효율이 높아질 것이다.
④ 전기 예비율을 미리 알 수 있을 것이다.

PART 1

19 다음 기사를 읽고 나눈 대화로 옳은 것을 〈보기〉에서 모두 고르면?

신재생에너지와 디지털기기가 급속도로 확대되면서 에너지효율을 높이는 핵심으로 직류(DC; Direct Current)배전이 각광받고 있다. DC배전은 말 그대로 직류부하에 직접적으로 직류전원을 공급하는 것을 의미한다. 태양광, 연료전지 등 신재생에너지는 생산된 전력이 DC이기 때문에 교류(AC; Alternating Current)인 계통과 연계시키기 위해서는 전력변환이 필요한데 이 과정에서 불가피하게 효율이 떨어지게 된다. 최근 부각되고 있는 전기자동차의 경우에도 직류부하이기 때문에 동일한 문제가 발생한다. 디지털기기도 마찬가지이다. 현재 대부분의 가전제품은 공급되는 교류전력을 내부에서 직류로 변환해 사용 중이다. 미국 EPRI는 전 세계적으로 디지털기기가 차지하는 부하가 급증해 2020년에는 전체의 50%에 달할 것으로 전망했다. 특히 대규모 전력을 소비하는 인터넷 데이터센터(IDC; Internet Data Center)가 확대되면서 디지털 부하는 더욱 늘어날 것으로 전망된다. 이에 따라 전 세계적으로 DC배전에 대한 실증연구가 활발하게 진행되고 있다.

초창기에는 '전기 먹는 하마'로 비유되는 IDC를 중심으로 소비 전력을 줄이는 데 초점을 맞춘 연구가 이뤄졌고 최근에는 대학이나 대형건물 등을 대상으로 커뮤니티 범위의 실증이 진행 중이다. 우리나라도 지금껏 L공사, 서울대학교, 삼성물산, 전자부품연구원 등에서 DC배전과 관련된 실증연구를 추진했다. 지금까지의 연구가 단순히 DC배전에 대한 경제성과 효율성을 검증하는 단계에 머물렀다면, 앞으로는 보다 진일보한 실증연구가 가능해질 전망이다. L공사가 국내 최초이자, 세계 최대 규모의 'DC아일랜드'를 구축 중이기 때문이다.

진도에서 남서쪽으로 약 26km 떨어진 서거차도에 조성되는 'DC아일랜드'는 DC배전망과 관련된 종합적인 연구와 분석이 가능할 것으로 전망된다. 현재 서거차도에는 200kW급 태양광발전, 100kW급 풍력발전기, 1.5MWh 용량의 에너지저장장치가 구축되어 있으며 전기카트용 DC전기충전기, DC가로등, DC가전제품까지 마련돼 DC배전 실증연구를 위한 준비를 마친 상태다. 발전단계에서부터 수용가까지 DC배전으로 움직이는 말 그대로 'DC아일랜드'인 셈이다. 실제 섬 내 10개 가구에는 3kW급 태양광과 6kW급 에너지저장장치를 갖췄고 이들이 사용 중인 TV, 냉장고, LED조명 등에는 DC전력이 공급되고 있다. 'DC아일랜드'가 본격적인 운영에 들어가면 DC배전망과 관련된 독립 또는 연계운전 기술, 전력변환장치 제어기술, 경제성과 효율향상 검증 등을 종합적으로 분석할 수 있을 전망이다.

L공사는 이와는 별개로 도심지 전력 다소비 빌딩에 DC배전을 공급함으로써 DC배전 기반의 비즈니스 모델을 구축할 계획이다. 또 LG전자와 손잡고 DC가전에 대한 본격적인 연구에 착수했다. 전문가들은 DC배전 보급이 속도를 내기 위해서는 현재 AC 중심의 법과 제도에 대한 검토와 재정비는 물론, DC전용 요금제도가 마련돼야 한다고 지적한다. 또 장기적으로는 일정 규모 이상의 신축 건축물에 대해서는 DC배전 의무화 등도 검토할 필요가 있다는 의견이다.

보기

A : DC아일랜드는 현재 전력 트렌드에 딱 알맞은 섬인 것 같아.
B : 맞아, 기존에 DC배전의 경제성과 효율성만 검증하던 단계의 연구에서 나아가 섬 내에서는 DC배전망과 관련된 종합적인 연구와 분석도 가능할 거야.
C : DC아일랜드에서는 외부에서 공급되는 에너지를 이용해 DC전기카트, 가로등, 가전제품을 사용하며 DC배전 실증연구를 하고 있어.
D : 별개로 도심지의 전력 다소비 빌딩에 DC배전을 공급하는 새로운 계획도 있으니, DC배전 기반의 비즈니스 모델 구축도 기대할 수 있겠어.
E : 하지만 DC배전 보급의 효율화를 위해서는 AC 중심의 법과 제도에 대한 검토 및 DC전용 요금제도 마련 등 많은 노력이 필요해.

① A, B
② B, C
③ C, D, E
④ A, B, D, E

20 다음은 K은행에서 발급하고 있는 국제학생증 체크카드에 대한 안내문이다. A사원이 해당 상품을 고객에게 설명하기 위해 확인한 사항으로 적절하지 않은 것은?

〈국제학생증 체크카드〉

1. 발급대상 안내
   - 만 14세 이상의 Full Time Student
   - 만 7세 이상 ~ 13세 이하는 체크카드 겸용은 발급이 불가능하며, 일반 국제학생증을 발급받아야 함
   - 국제학생증 체크카드에는 학과명이 기입되지 않음(예술대 및 건축학과는 온라인으로 신청 시 학과명이 기입된 국제학생증 발급 가능)

2. 주요 서비스

구분	내용	비고
신분증 기능	사진, 생년월일, 국적이 표시되어 신분증으로 사용 가능	–
해외 직불카드 및 할인 서비스	제휴를 맺은 박물관, 유적지, 미술관 및 각종 교통 이용에서 학생 할인 적용	'VISA' 마크가 부착되어 있는 2,400만여 개 해외 가맹점에서 이용 가능
국내 체크카드 및 할인 서비스	항공권 할인, 숙소 예약비 할인 등	–
긴급의료지원 서비스	여행 중 발생한 긴급사태에 대한 법률, 의료 등 다양한 분야에서의 지원혜택	24개국 언어로 지원이 되며, 한국어 서비스도 지원이 됨

3. 발급절차 안내

   구비서류 준비 → K은행 방문 → 직접 수령 또는 배송

4. 유의사항
   - 할인 서비스 이용 시 현장에서 카드만 제출해도 할인받을 수 있지만 몇몇 업체 및 명소에서는 이용 전 예약을 해야만 할인을 적용받을 수 있음
   - 모든 나라, 모든 지역에서 서비스를 받을 수 있는 것이 아니며 주요 국가(미국・캐나다・호주・유럽 등)에서 서비스를 지원함
   - 국제학생증 체크카드 수령 후 카드사용 등록을 해야 서비스 이용이 가능함

   ※ 기타사항에 대한 정보는 K은행 카드상담센터 또는 홈페이지에서 확인 가능

① 안내문에 해외 가맹점이 명시되지 않았으니 홈페이지를 방문하시라고 설명해야겠구나.
② 해외에서 'VISA' 마크가 없는 곳에서는 국제학생증 체크카드를 이용할 수 없겠네.
③ 긴급의료지원 서비스는 한국어로도 지원이 된다는 것을 알면 고객들이 안심할 수 있을 거야.
④ 국제학생증 체크카드는 수령 즉시 사용이 가능하구나.

수리능력 출제비중

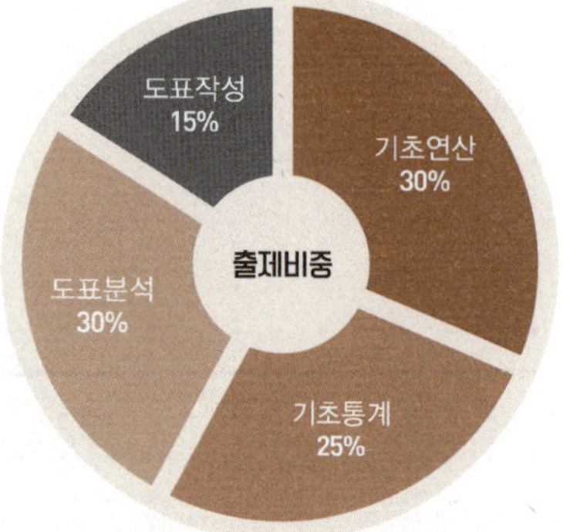

수리능력 영역소개

수리능력은 사칙연산, 통계, 확률의 의미를 정확하게 이해하고, 이를 업무에 적용하는 능력을 말한다.

구분	내용	중요도
기초연산	기초적인 사칙연산과 계산을 하는 능력	★★★★★
기초통계	기초 수준의 백분율, 평균, 확률의 의미를 이해하는 능력	★★★★☆
도표분석	도표(그림, 표, 그래프 등)가 갖는 의미를 해석하는 능력	★★★★★
도표작성	필요한 도표(그림, 표, 그래프 등)를 작성하는 능력	★★☆☆☆

※ 수리능력은 NCS 기반 채용을 진행한 모든 은행에서 다루었으며, 전체 문항 수 대비 출제비중이 높은 편이다.

CHAPTER 02

수리능력

SECTION

01 핵심이론

01 기초연산능력

(1) 사칙연산

① 사칙연산

㉠ 수에 대한 덧셈(+), 뺄셈(−), 곱셈(×), 나눗셈(÷) 네 종류의 계산법이다.

㉡ 보통 사칙연산은 정수나 분수 등에서 계산할 때 활용되며, 기본적으로 연산은 왼쪽에서 오른쪽으로 수행한다. 여러 개의 연산이 섞여 있는 경우에는 곱셈과 나눗셈을 먼저 계산한다. 단, 식에 괄호가 있을 경우에는 괄호 안을 가장 먼저 계산한다.

② 검산방법

㉠ 역연산 방법 : 덧셈은 뺄셈으로, 뺄셈은 덧셈으로, 곱셈은 나눗셈으로, 나눗셈은 곱셈으로 확인하는 방법이다.

㉡ 구거법 : 어떤 수를 9로 나눈 나머지는 각 자릿수의 합을 9로 나눈 나머지와 같다는 원리. 즉, 피연산자를 9로 나눈 나머지 또는 피연산자의 각 자릿수의 합을 9로 나눈 나머지를 좌변과 우변 사이에 비교하여 서로 같은지 판단하면 된다.

(2) 수의 계산

교환법칙	$a+b=b+a$, $a\times b=b\times a$
결합법칙	$a+(b+c)=(a+b)+c$, $a\times(b\times c)=(a\times b)\times c$
분배법칙	$(a+b)\times c=a\times c+b\times c$

(3) 단위환산표

구분	환산
길이	1cm=10mm, 1m=100cm, 1km=1,000m
넓이	$1cm^2=100mm^2$, $1m^2=10,000cm^2$, $1km^2=1,000,000m^2$
부피	$1cm^3=1,000mm^3$, $1m^3=1,000,000cm^3$, $1km^3=1,000,000,000m^3$
들이	$1mL=1cm^3$, $1dL=100cm^3=100mL$, $1L=1,000cm^3=10dL$
무게	1kg=1,000g, 1t=1,000kg=1,000,000g
시간	1분=60초, 1시간=60분=3,600초
할푼리	소수점 첫째 자리 '할', 소수점 둘째 자리 '푼', 소수점 셋째 자리 '리'

① 길이

물체의 한 끝에서 다른 한 끝까지의 거리 예 mm, cm, m, km 등

② 넓이

평면의 크기를 나타내는 것으로 면적이라고도 함 예 mm^2, cm^2, m^2, km^2 등

③ 부피

입체가 점유하는 공간 부분의 크기 예 mm^3, cm^3, m^3, km^3 등

④ 들이

통이나 그릇 따위의 안에 넣을 수 있는 물건 부피의 최댓값 예 mL, dL, L, kL 등

⑤ 무게

물체의 무거운 정도 예 g, kg, t 등

⑥ 시간

시각과 시각 사이의 간격 또는 그 단위 예 초, 분, 시 등

⑦ 할푼리

비율을 소수로 나타내었을 때, 소수점 첫째 자리, 소수점 둘째 자리, 소수점 셋째 자리를 이르는 말

예 0.375=3할 7푼 5리

(4) 수와 식

① 약수와 배수

a가 b로 나누어 떨어질 때 a는 b의 배수, b는 a의 약수

② 소수

1과 자기 자신만을 약수로 갖는 수, 즉 약수의 개수가 2개인 수

예 10 이하의 소수 : 2, 3, 5, 7

③ 합성수

1과 자기 자신 이외의 수를 약수로 갖는 수, 즉 소수가 아닌 수 또는 약수의 개수가 3개 이상인 수

※ 1은 소수도 합성수도 아님

④ 최대공약수

2개 이상의 자연수의 공통된 약수 중에서 가장 큰 수

⑤ 최소공배수

2개 이상의 자연수의 공통된 배수 중에서 가장 작은 수

⑥ 서로소

1 이외에 공약수를 가지지 않는 두 자연수, 즉 최대공약수가 1인 두 자연수

⑦ 소인수분해

주어진 합성수를 소수의 거듭제곱의 형태로 나타내는 것

※ 거듭제곱이란 같은 수나 문자를 여러 번 곱한 것

예 2의 세제곱은 2를 3번 곱한 것 : $2^3=\underbrace{2\times2\times2}_{3개}$

⑧ 지수법칙

m, n이 자연수일 때,

- $a^m \times a^n = a^{m+n}$
- $(a^m)^n = a^{m \times n}$
- $m > n \rightarrow a^m \div a^n = a^{m-n}$

  $m = n \rightarrow a^m \div a^n = 1$

  $m < n \rightarrow a^m \div a^n = \frac{1}{a^{n-m}}$ (단, $a \neq 0$)

※ $a^0 = 1$

n이 자연수일 때,

- $(ab)^n = a^n b^n$
- $\left(\frac{a}{b}\right)^n = \frac{a^n}{b^n}$ (단, $b \neq 0$)

⑨ 곱셈공식과 인수분해

곱셈공식	인수분해
㉠ $(a+b)^2 = a^2 + 2ab + b^2$	㉠ $a^2 + 2ab + b^2 = (a+b)^2$
㉡ $(a-b)^2 = a^2 - 2ab + b^2$	㉡ $a^2 - 2ab + b^2 = (a-b)^2$
㉢ $(a+b)(a-b) = a^2 - b^2$	㉢ $a^2 - b^2 = (a+b)(a-b)$
㉣ $(x+a)(x+b) = x^2 + (a+b)x + ab$	㉣ $x^2 + (a+b)x + ab = (x+a)(x+b)$
㉤ $(ax+b)(cx+d) = acx^2 + (ad+bc)x + bd$	㉤ $acx^2 + (ad+bc)x + bd = (ax+b)(cx+d)$

⑩ 제곱근

$x^2 = a$일 때, x를 a의 제곱근 또는 a의 제곱근을 x라 함

㉠ 제곱근의 성질

$a > 0$일 때,

$\sqrt{a^2} = \sqrt{(-a)^2} = a$, $(\sqrt{a})^2 = (-\sqrt{a})^2 = a$

$\sqrt{a^2} = |a| = \begin{cases} a & (a \geq 0) \\ -a & (a < 0) \end{cases}$

㉡ 제곱근의 연산

$a > 0$, $b > 0$일 때,

- $\sqrt{a} \times \sqrt{b} = \sqrt{ab}$
- $\sqrt{a} \div \sqrt{b} = \frac{\sqrt{a}}{\sqrt{b}} = \sqrt{\frac{a}{b}}$
- $\sqrt{a^2 b} = a\sqrt{b}$
- $\sqrt{\frac{a}{b^2}} = \frac{\sqrt{a}}{b}$

$a > 0$일 때,

- $m\sqrt{a} + n\sqrt{a} = (m+n)\sqrt{a}$
- $m\sqrt{a} - n\sqrt{a} = (m-n)\sqrt{a}$

㉢ 분모의 유리화

$$\frac{a}{\sqrt{b}}=\frac{a\times\sqrt{b}}{\sqrt{b}\times\sqrt{b}}=\frac{a\sqrt{b}}{b}\text{(단, } b>0\text{)}$$

PART 1

02 응용수리능력

(1) 방정식 · 부등식의 활용

① 거리 · 속력 · 시간

$$(\text{거리})=(\text{속력})\times(\text{시간}),\ (\text{속력})=\frac{(\text{거리})}{(\text{시간})},\ (\text{시간})=\frac{(\text{거리})}{(\text{속력})}$$

② 일

전체 작업량을 1로 놓고, 단위 시간 동안 한 일의 양을 기준으로 식을 세움

③ 농도

- $(\text{소금물의 농도})=\frac{(\text{소금의 양})}{(\text{소금물의 양})}\times100$
- $(\text{소금의 양})=\frac{(\text{소금물의 농도})}{100}\times(\text{소금물의 양})$

④ 나이

문제에서 제시된 조건의 나이가 현재인지 과거인지를 확인한 후 구해야 하는 한 명의 나이를 변수로 잡고 식을 세움

⑤ 비율

- x가 $a\%$ 증가 : $x\times\left(1+\frac{a}{100}\right)$
- x가 $a\%$ 감소 : $x\times\left(1-\frac{a}{100}\right)$

⑥ 금액

㉠ (정가)=(원가)+(이익), (이익)=(원가)×(이율)

㉡ a원에서 $b\%$ 할인한 가격$=a\times\left(1-\frac{b}{100}\right)$

㉢ 단리법 · 복리법(원금 : a, 이율 : r, 기간 : n, 원리합계 : S)

단리법	복리법
• 정의 : 원금에 대해서만 약정된 이자율과 기간을 곱해 이자를 계산 • $S=a\times(1+r\times n)$	• 정의 : 원금에 대한 이자를 가산한 후 이 합계액을 새로운 원금으로 계산 • $S=a\times(1+r)^n$

⑦ 날짜 · 요일

㉠ 1일=24시간=1,440(=24×60)분=86,400(=1,440×60)초

㉡ 월별 일수 : 1, 3, 5, 7, 8, 10, 12월은 31일, 4, 6, 9, 11월은 30일, 2월은 28일 또는 29일

㉢ 윤년(2월 29일)은 4년에 1회

⑧ 시계

㉠ 시침이 1시간 동안 이동하는 각도 : $\frac{360°}{12}=30°$

㉡ 시침이 1분 동안 이동하는 각도 : $\frac{30°}{60}=0.5°$

㉢ 분침이 1분 동안 이동하는 각도 : $\frac{360°}{60}=6°$

⑨ 수

㉠ 연속한 두 자연수 : x, $x+1$

㉡ 연속한 세 자연수 : $x-1$, x, $x+1$

㉢ 연속한 두 짝수(홀수) : x, $x+2$

㉣ 연속한 세 짝수(홀수) : $x-2$, x, $x+2$

㉤ 십의 자릿수가 x, 일의 자릿수가 y인 두 자리 자연수 : $10x+y$

㉥ 백의 자릿수가 x, 십의 자릿수가 y, 일의 자릿수가 z인 세 자리 자연수 : $100x+10y+z$

(2) 경우의 수와 확률

① 경우의 수

㉠ 어떤 사건이 일어날 수 있는 모든 가짓수

㉡ 합의 법칙 : 두 사건 A와 B가 동시에 일어나지 않을 때, 사건 A가 일어나는 경우의 수를 m, 사건 B가 일어나는 경우의 수를 n이라 하면, 사건 A 또는 B가 일어나는 경우의 수는 $(m+n)$이다.

㉢ 곱의 법칙 : 사건 A가 일어나는 경우의 수를 m, 사건 B가 일어나는 경우의 수를 n이라 하면, 사건 A와 B가 동시에 일어나는 경우의 수는 $(m\times n)$이다.

② 순열 · 조합

순열	조합
㉠ 서로 다른 n개에서 r개를 순서대로 나열하는 경우의 수 ㉡ ${}_nP_r=\frac{n!}{(n-r)!}$ ㉢ ${}_nP_n=n!$, $0!=1$, ${}_nP_0=1$	㉠ 서로 다른 n개에서 r개를 순서에 상관없이 나열하는 경우의 수 ㉡ ${}_nC_r=\frac{n!}{(n-r)!\times r!}$ ㉢ ${}_nC_r={}_nC_{n-r}$, ${}_nC_0={}_nC_n=1$

③ 확률

㉠ (사건 A가 일어날 확률)$=\frac{\text{(사건 A가 일어나는 경우의 수)}}{\text{(모든 경우의 수)}}$

㉡ 여사건의 확률 : 사건 A가 일어날 확률이 p일 때, 사건 A가 일어나지 않을 확률은 $(1-p)$이다.

㉢ 확률의 덧셈정리 : 두 사건 A, B가 동시에 일어나지 않을 때, A가 일어날 확률을 p, B가 일어날 확률을 q라고 하면, 사건 A 또는 B가 일어날 확률은 $(p+q)$이다.

㉣ 확률의 곱셈정리 : A가 일어날 확률을 p, B가 일어날 확률을 q라고 하면, 사건 A와 B가 동시에 일어날 확률은 $(p\times q)$이다.

03 수추리능력

(1) 수추리

① 등차수열 : 앞의 항에 일정한 수를 더해 이루어지는 수열
② 등비수열 : 앞의 항에 일정한 수를 곱해 이루어지는 수열
③ 계차수열 : 이웃한 두 항의 차이가 일정한 규칙을 갖는 수열
④ 건너뛰기 수열 : 두 개 이상의 수열(규칙)이 일정한 간격을 두고 번갈아가며 나타나는 수열
⑤ 피보나치 수열 : 앞의 두 항의 합이 그 다음 항의 수가 되는 수열
⑥ 군수열 : 일정한 규칙성으로 몇 항씩 묶어 규칙을 이루는 수열
⑦ 표수열 : 다양한 규칙으로 이루어진 표 형태의 수열

(2) 문자추리

① 알파벳, 자음, 한자, 로마자

1	2	3	4	5	6	7	8	9	10	11	12	13	14	15	16	17	18	19	20	21	22	23	24	25	26
A	B	C	D	E	F	G	H	I	J	K	L	M	N	O	P	Q	R	S	T	U	V	W	X	Y	Z
ㄱ	ㄴ	ㄷ	ㄹ	ㅁ	ㅂ	ㅅ	ㅇ	ㅈ	ㅊ	ㅋ	ㅌ	ㅍ	ㅎ												
一	二	三	四	五	六	七	八	九	十																
i	ii	iii	iv	v	vi	vii	viii	ix	x																

② 일반모음

1	2	3	4	5	6	7	8	9	10
ㅏ	ㅑ	ㅓ	ㅕ	ㅗ	ㅛ	ㅜ	ㅠ	ㅡ	ㅣ

③ 일반모음+이중모음(사전 등재 순서)

1	2	3	4	5	6	7	8	9	10	11	12	13	14	15	16	17	18	19	20	21
ㅏ	ㅐ	ㅑ	ㅒ	ㅓ	ㅔ	ㅕ	ㅖ	ㅗ	ㅘ	ㅙ	ㅚ	ㅛ	ㅜ	ㅝ	ㅞ	ㅟ	ㅠ	ㅡ	ㅢ	ㅣ

04 기초통계능력

(1) 통계

집단현상에 대한 구체적인 양적 기술을 반영하는 숫자로 특히, 사회집단 또는 자연집단의 상황을 숫자로 나타낸 것이다.

예 서울 인구의 생계비, 한국 쌀 생산량의 추이, 추출 검사한 제품 중 불량품의 개수 등

(2) 통계치

① **빈도** : 어떤 사건이 일어나거나 증상이 나타나는 정도

② **빈도분포** : 빈도를 표나 그래프로 종합적이면서도 일목요연하게 표시하는 것

③ **평균** : 모든 자료 값의 합을 자료의 개수로 나눈 값

④ **백분율** : 전체의 수량을 100으로 볼 때의 비율

(3) 통계의 계산

① **범위** : (최댓값)－(최솟값)

② **평균** : $\frac{(\text{변량의 총합})}{(\text{변량의 개수})}$

③ **분산** : $\frac{[(\text{변량})-(\text{평균})]^2 \text{의 총합}}{\text{변량의 개수}}$

※ (편차)＝(변량)－(평균)

④ **표준편차** : $\sqrt{\text{분산}}$ (평균으로부터 얼마나 떨어져 있는가를 나타냄)

05 도표분석능력

(1) 선(절선)그래프

① 시간적 추이(시계열 변화)를 표시하는 데 적합하다.

예 연도별 매출액 추이 변화 등

② 경과・비교・분포를 비롯하여 상관관계 등을 나타낼 때 사용한다.

〈중학교 장학금, 학비감면 수혜현황〉

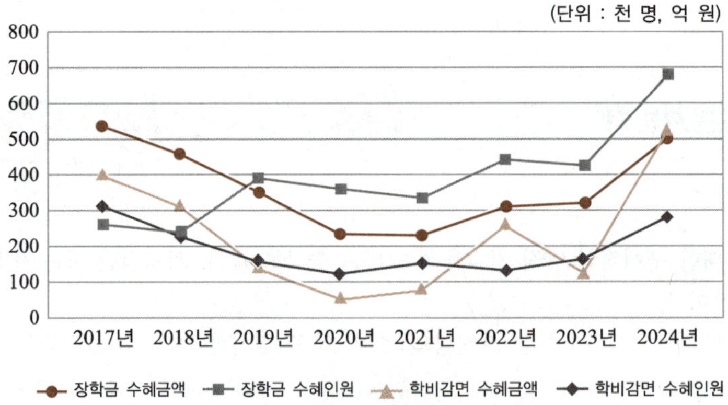

(2) 막대그래프

① 비교하고자 하는 수량을 막대 길이로 표시하고, 그 길이를 비교하여 각 수량 간의 대소 관계를 나타내는 데 적합하다.

예 영업소별 매출액, 성적별 인원분포 등

② 가장 간단한 형태로 내역·비교·경과·도수 등을 표시하는 용도로 사용한다.

〈연도별 암 발생 추이〉

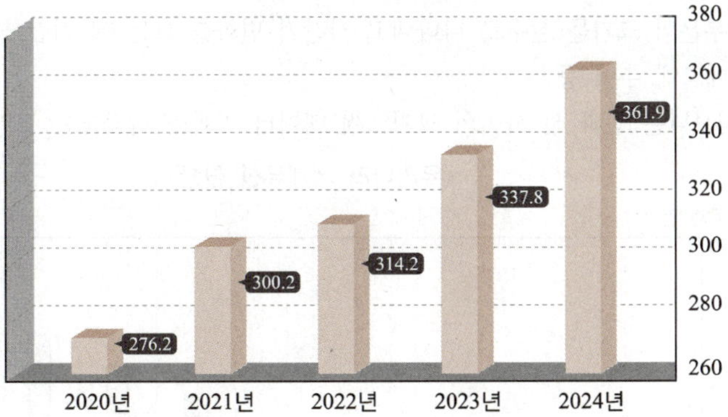

(3) 원그래프

① 내역이나 내용의 구성비를 분할하여 나타내는 데 적합하다.

예 제품별 매출액 구성비 등

② 원그래프를 정교하게 작성할 때는 수치를 각도로 환산해야 한다.

〈C국의 가계 금융자산 구성비〉

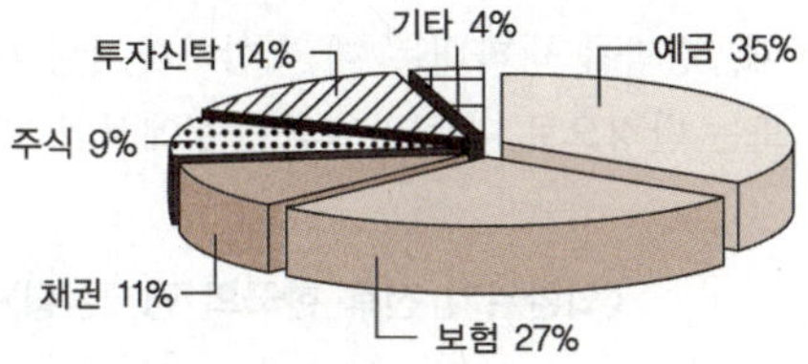

(4) 점그래프

① 지역분포를 비롯하여 도시, 지방, 기업, 상품 등의 평가나 위치, 성격을 표시하는 데 적합하다.

예 광고비율과 이익률의 관계 등

② 종축과 횡축에 두 요소를 두고, 보고자 하는 것이 어떤 위치에 있는가를 알고자 할 때 사용한다.

〈OECD 국가의 대학졸업자 취업률 및 경제활동인구 비중〉

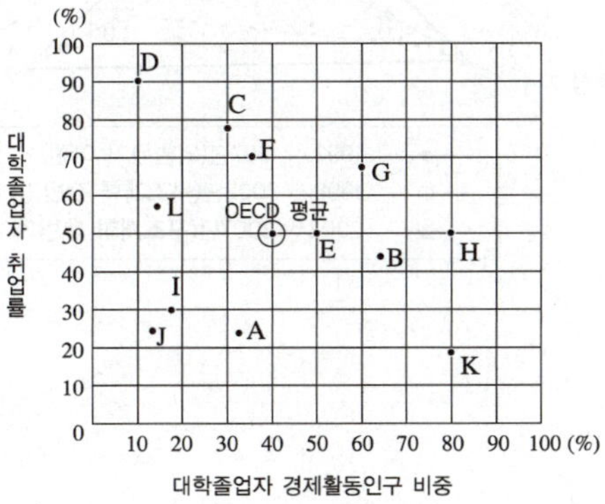

(5) 층별그래프

① 합계와 각 부분의 크기를 백분율로 나타내고 시간적 변화를 보는 데 적합하다.

② 합계와 각 부분의 크기를 실수로 나타내고 시간적 변화를 보는 데 적합하다.
  예 상품별 매출액 추이 등

③ 선의 움직임보다는 선과 선 사이의 크기로써 데이터 변화를 나타내는 그래프이다.

〈우리나라 세계유산 현황〉

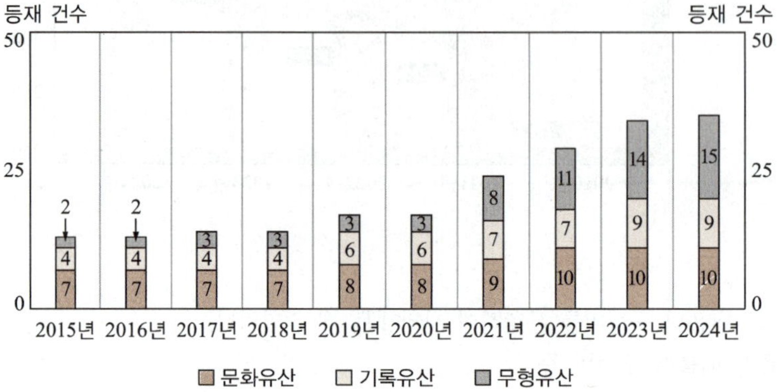

(6) 레이더 차트(거미줄 그래프)

① 다양한 요소를 비교할 때, 경과를 나타내는 데 적합하다. 예 매출액의 계절변동 등

② 비교하는 수량을 직경, 또는 반경으로 나누어 원의 중심에서의 거리에 따라 각 수량의 관계를 나타내는 그래프이다.

〈외환위기 전후 한국의 경제상황〉

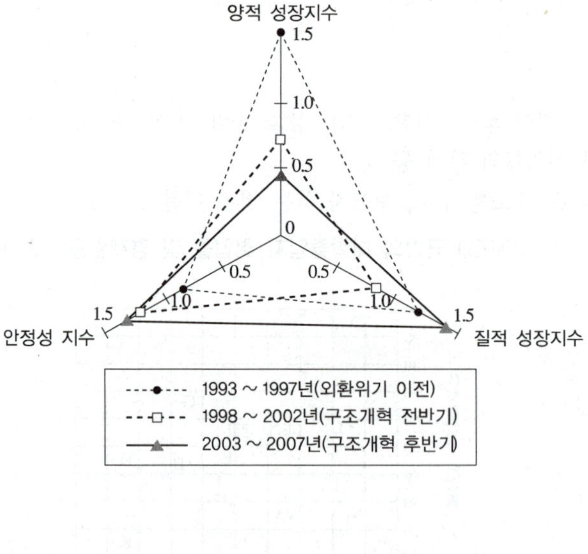

SECTION

02 출제예상문제

정답 및 해설 p.023

01 현재 동생은 통장에 10,000원이 있고, 형은 0원이 있다. 형은 한 달에 2,000원씩을 저금하고, 동생은 1,500원씩을 저금할 때, 몇 개월 후에 형의 통장 잔액이 동생보다 많아지는가?

① 21개월 ② 26개월
③ 31개월 ④ 32개월

02 집에서 자전거를 타고 시속 20km의 속력으로 내리막길을 달린 후 시속 18km의 속력으로 평탄한 길을 달려 체육관까지 가는 데 32분이 걸렸다. 돌아올 때는 시속 15km의 속력으로 평탄한 길을 달린 후 시속 4km로 오르막길을 달려 집까지 오는 데 1시간 24분이 걸렸다. 이때, 집에서 체육관까지의 거리는?

① 6km ② 8km
③ 10km ④ 13km

03 현재 S중학교의 축구부 전적은 8승 3패이다. 승률이 80% 이상이 되기 위해서 치러야 하는 최소한의 경기 수는?

① 3경기 ② 4경기
③ 5경기 ④ 6경기

04 농도 20%의 소금물 100g에서 xg을 덜어내고, 덜어낸 양만큼의 소금을 첨가하였다. 거기에 농도 11%의 소금물 yg을 섞었더니 농도 26%의 소금물 300g이 되었다. 이때, $x+y$의 값은?

① 195 ② 213
③ 235 ④ 245

05

K사는 전 직원을 대상으로 유연근무제에 대한 찬반투표를 진행하였다. 그 결과 전체 직원의 80%가 찬성하였고, 20%는 반대하였다. 전 직원의 40%는 여직원이고, 유연근무제에 찬성한 직원의 70%는 남직원이었다. 여직원 한 명을 뽑았을 때, 이 직원이 유연근무제에 찬성했을 확률은?(단, 모든 직원은 찬성이나 반대의 의사표시를 하였다)

① $\frac{1}{5}$　　② $\frac{2}{5}$

③ $\frac{3}{5}$　　④ $\frac{4}{5}$

06

주어진 시간 동안 A가 정리할 수 있는 운동장의 넓이는 B의 1.5배이다. A와 B가 $100m^2$ 넓이의 운동장을 5시간 만에 모두 정리하였다면, A가 1시간 동안 정리할 수 있는 면적은?

① $8m^2$　　② $12m^2$

③ $15m^2$　　④ $18m^2$

07

다음 숫자들의 배열규칙에 따라 빈칸에 들어갈 수로 옳은 것은?

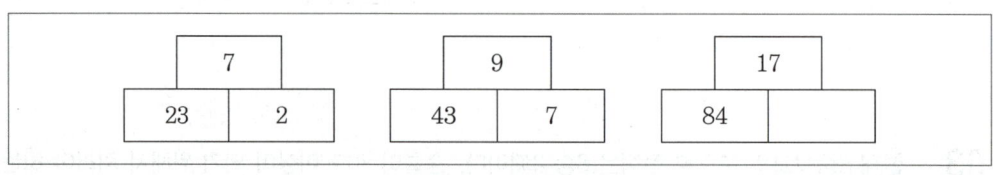

	7			9			17	
23		2	43		7	84		

① 10　　② 12

③ 14　　④ 16

08

사회초년생 A씨는 결혼자금을 마련하기 위하여 급여의 일부를 저축하였다. A씨는 재작년 1월 초에 B은행을 방문하여 2년 만기 저축계좌를 개설하였고, 매월 100만 원씩 납입하였다. 금리는 연 5%이고, 이자소득세는 15.4%라면, 만기 시점에 A씨의 통장에 입금될 금액은?(단, 금리는 연말에 단리로 일괄 적용한다)

① 24,950,000원　　② 25,015,200원

③ 25,522,800원　　④ 25,800,000원

09 **귀하는 P화장품회사의 영업부서에서 근무 중이다. 최근 왕성한 영업활동으로 3개의 시에 있는 거래처와 판매계약을 추진하고 있다. 성공적인 계약체결을 위해 당사의 신제품을 오늘 중으로 각 거래처에 샘플로 전달할 예정인데, 업무상 바쁜 관계로 터미널에 가서 정확히 같은 시간에 고속버스 화물 택배로 보내려고 한다. 고속버스 터미널 지원센터에 유선으로 확인한 결과, 3개의 시로 가는 고속버스가 1시간 전인 10시에 동시 출발했으며 배차 간격은 각각 12분, 18분, 24분이라고 한다. 화물 택배발송 업무가 최대 20분이 소요된다고 할 때, 귀하는 최대 몇 시까지 터미널에 도착해야 하는가?(단, 회사에서 터미널까지 20분이 걸린다)**

① 11시 10분까지는 도착해야 한다.
② 11시 50분까지는 도착해야 한다.
③ 12시 10분까지는 도착해야 한다.
④ 12시 04분까지는 도착해야 한다.

10 **다음 글을 근거로 판단할 때, 2022년의 무역의존도가 높은 순서대로 세 국가 A ~ C를 나열한 것은?**

> A, B, C 세 국가는 서로 간에만 무역을 하고 있다. 2022년 세 국가의 수출액은 다음과 같다.
> • A의 B와 C에 대한 수출액은 각각 200억 달러와 100억 달러였다.
> • B의 A와 C에 대한 수출액은 각각 150억 달러와 100억 달러였다.
> • C의 A와 B에 대한 수출액은 각각 150억 달러와 50억 달러였다.
>
> A, B, C의 2022년 국내총생산은 각각 1,000억 달러, 3,000억 달러, 2,000억 달러였고, 각 국가의 무역의존도는 다음과 같이 계산한다.
>
> $$(\text{무역의존도})=\frac{[(\text{총수출액})+(\text{총수입액})]}{(\text{국내총생산})}$$

① A－B－C
② A－C－B
③ B－A－C
④ B－C－A

11 A대리는 부모님에게 드릴 선물을 구입하려 한다. A대리가 사용한 신용카드의 혜택과 할부수수료율 그리고 구매방식과 구매상품이 다음과 같을 때, A대리가 지불할 총 금액은?(단, A대리의 구매상품 모두 신용카드 가맹점에서 구매하였으며, 포인트는 할인금액에서 차감된다)

- **신용카드 혜택**
  - 가맹점에서 구매 시 10% 할인된다.
  - 결재금액 1만 원마다 1천 포인트 적립된다.
  - 포인트는 1점당 1원이며, 만 원 단위로 이용금액에서 차감된다.

- **신용카드 할부수수료율**

할부기간	1～3개월	4～6개월	7개월 이상
수수료율(연)	6%	12%	20%

- **A대리의 구매방식**
  - 5개월 할부
  - 이용원금 상환금액 균등
  - 포인트 모두 사용(보유 포인트 25,764점)

- **A대리의 구매상품**
  - 화장품 90,000원
  - 등산복 170,000원

※ 할부수수료=할부잔액×(할부수수료율÷12)

※ 할부잔액=이용원금−기결제원금

① 200,000원　② 220,420원
③ 248,570원　④ 251,120원

12 H은행의 경제연구소는 고령가구의 재무건전성 판단을 위해 다음과 같은 자료를 조사하여 분석보고서를 작성하였다. 이에 대한 설명으로 옳지 않은 것은?

〈자료 1〉 한 · 미 연령대별 자산 구성

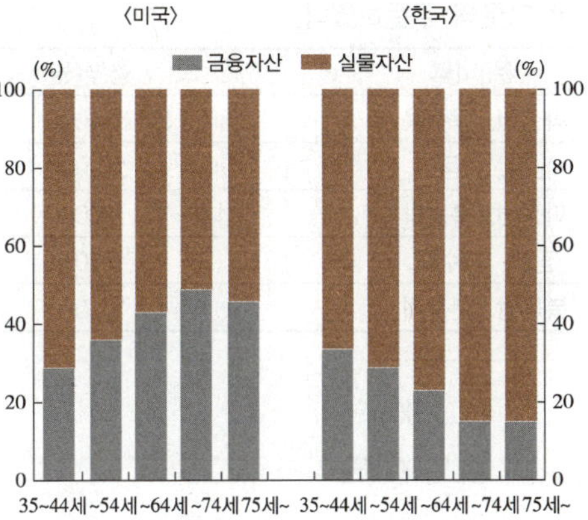

〈자료 2〉 한 · 미 연령대별 금융자산 대비 금융부채 비율

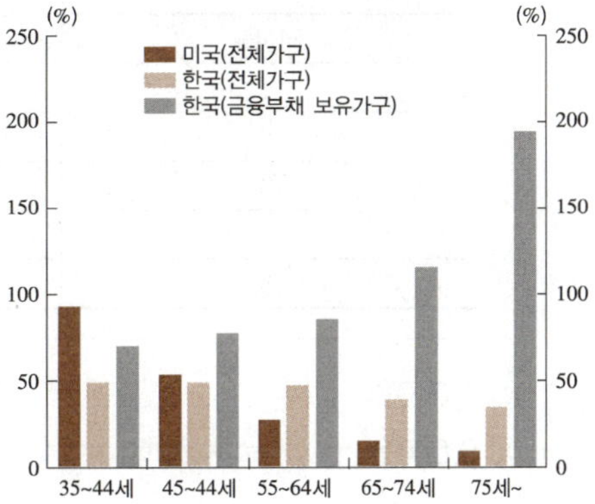

〈자료 3〉 주요국의 자산축적연령인구 비중 감소 및 고령화 속도

(단위 : %p, 연)

구분	고점 대비 10년간 하락 폭	고령화사회 → 고령사회 (소요기간)	고령사회 → 초고령사회 (소요기간)
네덜란드	2.9	64	15
호주	2.0	74	22
영국	2.3	45	52
프랑스	2.2	115	38
스웨덴	2.1	85	41
스페인	3.3	45	28
캐나다	2.3	64	16
덴마크	1.3	54	42
노르웨이	1.1	47	53
독일	1.8	40	36
오스트리아	0.7	36	51
미국	2.7	70	16
일본	1.4	26	10
한국	3.8	18	8

① 우리나라 자산의 경우, 미국에 비해 실물자산 비중이 훨씬 높은 가운데 고령층으로 갈수록 금융자산의 비중이 대체로 높아지는 미국과 달리 실물자산 편중도가 더욱 심화되는 모습이다.

② 우리나라 55 ~ 74세 가구의 실물자산 비중이 약 80%로 미국을 크게 상회할 뿐만 아니라 금융자산 대비 금융부채 비율(전체가구 기준)도 약 2 ~ 3배 높은 수준이다.

③ 특히 우리나라의 55 ~ 74세 금융부채 보유가구의 경우, 금융자산 대비 금융부채 비율이 85 ~ 115%이어서 금융부채 상환을 위해서는 실물자산을 처분할 수밖에 없는 가구가 발생할 수 있다.

④ 우리나라의 자산축적연령인구 비중은 고점 대비 10년간 하락 폭이 3.8%p로 주요국 평균에 비해 약 3배 크다.

13 다음 자료를 읽고 짜장면 한 그릇의 가격으로 옳은 것은?

〈자료〉

• A중식당의 테이블별 주문 내역과 그 총액은 다음과 같다.
• 각 테이블에서는 음식을 주문 내역별로 한 그릇씩 주문하였다.

테이블	주문 내역	총액(원)
1	짜장면, 탕수육	17,000
2	짬뽕, 깐풍기	20,000
3	짜장면, 볶음밥	14,000
4	짬뽕, 탕수육	18,000
5	볶음밥, 깐풍기	21,000

① 4,000원
② 5,000원
③ 6,000원
④ 7,000원

14 다음은 A국의 2021 ~ 2024년 주택건설 인허가 실적에 대한 보고서이다. 보고서의 내용을 작성하는 데 직접적인 근거로 활용되지 않은 자료는?

〈A국의 주택건설 인허가 실적보고서〉

• 2024년 주택건설 인허가 실적은 전국 51.5만 호(수도권 24.2만 호, 지방 27.3만 호)로 2023년(44.1만 호) 대비 16.8% 증가하였다. 이는 당초 계획(37.4만 호)에 비하여 증가한 것이지만, 2024년의 인허가 실적은 2021년 55.0만 호, 2022년 58.6만 호, 2023년 44.1만 호 등 3년 평균(2021 ~ 2023년, 52.6만 호)에 미치지 못하였다.
• 2024년 아파트의 인허가 실적(34.8만 호)은 2023년 대비 24.7% 증가하였다. 아파트 외 주택의 인허가 실적(16.7만 호)은 2023년 대비 3.1% 증가하였으나, 2023년부터 도시형생활주택 인허가 실적이 감소하면서 3년 평균(2021 ~ 2023년, 18.9만 호) 대비 11.6% 감소하였다.
• 2024년 공공부문의 인허가 실적(6.3만 호)은 일부 분양물량의 수급 조절에 따라 2023년 대비 21.3% 감소하였으며, 3년 평균(2021 ~ 2023년, 10.2만 호) 대비로는 38.2% 감소하였다. 민간부문(45.2만 호)은 2023년 대비 25.2% 증가하였으며, 3년 평균(2021 ~ 2023년, 42.4만 호) 대비 6.6% 증가하였다.
• 2024년의 소형(60m^2 이하), 중형(60m^2 초과 85m^2 이하), 대형(85m^2 초과) 주택건설 인허가 실적은 2023년 대비 각각 1.2%, 36.4%, 4.9% 증가하였고, 2024년 85m^2 이하 주택건설 인허가 실적의 비중은 2024년 전체 주택건설 인허가 실적의 약 83.5%이었다.

① 지역별 주택건설 인허가 실적 및 증감률

(단위 : 만 호, %)

구분	2023년	3년 평균 (2021 ~ 2023년)	2024년		
				전년 대비 증감률	3년 평균 대비 증감률
전국	44.1	52.6	51.5	16.8	-2.1
수도권	19.3	24.5	24.2	25.4	-1.2
지방	24.8	28.1	27.3	10.1	-2.8

② 2021 ~ 2023년 지역별 주택건설 인허가 실적

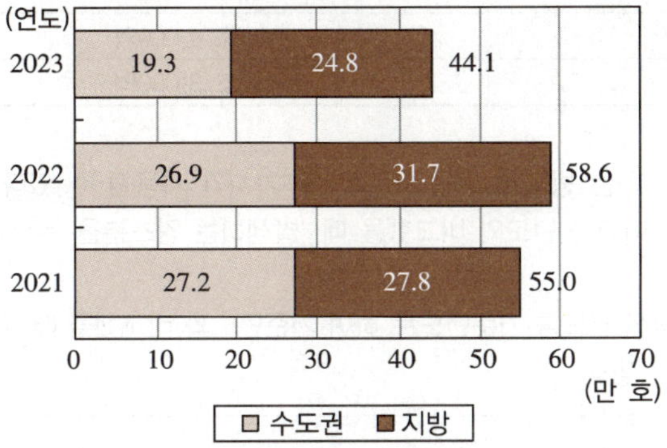

③ 공공임대주택 공급 실적 및 증감률

(단위 : 만 호, %)

구분	2023년	3년 평균 (2021 ~ 2023년)	2024년		
				전년 대비 증감률	3년 평균 대비 증감률
영구 · 국민	2.7	2.3	2.6	-3.7	13.0
공공	3.1	2.9	3.6	16.1	24.1
매입 · 전세	3.8	3.4	3.4	-10.5	0.0

④ 유형별 주택건설 인허가 실적 및 증감률

(단위 : 만 호, %)

구분	2023년	3년 평균 (2021 ~ 2023년)	2024년		
				전년 대비 증감률	3년 평균 대비 증감률
아파트	27.9	33.7	34.8	24.7	3.3
아파트 외	16.2	18.9	16.7	3.1	-11.6

15 **다음 글을 근거로 판단할 때, 〈보기〉의 금액을 구한 값이 바르게 연결된 것은?**

정부는 경기활성화를 위해 감세안을 만들어 2021년부터 시행하고자 한다. 감세 효과 파악을 위해 2023년까지 감세안에 따른 세수 변화 규모를 추산했다.

〈연도별 세수 총액〉

(단위 : 년, 원)

구분	세수 총액
2020년	42조 5,000억
2021년	41조 8,000억
2022년	41조 4,000억
2023년	41조 3,000억

감세에 따른 세수 감소 총액을 계산하는 방식은 다음과 같은 두 가지가 사용될 수 있다.

- A방식 : 감세안이 시행된 해부터 매년 전년도와 비교했을 때, 발생하는 감소분을 누적으로 합계하는 방식
- B방식 : 감세안이 시행된 해의 직전 연도를 기준년도로 하여 기준년도와 비교했을 때, 매년 발생하는 감소분을 누적으로 합계하는 방식

보기

㉠ A방식에 따라 계산한 2021년의 세수 감소액은?
㉡ B방식에 따라 계산한 2022년까지의 세수 감소 총액은?
㉢ A방식, B방식에 따라 각각 계산한 2023년까지의 세수 감소 총액의 차이는?

	㉠	㉡	㉢
①	3,000억 원	1조 1,000억 원	1조 2,000억 원
②	3,000억 원	1조 8,000억 원	1조 8,000억 원
③	7,000억 원	1조 1,000억 원	1조 2,000억 원
④	7,000억 원	1조 8,000억 원	1조 8,000억 원

16 무역회사에 재직하는 A씨는 계약을 위해 홍콩에 방문하고자 한다. A씨는 소지하고 있는 여러 나라의 화폐를 모아 홍콩달러로 환전하고자 한다. 다음은 A씨가 은행에서 상담받은 내용과 당시 환율 상황에 대한 자료이다. A씨가 받을 수 있는 금액은?(단, 환전에 따른 기타 수수료는 발생하지 않는 것으로 한다)

〈은행 상담 내용〉

A씨 : 제가 가지고 있는 외화들을 환전해서 홍콩달러로 받고 싶은데요. 절차가 어떻게 되나요?

행원 : 외화를 다른 외화로 환전하실 경우에는 먼저 외화를 원화로 환전한 뒤, 다시 원하시는 나라의 외화로 환전해야 합니다. 그렇게 진행할까요?

A씨 : 네. 그렇게 해주세요. 제가 가지고 있는 외화는 미화 $1,000, 유로화 €500, 위안화 ¥10,000, 엔화 ¥5,000입니다. 홍콩달러로 얼마나 될까요?

〈환율전광판〉

(단위 : 원)

통화명	매매기준율	현찰		송금	
		살 때	팔 때	보낼 때	받을 때
미국 USD	1,211.60	1,232.80	1,190.40	1,223.40	1,199.80
유럽연합 EUR	1,326.52	1,356.91	1,300.13	1,339.78	1,313.26
중국 CNY	185.15	198.11	175.90	187.00	183.30
홍콩 HKD	155.97	159.07	152.87	157.52	154.42
일본 JPY 100	1,065.28	1,083.92	1,046.64	1,075.71	1,054.85

※ 환전 시 소수점 단위 금액은 절사함

① HK$ 20,184
② HK$ 21,157
③ HK$ 22,957
④ HK$ 23,888

PART 1

17 다음은 조사 연도별 '갑'국 병사의 계급별 월급과 군내매점에서 판매하는 주요품목 가격에 대한 자료이다. 이에 대한 설명으로 옳은 것은?

〈조사 연도별 병사의 계급별 월급〉

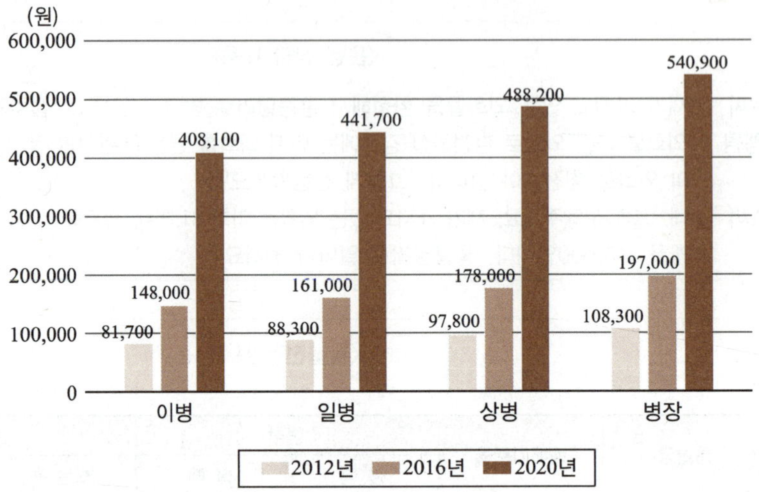

〈조사 연도별 군내매점 주요품목 가격〉

(단위 : 원/개)

조사 연도 \ 품목	캔커피	단팥빵	햄버거
2012년	250	600	2,400
2016년	300	1,000	2,800
2020년	500	1,400	3,500

① 이병 월급은 2020년이 2012년보다 500% 이상 증액되었다.

② 2012년 대비 2016년 상병 월급 증가율은 2016년 대비 2020년 상병 월급 증가율보다 더 높다.

③ 군내매점 주요품목 각각의 2012년 대비 2016년 가격인상률은 2016년 대비 2020년 가격인상률보다 낮다.

④ 일병이 한 달 월급만을 사용하여 군내매점에서 해당 연도 가격으로 140개의 단팥빵을 구매하고 남은 금액은 2016년이 2012년보다 15,000원 이상 더 많다.

18 다음은 2022년 1～4월 동안 월별 학교폭력 신고에 대한 자료이다. 이에 대한 설명으로 옳은 것은?

〈그래프 1〉 월별 학교폭력 신고 건수

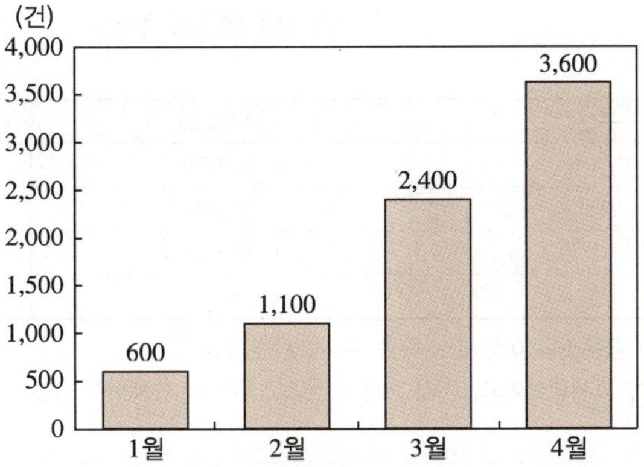

〈그래프 2〉 월별 학교폭력 주요 신고자 유형별 비율

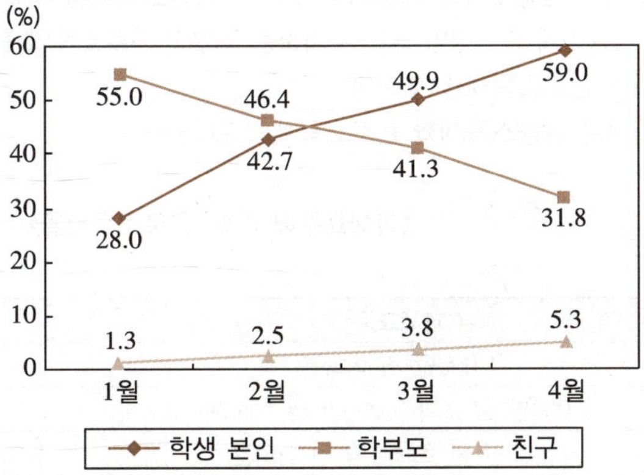

① 1월에 학부모의 학교폭력 신고 건수는 학생 본인의 학교폭력 신고 건수의 2배 이상이다.

② 학부모의 학교폭력 신고 건수는 매월 감소하였다.

③ 2～4월 중에서 전월 대비 학교폭력 신고 건수 증가율이 가장 높은 달은 3월이다.

④ 학생 본인의 학교폭력 신고 건수는 1월이 4월의 10% 이상이다.

19 다음은 갑국 A ~ D 4명의 개인별 연소득에 대한 자료이고, 개인별 소득세 산출액은 소득세 결정기준에 따라 계산한다. 이를 근거로 A ~ D 중 소득세 산출액이 가장 많은 사람과 가장 적은 사람을 바르게 나열한 것은?

〈개인별 연소득 현황〉

(단위 : 만 원)

구분	근로소득	금융소득
A	15,000	5,000
B	25,000	0
C	20,000	0
D	0	30,000

※ 근로소득과 금융소득 이외의 소득은 존재하지 않음

※ 모든 소득은 과세대상이고, 어떤 종류의 공제・감면도 존재하지 않음

〈소득세 결정기준〉

- 5천만 원 이하의 금융소득에 대해서는 15%의 금융소득세를 부과함
- 과세표준은 금융소득 중 5천만 원을 초과하는 부분과 근로소득의 합이고, 과세표준에 따른 근로소득세율에 따라 근로소득세를 부과함
- 소득세 산출액은 금융소득세와 근로소득세의 합임

〈과세표준에 따른 근로소득세율〉

(단위 : %)

과세표준	세율
1,000만 원 이하분	5
1,000만 원 초과 5,000만 원 이하분	10
5,000만 원 초과 1억 원 이하분	15
1억 원 초과 2억 원 이하분	20
2억 원 초과분	25

※ 예를 들어, 과세표준이 2,500만 원인 사람의 '근로소득세'는 다음과 같음

1,000만 원×5%+(2,500만 원−1,000만 원)×10%=200만 원

	가장 많은 사람	가장 적은 사람
①	A	B
②	A	D
③	B	A
④	D	A

20 다음은 어느 상담센터에서 2022년에 실시한 상담가 유형별 가족상담 건수에 대한 자료이다. 이에 근거할 때, 2022년 하반기 전문상담가에 의한 가족상담 건수는?

〈2022년 상담가 유형별 가족상담 건수〉

(단위 : 건)

구분	가족상담 건수
일반상담가	120
전문상담가	60

※ 가족상담은 일반상담가에 의한 가족상담과 전문상담가에 의한 가족상담으로만 구분됨

〈정보〉

- 2022년 가족상담의 30%는 상반기에, 70%는 하반기에 실시되었다.
- 2022년 일반상담가에 의한 가족상담의 40%는 상반기에, 60%는 하반기에 실시되었다.

① 38건 ② 40건
③ 48건 ④ 54건

문제해결능력 출제비중

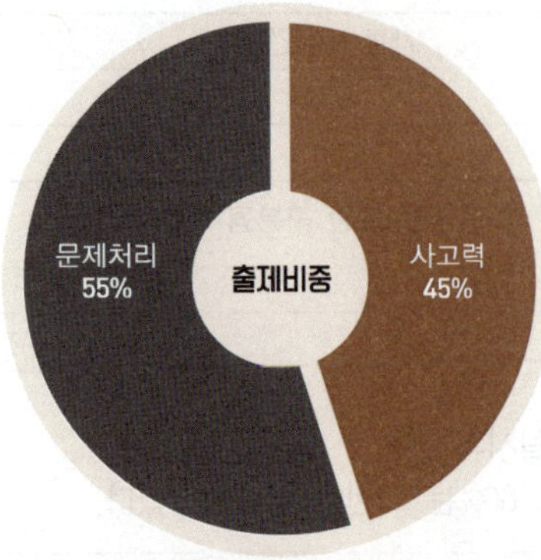

문제해결능력 영역소개

문제해결능력은 업무를 수행하면서 문제 상황이 발생하였을 때, 창조적이고 논리적인 사고를 통하여 이를 올바르게 인식하고 적절히 해결하는 능력을 말한다.

구분	내용	중요도
사고력	문제를 인식하고 해결함에 있어 창조적·논리적·비판적으로 생각하는 능력	★★★★★
문제처리	문제의 특성을 파악하여 대안을 적용한 뒤, 그 결과를 평가하는 능력	★★★★★

※ 문제해결능력은 NCS 기반 채용을 진행한 모든 은행에서 다루었으며, 전체 문항 수 대비 출제비중이 높은 편이다.

CHAPTER 03

문제해결능력

SECTION 01 핵심이론

SECTION 02 출제예상문제

SECTION

01 핵심이론

01 문제해결능력

(1) 문제

① 문제와 문제점의 의미

㉠ 문제 : 원활한 업무수행을 하기 위해 해결해야 하는 질문이나 의논 대상

㉡ 문제점 : 문제의 근본원인이 되는 사항으로 문제해결에 필요한 열쇠인 핵심 사항

예 스트레스로 인해 신경성 장염에 걸렸을 때, 신경성 장염의 발생이 '문제'이며, 스트레스는 '문제점'이다.

② 문제의 분류

구분	창의적 문제	분석적 문제
문제제시 방법	현재 문제가 없더라도 보다 나은 방법을 찾기 위한 문제 탐구로, 문제 자체가 명확하지 않음	현재의 문제점이나 미래의 문제로 예견될 것에 대한 문제 탐구로, 문제 자체가 명확함
해결 방법	창의력에 의한 많은 아이디어의 작성을 통해 해결	분석·논리·귀납과 같은 논리적 방법을 통해 해결
해답 수	해답의 수가 많으며, 많은 답 가운데 보다 나은 것을 선택	답의 수가 적으며, 한정되어 있음
주요 특징	주관적, 직관적, 감각적, 정성적, 개별적, 특수성	객관적, 논리적, 이성적, 정량적, 일반적, 공통성

③ 문제의 유형

㉠ 기능에 따른 문제 유형 : 제조 문제, 판매 문제, 자금 문제, 인사 문제, 경리 문제, 기술상 문제

㉡ 해결 방법에 따른 문제 유형 : 논리적 문제, 창의적 문제

㉢ 시간에 따른 문제 유형 : 과거 문제, 현재 문제, 미래 문제

㉣ 업무 수행 과정 중 발생한 문제 유형 : 발생형 문제, 탐색형 문제, 설정형 문제

- 발생형 문제 : 이미 일어난 문제로, 당장 걱정하고 해결하기 위해 고민하는 문제
- 탐색형 문제 : 더 잘해야 하는 문제로, 현재의 상황을 개선하거나 효율을 높이기 위한 문제
- 설정형 문제 : 미래상황에 대응하는 장래의 경영전략의 문제로, 앞으로 어떻게 할 것인가 하는 문제

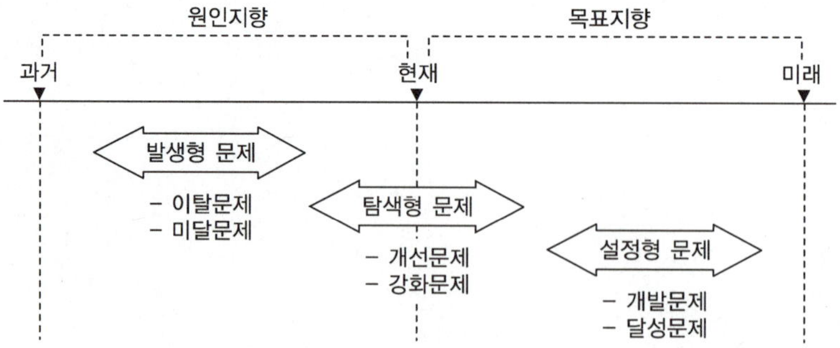

(2) 문제해결

① 문제해결의 정의

문제해결이란 목표와 현상을 분석하고, 이 분석 결과를 토대로 주요 과제를 도출하여 바람직한 상태나 기대되는 결과가 나타나도록 최적의 해결안을 찾아 실행·평가하는 활동을 말한다.

② 문제해결의 기본요소

㉠ 체계적인 교육훈련

㉡ 문제해결 방법에 대한 다양한 지식

㉢ 문제 관련 지식에 대한 가용성

㉣ 문제해결자의 도전의식과 끈기

㉤ 문제에 대한 체계적인 접근

③ 문제해결 시 필요한 사고

㉠ 전략적 사고

㉡ 분석적 사고

㉢ 발상의 전환

㉣ 내·외부자원의 효율적인 활용

④ 문제해결 시 장애 요인

㉠ 문제를 철저히 분석하지 않는 경우 : 근본적인 문제해결을 하지 못하거나 새로운 문제를 야기하는 결과를 초래할 수 있다.

㉡ 고정관념에 얽매이는 경우 : 정해진 규정과 틀에 얽매여서 새로운 아이디어와 가능성을 무시해 버릴 수 있다.

㉢ 쉽게 떠오르는 단순한 정보에 의지하는 경우 : 단순한 정보에 의지하면 문제를 해결하지 못하거나 오류를 범하게 된다.

㉣ 너무 많은 자료를 수집하려고 노력하는 경우 : 무엇이 제대로 된 자료인지를 알지 못하는 우를 범할 우려가 많다.

⑤ 문제해결방법

㉠ 소프트 어프로치에 의한 문제해결

- 대부분의 기업에서 볼 수 있는 전형적인 문제해결방법
- 직접적인 표현이 아닌, 시사 또는 암시를 통하여 의사를 전달하고 감정을 서로 통하게 함으로써 문제해결을 도모하는 방법
- 코디네이터(3자)는 결론을 미리 머릿속에 그려가면서 권위나 공감에 의지하여 의견을 중재하고, 타협과 조정을 통해 해결을 도모
- 결론이 애매하게 끝나는 경우가 적지 않음

㉡ 하드 어프로치에 의한 문제해결

- 서로의 생각을 직설적으로 주장하고 논쟁이나 협상을 통해 서로의 의견을 조정해가는 방법
- 사실과 원칙에 근거한 토론으로 해결방법을 도모
- 코디네이터(3자)는 구성원들에게 지도와 설득을 하고 전원이 합의하는 일치점을 찾도록 노력
- 합리적이긴 하나, 창조적인 아이디어나 높은 만족감을 이끌어내기는 어려움

㉢ 퍼실리테이션에 의한 문제해결

- 퍼실리테이션은 '촉진'을 의미하며, 어떤 그룹이나 집단이 의사결정을 잘하도록 도와주는 일을 의미
- 조직이 어떤 방향으로 나아갈지 알려주고, 주제에 대한 공감을 이룰 수 있도록 도와주는 역할을 담당
- 깊이 있는 커뮤니케이션을 통해 서로의 문제점을 이해하고 공감함으로써 창조적인 문제해결을 도모
- 퍼실리테이션에 의한 방법은 구성원의 동기가 강화되고 팀워크도 한층 강화되는 특징을 가짐
- 코디네이터(3자)가 합의점이나 줄거리를 준비해놓고 예정대로 결론을 도출하는 것은 적절하지 않음

02 사고력

(1) 창의적 사고

① 창의적 사고의 의미

창의적 사고란 이미 알고 있는 경험과 지식을 해체하고 새로운 정보로 결합함으로써 가치 있고 참신한 아이디어를 산출하는 사고를 말한다.

② 창의적 사고의 특징

㉠ 정보와 정보의 조합이다.

㉡ 사회나 개인에게 새로운 가치를 창출한다.

㉢ 창조적인 가능성이다.

③ 창의적 사고의 개발 방법

㉠ 자유연상법 : 어떤 생각에서 다른 생각을 계속해서 떠올리는 작용을 통해, 어떤 주제에 대해 생각나는 것을 열거해 나가는 발산적 사고 방법

예 브레인스토밍

㉡ 강제연상법 : 각종 힌트를 강제적으로 연결지어서 발상하는 방법

예 체크리스트

㉢ 비교발상법 : 주제와 본질적으로 닮은 것을 힌트로 하여 새로운 아이디어를 얻는 방법

예 NM법, Synectics(창조공학)

(2) 논리적 사고

① 논리적 사고의 의미

논리적 사고란 사고의 전개에 있어서 전후의 관계가 일치하고 있는지를 살피며, 아이디어를 평가하는 사고를 말한다.

② 논리적 사고를 하기 위해 필요한 요소

생각하는 습관, 상대 논리의 구조화, 구체적인 생각, 타인에 대한 이해・설득

③ 논리적 사고를 개발하는 방법

㉠ 피라미드 구조 방법 : 하위의 사실이나 현상으로부터 상위의 주장을 만들어 나가는 방법

㉡ SO WHAT 방법 : 눈앞에 있는 정보로부터 의미를 찾아내어 가치 있는 정보를 이끌어내는 방법

(3) 비판적 사고

① 비판적 사고의 의미

비판적 사고는 제기된 주장에 어떤 오류나 잘못이 있는지를 찾아내기 위하여 지엽적인 부분을 확대하여 문제로 삼는 것이 아니라, 지식·정보를 바탕으로 한 합당한 근거에 기초를 두고 현상을 분석하고 평가하는 사고를 말한다.

② 비판적 사고를 하기 위해 필요한 요소

지적 호기심, 객관성, 개방성, 융통성, 지적 회의성, 지적 정직성, 체계성, 지속성, 결단성, 다른 관점에 대한 존중

③ 비판적 사고를 개발하는 방법

비판적인 사고를 하기 위해서는 어떤 현상에 대해 문제의식을 가지고, 고정관념을 타파해야 한다.

03 문제처리능력

문제처리능력이란 목표와 현상을 분석하고, 이 분석결과를 토대로 문제를 도출하여 최적의 해결책을 찾아 실행·평가하는 활동을 할 수 있는 능력을 말한다.

〈문제해결 절차〉

문제 인식 → 문제 도출 → 원인 분석 → 해결안 개발 → 실행 및 평가

(1) 문제 인식

해결해야 할 전체 문제를 파악하여 우선순위를 정하고 선정된 문제에 대한 목표를 명확히 하는 단계로, '환경 분석 → 주요 과제 도출 → 과제 선정'을 통해 수행된다.

※ 환경 분석 시 자주 사용되는 방법

- 3C 분석 : 3C에 대한 체계적인 분석(3C : 자사, 경쟁사, 고객)
- SWOT 분석 : 기업내부의 강점(Strength), 약점(Weakness), 외부환경의 기회(Opportunity), 위협요인(Threat)을 분석·평가하고 이들을 서로 연관 지어 전략과 문제해결 방안을 개발하는 방법

(2) 문제 도출

선정된 문제를 분석하여 해결해야 할 것이 무엇인지를 명확히 하는 단계로, '문제 구조 파악 → 핵심 문제 선정'을 통해 수행된다.

※ 문제 구조 파악 시 자주 사용되는 방법

- Logic Tree 방법 : 문제의 원인을 깊이 파고들어 해결책을 구체화할 때 제한된 시간 속에 넓이와 깊이를 추구하는 데 도움이 되는 기술로, 주요 과제를 나무모양으로 분해·정리하는 방법

(3) 원인 분석

파악된 핵심문제에 대한 분석을 통해 근본 원인을 도출해내는 단계로, '이슈 분석 → 데이터 분석 → 원인 파악'을 통해 수행된다.

(4) 해결안 개발

문제로부터 도출된 근본 원인을 효율적으로 해결할 수 있는 최적의 해결방안을 수립하는 단계로, '해결안 도출 → 해결안 평가 및 최적안 선정'을 통해 수행된다.

(5) 실행 및 평가

해결안 개발을 통해 만들어진 실행계획을 실제 상황에 적용하는 활동이다. 당초 장애가 되는 문제의 원인들을 해결안을 사용하여 제거해 나가는 단계로, '실행계획 수립 → 실행 → 사후 관리(Follow-up)'를 통해 수행된다.

02 출제예상문제

정답 및 해설 p.027

01 다음 빈칸에 들어갈 단어로 옳지 않은 것은?

> 비판적 사고는 어떤 주제나 주장 등에 대해서 적극적으로 분석하고 종합하며 평가하는 능동적인 사고이다. 이러한 비판적 사고는 어떤 논증, 추론, 증거, 가치를 표현한 사례를 타당한 것으로 수용할 것인가 아니면 불합리한 것으로 거절할 것인가에 대한 결정을 내릴 때 요구되는 사고력이다. 따라서 비판적 사고를 개발하기 위해서는 ______과 같은 태도가 요구된다.

① 체계성　② 결단성
③ 예술성　④ 지적 호기심

02 다음 상황에서 나타나는 논리적 오류로 옳은 것은?

> 한 법정에서 피의자에 대해 담당 검사는 다음과 같이 주장하였다. "피의자는 과거에 사기 전과가 있으나, 반성하는 기미도 없이 문란한 사생활을 지속해 오고 있습니다. 과거에 마약을 복용하기도 하였으며 술에 취해 폭력을 가한 적도 있습니다. 따라서 죄질이 나쁘므로 살인 혐의로 기소하고, 법적 최고형을 선고해 주시기 바랍니다."

① 결합의 오류　② 무지의 오류
③ 피장파장의 오류　④ 허수아비 공격의 오류

03 중학생 50명을 대상으로 한 해외여행에 대한 설문조사 결과가 다음과 같을 때, 항상 참인 것은?

> • 미국을 여행한 사람이 가장 많다.
> • 일본을 여행한 사람은 미국 또는 캐나다 여행을 했다.
> • 중국과 캐나다를 모두 여행한 사람은 없다.
> • 일본을 여행한 사람의 수가 캐나다를 여행한 사람의 수보다 많다.

① 일본을 여행한 사람보다 중국을 여행한 사람이 더 많다.
② 일본을 여행했지만 미국을 여행하지 않은 사람은 중국을 여행하지 않았다.
③ 미국을 여행한 사람의 수는 일본 또는 중국을 여행한 사람보다 많다.
④ 중국을 여행한 사람은 일본을 여행하지 않았다.

04 A ~ C 3명이 가지고 있는 동전에 대한 다음의 설명을 읽고, 반드시 참인 것은?

> • 3명의 동전은 모두 20개이다.
> • A는 가장 많은 개수의 동전을 가지고 있으며, 가장 많은 개수의 동전을 가진 사람은 2명 이상일 수 있다.
> • C의 동전을 모두 모으면 600원이다.
> • 2명은 같은 개수의 동전을 가지고 있다.
> • 동전은 10원, 50원, 100원, 500원 중 하나이다.

① A에게 모든 종류의 동전이 있다면 A는 최소 690원을 가지고 있다.
② A는 최대 8,500원을 가지고 있다.
③ B와 C가 같은 개수의 동전을 가진다면 각각 4개 이상의 동전을 가진다.
④ B는 반드시 100원짜리를 가지고 있다.

05 문제해결절차의 실행 및 평가 단계가 다음과 같은 절차로 진행될 때, 실행계획 수립 단계에서 고려해야 할 사항으로 적절하지 않은 것은?

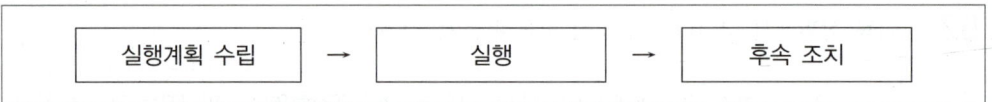

> 실행계획 수립 → 실행 → 후속 조치

① 인적자원, 물적자원, 예산, 시간을 고려하여 계획을 세운다.
② 실행상의 문제점 및 장애 요인을 신속하게 해결하기 위해 모니터링 체제를 구축한다.
③ 해결안별 구체적인 실행계획서를 작성한다.
④ 실행의 목적과 과정별 진행내용을 일목요연하게 파악할 수 있도록 작성한다.

06 다음 사례를 통해 유과장이 최대리에게 해줄 수 있는 조언으로 적절하지 않은 것은?

> 최대리는 오늘도 기분이 별로다. 팀장에게 오전부터 싫은 소리를 들었기 때문이다. 늘 하던 일을 하던 방식으로 처리한 것이 빌미였다. 관행에 매몰되지 말고 창의적이고 발전적인 모습을 보여 달라는 게 팀장의 주문이었다. '창의적인 일처리'라는 말을 들을 때마다 주눅이 드는 자신을 발견할 때면 더욱 의기소침해지고 자신감이 없어진다. 어떻게 해야 창의적인 인재가 될 수 있을까 고민도 해보지만 뾰족한 수가 보이지 않는다. 자기만 뒤처지는 것 같아 불안하기도 하고 남들은 어떤지 궁금하기도 하다.

① 창의적인 사람은 새로운 경험을 찾아 나서는 사람을 말하는 것 같아.
② 그래, 그들의 독특하고 기발한 재능은 선천적으로 타고나는 것이라 할 수 있어.
③ 창의적인 사고는 후천적 노력에 의해서도 개발이 가능하다고 생각해.
④ 창의력은 본인 스스로 자신의 틀에서 벗어나도록 노력해야 한다고 생각해.

07 다음 SWOT 분석의 설명을 읽고 추론한 내용으로 가장 적절한 것은?

> SWOT 분석에서 강점은 경쟁기업과 비교하여 소비자로부터 강점으로 인식되는 것이 무엇인지, 약점은 경쟁기업과 비교하여 소비자로부터 약점으로 인식되는 것이 무엇인지, 기회는 외부환경에서 유리한 기회 요인은 무엇인지, 위협은 외부환경에서 불리한 위협 요인은 무엇인지를 찾아내는 것이다. SWOT 분석의 가장 큰 장점은 기업의 내부 및 외부환경의 변화를 동시에 파악할 수 있다는 것이다.

① 초고령화 사회는 실버산업에 있어 기회 요인으로 볼 수 있다.
② 기업의 비효율적인 업무 프로세스는 SWOT 분석의 위협 요인으로 볼 수 있다.
③ 살균제 달걀 논란은 빵집에 있어 약점 요인으로 볼 수 있다.
④ 근육운동 열풍은 헬스장에 있어 강점 요인으로 볼 수 있다.

08 다음은 A, B사원의 직업기초능력을 평가한 결과이다. 이에 대한 설명으로 가장 적절한 것은?

〈직업기초능력 평가 결과〉

(단위 : 점)

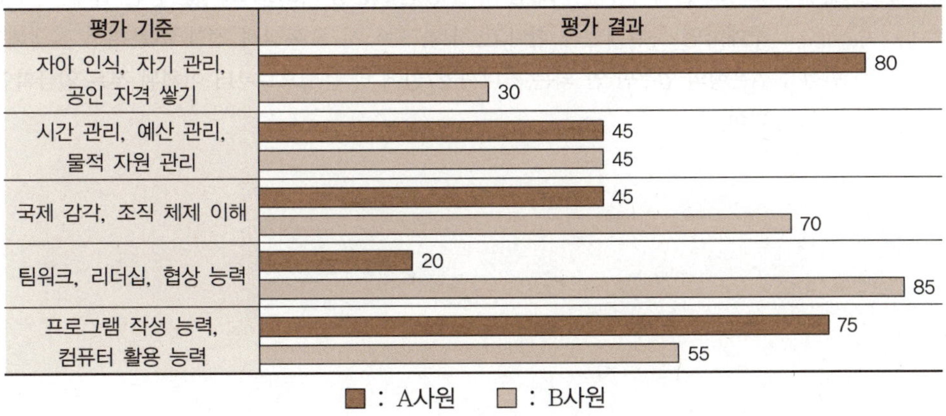

① A사원은 B사원보다 스스로를 관리하고 개발하는 능력이 우수하다.
② A사원은 B사원보다 조직의 체제와 경영을 이해하는 능력이 우수하다.
③ B사원은 A사원보다 정보를 검색하고 정보기기를 활용하는 능력이 우수하다.
④ B사원은 A사원보다 업무 수행에 필요한 시간, 자본 등의 자원을 예측 계획하여 할당하는 능력이 우수하다.

09 다음은 A은행의 홈페이지에 올라온 설 연휴 금융거래 일시 중단 안내문이다. 이를 보고 대화한 사람 중 옳은 말을 한 사람은?

〈설 연휴 금융거래 일시 중단 안내문〉

구분	주요 내용	중단기간
은행업무	• (일시중단) A은행 계좌를 이용하는 모든 금융 거래 – 자동화기기(CD / ATM)를 이용한 입금, 출금, 계좌이체 및 조회 불가 – 인터넷뱅킹, 스마트뱅킹, 텔레뱅킹 등 계좌이체 및 조회불가 – 타 금융기관을 이용한 A은행 계좌 입금, 출금, 계좌이체 및 조회 불가 – 현금카드 이용 불가	2025.1.27.(월) 00시 ~ 2025.1.30(목) 24시
카드업무	• (정상운영) 신용카드 승인 가능 – 신용카드를 이용한 물품 구매, 대금 결제 등 승인[단, 온라인 결제 및 A은행 카드 모바일 간편 결제 등 신용카드 거래는 2025.1.28(화) 16시 ~ 2025.1.29(수) 02시까지 일시 제한]	
	• (일시중단) 체크카드 이용 불가 – 체크카드를 이용한 승인 거래 이용 불가 (단, 면세유 구매전용 체크카드는 2025.1.27(월)부터 이용 불가)	2025.1.28(화) 00시 ~ 2025.1.30(목) 24시
	• (일시중단) 신용카드 승인 외 부수 업무는 제한 – 장 / 단기카드대출(카드론, 현금서비스), A은행 카드 포인트 사용 등 부수 업무 전반	2025.1.27(월) 00시 ~ 2025.1.30(목) 24시

① 진태 : 28일에 장을 보러 가려고 했는데, 신용카드를 사용할 수 없다니 그냥 현금을 가지고 가야겠어.

② 정희 : 신용카드는 이용이 중단되지 않으니까, 29일에 그동안 A은행 신용카드로 쌓아놓았던 포인트를 사용해서 설 선물을 살 거야.

③ 연주 : K마트 홈페이지에서 28일 하루 동안 A은행 카드로 모바일 간편 결제를 이용해 물건을 구매하면 특별세일을 한다고 하니, 반드시 오후 4시 전에 주문해서 결제해야겠네.

④ 민철 : A은행의 업무만 안 되는 거니까 27일에 타 은행으로부터 이체된 것은 입금확인이 가능할 거야.

10 다음 글을 근거로 판단할 때, 〈보기〉에서 옳은 설명을 모두 고르면?

▣ 사업개요

1. 사업목적

취약계층 아동에게 맞춤형 통합서비스를 제공하여 아동의 건강한 성장과 발달을 도모하고, 공평한 출발기회를 보장함으로써 건강하고 행복한 사회구성원으로 성장할 수 있도록 지원함

2. 사업대상

만 12세까지의 취약계층 아동

※ 0세는 출생 이전의 태아와 임산부를 포함

※ 초등학교 재학생이라면 만 13세 이상도 포함

▣ 운영계획

1. 지역별 인력구성

• 전담공무원 : 3명

• 아동통합서비스 전문요원 : 4명 이상

※ 아동통합서비스 전문요원은 대상 아동 수에 따라 최대 7명까지 배치 가능

2. 사업예산

시·군·구별 최대 3억 원(국비 100%) 한도에서 사업환경을 반영하여 차등 지원

※ 단, 사업예산의 최대 금액은 기존 사업지역 3억 원, 신규 사업지역 1억 5천만 원으로 제한

보기

㉠ 임신 6개월째인 취약계층 임산부는 사업대상에 해당되지 않는다.

㉡ 내년 초등학교 졸업을 앞둔 만 14세 취약계층 학생은 사업대상에 해당한다.

㉢ 대상 아동 수가 많은 지역이더라도 해당 사업의 전담공무원과 아동통합서비스 전문요원을 합한 인원은 10명을 넘을 수 없다.

㉣ 해당 사업을 신규로 추진하고자 하는 △△시는 사업예산을 최대 3억 원까지 국비로 지원받을 수 있다.

① ㉠, ㉡　　② ㉠, ㉣

③ ㉡, ㉢　　④ ㉡, ㉣

11 다음은 육류의 원산지 표시방법을 나타낸 자료이다. 이에 대해 〈보기〉에서 옳은 설명을 모두 고르면?

〈원산지 표시방법〉

구분	표시방법
(가) 돼지고기, 닭고기, 오리고기	육류의 원산지 등은 국내산과 수입산으로 구분하고, 다음 항목의 구분에 따라 표시한다. 1) 국내산의 경우 괄호 안에 '국내산'으로 표시한다. 다만 수입한 돼지를 국내에서 2개월 이상 사육한 후 국내산으로 유통하거나, 수입한 닭 또는 오리를 국내에서 1개월 이상 사육한 후 국내산으로 유통하는 경우에는 '국내산'으로 표시하되, 괄호 안에 축산물명 및 수입국가명을 함께 표시한다. 예 삼겹살(국내산), 삼계탕 국내산(닭, 프랑스산), 훈제오리 국내산(오리, 일본산) 2) 수입산의 경우 수입국가명을 표시한다. 예 삼겹살(독일산) 3) 원산지가 다른 돼지고기 또는 닭고기를 섞은 경우 그 사실을 표시한다. 예 닭갈비(국내산과 중국산을 섞음)
(나) 배달을 통하여 판매·제공되는 닭고기	1) 조리한 닭고기를 배달을 통하여 판매·제공하는 경우, 그 조리한 음식에 사용된 닭고기의 원산지를 포장재에 표시한다. 2) 1)에 따른 원산지 표시는 위 (가)의 기준에 따른다. 예 찜닭(국내산), 양념치킨(브라질산)

※ 수입국가명은 우리나라에 축산물을 수출한 국가명을 말함

보기

㉠ 국내산 돼지고기와 프랑스산 돼지고기를 섞은 돼지갈비를 유통할 때, '돼지갈비(국내산과 프랑스산을 섞음)'로 표시한다.

㉡ 덴마크산 돼지를 수입하여 1개월간 사육한 후 그 삼겹살을 유통할 때, '삼겹살 국내산(돼지, 덴마크산)'으로 표시한다.

㉢ 중국산 훈제오리를 수입하여 2개월 후 유통할 때, '훈제오리 국내산(오리, 중국산)'으로 표시한다.

㉣ 국내산 닭을 이용하여 양념치킨으로 조리한 후 배달 판매할 때, '양념치킨(국내산)'으로 표시한다.

① ㉠, ㉡
② ㉠, ㉣
③ ㉡, ㉢
④ ㉠, ㉢, ㉣

12 세미는 1박 2일로 경주 여행을 떠나, 불국사, 석굴암, 안압지, 첨성대 유적지를 방문했다. 다음 〈조건〉에 따라 여행했을 때, 세미의 유적지 방문 순서로 옳지 않은 것은?

조건
- 첫 번째로 방문한 곳은 석굴암, 안압지 중 한 곳이었다.
- 여행 계획대로라면 첫 번째로 석굴암을 방문했을 때, 두 번째로는 첨성대에 방문하기로 되어 있었다.
- 두 번째로 방문한 곳은 안압지가 아니었고, 불국사도 아니었다.
- 세 번째로 방문한 곳은 석굴암이 아니었다.
- 세 번째로 방문한 곳이 첨성대라면, 첫 번째로 방문한 곳은 불국사였다.
- 마지막으로 방문한 곳이 불국사라면, 세 번째로 방문한 곳은 안압지였다.

① 안압지 – 첨성대 – 불국사 – 석굴암
② 안압지 – 석굴암 – 첨성대 – 불국사
③ 안압지 – 석굴암 – 불국사 – 첨성대
④ 석굴암 – 첨성대 – 안압지 – 불국사

13 최 씨 남매와 김 씨 남매, 박 씨 남매 6명은 야구 경기를 관람하기 위해 함께 야구장에 갔다. 다음 〈조건〉을 참고할 때, 항상 옳은 것은?

조건
- 양 끝자리는 같은 성별이 앉지 않는다.
- 박 씨 여성은 왼쪽에서 세 번째 자리에 앉는다.
- 김 씨 남매는 서로 인접하여 앉지 않는다.
- 박 씨와 김 씨는 인접하여 앉지 않는다.
- 김 씨 남성은 맨 오른쪽 끝자리에 앉는다.

〈야구장 관람석〉

① 최 씨 남매는 서로 인접하여 앉는다.
② 박 씨 남매는 서로 인접하여 앉지 않는다.
③ 최 씨 남성은 박 씨 여성과 인접하여 앉는다.
④ 최 씨 남매는 왼쪽에서 첫 번째 자리에 앉을 수 없다.

14 다음은 문제의 3가지 유형인 발생형 문제, 탐색형 문제, 설정형 문제에 해당되는 상황이다. 설정형 문제에 해당하는 것을 〈보기〉에서 모두 고르면?

보기

㉠ 회전 교차로에서 교통사고가 발생하여 도움을 청하는 전화가 오고 있다.
㉡ 새로 만들어지는 인공섬에서 예측되는 교통사고를 파악해야 한다.
㉢ 새로 설치한 신호등의 고장으로 교통체증이 심해지고 있다.
㉣ 순경들의 안전을 위한 방침을 조사해야 한다.
㉤ 교차로에서 발생하는 교통사고를 줄이기 위한 보고서를 작성해야 한다.

① ㉠
② ㉡
③ ㉢, ㉣
④ ㉡, ㉤

15 다음은 문제해결절차의 문제 도출 단계에서 사용되는 방법을 나타낸 자료이다. 제시된 문제해결방법은 무엇인가?

- 주의 사항
  - 전체 과제를 명확히 해야 한다.
  - 원인이 중복되거나 누락되지 않고 각각의 합이 전체를 포함해야 한다.

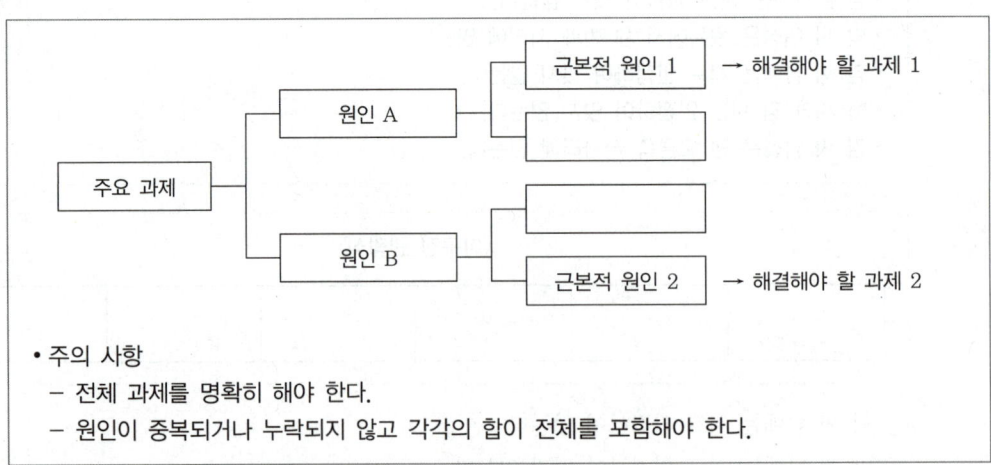

① So What 방법
② 피라미드 구조 방법
③ Logic Tree 방법
④ SWOT 분석 방법

16 **업무를 수행함에 있어 발생하는 문제는 일반적으로 창의적 문제와 분석적 문제로 구분할 수 있다. 다음 중 분석적 문제에 대한 설명으로 옳지 않은 것은?**

① 문제 자체가 명확하지 않은 창의적 문제와 달리 분석적 문제는 문제 자체가 명확하다.
② 분석적 문제는 현재의 문제점이나 미래의 문제로 예견될 것에 대한 문제를 포함한다.
③ 분석적 문제에 대한 해답은 창의적 문제에 대한 해답보다 많다.
④ 분석적 문제는 논리, 귀납과 같은 논리적 방법을 통해 해결할 수 있다.

PART 1

17 **다음은 환경 분석에 사용하는 3C 분석 방법에 대한 자료이다. 다음 (가) ~ (다)에 대한 분석 내용을 〈보기〉에서 찾아 바르게 연결한 것은?**

사업 환경을 구성하고 있는 요소인 자사(Company), 경쟁사(Competitor), 고객(Customer)을 3C라고 하며, 3C에 대한 체계적인 분석을 통해 환경 분석을 수행할 수 있다.

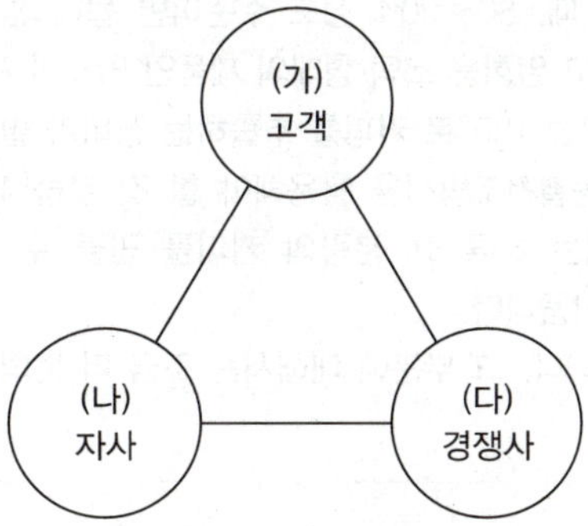

보기

㉠ 주요 소비층은 무엇을 좋아하는가?
㉡ 우리 조직의 장단점은 무엇인가?
㉢ 신규 경쟁자의 진입장벽은 무엇인가?
㉣ 경쟁사의 핵심 경쟁력은 무엇인가?
㉤ 소비자들의 정보습득 및 교환은 어디서 일어나는가?

	(가)	(나)	(다)
①	㉠, ㉢	㉡, ㉣	㉤
②	㉠, ㉤	㉡	㉢, ㉣
③	㉡, ㉣	㉠, ㉤	㉢
④	㉡, ㉤	㉢, ㉣	㉠

※ 다음 사례를 읽고 이어지는 질문에 답하시오. [18~19]

〈상황〉

설탕과 프림을 넣지 않은 고급 인스턴트 블랙커피를 커피믹스와 같은 스틱 형태로 선보이겠다는 아이디어를 제시하였지만, 인스턴트커피를 제조하고 판매하는 F회사의 경영진의 반응은 차가웠다. F회사의 커피믹스가 너무 잘 판매되고 있었기 때문이었다.

〈회의 내용〉

기획팀 부장 : 신제품 개발과 관련된 회의를 진행하도록 하겠습니다. 이 자리는 누구에게 책임이 있는지를 묻는 회의가 아닙니다. 신제품 개발에 대한 서로의 상황을 인지하고 문제 상황을 해결해보자는 데 그 의미가 있습니다. 먼저 신제품 개발과 관련하여 마케팅팀 의견을 제시해주십시오.

마케팅 부장 : A제품이 생산될 수 있도록 연구소 자체 공장에 파일럿 라인을 만들어 샘플을 생산하였으면 합니다.

연구소 소장 : 성공 여부가 불투명한 신제품을 위한 파일럿 라인을 만들기는 어렵습니다.

기획팀 부장 : 조금이라도 신제품 개발을 위해 생산현장에서 무언가 협력할 방안은 없을까요?

마케팅 부장 : 고급 인스턴트커피의 생산이 가능한지를 먼저 알아본 후 한 단계씩 전진하면 어떨까요?

기획팀 부장 : 좋은 의견인 것 같습니다. 소장님은 어떻게 생각하십니까?

연구소 소장 : 커피 전문점 수준의 고급 인스턴트커피를 만들기 위해서는 최대한 커피 전문점이 만드는 커피와 비슷한 과정을 거쳐야 할 것 같습니다.

마케팅 부장 : 그렇습니다. 하지만 100% 커피 전문점 원두커피를 만드는 것이 아닙니다. 전문점 커피를 100으로 봤을 때, 80~ 90% 정도 수준이면 됩니다.

연구소 소장 : 퀄리티는 높이고 일회용 스틱 형태의 제품인 믹스의 사용 편리성은 그대로 두자는 이야기죠?

마케팅 부장 : 그렇습니다. 우선 120°로 커피를 추출하는 장비가 필요합니다. 또한, 액체인 커피를 봉지에 담지 못하니 동결건조방식을 활용해야 할 것 같습니다.

연구소 소장 : 보통 믹스커피는 하루 1t 분량의 커피를 만들 수 있는데, 이야기한 방법으로는 하루에 100kg도 못 만듭니다.

마케팅 부장 : 예, 잘 알겠습니다. 그 부분에 대해서는 조금 더 논의가 필요할 것 같습니다. 검토를 해보겠습니다.

18 위 사례에서 마케팅 부장이 취하는 문제해결방법은 무엇인가?

① 소프트 어프로치 ② 하드 어프로치
③ 퍼실리테이션 ④ 비판적 사고

19 위 사례에서 F회사의 신제품 개발과 관련하여 가장 필요했던 것은?

① 전략적 사고 ② 분석적 사고
③ 발상의 전환 ④ 내·외부자원의 효과적 활용

20 환경 분석 주요 기법 중 사업환경을 구성하고 있는 자사, 경쟁사, 고객에 대한 체계적인 분석 기법은 무엇인가?

① SWOT 분석 ② 3C 분석
③ MECE 사고 ④ SMART 기법

자원관리능력 출제비중

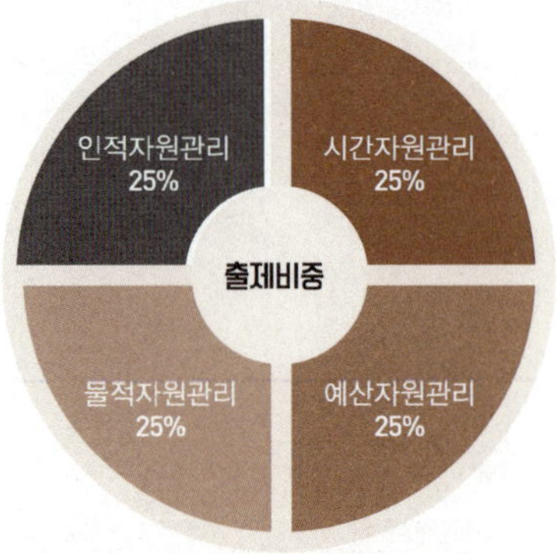

자원관리능력 영역소개

자원관리능력은 업무를 수행하는 데 시간·자본·재료 및 시설·인적 등의 자원 중 무엇이 얼마나 필요한지를 확인한 후 이용 가능한 자원을 최대한 수집하여 실제 업무에 어떻게 활용할 것인지를 계획하고, 계획대로 업무수행에 이를 활용하는 능력을 말한다.

구분	내용	중요도
시간자원관리	시간자원을 확인·수집하여 실제 업무에 어떻게 활용할 것인지를 계획하고 할당하는 능력	★★★★☆
예산자원관리	자본자원을 확인·수집하여 실제 업무에 어떻게 활용할 것인지를 계획하고 할당하는 능력	★★★★☆
물적자원관리	재료 및 시설자원을 확인·수집하여 실제 업무에 어떻게 활용할 것인지를 계획하고 할당하는 능력	★★★★☆
인적자원관리	인적자원을 확인·수집하여 실제 업무에 어떻게 활용할 것인지를 계획하고 할당하는 능력	★★★★☆

※ 자원관리능력은 NCS 기반 채용을 진행한 은행 중 약 40%가 다루었으며, 전체 문항 수 대비 출제비중이 낮은 편이다.

CHAPTER 04

자원관리능력

SECTION 01 핵심이론

SECTION 02 출제예상문제

SECTION

01 핵심이론

01 자원관리능력

(1) 자원관리능력

자원관리능력은 직장생활에서 시간・예산・물적자원・인적자원 등의 자원 가운데 무엇이 얼마나 필요한지를 확인하고, 가용할 수 있는 자원을 최대한 확보하여 실제 업무에 어떻게 활용할 것인지에 대한 계획을 수립하여 계획에 따라 확보한 자원을 효율적으로 활용하여 관리하는 능력을 의미한다.

(2) 자원관리의 기본단계

자원 파악 → 자원 확보 → 자원활용계획 수립 → 자원활용 및 관리

(3) 자원관리능력의 구성

① **시간자원관리능력** : 기업활동에서 필요한 시간자원을 파악하고, 가용할 수 있는 시간자원을 최대한 확보하여 실제 업무에 어떻게 활용할 것인지에 대한 시간계획을 수립하고, 이에 따라 시간을 효율적으로 활용하여 관리하는 능력

② **예산자원관리능력** : 기업활동에서 필요한 예산을 파악하고, 가용할 수 있는 예산을 최대한 확보하여 실제 업무에 어떻게 집행할 것인지에 대한 예산계획을 수립하고, 이에 따른 예산을 효율적으로 집행하여 관리하는 능력

③ **물적자원관리능력** : 기업 활동에서 필요한 물적자원(재료, 시설자원 등)을 파악하고, 가용할 수 있는 물적자원을 최대한 확보하여 실제 업무에 어떻게 활용할 것인지에 대한 계획을 수립하고, 이에 따른 물적자원을 효율적으로 활용하여 관리하는 능력

④ **인적자원관리능력** : 기업 활동에서 필요한 인적자원(근로자의 기술・능력・업무 등)을 파악하고, 동원할 수 있는 인적자원을 최대한 확보하여 실제 업무에 어떻게 배치할 것인지에 대한 예산계획을 수립하고, 이에 따른 인적자원을 효율적으로 배치하여 관리하는 능력

(4) 자원의 종류와 개념

① 기업 활동을 위한 자원에는 '시간, 예산(돈), 물적자원, 인적자원'이 있다.

② 과거에는 천연자원이 가장 중요한 자원이었으나, 최근에는 시간과 예산을 가장 중요한 자원으로 인식하고 있다.

③ 기업 활동에서의 자원은 더 높은 성과 창출을 위한 노동력과 기술이다.

(5) 자원관리(자원의 유한성)

개인과 조직에게 주어진 자원이 제한적이므로 자원을 효과적으로 확보, 유지, 활용하는 자원관리가 필요하다.

(6) 자원의 낭비 요인

① 비계획적 행동 : 자원 활용에 대한 계획 없이 충동적이고 즉흥적으로 행동
② 편리성 추구 : 자원의 활용 시 자신의 편리함을 최우선으로 추구
③ 자원에 대한 인식의 부재 : 자신이 가지고 있는 중요 자원의 불인식
④ 노하우 부족 : 효과적인 자원관리에 대한 노하우 부족

PART 1

(7) 자원관리의 4단계 과정

① 필요한 자원의 종류와 양 확인 : '어떠한' 자원이 '얼마만큼' 필요한지 파악하는 단계로, 일반적으로 '시간, 예산, 물적자원, 인적자원'으로 구분하여 파악한다.
② 이용 가능한 자원의 수집과 확보 : 필요한 양보다 조금 더 여유 있게 최대한으로 자원을 확보한다.
③ 자원활용계획 수립 : 자원이 투입되는 활동의 우선순위를 고려하여 자원을 할당하고 활용계획을 수립한다.
④ 계획에 따른 수행 : 계획을 수립한 대로 업무를 추진한다.

02 시간자원관리능력

(1) 시간의 특성

① 매일 24시간이 똑같이 반복적으로 주어진다.
② 속도가 일정하다.
③ 흘러가는 시간을 멈출 수 없다(비융통성).
④ 빌리거나 저축할 수 없다.
⑤ 어떻게 사용하는지에 따라 가치가 달라진다.
⑥ 시절에 따라 밀도와 가치가 다르다.

(2) 시간단축

① 시간단축의 의미 : 정해진 업무량에 투입되는 시간의 축소 또는 한정된 시간에 할 수 있는 업무량의 증가
② 기업의 시간단축 효과 : 생산성 향상, 위험 감소, 시장점유율 증가

(3) 시간관리

① 의의 : 개인이나 사회생활에서 각자의 습관이나 개성, 삶의 목표에 맞는 일정을 만들고 그에 따라 시간을 유용하게 사용하여 좋은 결과를 거두는 기술

② **시간관리의 필요성** : 시간의 효과적 관리를 통하여 삶의 문제를 해결(시간의 통제 불가능)

③ **시간관리의 효과**

㉠ 스트레스 관리 : 시간관리를 통하여 일에 대한 부담을 감소시켜 스트레스가 감소

㉡ 균형적인 삶 : 직장에서 일을 수행하는 시간이 감소하여 다양한 삶의 향유가 가능

㉢ 생산성 향상 : 시간은 매우 한정된 자원이므로 효율적으로 관리할 경우 생산성 향상 가능

㉣ 목표 성취 : 시간관리는 목표에 매진할 시간을 갖도록 함

(4) 시간낭비 요인

① **외적 요인** : 외부인이나 외부에서 일어나는 시간에 의한 것으로 스스로 조절이 불가능

② **내적 요인** : 자신 내부의 습관에 인한 것으로 분명히 하는 것이 어려움

(5) 시간계획

① 의의 : 시간을 최대한 활용하기 위하여 가장 많이 반복되는 일에 가장 많은 시간을 분배하고 최단시간에 최선의 목표를 달성하는 것

② **시간계획의 순서**

명확한 목표 설정 → 일의 우선순위 확정 → 예상 소요시간 결정 → 시간계획서 작성

〈일의 우선순위 판단 매트릭스〉

	긴급함	긴급하지 않음
중요함	**Ⅰ 긴급하면서 중요한 일** 위기상황, 급박한 문제, 기간이 정해진 프로젝트	**Ⅱ 긴급하지 않지만 중요한 일** 예방/생산 능력 활동, 인간관계 구축, 새로운 기회 발굴, 중장기 계획
중요하지 않음	**Ⅲ 긴급하지만 중요하지 않은 일** 잠깐의 급한 질문, 일부 보고서 및 회의, 눈앞의 급박한 상황, 인기 있는 활동 등	**Ⅳ 긴급하지 않고 중요하지 않은 일** 바쁜 일, 하찮은 일, 우편물, 전화, 시간 낭비거리, 즐거운 활동 등

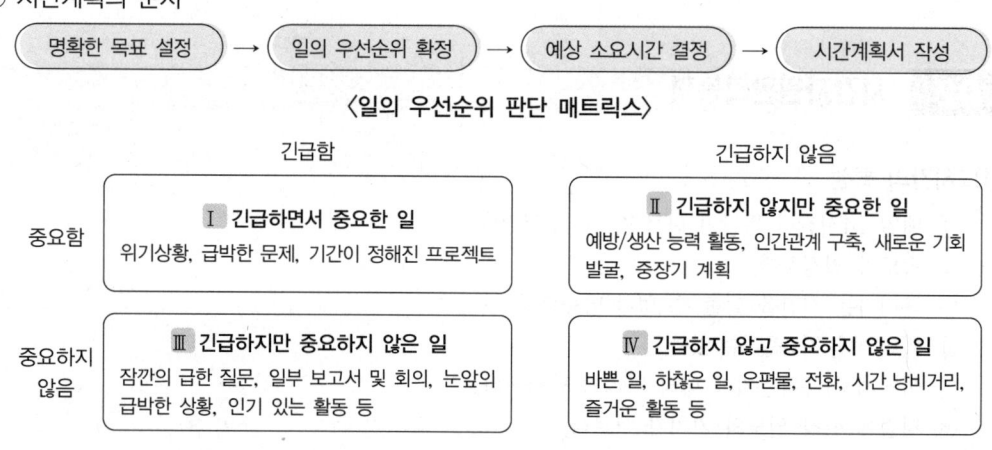

③ **시간계획의 기본원리(60 : 40 Rule)** : 계획된 행동 60%+비계획된 행동 40%(계획 외의 행동 20%+자발적 행동 20%)로 계획을 세운다.

03 예산자원관리능력

(1) 예산관리와 예산관리능력

① 예산관리 : 비용 산정+예산 수립+예산 집행(통제)

② 예산관리능력 : 이용 가능한 예산을 확인하고 어떻게 사용할 것인지 계획하여, 계획대로 사용하는 능력

(2) 예산관리능력의 필요성

개인이나 기업의 예산은 한정되어 있으므로 정해진 예산을 효율적으로 사용하여 최대한의 성과를 내기 위해 필요하다.

(3) 적정예산의 수준

무조건 적은 비용이 아닌, 책정 비용과 실제 비용의 차이가 적은 상태의 예산이 적정하다.

(4) 직접비용(Direct Cost)과 간접비용(Indirect Cost)

① 직접비용 : 제품의 생산이나 서비스를 창출하기 위해 직접 소비된 비용이다(재료비, 원료와 장비, 시설비, 인건비 등).

㉠ 재료비 : 제품의 제조를 위하여 구매된 재료에 대해 지출된 비용

㉡ 원료와 장비 : 제품을 제조하는 과정에서 소모된 원료나 필요한 장비에 지출된 비용으로 실제로 구매나 임대에 사용한 비용을 모두 포함함

㉢ 시설비 : 제품을 효과적으로 제조하기 위한 목적으로 건설되거나 구매된 시설에 지출된 비용

㉣ 여행(출장) 및 잡비 : 제품 생산 또는 서비스를 창출하기 위해 출장이나 타 지역으로의 이동이 필요한 경우와 기타 과제 수행 상에서 발생하는 다양한 비용

㉤ 인건비 : 제품 생산 또는 서비스 창출을 위한 업무를 수행하는 사람들에게 지급되는 비용으로서, 계약에 의해 고용된 외부 인력에 대한 비용도 인건비에 포함되며, 일반적으로 인건비는 전체 비용 중 가장 큰 비중을 차지

② 간접비용 : 제품을 생산하거나 서비스를 창출하기 위해 소비된 비용 중에서 직접비용을 제외한 비용으로, 제품생산에 직접 관련되지는 않는다(보험료, 건물관리비, 광고비, 통신비, 사무비품비, 각종 공과금 등).

(5) 예산관리 절차

① 예산이 필요한 활동 규명 : 예산을 배정하기 전, 예산 범위 내에서 수행해야 하는 활동과 소요예산을 정리

② 우선순위 결정 : 우선적으로 예산이 배정되어야 하는 활동을 도출하기 위하여 활동별 예산지출 규모를 확인하고 우선순위 확정

③ 예산 배정 : 우선순위가 높은 활동부터 예산을 배정

(6) 과업 세부도

① 과제 및 활동계획 수립 시 가장 기본적인 수단으로 활용되는 그래프
② 필요한 모든 일들을 중요한 범주에 따라 체계화해서 구분해 놓음

04 물적자원관리능력

(1) 물적자원의 종류

① 자연자원 : 자연 상태 그대로의 자원(석탄, 석유 등)
② 인공자원 : 인위적으로 가공하여 만든 자원(시설, 장비 등)

(2) 물적자원관리의 중요성

다양한 물적자원을 얼마나 확보하고 활용할 수 있는지가 개인과 국가의 큰 경쟁력이 된다. 산업의 고도화와 함께 다양한 물적자원이 활용되고 있으며, 이를 필요한 시기와 장소에 활용하는 것이 매우 중요하다.

① 효과적인 관리를 이룰 경우 : 경쟁력 향상, 과제 및 사업의 성공
② 관리가 부족할 경우 : 경제적 손실, 과제 및 사업의 실패

(3) 물적자원 활용의 방해 요인

보유하고 있는 물적자원을 적절하게 활용할 수 없도록 하는 방해 요인에는 다양한 것들이 있다.

① 보관 장소를 파악하지 못하는 경우 : 보관할 때 아무 곳에나 놓아두면 필요할 때 물품을 찾기 어렵고 적시에 공급되지 못할 수 있다.
② 훼손된 경우 : 물품은 무기한 사용할 수 없으므로 적절히 관리하여 고장이나 훼손이 발생하지 않도록 해야 한다.
③ 분실한 경우 : 물품을 분실한 경우 재구입해야 하므로 경제적인 손실을 입는다.
④ 목적 없이 물건을 구입한 경우 : 필요하여 구입한 물건은 활용도가 높아서 평상시 관리를 잘하게 되지만, 뚜렷한 목적 없이 구입한 물건은 관리에 소홀해진다.

(4) 물적자원관리 과정

① 사용물품과 보관물품의 구분 : 계속 사용할 물품인지 아닌지를 구분하여 가까운 시일 내에 활용하지 않는 물품은 창고나 박스에 보관한다.
② 동일 및 유사 물품의 분류 : 동일성의 원칙을 반영하여 같은 품종을 같은 장소에 보관하고, 유사성의 원칙대로 유사품을 인접한 장소에 보관한다. 이는 보관한 물품을 찾는 데 소요되는 시간을 단축시킨다.
③ 물품의 특성에 맞는 보관 장소 선정 : 개별적인 물품의 특성(물품 재질, 무게, 부피 등)을 고려하여 보관장소를 선정한 후에 차례로 정리한다. 정리할 때는 회전대응 보관의 원칙을 반영하여 물품의 활용 빈도가 상대적으로 높은 것을 가져다 쓰기 쉬운 위치에 먼저 보관한다.

(5) 바코드와 QR코드의 사용

① 바코드(Bar Code) : 컴퓨터가 판독하기 쉽고 데이터를 빠르게 입력하기 위하여 굵기가 다른 검은 막대와 하얀 막대를 조합시켜 문자나 숫자를 코드화한 것이다.

② QR코드(Quick Response Code) : 흑백 격자무늬 패턴으로 정보를 나타내는 매트릭스 형식의 바코드로, 넉넉한 용량을 강점으로 다양한 정보를 담을 수 있다.

③ 바코드의 원리를 활용한 물품관리 : 자신의 물품을 기호화하여 위치 및 정보를 작성해 놓으면 물품을 효과적으로 관리할 수 있다.

05 인적자원관리능력

(1) 인적자원

기업 경영 목적을 달성하기 위한 조직의 구성원으로, 기업 경영은 조직 구성원들의 역량과 직무 수행에 기초하여 이루어지기 때문에 구성원들이 능력을 최고로 발휘하기 위해서 인적자원의 선발・배치 및 활용이 중요하다.

(2) 인사관리의 원칙

① 적재적소 배치의 원리 : 해당 직무 수행에 가장 적합한 인재를 배치해야 한다.

② 공정 보상의 원칙 : 근로자의 인권을 존중하고 공헌도에 따라 노동의 대가를 공정하게 지급해야 한다.

③ 공정 인사의 원칙 : 직무 배당, 승진, 상벌, 근무 성적의 평가, 임금 등을 공정하게 처리해야 한다.

④ 종업원 안정의 원칙 : 직장에서 신분이 보장되고 계속해서 근무할 수 있다는 믿음을 갖게 하여 근로자가 안정된 회사 생활을 할 수 있도록 해야 한다.

⑤ 창의력 개발의 원칙 : 근로자가 창의력을 발휘할 수 있도록 새로운 제안・건의 등의 기회를 마련하고, 적절한 보상을 위해 인센티브를 제공해야 한다.

⑥ 단결의 원칙 : 직장 내에서 구성원들이 소외감을 느끼지 않도록 배려하고, 서로 유대감을 가지고 협동・단결하는 체제를 이루도록 한다.

(3) 개인 차원의 인적자원관리(인맥관리)

① 인맥(人脈, Personal Connections) : 자신이 알고 있거나 관계를 형성하고 있는 사람들로, 일반적으로 가족, 친구, 직장동료, 선후배, 동호회 등 다양한 사람들이 포함된다.

② 개인적 차원의 인적자원관리 : 직접적인 관계에 있는 사람들로 구성된 핵심인맥과 다양한 파생인맥에 대한 관리를 의미한다. 개인적 차원의 인맥관리 방법으로는 다음과 같은 것들이 있다.

㉠ 명함관리

㉡ 인맥관리카드 작성(핵심인맥카드, 파생인맥카드)

③ 인맥활용의 장점

㉠ 각종 정보의 획득

㉡ 정보의 소스 획득

㉢ 참신한 아이디어와 해결책 도출

㉣ 유사시의 도움

(4) 인적자원의 특성

능동성	인적자원은 능동적이고 반응적인 성격이 있다. 인적자원으로부터의 성과는 인적자원의 욕구와 동기, 태도와 행동, 만족감에 따라 결정된다.
개발가능성	인적자원은 자연적인 성장, 성숙과 함께 오랜 기간에 걸쳐 개발될 수 있는 잠재능력과 자질을 보유하고 있다.
전략적 자원	보유한 자원을 활용하는 주체가 사람, 즉 인적자원이므로 어느 자원보다 전략적으로 중요하다.

(5) 효과적인 인력배치

① **인력배치의 원칙** : 효과적인 인력배치를 위해서는 '적재적소주의, 능력주의, 균형주의'의 원칙을 지켜야 한다.

적재적소주의	• The right man for the right job • 팀원의 능력이나 성격 등에 따라 가장 적합한 위치에 인력을 배치하여 팀원 개개인이 능력을 최대로 발휘해 줄 것을 기대하는 것 • 배치는 작업이나 직무가 요구하는 요건, 개인이 보유하고 있는 조건이 서로 균형 있고, 적합하게 대응되어야 함
능력주의	• 개인에게 능력을 발휘할 수 있는 기회와 장소를 부여하고, 그 성과를 바르게 평가하여 평가된 능력과 실적에 대해 그에 상응하는 보상을 주는 원칙 • 적재적소주의 원칙의 상위 개념
균형주의	팀 전체의 적재적소를 고려(팀 전체의 능력 향상, 의식 개혁, 사기 앙양)하여 모든 팀원에 대하여 평등하게 인력을 배치하는 것

② **배치의 유형** : 양적 배치 · 질적 배치 · 적성 배치의 3가지가 있으며, 3가지가 모두 조화롭게 운영되어야 가장 효율적이다.

양적 배치	부문의 작업량과 조업도, 여유 또는 부족 인원을 감안하여 소요 인원을 결정하여 배치하는 것
질적 배치	적재적소의 배치
적성 배치	팀원의 적성 및 흥미에 따른 배치

정답 및 해설 p.031

01 A사는 후문 공지 개발을 위한 시공업체를 선정하고자 한다. 업체 선정방식 및 참가업체에 대한 평가정보가 다음과 같을 때, 최종적으로 선정될 업체는?

〈선정방식〉

- 최종점수가 가장 높은 업체를 선정한다.
- 업체별 최종점수는 경영건전성 점수, 시공실적 점수, 전력절감 점수, 친환경 점수를 합산한 값의 평균에 가점을 가산하여 산출한다.
- 해당 업체의 평가항목별 점수는 심사위원들이 부여한 점수의 평균값이다.
- 다음 기준에 해당하는 경우 가점을 부여한다.

(단위 : 점)

구분	가점
최근 5년 이내 무사고	1
디자인 수상 실적 1회 이상	2
입찰가격 150억 원 이하	2

〈참가업체 평가정보〉

(단위 : 점)

구분	A업체	B업체	C업체	D업체
경영건전성 점수	85	91	79	88
시공실적 점수	79	82	81	71
전력절감 점수	71	74	72	77
친환경 점수	88	75	85	89
최근 5년 이내 사고 건수	1	–	3	–
디자인 수상 실적	2	1	–	–
입찰가격(원)	220억	172억	135억	110억

① A업체 ② B업체
③ C업체 ④ D업체

02 B은행에서 근무하는 K사원은 새로 도입되는 금융관련 정책 홍보자료를 만들어서 배포하려고 한다. 다음 중 가장 저렴한 비용으로 인쇄할 수 있는 업체로 옳은 것은?

〈인쇄업체별 비용 견적〉

(단위 : 원)

구분	페이지당 비용	표지 가격		권당 제본 비용	할인
		유광	무광		
A인쇄소	50	500	400	1,500	–
B인쇄소	70	300	250	1,300	–
C인쇄소	70	500	450	1,000	100부 초과 시 초과 부수만 총비용에서 5% 할인
D인쇄소	60	300	200	1,000	–

※ 홍보자료는 20개 지점에 배포하고, 각 지점마다 10부씩 배포함

※ 홍보자료는 30페이지 분량으로 제본하며, 표지는 유광표지로 함

① A인쇄소　　② B인쇄소

③ C인쇄소　　④ D인쇄소

03 다음 주 당직 근무에 대한 일정표를 작성하고 있는데, 작성하고 봤더니 잘못된 점이 보여 수정을 하려 한다. 1명만 옮겨 일정표를 완성하려고 할 때, 일정을 변경해야 하는 사람은?

〈당직 근무 규칙〉

- 낮에 2명, 야간에 2명은 항상 당직을 서야 하고, 더 많은 사람이 당직을 설 수도 있다.
- 낮과 야간을 합하여 하루에 최대 6명까지 당직을 설 수 있다.
- 같은 날에 낮과 야간 당직 근무는 함께 설 수 없다.
- 낮과 야간 당직을 합하여 주에 세 번 이상 다섯 번 미만으로 당직을 서야 한다.
- 월요일부터 일요일까지 모두 당직을 선다.

〈당직 근무 일정〉

직원	낮	야간	직원	낮	야간
가	월요일	수요일, 목요일	바	금요일, 일요일	화요일, 수요일
나	월요일, 화요일	수요일, 금요일	사	토요일	수요일, 목요일
다	화요일, 수요일	금요일, 일요일	아	목요일	화요일, 금요일
라	토요일	월요일, 수요일	자	목요일, 금요일	화요일, 토요일
마	월요일, 수요일	화요일, 토요일	차	토요일	목요일, 일요일

① 라　　② 마

③ 바　　④ 사

04 A와 B는 각각 해외에서 직구로 물품을 구매하였다. 해외 관세율이 다음과 같을 때, A와 B 중 어떤 사람이 더 관세를 많이 냈으며 그 금액은 얼마인가?

〈해외 관세율〉

(단위 : %)

구분	관세	부가세
책	5	5
유모차, 보행기	5	10
노트북	8	10
스킨, 로션 등 화장품	6.5	10
골프용품, 스포츠용 헬멧	8	10
향수	7	10
커튼	13	10
카메라	8	10
신발	13	10
TV	8	10
휴대폰	8	10

※ 향수, 화장품의 경우 개별소비세 7%, 농어촌특별세 10%, 교육세 30%가 추가됨

※ 100만 원 이상 전자제품(TV, 노트북, 카메라, 휴대폰 등)은 개별소비세 20%, 교육세 30%가 추가됨

〈구매 품목〉

- A : TV(110만 원), 화장품(5만 원), 휴대폰(60만 원), 스포츠용 헬멧(10만 원)
- B : 책(10만 원), 카메라(80만 원), 노트북(110만 원), 신발(10만 원)

① A, 91.5만 원 ② B, 90.5만 원

③ A, 94.5만 원 ④ B, 92.5만 원

PART 1

05 A씨는 M브랜드 화장품 대리점을 운영하고 있다. 곧 신상품이 입고될 예정이어서 재고 정리를 하려고 하는데 화장품의 사용가능기한이 지난 것부터 처분하려고 한다. 다음의 화장품 제조번호 표기방식 및 사용가능기한을 참고할 때, 보유하고 있던 화장품 중 처분대상이 되는 것은 총 몇 개인가? (단, 2023년 1월 1일을 기준으로 하며, 2023년은 윤달이 있는 해이다)

■ 화장품 제조번호 표기방식

↱ 제조일자(35번째 날)

M 2 0 0 3 5 2 0

↳ 제조년도(2020년) ↳ 생산라인 번호(20번)

[해석] 2020년 2월 4일 20번 생산라인에서 제조한 화장품

■ 화장품 사용가능기한

구분	사용가능기한	
	개봉 전(제조일로부터)	개봉 후(개봉일로부터)
스킨	3년	6개월
에센스	3년	6개월
로션	3년	6개월
아이크림	3년	1년
클렌저	3년	1년
립스틱	5년	1년

※ 두 가지 사용가능기한 중 어느 한 기한이 만료되면 사용가능기한이 지난 것으로 봄

〈매장 내 보유 중인 화장품 현황〉

- M2225030이라고 쓰여 있고 개봉한 립스틱
- M1920030이라고 쓰여 있고 개봉하지 않은 클렌저
- M2123010이라고 쓰여 있고 개봉하지 않은 에센스
- M1912040이라고 쓰여 있고 개봉된 날짜를 알 수 없는 아이크림
- M2216030이라고 쓰여 있고 2022년 10번째 되는 날에 개봉한 로션
- M2230050이라고 쓰여 있고 2022년 200번째 되는 날에 개봉한 스킨

① 1개　② 2개
③ 3개　④ 4개

06 A사의 5명의 직원들(과장 1명, 대리 2명, 사원 2명)이 10월 중에 연차를 쓰려고 한다. 다음 〈조건〉을 참고하여 직원들이 나눈 대화 내용 중 옳지 않은 말을 한 직원을 모두 고르면?

조건

- 연차는 하루이다.
- 10월 1일은 월요일이며, 3일과 9일은 공휴일이다.
- 대리는 교육을 신청한 주에 연차를 신청할 수 없다.
- 같은 주에 3명 이상 교육 및 연차를 신청하면 안 된다.
- 워크숍은 5주차 월·화이다.
- 직원들은 연차를 연이어 쓸 수 없다.
- 대리급 교육은 매주 이틀 동안 목~금요일에 있으며, 교육은 한 번만 받으면 된다.
- 연차와 교육 신청 순서는 대화 내용에서 말한 차례대로 적용한다.

A과장 : 난 9일에 시골 내려가야 해서 10일에 쓰려고 하네. 나머지 사람들은 그날 제외하고 서로 조율해서 신청하면 좋겠네.

A대리 : 저는 10월에 교육받으러 18~19일에 갈 예정입니다. 그리고 그다음 주 수요일에 연차 쓰겠습니다. 그럼 제가 교육받는 주에 다른 사람 2명 신청 가능할 것 같은데요.

A사원 : 오, 그럼 제가 15일에 쓰겠습니다.

B대리 : 저는 연이어서 16일에 신청할 수 없으니까 17일에 쓰고, 교육은 11~12일에 받겠습니다.

B사원 : 저만 정하면 끝나네요. 2일로 하겠습니다.

① A과장, A대리　　② A대리, B대리

③ B대리, A사원　　④ A사원, B사원

07 다음 일정표를 보고 <조건>에 따라 모든 직원이 외부출장을 갈 수 있는 날짜는?

〈10월 일정표〉

일	월	화	수	목	금	토
		1 건축목공기능사 시험	2	3	4	5
6	7	8	9 경영지도사 시험	10	11 건축도장기능사 합격자 발표	12
13	14	15 가스기사 시험	16	17 기술행정사 합격자 발표	18	19
20 기술행정사 원서 접수일	21 기술행정사 원서 접수일	22 기술행정사 원서 접수일	23 기술행정사 원서 접수일	24 경영지도사 합격자 발표	25 물류관리사 원서 접수일	26 물류관리사 원서 접수일
27 물류관리사 원서 접수일	28 물류관리사 원서 접수일	29	30	31		

※ 기사, 기능사, 기술사, 기능장, 산업기사 외에는 전문자격시험에 해당함

조건

- 기능사 시험이 있는 주에는 외부출장을 갈 수 없다.
- 전문자격시험이 있는 주에는 책임자 1명은 있어야 한다.
- 전문자격시험 원서 접수 및 시험 시행일에는 모든 직원이 출장을 갈 수 없다.
- 전문자격시험별 담당자는 1명이며, 합격자 발표일에 담당자는 사무실에서 대기 근무를 해야 한다.
- 전문자격시험 시행일이 있는 주에는 직무 교육을 실시할 수 없으며 모든 직원이 의무는 아니다.
- 대리자는 담당자의 책임과 권한이 동등하다.
- 출장은 주중에만 갈 수 있다.

① 10월 10일　　② 10월 17일

③ 10월 19일　　④ 10월 29일

08 독일인 A씨는 베를린에서 한국을 경유하여 일본으로 가는 항공권을 구매하였다. A씨의 일정이 다음과 같을 때, A씨가 인천공항에 도착하는 한국시각과 A씨가 참여했을 환승투어가 바르게 짝지어진 것은?(단, 제시된 조건 외에 고려하지 않는다)

〈A씨의 일정〉

한국행 출발시각 (독일시각 기준)	비행시간	인천공항 도착시각	일본행 출발시각 (한국시각 기준)
11월 2일 19:30	12시간 20분		11월 3일 19:30

※ 독일은 한국보다 8시간 느림
※ 비행 출발 1시간 전에는 공항에 도착해야 함

〈환승투어 코스 안내〉

구분	코스	소요시간
엔터테인먼트	• 인천공항 → 파라다이스시티 아트테인먼트 → 인천공항	2시간
인천시티	• 인천공항 → 송도한옥마을 → 센트럴파크 → 인천공항 • 인천공항 → 송도한옥마을 → 트리플 스트리트 → 인천공항	2시간
산업	• 인천공항 → 광명동굴 → 인천공항	4시간
전통	• 인천공항 → 경복궁 → 인사동 → 인천공항	5시간
해안관광	• 인천공항 → 을왕리해변 또는 마시안해변 → 인천공항	1시간

	도착시각	환승투어
①	11월 2일 15:50	엔터테인먼트
②	11월 2일 23:50	산업
③	11월 3일 14:50	해안관광
④	11월 3일 15:50	인천시티

09 다음은 C회사 신제품 개발1팀의 하루 업무 스케줄에 대한 자료이다. 신입사원 A씨는 스케줄을 바탕으로 금일 회의 시간을 정하려고 한다. 1시간 동안 진행될 팀 회의의 시간대로 가장 적절한 것은?

〈C사 신제품 개발1팀 스케줄〉

구분	직급별 스케줄				
	부장	차장	과장	대리	사원
09:00 ~ 10:00	업무회의				
10:00 ~ 11:00					비품요청
11:00 ~ 12:00			시장조사	시장조사	시장조사
12:00 ~ 13:00	점심식사				
13:00 ~ 14:00	개발전략수립		시장조사	시장조사	시장조사
14:00 ~ 15:00		샘플검수	제품구상	제품구상	제품구상
15:00 ~ 16:00			제품개발	제품개발	제품개발
16:00 ~ 17:00					
17:00 ~ 18:00			결과보고	결과보고	

① 09:00 ~ 10:00
② 10:00 ~ 11:00
③ 14:00 ~ 15:00
④ 16:00 ~ 17:00

10 M공사 인사팀에는 팀장 1명, 과장 2명(B, C)과 A대리가 있다. 팀장과 과장 2명은 4월 안에 휴가를 다녀와야 하고, 팀장이나 과장이 1명이라도 없는 경우, A대리는 자리를 비울 수 없다. 다음 〈조건〉을 고려했을 때, A대리의 연수 마지막 날짜는?

조건

- 4월 1일은 월요일이며, M공사는 주 5일제이다.
- 마지막 주 금요일에는 중요한 세미나가 있어 그 주에는 모든 팀원이 자리를 비울 수 없다.
- 팀장은 첫째 주 화요일부터 3일 동안 휴가를 신청했다.
- B과장은 둘째 주 수요일부터 5일 동안 휴가를 신청했다.
- C과장은 셋째 주에 2일간의 휴가를 마치고 금요일부터 출근할 것이다.
- A대리는 주말 없이 진행되는 연수에 5일 연속 참여해야 한다.

① 8일
② 9일
③ 23일
④ 24일

11 철수, 영희, 상수는 재충전 횟수에 따른 업체들의 견적을 비교하여 리튬이온배터리를 구매하려고 한다. 다음 〈조건〉에 따라 옳지 않은 것은?

〈재충전 횟수에 따른 비용〉

재충전 \ 누적방수액	유	무
0회 이상 ~ 100회 미만	5,000원	5,000원
100회 이상 ~ 300회 미만	10,000원	5,000원
300회 이상 ~ 500회 미만	20,000원	10,000원
500회 이상 ~ 1000회 미만	30,000원	15,000원
12,000회 이상	50,000원	20,000원

조건

- 철수 : 재충전이 12,000회 이상은 되어야 해.
- 영희 : 나는 그렇게 많이는 필요하지 않고, 200회면 충분해.
- 상수 : 나는 무조건 누적방수액을 발라야 해.

① 철수, 영희, 상수가 리튬이온배터리를 가장 저렴하게 구매하는 가격은 30,000원이다.
② 철수, 영희, 상수가 리튬이온배터리를 가장 비싸게 구매하는 가격은 110,000원이다.
③ 영희가 리튬이온배터리를 가장 저렴하게 구매하는 가격은 10,000원이다.
④ 영희가 가장 비싸게 구매하는 가격과 상수가 가장 비싸게 구매하는 가격의 차이는 30,000원 이상이다.

12 다음은 A사에 근무하는 K사원의 급여명세서이다. K사원의 시간외근무 시간과 세후 급여가 바르게 연결된 것은?

〈급여지급명세서〉

사원번호	A26	성명	K
소속	총무부	직급	사원

• 지급 내역

(단위 : 원)

지급항목			과세 항목		
과세 대상	기본급여	2,400,000	소득세	근로소득세	(　　)
	시간외수당	(　　)		지방소득세	(　　)
	직책수당	0	4대 보험	국민연금	(　　)
	상여금	0		건강보험	(　　)
	특별수당	120,000		장기요양보험	(　　)
비과세 대상	교통비	150,000		고용보험	(　　)
	교육지원	0			
	식대	100,000			
급여 총액		2,950,000	과세 총액		(　　)

※ $(\text{시간외수당})=(\text{기본급})\times\frac{(\text{시간외근무 시간})}{200}\times 150\%$

※ 소득세 및 4대보험료율(과세대상 급여 기준)
- 근로소득세 : 3%
- 지방소득세 : 근로소득세의 10%
- 국민연금 : 4.5%
- 건강보험 : 3.5%
- 장기요양보험 : 건강보험료의 10%
- 고용보험 : 0.9%

	시간외근무 시간	세후 급여
①	8시간	2,611,150원
②	8시간	2,624,850원
③	10시간	2,611,150원
④	10시간	2,624,650원

13 영업팀 B사원은 업무 특성상 외근이 잦은 편이다. 다음은 출발지 – 목적지 간 거리와 B사원이 이용하는 차종의 연비를 제시한 표와 휘발유 · 경유의 분기별 리터당 공급가를 나타낸 그래프이다. 3분기에 경유로 거래처를 순회한다면, 10만 원의 예산으로 주행할 수 있는 총거리는 몇 km인가?

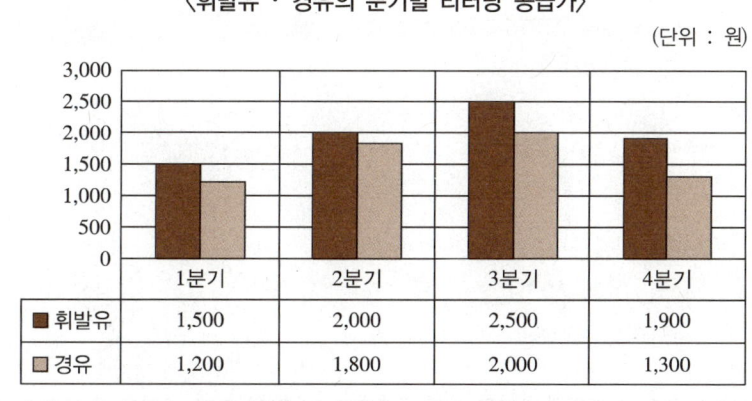

〈출발지 – 목적지 간 거리와 차종별 연비〉

출발지 – 목적지	거리(km)	차종	연비(km/L)
본사 – A사	25	001	20
A사 – B사	30	002	15
B사 – C사	25	003	15
C사 – D사	40	004	10
D사 – E사	30	005	10
E사 – F사	50	006	25

〈휘발유 · 경유의 분기별 리터당 공급가〉

(단위 : 원)

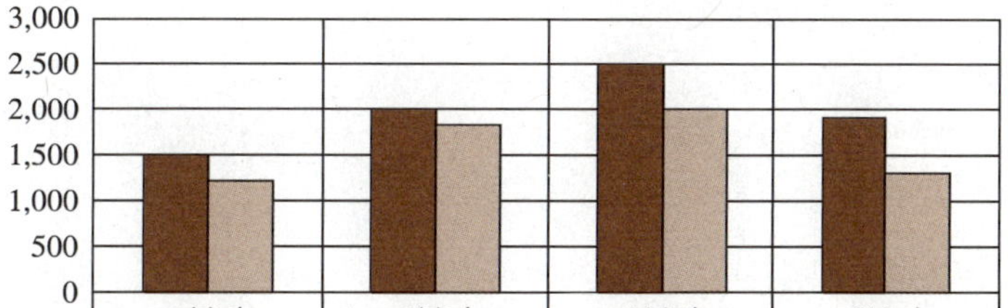

	1분기	2분기	3분기	4분기
■ 휘발유	1,500	2,000	2,500	1,900
□ 경유	1,200	1,800	2,000	1,300

① 1,210km ② 1,220km

③ 1,230km ④ 1,250km

14 대구에서 광주까지 편도운송을 하는 A사는 다음과 같이 화물차량을 운용한다. 수송비 절감을 통해 경영에 필요한 예산을 확보하기 위하여 적재효율을 기존 1,000상자에서 1,200상자로 높여 운행 횟수를 줄일 때, A사가 얻을 수 있는 월 수송비 절감액은?

〈A사의 화물차량 운용 정보〉

- 차량 운행대수 : 4대
- 1대당 1일 운행횟수 : 3회
- 1대당 1회 수송비 : 100,000원
- 월 운행일수 : 20일

① 3,500,000원
② 4,000,000원
③ 4,500,000원
④ 5,000,000원

15 L은행은 노후화된 직원휴게실을 새롭게 단장하기 위해 도배 비용을 추산하고자 한다. 직원휴게실의 규모와 도배지의 가격정보가 다음과 같을 때, 도배에 필요한 예산은?(단, 최소비용의 10%를 여유자금으로 보유하여 최종 예산을 추산한다)

〈직원휴게실〉

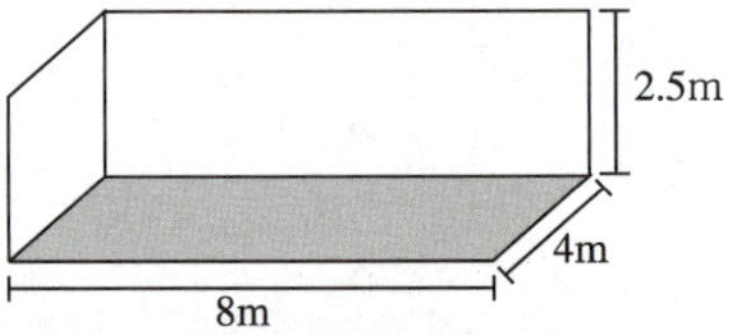

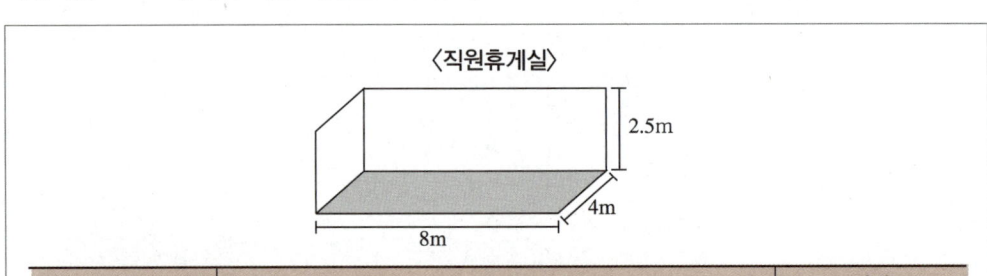

구분	규격	가격
물결무늬 실크벽지	(폭) 100cm×(길이) 150cm/Roll	40,000원
	(폭) 100cm×(길이) 100cm/Roll	30,000원
	(폭) 50cm×(길이) 100cm/Roll	20,000원

※ 무늬를 고려하여 도배지는 위에서 아래로 붙이며, 남는 부분은 잘라서 활용함
※ 직원휴게실 도배 비용 산정 시 창문과 문은 없는 것으로 간주함

① 1,628,000원
② 1,672,000원
③ 1,760,000원
④ 1,892,000원

16 N은행은 봄철을 맞이하여 '우리 땅 · 우리 농산물 소비 촉진'을 위해 3월 한 달간 토요일마다 판매 촉진 이벤트를 하려고 한다. 이에 한 달 동안 팀별로 교대 근무를 해야 할 때, 다음 중 셋째 주 토요일에 근무하는 사람을 모두 고르면?

- **팀별 명단**

1팀 : 서정훈(팀장), 이광수(주임), 하동훈(주임), 민정훈(사원), 유인영(사원)
2팀 : 강동호(팀장), 김종대(주임), 김종인(사원), 이정은(인턴)
3팀 : 박선미(팀장), 이슬기(주임), 박성인(주임), 정수정(인턴)
4팀 : 이자영(팀장), 신주현(사원), 최안나(인턴)

- **토요근무 규정**

① 각 팀장은 순서대로 한 주에 한 명씩 배치된다(1팀 → 2팀 → 3팀 → 4팀).
② 개인사정으로 인하여 근무가 어려울 경우, 다른 사람과 대체 가능하다(같은 팀이든 다른 팀이든 상관없지만 대신 같은 직급 내에서만 대체 가능).
③ 근무를 대체할 근무자는 개인사유로 해당 주에 근무가 불가한 사람을 우선순위로 정한다.

- **토요근무 배치 예정 인원**

구분	명단
1주 차(4일)	서정훈, 이광수, 김종인, 정수정
2주 차(11일)	강동호, 하동훈, 민정훈, 이슬기
3주 차(18일)	박선미, 유인영, 김종대, 이정은, 최안나
4주 차(25일)	이자영, 박성인, 신주현

- **개인사유로 불가한 날짜 및 사유**

구분	사유
1주 차(4일)	이광수(지인 결혼식), 정수정(개인사유)
2주 차(11일)	민정훈(건강검진)
3주 차(18일)	김종대(지인 결혼식), 최안나(병원진료), 박성인(병원진료)
4주 차(25일)	이광수(병원진료), 박성인(병원진료), 신주현(가족여행)

① 박선미, 김종대, 유인영, 정수정, 신주현
② 박선미, 박성인, 유인영, 최안나, 정수정
③ 박선미, 이광수, 유인영, 이정은, 정수정
④ 박선미, 김종대, 하동훈, 이정은, 이슬기

17 Q은행은 상반기 신입사원 공개채용을 시행했다. 1차 서류전형과 인적성, 면접전형이 모두 끝나고 최종 면접자 A ~ E 5명의 점수를 확인하여 합격 점수 산출법에 따라 합격자를 선정하려고 한다. 총점이 80점 이상인 지원자가 합격한다고 할 때, 다음 중 합격자를 모두 고르면?

〈최종 면접 점수〉

구분	A	B	C	D	E
직업기초능력	75	65	60	68	90
의사소통능력	52	70	55	45	80
문제해결능력	44	55	50	50	49

〈합격 점수 산출법〉

- (직업기초능력)×0.6
- (의사소통능력)×0.3
- (문제해결능력)×0.4
- 총점 : 80점 이상

※ 과락 점수(미만) : 직업기초능력 60점, 의사소통능력 50점, 문제해결능력 45점

① A, C
② A, D
③ B, E
④ C, E

18 과장인 귀하는 올해 입사한 사원의 중간 평가를 해야 한다. 사원 A ~ C 3명을 업무 능력, 리더십, 인화력의 세 영역에서 평가한다. 평가는 절대 평가 방식에 따라 −1(부족), 0(보통), 1(우수)로 이루어지고, 세 영역의 점수를 합산하여 개인별로 총점을 낸다. 다음을 만족할 때 가능한 평가 결과표의 개수는?

〈평가 결과표〉

영역 / 사원	업무 능력	리더십	인화력
A			
B			
C			

※ 각자의 총점은 0임
※ 각 영역의 점수 합은 0임
※ 인화력 점수는 A가 제일 높고, 그 다음은 B, C 순임

① 3개
② 4개
③ 5개
④ 6개

19 K은행은 인재를 채용하기 위하여 NCS 기반 능력중심 공개채용을 시행하였다. 4차 면접전형까지 모두 마친 면접자들의 평가점수를 최종 합격자 선발기준에 따라 판단하여 A ~ E 5명 중 상위 2명을 최종 합격자로 선정하고자 한다. 다음 중 최종 합격자를 모두 고르면?

〈최종 합격자 선발기준〉

(단위 : %)

구분	의사소통	문제해결	조직이해	대인관계	합계
평가비중	40	30	20	10	100

〈면접평가 결과〉

구분	A	B	C	D	E
의사소통능력	A^+	A^+	A^+	B^+	C
문제해결능력	B^+	B+5	A^+	B+5	A+5
조직이해능력	A+5	A	C^+	A^+	A
대인관계능력	C	A^+	B^+	C^+	B^++5

※ 등급별 변환 점수 : A^+=100, A=90, B^+=80, B=70, C^+=60, C=50

※ 면접관의 권한으로 등급별 점수에 +5점을 가점할 수 있음

① A, B　② B, C

③ C, D　④ D, E

20 다음 글을 근거로 판단할 때, 〈보기〉에서 옳은 것을 모두 고르면?

- A국의 1일 통관 물량은 1,000건이며, 모조품은 1일 통관 물량 중 1%의 확률로 존재한다.
- 검수율은 전체 통관 물량 중 검수대상을 무작위로 선정해 실제로 조사하는 비율을 뜻하는데, 현재 검수율은 10%로 전문 조사 인력은 매일 10명을 투입한다.
- 검수율을 추가로 10%p 상승시킬 때마다 전문 조사 인력은 1일당 20명이 추가로 필요하다.
- 인건비는 1인당 1일 기준 30만 원이다.
- 모조품 적발 시 부과되는 벌금은 건당 1,000만 원이며, 이 중 인건비를 차감한 나머지를 세관의 '수입'으로 한다.

※ 검수대상에 포함된 모조품은 모두 적발되고, 부과된 벌금은 모두 징수됨

보기

ㄱ. 1일 평균 수입은 700만 원이다.
ㄴ. 모든 통관 물량을 전수조사한다면 수입보다 인건비가 더 클 것이다.
ㄷ. 검수율이 40%면 1일 평균 수입은 현재의 4배 이상일 것이다.
ㄹ. 검수율을 30%로 하는 방안과 검수율을 10%로 유지한 채 벌금을 2배로 인상하는 방안을 비교하면 벌금을 인상하는 방안의 1일 평균 수입이 더 많을 것이다.

① ㄱ, ㄴ　② ㄴ, ㄷ

③ ㄱ, ㄴ, ㄹ　④ ㄱ, ㄷ, ㄹ

대인관계능력 출제비중

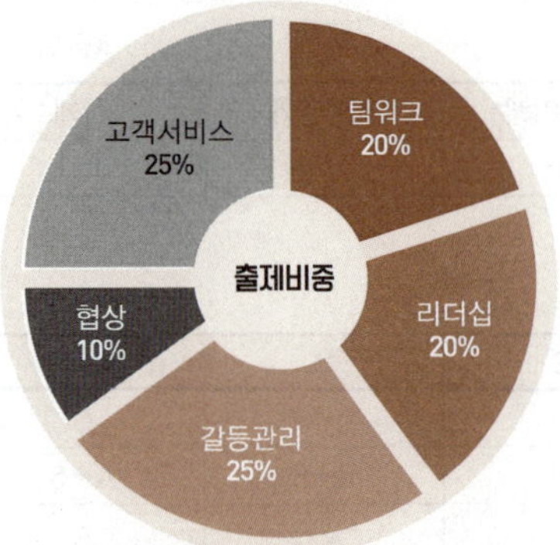

대인관계능력 영역소개

대인관계능력은 직장생활을 하면서 접촉하는 사람들과 원만하게 지내는 능력이다.

구분	내용	중요도
팀워크	공동의 목표를 가지고 다양한 사람들과 업무를 수행하는 능력	★★★☆☆
리더십	업무를 수행하면서 팀 내의 다른 사람을 이끄는 능력	★★★☆☆
갈등관리	업무를 수행하면서 사람들 사이에 갈등이 발생하였을 경우 이를 원만히 해결하는 능력	★★★★☆
협상	의견 대립이 있는 구성원 간에 의견을 조율하는 능력	★★☆☆☆
고객서비스	고객의 요구를 만족시키는 자세로 업무를 수행하는 능력	★★★★☆

※ 대인관계능력은 출제되지 않는 은행이 대다수이며, 전체 문항 수 대비 출제비중이 낮은 편이다.

CHAPTER 05

대인관계능력

SECTION

01 핵심이론

01 대인관계능력

(1) 대인관계능력

① 직장생활에서 타인과 협조적인 관계를 유지하고 조직 내부 및 외부의 갈등을 원만히 해결하며, 고객의 요구를 충족시켜줄 수 있는 능력이다.

② 인간관계를 형성할 때 무엇을 말하고 어떻게 행동하느냐보다 사람됨이 가장 중요한 요소이다.

③ 대인관계능력은 팀워크능력, 리더십능력, 갈등관리능력, 협상능력, 고객서비스능력 등으로 구분된다.

(2) 대인관계 향상 방법

① 상대방에 대한 이해와 양보

② 사소한 일에 대한 관심

③ 약속의 이행

④ 칭찬하고 감사하는 마음

⑤ 언행일치

⑥ 진지한 사과

02 팀워크능력

(1) 팀워크(Teamwork)

① 팀워크란 팀 구성원이 공동의 목적을 달성하기 위하여 서로 협력하여 업무를 수행하는 것을 말한다.

② 단순히 모이는 것만을 중요시하는 것이 아니라 공동의 목표를 세우고 힘을 모으는 것이다.

③ 팀워크의 유형은 협력・통제・자율의 3가지로 구분되는데 조직이나 팀의 목적, 추구하는 사업 분야에 따라 서로 다른 유형의 팀워크가 필요하다.

(2) 효과적인 팀의 특성

① 명확하게 기술된 사명과 목표

② 창조적인 운영

③ 결과에 초점 맞추기

④ 역할과 책임의 명료화

⑤ 조직화

⑥ 개인의 강점 활용

⑦ 리더십 역량 공유
⑧ 팀 풍토 발전
⑨ 의견의 불일치를 건설적으로 해결
⑩ 개방적인 의사소통
⑪ 객관적인 의사결정
⑫ 팀 자체의 효과성 평가

(3) 팀의 발전과정

① **형성기(Forming)** : 팀 구축의 초기단계로서 팀원들은 팀에서 인정받기를 원하며, 다른 팀원들을 신뢰할 수 있는지 탐색한다.
② **격동기(Storming)** : 팀원 간에 과제를 수행하면서 마찰이 일어나고, 리더십이나 구조・권한・권위에 대한 문제 전반에 걸쳐서 경쟁심과 적대감이 나타난다.
③ **규범기(Norming)** : 팀원 간에 응집력이 생기고, 개인의 주장보다 공동체 형성과 팀의 문제해결에 더욱 집중한다.
④ **성취기(Performing)** : 팀원들은 사기충천하고, 팀에 대한 충성심이 높으며, 팀의 역량과 인간관계의 깊이를 확장함으로써 가장 생산적인 팀의 모습으로 비춰진다.

(4) 멤버십(Membership)

① 멤버십이란 조직의 구성원으로서의 자격과 지위를 갖는 것으로, 훌륭한 멤버십은 팔로워십의 역할을 충실하게 잘 수행하는 것이다.
② 리더십과 멤버십 두 개념은 상호보완적인 관계이다.
③ 멤버십 유형
ⓐ 소외형 : 자립적인 사람으로, 일부러 반대의견 제시
ⓑ 순응형 : 팀 플레이를 하며, 리더나 조직을 믿고 헌신함
ⓒ 실무형 : 조직의 운영방침에 민감하고, 사건을 균형잡힌 시각으로 봄
ⓓ 수동형 : 판단 및 사고를 리더에게만 의존하며, 지시가 있어야 행동함
ⓔ 주도형 : 가장 이상적인 멤버십 유형

(5) 팀워크 촉진 방법

① 동료 피드백 장려하기
② 갈등을 해결하기
③ 창의력 조성을 위해 협력하기
④ 참여적으로 의사결정하기

(6) 팀워크 개발의 3요소

① 신뢰 쌓기
② 참여하기
③ 성과 내기

03 리더십능력

(1) 리더십

조직의 공통된 목적을 달성하기 위하여 리더가 조직원들에게 행사하는 영향력이다.

(2) 리더와 관리자의 비교

리더(Leader)	관리자(Manager)
• 새로운 상황 창조자 • 혁신지향적 • 내일에 초점을 맞춘다. • 사람의 마음에 불을 지핀다. • 사람을 중시한다. • 정신적 • 계산된 위험(Risk)을 취한다. • '무엇을 할까?'를 생각한다.	• 상황에 수동적 • 유지지향적 • 오늘에 초점을 맞춘다. • 사람을 관리한다. • 체제나 기구를 중시한다. • 기계적 • 위험(Risk)을 회피한다. • '어떻게 할까?'를 생각한다.

(3) 리더십 유형

① 독재자 유형
㉠ 통제 없이 방만한 상태 혹은 가시적인 성과물이 안 보일 때 효과적이다.
㉡ 특징 : 질문 금지, 모든 정보는 내 것이라는 생각, 실수를 용납하지 않음

② 민주주의에 근접한 유형
㉠ 혁신적이고 탁월한 부하직원들을 거느리고 있을 때 효과적이다.
㉡ 특징 : 참여·토론의 장려, 거부권

③ 파트너십 유형
㉠ 소규모 조직에서 경험과 재능을 소유한 조직원이 있을 때 효과적이다.
㉡ 특징 : 평등, 집단의 비전, 책임 공유

④ 변혁적 유형
㉠ 조직에 획기적인 변화가 요구될 때 효과적이다.
㉡ 특징 : 카리스마, 자기 확신, 존경심과 충성심, 풍부한 칭찬·감화

(4) 동기부여 방법

① 긍정적 강화법 활용
② 새로운 도전의 기회 부여
③ 창의적인 문제 해결법 찾기
④ 책임감으로 철저히 무장
⑤ 몇 가지 코칭을 하기
⑥ 변화를 두려워하지 않는 것
⑦ 지속적인 교육

(5) 코칭으로 구성원들의 리더십 역량 강화

① 코칭 활동은 직원들의 능력을 신뢰하며 확신하고 있다는 사실에 기초하며, 조직의 지속적인 성장과 성공을 만들어내는 리더의 능력이다.

② 직원들에게 질문을 던지는 한편 직원들의 의견을 적극적으로 경청하고, 필요한 지원을 아끼지 않아 생산성을 높이고 기술 수준을 발전시키는 것이다.

③ 자기 향상을 도모하는 직원들에게 도움을 줌으로써 업무에 대한 만족감을 높이는 과정이라고 말할 수 있다.

(6) 임파워먼트(Empowerment)

① 조직 구성원들을 신뢰하고, 그들의 잠재력을 믿으며, 그 잠재력의 개발을 통해 고성과(High Performance) 조직이 되도록 하는 일련의 행위이다.

② **임파워먼트의 충족 기준 :** 여건의 조성, 재능과 에너지의 극대화, 명확하고 의미 있는 목적에 초점

04 갈등관리능력

(1) 갈등의 의미와 원인

① 갈등이란 조직을 구성하는 개인, 집단·조직 간에 잠재적 또는 현재적으로 대립하는 심리적 상태를 말한다.

② 갈등은 의견 차이가 생기기 때문에 발생하는데 항상 부정적인 것만은 아니다.

③ 갈등수준이 적절(X_1)할 때는 조직 내부적으로 생동감이 넘치고 변화지향적이며, 문제해결능력이 발휘된다.

〈갈등과 조직성과〉

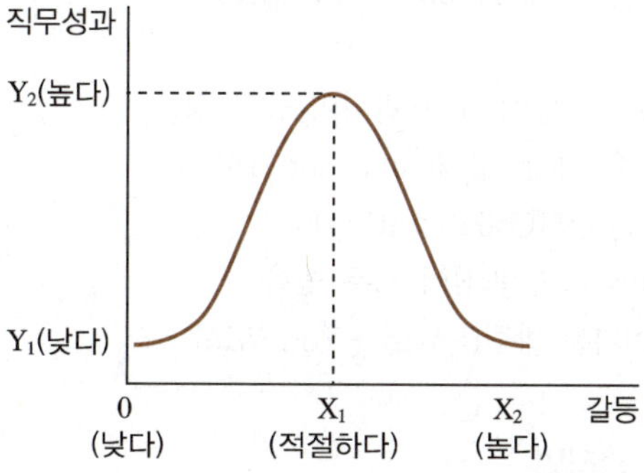

④ 갈등을 증폭시키는 원인에는 적대적 행동, 입장 고수, 감정적 관여 등이 있다.

(2) 갈등의 쟁점 및 유형

① 갈등의 두 가지 쟁점

㉠ 핵심 문제 : 역할 모호성, 방법 · 목표 · 절차 · 책임 · 가치 · 사실에 대한 불일치

㉡ 감정적 문제 : 공존할 수 없는 개인적 스타일, 통제나 권력 확보를 위한 싸움, 자존심에 대한 위협, 질투와 분노 등

② 갈등의 유형

㉠ 불필요한 갈등 : 개개인이 저마다 문제를 다르게 인식하거나 정보가 부족한 경우, 편견 때문에 발생한 의견 불일치로 적대적 감정이 생길 때 불필요한 갈등이 일어난다.

㉡ 해결할 수 있는 갈등 : 목표와 욕망, 가치, 문제를 바라보는 시각과 이해하는 시각이 다를 경우에 일어날 수 있는 갈등이다.

(3) 갈등의 과정

의견불일치 → 대결 국면 → 격화 국면 → 진정 국면 → 갈등의 해소

(4) 갈등의 해결방법

① 회피형(Avoiding)

㉠ 자신과 상대방에 대한 관심이 모두 낮음

㉡ 나도 지고 너도 지는 방법(I Lose – You Lose)

② 경쟁형(Competing) = 지배형(Dominating)

㉠ 자신에 대한 관심은 높고, 상대방에 대한 관심은 낮음

㉡ 나는 이기고 너는 지는 방법(I Win – You Lose)

③ 수용형(Accommodating)

㉠ 자신에 대한 관심은 낮고, 상대방에 대한 관심은 높음

㉡ 나는 지고 너는 이기는 방법(I Lose – You Win)

④ 타협형(Compromising)

㉠ 자신에 대한 관심과 상대방에 대한 관심이 중간 정도

㉡ 서로가 타협적으로 주고받는 방식(Give and Take)

⑤ 통합형(Integrating) = 협력형(Collaborating)

㉠ 자신은 물론 상대방에 대한 관심이 모두 높음

㉡ 나도 이기고 너도 이기는 방법(I Win – You Win)

(5) 윈 – 윈(Win – Win) 갈등 관리법

윈 – 윈(Win – Win) 관리법이란 갈등과 관련된 모든 사람으로부터 의견을 받아서 문제의 본질적인 해결책을 얻는 것을 의미한다.

05 협상능력

(1) 협상

갈등상태에 있는 이해 당사자들이 대화를 통해 서로를 설득하여 문제를 해결하려는 의사결정과정이다.

(2) 협상의 과정

① 협상과정의 5단계

협상시작	• 협상 당사자들 사이에 상호 친근감을 쌓음 • 간접적인 방법으로 협상의사를 전달 • 상대방의 협상의지를 확인 • 협상진행을 위한 체제를 짬
상호이해	• 갈등문제의 진행상황과 현재의 상황을 점검 • 적극적으로 경청하고 자기주장을 제시 • 협상을 위한 협상대상 안건을 결정
실질이해	• 겉으로 주장하는 것과 실제로 원하는 것을 구분하여 실제로 원하는 바를 찾아 냄 • 분할과 통합 기법을 활용하여 이해관계를 분석
해결대안	• 협상 안건마다 대안들을 평가 • 개발한 대안들을 평가 • 최선의 대안에 대해서 합의하고 선택 • 대안 이행을 위한 실행계획 수립
합의문서	• 합의문 작성 • 합의문 상의 합의내용, 용어 등을 재점검 • 합의문에 서명

② 협상과정의 3단계

'협상 전'단계	• 협상을 진행하기 위한 준비단계 • 협상기획 : 협상과정(준비, 집행, 평가 등)을 계획 • 협상준비 : 목표설정, 협상 환경분석, 협상 형태파악, 협상팀 선택과 정보수집, 자기분석, 상대방분석, 협상전략과 전술수립, 협상 대표훈련
'협상 진행'단계	• 협상이 실제로 진행되는 단계 • 협상진행 : 상호인사, 정보교환, 설득, 양보 등 협상전략과 전술구사 • 협상종결 : 합의 및 합의문 작성과 교환
'협상 후'단계	• 합의된 내용을 집행하는 단계 • 협의내용 비준 • 협의내용 집행 : 실행 • 분석평가 : 평가와 피드백

(3) 협상전략의 종류

① **협력전략(Cooperative Strategy)** : I Win – You Win 전략
  ㉠ 협상 참여자들이 협동과 통합으로 문제를 해결하고자 하는 협력적 문제 해결 전략이다.
  ㉡ 문제를 해결하는 합의에 이르기 위해서 협상 당사자들이 서로 협력하는 것이다.
  ㉢ 전술 : 협동적 원인 탐색, 정보수집과 제공, 쟁점의 구체화, 대안 개발, 개발된 대안들에 대한 공동평가, 협동하여 최종안 선택 등

② **유화전략(Smoothing Strategy)** : I Lose – You Win 전략
  ㉠ 양보전략, 순응전략, 화해전략, 수용전략, 굴복전략이다.
  ㉡ 상대방이 제시하는 것을 일방적으로 수용하여 협상의 가능성을 높이려는 전략이다.
  ㉢ 전술 : 유화, 양보, 순응, 수용, 굴복, 요구사항의 철회 등

③ **회피전략(Avoiding Strategy)** : I Lose – You Lose 전략
  ㉠ 무행동전략, 협상 철수전략으로, 협상을 피하거나 잠정적으로 중단하거나 철수하는 전략이다.
  ㉡ 나도 손해보고 상대방도 피해를 입게 되어 모두가 손해를 보게 되는 전략이다.
  ㉢ 전술 : 협상을 회피·무시, 상대방의 도전에 대한 무반응, 협상안건을 타인에게 넘겨주기, 협상으로부터 철수 등

④ **강압전략(Forcing Strategy)** : I Win – You Lose 전략
  ㉠ 자신이 상대방보다 힘에 있어서 우위를 점유하고 있을 때 자신의 이익을 극대화하기 위한 공격적·경쟁전략이다.
  ㉡ 인간관계를 중요하게 여기지 않고, 어떠한 수단과 방법을 동원해서라도 자신의 입장과 이익 극대화를 관철시키고자 한다.
  ㉢ 전술 : 위압적인 입장 천명, 협박과 위협, 협박적 설득, 확고한 입장에 대한 논쟁, 협박적 회유와 설득, 상대방 입장에 대한 강압적 설명 요청 등

(4) 상대방 설득방법

① **See – Feel – Change 전략** : 시각화하여 상대방에게 직접 보고 느끼게 함으로써 설득에 성공하는 전략
② **상대방 이해 전략** : 상대방에 대한 이해를 바탕으로 갈등해결을 용이하게 하는 전략
③ **호혜관계 형성 전략** : 호혜관계 형성을 통해 협상을 용이하게 하는 전략
④ **헌신과 일관성 전략** : 협상 당사자 간에 기대하는 바에 일관성있게 헌신적으로 부응하여 행동함으로써 협상을 용이하게 하는 전략
⑤ **사회적 입증 전략** : 과학적인 논리보다 동료나 사람들의 행동에 의해서 상대방을 설득하는 전략
⑥ **연결 전략** : 갈등문제와 갈등관리자를 연결시키는 것이 아니라 갈등을 야기한 사람과 관리자를 연결시킴으로써 협상을 용이하게 하는 전략
⑦ **권위 전략** : 직위나 전문성, 외모 등을 활용하여 협상을 용이하게 하는 전략
⑧ **희소성 해결 전략** : 인적·물적자원 등의 희소성을 해결함으로써 협상 과정상의 갈등 해결을 용이하게 하는 전략
⑨ **반항심 극복 전략** : 억압하면 할수록 더욱 반항하게 될 가능성이 높아지므로 이를 피함으로써 협상을 용이하게 하는 전략

06 고객서비스능력

(1) 고객서비스

다양한 고객의 요구를 파악하고 적절한 대응법을 마련함으로써 고객에게 양질의 서비스를 제공하는 것을 말한다.

(2) 고객의 불만표현 유형 및 대응 방안

구분	대응 방안
거만형	자신의 과시욕을 드러내고 싶어 하는 고객으로, 자신의 과시욕이 채워지도록 뽐내든 말든 내버려두며, 정중하게 대한다.
의심형	직원의 설명이나 제품의 품질에 대해 의심을 많이 하는 고객으로, 분명한 증거나 근거를 제시하여 스스로 확신을 갖도록 유도하고, 때로는 책임자가 응대하는 것도 좋다.
트집형	사소한 것에 트집을 잡는 까다로운 고객으로, 이야기를 경청하고, 맞장구치고, 추켜세우고, 설득해 가는 방법이 효과적이다.
빨리빨리형	성격이 급하고 확신있는 말이 아니면 잘 믿지 않는 고객으로, "글쎄요?", "아마…" 등의 애매한 화법을 피하고, 시원스럽게 처리하는 모습을 보이면 응대하기 쉽다.

(3) 고객불만 처리 프로세스 8단계

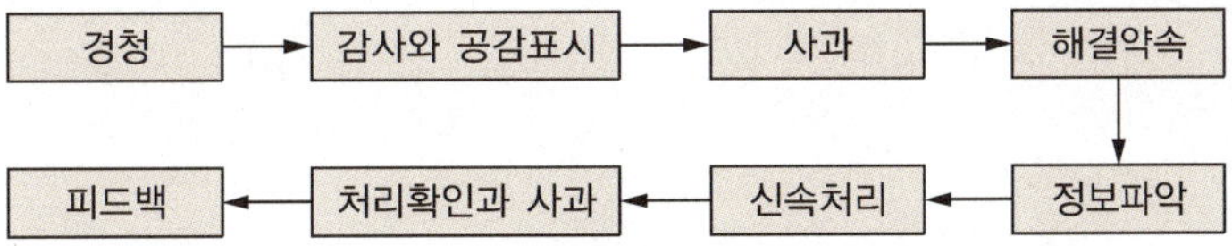

(4) 고객만족 조사계획의 수행

① 조사분야 및 대상 설정

조사 분야와 대상을 명확히 설정해야만 정확한 조사가 이루어질 수 있다.

② 조사목적 설정

전체적 경향의 파악, 고객에 대한 개별대응 및 고객과의 관계유지 파악, 평가 및 개선 등의 목적이 있다.

③ 조사방법 및 횟수

설문조사와 심층면접법이 주로 활용되며, 1회 조사가 아닌 연속조사를 권장한다.

④ 조사결과 활용 계획

조사목적에 맞게 구체적인 활용 계획을 작성한다.

SECTION

02 출제예상문제

정답 및 해설 p.037

01 **다음 사례의 K씨에게 충고할 내용으로 가장 적절한 것은?**

> K씨는 매일 1시간 단위로 자신이 해야 할 일을 계획하여 실천하고 있다. 그런데 오늘 K씨는 갑자기 예상하지 못한 외부 일정이 생겨 자신의 계획대로 업무를 진행하지 못했고, 이로 인하여 담당 업무에 큰 차질이 생겼다.

① 무리한 계획을 세우지 않으며, 실현 가능한 현실적인 계획을 세워야 한다.
② 계획한 일을 미루지 않는 자세가 필요하다.
③ 어느 일을 가장 우선적으로 처리해야 할 것인지를 결정해야 한다.
④ 다양한 상황이 발생할 수 있다는 것을 염두하고 계획을 세워야 한다.

02 **다음 중 대인관계능력을 향상시키는 방법을 〈보기〉에서 모두 고르면?**

> 보기
> ㄱ. 상대방에 대한 이해심
> ㄴ. 사소한 일까지 관심을 두지 않는 것
> ㄷ. 약속을 이행하는 것
> ㄹ. 처음부터 너무 기대하지 않는 것
> ㅁ. 진지하게 사과하는 것

① ㄱ, ㄴ, ㄹ
② ㄱ, ㄴ, ㄷ
③ ㄱ, ㄷ, ㅁ
④ ㄱ, ㄴ, ㄷ, ㅁ

03 **다음 자료는 갈등해결을 위한 6단계 프로세스이다. 3단계에 해당하는 대화의 예로 가장 적절한 것은?**

1단계 사전 준비하기	⇨	**2단계** 긍정적인 분위기에서 대화 시작하기	⇨	**3단계** 상대방의 입장 파악하기
				⇩
6단계 최종 해결책 선택 및 실행	⇦	**5단계** 해결책 평가하기	⇦	**4단계** 상대방의 입장에서 해결책 생각해보기

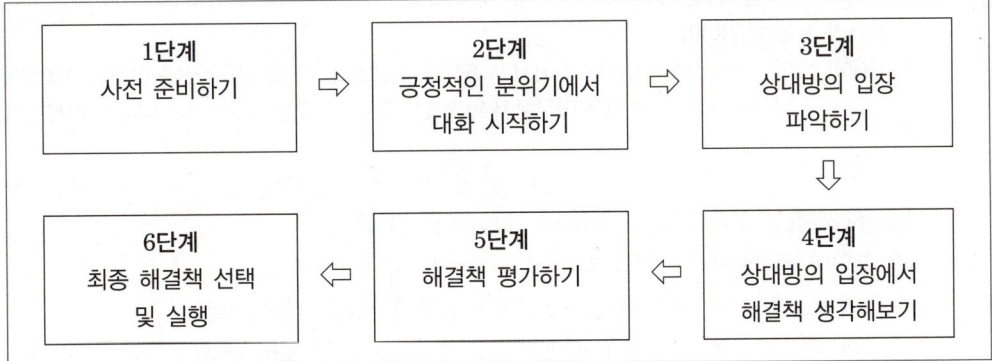

① 그럼 A씨의 생각대로 진행해 보시죠.
② 제 생각은 이런데, A씨의 생각은 어떠신지 말씀해 주시겠어요?
③ 저도 좋아요. 그것으로 결정해요.
④ 저는 모두가 만족하는 해결책을 찾고 싶어요.

04 **다음 상황에서 갈등의 해결방법 중 하나인 '윈 – 윈(Win – Win) 관리법'으로 해결하고자 할 때, 귀하가 A사원에게 제시할 수 있는 제안으로 가장 적절한 것은?**

> H공사에 근무하는 귀하는 최근 매주 금요일 업무시간이 끝나고 한 번씩 진행해야 하는 바닥 청소 당번 문제를 두고 동료인 A사원과 갈등 중에 있다. 둘 중 한 명은 매주 바닥 청소를 해야 하는데, 금요일에 일찍 퇴근하기를 원하는 귀하와 A사원 모두 청소 당번에서 빠지고 싶어 하기 때문이다.

① 우리 둘 다 청소 당번을 피할 수는 없으니, 그냥 공평하게 같이 하죠.
② 제가 그냥 A사원 몫까지 매주 청소를 맡아서 할게요.
③ 저와 A사원이 번갈아가면서 청소를 맡도록 하죠.
④ 우선 금요일 업무시간 전에 청소를 할 수 있는지 확인해 보도록 하죠.

05 다음 상황에 대해 K대리가 G대리에게 해줄 수 있는 조언으로 가장 적절한 것은?

> G대리 : 나 참, A과장님이 왜 그러시는지 이해를 못하겠네.
> K대리 : 무슨 일이야?
> G대리 : 아니 어제 내가 회식자리에서 A과장님께 장난을 좀 쳤거든. 근데 평소에 A과장님이 내 장난을 잘 받아 주셔서 아무렇지 않게 넘어갔는데, 오늘 A과장님이 나에게 어제 일로 화를 내시는 거 있지?

① 부하직원인 우리가 참고 이해하는 것이 좋을 것 같아.
② 본인이 실수했다고 느꼈을 때 바로 사과하는 것이 중요해.
③ A과장님께 본인이 무엇을 잘못했는지 확실히 물어보는 것이 어때?
④ 직원회의 시간에 이 문제에 대해 확실히 짚고 넘어가는 것이 좋겠어.

06 최근 H은행에 입사한 Y사원은 며칠 전 민원상담을 진행하는 데 어려움을 겪었다고 선임인 귀하에게 토로하였다. 귀하는 Y사원이 민원상담을 잘 수행할 수 있도록 민원처리 매뉴얼에 대해 설명하고자 한다. 다음 중 귀하의 발언으로 적절하지 않은 것은?

① 고객이 민원을 제기할 때는 주장하는 내용을 정확하게 파악할 수 있도록 경청하는 것이 중요해. 만약 부정확한 내용이 있다면 반드시 다시 확인해야 해.
② 사실을 확인한 민원에 대해서는 적절한 해결책이 무엇인지 모색하여야 하는데, 만약 우리 은행의 과실에 대한 것이라면 이를 인정하고 먼저 사과해야 해.
③ 적절한 해결책이 있다면 고객에게 제시하여 해결하도록 하고, 향후 반복적인 문제가 발생하지 않도록 개인 업무노트에 기록해 두고 수시로 확인하는 것이 중요해.
④ 민원처리 결과에 대하여 고객의 의견 및 만족 여부를 확인하여 우리 은행에 대한 신뢰를 조성하도록 노력해야 해.

07 다음 중 조직 내 갈등에 대한 설명으로 적절하지 않은 것은?

① 갈등상황을 형성하는 구성요소로서는 조직의 목표, 구성원의 특성, 조직의 규모, 분화, 의사전달, 권력구조, 의사결정에의 참여의 정도, 보상제도 등이 있다.
② 갈등은 직무의 명확한 규정, 직위 간 관계의 구체적 규정, 직위에 적합한 인원의 선발 및 훈련 등을 통해서 제거할 수 있다.
③ 갈등은 순기능이 될 수 없으므로, 갈등이 없는 상태가 가장 이상적이다.
④ 회피는 갈등을 일으킬 수 있는 의사결정을 보류하거나 갈등상황에 처한 당사자들이 접촉을 피하도록 하는 것이나 갈등행동을 억압하는 것이다.

08 다음 대화의 빈칸에 들어갈 정부장의 조언으로 적절하지 않은 것은?

> 정부장 : 김대리, 시간을 충분히 주었다고 생각했는데 진행 상황이 생각보다 늦네요. 이유가 뭐죠?
> 김대리 : 아, 부장님. 죄송합니다. 저, 그게… 저는 최대한 노력한다고 하는데 항상 시간이 모자랍니다. 업무 능력이 부족해서인 것 같습니다.
> 정부장 : 능력은 충분해요. 노력을 하는데도 시간이 부족하다면 내 생각에는 계획을 세워 볼 필요가 있을 것 같네요. 시간을 쓰는 데도 계획이 있어야 하는데 시간 계획을 세울 때는 ______________________

① 목표를 구체적으로 세워야 합니다.
② 행동을 중심으로 세워야 합니다.
③ 현실적으로 가능해야 합니다.
④ 최대한 완벽히 세울 수 있도록 충분한 시간을 가져야 합니다.

09 프랜차이즈 커피숍에서 바리스타로 근무하고 있는 귀하는 종종 "가격을 깎아달라."는 고객 때문에 고민이 이만저만이 아니다. 이를 본 선배가 귀하에게 도움이 될 만한 몇 가지 조언을 해주었다. 다음 중 선배가 귀하에게 한 조언으로 가장 적절한 것은?

① "절대로 안 된다."라고 딱 잘라 거절하는 태도가 필요합니다.
② 이번이 마지막이라고 말하면서 한 번만 깎아주세요.
③ 못 본 체하고 다른 손님의 주문을 받으면 됩니다.
④ 규정상 임의로 깎아줄 수 없다는 점을 상세히 설명해 드리세요.

10 다음 중 효과적인 팀의 특성으로 옳은 것은?

① 주관적인 결정을 내린다.
② 결과에 초점을 맞춘다.
③ 구성원 간의 의존도가 높지 않다.
④ 갈등의 존재를 개방적으로 다루지 않는다.

정보능력 출제비중

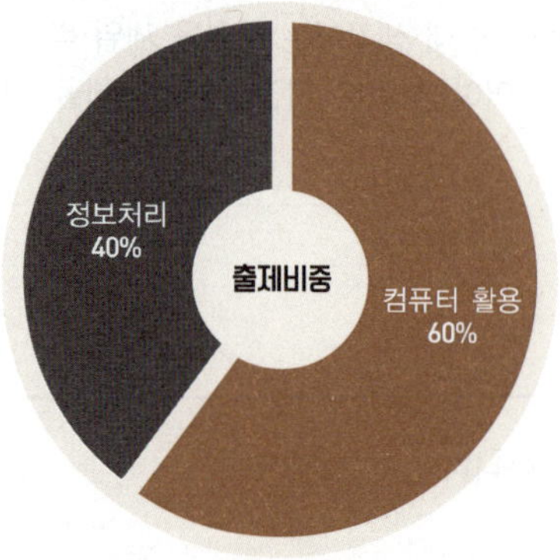

정보능력 영역소개

정보능력은 업무와 관련된 정보를 수집하고, 이를 분석하여 의미 있는 정보를 얻는 능력이다. 그리고 더 나아가 찾아낸 정보를 적절하게 조직하여 업무수행에 활용하는 것이다. 또한 이러한 과정에 컴퓨터를 사용하는 능력을 말한다.

구분	내용	중요도
컴퓨터 활용	업무와 관련된 정보를 수집·분석·조직·관리·활용하는 데 컴퓨터를 사용하는 능력	★★★★☆
정보처리	업무와 관련된 정보를 수집하고 이를 분석하여 의미 있는 정보를 찾아내는 것, 더 나아가 찾아낸 정보를 업무수행에 적절하도록 조직하고, 조직한 정보를 관리·활용하는 능력	★★★☆☆

※ 정보능력은 NCS 기반 채용을 진행한 은행 중 약 40% 정도가 다루었으며, 전체 문항 수 대비 출제비중이 낮은 편이다.

CHAPTER 06

정보능력

SECTION 01 핵심이론

SECTION 02 출제예상문제

SECTION

01 핵심이론

01 정보능력

(1) 자료와 정보

① **자료(Data)** : 객관적 실제의 반영이며, 그것을 전달할 수 있도록 기호화한 것

예 고객의 주소・성별・이름・나이, 스마트폰 기종, 스마트폰 활용 횟수 등

② **정보(Information)** : 자료를 특정한 목적과 문제해결에 도움이 되도록 가공한 것

예 중년층의 스마트폰 기종, 중년층의 스마트폰 활용 횟수

③ **정보처리(Information Processing)** : 자료를 가공하여 이용 가능한 정보로 만드는 것, 자료처리(Data Processing)라고도 함

④ **지식(Knowledge)** : 정보를 집적하고 체계화하여 장래의 일반적인 사항에 대비해 보편성을 갖도록 한 것

예 스마트폰 디자인에 대한 중년층의 취향, 중년층을 주요 타깃으로 신종 스마트폰 개발

(2) 정보화 사회

① **정보화 사회** : 정보가 사회의 중심이 되는 사회로 컴퓨터 기술과 정보통신 기술을 활용하여 사회 각 분야에서 필요로 하는 가치 있는 정보를 창출하고, 보다 유익하고 윤택한 생활을 영위하는 사회로 발전시켜 나가는 것

② **미래 사회**

㉠ 부가가치 창출요인의 전환 : 토지, 자본, 노동 → 지식 및 정보 생산 요소

> **미래 사회의 6T**
> 정보기술(IT), 생명공학(BT), 나노기술(NT), 환경기술(ET), 문화산업(CT), 우주항공기술(ST)

㉡ 세계화의 진전

예 WTO・FTA 등에 의한 무역 개방화, 국가 간의 전자 상거래(EC; Electronic Commerce), 가상은행, 사이버 백화점, 사이버 대학교, 한국 기업의 외국 공장 설립, 다국적 기업의 국내 설치 및 산업 연수생들의 국내산업체 근무, 외국 대학 및 학원의 국내 설치 등

㉢ 지식의 폭발적인 증가

③ **정보화 사회에서 꼭 해야 할 일** : 정보검색, 정보관리, 정보전파

(3) 컴퓨터의 활용 분야

① **기업 경영 분야** : 생산에서부터 판매, 회계, 재무, 인사 및 조직관리는 물론 금융 업무까지 활용

예 경영정보시스템(MIS; Management Information System), 의사결정지원시스템(DSS; Decision Support System), 사무자동화(OA; Office Automation), 전자상거래(EC; Electronic Commerce) 등

② **행정 분야** : 민원 처리, 각종 행정 통계 등 여러 가지 행정에 관련된 정보를 데이터베이스로 구축하여 활용

예 행정 업무의 사무자동화(OA; Office Automation), 정보통신망을 이용한 민원 서류의 원격지 발급, 가까운 은행에서의 세금 및 공과금 납부 등

③ **산업 분야** : 공업·상업 등 각 분야에서 널리 활용될 뿐만 아니라 중요한 역할을 담당

예 컴퓨터 이용 설계(CAD; Computer Aided Design), 컴퓨터 이용 생산(CAM; Computer Aided Manufacturing), 산업용 로봇 등을 이용한 공장 자동화(FA; Factory Automation), 편의점이나 백화점 등의 상품 판매시점 관리(POS; Point Of Sales) 시스템, 농축산업 및 어업 등에도 다양하게 활용

④ **기타 분야** : 교육, 연구소, 출판, 가정, 도서관, 예술 분야 등에도 널리 활용

예 교육 분야의 컴퓨터 보조 교육(CAI; Computer Assisted Instruction), 컴퓨터 관리 교육(CMI; Computer Managed Instruction)

(4) 정보의 활용

① **정보의 기획** : 정보의 전략적 기획이란 정보활동의 가장 첫 단계로서 정보관리의 가장 중요한 단계이며 보통 5W 2H에 의해 기획한다.

5W 2H
• What(무엇을?) : 정보의 입수 대상을 명확히 한다. • Where(어디에서?) : 정보의 소스(정보원)를 파악한다. • When(언제까지?) : 정보의 요구(수집) 시점을 고려한다. • Why(왜?) : 정보의 필요 목적을 염두에 둔다. • Who(누가?) : 정보활동의 주체를 확정한다. • How(어떻게?) : 정보의 수집 방법을 검토한다. • How much(얼마나?) : 정보수집의 비용(효용성)을 중시한다.

② **정보의 수집** : 다양한 정보원으로부터 목적에 적합한 정보를 입수하는 것

③ **정보의 관리** : 수집된 다양한 형태의 정보(가공하지 않은 있는 그대로의 정보)를 어떤 문제해결이나 결론 도출에 사용하기 쉬운 형태로 바꾸는 일

정보관리의 3원칙
• 목적성 : 사용 목적을 명확히 설명해야 한다. • 용이성 : 쉽게 작업할 수 있어야 한다. • 유용성 : 즉시 사용할 수 있어야 한다.

④ **정보활용능력** : 정보기기에 대한 이해나 최신 정보기술이 제공하는 주요 기능, 특성에 대한 지식을 아는 능력

(5) 인터넷의 역기능

① 인터넷의 역기능 : 불건전 정보의 유통, 개인 정보 유출, 사이버 성폭력, 사이버 언어폭력, 언어 훼손, 인터넷 중독, 불건전 교제, 저작권 침해, 컴퓨터 바이러스, 해킹(Hacking), 스팸 메일(Spam Mail) 등

> 컴퓨터 바이러스 예방법
> 1. 출처가 불분명한 전자 우편의 첨부파일은 백신 프로그램으로 바이러스 검사 후 사용한다.
> 2. 실시간 감시 기능이 있는 백신 프로그램을 설치하고 정기적으로 업데이트한다.
> 3. 바이러스가 활동하는 날에는 시스템을 사전에 미리 검사한다.
> 4. 정품 소프트웨어를 구입하여 사용하는 습관을 들인다.
> 5. 중요한 파일은 습관적으로 별도의 보조 기억 장치에 미리 백업을 해 놓는다.
> 6. 프로그램을 복사할 때는 바이러스 감염 여부를 확인한다.

② 네티켓 : 사이버 공간에서 지켜야 할 예절

네트워크(Network)	+	에티켓(Etiquette)	=	네티켓(Netiquette)

㉠ 전자우편(E-mail)을 사용할 때의 네티켓
- 메시지는 가능한 짧게 요점만 작성한다.
- 메일을 보내기 전에 주소가 올바른지 다시 한번 확인한다.
- 제목은 메시지 내용을 함축해 간략하게 써야 한다.
- 가능한 한 메시지 끝에 Signature(성명, 직위, 단체명, 메일주소, 전화번호 등)를 포함시키되, 너무 길지 않도록 한다.
- 메일상에서 타인에 대해 말할 때는 정중함을 지켜야 한다. 메일은 쉽게 전파될 수 있기 때문이다.
- 타인에게 피해를 주는 언어(비방이나 욕설)는 쓰지 않는다.

㉡ 온라인 대화(채팅)를 할 때의 네티켓
- 마주 보고 이야기하는 마음가짐으로 임한다.
- 대화방에 들어가면 지금까지 진행된 대화의 내용과 분위기를 경청한다.
- 엔터키를 치기 전에 한번 더 생각한다.
- 광고, 홍보 등의 목적으로 악용하지 않는다.
- 유언비어 · 속어와 욕설 게재는 삼가고, 상호 비방의 내용은 금한다.

㉢ 게시판을 사용할 때의 네티켓
- 글의 내용은 간결하게 요점만 작성한다.
- 제목에는 글의 내용을 파악할 수 있는 함축된 단어를 쓴다.
- 글을 쓰기 전에 이미 같은 내용의 글이 없는지 확인한다.
- 글의 내용 중에 잘못된 점이 있으면 빨리 수정하거나 삭제한다.
- 게시판의 주제와 관련 없는 내용은 올리지 않는다.

㉣ 공개 자료실에서의 네티켓

- 음란물을 올리지 않는다.
- 상업용 소프트웨어를 올리지 않는다.
- 공개 자료실에 등록한 자료는 가급적 압축한다.
- 프로그램을 올릴 때에는 사전에 바이러스 감염 여부를 점검한다.
- 유익한 자료를 받았을 때에는 올린 사람에게 감사의 편지를 보낸다.

㉤ 인터넷 게임을 할 때의 네티켓

- 상대방에게 항상 경어를 사용한다.
- 인터넷 게임에 너무 집착하지 않는다.
- 온라인 게임은 온라인상의 오락으로 끝나야 한다.
- 게임 중에 일방적으로 퇴장하는 것은 무례한 일이다.
- 상대를 존중하는 것을 잊어서는 안 된다.
- 게이머도 일종의 스포츠맨이므로 스포츠맨십을 지켜야 한다.
- 이겼을 때는 상대를 위로하고, 졌을 때는 깨끗하게 물러서야 한다.

(6) 개인정보

개인정보란 생존하는 개인에 대한 정보로서 정보에 포함되어 있는 성명, 주민등록번호 등의 사항에 의하여 개인을 식별할 수 있는 정보를 말한다.

① 개인정보의 종류

구분	내용
일반 정보	이름, 주민등록번호, 운전면허번호, 주소, 전화번호, 생년월일, 출생지, 본적지, 성별, 국적 등
가족 정보	가족의 이름, 직업, 생년월일, 주민등록번호, 출생지 등
교육 및 훈련 정보	최종학력, 성적, 기술자격증 / 전문면허증, 이수훈련 프로그램, 서클 활동, 상벌사항, 성격 / 행태보고 등
병역 정보	군번 및 계급, 제대유형, 주특기, 근무부대 등
부동산 및 동산 정보	소유주택 및 토지, 자동차, 저축현황, 현금카드, 주식 및 채권, 수집품, 고가의 예술품, 보석 등
소득 정보	연봉, 소득의 원천, 소득세 지불 현황 등
기타 수익 정보	보험가입현황, 수익자, 회사의 판공비 등
신용 정보	대부상황, 저당, 신용카드, 담보설정 여부 등
고용 정보	고용주, 회사주소, 상관의 이름, 직무수행 평가 기록, 훈련기록, 상벌기록 등
법적 정보	전과기록, 구속기록, 이혼기록 등
의료 정보	가족병력기록, 과거 의료기록, 신체장애, 혈액형 등
조직 정보	노조가입, 정당가입, 클럽회원, 종교단체 활동 등
습관 및 취미 정보	흡연 / 음주량, 여가활동, 도박성향 등

② 개인정보 유출 방지 방법
㉠ 회원 가입 시 이용 약관 읽기
㉡ 이용 목적에 부합하는 정보를 요구하는지 확인하기
㉢ 비밀번호를 정기적으로 변경하기
㉣ 정체불명의 사이트는 멀리하기
㉤ 가입 해지 시 정보 파기 여부 확인하기
㉥ 쉬운 비밀번호 쓰지 않기

02 컴퓨터활용능력

(1) 인터넷 서비스

① 전자우편(E-mail 서비스)

전자우편의 주소

사용자 ID	@	도메인 이름

예 guest@daehan.hs.kr

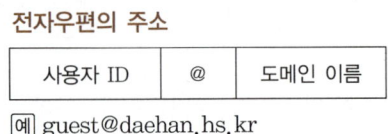

② 인터넷 디스크(Internet Harddisk) : 웹 서버에 대용량의 저장 기능을 갖추고 사용자가 개인용 컴퓨터(PC)의 하드디스크와 같은 기능을 인터넷을 통하여 이용할 수 있게 하는 서비스

인터넷 디스크(Internet Harddisk), 웹 디스크(Web-disk), 웹 하드(Web Hard), 파일 박스, 피디 박스 등 다양한 용어 중 가장 많이 사용하는 용어는 웹 하드와 웹 디스크이다.

③ 메신저(Messenger) : 인터넷에서 실시간으로 메시지와 데이터를 주고받을 수 있는 소프트웨어
④ 클라우드 컴퓨팅(Cloud Computing) : 사용자들이 복잡한 정보를 보관하기 위해 별도의 데이터 센터를 구축하지 않고도, 인터넷을 통해 제공되는 서버를 활용해 정보를 보관하고 있다가 필요할 때 꺼내 쓰는 기술
⑤ SNS(Social Networking Service) : 온라인 인맥 구축을 목적으로 개설된 커뮤니티형 웹사이트
예 인스타그램, 마이스페이스, 페이스북 등
⑥ 전자상거래
㉠ 좁은 뜻 : 인터넷이라는 전자 매체를 통하여 상품을 사고팔거나, 재화나 용역을 거래하는 사이버 비즈니스
㉡ 넓은 뜻 : 소비자와의 거래뿐만 아니라 거래와 관련된 공급자, 금융기관, 정부기관, 운송기관 등과 같이 거래에 관련된 모든 기관과의 관련행위를 포함

(2) 정보 검색

여러 곳에 분산되어 있는 수많은 정보 중에서 특정 목적에 적합한 정보만을 신속하고 정확하게 찾아내어 수집, 분류, 축적하는 과정

① **정보 검색 단계** : 검색 주제 선정 → 정보원 선택 → 검색식 작성 → 결과 출력

② **검색엔진의 유형**

㉠ 키워드 검색 방식 : 찾고자 하는 정보와 관련된 핵심 언어인 키워드를 직접 입력하여 이를 검색엔진에 보내 검색엔진이 키워드와 관련된 정보를 찾는 방식

㉡ 주제별 검색 방식 : 인터넷상에 존재하는 웹 문서들을 주제별 · 계층별로 정리하여 데이터베이스를 구축한 후 이용하는 방식

㉢ 자연어 검색 방식 : 검색엔진에서 문장 형태의 질의어를 형태소 분석을 거쳐 언제(When), 어디서(Where), 누가(Who), 무엇을(What), 왜(Why), 어떻게(How), 얼마나(How much)에 해당하는 5W 2H를 읽어내고 분석하여 각 질문에 대한 답이 들어 있는 사이트를 연결하는 방식

㉣ 통합형 검색 방식 : 사용자가 입력하는 검색어들이 연계된 다른 검색엔진에 보내지고, 이를 통하여 얻어진 검색 결과를 사용자에게 보여주는 방식

③ **정보 검색 연산자** : 정보 검색 결과를 줄이기 위해 검색과 관련 있는 2개 이상의 단어를 연산자로 조합하여 키워드로 사용하는 것이 일반적이다. 연산자는 대 · 소문자의 구분이 없고, 앞뒤로 반드시 공백(Space)을 넣어주어야 한다.

〈공통적으로 사용하는 연산자의 종류와 검색 조건〉

구분	연산자	검색 조건
*, &	AND	두 단어가 모두 포함된 문서를 검색 예 인공위성 and 자동차, 인공위성 * 자동차
|	OR	두 단어가 모두 포함되거나, 두 단어 중에서 하나만 포함된 문서를 검색 예 인공위성 or 자동차, 인공위성 | 자동차
–, !	NOT	'–' 기호나 '!' 기호 다음에 오는 단어를 포함하지 않는 문서를 검색 예 인공위성 not 자동차, 인공위성 ! 자동차
&, near	인접 검색	앞뒤의 단어가 가깝게 인접해 있는 문서를 검색 예 인공위성 near 자동차

④ **검색엔진의 종류 및 특징**

㉠ 검색엔진(Search Engine) : 인터넷상에 산재해 있는 정보를 수집한 후, 이를 체계적인 데이터베이스로 구축하여 사용자가 원하는 정보를 쉽게 찾을 수 있도록 도움을 주는 웹 사이트 또는 프로그램

㉡ 포털 사이트(Portal Site) : 사용자가 인터넷에서 어떤 정보를 찾으려고 할 때 가장 먼저 접속하는 사이트

> 최근 대부분의 포털 사이트에서는 정보 검색뿐만 아니라 카페, 뉴스, 웹 메일, 블로그, 커뮤니티 형성 등 매우 다양한 인터넷 서비스를 제공하고 있다.

㉢ 국내 포털 사이트

- 네이버(Naver) – http://www.naver.com/
- 다음(Daum) – http://www.daum.net/
- 네이트(Nate) – http://www.nate.com/

⑤ 인터넷 정보 검색 주의사항

㉠ 각각의 검색엔진 특징 파악

㉡ 데이터 특성에 따른 검색엔진 선택

㉢ 구체적이고 자세한 키워드 선택, 결과 내 재검색 기능 활용

㉣ 해당 검색엔진의 검색 연산자와 키워드 조합

㉤ 검색 속도가 느린 웹 브라우저에서는 그림 파일을 보이지 않게 설정

㉥ 웹 검색 외 각종 BBS, 뉴스 그룹, 메일링 리스트, 도서관 자료, 정보 소유자 요청 등 다른 방법들도 활용

㉦ 검색엔진이 제시하는 결과물은 정확하지 않을 수 있으므로 직접 보고 원하는 자료인지 판단해야 함

(3) 소프트웨어

컴퓨터를 이용하여 문제를 처리하는 프로그램 집단

① 워드프로세서(Word Processor)

㉠ 정의 : 여러 가지 형태의 문자와 그림·표·그래프 등을 활용한 문서를 작성·편집·저장·인쇄할 수 있는 프로그램

㉡ 주요 기능

- 입력기능 : 키보드나 마우스를 통하여 한글·영문·한자 등 각국의 언어와 숫자·특수문자·그림·사진·도형 등을 입력할 수 있는 기능
- 표시기능 : 입력한 내용을 표시 장치를 통해 화면에 나타내주는 기능
- 저장기능 : 입력된 내용을 저장하여 필요할 때 사용할 수 있는 기능
- 편집기능 : 문서의 내용이나 형태 등을 변경해 새롭게 문서를 꾸미는 기능
- 인쇄기능 : 작성된 문서를 프린터로 출력하는 기능

② 스프레드 시트(Spread Sheet)

㉠ 정의 : 워드프로세서와 같이 문서를 작성하고 편집하는 기능 이외에 수치나 공식을 입력하여 그 값을 계산해내고, 계산 결과를 차트로 표시할 수 있는 프로그램

㉡ 구성단위 : 셀, 열, 행, 영역

③ 프레젠테이션(Presentation)

㉠ 정의 : 컴퓨터나 기타 멀티미디어를 이용하여 그 속에 담겨 있는 각종 정보를 사용자 또는 대상자에게 전달하는 행위를 의미하며, 프레젠테이션 프로그램은 보고·회의·상담·교육 등에서 정보를 전달하는 데 주로 활용된다.

㉡ 대표 프로그램 : 파워포인트, 프리랜스 그래픽스 등

④ 데이터베이스(Database)

㉠ 정의 : 대량의 자료를 관리하고 내용을 구조화하여 검색이나 자료 관리 작업을 효과적으로 실행하는 프로그램

㉡ 대표 프로그램 : 오라클(Oracle), 액세스(Access) 등

⑤ 그래픽 소프트웨어(Graphic Software)

㉠ 정의 : 새로운 그림을 그리거나 그림 또는 사진 파일을 불러와 편집하는 프로그램

㉡ 대표 프로그램 : 포토샵(Photoshop), 일러스트레이터(Illustrator), 3DS MAX, 코렐드로(Corel-DRAW) 등

⑥ 유틸리티 프로그램

㉠ 정의 : 사용자가 컴퓨터를 좀 더 쉽게 사용할 수 있도록 도와주는 소프트웨어(프로그램)

㉡ 프로그램의 종류 : 파일 압축 유틸리티, 바이러스 백신 프로그램, 화면 캡처 프로그램, 이미지 뷰어 프로그램, 동영상 재생 프로그램

(4) 데이터베이스

① 데이터베이스의 정의와 관리시스템

㉠ 정의 : 대량의 자료를 구조화하여 검색이나 자료 관리 작업을 효과적으로 실행하는 프로그램

㉡ 데이터베이스 관리시스템(DBMS) : 데이터베이스와 사용자 사이를 연결해주는 프로그램으로, 저장한 데이터 내에서 필요한 자료를 찾을 수 있도록 하는 소프트웨어

> **쿼리(질의)**
> 저장한 데이터에서 사용자들이 필요로 하는 자료를 데이터베이스에 요청하는 것

㉢ 파일 관리시스템 : 한 번에 한 개의 파일에 대해서 생성・유지・검색할 수 있는 소프트웨어

② 데이터베이스의 필요성

㉠ 데이터 중복을 줄인다.

㉡ 데이터의 무결성을 높인다.

㉢ 검색을 쉽게 해준다.

㉣ 데이터의 안정성을 높인다.

㉤ 프로그램의 개발 기간을 단축한다.

③ 데이터베이스의 기능 : 입력 기능, 데이터의 검색 기능, 데이터의 일괄 관리, 보고서 기능

④ 데이터베이스의 작업 순서

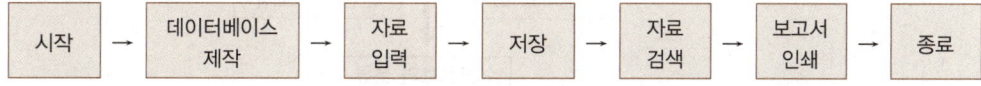

시작 → 데이터베이스 제작 → 자료 입력 → 저장 → 자료 검색 → 보고서 인쇄 → 종료

03 정보처리능력

(1) 정보수집

① 정보가 필요한 이유 : 의사결정을 하거나 문제의 답을 알아내고자 할 때 그 상황을 해결하기 위해 새로운 정보가 필요하다.

② 정보원(Sources) : 필요한 정보를 수집할 수 있는 원천

㉠ 1차 자료 : 원래의 연구 성과가 기록된 자료

예 단행본, 학술지와 학술지 논문, 학술회의자료, 연구보고서, 학위논문, 특허정보, 표준 및 규격자료, 레터, 출판 전 배포자료, 신문, 잡지, 웹 정보자원 등

㉡ 2차 자료 : 1차 자료를 효과적으로 찾아보기 위한 자료 혹은 1차 자료에 포함되어 있는 정보를 압축・정리해서 읽기 쉬운 형태로 제공하는 자료

예 사전, 백과사전, 편람, 연감, 서지 데이터베이스 등

③ 효과적인 정보수집

㉠ 정보원 관리 : 중요한 정보는 신뢰관계가 전제되어야 수집이 가능하다.

㉡ 인포메이션 vs 인텔리전스

- 인포메이션(Information) : 하나하나의 개별적인 정보
- 인텔리전스(Intelligence) : 사회의 많은 정보 중 몇 가지를 선별해 연결시켜 무언가를 판단하기 쉽게 도와주는 정보 덩어리

㉢ 선수필승(先手必勝) : '공격은 최대의 방어', 즉 다른 사람보다 1초라도 빨리 정보를 쥔 사람이 우위에 선다.

㉣ 머릿속에 서랍을 많이 만들어라.

㉤ 정보수집용 하드웨어 활용

(2) 정보분석

① 정보분석 : 여러 정보를 상호 관련지어 새로운 정보를 생성해내는 활동

② 정보분석의 절차

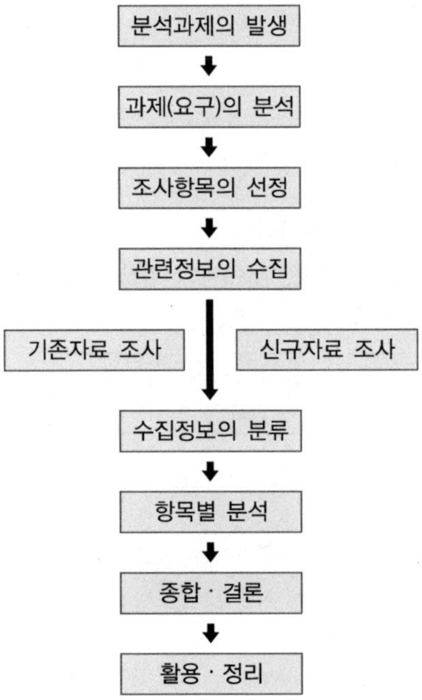

(3) 정보관리

어떤 정보를 언제 어떤 이유로 소장하게 되었는지 기록하거나 분류하면 필요 시 문제해결 및 새로운 지식 생산에 효율적으로 활용할 수 있다.

① **목록을 이용한 정보관리** : 정보에서 중요한 항목을 찾아 기술한 후 정리

② **색인을 이용한 정보관리** : 주요 키워드나 주제어를 가지고 소장하고 있는 정보원(Sources)을 관리

색인어 + 위치정보 = 색인

③ **분류를 이용한 정보관리** : 정보를 유사한 것끼리 모아 체계화하여 정리

구분	내용	예시
시간적 기준	정보의 발생 시간별로 분류	2023년 가을, 7월 등
주제적 기준	정보의 내용에 따라 분류	정보사회, 서울대학교 등
기능적·용도별 기준	정보가 이용되는 기능이나 용도에 따라 분류	참고자료용, 강의용, 보고서 작성용 등
유형적 기준	정보의 유형에 따라 분류	도서, 비디오, CD, 한글파일, 파워포인트 파일 등

(4) 정보활용

① **동적정보** : 시시각각으로 변화하는 정보 → 유효기간이 짧음

예 신문이나 텔레비전의 뉴스

② **정적정보(저장정보)** : 보존되어 변화하지 않는 정보

예 잡지나 책에 들어 있는 정보, CD-ROM이나 비디오테이프 등에 수록되어 있는 영상정보

02 출제예상문제

정답 및 해설 p.039

01 다음 시트에서 상품이 '하모니카'인 악기의 평균 매출액을 구하려고 할 때, [E11] 셀에 입력할 수식으로 옳은 것은?

	A	B	C	D	E
1	모델명	상품	판매금액	판매수량	매출액
2	D7S	통기타	₩189,000	7	₩1,323,000
3	LC25	우쿨렐레	₩105,000	11	₩1,155,000
4	N1120	하모니카	₩60,000	16	₩960,000
5	MS083	기타	₩210,000	3	₩630,000
6	H904	하모니카	₩63,000	25	₩1,575,000
7	C954	통기타	₩135,000	15	₩2,025,000
8	P655	기타	₩193,000	8	₩1,544,000
9	N1198	하모니카	₩57,000	10	₩570,000
10	하모니카의 평균 판매수량				17
11	하모니카 평균 매출액				₩1,035,000

① =COUNTIF(B2:B9,"하모니카")

② =AVERAGE(E2:E9)

③ =AVERAGEIFS(B2:B9,E2:E9,"하모니카")

④ =AVERAGEIF(B2:B9,"하모니카",E2:E9)

02 D사 영업부에 근무 중인 C사원은 영업부 사원들의 월별 매출을 다음과 같이 함수를 이용해 만 단위로 나타내려고 한다. 다음 중 [B9] 셀에 입력된 함수식으로 옳은 것은?

	A	B	C	D	E	F
1	구분	1월	2월	3월	5월	6월
2	A대리	1,252,340	1,345,620	1,568,670	1,321,670	1,563,850
3	B주임	1,689,320	1,859,460	1,546,210	1,689,250	1,123,960
4	C사원	1,432,670	1,965,230	1,532,460	1,326,030	1,659,210
5	D주임	1,235,640	1,635,420	1,236,950	1,468,210	1,246,180
6	E사원	1,743,560	1,325,470	1,125,350	1,856,920	1,216,530
7						
8	구분	1월	2월	3월	5월	6월
9	A대리	1,260,000	1,350,000	1,570,000	1,330,000	1,570,000
10	B주임	1,690,000	1,860,000	1,550,000	1,690,000	1,130,000
11	C사원	1,440,000	1,970,000	1,540,000	1,330,000	1,660,000
12	D주임	1,240,000	1,640,000	1,240,000	1,470,000	1,250,000
13	E사원	1,750,000	1,330,000	1,130,000	1,860,000	1,220,000

① =ROUND(B2, −3)　　② =ROUND(B2, −4)

③ =ROUNDUP(B2, −3)　　④ =ROUNDUP(B2, −4)

03 다음 시트에서 현재를 기준으로 재직기간이 8년 이상인 재직자의 수를 구하려고 한다. 재직연수를 구하는 함수식을 [D2] 셀에 넣고 [D8] 셀까지 드래그한 후 [F2] 셀에 앞서 구한 재직연수를 이용하여 조건에 맞는 재직자 수를 구하는 함수식을 넣으려 할 때, 각 셀에 입력해야 할 함수식은?

	A	B	C	D	E	F
1	재직자	부서	입사일	재직연수		8년 이상 재직자 수
2	K씨	인사팀	2011-12-21			
3	O씨	회계팀	2009-05-01			
4	G씨	개발팀	2010-10-25			
5	J씨	경영팀	2005-05-05			
6	M씨	마케팅팀	2009-11-02			
7	L씨	디자인팀	2012-01-05			
8	C씨	물류팀	2013-05-07			
9						

	[D2]	[F2]
①	=DATEDIF(C2,TODAY( ),"Y")	=COUNTIF(D2:D8,">=8")
②	=DATEDIF(C2,TODAY( ),Y)	=COUNTIF(D2:D8,>=8)
③	=DATEDIF($C$2,NOW( ),"Y")	=COUNTIF(D2:D8,>=8)
④	=DATEDIF($C$2,TODAY( ),Y)	=COUNTIF(D2:D8,"<=8")

04 **다음 중 워크시트에 외부 데이터를 가져오는 방법으로 옳지 않은 것은?**

① 데이터 연결 마법사 ② Microsoft Query
③ 하이퍼링크 ④ 웹

05 **다음 중 데이터 유효성 검사에 대한 설명으로 옳지 않은 것은?**

① 목록의 값들을 미리 지정하여 데이터 입력을 제한할 수 있다.
② 입력할 수 있는 정수의 범위를 제한할 수 있다.
③ 목록으로 값을 제한하는 경우 드롭다운 목록의 너비를 지정할 수 있다.
④ 유효성 조건 변경 시 변경 내용을 범위로 지정된 모든 셀에 적용할 수 있다.

06 **다음 중 워크시트의 데이터 입력에 대한 설명으로 옳은 것은?**

① 숫자와 문자가 혼합된 데이터가 입력되면 문자열로 입력된다.
② 문자 데이터는 기본적으로 오른쪽으로 정렬된다.
③ 날짜 데이터는 자동으로 셀의 왼쪽으로 정렬된다.
④ 수치 데이터는 셀의 왼쪽으로 정렬된다.

07 **HRN 스케줄링 방식에서 입력된 작업 A～D가 다음과 같을 때, 우선순위가 가장 높은 것은?**

구분	대기시간	서비스(실행)시간
A	5	20
B	40	20
C	15	45
D	20	2

① A ② B
③ C ④ D

08 다음 중 운영체제(OS)의 역할에 대한 설명으로 옳지 않은 것은?

① 컴퓨터와 사용자 사이에서 시스템을 효율적으로 운영할 수 있도록 인터페이스 역할을 담당한다.
② 사용자가 시스템에 있는 응용 프로그램을 편리하게 사용할 수 있다.
③ 하드웨어의 성능을 최적화할 수 있도록 한다.
④ 운영체제의 기능에는 제어기능, 기억기능, 연산기능 등이 있다.

09 다음 중 하나의 시스템을 여러 사용자가 공유하여 동시에 대화식으로 작업을 수행할 수 있으며, 시스템은 일정 시간 단위로 CPU 사용을 한 사용자에서 다음 사용자로 신속하게 전환됨으로써 각 사용자들은 자신만이 컴퓨터를 사용하고 있는 것처럼 보이는 처리 방식의 시스템은?

① 오프라인 시스템(Off-Line System)
② 일괄 처리 시스템(Batch Processing System)
③ 시분할 시스템(Time Sharing System)
④ 분산 시스템(Distributed System)

10 다음 글의 밑줄 친 (가)에 대한 설명으로 적절한 것을 〈보기〉에서 모두 고르면?

> ㅇㅇ바이러스는 발생 초기에는 윈도우 환경에서 메일을 대량으로 발송하는 형태로 피해를 입히는 사례가 많았으나, 이후에는 웹사이트 초기 화면이나 게시판 등을 통해 유포되어 개인 정보를 유출하는 형태로 진화되는 추세를 보였다.
> 이로 인해 사용자들의 기본 정보뿐만 아니라, 다른 기밀 정보들도 유출될 소지가 높아 PC 이용자 스스로 적극적인 (가) 예방대책을 수립해야 한다.

보기

ㄱ. 스팸 메일은 읽어보고 즉시 삭제한다.
ㄴ. 수시로 윈도우를 최신 버전으로 업데이트한다.
ㄷ. 사이트에서 요구하는 ActiveX 컨트롤을 모두 설치한다.
ㄹ. 백신 프로그램을 항상 최신 버전으로 업데이트하여 실행시킨다.

① ㄱ, ㄴ　　② ㄱ, ㄷ
③ ㄴ, ㄷ　　④ ㄴ, ㄹ

조직이해능력 출제비중

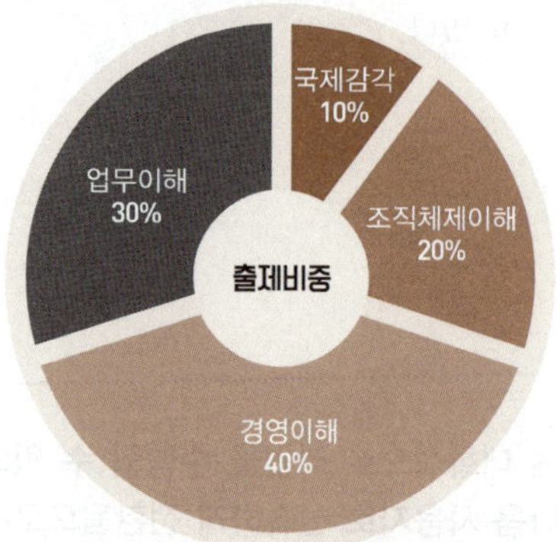

조직이해능력 영역소개

조직이해능력이란 업무를 원활하게 수행하기 위해 국제적인 추세를 포함하여 조직의 체제와 경영에 대해 이해하는 능력을 말한다.

구분	내용	중요도
국제감각	업무에 대한 국제적인 추세를 이해하는 능력	★★☆☆☆
체제이해	조직의 체제를 이해하는 능력	★★★☆☆
경영이해	조직의 경영에 대해 이해하는 능력	★★★★☆
업무이해	조직의 업무를 이해하는 능력	★★★☆☆

※ 조직이해능력은 NCS 기반 채용을 진행한 은행 중 약 30%가 다루었으며, 전체 문항 수 대비 출제비중이 낮은 편이다.

CHAPTER 07

조직이해능력

SECTION 01 핵심이론

SECTION 02 출제예상문제

SECTION

01 핵심이론

01 경영이해능력

(1) 경영이해능력

직업인이 자신이 속한 조직의 경영목표와 경영방법을 이해하는 능력이다.

(2) 경영의 구성요소

① 경영목적

㉠ 조직의 목적을 어떤 과정과 방법을 택하여 수행할 것인가를 구체적으로 제시해준다.

㉡ 경영자 평가 : 조직의 목적 달성 여부에 따라 경영자가 평가를 받게 된다.

② 인적자원

㉠ 경영성과에 영향 : 조직의 구성원들이 가진 역량과 직무수행 결과에 따라 경영성과가 달라진다.

㉡ 경영자 역할 : 경영자는 조직의 목적과 필요에 부합하는 인적자원을 채용하여 이를 적재적소에 배치·활용해야 한다.

③ 자금

㉠ 경영활동에 사용할 수 있는 금전을 의미한다.

㉡ 사기업에서 새로운 이윤을 창출하는 기초가 된다.

④ 전략

㉠ 조직이 가지고 있는 자원의 효율적 운영을 통한 조직의 수행과제와 달성 목표를 제시해준다.

㉡ 기업 내 모든 인적·물적 자원을 경영목적 달성을 위해 조직화하고, 이를 실행에 옮겨 경쟁우위를 달성하는 활동이다.

(3) 경영의 과정

① 경영자가 경영목표를 설정하고 경영자원을 조달·배분하여 경영활동을 실행하며, 이를 평가하는 일련의 과정

② 단계 : 경영계획 → 경영실행 → 경영평가

㉠ 경영계획 : 조직의 미래상을 설정하여 이를 달성하기 위한 대안을 분석하고, 목표를 수립하여 실행방안을 선정

㉡ 경영실행 : 조직목적을 달성하기 위한 활동과 조직구성원 관리

㉢ 경영평가 : 수행결과를 감독·교정하여 다시 경영계획 단계로의 피드백

(4) 경영활동 유형

① 외부경영활동

㉠ 조직외부에서 조직의 효율성을 높이기 위해 이루어지는 활동

㉡ 대표적인 대외적 이윤추구활동 : 마케팅 활동

② 내부경영활동

㉠ 조직내부에서 인적·물적 자원 및 생산기술을 관리하는 활동

㉡ 인사관리, 재무관리, 생산관리 등이 해당

(5) 의사결정의 과정 : 점진적 의사결정 모형 활용

① 확인단계 : 의사결정이 필요한 문제를 인식·진단

㉠ 문제의 심각성에 따라 체계적 또는 비공식적으로 이루어진다.

㉡ 문제를 신속히 해결할 필요가 있는 경우에는 진단시간을 줄이는 즉각적인 대응이 필요하다.

② 개발단계 : 확인된 문제에 대한 해결방안 모색

㉠ 기존 해결방법 중에서 찾는 탐색과정 : 조직 내 관련자와의 대화나 공식적인 문서를 참고한다.

㉡ 이전에 없었던 새로운 문제의 해결안 설계 : 다양한 의사결정 기법을 통하여 시행착오 과정을 거치면서 적합한 해결방안을 찾는다.

③ 선택단계 : 한 사람의 의사결정권자의 판단에 의한 선택, 경영과학 기법과 같은 분석에 의한 선택, 이해관계집단의 토의와 교섭에 의한 선택

(6) 집단의사결정의 특징

① 한 사람이 가진 지식보다 집단이 가지고 있는 지식과 정보가 더 많아 효과적인 결정을 할 수 있다.

② 각자 다른 시각으로 문제를 바라봄에 따라 다양한 견해를 가지고 접근할 수 있다.

③ 장점 : 결정된 사항에 대해 의사결정에 참여한 사람들이 해결책을 수월하게 수용하고, 의사소통의 기회도 향상된다.

④ 단점 : 의견이 불일치하는 경우 의사결정을 내리는 데 시간이 많이 소요되며, 특정 구성원에 의해 의사결정이 독점될 가능성이 있다.

(7) 브레인스토밍

① 여러 명이 한 가지의 문제를 놓고 아이디어를 비판 없이 제시하여 최선책을 찾아내는 방법이다.

② 브레인스토밍의 규칙

㉠ 다른 사람의 아이디어에 대한 비판 자제

㉡ 문제에 대한 자유로운 제안

㉢ 가급적 많은 아이디어 제시

㉣ 제안된 아이디어를 결합하여 해결책 제시

(8) 경영전략의 추진과정

① 전략목표 설정 : 비전 설정, 미션 설정
② 환경 분석 : 내부환경 분석, 외부환경 분석(SWOT 분석기법)
③ 경영전략 도출 : 조직전략, 사업전략, 부문전략
④ 경영전략 실행 : 경영목적 달성
⑤ 평가 및 피드백 : 경영전략 결과 평가, 전략목표 및 경영전략 재조정

(9) 경영전략의 유형 : 마이클 포터(Michael E. Porter)의 본원적 경쟁전략

① 원가우위 전략 : 원가절감을 통해 해당 산업에서 우위를 점하는 전략
② 차별화 전략 : 생산품이나 서비스를 차별화하여 고객에게 가치 있고 독특하게 인식되도록 하는 전략
③ 집중화 전략 : 경쟁조직들이 소홀히 하는 한정된 시장을 집중적으로 공략하는 전략

(10) 경영참가제도

① 목적 : 경영의 민주성 제고
　㉠ 노사 간의 세력 균형 : 근로자 또는 노동조합의 의사를 반영하여 공동으로 문제를 해결
　㉡ 경영의 효율성 제고 : 근로자나 노동조합이 새로운 아이디어 제시, 현장에 적합한 개선방안 마련
② 유형
　㉠ 경영참가 : 경영자의 권한인 의사결정과정에 근로자 또는 노동조합이 참여하는 것
　㉡ 이윤참가 : 조직의 경영성과를 근로자에게 배분하여 조직체에 대한 구성원의 몰입과 관심을 높이는 방법
　㉢ 자본참가 : 근로자가 조직 재산의 소유에 참여하여 근로자들의 주인의식과 충성심, 성취동기를 유발하는 방법
③ 문제점
　㉠ 경영능력이 부족한 근로자가 경영에 참여할 경우 신속하고 합리적인 의사결정이 어려워질 수 있다.
　㉡ 대표로 참여하는 근로자가 조합원들의 권익을 지속적으로 보장할 수 있는지는 불투명하다.
　㉢ 경영자의 고유한 권리인 경영권을 약화시킨다.
　㉣ 노동조합의 단체교섭 기능이 약화될 수 있다.

02 체제이해능력

(1) 체제이해능력

조직의 구조와 목적, 체제 구성요소, 규칙, 규정 등을 이해하는 능력

(2) 조직목표의 기능 및 특징

① 기능
- ㉠ 조직이 존재하는 정당성과 합법성 제공
- ㉡ 조직이 나아갈 방향 제시
- ㉢ 조직구성원 의사결정의 기준
- ㉣ 조직구성원 행동수행의 동기유발
- ㉤ 수행평가 기준
- ㉥ 조직설계의 기준

② 특징
- ㉠ 공식적 목표와 실제적 목표가 상이할 수 있음
- ㉡ 다수의 조직목표 추구 가능
- ㉢ 조직목표 간 위계적 관계 존재
- ㉣ 가변적 속성
- ㉤ 조직의 구성요소와 상호관계를 가짐

(3) 조직목표의 분류

① 전체 성과 : 조직의 성장목표
② 자원목표 : 조직에 필요한 재료와 재무자원 획득
③ 시장목표 : 시장점유율, 시장에서의 지위 향상
④ 인력개발 목표 : 교육훈련, 승진, 성장
⑤ 혁신과 변화 목표 : 환경변화에 대한 적응, 유연성 향상
⑥ 생산성 목표 : 투입된 자원 대비 산출량 증가

(4) 조직구조의 구분과 결정요인

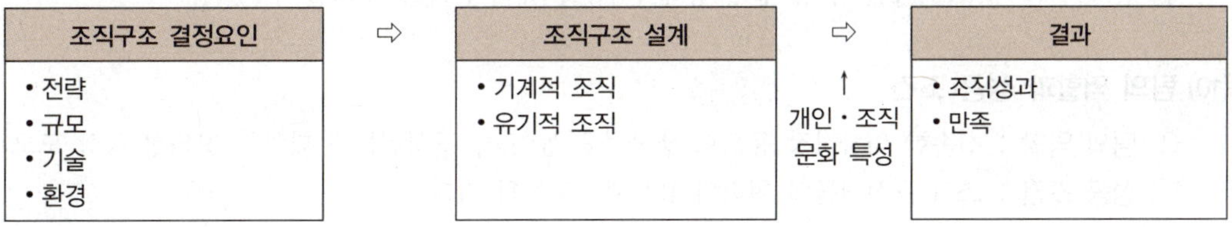

(5) 조직구조의 형태

① 기능적 조직구조 형태

㉠ CEO가 조직의 최상층이고 조직구성원들이 단계적으로 배열되는 구조이다.

㉡ 안정적인 환경이나 일상적인 기술 및 조직의 내부 효율성을 중요시하며, 기업의 규모가 작을 때 이루어지는 형태이다.

② 사업별 조직구조 형태

㉠ 제품에 따라 조직이 구성되며, 각 사업별 구조 아래 생산・판매・회계 등의 역할이 이루어진다.

㉡ 급변하는 환경 변화에 효과적으로 대응하고, 제품・지역・고객별 차이에 신속하게 적응하기 위한 분권화된 의사결정이 가능하다.

(6) 조직문화의 기능

① 조직구성원들에게 일체감, 정체성 부여

② 조직몰입 향상

③ 조직구성원들의 행동지침

④ 조직의 안정성 유지

(7) 조직문화의 구성요소 : 피터(Peter)와 워터맨(Waterman)의 7S 모형

공유가치(Shared Value), 리더십 스타일(Style), 구성원(Staff), 시스템(System), 구조(Structure), 전략(Strategy), 관리기술(Skill)

(8) 집단의 유형

① **공식적인 집단** : 조직의 공식적인 목표를 추구하기 위해 의도적으로 만든 집단으로, 목표와 임무가 명확히 규정됨

② **비공식적인 집단** : 구성원들의 요구에 따라 자발적으로 형성된 집단으로, 스터디 모임, 봉사활동 동아리 등이 포함됨

(9) 집단 간 관계

집단 간 경쟁이 일어나면 집단 내부의 응집성이 강화되고 집단의 활동이 더욱 조직화되기도 하지만, 집단 간 과열된 경쟁은 자원 낭비, 업무 방해, 비능률 등의 문제를 초래할 수 있다.

(10) 팀의 역할과 성공 조건

① **팀의 역할** : 신속한 의사결정 등으로 생산성을 높이고, 구성원들의 다양한 창의성 향상 도모

② **성공 조건** : 조직 구성원들의 협력의지와 관리자층의 지지

03 업무이해능력

(1) 업무이해능력

직업인이 자신에게 주어진 업무의 성격과 내용을 알고 그에 필요한 지식・기술・행동을 확인하는 능력

(2) 업무의 종류

① 각 조직의 외부적인 상황, 오랜 세월에 걸쳐 형성된 특유의 조직문화와 내부권력구조, 성공여건 및 조직의 강점과 약점이 서로 다르므로 다양하게 구성될 수 있다.

② 대부분의 조직에서는 총무부, 인사부, 기획부, 회계부, 영업부로 나누어 업무를 담당한다.

(3) 업무의 특성

① 조직의 공통된 목적 지향

② 요구되는 지식・기술・도구의 다양성

③ 다른 업무와의 관계, 해당 업무의 독립성

④ 업무수행의 자율성, 재량권

(4) 업무수행의 절차

업무지침 확인	⇨	활용자원 확인	⇨	업무수행 시트 작성
• 조직의 업무지침 • 나의 업무지침		• 시간 • 예산 • 기술 • 인간관계		• 간트 차트 • 워크플로 시트 • 체크리스트

(5) 업무수행 방해요인의 통제와 관리

① 시간 정하기

㉠ 인터넷 : 하루 일과 중 메일을 확인하는 시간을 3시간마다 10분 단위로 계획

㉡ 방문 및 메신저 : 외부 방문시간과 메신저 접속 시간 정하기

㉢ 전화 : 각 통화마다 3분 이내 통화원칙 세우기

② 갈등관리

㉠ 갈등의 부정적 효과 : 업무시간 지체, 정신적 스트레스 발생

㉡ 갈등의 긍정적 효과 : 문제를 바라보는 새로운 시각 형성, 다른 업무에 대한 이해 증진, 조직의 침체 예방

㉢ 갈등관리의 효과적 방법 : 갈등 발생의 원인 파악, 장기적인 조직의 이익을 위한 해결책 고찰, 대화와 협상을 통한 의견일치

③ 스트레스

㉠ 과중한 스트레스는 정신적 불안감을 조성하여 조직에 부정적인 결과를 초래한다.

㉡ 적정수준의 스트레스는 개인의 능력을 개선하고 최적의 성과를 내게 해주는 긍정적인 자극제이다.

㉢ 스트레스 관리 방법 : 시간 관리를 통한 업무과중 극복, 긍정적인 사고방식 함양, 신체적 운동, 전문가의 도움

04 국제감각

(1) 국제감각

직장생활을 하는 동안에 다른 나라의 문화를 이해하고 국제적인 동향을 이해하는 능력

(2) 세계화

① 세계화의 정의 : 활동범위가 세계로 확대되는 것

② 국제경영의 중요성 : 다국적 내지 초국적 기업의 등장으로 인한 범지구적 시스템과 네트워크 안에서 이루어지는 기업 활동

③ 세계화에 따른 변화

㉠ 다국적 기업의 증가에 따른 세계적인 경제통합의 강화

㉡ 정치적인 전망이나 산업에 대한 조직들의 태도 변화

㉢ 국가적으로 운영·관리하던 공기업의 민영화 추세

(3) 국제적 식견과 능력의 필요성

① 경쟁이 세계적인 수준에서 더욱 치열해짐으로써 국제적인 감각으로 세계화 대응전략 마련이 시급하다.

② 조직구성원들도 다양한 문화의 사람들을 만나고 대화하며 거래 혹은 협상해야 할 일들이 증가한다.

③ 조직의 시장이 세계로 확대되는 것에 맞춰 세계수준의 의식과 태도, 행동 함양의 노력이 필요하다.

(4) 다른 문화권에 대한 이해

① 문화충격

㉠ 한 문화권에 속한 사람이 다른 문화를 접했을 때 체험하게 되는 충격

㉡ 문화충격의 대비책 : 다른 문화에 대한 개방적인 태도 견지, 자신이 속한 문화를 기준으로 다른 문화의 평가 자제, 자신의 정체성을 유지한 상태에서 새로운 경험에 대해 적극적인 자세 취하기

② (이문화 커뮤니케이션)=(언어적 커뮤니케이션)+(비언어적 커뮤니케이션)

㉠ 언어적 커뮤니케이션 : 의사 전달과 직결된 외국어 사용능력

㉡ 비언어적 커뮤니케이션 : 상대국의 문화적 배경에 입각한 생활양식, 행동규범, 가치관 등

(5) 국제동향 파악 방법

① 관련 분야 해외사이트 방문을 통한 최신이슈 확인

② 매일 신문의 국제면 읽기

③ 업무와 관련된 분야의 국제잡지 정기 구독

④ 관련 사이트 방문을 통한 국제동향 확인

⑤ 국제학술대회 참석

⑥ 업무와 관련된 주요 용어의 외국어 습득

⑦ 해외서점 사이트 방문을 통해 최신 서적 목록과 주요 내용 파악

⑧ 외국인 친구와의 지속적인 소통

(6) 국제적인 법규나 규정 숙지의 필요성

① 업무와 관련된 국제적인 법규나 규정을 제대로 숙지해야 큰 피해를 방지할 수 있다.

② 각 나라마다 산업 활동을 규제해 놓은 법이 있기 때문에 우리나라에서는 합법적인 행동이 다른 나라에서는 불법일 수 있다.

(7) 글로벌 경쟁력을 갖추기 위한 국제매너

① 인사하는 법

㉠ 영미권에서의 악수 방법 : 상대방의 눈이나 얼굴을 보면서 오른손으로 상대방의 오른손을 잠시 힘주어서 잡았다가 놓아야 한다.

㉡ 미국에서의 대화법 : 이름이나 호칭을 어떻게 부를지 먼저 물어보는 것이 예의이며, 인사를 하거나 이야기할 때 상대방의 개인공간을 지켜줘야 한다.

㉢ 아프리카의 대화법 : 눈을 바라보며 대화하는 것은 실례이므로 코 끝 정도를 보면서 대화한다.

㉣ 영미권의 명함

- 사교용과 업무용으로 나누어진다.
- 업무용 명함
  - 악수를 한 후 교환한다.
  - 아랫사람이나 손님이 먼저 꺼내 오른손으로 상대방에게 주고, 받는 사람은 두 손으로 받는 것이 예의이다.
  - 받은 명함을 탁자 위에 보이게 놓은 채로 대화하거나 명함지갑에 넣어야 한다.
  - 명함을 구기거나 계속 만지는 것은 예의에 어긋난다.

② 시간약속 지키기

㉠ 미국 : 시간엄수를 매우 중요하게 생각한다.

㉡ 라틴아메리카 · 동부 유럽 · 아랍지역 : 시간 약속을 형식적으로 생각하여 상대방이 당연히 기다려줄 것으로 생각한다.

③ 식사예절

㉠ 수프는 소리 내면서 먹지 않는다.

㉡ 몸의 바깥쪽에 있는 포크나 나이프부터 사용한다.

㉢ 뜨거운 수프는 입으로 불어서 식히지 않고 숟가락으로 저어서 식혀야 한다.

㉣ 빵은 수프를 먹고 난 후부터 먹으며, 디저트 직전 식사가 끝날 때까지 먹을 수 있다.

㉤ 빵은 손으로 떼어 먹는다.

㉥ 생선요리는 뒤집어 먹지 않는다.

㉦ 스테이크는 잘라가면서 먹는 것이 좋다.

정답 및 해설 p.041

01 다음 조직 분류 기준에 따라 〈보기〉에서 비영리조직에 해당하는 것을 모두 고르면?

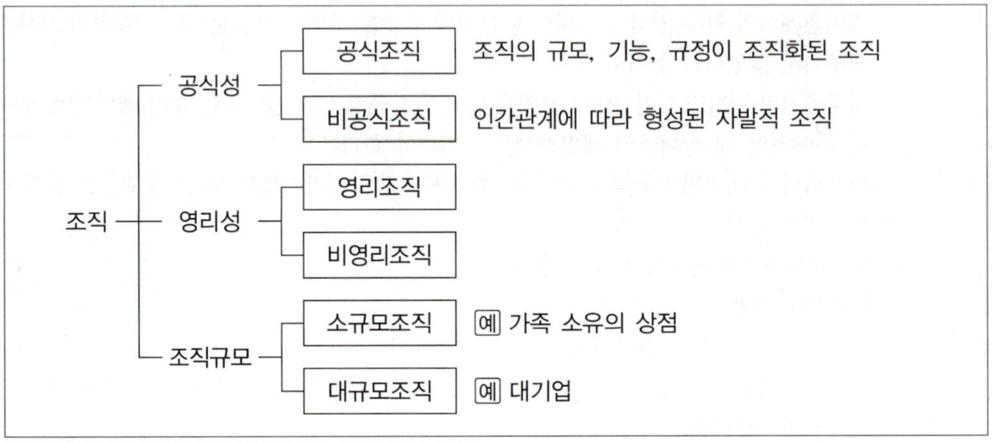

보기

㉠ 사기업
㉡ 정부조직
㉢ 병원
㉣ 대학
㉤ 시민단체

① ㉠, ㉡, ㉢, ㉤
② ㉠, ㉢, ㉣
③ ㉡, ㉢, ㉣, ㉤
④ ㉡, ㉣, ㉤

02 다음 중 S기업의 경영구조에 대한 설명으로 적절하지 않은 것은?

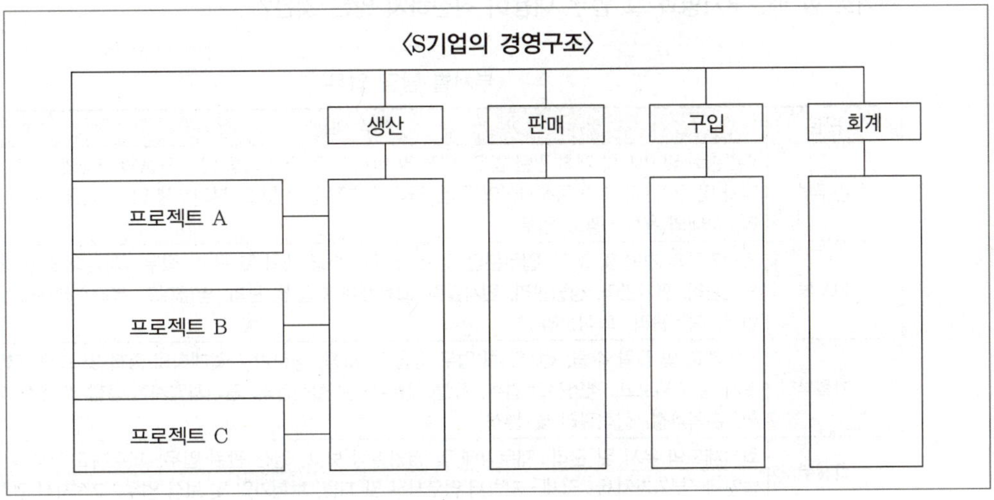

① 고객의 이중적 요구에 대응할 수 있다.
② 대규모로 물건을 생산하는 대규모 조직에 적합하다.
③ 기술의 개발을 효율적으로 수행할 수 있다.
④ 명령구조가 이원화되어 있다.

03 다음은 대부분의 조직에서 활용하고 있는 부서명과 담당 업무 내용의 예를 나타낸 자료이다. 이를 근거로 할 때, 부서명과 그 업무 내용이 적절하지 않은 것은?

〈부서별 담당 업무〉

구분	업무 내용
총무부	주주총회 및 이사회 개최 관련 업무, 의전 및 비서 업무, 집기비품 및 소모품의 구매와 관리, 사무실 임차 및 관리, 차량 및 통신시설의 운영, 국내외 출장 업무 협조, 복리후생 업무, 법률자문과 소송관리, 사내외 홍보·광고 업무
인사부	조직기구의 개편 및 조정, 업무분담 및 조정, 인력수급 계획 및 관리, 직무·정원의 조정 및 종합, 노사관리, 평가관리, 상벌관리, 인사발령, 교육체계 수립 및 관리, 임금제도, 복리후생제도 및 지원업무, 복무관리, 퇴직관리
기획부	경영계획 및 전략 수립, 전사기획 업무 종합 및 조정, 중장기 사업계획의 종합 및 조정, 경영정보 조사 및 기획보고, 경영진단 업무, 종합예산수립 및 실적관리, 단기사업계획 종합 및 조정, 사업계획, 손익추정, 실적관리 및 분석
회계부	회계제도의 유지 및 관리, 재무상태 및 경영실적 보고, 결산 관련 업무, 재무제표 분석 및 보고, 법인세·부가가치세·국세·지방세 업무자문 및 지원, 보험가입 및 보상 업무, 고정자산 관련 업무
영업부	판매 계획, 판매예산의 편성, 시장조사, 광고 선전, 견적 및 계약, 제조지시서의 발행, 외상매출금의 청구 및 회수, 제품의 재고 조절, 거래처로부터의 불만처리, 제품의 사후관리, 판매원가 및 판매가격의 조사 검토

① 사옥 이전에 따르는 이전 비용 산출과 신사옥 입주를 대내외에 홍보해야 할 업무는 기획부 소관 업무이다.

② 작년 판매분 중 일부 제품에 하자가 발생하여 고객의 클레임을 접수하고 하자보수 등의 처리를 담당하는 것은 영업부의 주도적인 역할이다.

③ 회사의 지속가능경영보고서에 수록되어 주주들에게 배포될 경영실적 관련 자료를 준비하느라 회계부 직원들은 연일 야근 중이다.

④ 사무실 이전 계획에 따라 새로운 사무실의 층간 배치와 해당 위치별 공용 사무용기 분배 관련 작업은 총무부에서 실시한다.

04 **귀하의 회사는 몇 년째 실적 부진으로 골머리를 앓고 있다. 문제를 해결하기 위해 귀하를 비롯한 회사의 임직원들이 모여 회사의 문제점을 파악하고 구체적인 해결책을 마련해보는 시간을 가졌다. 각 사원이 말한 문제점과 해결책으로 적절하지 않은 것은?**

① A사원 : 우리 회사의 문제점은 자신이 소속된 부서 이외에는 별로 관심이 없다는 것입니다. 이번 기회로 부서들끼리 자주 소통하는 자리를 마련해 다른 부서의 업무를 파악하는 데 주의를 기울일 필요가 있을 것 같습니다.

② B사원 : 각 부서의 목표가 너무 상이하다는 것도 문제입니다. 분기별로 회의를 통해 하나의 목표를 설정한 뒤 모든 부서가 그 목표를 달성하기 위해 힘을 모으는 것이 좋겠습니다.

③ C사원 : 직원들의 업무 독립성이 좀 더 뚜렷해질 필요도 있습니다. 예를 들어 A라는 업무는 A사원이 담당해 처음부터 끝까지 모든 과정을 책임지는 거죠. 지금은 업무과정이 너무 유기적이에요.

④ D사원 : 직원들의 성과급이 너무 적어서 업무 만족도나 의욕 등이 점점 낮아지고 있다고 생각해요. 성과가 있을 때마다 회사에서 그에 합당한 보상을 확실히 해 준다면 직원들의 업무 의욕도 점점 커질 것입니다.

05 **K은행에서는 부패방지 교육을 위해 오늘 일과 중 1시간 동안 부서별로 토론식 교육을 할 것을 지시하였다. 귀하의 직급은 사원으로, 적당한 교육시간을 판단하여 보고하여야 한다. 부서원의 스케줄이 다음과 같을 때, 교육을 편성하기에 가장 적절한 시간은?**

구분	직급별 스케줄				
	부장	차장	과장	대리	사원
09:00 ~ 10:00	부서장 회의				
10:00 ~ 11:00					비품 신청
11:00 ~ 12:00			고객 응대		
12:00 ~ 13:00			점심식사		
13:00 ~ 14:00		부서 업무 회의			
14:00 ~ 15:00				타 지점 방문	
15:00 ~ 16:00				일일 업무 결산	
16:00 ~ 17:00		업무보고			
17:00 ~ 18:00	업무보고				

① 09:00 ~ 10:00 ② 10:00 ~ 11:00

③ 13:00 ~ 14:00 ④ 14:00 ~ 15:00

06 같은 말이나 행동도 나라에 따라서 다르게 받아들여질 수 있기 때문에 직업인은 국제 매너를 갖춰야 한다. 다음 〈보기〉 중 국제 매너에 대한 내용으로 옳은 것을 모두 고르면?

보기

㉠ 미국 바이어와 악수를 할 때는 눈이나 얼굴을 보면서 손끝만 살짝 잡거나 왼손으로 상대방의 왼손을 힘주어서 잡았다가 놓아야 한다.
㉡ 이라크 사람들은 시간을 돈과 같이 생각해서 시간엄수를 중요하게 생각하므로 약속 시간에 늦지 않게 주의해야 한다.
㉢ 러시아와 라틴아메리카 사람들은 친밀함의 표시로 포옹을 하므로 당황하지 않아야 한다.
㉣ 명함을 받으면 구기거나 계속 만지지 않고 한 번 보고 나서 탁자 위에 보이는 채로 대화를 하거나 명함집에 넣는다.
㉤ 수프를 먹을 때는 바깥쪽에서 몸 쪽으로 숟가락을 사용한다.
㉥ 생선요리는 뒤집어 먹지 않는다.
㉦ 빵은 아무 때나 먹어도 관계없다.

① ㉠, ㉢, ㉣, ㉤　② ㉡, ㉢, ㉣, ㉥
③ ㉢, ㉣, ㉥　④ ㉣, ㉤, ㉥

07 다음 체크리스트의 성격을 볼 때, 빈칸 (가)에 들어갈 내용으로 가장 적절한 것은?

구분	항목	현재능력				
		매우 낮음	낮음	보통	높음	매우 높음
1	경쟁국 업체의 주요 현황을 알고 있다.	①	②	③	④	⑤
2	다른 나라의 문화적 차이를 인정하고 이에 대해 개방적인 태도를 견지하고 있다.	①	②	③	④	⑤
3	현재 세계의 정치적 이슈가 무엇인지 잘 알고 있다.	①	②	③	④	⑤
4	업무와 관련된 최근 국제이슈를 잘 알고 있다.	①	②	③	④	⑤
5	(가)	①	②	③	④	⑤

① 분기별로 고객 구매 데이터를 분석하고 있다.
② 업무와 관련된 국제적인 법규를 이해하고 있다.
③ 인사 관련 경영 자료의 내용을 파악하고 있다.
④ 자신의 연봉과 연차수당을 계산할 수 있다.

08 다음 중 주혜정씨가 가장 마지막에 처리할 업무는 무엇인가?

Henry Thomas의 부하직원인 주혜정은 Mr. Thomas와 국내 방송사 기자의 인터뷰 일정을 최종 점검 중이다.
다음은 기자와의 통화내용이다.

주혜정 : 공진호 기자님, 안녕하세요. 저는 Sun Capital의 주혜정입니다. Mr. Thomas와의 인터뷰 일정 확인차 연락드립니다. 지금 통화 가능하세요?
공진호 : 네, 말씀하세요.
주혜정 : 인터뷰 예정일이 7월 10일 오후 2시인데 변동사항이 있나 확인하고자 합니다.
공진호 : 네, 예정된 일정대로 진행 가능합니다. Sun Capital의 회의실에서 하기로 했죠?
주혜정 : 맞습니다. 인터뷰 준비 관련해서 저희 측에서 더 준비해야 하는 사항이 있나요?
공진호 : 카메라 기자와 함께 가니 회의실 공간이 좀 넓어야 하겠고, 회의실 배경이 좀 깔끔해야 할 텐데 준비가 가능할까요?

① 총무팀에 연락하여 인터뷰 당일 회의실 예약을 미리 해놓는다.
② 기자에게 인터뷰의 방영 일자를 확인하여 인터뷰 영상 내용을 자료로 보관한다.
③ 인터뷰 당일 점심 식사 약속을 연기한다.
④ 인터뷰 진행 시 통역이 필요한지 확인하고, 질문지를 사전에 받아 Mr. Thomas에게 전달한다.

09 다음 글에서 알 수 있는 조직의 사례로 적절하지 않은 것은?

조직은 두 사람 이상이 공동의 목표를 달성하기 위해 의식적으로 구성된 상호작용과 조정을 행하는 행동의 집합체이다. 그러나 단순히 사람들이 모였다고 해서 조직이라고 하지는 않는다. 조직은 목적을 가지고 있고 구조가 있으며, 목적을 달성하기 위해 구성원들은 서로 협동적인 노력을 하고 외부 환경과도 긴밀한 관계를 가지고 있어야 한다. 조직은 일반적으로 재화나 서비스의 생산이라는 경제적 기능과 조직 구성원들에게 만족감을 주고 협동을 지속시키는 사회적 기능을 갖는다.

① 병원에서 일하고 있는 의사와 간호사
② 유기견을 구조하고 보호하는 시민단체
③ 백화점에 모여 있는 직원과 고객
④ 편의점을 운영 중인 가족

10 다음은 K은행 디자인팀의 주간회의록이다. 이에 대한 설명으로 옳은 것은?

<table>
<tr><th colspan="6">주간회의록</th></tr>
<tr><td>회의일시</td><td>2022-10-17(월)</td><td>부서</td><td>디자인팀</td><td>작성자</td><td>이사원</td></tr>
<tr><td>참석자</td><td colspan="5">김과장, 박주임, 최사원, 이사원</td></tr>
<tr><td>회의안건</td><td colspan="5">1. 개인 주간 스케줄 및 업무 점검
2. 2023년 K은행 홍보 브로슈어 기획</td></tr>
<tr><td rowspan="3">회의내용</td><td colspan="3">내용</td><td colspan="2">비고</td></tr>
<tr><td colspan="3">1. 개인 주간 스케줄 및 업무 점검
• 김과장 : 브로슈어 기획 관련 홍보팀 미팅,
외부 디자이너 미팅
• 박주임 : 신제품 SNS 홍보 이미지 작업,
회사 영문 서브페이지 2차 리뉴얼 작업 진행
• 최사원 : 2023년도 홈페이지 개편 작업 진행
• 이사원 : 10월 사보 편집 작업</td><td colspan="2">• 10월 21일 AM 10:00
디자인팀 전시회 관람</td></tr>
<tr><td colspan="3">2. 2023년도 회사 홍보 브로슈어 기획
• 브로슈어 주제 : '신뢰'
– 창립 ○○주년을 맞아 고객의 신뢰로 회사가 성장했음을 강조
– 한결같은 모습으로 고객들의 지지를 받아왔음을 기업 이미지로 표현
• 20페이지 이내로 구성 예정</td><td colspan="2">• 10월 19일까지 홍보팀에서 2023년도 브로슈어 최종원고 전달 예정</td></tr>
<tr><td rowspan="3">결정사항</td><td colspan="2">내용</td><td>작업자</td><td colspan="2">진행일정</td></tr>
<tr><td colspan="2">브로슈어 표지 이미지 샘플 조사</td><td>최사원, 이사원</td><td colspan="2">2022-10-17 ~ 2022-10-18</td></tr>
<tr><td colspan="2">브로슈어 표지 시안 작업 및 제출</td><td>박주임</td><td colspan="2">2022-10-17 ~ 2022-10-21</td></tr>
<tr><td>특이사항</td><td colspan="5">• 다음 회의 일정 : 10월 24일
• 브로슈어 표지 결정, 내지 1차 시안 논의</td></tr>
</table>

① K은행은 외부 디자이너에게 브로슈어 표지 이미지 샘플을 요청하였다.
② 디자인팀은 이번 주 수요일에 전시회를 관람할 예정이다.
③ 김과장은 이번 주에 내부 미팅, 외부 미팅을 모두 할 예정이다.
④ 이사원은 이번 주에 10월 사보 편집 작업만 하면 된다.

기술능력 출제비중

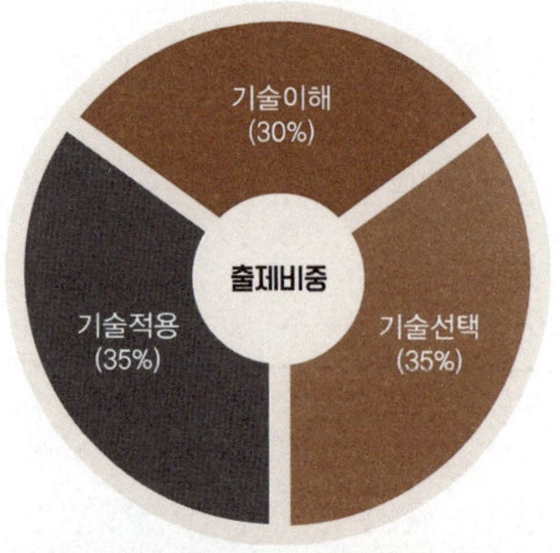

기술능력 영역소개

기술능력은 수단 · 도구 · 조작 등에 대한 기술적인 요소들을 이해하고, 적절한 기술을 선택 · 적용하는 능력이다.

구분	내용	중요도
기술이해	기술 시스템과 기술혁신을 이해하는 능력	★★★☆☆
기술선택	기술을 외부로부터 도입할 것인지 자체 개발할 것인지를 결정하는 능력	★★★★☆
기술적용	직장생활에 필요한 기술을 실제로 적용하고 결과를 확인하는 능력	★★★★☆

※ 기술능력은 NCS 기반 채용을 진행한 은행 중 10% 정도가 다루었으며, 전체 문항 수 대비 출제비중이 낮은 편이다.

CHAPTER 08

기술능력

※ 기술능력은 유튜브 은행권 필기시험 강의에서 다루고 있지 않는 영역이므로 참고 바랍니다.

01 핵심이론

01 기술능력

(1) 기술의 의의

① 기술의 의미

지적인 도구를 특정한 목적에 사용하는 지식 체계를 말하며, 제품이나 용역을 생산하는 원료・생산 공정 등에 관한 지식의 집합체를 의미한다.

② 노하우(Know-how)와 노와이(Know-why)

원래 노하우의 개념이 강하였으나 시대가 지남에 따라 노하우와 노와이가 결합하는 모습을 보이고 있다.

노하우	• 특허권을 수반하지 않는 엔지니어 등이 가지고 있는 체화된 기술 • 경험적・반복적인 행위를 통해 얻게 됨
노와이	• 어떻게 기술이 성립하고 작용하는가에 관한 원리적 측면 • 이론적인 지식으로 과학적인 탐구를 통해 얻게 됨

③ 기술의 특징

- 하드웨어나 인간에 의해 만들어진 비자연적인 대상 혹은 그 이상을 의미한다.
- 기술을 설계・생산・사용하기 위해서는 노하우가 필요하므로, 기술은 노하우를 포함한다.
- 하드웨어를 생산하는 과정이다.
- 인간의 능력을 확장시키기 위한 하드웨어와 그것의 활용이다.
- 정의 가능한 문제를 해결하기 위해 순서화되고, 이해 가능한 노력을 뜻한다.

④ 광의의 기술과 협의의 기술

광의의 기술	직업 세계에서 필요로 하는 기술적 요소
협의의 기술	구체적 직무 수행 능력

⑤ 지속가능한 발전과 기술

지속가능한 발전	• 현재의 욕구를 충족시키지만, 동시에 후속 세대의 욕구 충족을 침해하지 않는 발전
지속가능한 기술	• 지속가능한 발전을 가능케 하는 기술 • 고갈되지 않는 자연 에너지를 활용 • 낭비적인 소비 행태를 지양 • 기술적 효용만이 아닌 환경효용을 추구하는 기술

(2) 기술능력의 의의

① 기술교양과 기술능력

기술교양	기술의 특성 등에 대해 일정 수준의 지식을 갖추는 것
기술능력	일상적으로 요구되는 수단·도구·조작 등에 관한 기술적인 요소들을 이해하고, 적절한 기술을 선택·적용하는 능력. 기술교양의 개념을 구체화시킨 개념

② 기술능력을 향상시키는 방법

전문 연수원	• 연수 분야의 노하우를 통한 체계적인 교육이 가능 • 최신 실습장비, 전산 시설 등을 활용할 수 있음 • 자체교육에 비해 교육비가 저렴하며, 고용보험 환급도 가능
E-Learning	• 원하는 시간과 장소에서 학습이 가능 • 새로운 내용을 커리큘럼에 반영하기가 수월 • 의사소통과 상호작용이 자유롭게 이루어질 수 있음
상급학교 진학	• 실무 중심의 교육이 가능하며, 인적 네트워크 형성이 가능 • 경쟁을 통해 학습 효과를 향상시킬 수 있음
OJT	• 시간 낭비가 적고 조직의 필요에 부합하는 교육이 가능 • 교육자와 피교육자 사이에 친밀감이 조성

(3) 산업재해

① 산업재해의 의미

산업 활동 중의 사고로 인해 사망·부상을 당하거나 유해 물질에 의한 중독 등으로 직업성 질환·신체적 장애를 가져오는 것

② 산업재해의 원인

교육적 원인	안전지식의 불충분, 안전수칙의 오해, 훈련의 불충분 등
기술적 원인	기계 장치의 설계불량, 구조물의 불안정, 생산 공정의 부적당 등
작업 관리상 원인	안전관리 조직의 결함, 작업 준비 불충분, 인원 배치의 부적당 등

③ 산업재해 예방 대책 5단계

안전관리 조직	• 경영자 : 사업장의 안전 목표 설정, 안전관리 책임자 선정 • 안전관리 책임자 : 안전계획 수립·시행·감독
사실의 발견	• 사고 조사, 현장 분석, 관찰 및 보고서 연구, 면담 등
원인 분석	• 발생 장소, 재해 형태, 재해 정도, 공구 및 장비의 상태 등
시정책의 선정	• 기술적 개선, 인사 조정 및 교체, 공학적 조치 등
시정책의 적용	• 안전에 대한 교육 및 훈련 실시, 결함 개선 등

④ 불안전한 행동과 상태의 제거

불안전한 행동 제거	안전수칙 제정, 상호 간 불안전한 행동 지적, 쾌적한 작업 환경 등
불안전한 상태 제거	안전성이 보장된 설비 제작, 사고 요인의 사전 제거

02 기술이해능력

(1) 기술 시스템

① 기술 시스템의 의의

개별 기술들이 네트워크로 결합하여 새로운 기술이 만들어지는 것을 말한다.

② 기술 시스템의 발전 4단계

1단계	• 발명 · 개발 · 혁신의 단계 • 기술 시스템이 탄생하고 성장 • 기술자의 역할이 중요
2단계	• 기술 이전의 단계 • 성공적인 기술이 다른 지역으로 이동 • 기술자의 역할이 중요
3단계	• 기술 경쟁의 단계 • 기술 시스템 사이의 경쟁이 이루어짐 • 기업가의 역할이 중요
4단계	• 기술 공고화 단계 • 경쟁에서 승리한 기술 시스템이 관성화 • 자문 엔지니어의 역할이 중요

(2) 기술혁신

① 기술혁신의 특성

- 과정 자체가 매우 불확실하고, 장기간의 시간을 필요로 한다.
- 지식 집약적인 활동이며, 조직의 경계를 넘나드는 특성이 있다.
- 혁신과정의 불확실성 · 모호함은 기업 내에서 많은 논쟁과 갈등을 유발할 수 있다.
- 기술혁신은 조직의 경계를 넘나다는 특성을 갖고 있다.

② 기술혁신의 과정과 역할

구분	혁신 활동	필요한 자질
아이디어 창안	• 아이디어를 창출하고 가능성을 검증 • 일을 수행하는 새로운 방법 고안	• 각 분야의 전문지식 • 추상화와 개념화 능력
챔피언	• 아이디어의 전파 • 혁신을 위한 자원 확보	• 정력적이고 위험을 감수 • 아이디어의 응용
프로젝트 관리	• 리더십 발휘 • 프로젝트의 기획 및 조직	• 의사결정능력 • 업무 수행 방법에 대한 지식
정보 수문장	• 조직외부의 정보를 내부에 전달 • 조직 내 정보원 기능	• 높은 수준의 기술적 역량 • 원만한 대인관계능력
후원	• 혁신에 대한 격려와 안내 • 불필요한 제약에서 프로젝트 보호	• 조직의 주요 의사결정에 대한 영향력

③ 기술혁신의 지식 집약성

- 지식과 경험은 인간의 개별적인 지능과 창의성, 상호 학습을 통해 축적되고 학습된다.
- 개발에 참가한 엔지니어의 지식은 문서화되기 어렵기 때문에 다른 사람들에게 쉽게 전파될 수 없다.

03 기술선택능력

(1) 기술선택

① 기술선택의 의의

기술을 외부로부터 도입할 것인지 자체 개발할 것인지를 결정하는 것이다.

② 기술선택 방법

상향식 기술선택	• 연구자나 엔지니어들이 자율적으로 기술을 선택 • 고객의 니즈와 동떨어진 기술이 선택될 수 있음
하향식 기술선택	• 경영진과 기획담당자들에 의한 체계적인 분석이 이루어짐 • 내부역량과 외부환경 분석, 전략수립을 통해 우선순위를 결정

③ 기술선택 시 우선순위

- 제품의 성능이나 원가에 미치는 영향력이 큰 기술
- 매출과 이익 창출 잠재력이 큰 기술
- 기업 간에 모방이 어려운 기술
- 기업이 생산하는 제품에 보다 광범위하게 활용할 수 있는 기술
- 최신 기술로 인해 진부화될 가능성이 적은 기술

④ 기술선택 절차

㉠ 외부 환경 분석 : 수요 변화 및 경쟁자 변화, 기술 변화 등 분석

㉡ 중장기 사업목표 설정 : 기업의 장기 비전, 중장기 매출목표 및 이익목표 설정

㉢ 내부 역량 분석 : 기술능력, 생산능력, 마케팅・영업능력, 재무능력 등 분석

㉣ 사업 전략 수립 : 사업 영역 결정, 경쟁우위 확보 방안 수립

㉤ 요구 기술 분석 : 제품 설계・디자인 기술, 제품 생산공정, 원재료・부품 제조 기술 분석

㉥ 기술 전략 수립 : 핵심기술의 선택, 기술 획득 방법 결정

(2) 벤치마킹

① 벤치마킹의 의의

특정 분야에서 뛰어난 기술 등을 배워 합법적으로 응용하는 것으로, 단순한 모방이 아니라 자사의 환경에 맞추어 재창조하는 것을 말한다.

② 벤치마킹의 종류

비교 대상에 따른 분류	내부 벤치마킹	• 대상 : 같은 기업 내의 유사한 활용 • 자료수집이 용이하고 다각화된 기업의 경우 효과가 크나, 관점이 제한적일 수 있다.
	경쟁적 벤치마킹	• 대상 : 동일 업종에서 고객을 공유하는 경쟁기업 • 기술에 대한 비교가 가능하지만, 대상의 적대적인 태도로 인해 자료수집이 어렵다.
	비경쟁적 벤치마킹	• 대상 : 우수한 성과를 거둔 비경쟁 기업 • 혁신적인 아이디어의 창출 가능성이 높으나, 환경이 상이하다는 것을 감안하지 않으면 효과가 없다.
	글로벌 벤치마킹	• 대상 : 최고로 우수한 동일 업종의 비경쟁적 기업 • 자료수집이 용이하나, 문화적 · 제도적 차이를 감안하지 않으면 효과가 없다.
수행 방식에 따른 분류	직접적 벤치마킹	• 직접 접촉하여 자료를 입수하고 조사하기 때문에 정확도가 높으며 지속가능하다. • 벤치마킹 대상의 선정이 어렵고, 수행비용 및 시간이 과다하게 소요된다.
	간접적 벤치마킹	• 벤치마킹 대상의 수에 제한이 없고 다양하다. • 벤치마킹 대상을 직접적으로 방문하지 않고 문서 등을 이용해 수행한다. • 비용 또는 시간이 상대적으로 많이 절감된다. • 벤치마킹 결과가 피상적이며, 정확한 자료의 확보가 어렵다.

(3) 매뉴얼

① 매뉴얼의 의의

기술선택과 적용 · 활용에 있어 가장 종합적이고 기본적인 안내서를 말한다.

② 매뉴얼의 종류

제품 매뉴얼	• 제품의 특징이나 기능 설명, 사용 방법, 유지보수, A/S, 폐기까지의 제품에 관련된 정보를 소비자에게 제공하는 것 • 사용능력 및 사용자의 오작동까지 고려해 만들어야 함
업무 매뉴얼	• 어떤 일의 진행방식, 규칙 및 관리상의 절차 등을 일관성 있게 표준화해 설명하는 지침서 • 프랜차이즈 점포의 경우 '편의점 운영 매뉴얼', '제품 진열 매뉴얼', 기업의 경우 '부서 운영 매뉴얼', '품질 경영 매뉴얼' 등이 대표적임

③ 매뉴얼 작성 방법

• 내용이 정확해야 한다.
추측성 기능 설명은 사용자에게 사고를 유발할 수 있으므로 절대 금물이다.
• 사용자가 이해하기 쉬운 문장으로 작성해야 한다.
하나의 문장에는 하나의 명령 또는 밀접하게 관련된 소수의 명령만을 포함해야 하며, 수동태보다는 능동태를, 추상적 명사보다는 행위 동사를 사용한다.
• 사용자를 위한 심리적 배려가 있어야 한다.
사용자의 질문들을 예상하고 사용자에게 답을 제공한다.
• 사용자가 찾고자 하는 정보를 쉽게 찾을 수 있어야 한다.
짧고 의미 있는 제목을 사용하여 원하는 정보의 위치를 파악하는 데 도움이 된다.
• 사용하기 쉬워야 한다.
사용자가 보기 불편하게 크거나, 구조가 복잡해 찾아보기 힘들다면 아무 소용이 없다.

(4) 지식재산권

① 지식재산권의 의의

인간의 창조적 활동 또는 경험 등을 통해 창출되거나 발견한 지식・정보・기술이나 표현・표시, 그 밖에 무형적인 것으로서, 재산적 가치가 실현될 수 있는 지적 창작물에 부여된 권리를 말한다.

② 지식재산권의 체계

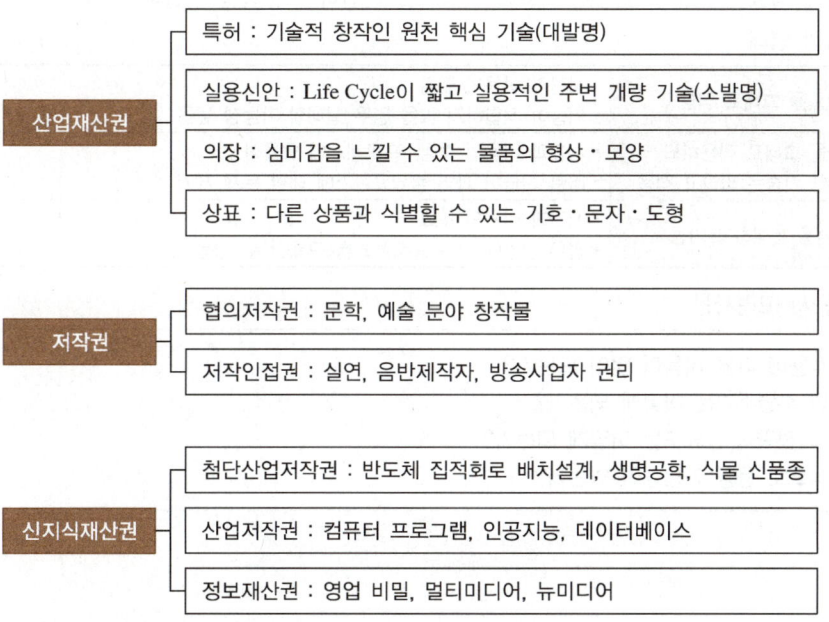

- 산업재산권
  - 특허 : 기술적 창작인 원천 핵심 기술(대발명)
  - 실용신안 : Life Cycle이 짧고 실용적인 주변 개량 기술(소발명)
  - 의장 : 심미감을 느낄 수 있는 물품의 형상・모양
  - 상표 : 다른 상품과 식별할 수 있는 기호・문자・도형
- 저작권
  - 협의저작권 : 문학, 예술 분야 창작물
  - 저작인접권 : 실연, 음반제작자, 방송사업자 권리
- 신지식재산권
  - 첨단산업저작권 : 반도체 집적회로 배치설계, 생명공학, 식물 신품종
  - 산업저작권 : 컴퓨터 프로그램, 인공지능, 데이터베이스
  - 정보재산권 : 영업 비밀, 멀티미디어, 뉴미디어

③ 지식재산권의 특징

- 국가 산업 발전 및 경쟁력을 결정짓는 산업자본이다.
- 눈에 보이지 않는 무형의 재산이다.
- 지식재산권을 활용한 다국적 기업화가 이루어지고 있다.
- 연쇄적인 기술 개발을 촉진하는 계기를 마련하고 있다.
- 타인에게 사용권을 설정하거나 권리 자체를 양도해 판매 수입 등을 얻을 수 있다.

04 기술적용능력

(1) 기술적용

① 기술적용능력의 의의

직장생활에 필요한 기술을 실제로 적용하고 결과를 확인하는 능력을 말한다.

② 기술적용의 형태

기술을 그대로 적용	• 시간과 비용의 절감 • 기술이 적합하지 않을 경우 실패할 가능성 높음
기술을 그대로 적용하되, 불필요한 기술은 버리고 적용	• 시간과 비용의 절감, 프로세스의 효율성 • 버린 기술이 과연 불필요한가에 대한 문제 제기
기술을 분석하고 가공	• 시간과 비용의 소요 • 업무 환경에 맞는 프로세스를 구축할 수 있음

③ 기술적용 시 고려사항

- 기술적용에 따른 비용이 많이 드는가?
- 기술의 수명주기는 어떻게 되는가?
- 기술의 전략적 중요도는 어떻게 되는가?
- 잠재적으로 응용 가능성이 있는가?

(2) 기술경영

① 기술경영자의 일반적 요건

- 기술 개발이 결과 지향적으로 수행되도록 유도하는 능력
- 기술 개발 과제의 세부 사항까지 파악하는 치밀함
- 기술 개발 과제의 전 과정을 전체적으로 조망하는 능력

② 기술경영자에게 요구되는 행정능력

- 기술을 기업의 전반적인 전략 목표에 통합시키는 능력
- 새로운 기술을 습득하고 기존의 기술에서 탈피하는 능력
- 기술을 효과적으로 평가할 수 있는 능력
- 기술 이전을 효과적으로 할 수 있는 능력
- 새로운 제품 개발 시간을 단축할 수 있는 능력
- 서로 다른 분야에 걸쳐있는 프로젝트를 수행할 수 있는 능력
- 기술 전문 인력을 운용할 수 있는 능력

(3) 네트워크 혁명과 융합기술

① 네트워크 혁명의 의의

사람과 사람을 연결하는 방법, 정보를 교환하는 방법 등 대상 간의 연결 방법에 혁명적인 변화가 생기고 있는 현상을 말하며, 인터넷이 상용화된 1990년대 이후에 촉발되었다.

② 네트워크 혁명의 특징

- 정보통신 네트워크의 전 지구성에 따라 네트워크 혁명도 진 지구적이다.
- 상호 영향이 보편화되면서 사회의 위험과 개인의 불안이 증가한다.
- '이타적 개인주의'라는 공동체 철학이 부각된다.

③ 네트워크 혁명의 3가지 법칙

무어의 법칙	컴퓨터의 파워가 18개월마다 2배씩 증가
메트칼프의 법칙	네트워크의 가치는 사용자 수의 제곱에 비례
카오의 법칙	창조성은 네트워크가 가진 다양성에 비례

④ 네트워크 혁명의 역기능

- 사례 : 디지털 격차(Digital Divide), 정보화에 따른 실업, 게임 중독, 반사회적 사이트 활성화, 정보기술을 이용한 감시
- 문제점 : 네트워크의 역기능과 순기능은 잘 분리되지 않아 해결책을 찾기 어려움
- 해결방안 : 법적-제도적 기반 구축, 사회 전반에 걸친 정보화 윤리의식 강화, 시스템 보안-관리 제품의 개발

⑤ 융합기술

- 나노기술(NT), 생명공학기술(BT), 정보기술(IT), 인지과학(CS)의 4대 핵심기술(NBIC)이 상호 의존적으로 결합되는 것을 의미
- NT, BT, IT 등의 신기술 간 또는 이들과 기존 산업·학문 간의 상승적인 결합을 통해 새로운 창조적 가치를 창출함으로써 미래 경제와 사회·문화의 변화를 주도하는 기술

02 출제예상문제

정답 및 해설 p.043

01 다음에서 설명하는 기술혁신의 특성으로 옳은 것은?

> 인간의 개별적인 지능과 창의성, 상호학습을 통해 발생하는 새로운 지식과 경험은 빠른 속도로 축적되고 학습되지만, 이러한 지식은 문서화되기 어렵기 때문에 다른 사람들에게 쉽게 전파될 수 없다. 따라서 연구개발에 참가한 연구원과 엔지니어들이 그 기업을 떠나는 경우 기술과 지식의 손실이 크게 발생하여 기술 개발을 지속할 수 없는 경우가 종종 발생한다.

① 기술혁신은 지식 집약적인 활동이다.
② 기술혁신은 장기간의 시간을 필요로 한다.
③ 기술혁신은 그 과정 자체가 매우 불확실하다.
④ 기술혁신 과정의 불확실성과 모호함은 기업 내에서 많은 갈등을 유발할 수 있다.

02 다음은 벤치마킹을 수행 방식에 따라 분류한 자료이다. 빈칸 (A) ~ (D)에 들어갈 내용으로 옳지 않은 것은?

〈벤치마킹의 수행 방식에 따른 분류〉

구분	직접적 벤치마킹	간접적 벤치마킹
정의	벤치마킹 대상을 직접 방문하여 조사·분석하는 방법	벤치마킹 대상을 인터넷 및 문서형태의 자료 등을 통해서 간접적으로 조사·분석하는 방법
장점	• 필요로 하는 정확한 자료의 입수 및 조사가 가능하다. • ________(A)________	• 벤치마킹 대상의 수에 제한이 없고 다양하다. • ________(C)________
단점	• 벤치마킹 수행과 관련된 비용 및 시간이 많이 소요된다. • ________(B)________	• ________(D)________ • 정확한 자료 확보가 어렵다.

① (A) : 벤치마킹의 이후에도 계속적으로 자료의 입수 및 조사가 가능하다.
② (B) : 벤치마킹 결과가 피상적일 수 있다.
③ (C) : 비용과 시간을 상대적으로 많이 절감할 수 있다.
④ (D) : 핵심자료의 수집이 상대적으로 어렵다.

03 다음은 기술선택을 설명한 글이다. 이를 읽고 이해한 내용으로 옳지 않은 것은?

> 기술선택이란 기업이 어떤 기술에 대하여 외부로부터 도입할 것인가 또는 그 기술을 자체 개발하여 활용할 것인가를 결정하는 것이다. 기술을 선택하는 데 있어 의사결정은 다음과 같이 크게 두 가지 방법으로 볼 수 있다.
> 먼저 상향식 기술선택은 기업 전체 차원에서 필요한 기술에 대한 체계적인 분석이나 검토 없이 연구자나 엔지니어들이 자율적으로 기술을 선택하도록 하는 것이다.
> 다음으로 하향식 기술선택은 기술경영진과 기술기획담당자들에 의한 체계적인 분석을 통해 기업이 획득해야 하는 대상기술과 목표기술수준을 결정하는 것이다.

① 상향식 기술선택은 기술자들의 창의적인 아이디어를 얻기 어렵다는 단점이 있다.
② 상향식 기술선택은 시장의 고객들이 요구하는 제품이나 서비스를 개발하는 데 부적합한 기술이 선택될 수 있다.
③ 하향식 기술선택은 먼저 기업이 직면하고 있는 외부환경과 보유 자원에 대한 분석을 통해 중장기적인 사업목표를 설정한다.
④ 하향식 기술선택은 사업전략의 성공적인 수행을 위해 필요한 기술들을 열거하고, 각각의 기술에 대한 획득의 우선순위를 결정하는 것이다.

04 다음은 기술선택을 위한 절차를 나타내는 도표이다. 밑줄 친 (A) ~ (D)에 대한 행동으로 옳은 것은?

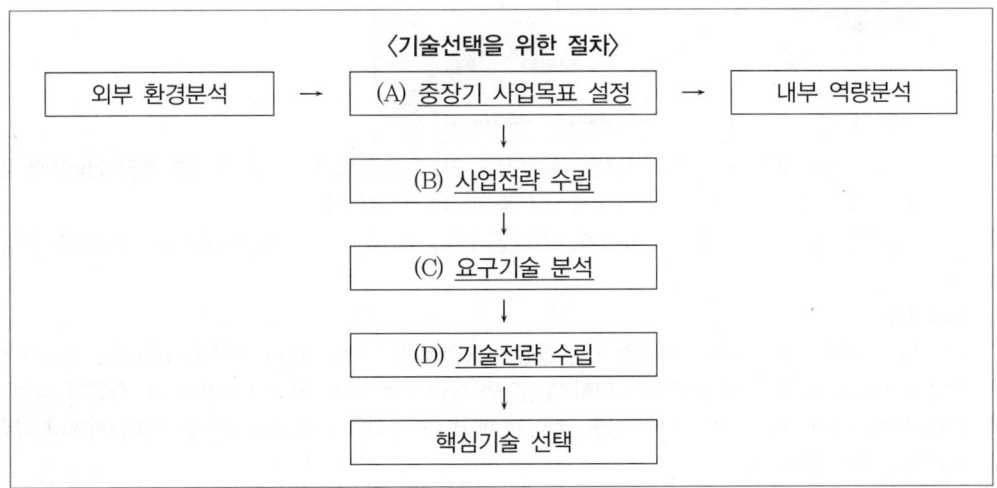

〈기술선택을 위한 절차〉

외부 환경분석 → (A) <u>중장기 사업목표 설정</u> → 내부 역량분석
↓
(B) <u>사업전략 수립</u>
↓
(C) <u>요구기술 분석</u>
↓
(D) <u>기술전략 수립</u>
↓
핵심기술 선택

① (A) : 기술획득 방법 결정
② (B) : 사업 영역 결정, 경쟁 우위 확보 방안 수립
③ (C) : 기업의 장기비전, 매출목표 및 이익목표 설정
④ (D) : 기술능력, 생산능력, 마케팅 / 영업능력, 재무능력 등 분석

※ 귀하는 사무실에서 사용 중인 기존 공유기에 새로운 공유기를 추가하여 무선 네트워크 환경을 개선하려고 한다. 다음 자료를 보고 이어지는 질문에 답하시오. [5~6]

〈공유기를 AP / 스위치(허브)로 변경하는 방법〉

[안내]

공유기 2대를 연결하기 위해서는 각각의 공유기가 다른 내부 IP를 사용하여야 하며, 이를 위해 스위치(허브)로 변경하고자 하는 공유기에 내부 IP 주소를 변경하고 DHCP 서버 기능을 중단해야 합니다.

[절차요약]

- 스위치(허브)로 변경하고자 하는 공유기의 내부 IP 주소 변경
- 스위치(허브)로 변경하고자 하는 공유기의 DHCP 서버 기능 중지
- 인터넷에 연결된 공유기에 스위치(허브)로 변경한 공유기를 연결

[세부절차 설명]

(1) 공유기의 내부 IP 주소 변경
- 공유기의 웹 설정화면에 접속하여 [관리도구] – [고급설정] – [네트워크관리] – [내부 네트워크 설정]을 클릭합니다.
- 내부 IP 주소의 끝자리를 임의적으로 변경한 후 [적용 후 시스템 다시 시작] 버튼을 클릭합니다.

(2) 공유기의 DHCP 서버 기능 중지
- 변경된 내부 IP 주소로 재접속 후 [관리도구] – [고급설정] – [네트워크관리] – [내부 네트워크 설정]을 클릭합니다.
- 하단의 [DHCP 서버 설정]을 [중지]로 체크한 후 [적용]을 클릭합니다.

(3) 스위치(허브)로 변경된 공유기의 연결

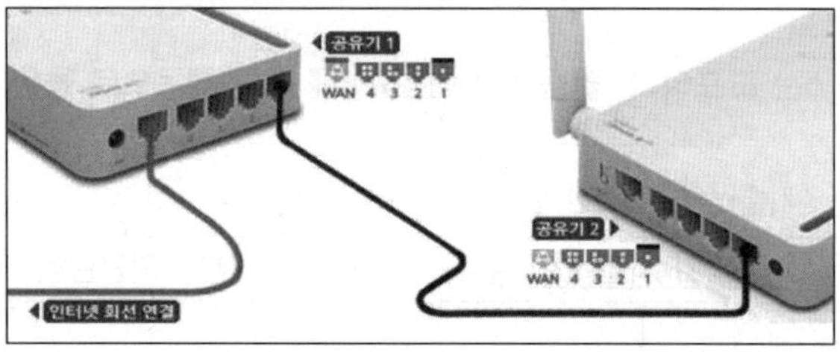

- 위의 그림과 같이 스위치로 변경된 〈공유기 2〉의 LAN 포트 1 ~ 4 중 하나를 원래 인터넷에 연결되어 있던 〈공유기 1〉의 LAN 포트 1 ~ 4 중 하나에 연결합니다.
- 〈공유기 2〉는 스위치로 동작하게 되므로 〈공유기 2〉의 WAN 포트에는 아무것도 연결하지 않습니다.

[최종점검]

이제 스위치(허브)로 변경된 공유기를 기존 공유기에 연결하는 모든 과정이 완료되었습니다. 설정이 완료된 상태에서 정상적으로 인터넷 연결이 되지 않는다면 상단 네트워크 〈공유기 1〉에서 IP 할당이 정상적으로 이루어지지 않는 경우입니다. 이와 같은 경우 PC에서 IP 갱신을 해야 하며 PC를 재부팅하거나 공유기를 재시작하시기 바랍니다.

[참고]
(1) Alpha3 / Alpha4의 경우는 간편설정이 가능하므로 (1) ~ (2) 과정을 쉽게 할 수 있습니다.
(2) 스위치(허브)로 변경되어 연결된 공유기가 무선 공유기로, 필요에 따라 무선 연결 설정이 필요한 경우 〈공유기 1〉 또는 〈공유기 2〉에 연결된 PC 어디에서나 〈공유기 2〉의 변경된 IP 주소를 인터넷 탐색기의 주소란에 입력하면 공유기 관리도구에 쉽게 접속할 수 있으며, 필요한 무선 설정을 진행할 수 있습니다.

[경고]
(1) 상단 공유기에도 "내부 네트워크에서 DHCP 서버 발견 시 공유기의 DHCP 서버 기능 중단" 설정이 되어 있을 경우 문제가 발생할 수 있으므로 상단 공유기의 설정을 해제하시기 바랍니다.
(2) 일부 환경에서 공유기를 스위치(허브)로 변경한 후, UPNP 포트포워딩 기능이 실행 중이라면 네트워크 장애를 유발할 수 있으므로 해당 기능을 중단해 주시기 바랍니다.

05 **귀하는 새로운 공유기를 추가로 설치하기 전 판매업체에 문의하여 위와 같은 설명서를 전달받았다. 다음 중 설명서를 이해한 내용으로 옳지 않은 것은?**

① 새로 구매한 공유기가 Alpha3 또는 Alpha4인지 먼저 확인한다.
② 기존 공유기와 새로운 공유기를 연결할 때, 새로운 공유기의 LAN 포트에 연결한다.
③ 기존에 있는 공유기의 내부 IP 주소와 새로운 공유기의 내부 IP 주소를 서로 다르게 설정한다.
④ 네트워크를 접속할 때 IP를 동적으로 할당받을 수 있도록 하는 DHCP 서버 기능을 활성화한다.

06 **귀하는 설명서 내용을 토대로 새로운 공유기를 기존 공유기와 연결하고 설정을 마무리하였는데 제대로 작동하지 않았다. 귀하의 동료 중 IT기술 관련 능력이 뛰어난 A주임에게 문의를 한 결과 다음과 같은 답변을 받았을 때, 옳지 않은 것은?**

① 기존 공유기와 새로운 공유기를 연결하는 LAN선이 제대로 연결되어 있지 않네요.
② PC에서 IP 갱신이 제대로 되지 않은 것 같습니다. 공유기와 PC 모두 재시작해 보는 게 좋을 것 같습니다.
③ 새로운 공유기를 설정할 때, UPNP 포트포워딩 기능이 중단되어 있지 않아서 오작동을 일으킨 것 같아요. 중단되도록 설정하면 될 것 같습니다.
④ 기존 공유기로부터 연결된 LAN선이 새로운 공유기에 LAN 포트에 연결되어 있네요. 이를 WAN 포트에 연결하면 될 것 같습니다.

07 A정보통신회사에 입사한 K씨는 시스템 모니터링 및 관리 업무를 담당하게 되었다. 다음 자료를 참고할 때, 〈보기〉의 빈칸에 들어갈 코드로 옳은 것은?

다음 모니터에 나타나는 정보를 이해하고 시스템 상태를 판독하여 적절한 코드를 입력하는 방식을 파악하시오.

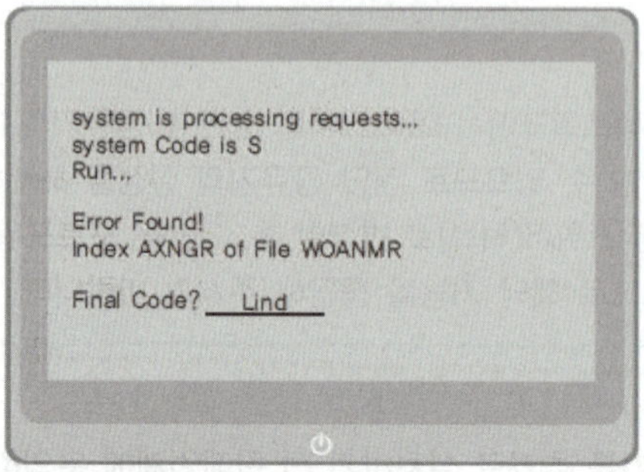
system is processing requests...
system Code is S
Run...
Error Found!
Index AXNGR of File WOANMR
Final Code? Lind

항목	세부사항
Index ◇◇◇ of File ◇◇◇	• 오류 문자 : Index 뒤에 나타나는 문자 • 오류 발생 위치 : File 뒤에 나타나는 문자
Error Value	• 오류 문자와 오류 발생 위치를 의미하는 문자에 사용된 알파벳을 비교하여 일치하는 알파벳의 개수를 확인
Final Code	• Error Value를 통하여 시스템 상태 판단

판단 기준	Final Code
일치하는 알파벳의 개수=0	Svem
0<일치하는 알파벳의 개수≤1	Atur
1<일치하는 알파벳의 개수≤3	Lind
3<일치하는 알파벳의 개수≤5	Nugre
일치하는 알파벳의 개수>5	Qutom

보기

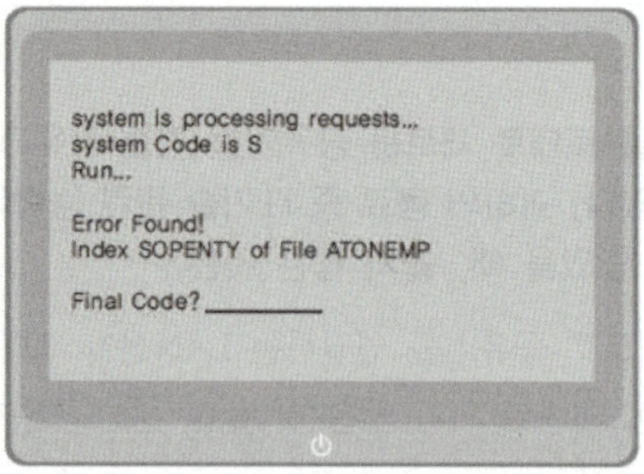
system is processing requests...
system Code is S
Run...
Error Found!
Index SOPENTY of File ATONEMP
Final Code? ______

① Svem ② Atur

③ Lind ④ Nugre

08 기술개발팀에서 근무하는 A씨는 차세대 로봇에 사용할 주행 알고리즘을 개발하고 있다. 다음 주행 알고리즘과 예시를 참고하였을 때, 로봇의 이동 경로로 옳은 것은?

〈주행 알고리즘〉

회전과 전진만이 가능한 로봇이 미로에서 목적지까지 길을 찾아가도록 구성하였다. 미로는 (4단위)×(4단위)의 정방형 단위구역(Cell) 16개로 구성되며 미로 중앙부에는 1단위구역 크기의 도착지점이 있다. 도착지점에 이르기 전 로봇은 각 단위구역과 단위구역 사이를 이동할 때 벽의 유무를 탐지하여 벽이 없음이 감지되는 방향으로 주행한다. 로봇은 주명령을 수행하고, 이에 따라 주행할 수 없을 때만 보조명령을 따른다.

- 주명령 : 현재 단위구역(Cell)에서 로봇은 왼쪽, 앞쪽, 오른쪽 순서로 벽의 유무를 탐지하여 벽이 없음이 감지되는 방향의 단위구역을 과거에 주행한 기록이 없다면 해당 방향으로 한 단위구역만큼 주행한다.
- 보조명령 : 현재 단위구역에서 로봇이 왼쪽, 앞쪽, 오른쪽, 뒤쪽 순서로 벽의 유무를 탐지하여 벽이 없음이 감지되는 방향의 단위구역에 벽이 없음이 감지되는 방향과 반대 방향의 주행기록이 있을 때만, 로봇은 그 방향으로 한 단위구역만큼 주행한다.

〈예시〉

로봇이 A → B → C → B → A로 이동한다고 가정할 때, A에서 C로의 이동은 주명령에 의한 것이고 C에서 A로의 이동은 보조명령에 의한 것이다.

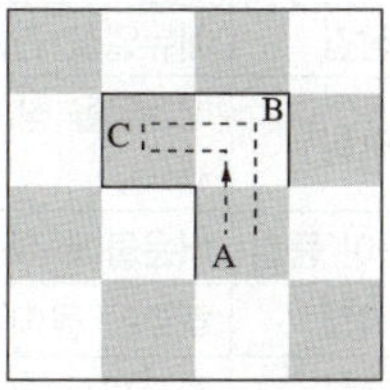

①
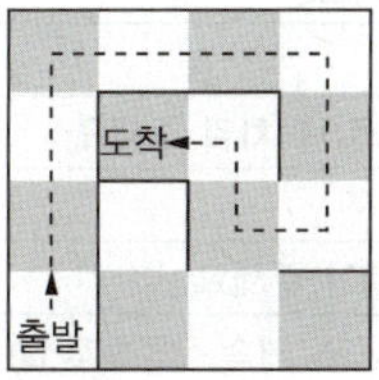

②
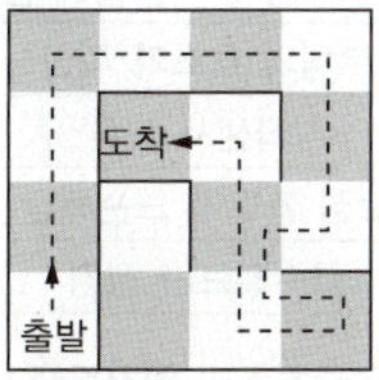

③
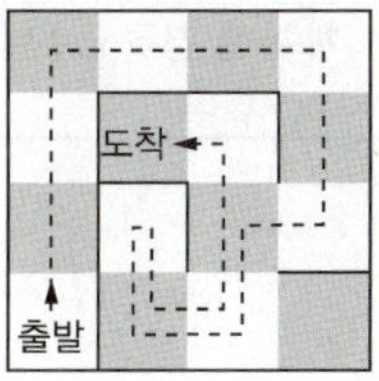

④
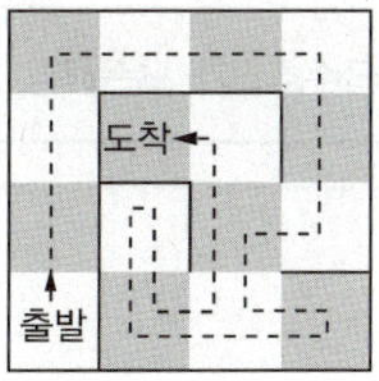

※ A회사에서는 화장실의 청결을 위해 비데를 구매하고 화장실과 가까운 곳에 위치한 귀하에게 비데를 설치하도록 지시하였다. 다음은 비데를 설치하기 위해 참고할 제품 설명서의 일부이다. 이어지는 질문에 답하시오. [9~10]

〈설치방법〉

1) 비데 본체의 변좌와 변기의 앞면이 일치되도록 전후로 고정하십시오.
2) 비데용 급수호스를 정수필터와 비데 본체에 연결한 후 급수밸브를 열어 주십시오.
3) 전원을 연결하십시오(반드시 전용 콘센트를 사용하십시오).
4) 비데가 작동하는 소리가 들린다면 설치가 완료된 것입니다.

〈주의사항〉

- 전원은 반드시 AC220V에 연결하십시오(반드시 전용 콘센트를 사용하십시오).
- 변좌에 걸터앉지 말고 항상 중앙에 앉고, 변좌 위에 어떠한 것도 놓지 마십시오(착좌센서가 동작하지 않을 수도 있습니다).
- 정기적으로 수도필터와 정수필터를 청소 또는 교환해 주십시오.
- 급수밸브를 꼭 열어 주십시오.

〈A/S 신청 전 확인사항〉

구분	원인	조치방법
물이 나오지 않을 경우	급수밸브가 잠김	매뉴얼을 참고하여 급수밸브를 열어 주세요.
	정수필터가 막힘	매뉴얼을 참고하여 정수필터를 교체해 주세요(A/S상담실로 문의하세요).
	본체 급수호스 등이 동결	더운물에 적신 천으로 급수호스 등의 동결부위를 녹여 주세요.
기능 작동이 되지 않을 경우	수도필터가 막힘	흐르는 물에 수도필터를 닦아 주세요.
	착좌센서 오류	착좌센서에서 의류, 물방울, 이물질 등을 치워 주세요.
수압이 약할 경우	수도필터에 이물질이 낌	흐르는 물에 수도필터를 닦아 주세요.
	본체의 호스가 꺾임	호스의 꺾인 부분을 펴 주세요.
노즐이 나오지 않을 경우	착좌센서 오류	착좌센서에서 의류, 물방울, 이물질을 치워 주세요.
본체가 흔들릴 경우	고정 볼트가 느슨해짐	고정 볼트를 다시 조여 주세요.
비데가 작동하지 않을 경우	급수밸브가 잠김	매뉴얼을 참고하여 급수밸브를 열어 주세요.
	급수호스의 연결문제	급수호스의 연결상태를 확인해 주세요. 계속 작동하지 않는다면 A/S상담실로 문의하세요.
변기의 물이 샐 경우	급수호스가 느슨해짐	급수호스 연결부분을 조여 주세요. 계속 샐 경우 급수밸브를 잠근 후 A/S상담실로 문의하세요.

09 귀하는 지시에 따라 비데를 설치하였다. 일주일이 지난 뒤, 동료 K사원으로부터 기능 작동이 되지 않는다는 사실을 접수하였다. 다음 중 귀하가 해당 문제점에 대한 원인을 파악하기 위해 확인해야 할 사항으로 옳은 것은?

① 급수밸브의 잠김 여부
② 수도필터의 청결 상태
③ 정수필터의 청결 상태
④ 급수밸브의 연결 상태

PART 1

10 09번 문제에서 확인한 사항이 추가로 다른 문제를 일으킬 수 있는지 미리 점검하고자 할 때, 다음 중 귀하가 할 행동으로 옳은 것은?

① 수압이 약해졌는지 확인한다.
② 물이 나오지 않는지 확인한다.
③ 본체가 흔들리는지 확인한다.
④ 노즐이 나오지 않는지 확인한다.

M E M O

PART 2 직무수행능력평가

전공지식(경제) 영역소개

NCS 직업기초능력평가에 비해 상대적으로 유형이 정형화되어 출제되는 경제 전공지식은 **기초경제학**, **미시경제학**, **거시경제학**으로 구성하여 은행권 필기시험을 준비할 수 있도록 하였습니다.

CHAPTER 01

전공지식(경제)

SECTION 01 기초경제학

SECTION 02 미시경제학

SECTION 03 거시경제학

SECTION

01 기초경제학

TOPIC 01 경제학의 기초

1. 경제학의 개요

(1) 자원의 희소성

인간의 욕망을 충족시킬 재화나 용역이 상대적으로 부족한 자원의 성질

(2) 경제재와 자유재

① 경제재 : 희소성을 가진 자원으로 일상생활에서 대가를 지불하고 구입하는 일련의 재화 또는 서비스

② 자유재 : 희소성을 가지고 있지 않아 대가를 지불하지 않고도 누구나 마음대로 쓸 수 있는 재화 또는 서비스

※ 경제재와 자유재는 시대나 환경에 따라 서로 바뀔 수 있음 예 물은 과거에 자유재였으나 현재는 경제재

2. 기회비용과 매몰비용

(1) 기회비용(경제적 비용)

여러 선택 대안 중 한 가지를 선택함으로써 포기해야 하는 다른 선택 대안 중에서 가장 가치가 큰 것을 말하며, 명시적 비용과 암묵적 비용을 더하여 산출

① 명시적 비용(회계적 비용) : 기업이 생산을 위해 타인에게 실제적으로 지불한 비용

② 암묵적 비용(잠재적 비용) : 기업 자신의 생산 요소에 대한 기회비용

(2) 매몰비용

사업을 중단하더라도 회수할 수 없는 이미 투입된 비용으로, 사업 중단에 따른 기회비용은 0임

3. 생산가능곡선(PPC; Production Possibility Curve)

(1) 생산가능곡선

경제 내 모든 생산요소를 가장 효율적으로 사용하여 최대로 생산할 수 있는 두 재화의 조합을 나타낸 곡선으로 우하향하며, 기회비용 체증으로 인해 원점에 대하여 오목한 그래프 개형을 가짐

※ 생산가능곡선이 직선의 형태를 가질 수도 있는데, 이는 기회비용 불변에 기인한 것임

(2) 생산가능곡선의 해석 및 이동

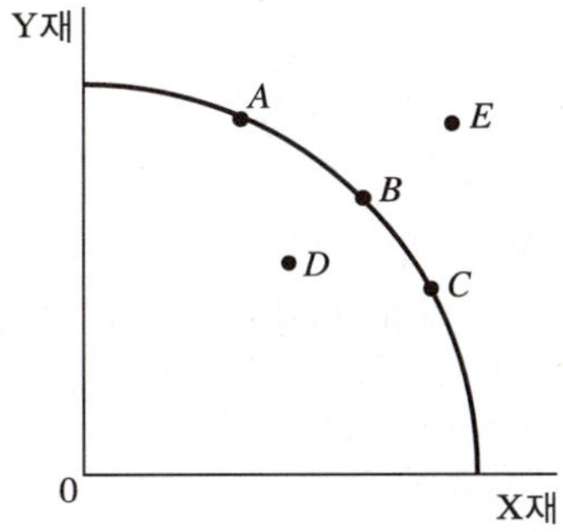

① 생산가능곡선의 해석
- 생산가능곡선상에 위치한 점 A, B, C는 가장 효율적인 생산을 달성한 생산조합
- 생산가능곡선 내부에 위치한 점 D는 비효율적인 생산을 하고 있는 생산조합
- 생산가능곡선 외부에 위치한 점 E는 현재 수준에서 달성할 수 없는 생산조합

② 생산가능곡선의 이동
- 새로운 천연자원 발견, 새로운 인구 유입 등으로 자원의 양이 증가하는 경우 바깥쪽으로 이동
- 생산요소 부존량이 일정하더라도 기술진보가 이루어지면 바깥쪽으로 이동

Level UP+

규모의 경제(Economy of Scale)
생산규모가 확대될수록 생산비용이 절약되거나 수익이 향상되는 경제현상으로, 규모의 경제를 이루면 생산가능곡선은 원점에 대해 볼록한 형태를 가짐

4. 경제체제와 자원배분

(1) 시장경제체제

사유재산제도와 경제적 자유를 근간으로 하여 시장과 가격을 통해 자원배분*이 이루어짐

*A. Smith는 가격기구의 역할을 '보이지 않는 손'에 비유하면서 경제주체에 의해 경제문제가 해결된다고 주장

(2) 계획경제체제

사유재산제도가 인정되지 않으며, 모든 경제문제를 국가와 공공기관의 계획에 의해 결정함

(3) 주요 3대 경제문제

① 어떤 재화를 얼마큼 생산할 것인가? : 제한된 자원으로 어떤 재화를 얼마나 생산할 것인지 결정
② 어떻게 생산할 것인가? : 얼마나 효율적인 방법을 채택하여 생산할 것인지 결정
③ 누구를 위하여 생산할 것인가? : 생산된 재화와 서비스를 사회구성원에 배분하는 매커니즘 결정

5. 경제변수

(1) 유량변수와 저량변수

① **유량변수** : 일정기간을 명시해야 측정할 수 있는 변수
　예 국내총생산(GDP), 국제수지, 수출, 수입, 소비, 투자, 수요, 공급 등

② **저량변수** : 일정시점에서 측정할 수 있는 변수
　예 통화량, 노동량, 자본량, 국부, 외채, 외환보유고 등

(2) 외생변수와 내생변수

① **외생변수** : 연립방정식으로 표현되는 경제모델의 변수 중 그 값이 모형 외부에서 결정되는 변수
　예 정책변수(통화량, 정부지출 등), 여건변수(기후 조건, 강수량 등)

② **내생변수** : 연립방정식으로 표현되는 경제모델의 변수 중 그 값이 모형 내부에서 결정되는 변수
　예 가격, 임금, 이자율, 국민소득, 소비, 투자 등

6. 경제학 오류

(1) 구성의 오류

부분에서는 성립하지만 이를 전체로 확장하면 성립하지 않는 경우의 오류

Level UP+

저축의 역설(Paradox of Savings)

한 사람이 저축을 많이 하면 그 사람은 부자가 될 수 있지만, 모든 경제주체가 저축을 많이 하면 이는 국가 전체의 소비활동을 위축시켜 다시 개인의 소득이 줄어들 수 있다는 용어로, 구성의 오류를 범하는 대표적인 사례

(2) 인과의 오류

어떤 현상의 선후관계와 인과관계를 혼동하여 서로 무관한 사실을 관련짓는 오류

TOPIC 01 연습문제

Keyword | 생산가능곡선의 특징

01 **다음 중 생산가능곡선에 대한 설명으로 가장 적절한 것은?**

① 규모의 경제가 발생하면 생산가능곡선은 원점에 대해 오목하다.
② 생산자의 입장에서 생산가능곡선 밖의 점은 비효율적이므로 선택하지 않는다.
③ 실업이 감소하면 생산가능곡선 안쪽 영역에 위치하던 점이 생산가능곡선상으로 이동한다.
④ 생산가능곡선이 원점에 대하여 직선인 것은 기회비용 체증으로 설명할 수 있다.

해설

오답분석

① 규모의 경제가 발생하면 생산가능곡선은 원점에 대해 볼록하다.
② 생산가능곡선 밖의 점은 생산자가 생산할 수 없는 점이다.
④ 생산가능곡선이 원점에 대하여 직선인 것은 기회비용 불변으로 설명할 수 있다.

정답 ③

Keyword | 경제변수의 구분

02 **다음 중 유량변수를 모두 고르면?**

㉠ 국민소득	㉡ 국부
㉢ 국제수지	㉣ 외환보유고
㉤ 투자	

① ㉠, ㉡, ㉢
② ㉠, ㉢, ㉤
③ ㉡, ㉢, ㉣
④ ㉡, ㉣, ㉤

해설

구분	유량변수	저량변수
종류	국내총생산(GDP), 국제수지, 수출, 수입, 소비, 투자, 수요, 공급, 손익계산서 항목	통화량, 노동량, 자본량, 국부, 외채, 외환보유고, 재무상태표 항목

따라서 ㉠·㉢·㉤은 유량변수, ㉡·㉣은 저량변수이다.

정답 ②

참고

- 유량변수 : 일정기간을 명시해야 측정할 수 있는 변수
- 저량변수 : 일정시점에서 측정할 수 있는 변수

Keyword | 기회비용과 매몰비용의 개념

03 다음 중 기회비용과 매몰비용을 설명하는 속담이 바르게 연결된 것은?

> ㉠ 같은 가격이면 다홍치마
> ㉡ 산토끼 잡으려다 집토끼 놓친다.
> ㉢ 놓친 고기가 더 커보인다.
> ㉣ 남의 떡이 더 커보인다.

	기회비용	매몰비용
①	㉠	㉡
②	㉡	㉢
③	㉡	㉣
④	㉢	㉠

해설

㉡ 산토끼를 잡으려는 '선택'에 따라 집토끼라는 '포기'하는 대안의 가치를 기회비용으로 볼 수 있다.
㉢ 놓친 고기라는 '이미 지나간 행동'은 다시 되돌릴 수 없는 가치이므로 매몰비용으로 볼 수 있다.

오답분석

㉠ 같은 가격이면 마음에 드는 제품을 구매하겠다는 '가심비' 형태의 소비로 볼 수 있다.
㉣ 어떤 선택에 대한 대안도, 이미 지나간 행동에 대한 후회도 아니므로 어느 것에도 해당하지 않는다.

정답 ❷

Keyword | 경제재와 자유재의 개념

04 다음 중 재화의 유형에 대한 설명으로 적절하지 않은 것은?

① 재화를 희소성의 유무에 따라 구분하면 경제재와 자유재로 구분할 수 있다.
② 자유재는 희소성을 가지고 있지 않은 재화로 시장가격이 형성되어 있지 않다.
③ 경제재에서 자유재로, 자유재에서 경제재로 재화의 성격이 바뀔 수 있다.
④ 경제재를 선택할 때에는 매몰비용을 고려하여 합리적인 의사결정을 해야 한다.

해설

경제재를 선택할 때는 선택에 대한 기회비용을 고려해야 하며, 합리적인 선택을 위해서는 매몰비용을 고려해서는 안 된다.

오답분석

① 재화를 희소성을 가진 경제재와 희소성을 갖지 않는 자유재로 구분할 수 있다.
② 자유재는 값을 지불하지 않아도 누구나 사용할 수 있는 재화를 말한다.
③ 경제재와 자유재는 시대나 환경에 따라 서로 바뀔 수 있다.
예 과거에 맑은 물은 자유재였지만 현재는 환경오염으로 인해 정수기를 구입하거나 생수를 구매하므로 경제재로 성격이 바뀌었다.

정답 ❹

02 미시경제학

TOPIC 01 수요와 공급

1. 수요이론

(1) 수요의 법칙

상품의 가격이 상승하면 수요량이 감소하는 현상으로, 기펜재와 베블런 효과(Veblen's Effect)가 존재하는 경우에는 성립하지 않음

① **기펜재** : 가격 하락 시 대체효과의 크기보다 소득효과의 크기가 커서 수요량이 감소하는 재화

② **베블런 효과** : 가격이 오르는 데도 일부 계층의 과시욕으로 인해 수요가 줄지 않는 현상

(2) 수요곡선

상품의 가격과 수요량의 관계를 나타낸 곡선으로, 수요의 법칙이 성립하면 수요곡선은 우하향함

(3) 수요변화

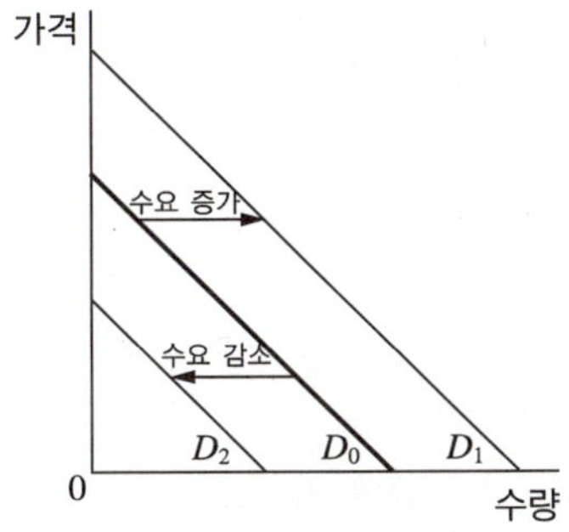

① 연관재의 가격변화
- 대체재 가격이 상승(하락)하면 재화에 대한 수요가 증가(감소)함
- 보완재 가격이 상승(하락)하면 재화에 대한 수요가 감소(증가)함

② 소비자의 소득수준변화
- 소득이 증가(감소)하면 우등재에 대한 수요가 증가(감소)하고, 열등재에 대한 수요가 감소(증가)함

Level UP+

한계효용체감의 법칙(Law of Diminishing Marginal Utility)

재화를 한 단위 추가적으로 소비할 때 얻는 한계효용의 크기가 계속해서 감소하는 현상으로, 한계효용이란 재화를 한 단위 추가적으로 소비했을 때 얻는 효용의 크기를 말함

2. 공급이론

(1) 공급의 법칙

상품의 가격이 상승하면 공급량이 증가하는 현상

(2) 공급곡선

상품의 가격과 공급량의 관계를 나타낸 곡선으로, 공급의 법칙이 성립하면 공급곡선은 우상향함

(3) 공급변화

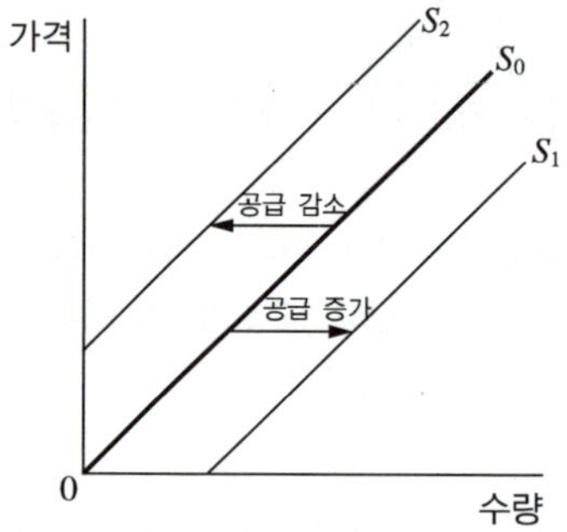

① 타재화의 가격변화 : 주어진 생산요소로 생산 가능한 두 상품 중 한 상품의 가격이 상승하면 다른 상품의 공급은 감소함

② 생산요소의 가격변화 : 생산요소의 가격이 상승(하락)하는 경우 공급은 감소(증가)함

3. 시장균형

(1) 시장균형

수요의 법칙과 공급의 법칙이 만나 균형을 형성한 상태로 수요곡선과 공급곡선이 만나는 지점

① 균형가격 : 시장균형상태에서 상품의 가격

② 균형거래량 : 시장균형상태에서 상품의 거래량

(2) 시장균형 형성

초과공급과 초과수요 발생 시 불균형을 해소하기 위해 생산자와 소비자가 이해관계를 일치하려고 함

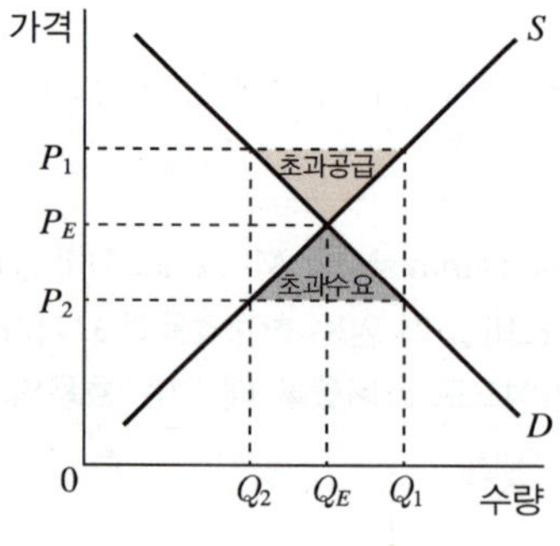

① 초과공급 : 시장가격보다 거래가격이 높게 형성된 경우 공급량이 수요량을 초과하여 발생함
② 초과수요 : 시장가격보다 거래가격이 낮게 형성된 경우 수요량이 공급량을 초과하여 발생함

4. 탄력성

(1) 수요의 탄력성

각 독립변수의 변화에 대해 상품의 수요량이 얼마나 민감하게 반응하는지를 나타내는 척도

① 가격탄력성(ϵ_P) : 상품의 가격변화율에 대한 수요량변화율의 상대적인 크기

$$\epsilon_P = \left| \frac{(\text{수요량변화율})}{(\text{가격변화율})} \right| = \left| \frac{\Delta Q_D / Q_D}{\Delta P / P} \right|$$

Level UP+

수요의 가격탄력성과 판매수입

구분	탄력적 ($\epsilon_P>1$)	단위탄력적 ($\epsilon_P=1$)	비탄력적 ($0<\epsilon_P<1$)	완전비탄력적 ($\epsilon_P=0$)
가격 상승 시	판매수입 감소	판매수입 변동 없음	판매수입 증가	판매수입 증가
가격 하락 시	판매수입 증가	판매수입 변동 없음	판매수입 감소	판매수입 감소
재화의 종류	사치재	–	필수재	–

- 대체재가 많을수록 가격 탄력적 : 상품의 가격이 상승하더라도 저렴한 대체재 구매 가능
- 필수재일수록 비탄력적 : 상품의 가격이 오르더라도 생필품은 구매하지 않을 수 없음
- 지출에서 차지하는 비중이 클수록 탄력적, 비중이 작을수록 가격변화에 둔감

② 소득탄력성(ϵ_M) : 소득수준변화율에 대한 수요량변화율의 상대적인 크기

$$\epsilon_M = \frac{(\text{수요량변화율})}{(\text{소득수준변화율})} = \frac{\Delta Q_D / Q_D}{\Delta M / M}$$

- 정상재($\epsilon_M > 0$) : 소득탄력성이 0보다 큰 경우로, 소득이 증가할 때 소비가 증가하는 재화
- 열등재($\epsilon_M < 0$) : 소득탄력성이 0보다 작은 경우로, 소득이 증가할 때 소비가 감소하는 재화

③ 교차탄력성(ϵ_{XY}) : 한 상품의 가격변화율에 대한 다른 상품의 수요량변화율의 상대적인 크기

$$\epsilon_{XY} = \frac{(\text{Y재 수요량변화율})}{(\text{X재 가격변화율})} = \frac{\Delta Q_Y / Q_Y}{\Delta P_X / P_X}$$

- 대체재($\epsilon_{XY} > 0$) : 교차탄력성이 0보다 큰 경우로, X재의 가격이 상승할 때 Y재의 수요가 증가함
- 보완재($\epsilon_{XY} < 0$) : 교차탄력성이 0보다 작은 경우로, X재의 가격이 상승할 때 Y재의 수요가 감소함
- 독립재($\epsilon_{XY} = 0$) : 교차탄력성이 0인 경우로, X재의 가격변화가 Y재의 수요에 영향을 미치지 않음

(2) 공급의 가격탄력성(η)

상품의 가격변화율에 대한 공급량변화율의 상대적인 크기

$$\eta = \frac{(\text{공급량변화율})}{(\text{가격변화율})} = \frac{\Delta Q_S / Q_S}{\Delta P / P}$$

① 공급곡선의 절편이 P축에 존재하는 경우 그 상품은 가격 탄력적임($\eta > 1$)

② 공급곡선의 절편이 Q축에 존재하는 경우 그 상품은 가격 비탄력적임($0 < \eta < 1$)

③ 공급곡선의 절편이 원점에 존재하는 경우 그 상품은 가격 단위탄력적임($\eta = 1$)

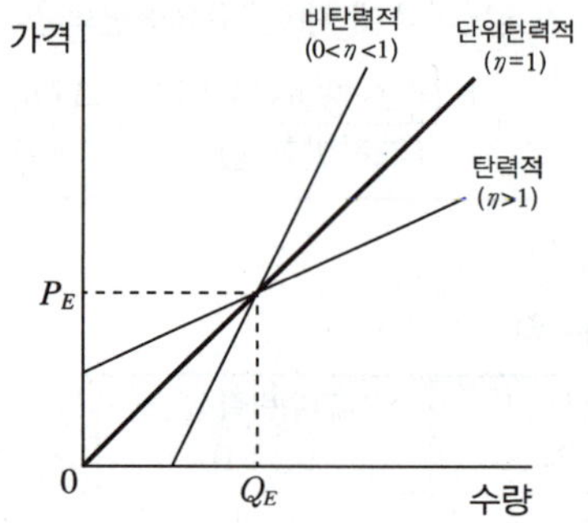

Level UP+

공급의 가격탄력성 결정요인

구분	기술수준	비용의 변화	저장가능성	유휴설비	측정기간
탄력적($\eta > 1$)	발전 빠를수록	증가 느릴수록	높을수록	많을수록	길수록
비탄력적($0 < \eta < 1$)	발전 느릴수록	증가 빠를수록	낮을수록	적을수록	짧을수록

5. 소비자잉여와 생산자잉여

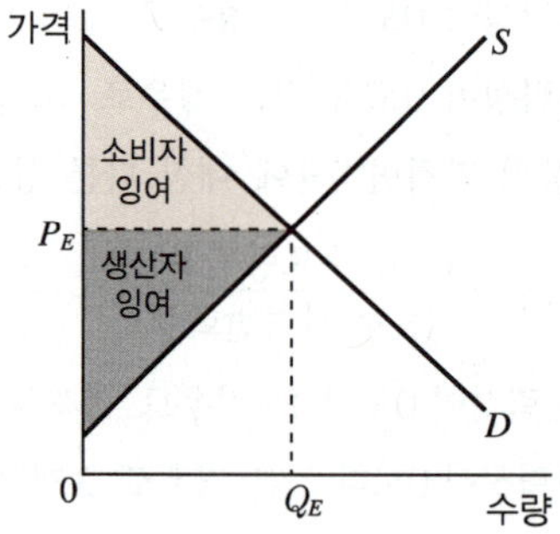

(1) 소비자잉여

소비자가 생산자와 거래를 통해 얻는 순이득으로, 최대 지불 의사 금액과 실제 지불 금액의 차이

(소비자잉여)=(최대 지불 의사 금액)−(실제 지불 금액)

(2) 생산자잉여

생산자가 소비자와 교환을 통해 얻게 되는 순이득으로, 실제 받은 금액과 최소 수취용의 금액의 차이

(생산자잉여)＝(실제 받은 금액)－(최소 수취용의 금액)

(3) 총잉여

소비자잉여와 생산자잉여의 합으로 계산하며, 사회적 잉여라고도 함

(총잉여)＝(소비자잉여)＋(생산자잉여)

Level UP+

그래프에서의 소비자잉여와 생산자잉여 계산

- 소비자잉여 : 수요곡선의 아래쪽 면적 중에서 상품의 가격선(실제 지불 금액)의 위쪽 공통영역
- 생산자잉여 : 공급곡선의 위쪽 면적 중에서 상품의 가격선(실제 받은 금액)의 아래쪽 공통영역

참고 가격규제가 있는 경우 거래량이 시장균형상태에서의 거래량인 균형거래량보다 적게 형성되므로 소비자잉여와 생산자잉여는 일부 제한되어 총잉여가 줄어듦

6. 가격규제

(1) 가격상한제(최고가격제도)

소비자를 보호할 목적으로 시장균형가격보다 낮은 가격을 최고가격으로 설정하여 그 이상으로 가격이 올라가지 못하게 하는 제도

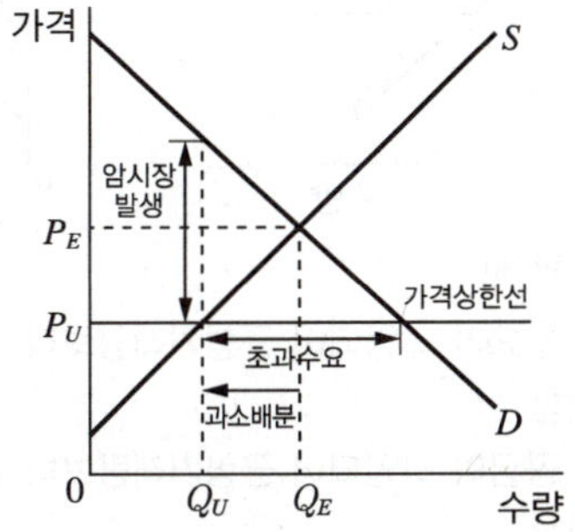

① **초과수요 발생** : 가격상한제로 인해 생산자의 공급이 감소하고 상대적 수요가 증가함

② **자원배분의 왜곡** : 높은 가격을 지불할 의사가 있는 소비자에게 우선 배분하지 않음

③ **암시장 발생** : 초과수요로 인해 규제가격보다 높은 가격으로 거래하는 암시장 발생 가능성 높음

④ **총잉여의 감소** : 시장균형상태보다 거래량이 줄어 사회적 후생손실 발생

(2) 가격하한제(최저가격제도)

공급자를 보호할 목적으로 시장균형가격보다 높은 가격을 최저가격으로 설정하여 그 이하로 가격이 내려가지 못하게 하는 제도

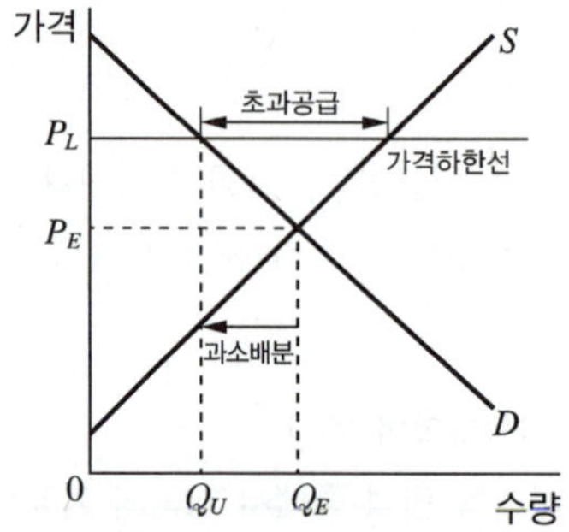

① **초과공급 발생** : 가격하한제로 인해 생산자의 공급이 증가하고 상대적 수요가 감소함
② **비효율적 자원배분** : 낮은 가격으로 판매할 의사가 있는 공급자에게 우선 판매권이 없음
③ **총잉여의 감소** : 시장균형 상태보다 거래량이 줄어 사회적 후생손실 발생

Level UP+

가격규제하에서 소비자잉여와 생산자잉여의 변화

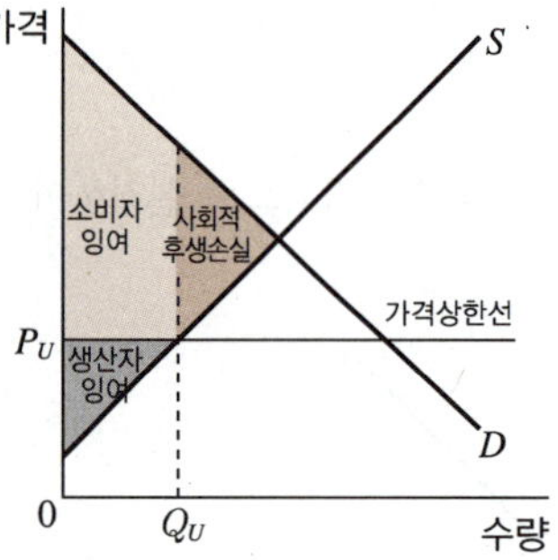

[가격상한제]

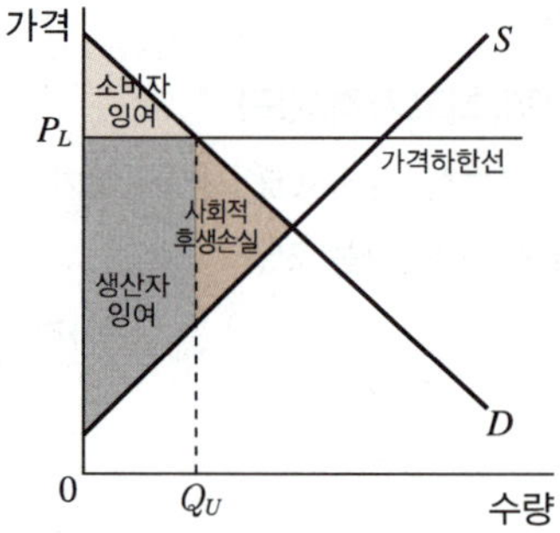

[가격하한제]

- 가격상한제로 인해 상대적 수요가 과잉되어 균형거래량보다 낮은 거래량이 형성되고 소비자잉여와 생산자잉여에 변화가 발생함
- 가격하한제로 인해 상대적 공급이 과잉되어 균형거래량보다 높은 거래량이 형성되고 소비자잉여와 생산자잉여에 변화가 발생함
- 가격규제하에서 소비자잉여와 생산자잉여의 변화로 인해 사회적 후생손실이 발생하여 총잉여가 감소
  (균형시장 총잉여)=(가격규제 소비자잉여)+(가격규제 생산자잉여)+(사회적 후생손실)

Keyword | 대체재의 수요변화

01 **다음 중 커피의 가격이 상승하는 경우 커피의 대체재인 녹차의 수요변화를 바르게 설명한 것은?**

① 녹차의 수요곡선을 따라서 좌상의 한 점이 우하의 다른 한 점으로 이동한다.

② 녹차의 수요곡선을 따라서 우하의 한 점이 좌상의 다른 한 점으로 이동한다.

③ 녹차의 수요곡선 자체가 오른쪽으로 이동한다.

④ 녹차의 수요곡선 자체가 왼쪽으로 이동한다.

해설

커피의 가격이 상승하는 경우 대체재인 녹차의 수요를 증가시키는데, 커피가격은 녹차의 수요곡선에서 외생변수에 해당하므로 녹차의 수요곡선 자체가 이동한다. 이때, 녹차의 대체재인 커피의 가격이 상승하였으므로 상대적으로 녹차에 대한 구매요인이 증가하여 녹차의 수요곡선 자체가 오른쪽으로 이동한다.

오답분석

①·② 수요곡선상의 이동은 내생변수의 변화에 의해서 발생한다.

④ 녹차의 구매력이 상대적으로 높아져 수요곡선은 오른쪽으로 이동한다.

정답 ❸

Keyword | 수요의 가격탄력성과 판매수입의 관계

02 **다음 중 A기업에서 생산되는 X재화에 대한 소비자들의 수요의 가격탄력성이 탄력적인 경우, X재화의 가격이 인하되었을 때, A기업의 X재화에 대한 총수입의 변화를 바르게 설명한 것은?**

① 가격인하분보다 더 큰 폭으로 증가한다.

② 가격인하분보다 더 큰 폭으로 감소한다.

③ 가격인하분만큼 증가한다.

④ 가격인하분만큼 감소한다.

해설

수요의 가격탄력성(ϵ_p)은 가격변화에 대한 수요량의 변화 정도를 나타내며, 수요의 가격탄력성이 1보다 작으면 비탄력적, 1이면 단위탄력적, 1보다 크면 탄력적으로 구분한다. 수요의 가격탄력성이 탄력적이라는 것은 가격의 변화율보다 수요량의 변화율이 더 크다는 의미로 재화의 가격이 인하되었을 때 상대적인 수요량은 가격인하분보다 더 증가하여 총수입이 증가한다. 즉, X재화에 대한 소비자들의 수요의 가격탄력성이 탄력적인 경우, X재화의 가격이 인하되면 X재화에 대한 총수입이 가격인하분보다 더 큰 폭으로 증가한다.

오답분석

② X재화의 가격이 인상되었을 때 X재화로 벌어들이는 총수입이 감소한다.

③·④ 가격인하(인상)분만큼 증가(감소)하는 경우는 수요의 가격탄력성이 단위탄력적인 경우를 말한다.

정답 ❶

Keyword | 소득탄력성과 교차탄력성의 이해

03 **X재에 대한 수요의 소득탄력성은 −1이고, X재 수요의 Y재 가격에 대한 교차탄력성은 −2일 때, 다음 설명 중 가장 적절한 것은?**

① X재는 정상재이고, X재는 Y재와 보완재 관계이다.

② X재는 정상재이고, X재는 Y재와 대체재 관계이다.

③ X재는 열등재이고, X재는 Y재와 보완재 관계이다.

④ X재는 열등재이고, X재는 Y재와 대체재 관계이다.

해설

X재의 소득탄력성이 (−)이므로 열등재이고, Y재 가격에 대한 X재의 교차탄력성도 (−)이므로 두 재화의 관계는 보완재 관계이다.

구분	정상재	열등재	구분	대체재	보완재
소득탄력성	$\epsilon_M > 0$	$\epsilon_M < 0$	교차탄력성	$\epsilon_{YX} > 0$	$\epsilon_{YX} < 0$

오답분석

①·② X재는 열등재이다.

④ X재는 Y재와 보완재 관계이다.

정답 ③

Keyword | 수요곡선과 공급곡선의 이동요인

04 **다음 중 수요와 공급의 법칙이 성립하는 폴라로이드 카메라 시장에서 균형가격 상승을 유발하는 요인으로 가장 적절한 것은?**

① 대체재인 디지털 카메라 생산 기술의 발전으로 더 저렴한 비용으로 디지털 카메라를 생산할 수 있게 되었다.

② 대체재인 디지털 카메라의 가격이 상승하였다.

③ 폴라로이드 카메라 전용 필름 가격이 상승하였다.

④ 경기불황으로 사람들의 소득이 하락하였다.

해설

문제에서 디지털 카메라는 폴라로이드 카메라의 대체재로, 대체재란 어떤 재화나 서비스를 다른 재화나 서비스로 대체하였을 때 동일한 만족을 주는 재화를 말한다. 만약 디지털 카메라의 가격이 상승하게 되면 소비자는 동일한 만족을 가진 폴라로이드 카메라를 통해 얻으려고 할 것이다. 따라서 폴라로이드 카메라에 대한 수요가 증가하게 된다. 디지털 카메라의 수요가 폴라로이드 카메라의 수요로 대체되기 때문이다. 그 결과 폴라로이드 카메라의 가격이 상승하게 된다.

오답분석

① 대체재인 디지털 카메라의 생산비용 감소는 곧 디지털 카메라의 가격 인하로 귀결되므로 대체재의 가격 인하로 인해 대체재의 상대적인 수요가 증가하여 소비자는 값이 싼 디지털 카메라를 구입하여 동일한 만족을 얻을 것이다.

③ 전용 필름의 가격 상승은 곧 폴라로이드 카메라의 가격 상승과 같으므로 폴라로이드 카메라의 수요를 감소시켜 가격 하락으로 이어진다.

④ 일반적으로 소득과 소비는 양의 상관관계를 갖기 때문에 소득의 감소는 소비를 감소시켜 카메라 시장의 전반적인 가격 하락으로 이어질 가능성이 높다.

정답 ❷

Keyword | 탄력성에 따른 수요량의 변화율 계산

05 감자에 대한 수요의 가격탄력성은 0.7이며, 소득탄력성은 0.3이라고 한다. 또한 감자에 대한 수요가 고구마의 가격변화에 보이는 교차탄력성은 0.4라고 할 때, 만약 감자의 가격이 1%, 소득이 2%, 고구마의 가격이 2% 상승한다면 감자의 수요량의 변화율은 얼마인가?

① −0.8% ② −0.7%

③ 0.6% ④ 0.7%

해설

- 가격탄력성에 따른 변화율 : 감자의 가격이 1% 상승하면 0.7% 감소
- 소득탄력성에 따른 변화율 : 소득이 2% 상승하면 0.6% 증가
- 교차탄력성에 따른 변화율 : 고구마 가격이 2% 상승하면 0.8% 증가

따라서 감자의 수요량의 변화율은 (−0.7)+0.6+0.8=0.7%이다.

정답 ❹

참고

모든 탄력성(ϵ)은 $\epsilon=\dfrac{(\text{수요량변화율})}{(\text{가격변화율})}$로 계산되므로 수요량의 변화율은 다음과 같이 산출한다.

(수요량변화율)=(탄력성)×(가격변화율)

Keyword | 수요의 탄력성과 공급곡선의 이동

06 다음 중 수요가 매우 비탄력적인 상품에 간접세를 부과할 경우 나타나는 현상으로 가장 적절한 것은?

① 거래량이 크게 감소하고 가격이 약간 상승한다.
② 거래량이 약간 감소하고 가격이 크게 상승한다.
③ 거래량이 약간 증가하고 가격이 크게 하락한다.
④ 거래량이 크게 증가하고 가격이 약간 하락한다.

해설

수요가 매우 비탄력적이므로 공급변화로 인한 가격변화가 수요량의 변화보다 민감하게 반응한다. 즉, 조세부과로 인해 공급곡선이 좌측으로 이동하게 되면 가격은 크게 상승하고, 상대적으로 거래량은 약간 감소한다.

오답분석

① 매우 탄력적인 상품에서 공급곡선이 좌측으로 이동하는 경우에 나타나는 현상이다.
③ 매우 비탄력적인 상품에서 공급곡선이 우측으로 이동하는 경우에 나타나는 현상이다.
④ 매우 탄력적인 상품에서 공급곡선이 우측으로 이동하는 경우에 나타나는 현상이다.

정답 ❷

Keyword | 탄력성과 소비자잉여의 관계

07 다음 중 소비자잉여에 대한 설명으로 적절하지 않은 것은?

① 가격이 같을 경우 수요가 탄력적일수록 소비자잉여는 감소한다.
② 공급이 비탄력적일수록 소비자잉여는 증가한다.
③ 소비자잉여는 공급의 가격탄력성과는 무관하다.
④ 수요가 완전탄력적인 경우 소비자잉여는 0이다.

해설

소비자잉여는 공급곡선과 관련이 없다.

오답분석

① 수요의 가격탄력성은 가격이 같을 경우 수요곡선의 기울기와 연관되며 탄력적일수록 기울기는 완만하다. 즉, 가격이 같을 경우 수요가 탄력적일수록 지불용의가 있는 최대가격이 낮아지고, 실제 지불한 가격과의 차이가 작아지기 때문에 소비자잉여는 감소한다.
③ 소비자잉여는 공급곡선과 무관하며, 공급곡선은 생산자잉여의 크기를 결정하는 요소이다.
④ 수요가 완전탄력적($\epsilon=\infty$)인 경우 수요량에 관계없이 항상 일정한 금액을 지불하므로 소비자잉여는 0이다.

정답 ❷

Keyword | 가격규제에 따른 잉여변화와 사회적 후생손실

08 **다음 중 가격규제에 따른 잉여변화에 대한 설명으로 가장 적절한 것을 모두 고르면?**

> ㉠ 가격상한제로 인해 암시장이 발생할 가능성이 커지고, 암시장 거래가격은 가격상한제를 실시하기 이전의 시장가격보다 더 높아질 수 있다.
> ㉡ 가격규제로 인해 사회적 후생손실이 발생하지만, 총잉여는 감소하지 않는다.
> ㉢ 가격규제를 통한 정부의 개입으로 자원배분의 왜곡을 어느 정도 감소시킬 수 있다.
> ㉣ 가격상한제는 소비자를 보호할 목적으로 실시하지만, 초과수요 발생으로 인해 소비자의 부담이 커지는 경향이 있다.

① ㉠, ㉢　　② ㉠, ㉣
③ ㉡, ㉢　　④ ㉡, ㉣

해설

㉠ 가격상한제에 기인한 초과수요로 인해 암시장이 발생하고, 이때의 거래가격은 시장균형가격보다 높게 형성될 가능성이 있다.

㉣ 가격상한제는 소비자를 보호할 목적으로 실시하지만, 자원배분의 왜곡을 야기하여 초과수요가 발생한다. 이로 인해 소비자는 금액을 더 지불해도 거래를 할 수 없기 때문에 한정된 공급량에 따른 부담이 가중되는 경향이 있다.

오답분석

㉡ 가격규제로 인해 소비자잉여와 생산자잉여에 변화가 발생하고, 인위적인 가격규제에 의해 사회적 비효율이 발생한다. 즉, 사회적 후생손실이 발생하게 되어 총잉여가 감소하게 된다.

㉢ 정부의 가격규제로 인해 자원분배의 왜곡을 초래한다.
예 높은 가격을 지불하더라도 구매할 의사가 있는 소비자에게 우선 배분하지 않음

정답 ❷

참고 **가격규제하에서 잉여변화**

(균형시장에서 총잉여)=(가격규제하에서 소비자잉여)+(가격규제하에서 생산자잉여)+(사회적 후생손실)

TOPIC 02 소비자이론

1. 한계효용이론

(1) 효용

① 총효용 : 일정기간 동안 재화의 일정량을 소비함으로써 얻게 되는 주관적인 총만족도

② 한계효용 : 소비자가 재화 한 단위를 추가적으로 소비함에 따라 얻게 되는 총효용의 증가분

(2) 한계효용체감의 법칙

재화의 소비량이 한 단위 증가할 때 소비로부터 얻는 한계효용의 크기가 점점 감소하는 법칙

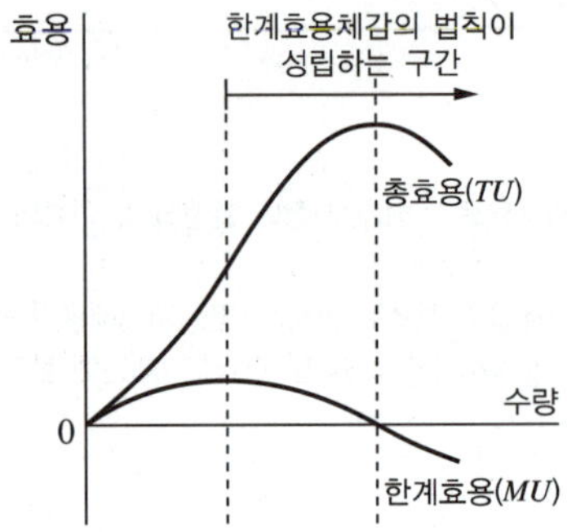

(3) 한계효용균등의 법칙

두 가지 이상의 재화를 소비할 때 소비자가 주어진 소득으로 만족을 극대화하기 위해서는 각 재화의 소비에 있어 화폐 1단위에 대한 마지막 한계효용이 균등하게 되도록 각 재화를 구입해야 한다는 법칙

$$\frac{MU_X}{P_X} = \frac{MU_Y}{P_Y}$$

2. 무차별곡선이론

(1) 무차별곡선

소비자에게 동일한 수준의 효용을 주는 상품묶음의 집합을 나타내는 곡선

① 무차별곡선의 형태

- 일반적 재화 : 총효용을 동일하게 유지하면서 한 재화의 소비를 늘리기 위해서는 다른 한 재화의 소비를 줄여야 하는 것이 일반적이므로 무차별곡선은 우하향하는 곡선 형태를 가짐
- 완전보완재 : 일정비율로 재화묶음이 증가할 때 동일한 만족을 느끼는 두 재화를 말하며, 무차별곡선은 L자 형태를 가짐
- 완전대체재 : 두 재화의 교환을 통해 동일한 효용이 유지될 수 있는 재화를 말하며, 무차별곡선은 우하향하는 직선 형태를 가짐

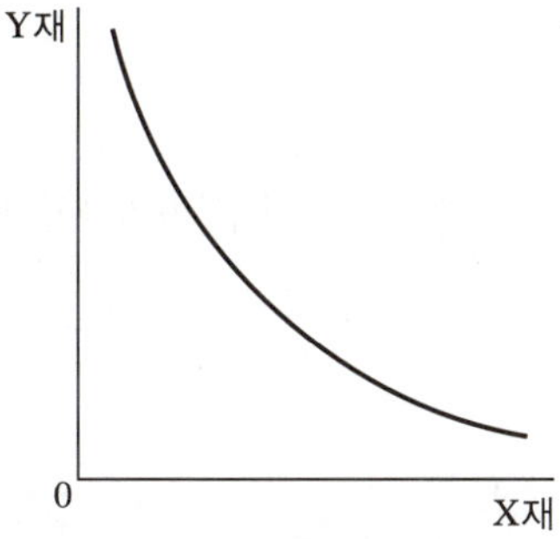

[일반적 재화의 무차별곡선]

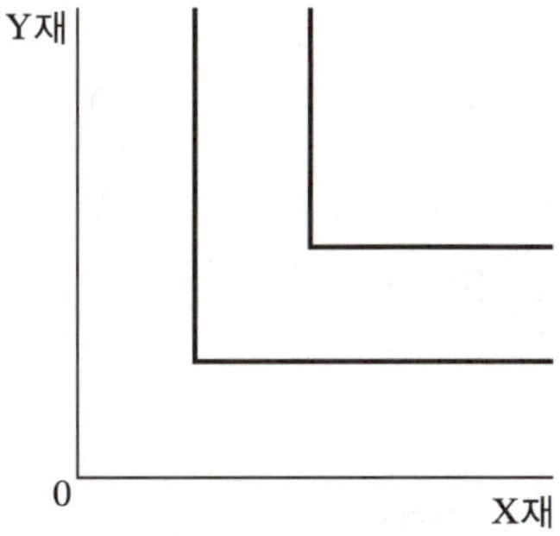

[완전보완재의 무차별곡선]

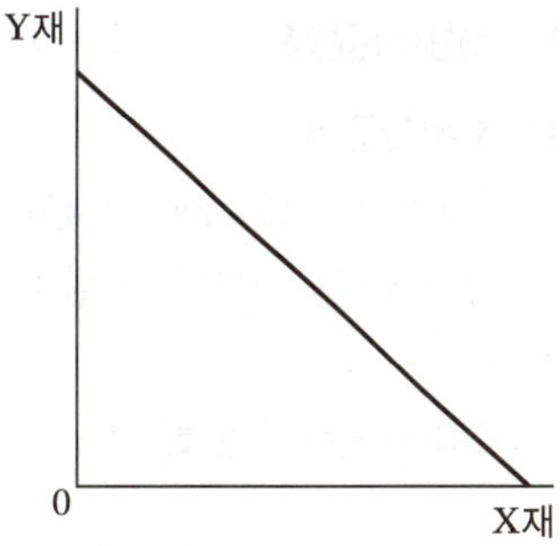

[완전대체재의 무차별곡선]

② 일반적인 무차별곡선의 특징
- 원점에 대하여 볼록하고 우하향하는 그래프 형태를 가짐
- 원점에서 멀리 떨어져 있을수록 더 높은 효용수준을 대표하며, 두 곡선은 서로 교차하지 않음

(2) 한계대체율(MRS; Marginal Rate of Substitution)

① 한 재화의 소비를 한 단위 늘리면서 동일한 효용을 유지하기 위해서 줄여야 하는 다른 재화의 양을 말하며, 무차별곡선의 기울기를 의미함

② 한계대체율체감의 법칙 : 한 재화의 소비를 증가시킬수록 한계대체율이 점점 작아지는 현상

3. 예산선

(1) 예산선

소비자가 주어진 소득을 이용하여 최대로 구입할 수 있는 상품묶음의 집합을 나타낸 직선

(2) 예산선의 변화

① 평행이동 : 소득수준이 변동하는 경우 예산선은 평행이동함

② 회전이동 : 재화의 가격이 변동하는 경우 예산선은 회전이동함

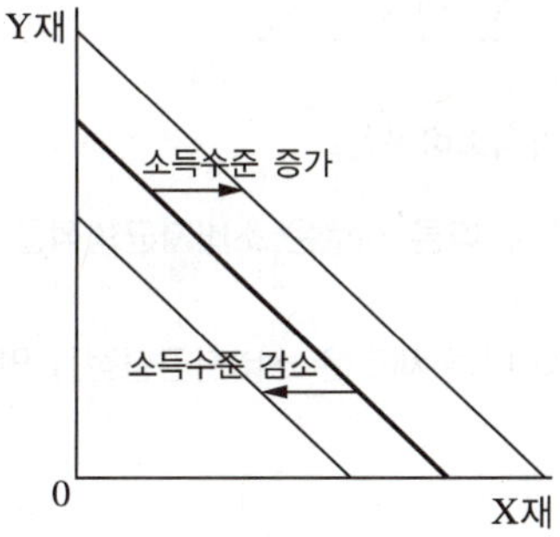

[소득수준의 변화]

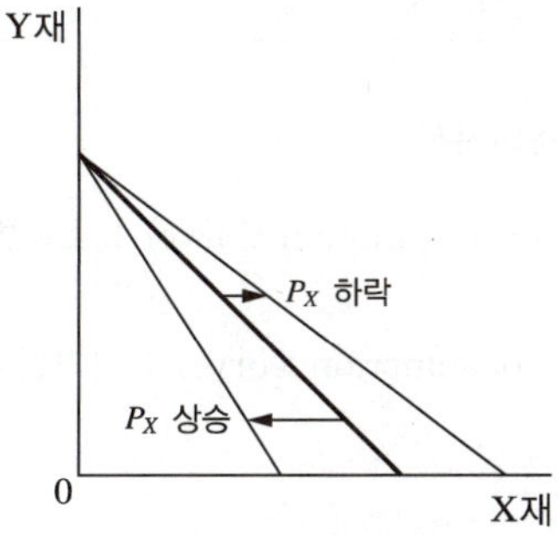

[X재의 가격변화]

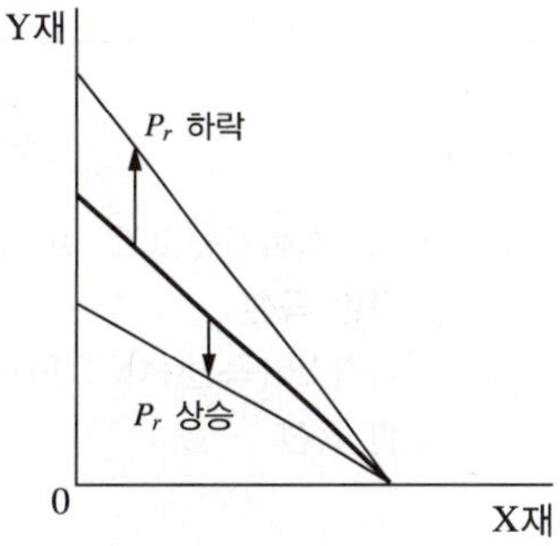

[Y재의 가격변화]

4. 소비자균형

(1) 소비자균형

주어진 예산의 제약조건하에서 소비자의 효용을 극대화하고 있는 상태를 말하며, 무차별곡선의 기울기와 예산선의 기울기가 일치하는 점에서 소비자균형을 이룸

(2) 소비자균형의 변화

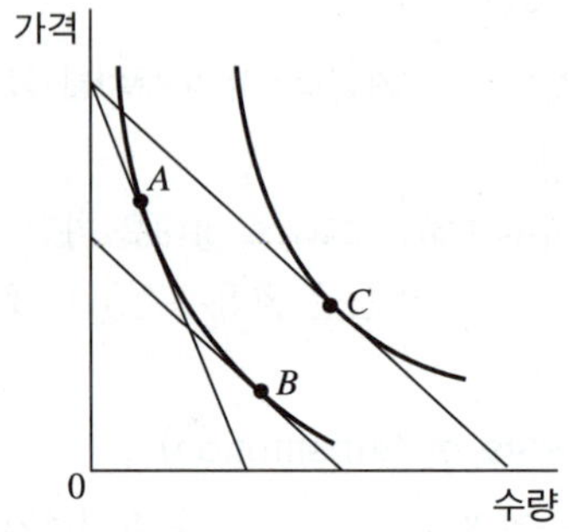

① 대체효과(A → B) : 동일한 효용을 갖는 두 상품의 상대가격비율이 변화함에 따른 수요량의 변화
② 가격효과(A → C) : 명목소득이 일정한 상태에서 재화의 가격이 변화함에 따른 수요량의 변화
③ 소득효과(B → C) : 상대가격의 변화가 없는 상황에서 실질소득이 변화함에 따른 수요량의 변화

Level UP+

소득 및 가격변화에 따른 효용극대화

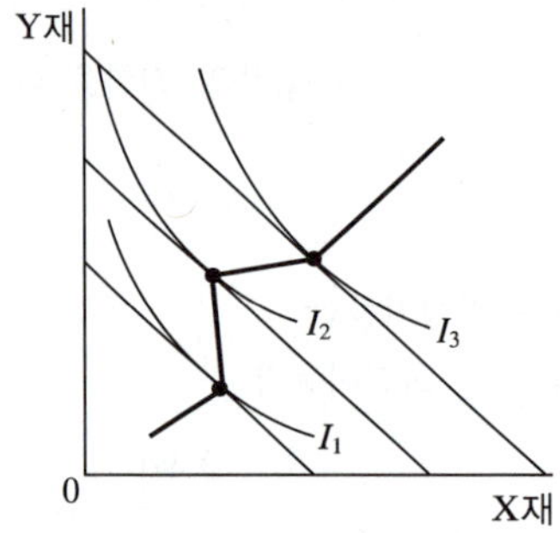

[소득소비곡선]

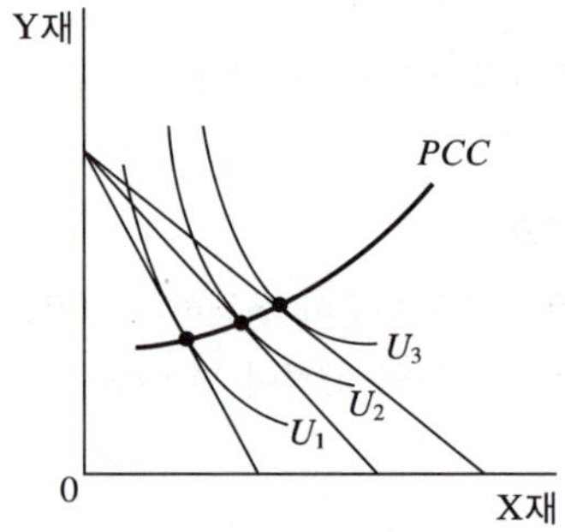

[가격소비곡선]

- 소득소비곡선(ICC; Income Consumption Curve) : 소득변화에 따른 새로운 소비자균형점을 연결한 곡선
- 가격소비곡선(PCC; Price Consumption Curve) : 가격변화에 따른 새로운 소비자균형점을 연결한 곡선

TOPIC 02 연습문제

Keyword | 한계효용의 이해

01 귀하는 소득을 모두 X재와 Y재에 지출하여 효용을 극대화하고 있다. X재의 가격(P_X)은 32원, Y재의 가격(P_Y)은 48원이다. X재 소비 마지막 한 단위의 한계효용이 96이라면 Y재 마지막 1단위의 한계효용은 얼마인가?

① 124 ② 136
③ 144 ④ 156

해설

한계효용균등의 법칙에 의해 Y재의 한계효용은 144임을 알 수 있다.

$$\frac{MU_X}{P_X} = \frac{MU_Y}{P_Y} \rightarrow \frac{96}{32} = \frac{MU_Y}{48}$$

$\therefore MU_Y = 144$

정답 ③

참고

한계효용균등의 법칙은 두 가지 이상의 재화를 소비할 때 소비자가 주어진 소득으로 만족을 극대화하기 위해서는 각 재화의 소비에 있어 화폐 1단위에 대한 마지막 한계효용이 균등하게 되도록 각 재화를 구입해야 한다는 법칙으로 다음과 같다.

$$\frac{MU_X}{P_X} = \frac{MU_Y}{P_Y}$$

Keyword | 선호체계와 무차별곡선의 이해

02 다음 중 소비자의 선호체계에 대한 설명으로 가장 적절한 것은?

① 두 재화의 한계효용이 모두 체감하면 한계대체율도 체감한다.
② 한계대체율이 체감하면 두 재화의 한계효용은 모두 체감한다.
③ 한계효용체감은 무차별곡선이 원점에 대해 볼록함을 의미한다.
④ 무차별곡선이 원점에 대해 볼록함은 한계대체율의 체감을 의미한다.

해설

무차별곡선이 원점에 대해 볼록하다는 것은 한 재화의 소비를 증가시킬수록 한계대체율이 점점 작아지는 현상인 한계대체율의 체감을 의미한다.

오답분석

①·② 한계대체율은 한계효용의 비율로 정의된다. 따라서 한계효용이 체감한다는 것과 한계대체율의 체감은 별개의 문제이다.
③ 한계효용이 체감한다고 해서 반드시 무차별곡선이 원점에 대해서 볼록해지는 것은 아니다. 즉, 한계효용체감은 무차별곡선 볼록성의 충분조건이 아니다.

정답 ④

Keyword | 완전대체재의 무차별곡선

03 **100원짜리 동전과 500원짜리 동전에 대한 소비자의 선호를 무차별곡선으로 나타내면 어떠한 형태를 갖는가?**

① 직각 쌍곡선 ② L자형
③ 우하향하는 직선 ④ 원점에 대하여 볼록한 곡선

해설

100원짜리 동전과 500원짜리 동전은 언제나 5 : 1의 비율로 대체될 수 있는 완전대체재 관계에 있으므로 무차별곡선은 우하향하는 직선 형태로 도출된다.

정답 ③

참고

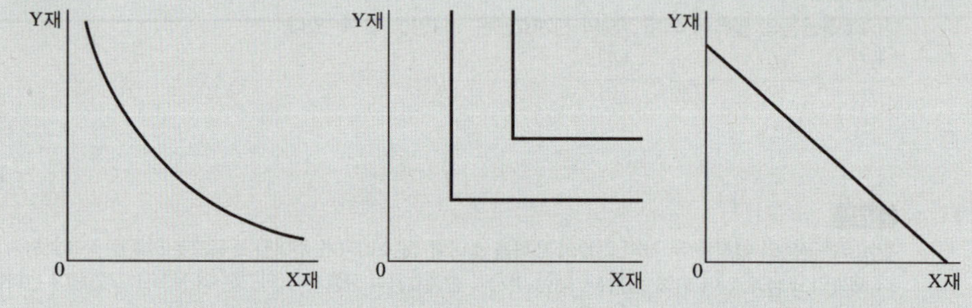

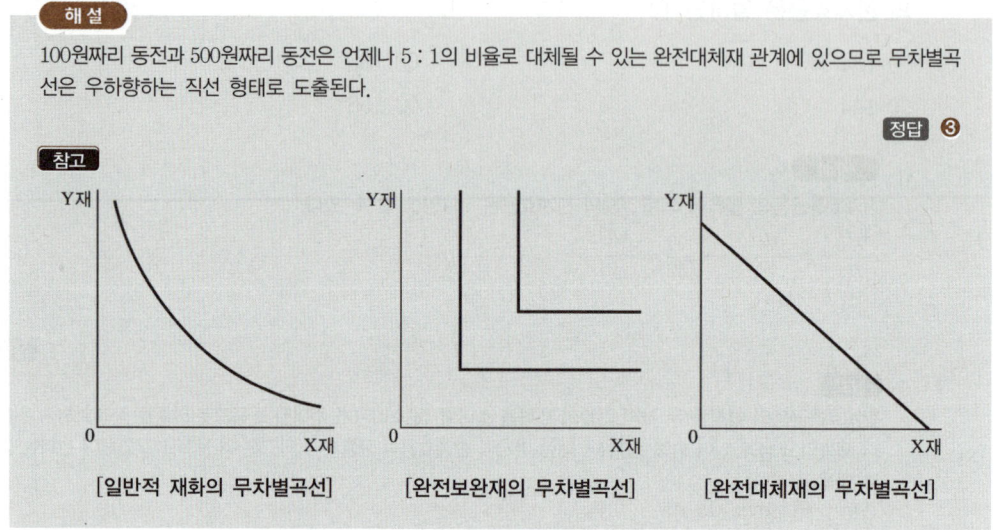

[일반적 재화의 무차별곡선] [완전보완재의 무차별곡선] [완전대체재의 무차별곡선]

Keyword | 가격효과의 이해

04 **소득이 증가할수록 유기농 채소의 소비는 늘어나는 반면, 수입산 채소의 소비는 줄어든다고 한다. 두 시장의 공급곡선이 모두 우상향할 때, 적절하지 않은 것은?**

① 수입산 채소의 가격이 상승할 때 소비량이 함께 증가할 수도 있다.
② 소득이 증가할 때 수입산 채소의 가격은 하락하고, 수입산 채소의 소비량은 증가한다.
③ 수입산 채소의 가격변화에 따른 소득효과와 대체효과는 항상 반대 방향으로 작용한다.
④ 수입산 채소의 가격 상승에 따른 소득효과는 수입산 채소의 소비량을 증가시키는 방향으로 작용한다.

해설

문제로부터 유기농 채소는 정상재, 수입산 채소는 열등재임을 알 수 있다. 이때, 소득이 증가하면 정상재에 대한 소비는 늘리고, 열등재에 대한 소비는 줄이게 되므로 기펜재가 아닌 열등재의 경우 소득효과에 의한 수요량의 감소보다 대체효과에 의한 수요량의 증가가 크기 때문에 가격이 내리면 수요량이 증가한다.

오답분석

①·④ 열등재인 수입산 채소의 가격이 상승하면 대체효과가 소득효과보다 커서 최종적인 소비량이 감소한다. 하지만 수입산채소가 열등재의 한 종류인 기펜재라면 소득효과가 대체효과보다 커서 소비량이 증가하게 된다.
③ 열등재의 소득효과와 대체효과는 언제나 반대 방향으로 작용한다. 가격이 하락할 경우 대체효과는 소비를 늘리고 소득효과는 소비를 줄이는 방향으로 작용하고, 가격이 상승할 경우에는 반대로 작용한다.

정답 ②

TOPIC 03 생산자이론

1. 생산이론

(1) 생산요소

① 고정투입요소 : 생산기간 동안 투입량을 변화시키는 것이 불가능한 생산요소 예 공장설비 등

② 가변투입요소 : 생산기간 동안 투입량을 변화시키는 것이 가능한 생산요소 예 노동력 등

(2) 생산기간

① 단기(Short-run) : 고정투입요소가 존재하는 기간으로, 일반적으로 자본을 고정요소로 고려

② 장기(Long-run) : 모든 투입요소가 가변투입요소인 기간으로, 노동력과 자본 모두 가변요소로 고려

(3) 생산함수

① 단기생산함수 : 고정투입요소로 자본($\overline{K}$)이 사용되는 생산함수

$$Q = f(L, \overline{K})$$

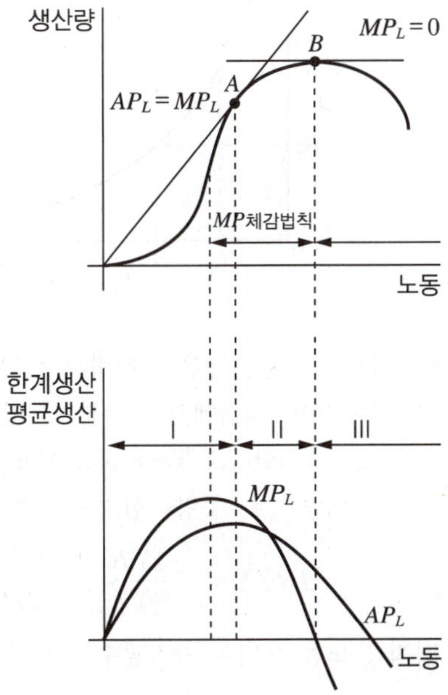

- 총생산물 : 단기생산함수를 통해 얻어지는 총생산곡선(TP; Total Product Curve)상의 최대생산량
- 한계생산물(MP_L) : 노동을 한 단위 투입하였을 때 증가하는 생산량으로, 기하학적으로 총생산곡선의 접선의 기울기를 의미함

$$MP_L = \frac{(\text{생산량의 변화})}{(\text{노동투입량의 변화})} = \frac{\Delta Q}{\Delta L}$$

PART 2

- 평균생산물(AP_L) : 투입한 노동의 한 단위당 생산량으로, 기하학적으로 원점에서 총생산물곡선에 그은 직선의 기울기를 의미함

$$AP_L = \frac{(\text{생산량})}{(\text{노동투입량})} = \frac{Q}{L}$$

- 한계생산물체감의 법칙(수확체감의 법칙) : 노동 투입량이 증가할수록 노동의 한계생산물이 증가하다가 일정시점 이후에 도리어 감소하는 현상으로, 단기에만 성립함

② 장기생산함수 : 가변투입요소로 노동(L), 자본(K)이 사용되는 생산함수

$$Q = f(L, K)$$

2. 장기생산함수

(1) 등량곡선

동일한 생산량을 가져다주는 생산요소투입량의 조합으로 구성된 집합을 나타내는 곡선

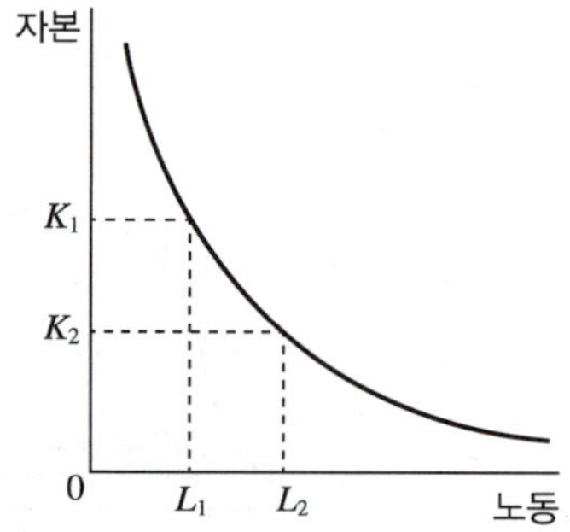

① 등량곡선의 특징

- 생산요소 간 대체가 발생하므로 등량곡선은 우하향하는 그래프 형태를 가지며 교차할 수 없음
- 등량곡선은 원점에 대해 볼록하며, 원점에서 멀수록 더 많은 생산량을 나타냄

② 한계기술대체율(MRTS; Marginal Rate of Technical Substitution) : 노동 한 단위를 투입하기 위해 포기해야 하는 자본의 투입량으로, 등량곡선의 접선의 기울기를 나타냄

$$MRTS = -\frac{\Delta K}{\Delta L} = \frac{MP_L}{MP_K}$$

③ 한계기술대체율체감의 법칙 : 노동 투입이 증가할수록 자본의 투입량이 감소하는 현상

(2) 규모에 대한 수익

구분	생산량	등량곡선의 간격
수익체증(IRS)	$f(aL, aK) > af(L, K)$	점점 좁아짐
수익불변(CRS)	$f(aL, aK) = af(L, K)$	일정함
수익체감(DRS)	$f(aL, aK) < af(L, K)$	점점 넓어짐

(3) 등비용곡선

주어진 수준의 총지출에 의해 구입 가능한 생산요소의 조합들로 구성된 집합을 나타내는 곡선

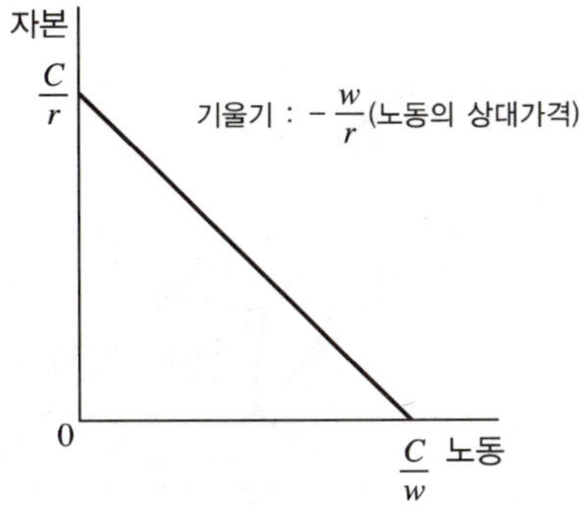

Level UP+

등비용곡선의 변화

- 평행이동 : 총지출이 변화하는 경우 등비용곡선은 평행이동함
- 회전이동 : 임금이 변화하는 경우나 이자율이 변화하는 경우 등비용곡선은 회전이동함

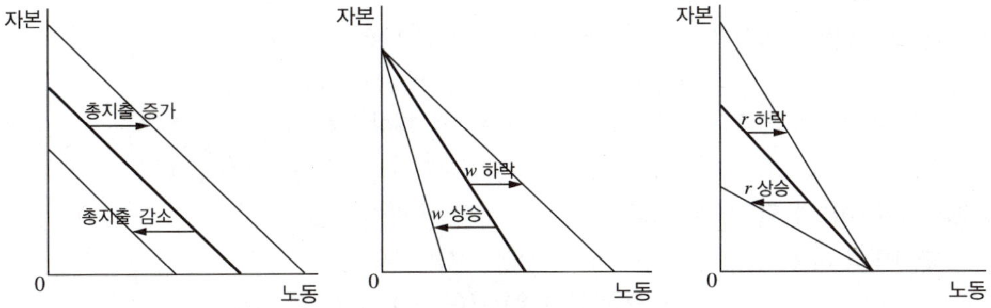

[총지출의 변화] [임금의 변화] [이자율의 변화]

3. 생산자균형

(1) 생산자균형

① 등비용곡선과 등량곡선이 만나는 지점에서 생산자균형점이 형성되며 기하학적으로 등비용곡선의 접선의 기울기와 등량곡선의 기울기가 일치하는 지점에서 생산자균형이 형성됨

② 한계생산균등의 법칙 : 노동 구입에 사용된 1원당 노동의 한계생산이 자본 구입에 사용된 1원당 자본의 한계생산과 같아야 비용이 최소화된다는 법칙

$$\frac{MP_L}{w} = \frac{MP_K}{r}$$

(2) 확장경로

지출액의 변화에 따른 생산자균형점을 구해 연결한 곡선으로, 생산량 증가에 따른 비용최소화 궤적을 의미함

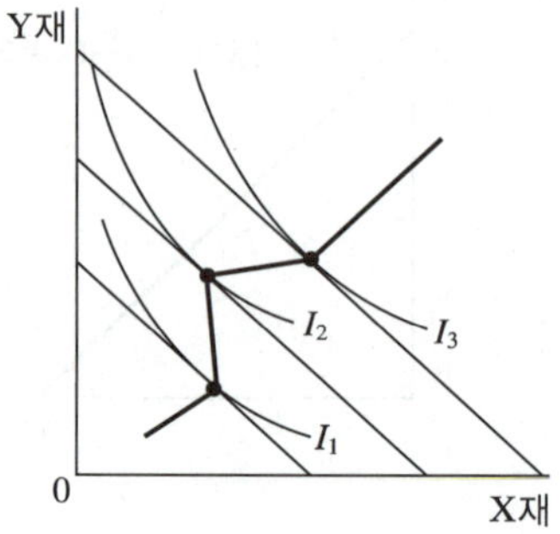

4. 비용이론

(1) 경제적 비용과 회계적 비용

① 경제적 비용 : 명시적 비용과 암묵적 비용을 합한 비용

(경제적 비용)=(명시적 비용)+(암묵적 비용)

② 회계적 비용 : 명백한 현금지출인 명시적 비용을 대상으로 함

(2) 경제학적 이윤과 회계학적 이윤

① 경제학적 이윤 : 총수입에서 경제적 비용을 제한 비용

(경제학적 이윤)=(총수입)−(경제적 비용)

② 회계학적 이윤 : 총수입에서 명시적 비용을 제한 비용

(회계학적 이윤)=(총수입)−(명시적 비용)

(3) 고정비용과 가변비용

① 고정비용 : 기업의 생산량과 무관하게 발생하는 비용 예 공장설비, 임대료 등

② 가변비용 : 기업의 생산량과 비례하여 발생하는 비용 예 인건비, 저장료 등

TOPIC 03 연습문제

Keyword | 단기생산함수의 이해

01 **다음 중 생산자의 단기생산활동에 대한 설명으로 가장 적절한 것을 〈보기〉에서 모두 고르면?**

> 보기
>
> ㉠ 가변요소의 투입량이 증가하면, 평균생산물은 증가하다가 감소한다.
> ㉡ 가변요소의 투입량이 증가하면, 한계생산물은 지속해서 증가한다.
> ㉢ 수확체감의 법칙은 한계생산물이 감소하는 구간에서 성립한다.
> ㉣ 평균생산물이 증가하는 구간에서 한계생산물은 평균생산물보다 작다.

① ㉠, ㉢
② ㉡, ㉢
③ ㉡, ㉣
④ ㉢, ㉣

해설

㉠ 단기생산함수의 가변요소는 노동(L)으로, 노동투입량에 따라 총생산곡선은 증가하다가 감소한다.
㉢ 수확체감의 법칙(한계생산물체감의 법칙)은 단기생산활동에서 초기 일정시점까지 노동투입량이 증가할수록 노동의 한계생산물이 증가하지만 일정시점 이후 도리어 감소하는 현상을 말한다.

오답분석

㉡ 단기생산함수의 가변요소는 노동으로, 노동투입량이 증가하면 한계생산물, 즉 총생산곡선의 접선의 기울기는 증가하다가 감소한다.
㉣ 평균생산물이 증가하는 구간에서는 한계값이 평균값보다 크나, 평균생산의 최대점 우측에서는 한계값이 평균값보다 작다.

정답 ①

Keyword | 수확체감법칙의 이해

02 **다음 중 수확체감의 법칙이 적용되고 있는 생산활동에서 가변생산요소의 투입이 한 단위 더 증가했을 때의 변화에 대한 설명으로 가장 적절한 것은?**

① 총생산물은 반드시 감소한다.
② 평균생산물은 반드시 감소하지만 한계생산물은 증가할 수도, 감소할 수도 있다.
③ 한계생산물은 반드시 감소하지만 총생산물은 반드시 증가한다.
④ 한계생산물은 반드시 감소하지만 평균생산물은 증가할 수도, 감소할 수도 있다.

해 설

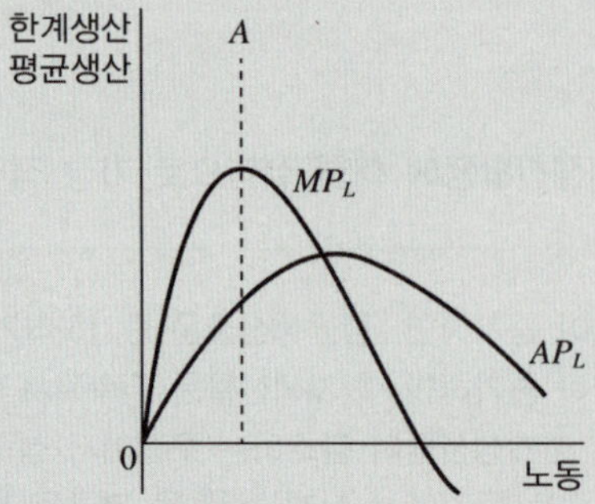

A의 우측이 수확체감의 법칙이 적용되는 영역이며, 이 구간에서 평균생산물은 증가하다가 감소한다. 한계생산물이 0 이하인 경우 총생산물은 감소한다.

오답분석

①·③ 한계생산물이 (−)인 경우에만 총생산물이 감소한다.
② 평균생산물은 증가하다가 원점에서 총생산곡선에 접하는 접선과의 접점을 지난 이후 감소한다.

정답 ④

Keyword | 생산자균형과 확장경로의 응용

03 **어느 기업의 확장경로는 원점을 지나는 직선 형태로 나타나는데, 생산량 Q를 10단위씩 증가시켜 60까지 늘려감에 따라 원점에서부터 거리를 표시하면 다음과 같을 때, 생산량 증가에 따른 규모에 대한 수익 변화를 바르게 설명한 것은?**

Q	10	20	30	40	50	60
거리	5	10	14	16	21	28

① 체감하다가 불변이 된다.
② 체증하다가 불변이 된다.
③ 체감하다가 체증한다.
④ 체증하다가 체감한다.

해 설

확장경로는 생산량 증가에 따른 비용최소화 궤적을 나타낸 곡선으로, 지출액변화에 따른 생산자균형점을 구해 연결한 것이다. 원점으로부터의 거리를 통해 최적조합을 나타내고 있으며, 생산량이 10씩 일정하게 증가함에 따라 거리의 변화량은 '5－4－2－5－7'로 감소하다가 증가하는 경향을 보이고 있다.

정답 ③

참고

생산자균형점은 등비용곡선과 등량곡선이 만나는 지점에서 형성되며 기하학적으로 등비용곡선의 접선의 기울기와 등량곡선의 기울기가 일치하는 지점에서 형성된다. 문제에서는 원점으로부터의 거리를 통해 생산량에 따른 생산자균형점을 제시하고 있다.

Keyword | 한계생산량의 계산

04 단기에 A기업의 생산함수는 $Q=f(L, \overline{K})$이다. 노동투입량이 15명일 때 평균생산량은 50개였고, 1명을 더 고용하자 생산량이 47개로 감소하였다. 이때, 노동투입의 한계생산량은 얼마인가?

① 1개 ② 2개
③ 3개 ④ 4개

해설

평균생산물(AP_L)은 노동 한 단위당 생산량으로 다음과 같이 재표현될 수 있다.

$$AP_L=\frac{(\text{생산량})}{(\text{노동투입량})}=\frac{Q}{L} \rightarrow Q=L\times \mathrm{AP_L}$$

따라서 노동투입 전 총생산량(Q_0)은 $Q_0=15\times50=750$개, 노동투입 후 총생산량(Q_1)은 $Q_1=16\times47=752$개이다.

즉, 노동투입에 따른 생산량의 변화(ΔQ)는 $\Delta Q=752-750=2$개이고, 노동투입량의 변화(ΔL)는 1개이므로 노동투입의 한계생산량(MP_L)은 2개이다.

정답 ②

참고 한계생산물의 계산

$$MP_L=\frac{(\text{생산량의 변화})}{(\text{노동투입량의 변화})}=\frac{\Delta Q}{\Delta L}$$

Keyword | 경제학적 이윤의 계산

05 A씨는 월급 250만 원을 받던 직장에서 350만 원의 월급을 제시하며 퇴직하지 말라는 제안을 거절하고 화원을 차렸다. 화원의 한 달 수입은 1,550만 원이고, 가게 임대료가 300만 원, 화분과 흙 등 재료비가 한 달에 250만 원이 지출된다. 여기에 종업원 1명을 고용하는 데 200만 원의 인건비가 들어간다. A씨의 경제학적 이윤은 얼마인가?

① 450만 원 ② 400만 원
③ 350만 원 ④ 300만 원

해설

- 명시적 비용 : 300+250+200=750만 원
- 암묵적 비용 : 350만 원

∴ (경제학적 이윤)=1,550−(750+350)=450만 원

정답 ①

참고 경제학적 이윤과 회계학적 이윤

- 경제학적 이윤 : 총수입에서 경제적 비용을 제한 비용
  (경제학적 이윤)=(총수입)−(경제적 비용)
- 회계학적 이윤 : 총수입에서 명시적 비용을 제한 비용
  (회계학적 이윤)=(총수입)−(명시적 비용)

PART 2

06 다음 중 규모에 대한 수익체감을 나타내는 등량곡선은 무엇인가?

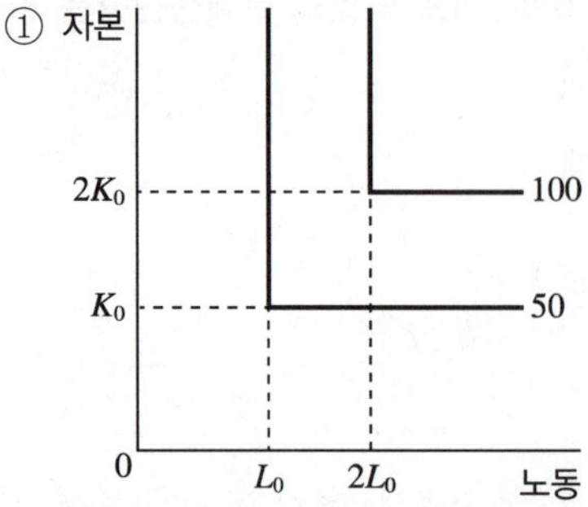

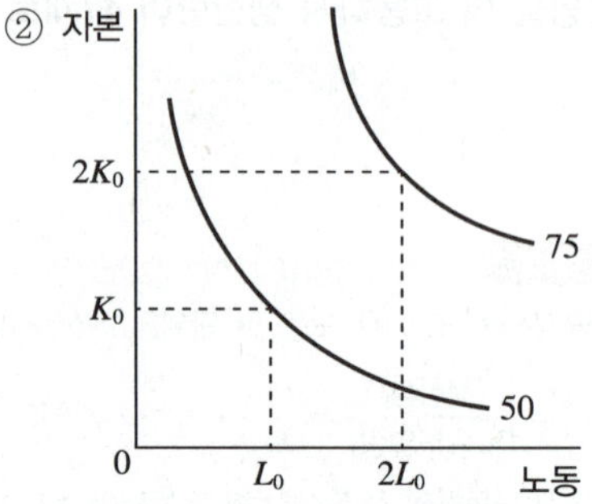

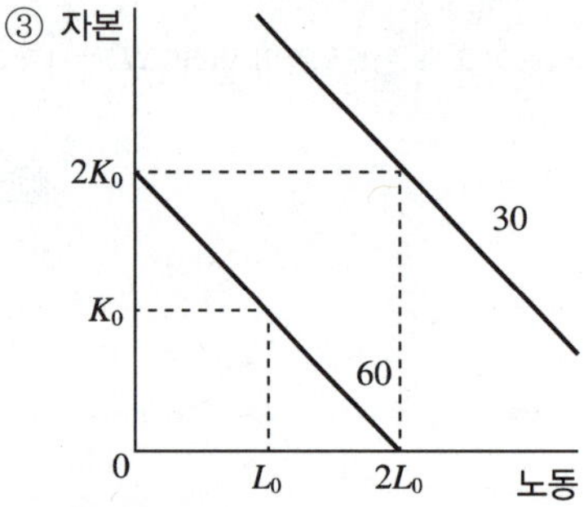

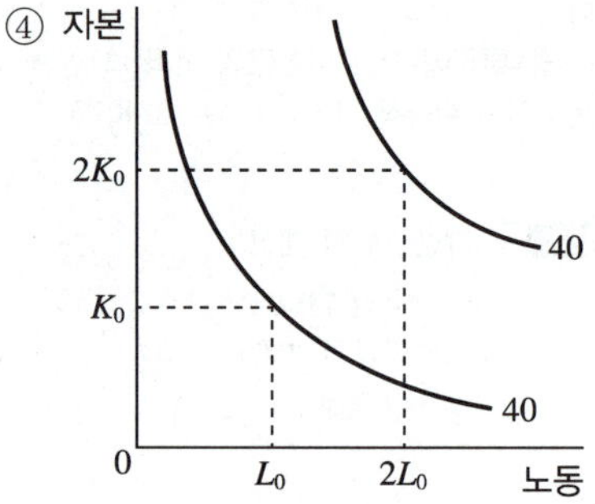

해설

규모에 대한 수익체감은 생산요소의 투입량을 a배 늘렸을 때, 생산량이 a배 이하로 증가하는 경우를 말한다. 따라서 생산요소의 투입량이 2배가 되었음에도 생산량이 1.5배 증가한 ②가 정답이다.

정답 ❷

참고

구분	생산량	등량곡선의 간격
수익체증(IRS)	$f(aL, aK) > af(L, K)$	점점 좁아짐
수익불변(CRS)	$f(aL, aK) = af(L, K)$	일정함
수익체감(DRS)	$f(aL, aK) < af(L, K)$	점점 넓어짐

TOPIC 04 시장이론

1. 기업의 이윤극대화

(1) 수입

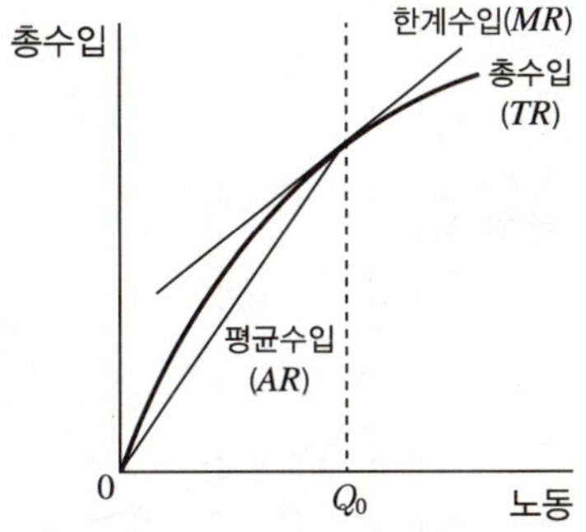

① 총수입(TR; Total Revenue) : 재화나 서비스의 판매를 통해 벌어들인 전체 수입

$$TR = Q \times P$$

② 평균수입(AR; Average Revenue) : 전체 판매량에 대한 판매량 한 단위당 수입

$$AR(Q) = P(Q)$$

③ 한계수입(MR; Marginal Revenue) : 판매량 한 단위가 증가할 때 추가적으로 얻는 수입

$$MR(Q) = P(Q) + \frac{dP}{dQ}Q$$

(2) 이윤극대화 조건

시장구조(완전경쟁, 독점, 과점, 독점적 경쟁 등)에 관계없이 항상 성립하는 이윤극대화 조건

① 제1조건 : $MR = MC$

② 제2조건 : 한계비용곡선의 기울기 > 한계수입곡선의 기울기

※ 제2조건은 한계비용곡선(MC)이 한계수입곡선(MR)을 아래에서 위로 관통하는 지점과 같음

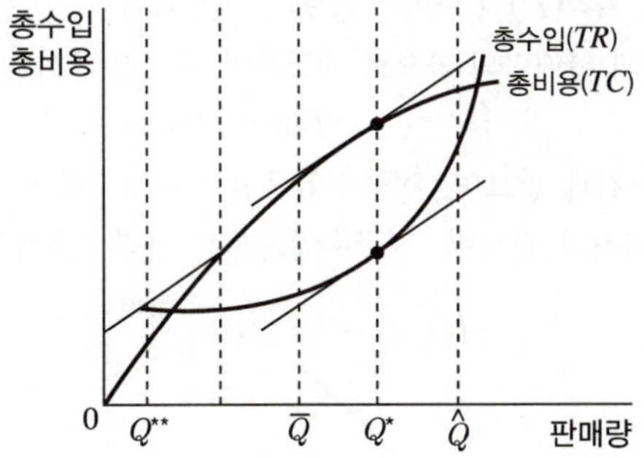

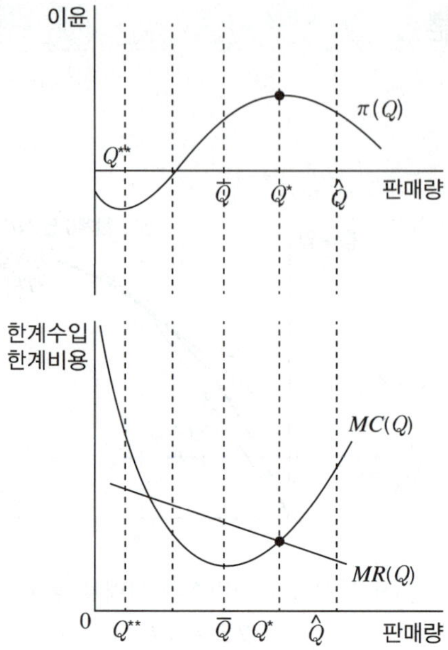

2. 완전경쟁시장

(1) 완전경쟁시장

① 수많은 수요자와 공급자가 주어진 시장가격하에서 동질적인 재화와 서비스를 사고파는 시장

② 완전경쟁시장의 특징

- 동질적인 재화나 서비스를 생산하여 시장가격에 영향을 미칠 수 없는 가격수용자로 구성
- 시장진입과 퇴출 및 재화와 생산요소의 자유로운 이동
- 시장 내 수요자와 공급자는 상품에 대한 완전한 정보와 지식을 갖추고 있음

(2) 완전경쟁시장의 단기균형

① 완전경쟁기업의 수입 : 가격(P)의 변화가 없으며, 개별기업의 입장에서는 $P = AR = MR$이 성립함

- 총수입(TR) : 가격과 판매량의 곱으로 계산하며, 총수입곡선은 원점에서 출발하는 우상향의 직선

$$TR = P \times Q$$

- 평균수입(AR) : 가격과 같으며, 평균수입곡선은 가격수준에서 수평선
- 한계수입(MR) : 가격과 같으며, 평균수입곡선은 가격수준에서 수평선

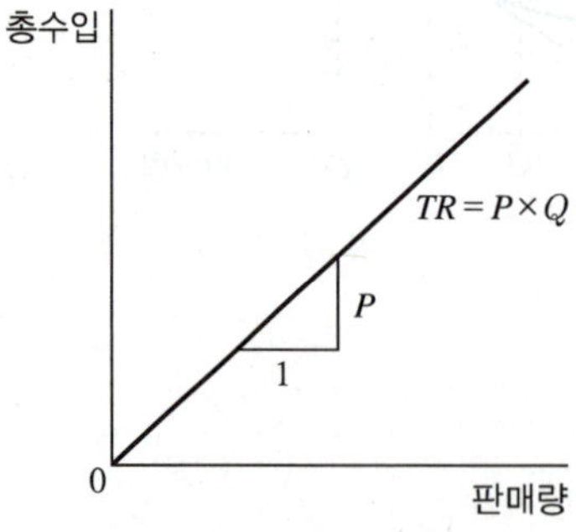

[경쟁기업의 총수입곡선]

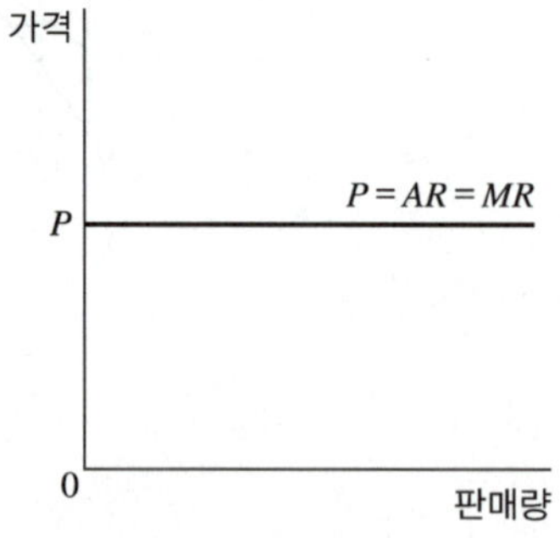

[경쟁기업의 평균수입곡선]

② 완전경쟁시장의 수요곡선 : 우하향 형태의 일반적인 수요곡선

③ 단기수요곡선과 단기공급곡선

- 완전경쟁기업의 단기수요곡선 : 시장가격수준에서 수평선
- 완전경쟁기업의 단기공급곡선 : 평균가변비용곡선의 최저점을 상회하는 우상향의 한계비용곡선

Level UP+

완전경쟁시장에서 개별기업의 수요곡선

시장가격수준에서 수평선이라는 것은 시장가격수준에서 가격을 아주 조금만 올려도 수요량이 0이 되는 완전탄력적 수요이며, 시장가격수준에서 판매량이 무한할 수도 있다는 것을 뜻함

④ 완전경쟁시장의 이윤극대화 생산량 결정 : 이윤극대화 조건에 따라 $MR = MC$인 지점에서 결정

⑤ 완전경쟁기업의 단기균형 : 단기수요곡선과 한계비용곡선(단기공급곡선)이 만나는 지점에서 형성

PART 2

(3) 완전경쟁시장의 장기균형

① 완전경쟁기업의 장기공급곡선 : 평균비용곡선의 최저점을 상회하는 우상향의 한계비용곡선

② 완전경쟁기업의 장기균형 : 한계수입과 장기한계비용, 장기평균비용이 만나는 지점에서 형성

Level UP+

단기균형에서 장기균형으로의 조정

단기의 초과이윤 발생으로 신규기업이 진입하고 기존기업은 설비를 확대하여 시장공급량이 증가하게 된다. 이에 따라 시장가격이 하락하여 단기 손실이 발생하고 기존기업이 퇴출되는 동시에 설비가 축소되어 시장공급량이 감소한다. 이로 인해 시장가격이 상승하고 장기균형에 도달하게 된다.

장기균형의 조건

다음 조건을 만족해야 함

$$P = SAC = LAC = SMC = LMC$$

③ 완전경쟁시장의 장기균형 평가

- 장기무이윤현상 : 장기균형에 도달한 상태에서는 어떠한 기업도 정상이윤만 획득하게 됨
- 자원배분의 비효율이 발생하지 않으며, 모든 사회적 잉여가 소비자에게 귀속되는 시장을 형성

3. 독점시장과 불완전경쟁시장

(1) 독점시장

① 대체재가 존재하지 않는 상품에 대해 어느 한 생산자가 공급을 전담하는 시장

② 독점의 발생원인

- 생산요소의 독점 : 한 기업이 생산에 필요한 생산요소를 독점하는 경우
- 규모의 경제 : 규모의 경제가 존재하는 경우 경쟁기업을 시장에서 제거할 수 있음
- 특허제도 : 정부의 특허제도를 통해 독점이익을 누릴 수 있도록 보장

③ 독점시장의 특징 : 독점기업들은 가격설정자로 활동함

- 독점기업의 수요곡선 : 경쟁기업이 없기 때문에 시장전체의 수요곡선과 같음
- 독점기업의 공급곡선 : 존재하지 않으며, 공급량은 수요곡선상에서 공급자가 결정함

④ 독점기업과 가격차별 : 동일한 상품에 상이한 가격을 책정하는 독점기업의 가격책정방식

- 3급 가격차별 : 수요곡선의 탄력성에 따라 시장을 분할하여 다른 가격을 부과하는 가격차별
  예 수험생 할인, 여성 할인, 쿠폰 보유자 할인 등
- 2급 가격차별 : 제품의 구매량에 따라 단위당 다른 가격을 부과하는 가격차별
  예 1+1 할인, 동반 시술 할인, 5개 구매 시 10% 할인 등
- 1급 가격차별 : 모든 소비자의 수요곡선을 바탕으로 상품을 1단위씩 분리하여 각각의 소비자가 지불할 의사가 있는 가장 높은 가격에 판매하는 가격차별

※ 사회적 잉여는 완전경쟁시장일 때와 같으나 소비자잉여는 모두 공급자잉여에 흡수됨

Level UP+

독점의 규제

가격규제와 조세부과를 통해 기업의 독점을 규제함

<table>
<tr><th colspan="2">구분</th><th>이윤극대화 조건의 변화</th><th>효과</th><th>평가</th></tr>
<tr><td colspan="2">가격규제</td><td>한계비용수준의 가격상한 설정</td><td>가격 하락
생산량 증가</td><td>자연독점의 경우 손실가능성 존재</td></tr>
<tr><td rowspan="3">조세부과</td><td>종량세</td><td>평균비용 상승
한계비용 상승</td><td>가격 상승
생산량 감소
독점이윤 감소</td><td>자원배분 왜곡에 따른 비효율 발생</td></tr>
<tr><td>정액세</td><td>평균비용 상승
한계비용 불변</td><td rowspan="2">가격 불변
생산량 불변
독점이윤 감소</td><td rowspan="2">독점이윤을 제거하여
분배측면은 개선 가능</td></tr>
<tr><td>이윤세</td><td>변화 없음</td></tr>
</table>

(2) 과점시장

① 소수의 기업이 유사하거나 동일한 상품을 공급하는 시장으로 복점, 순수과점, 차별화된 과점으로 구분

② 과점시장의 특징

- 상호의존성 : 과점시장은 소수의 기업들이 경쟁하는 시장으로 담합의 유인이 존재함
- 비가격경쟁 : 시장점유율을 높이기 위해 가격 외의 요인으로 경쟁을 함 예 광고, 차별화 등
- 진입장벽 : 독점시장만큼은 아니지만 상당한 진입장벽이 존재함

(3) 독점적 경쟁시장

① 완전경쟁의 요인들과 독점의 요인들을 모두 갖춘 시장

② 독점적 경쟁시장의 특징

- 다수의 생산자 : 다수의 기업이 밀접한 대체재를 공급하여 수요곡선은 탄력적임
- 제품차별화 : 차별화된 재화를 공급하여 기업이 가격결정자가 되므로 수요곡선은 우하향함
- 낮은 진입장벽 : 시장의 진입과 퇴출이 자유로워 장기이윤은 항상 0임
- 사회적 낭비 초래 : 가격보다 주로 비가격경쟁이 이루어짐

4. 게임이론

(1) 우월전략균형

① **우월전략** : 상대방의 전략에 상관없이 자신의 전략 중 자신의 보수를 극대화하는 전략

② **우월전략균형** : 경기자들의 우월전략의 배합

예 용의자 A와 B의 우월전략이 다음과 같을 때,

용의자 B / 용의자 A	자백	부인
자백	(−5, −5)	(−1, −10)
부인	(−10 , −1)	(−2, −2)

- 용의자 A가 자백, 용의자 B가 부인하는 경우 용의자 A는 −1의 자원을, 용의자 B는 −10의 자원을 배분받음
- 용의자 A는 용의자 B가 자백하던 하지 않던 간에 자백하는 경우에 얻는 자원의 이득이 더 크므로 용의자 A의 우월전략은 자백하는 것
- 용의자 B도 마찬가지로 용의자 A가 자백하든, 자백하지 않든 간에 자백하는 경우에 얻는 자원의 이득이 더 크므로 용의자 B의 우월전략도 자백하는 것
- 두 용의자가 모두 자백하는 경우 우월전략균형을 이룸

(2) 내쉬균형

① **내쉬균형** : 상대방의 전략에 따라 자신의 이익을 극대화하는 전략을 취하여 이루는 균형

예 용의자 A와 B의 우월전략이 다음과 같을 때,

구분		용의자 B	
		자백	부인
용의자 A	자백	(−5, −5)	(−1, −10)
	부인	(−10, −1)	(−2, −2)

- 두 용의자가 모두 자백하는 경우 우월전략균형이자 내쉬균형을 이룸

Level UP+

내쉬균형

내쉬균형은 경우에 따라 존재하지 않을 수도, 복수로 존재할 수도 있음

• 내쉬균형이 존재하지 않는 경우

구분		B	
		야구	영화
A	야구	(3, 2)	(1, 3)
	영화	(1, 1)	(3, −1)

– A는 B가 야구를 선택하는 경우 야구를, 영화를 선택하는 경우 영화를 선택하는 것이 우월전략임
– B는 A가 야구를 선택하는 경우 영화를, 영화를 선택하는 경우 야구를 선택하는 것이 우월전략임
– 따라서 이 경우에 우월전략균형도, 내쉬균형도 존재하지 않음

• 내쉬균형이 복수로 존재하는 경우

구분		B	
		야구	영화
A	야구	(3, 2)	(1, 1)
	영화	(1, 1)	(2, 3)

– A는 B가 야구를 선택하는 경우 야구를, 영화를 선택하는 경우 영화를 선택하는 것이 우월전략임
– B는 A가 야구를 선택하는 경우 야구를, 영화를 선택하는 경우 영화를 선택하는 것이 우월전략임
– 따라서 이 경우에 우월전략균형은 존재하지 않지만 내쉬균형은 (야구, 야구), (영화, 영화)가 존재함

② **우월전략균형과의 관계** : 우월전략균형은 반드시 내쉬균형이나, 내쉬균형은 우월전략균형이 아닐 수 있음

③ **내쉬균형의 한계** : 협력의 가능성이 있는 게임과 순차게임을 설명하지 못함

TOPIC 04 연습문제

Keyword | 이윤극대화 조건

01 **다음 중 이윤극대화 조건으로 가장 적절한 것은?**

① 한계수입이 한계비용보다 크다.

② 한계비용이 한계수입보다 크다.

③ 총수입과 총비용 사이의 차이가 가장 크다.

④ 총수입과 총비용이 일치한다.

해설

총이윤은 총수입과 총비용의 차이로 얻어지므로 그 차이가 가장 클 때 이윤이 극대화된다.

이윤극대화 조건

- 제1조건 : $MR=MC$
- 제2조건 : 한계비용곡선의 기울기>한계수입곡선의 기울기

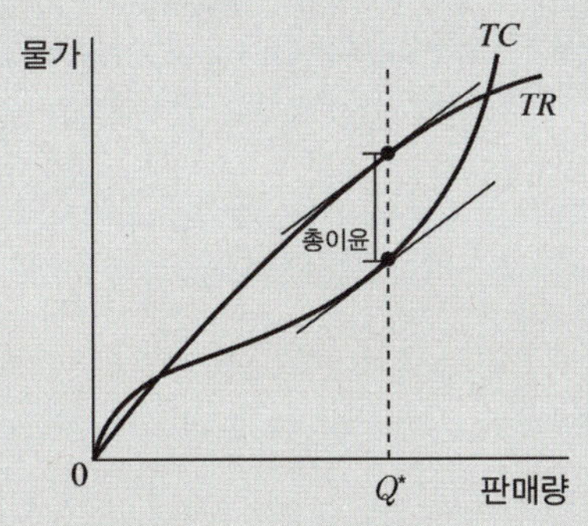

오답분석

①·② 한계비용과 한계수입이 같을 때에 이윤이 극대화된다.

④ 총수입과 총비용이 일치하면 이윤은 0이 된다.

정답 ③

PART 2

Keyword | 완전경쟁시장과 독점적 경쟁시장의 특징

02 다음 중 완전경쟁시장과 독점적 경쟁시장에 공통으로 해당하는 설명으로 가장 적절한 것은?

① 가격이 한계비용과 같다.
② 단기균형에서 기업의 초과이윤은 0이다.
③ 산업에의 진입과 퇴출이 자유롭지 못하다.
④ 장기균형에서 기업의 초과이윤은 0이다.

해설

장기균형에 도달한 상태에서는 어떠한 기업도 정상이윤만 획득하게 되는 장기무이윤현상으로 인해 초과이윤이 발생하지 않는다.

오답분석

① 완전경쟁의 경우 항상 가격과 한계비용이 같지만, 독점적 경쟁의 경우 항상 가격이 한계비용보다 높다.
② 단기에는 완전경쟁기업과 독점기업 모두 초과이윤을 얻을 수도, 손실을 입을 수도 있다.
③ 완전경쟁시장과 독점적 경쟁시장 모두 산업에의 진입과 퇴출이 자유롭다.

정답 ④

Keyword | 완전경쟁기업의 특징

03 다음 중 단기의 완전경쟁기업에 대한 설명으로 가장 적절한 것은?

① 시장가격보다 높은 가격을 책정해도 시장점유율은 존재한다.
② 일정 생산량수준을 초과하여 공급하는 경우에 총수입은 오히려 감소한다.
③ 완전경쟁기업의 경우 한계수입과 가격은 일치하지만 평균수입과는 일치하지 않는다.
④ 시장수요곡선은 우하향의 수요곡선이다.

해설

완전경쟁기업은 가격수용자로 행동하므로 수평적인 수요곡선을 인식하지만, 완전경쟁시장의 수요곡선은 일반적인 형태인 우하향 수요곡선 형태이다.

오답분석

① 완전경쟁기업이 받아들이는 수요곡선은 시장가격수준에서 완전탄력적으로, 시장에서 형성된 가격을 받아들인다면 그 가격에서는 모두 판매할 수 있다는 것을 뜻하지만, 그렇지 않다면 판매량이 0이 된다. 따라서 시장점유율은 0이다.
② 완전경쟁시장에서의 완전경쟁기업은 가격수용자이므로 생산량수준과 무관하게 일정한 가격을 책정한다. 따라서 총수입은 생산량과 정비례하므로 총수입은 감소하지 않는다.
③ 가격수용자가 갖는 특성에 의해 한계수입과 평균수입 모두 가격과 일치하게 된다. 즉, $P=MR=AR$이 성립하고, 이윤극대화를 이루는 경우 $MR=MC$이므로 $P=MR=AR=MC$가 성립한다.

정답 ④

Keyword | 독점의 발생원인

04 **다음 중 독점이 발생하는 원인으로 적절하지 않은 것은?**

① 규모의 경제
② 협소한 시장규모
③ 특허권 만료
④ 생산요소의 독점적 소유

해설

진입장벽은 독점이 발생하는 주요 원인이다. 진입장벽으로 인해 새로운 시장참여자가 시장으로 진입하지 못하면서 독점이 형성되고 독점구조는 더욱 강화된다. 따라서 특허권의 만료는 새로운 시장참여자의 유입을 유인하는 요소로 작용하므로 진입장벽이 낮아지는 이유로 볼 수 있다. 진입장벽을 높이는 요소로는 규모의 경제, 협소한 시장규모, 특허제도(정부의 독점권 부여), 생산요소의 독점적 소유 등이 있다.

오답분석

① 규모의 경제가 존재하면 경쟁기업 대비 낮은 비용으로 상품의 생산이 가능해지므로 경쟁자들의 유입이 어려워지고 독점구조를 강화할 수 있다.
② 시장이 협소할 경우 이미 형성된 네트워크를 새로운 시장참여자가 뚫기 어렵기 때문에 독점구조가 쉽게 형성된다.
④ 생산요소를 독점하게 되면 해당 제품을 만들 수 있는 기업이 없기 때문에 대체재가 없는 한 독점구조가 형성된다.

정답 ③

Keyword | 독점시장의 이해

05 **어떤 산업에서 노동과 자본투입량을 2배로 늘리면 산출량은 4배로 늘어난다고 한다. 이러한 산업에 대한 내용으로 가장 적절한 것을 〈보기〉에서 모두 고르면?**

보기

㉠ 규모의 경제가 존재한다.
㉡ 범위의 경제가 존재한다.
㉢ 자연독점이 존재한다.
㉣ 외부효과가 존재한다.

① ㉠, ㉡, ㉢
② ㉠, ㉡, ㉣
③ ㉠, ㉢, ㉣
④ ㉡, ㉢, ㉣

해설

규모의 경제를 이룬 상태로, 대체재가 존재하지 않는 한 경쟁기업을 시장에서 제거하여 가격설정자로서 생산활동을 할 수 있는 독점산업에 대한 내용이다.
㉠·㉡ 생산규모가 확대된 정도에 비해 산출량이 더 많이 늘었으므로 규모의 경제를 이룬 상태이다.
㉢ 규모의 경제는 독점시장의 발생원인 중에 하나이다.

오답분석

㉣ 독점시장에는 경쟁자 존재하지 않기 때문에 외부효과가 존재한다고 볼 수 없다.

정답 ①

Keyword | 우월전략균형과 내쉬균형

06 **경쟁관계에 있는 두 기업의 광고전략을 게임이론의 틀에서 생각해 보자. 두 기업은 각각 광고공세를 선택할 수도 있고, 광고를 자제하는 전략을 선택할 수도 있다. 이 게임은 1회만 행해지며 다음의 보수를 갖는다고 할 때, 다음 중 사실과 거리가 먼 것은?(단, 괄호 안의 왼쪽 값은 기업 A의 보수이고 오른쪽 값은 기업 B의 보수이다)**

구분		기업 B	
		자제	공세
기업 A	자제	(70, 80)	(30, 100)
	공세	(90, 40)	(70, 50)

① 내쉬균형은 두 기업 모두 공세를 펴는 것이다.
② 기업 A의 우월전략은 상대편의 전략에 관계없이 광고공세이다.
③ 기업 B는 기업 A가 광고를 자제할 때 광고를 자제하지 않아야 한다.
④ 이 게임의 파레토최적은 내쉬균형을 포함한다.

해 설

내쉬균형이란 상대방의 최적전략에 대한 자신의 최적전략의 조합이 균형이 되는 경우로 이때, 내쉬균형은 안정적이게 된다. 내쉬균형은 존재하지 않을 수도 있고, 둘 이상의 균형이 존재할 수도 있는데, 두 기업의 우월전략을 정리하면 다음과 같다.

• 기업 A의 우월전략

구분	기업 B	
	자제	공세
기업 A	공세(70<90)	공세(30<70)

• 기업 B의 우월전략

구분		기업 B
기업 A	자제	공세(80<100)
	공세	공세(40<50)

문제의 경우 기업 A의 우월전략은 공세이고 기업 B의 우월전략도 공세이다. 따라서 우월전략균형은 (공세, 공세)이다. 우월전략균형은 내쉬균형이며, 우월전략균형에서 두 기업의 보수의 합은 120이나, 이 균형은 파레토개선이 가능하여 파레토최적의 결과는 아니다.

정답 ④

참고 **파레토최적**

자원배분이 가장 효율적으로 이루어진 상태를 말하며, 파레토최적이 이루어지기 위해서는 생산의 효율과 교환의 효율에 대해 다음의 조건이 충족되어야 함

• 생산의 효율에 있어서 어떠한 재화의 생산량을 줄이기 위해서 다른 재화의 생산량을 감소시켜야 함
• 교환의 효율에 있어서 한 소비자의 효용을 증가시키기 위해서는 다른 소비자의 효용을 감소시켜야 함

Keyword | 가격차별화의 종류와 이해

07 다음 중 가격차별화 행위에 대한 설명으로 적절하지 않은 것은?

① 기업이 3급 가격차별을 하기 위해서는 소비자를 그룹별로 구분할 수 있어야 하며, 아울러 그룹별 소비자수요의 정보를 가지고 있어야 한다.

② 기업이 완전가격차별을 실시할 수 있다면 소비자잉여는 0이 된다.

③ 3급 가격차별의 이윤극대화점에서는 가격차별을 하려는 각 시장의 한계수입이 동일하도록 공급량이 결정된다.

④ 기업이 가격차별행위를 실시하는 경우 한계수입이 한계비용을 초과하는 수준에서 생산량을 설정할 수 있다.

PART 2

해설

3급 가격차별은 각 시장에서의 한계수입이 일치하도록 가격을 책정한다. 이때, 가격수준은 낮은 가격을 책정하고, 수요의 가격탄력성이 낮은 시장에 높은 가격을 설정한다.

오답분석

① 3급 가격차별을 하기 위한 전제조건이다.

② 완전가격차별(1급 가격차별)을 하는 경우 각각의 소비자에게 책정되는 가격은 그 소비자가 지불할 용의가 있는 최대금액으로 가격을 책정한다. 이 경우, 수요곡선은 한계수입곡선이 되며, 소비자잉여의 100%가 독점자에게 귀속된다.

③ 3급 가격차별은 각 시장에서의 한계수입이 일치하도록 가격을 책정한다.

정답 ④

참고 독점기업의 가격차별

- 3급 가격차별 : 수요곡선의 탄력성에 따라 시장을 분할하여 다른 가격을 부과하는 가격차별
  예 수험생 할인, 여성 할인, 쿠폰 보유자 할인 등
- 2급 가격차별 : 제품의 구매량에 따라 단위당 다른 가격을 부과하는 가격차별
  예 1+1 할인, 동반 시술 할인, 5개 구매 시 10% 할인 등
- 1급 가격차별 : 모든 소비자의 수요곡선을 바탕으로 상품을 1단위씩 분리하여 각각의 소비자가 지불할 의사가 있는 가장 높은 가격에 판매하는 가격차별

TOPIC 05 시장과 효율성

1. 일반균형이론과 자원배분의 효율성

(1) 일반균형론

경제 안의 모든 시장이 동시에 균형이 달성되는 상태(일반균형)에서 다음이 성립함

① 모든 소비자가 예산제약하에서 효용이 극대화되는 상품묶음을 선택함

② 모든 소비자가 원하는 만큼의 생산요소를 공급함

③ 모든 기업이 주어진 여건하에서 이윤을 극대화함

④ 주어진 가격체계하에서 모든 상품시장과 생산요소시장에서의 수요량과 공급량이 일치함

Level UP+

왈라스 법칙(Walras Law)

n개의 시장이 존재할 때, $(n-1)$개의 시장에서 동시에 균형이 달성되면, 나머지 한 시장은 자동으로 균형이 달성된다는 법칙

(2) 자원배분의 효율성

① **파레토효율(파레토최적)** : 하나의 자원배분상태에서 다른 사람에게 손해가 가지 않고서는 이득의 변화를 만들어 내는 것이 불가능한 상태로, 더 이상 파레토개선이 불가능한 자원배분상태를 말함

② **후생경제학의 제1정리** : A. Smith의 '보이지 않는 손'이 자원을 효율적으로 배분한다는 이론

- 한계 : 제반조건이 충족되지 않는 경우 시장실패가 나타나며, 완전경쟁시장의 조건은 현실에서 충족되기 어렵고, 자원배분의 효율성에 대해 말하는 것일 뿐 자원배분의 공평성과는 무관함

③ **후생경제학의 제2정리** : 정부개입의 이론적 근거와 기준을 제시하여 정부개입의 필요성을 설명함

(3) 시장실패와 정부실패

① **시장실패** : 공공재나 외부성 등으로 인하여 시장에 의한 자원배분이 효율성을 달성하지 못한 상태

- 시장실패의 원인 : 불완전경쟁(독점, 과점), 공공재(과소공급, 무임승차), 외부효과, 정보의 비대칭 등

② **정부실패** : 시장실패를 개선하기 위한 정부의 개입이 오히려 비효율성을 심화시키는 것

- 정부실패의 원인 : 제한된 정보, 정치적 과정에서의 제약, 관료제의 불완전한 통제, 공공선택의 문제 등

2. 공공재

(1) 재화의 분류

① **경합성** : 한 사람의 소비가 다른 사람의 소비가능성을 제한할 수 있는 성질

② **배제성** : 다른 사람이 소비하는 것을 배제할 수 있는 가능성

구분	경합성	비경합성
배제성	사적재	클럽재
비배제성	공유자원	공공재

(2) 공공재

경합성과 배제성이 없어 다른 사람의 소비를 방해하지 않으며, 대가를 지불하지 않아도 이용 가능한 재화

예 국방서비스, 치안서비스, 소방서비스, 사회복지서비스 등

(3) 무임승차자의 문제

① **무임승차자의 문제** : 무임승차로 인해 적절한 공공재의 공급이 이루어지지 않고, 결과적으로 과소생산되어 자원의 효율적인 배분이 이루어지지 못하는 문제가 발생

② **공공재의 적정공급** : 사적재와 달리 공공재는 이윤이 발생하지 않으므로 생산량을 조절할 지표가 존재하지 않고 모든 소비자들이 동일한 양을 사용하면서도 이에 대한 평가가 각기 다르기 때문에 개별수요곡선을 수직으로 합하여 수요곡선을 산출함

3. 외부효과

(1) 외부효과

어떤 경제주체의 행위가 다른 경제주체에게 긍정적 또는 부정적 영향을 미치나, 이에 대해 보상을 지급하거나 지급받지 않는 것을 말함

(2) 외부효과와 자원배분의 효율성

① **사회적 적정 생산량** : 사적 한계비용과 효용, 사회적 한계비용과 효용이 같은 가격수준에서의 생산량

$$SMB = PMB = \mathrm{P} = PMC = SMC$$

② **부정적 외부효과** : 경제활동 과정에서 악영향을 미치면서도 이에 대한 대가를 지불하지 않는 외부효과를 말하며, 이 경우의 사적 한계비용은 사회적 한계비용보다 작아 과대생산의 문제가 발생함

예 환경오염, 소음공해, 조망권 차단 등

$$SMB = PMB = \mathrm{P} = PMC < SMC$$

③ **긍정적 외부효과** : 경제활동 과정에서 순영향을 미치면서도 이에 대한 대가를 받지 않는 외부효과를 말하며, 이 경우의 사회적 편익이 사적 편익보다 높아 과소생산의 문제가 발생함

$$SMB > PMB = \mathrm{P} = PMC = SMC$$

(3) 외부효과의 해결방안

사적 해결방안	합병	외부효과가 내부화를 이룰 수 있음
	코즈의 정리	재산권이 명확하게 설정되어 있고, 거래비용이 발생하지 않거나 작다면 외부성에 대한 재산권의 귀속 여부와 관계없이 당사자 간의 자발적 협상에 의해 해결 가능함
공적 해결방안	조세·보조금	외부한계비용만큼의 조세·보조금을 지급하는 경우 사적 비용(효용)과 사회적 비용(효용)이 동일하게 되어 효율적인 자원배분이 달성됨
	오염배출권 제도	사회적 최적수준만큼의 오염허가권을 정부가 경매 등의 방법으로 시장에 유통시키는 경우 오염허가권 가격은 외부성의 외부한계비용만큼으로 결정되며, 자원배분의 효율성이 달성됨

4. 정보경제학

(1) 정보의 비대칭에 의한 문제

① 역선택 : 감춰진 특성에 대한 비대칭적 정보로 인해 정보를 갖지 못한 측이 교환에서 얻을 수 있는 최대한의 이익을 선택하지 못하는 것

② 도덕적 해이 : 감춰진 행동에 대한 비대칭적 정보하의 상황에서, 한 경제주체의 행위의 결과가 다른 경제주체에게 귀속됨에 따라 발생하는 경제주체의 부주의한 행동

③ 주인-대리인 문제 : 어떤 일을 위임한 사람과 위임받은 사람 간의 감춰진 행동으로 인해 발생하는 비효율

(2) 정보의 비대칭 해결방안

① 역선택

- Signaling : 신호는 감춰진 특성에 관한 관찰 가능한 지표로서, 정보를 보유한 측에서 적극적으로 정보를 알리려고 노력하는 것을 말함
- Screening : 정보를 보유하지 못한 측에서 불충분하지만 보유하고 있는 정보를 기초로 상대방의 감춰진 특성을 파악하는 행위
- Reputation : 정보를 보유한 측의 오랜 기간 일관된 행위를 기초로 획득되는 것으로, 정보를 보유하지 못한 측에게 신호로 작용함

② 도덕적 해이

- 공동보험제도 : 보험금 전액을 지불하지 않고 보험금의 일부를 보험가입자가 부담하도록 하는 제도

③ 주인 – 대리인 문제

- 스톡옵션 : 주식가격으로 많은 양의 자사 주식을 매입할 수 있는 제도

TOPIC 05 연습문제

Keyword | 시장실패의 원인

01 **다음 시장실패에 관한 대화에서 말하고 있는 내용이 잘못된 사람은 누구인가?**

> A : 시장실패의 원인으로는 무엇이 있을까?
> B : 독과점이 존재해서 시장실패를 야기하기도 해.
> C : 맞아. 그리고 공공재도 그럴 수 있는데, 시장가격이 형성되지 않으니까 자원이 효율적으로 배분되지 않아서 시장실패가 발생하는 경우도 있어.
> D : 그리고 공공재는 대가 없이도 사용 가능한 비경합적 특성 때문에 무임승차자 문제가 발생해서 결국 시장실패로 이어지는 경우가 많대.
> E : 흠, 그렇다면 무임승차자 문제로 인해 민간에서는 공공재를 공급하기 더욱 힘들겠네.

① B ② C
③ D ④ E

해설

공공재는 대가 없이 사용 가능한 비배제적 특성에 의해 무임승차자 문제가 발생한다.

정답 ③

참고 **공공재의 특성**

- 비경합성 : 한 사람의 소비가 다른 사람의 소비가능성을 제한하지 못하는 성질
- 비배제성 : 대가를 지급하지 않아도 해당 재화 소비에서 배제할 수 없는 특성

PART 2

Keyword | 시장실패와 정부실패의 원인

02 다음 중 시장실패와 정부실패에 대한 설명으로 적절한 것은?

① 재산권만 확립되어 있다면 거래비용의 크기에 관계없이 당사자 간 자발적인 협상을 통해 외부효과에 따른 시장실패를 해결할 수 있다.

② 정부의 개입과 사회후생 증대는 필요충분조건이다.

③ 외부효과는 시장실패의 주요 원인 가운데 하나이다.

④ 코즈의 정리에 의한 외부효과의 해결은 가장 현실적인 방법이다.

해 설

시장실패란 시장이 효율적으로 자원을 배분하지 못하는 상태를 말하며 불완전경쟁(독점, 과점 등), 외부효과, 공공재(과소공급, 무임승차), 정보의 비대칭성 등으로 인하여 발생한다.

오답분석

① 거래비용이 너무 크면 협상이 이루어지지 않으므로 외부효과를 해결할 수 없다.

② 시장실패로 인해 정부가 개입하는 경우 자원의 비효율적 배분이 개선되기도 하지만 오히려 악화되는 경우도 있다.

④ 코즈의 정리는 외부효과의 사적인 해결방법을 강조한 외부효과의 해결방안 중 하나로 소유권이 명확하게 정의되고, 협상과정에서의 거래비용이 발생하지 않는거나 작다면 소유권이 누구에게 귀속되는지와 무관하게 외부효과를 해결할 수 있다는 주장이다. 하지만 현실에서는 협상과정에서 거래비용이 많이 소요되기 때문에 현실적이라고 보기 어렵다.

정답 ③

Keyword | 역선택과 도덕적 해이의 구분

03 다음 중 역선택과 관련된 내용을 〈보기〉에서 모두 고르면?

보기

㉠ 자동차보험에 가입한 운전자가 위험한 운전을 하려고 한다.
㉡ 건강이 좋지 않은 사람이 민간 의료보험에 더 많이 가입한다.
㉢ 화재보험에 가입한 건물주가 화재예방에 신경을 덜 쓴다.
㉣ 사고의 위험이 높은 사람이 상해보험에 가입한다.

① ㉠, ㉢　　② ㉠, ㉣

③ ㉡, ㉢　　④ ㉡, ㉣

해 설

㉡·㉣ 역선택이란 감춰진 특성으로 인해 정보를 갖지 못한 측에서 불리한 선택을 하게 되는 현상을 말한다. 보기에서 건강이 좋지 않은 사람이 의료보험에 더 많이 가입하는 것이나, 사고의 위험이 높은 사람이 상해보험에 가입하는 것은 거래가 성사되기 전 감춰진 특성으로 인해 발생하는 역선택의 문제로 볼 수 있다.

오답분석

㉠·㉢ 도덕적 해이란 정보를 가진 측이 거래 후에 감춰진 행동으로 인해 정보를 갖지 못한 측에게 손해를 끼치는 행위를 말한다. 자동차보험 가입 후 위험한 운전을 즐기거나, 실업급여를 받은 후 구직활동을 성실하게 하지 않는 것은 거래가 성사된 후 위험에 대한 노출을 확대한 도덕적 해이와 관련된 설명이다.

정답 ④

Keyword | 재화의 구분과 공유지의 비극

04 **다음 사례에 나타난 현상에 대한 설명으로 적절하지 않은 것은?**

> A국은 해산물에 대한 급격한 수요증가로 어획량이 급증하였다. 이 때문에 주인이 없는 공해상에서의 어업활동이 급증하였고, 심지어는 치어까지 잡아들이는 일도 빈번하게 일어났다. 이러한 행위는 해산물에 대한 수요증가와 맞물려 계속되었고, 그 결과 공해상의 물고기 수가 현격히 줄어들었다.

① 공해에 대한 소유권 부여는 물고기 개체수가 현격히 줄어든 현상을 해결할 수 있다.
② 자원을 아껴 쓸 필요가 없을 때 이와 같은 현상이 발생한다.
③ 공해상의 물고기 수가 급감한 것은 공해상 어업활동의 소비과정에서 발생한 외부효과이다.
④ 공해상에서의 어업활동은 배제성은 있지만 경합성은 없다.

해설

주어진 사례는 공유지의 비극으로 공유자원의 무분별한 사용으로 인한 자원고갈현상을 묘사하고 있다. 공유자원은 경합성은 있으나 배제성이 없는 자원이다.

오답분석

①・② 공유자원은 소유권이 특정되지 않아 다른 사람의 소비를 제한할 수 없고, 자원의 양이 한정되어 있기 때문에 누군가의 소비로 인해 다른 누군가는 사용할 수 없다. 따라서 소유권을 명확히 설정하는 것으로 공유자원의 남용을 막을 수 있다.
③ 공유지의 비극현상은 제3자에게 손해를 끼칠 의도는 없었으나, 결과적으로 손해를 발생시키면서 아무런 대가도 지급하지 않는 부정적 외부효과로 볼 수 있다.

정답 ④

03 거시경제학

TOPIC 01 국가경제활동의 측정

1. 국내총생산

(1) 국내총생산(GDP; Gross Domestic Product)

일정 기간 한 국가 안에서 생산된 모든 최종생산물의 시장가치의 합으로 국적이 아닌 영토의 개념

① 일정 기간 : 유량의 개념으로 통상 1년을 기준으로 하며 분기·반기별로 측정하기도 함

② 한 국가 안에서 : 내국인이든 외국인이든 우리나라 국경 안에서 행하는 모든 생산활동을 포함함

③ 최종생산물 : 더 이상 다른 생산의 요소로 쓰이지 않고 그 자체로 소비되는 최종적인 재화 및 서비스

④ 시장가치의 합 : 시장에서 거래되는 상품의 시장에서 평가된 화폐액을 기준으로 측정함

(2) 명목 GDP와 실질 GDP

① 명목 GDP(Nominal GDP) : 화폐가치(물가)의 변동을 고려하지 않고 생산된 재화와 서비스의 가치를 해당 연도(시점)의 가격으로 계산한 GDP

$$\text{GDP}_{\text{nominal}} = \sum (Q_i \times P_i)$$

② 실질 GDP(Real GDP) : 화폐가치(물가)의 변동을 고려하여 생산된 재화와 서비스의 가치를 기준연도(시점)의 가격으로 계산한 GDP

$$\text{GDP}_{\text{real}} = \sum (Q_i \times \overline{P})$$

Level UP+

명목 GDP와 실질 GDP의 사용

당해 연도의 경제활동규모나 산업구조변동을 분석하기 위해서는 명목 GDP를 사용하지만, 국가경제가 장기적으로 얼마나 변동하는지 혹은 경제성장률이 얼마큼인지 확인하기 위해서는 실질 GDP를 사용해야 함

③ GDP 디플레이터 : 명목 GDP의 변화 중 물가상승에 의한 부분을 측정하는 척도

$$\text{GDP 디플레이터} = \frac{P_{\text{해당연도}}}{P_{\text{기준연도}}} \times 100$$

(3) 실제 GDP와 잠재 GDP

① 실제 GDP : 실제로 목격되는 모든 GDP를 말함
② 잠재 GDP : 생산요소를 정상적으로 이용할 때의 GDP를 말하며, 완전고용 GDP라고도 함
③ GDP 갭 : 한 경제가 모든 생산요소를 정상적으로 고용할 경우 달성할 수 있는 GDP와 현 시점에서 측정되는 GDP의 차이를 의미하며, 잠재 GDP와 실제 GDP의 차이로 계산함

$$GDP_{gap} = GDP_{potentioal} - GDP_{actual}$$

• GDP 갭이 (+)인 경우 경기불황을 의미하고, (−)인 경우 경기호황을 의미함

(4) GDP 삼면 등가의 원칙

국내총생산은 생산, 지출, 소득의 세 가지 측면에서 계산된 GDP의 값과 모두 일치한다는 원칙
① 시장에서 거래되는 최종생산물의 가치를 모두 더하면 국내총생산과 같음
② 각 경제주체들의 지출액을 합산한 총지출액과 국내총생산은 항상 같은 값을 가짐
③ 모든 경제주체들이 벌어들인 소득의 합인 총소득과 국내총생산은 항상 같은 값을 가짐

(5) 국내총생산의 한계

① 일관성의 결여 : 시장에서 거래되지 않는 재화나 서비스는 GDP에 포함되지 않음
예 가사도우미의 활동, 가정주부의 집안일 등
② 주관적인 만족도 : 시장가격을 기준으로 측정하기 때문에 주관적인 만족도를 반영하지 못함
③ 생산의 부작용 : 최종생산물의 가치만을 반영할 뿐 생산과정에서 발생하는 비효율은 담지 못함
④ 상품의 질 : 시장가치를 기준으로 삼기 때문에 상품의 질을 반영하지 못함

2. 국민총생산과 국민총소득

(1) 국민총생산(GNP; Gross National Product)

① 일정 기간 한 국가의 국민이 생산한 재화와 서비스의 시장가치의 합으로 영토가 아닌 국적의 개념
② 국내총생산과 국민총생산 : 국내총생산은 영토를 기준으로 하지만 국민총생산은 국적을 기준으로 하는 경제지표로 우리나라 국민이 우리나라 영토 안에서 생산한 재화와 서비스는 GDP와 GNP에 모두 포함되지만, 우리나라 국민이 외국에서, 외국인이 우리나라에서 생산하는 재화와 서비스는 각각 GNP와 GDP에만 포함됨

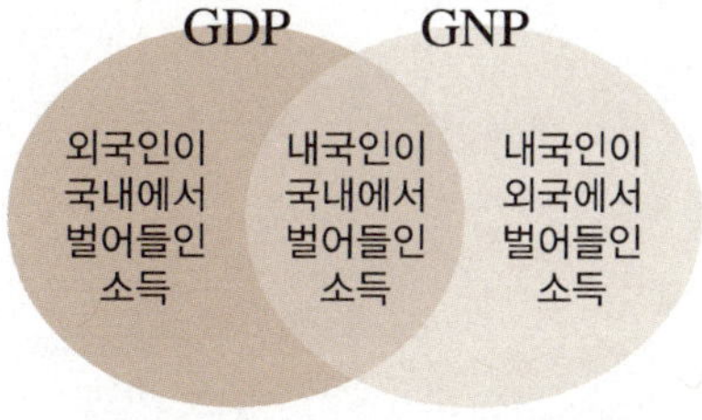

[국내총생산과 국민총생산 비교]

Level UP+

국민총생산과 국내총생산의 사용

급변하는 국제정세와 세계화로 인한 다국적 기업들의 두드러진 활동으로 인해 자국 내에서만 생산하는 것이 아닌 외국 현지에 공장을 짓고 직원을 고용하여 생산활동을 하는 기업이 많아지면서 GNP보다 GDP가 중요한 지표가 되었음

(2) 국민총소득(GNI; Gross National Income)

① 일정 기간 우리나라 국민이 국내외에서 벌어들인 소득의 합으로, 영토가 아닌 국적의 개념

② **국내총생산과 국민총소득** : 국내총생산은 영토를 기준으로 하지만 국민총소득은 국적을 기준으로 하는 경제지표로 우리나라 국민이 해외에서 벌어들인 소득은 GNI에는 포함되지만 GDP에는 포함되지 않으며, 반대로 외국인이 우리나라에서 벌어들인 소득은 GDP에는 포함되지만 GNI에는 포함되지 않음

GNI＝GDP＋(국외순수취요소소득)*

*(국외순수취요소소득)=(해외에서 우리나라 국민이 벌어들인 소득)−(외국인이 국내에서 벌어들인 소득)

TOPIC 01 연습문제

Keyword | 국내총생산과 국민총소득의 정의

01 **다음 중 GDP와 GNI에 대한 설명으로 적절하지 않은 것을 〈보기〉에서 모두 고르면?**

보기

㉠ 교역이 존재하지 않는 경제에서는 명목 GDP와 명목 GNI가 일치한다.
㉡ 외국인이 한국에서 벌어들인 근로소득은 한국의 GDP에 포함된다.
㉢ 한국인이 해외에서 벌어들인 이자수입은 한국의 GDP에 포함된다.
㉣ 한국인이 해외에서 벌어들인 요소소득이 외국인이 한국에서 벌어들인 요소소득보다 더 큰 경우 명목 GDP가 명목 GNI보다 더 크다.

① ㉠, ㉢　② ㉡, ㉢
③ ㉡, ㉣　④ ㉢, ㉣

해설

㉢ 한국인이 해외에서 벌어들인 이자수입은 국적의 개념이므로 GNI에 포함된다.
㉣ 한국인이 해외에서 벌어들인 요소소득이 외국인이 한국에서 벌어들인 요소소득보다 더 큰 경우에는 명목 GDP가 명목 GNI보다 더 작다.

오답분석

㉠ 폐쇄경제에서는 교역부문이 존재하지 않아 상품과 노동이 국경을 넘을 수 없으므로 GDP와 GNI가 같다.
㉡ 외국인이 한국에서 벌어들인 근로소득은 영토의 개념이므로 GDP에 포함된다.

정답 ④

Keyword | 국내총생산의 개념과 구분

02 다음 중 국내총생산(GDP)에 대한 설명으로 적절한 것은?

① 잠재 GDP에서 실질 GDP를 공제하면 명목 GDP가 도출된다.
② 기준연도의 실질 GDP는 명목 GDP와 일치한다.
③ 당해 재고로 남은 재고상품을 팔면 그 해의 GDP는 증가한다.
④ 어느 해의 명목 GDP가 실질 GDP보다 크면 기준연도에 비해 물가가 하락한 것이다.

해설

명목 GDP는 당해 연도 물가와 생산량을 기준으로 계산하며, 실질 GDP는 기준연도 물가와 당해 연도 생산량을 기준으로 계산한다. 따라서 기준연도에는 실질 GDP와 명목 GDP가 같다.

오답분석

① 잠재 GDP에서 실질 GDP를 공제한 것을 GDP 갭이라고 한다.
③ 당해 재고로 남은 재화는 그 해의 GDP로 계산되기 때문에 재고상품이 팔린 경우 이를 GDP에 포함시키면 중복되므로 GDP에 포함시키지 않는다.
④ 명목 GDP는 화폐가치(물가)의 변동을 고려하지 않고 측정한 GDP로, 명목 GDP가 실질 GDP보다 크다는 것은 기준연도에 비해 물가가 상승한 것을 의미한다. 실질 GDP는 기준연도의 물가를 기준으로 GDP를 산출하기 때문에 화폐가치(물가)의 변동을 반영한다.

정답 ②

Keyword | 국내총생산의 증가요인

03 다음 중 국내총생산이 증가하는 요인을 〈보기〉에서 모두 고르면?

보기

㉠ 국내 자동차 회사의 재고 증가
㉡ 중고 자동차 거래량 증가
㉢ 은행들의 주가 상승
㉣ 주택임대료 상승
㉤ 맞벌이 부부 자녀의 놀이방 위탁 증가

① ㉠, ㉡, ㉢
② ㉠, ㉣, ㉤
③ ㉡, ㉢, ㉣
④ ㉢, ㉣, ㉤

해설

국내총생산은 일정 기간 한 국가 내에서 생산된 최종재화와 서비스의 시장가치의 합이다. 따라서 국내 자동차 회사의 재고 증가와 주택임대료 상승, 맞벌이 부부 자녀의 놀이방 위탁 증가는 모두 새롭게 생산된 최종서비스로서 GDP에 포함되어 GDP 상승에 기여하는 요인이라고 볼 수 있다.

오답분석

㉡ 중고 자동차는 새롭게 생산된 재화가 아니므로 GDP에 포함되지 않는다.
㉢ 주식과 같은 자본이득은 국내총생산에 집계되지 않아 GDP와 무관하다.

정답 ②

Keyword | 삼면 등가의 원칙 응용

04 A국에서는 희토류와 반도체만을 생산하는데, 반도체 회사는 희토류를 유일한 중간투입물로 사용한다. 두 회사 모두 노동자를 고려하여 희토류 및 반도체를 생산한다고 할 때, 다음 중 적절하지 않은 것은?

구분	희토류 회사	반도체 회사
중간투입물 비용	0	550
임금	500	750
생산물의 가치	550	1,500

① 총소득 대비 노동소득의 비중은 약 83%이다.

② 반도체 회사가 창출한 부가가치는 950이다.

③ 두 회사의 이윤 합계는 250이다.

④ 지출측면에서 계산한 GDP는 희토류에 대한 지출 550과 반도체에 대한 지출 1,500의 합인 2,050이다.

해설

지출측면에서 GDP를 계산하면 최종소비자가 지출하는 최종재화의 가치는 1,500이다. 따라서 지출측면의 GDP도 1,500이 된다.

오답분석

① 총소득은 1,500이고 노동소득은 1,250(=500+750)으로 그 비중은 약 83%이다.

② 반도체회사의 부가가치는 950(=1,500−550)이다.

③ 희토류 회사의 이윤은 50(=550−500)이고, 반도체 회사의 이윤은 200(=1,500−550−750)이므로 두 회사의 이윤 합계는 250(=50+200)이다.

정답 ④

TOPIC 02 균형국민소득의 결정

1. 균형국민소득 결정이론

(1) 고전학파의 균형국민소득 결정이론

한 나라의 국민소득수준은 수요측면이 아닌 생산기술, 자본량, 노동량 등 공급측면에 의해 결정됨

① 기본가정

- 보이지 않는 손 : 시장기구의 자율적인 조정능력에 의해 효율적인 자원배분이 발생하며 개인 이익 증진과 국가의 이익과도 조화를 이루게 된다는 주장
- 세이의 법칙(Say's Law) : 공급은 스스로 수요를 창출한다는 법칙으로, 공급측면에 의해서 국민소득이 결정됨을 주장함

② **균형국민소득의 결정** : 노동시장에서 노동의 수요와 공급에 의해 자율적으로 노동의 고용수준이 결정되면 이는 한 경제 전체의 생산함수와 결합하여 총공급이 결정되어 국민소득의 규모를 결정함

③ **총생산함수와 노동시장** : 총생산의 규모는 노동량에 의해서만 영향을 받는 단기생산함수를 가정

- 노동의 수요와 공급에 의해 균형고용량과 균형임금이 결정되면, 총생산함수와 결합되어 경제 전체의 총생산이 결정됨
- 균형고용량은 완전고용량이며, 균형총생산은 완전고용총생산(잠재 GDP)과 같음

Level UP+

완전고용총생산(잠재 GDP)

- 완전고용량 : 노동시장에서 결정된 균형임금수준에서 일할 의사가 있는 사람들이 모두 고용된 상태로, 균형임금수준에서도 일할 의사가 없는 사람들은 고용되지 않으므로 실업률은 존재함
- 완전고용총생산 : 생산에 필요한 모든 생산요소가 완전히 고용되어 산출되는 GDP를 말함

(2) 케인스의 균형국민소득 결정

경제는 불완전고용상태가 일반적이며, 한 나라의 국민소득수준은 수요측면에 의해 결정됨

① 기본가정

- 경제에 초과생산능력이 존재하여 유효수요가 존재하는 경우 물가수준의 변화 없이 생산 가능함
- 물가를 비롯하여 기업의 투자지출, 정부지출, 순수출은 모두 일정함

② **케인스의 단순모형** : 총수요를 가계와 기업으로만 구성하는 단순한 상황을 가정하여 모형 설정

- 가계의 소비수요(민간소비지출) : 최종생산물에 대한 가계의 지출로 소득에 대한 증가함수

$$C = a + bY \quad (a > 0,\ 0 < b < 1)$$

 – 기울기(b) : 소득에 따라 증가하는 일반소비로 한계소비성향을 의미함
 – y절편(a) : 소득과 무관하게 생존을 위해 반드시 구입해야 하는 기초소비를 의미함

Level UP+

평균소비성향과 한계소비성향

- 평균소비성향(APC; Average Propensity to Consume) : 민간소비를 국민소득으로 나누어 계산
- 한계소비성향(MPC; Marginal Propensity to Consume) : 소득 증가분을 소득의 변화분으로 나누어 계산

※ 한계소비성향은 평균소비성향보다 항상 작음

- 기업의 투자수요 : 사전적으로 계획된 투자로, 투자지출과 구분됨

  예 생산량 1,000개 중 200개가 재고로 남을 것으로 예상했는데, 실제로 300개가 재고로 남았다면 200개는 사전에 계획된 투자인 투자수요이고, 300개는 사후적으로 실현된 투자지출로 구분

③ 균형국민소득의 결정

- 균형의 형성 : 케인스는 경제에 공급은 충분하지만 총수요가 부족한 상태라고 진단하였으므로 국내총생산은 소비수요(Y^D)와 투자수요(I^D)로 구성된 총수요수준에서 결정된다고 주장

$$Y^D = C + I^D \Leftrightarrow Y^D = a + bY + I^D$$

Level UP+

고전학파와 케인스의 비교

구분	고전학파	케인스
경제환경	19세기까지의 물물교환경제	20세기의 화폐경제
분석중심	초과수요경제	초과공급경제
기본가정	공급측면>수요측면	공급측면<수요측면
경제이론	완전경쟁, 가격변수의 신축성, 완전정보	불가격변수의 경직성, 불완전정보
경제의 안정 여부	안정적	불안정적
정책	자유방임정책	정부의 적극적 개입

2. 승수이론

(1) 승수효과

독립지출(기초소비, 독립투자, 정부지출)이 증가하면, 국민소득은 독립지출 증가분보다 몇 배 이상 증가하는 것을 말함

$$(\text{승수}) = \frac{(\text{균형국민소득 증가분})}{(\text{최초의 총수요 증가분})}$$

(2) 승수의 도출 및 해석

① 승수의 도출 : 어떠한 이유로 독립투자수요가 최초로 ΔI_0만큼 증가하여 국민소득을 ΔI_0만큼 증가시키고, 한계소비성향(b)만큼 증가분에 곱해져 추가소득을 발생시키는 구조

$$\Delta Y = \Delta I_0 + b\Delta I_0 + b^2\Delta I_0 + \cdots = (1 + b + b^2 + \cdots)I_0 = \frac{1}{1-b}\Delta I_0$$

② 승수의 해석 : $\frac{1}{1-b}$을 투자승수라고 하며, 한계소비성향과 투자승수는 비례관계

TOPIC 02 연습문제

Keyword | 고전학파의 균형국민소득 결정

01 **다음 중 노동의 수요가 증가한 경우, 고전학파의 균형국민소득 결정에 의해 나타날 수 있는 현상으로 적절하지 않은 것은?**

① 1인당 실질 GDP가 증가한다.
② 고용량이 증가한다.
③ 실질임금이 상승한다.
④ 민간소비가 감소한다.

해설

고전학파는 총공급이 총수요를 창출한다는 세이의 법칙을 기본가정으로 한다. 즉, 노동시장에서의 노동의 수요와 공급에 의해 자율적으로 노동의 고용수준이 결정되면 이는 한 경제 전체의 생산함수와 결합되어 총공급이 결정된다. 그리고 이 총공급이 곧 국민소득의 규모를 결정한다는 것이다. 노동수요의 증가는 노동시장에서 수요곡선이 우측으로 이동해 고용량이 증가하고, 실질임금이 증가하게 된다. 다른 조건이 일정한 상황에서 고용량의 증가는 경제 전체의 실질 GDP와 1인당 실질 GDP가 모두 증가하므로 가처분소득의 증가로 이어져 민간소비가 증가하게 된다.

정답 ④

Keyword | 케인스의 단순모형

02 **다음 중 케인스 단순모형에 대한 설명으로 적절하지 않은 것은?**

① 생산물시장의 초과수요가 존재해도 물가는 변하지 않는다.
② 계획되지 않은 재고변화는 유효수요에 포함되지 않는다.
③ 계획된 지출이 생산액보다 크면 이후에 생산이 증가한다.
④ 총공급이 균형국민소득 결정에 관여하지 못하는 것은 유휴설비 때문이다.

해설

케인스는 세이의 법칙을 부정하면서 총수요가 총공급을 창출한다고 주장했다. 즉, 현실에서는 공급능력은 충분하지만 수요가 부족하여 생산설비가 충분히 가동되지 못하고 놀고 있다는 것이다. 이 주장을 반영한 것이 케인스의 균형국민소득 결정이다. 케인스는 물가를 신축적이지 않고 고정된 것으로 간주하여, 계획된 지출이 생산액보다 큰 경우 초과공급으로 인해 재고가 발생하고, 재고가 발생하면 이후의 생산이 줄어들어 국민소득이 감소하게 된다고 주장하였다.

오답분석

① 케인스의 균형국민소득은 고전학파와 달리 가격변수가 고정되어 있다고 본다.
② 유효수요에는 계획된 투자와 재고증가만이 포함된다.
④ 케인스는 공급능력은 충분하지만 수요가 부족하여 생산설비가 충분히 가동되지 못하는 상태라고 주장했다.

정답 ③

Keyword | 절약의 역설

03 **다음 중 절약의 역설에 대한 설명으로 적절하지 않은 것은?**

① 경제학자인 케인스가 강조하였다.
② 장기적인 경제현상에 대한 설명이다.
③ 국내총생산(GDP) 결정에 있어 총수요의 중요성을 강조한다.
④ 경기불황 시에는 오히려 소비를 늘리는 것이 도움이 된다.

해설

절약의 역설이란 모든 개인이 저축을 증가시키면 총수요가 감소하여 국민소득이 감소하게 되고 그 결과 경제 전체적으로 총저축이 늘어나지 않거나 오히려 감소하는 것을 말한다. 절약의 역설은 부분적으로는 성립하더라도 전체적으로는 성립하지 않는 구성 오류의 대표적 사례이다. 케인스는 저축이 투자로 이전되기 위해서는 임금과 물가가 하락하고 총수요가 증가해서 생산 증가가 있어야 한다고 주장했다.
국민 전체가 저축을 할 경우 국가경제의 전체 총수요가 감소하여 국민소득이 하락할 수 있다고 주장하였다.

정답 ❹

Keyword | 승수이론 응용

04 **이자율이 고정되어 있고, 물가수준이 일정한 폐쇄경제를 가정할 때, 총수요곡선을 큰 폭으로 변화시키는 순서대로 바르게 나열한 것은?**

㉠ 한계소비성향이 0.75이며, 가계가 독립적 소비지출을 500억 원 증가시킨다.
㉡ 한계저축성향이 0.1이며, 기업들이 투자지출을 180억 원 증가시킨다.
㉢ 한계소비성향이 0.75이며, 정부가 세금을 500억 원 감소시킨다.

① ㉠－㉡－㉢　　② ㉡－㉢－㉠
③ ㉡－㉠－㉢　　④ ㉢－㉠－㉡

해설

㉠ (소비승수)$=\dfrac{1}{1-0.75}=4$이므로 총수요는 2,000억 원 증가한다.

㉡ (투자승수)$=\dfrac{1}{1-(1-0.1)}=10$이므로 총수요는 1,800억 원 증가한다.

㉢ (조세승수)$=\dfrac{-0.75}{1-0.75}=-3$이므로 총수요는 1,500억 원 증가한다.

따라서 총수요곡선을 큰 폭으로 변화시키는 순서는 ㉠－㉡－㉢이다.

정답 ❶

참고

한계소비성향과 한계저축성향

한계소비성향과 한계저축성향은 다음과 같은 관계를 가짐

$$(\text{한계소비성향})=1-(\text{한계저축성향})$$

조세승수

정액세만 존재할 경우 조세승수는 다음과 같이 계산됨

$$\frac{-(\text{한계소비성향})}{1-(\text{한계소비성향})}$$

TOPIC 03 총수요와 총공급

1. 총수요와 총수요곡선

(1) 총수요(AD; Aggregate Demand)

가계(C), 기업(I), 정부(G), 해외부문(NX)의 최종생산물에 대한 수요를 모두 합한 것

$$Y^D = C + I + G + NX$$

(2) 총수요곡선

물가와 가계, 기업, 정부, 해외부문 등 총생산물에 대한 실질 총수요 간의 관계를 나타내는 곡선

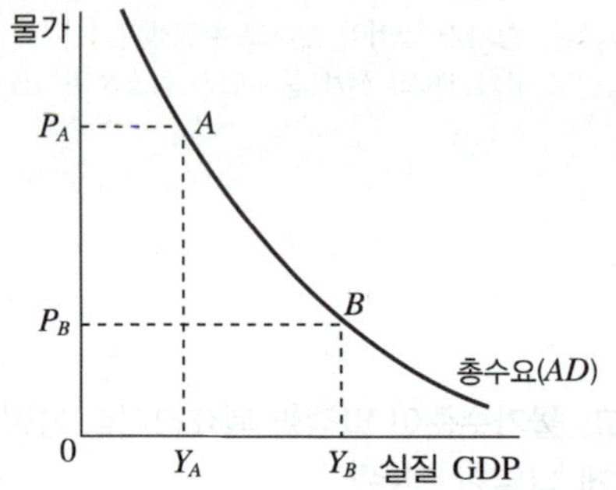

① 총수요곡선상의 이동 : 우하향하는 곡선 형태로 자산효과와 이자율효과로 설명 가능

• 자산효과 : 물가가 변할 때 자산의 가치가 변동하여 소비수요에 영향을 미침

> 물가(P) 상승 → 자산의 구매력 감소 → 소비(C) 감소 → 총수요량 감소
> 물가(P) 하락 → 자산의 구매력 증가 → 소비(C) 증가 → 총수요량 증가

• 이자율효과 : 물가가 변할 때 화폐의 구매력이 변동하여 소비지출과 투자지출에 영향을 미침

> 물가(P) 상승 → 화폐의 구매력 감소 → 차입 증가 → 이자율(r) 상승 → 저축 증가 → 소비(C) 감소 / 차입비용 증가 → 투자(I) 감소 → 총수요량 감소
> 물가(P) 하락 → 화폐의 구매력 증가 → 차입 감소 → 이자율(r) 하락 → 저축 감소 → 소비(C) 증가 / 차입비용 감소 → 투자(I) 증가 → 총수요량 증가

② 총수요곡선의 이동 : 물가 이외의 요인들로 인해 실질 GDP가 변하는 경우 곡선 자체가 이동함

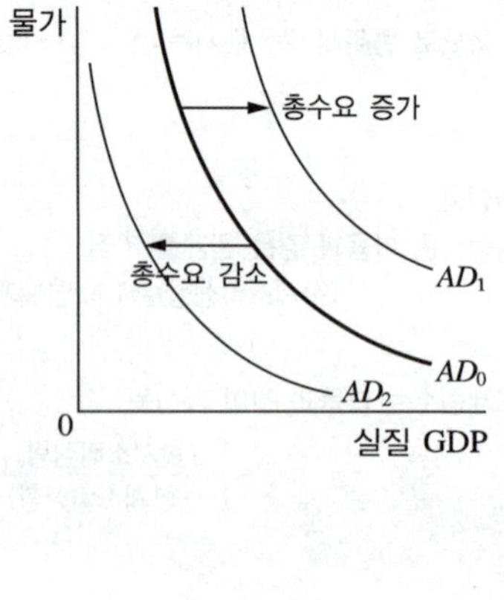

- 미래 경제상황에 대한 기대 : 낙관적인 경우 소비지출과 투자지출을 늘려 총수요 증가함
- 자산가치의 변화 : 자산의 구매력이 증가할 경우 소비가 늘어 총수요 증가함
- 보유한 실물자본의 양 : 실물자본을 적게 보유할 경우 신규 투자가 늘어 총수요가 증가함
- 재정정책 : 정부지출을 증가시키거나 세금감면을 통해 총수요를 간접적으로 증가시킴
- 통화정책 : 통화량을 늘려 이자율 하락으로 인한 투자 증가로 총수요를 간접적으로 증가시킴

2. 총공급과 총공급곡선

(1) 총공급(AS; Aggregate Supply)

일정 기간 한 국가경제에서 생산활동을 하는 기업들이 팔고자 하는 총생산

(2) 총공급곡선

① 총공급곡선

- 고전학파의 총공급곡선 : 완전고용국민소득수준에서 수직선 형태
- 케인스의 총공급곡선 : 완전고용국민소득수준에서는 수직선, 그 전까지는 수평선 형태
- 단기총공급곡선 : 고전학파와 케인스의 총공급곡선을 절충하여 우상향하는 단기총공급곡선 도출

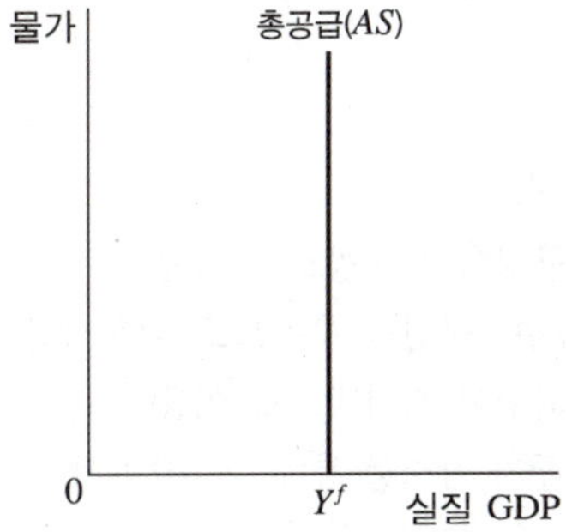

[고전학파의 총공급곡선]

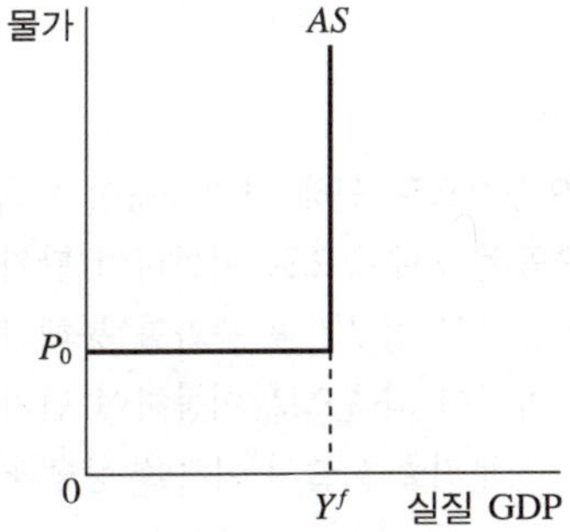

[케인스의 총공급곡선]

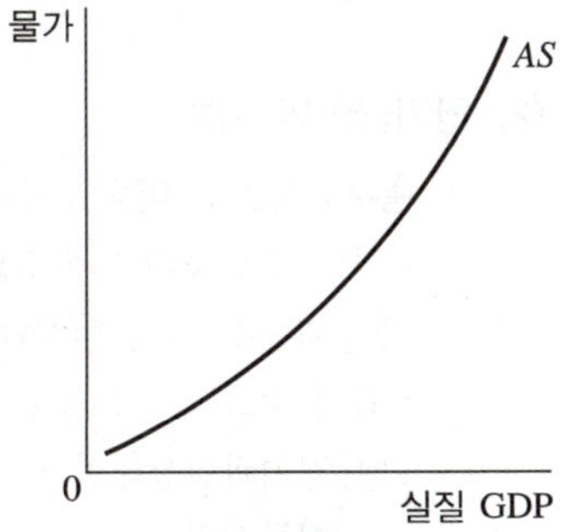

[단기총공급곡선]

② 단기총공급곡선상의 이동 : 명목임금이 경직적인 단기의 경우 우상향하는 곡선의 형태를 보임

③ 단기총공급곡선의 이동 : 물가 이외의 요인들로 인해 실질 GDP가 변하는 경우 곡선 자체가 이동함

- 원자재 가격의 변화 : 원자재 가격의 상승은 기업의 생산비용 상승으로 이어져 총공급 감소함
- 명목임금의 변화 : 장기적으로 명목임금의 상승은 생산비용의 상승으로 이어져 총공급 감소함
- 생산성의 변화 : 기술 발전 등으로 생산성이 개선되면 가격이 변하지 않아도 총공급 증가함

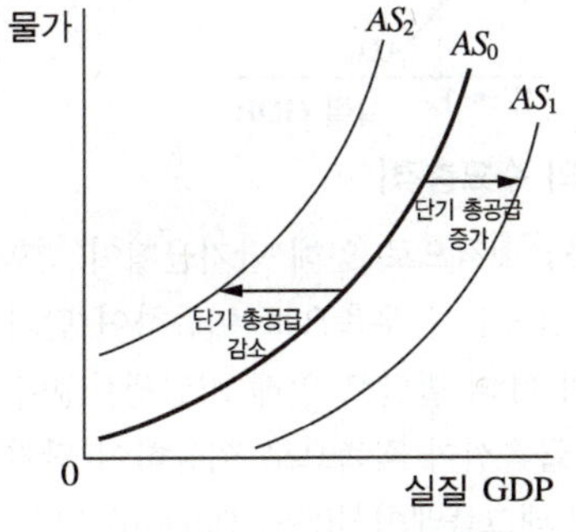

④ 장기총공급곡선(Long-run Aggregate Supply Curve) : 장기는 모든 물가가 신축적으로 조정되므로 완전고용국민소득수준에서 수직선 형태의 공급곡선을 갖게 됨

3. 총수요 - 총공급 모형

(1) 단기균형

총수요와 총공급이 만나는 지점에서 단기거시경제균형이 형성되며 이때 형성되는 물가를 균형물가(P_E)라 하고, 총생산량을 균형총생산(Y_E)이라고 함

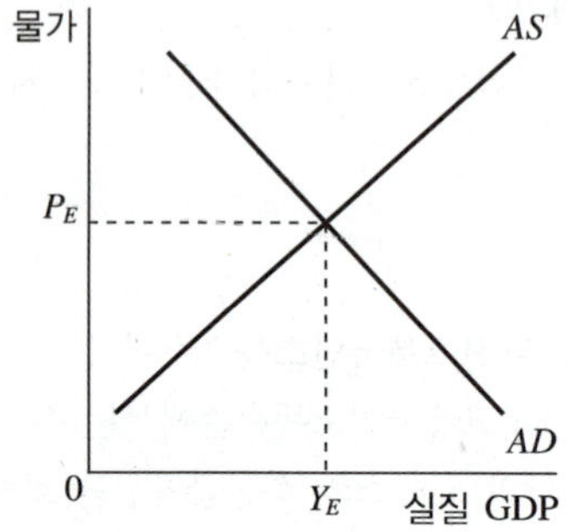

(2) 단기균형의 이동

① 총수요곡선의 이동 : 수요충격으로 인해 단기균형이 변화함

- 양의 수요충격 : 총수요곡선이 우측으로 이동하여 단기균형이 우상방으로 이동

예 대공황 당시 엄청난 규모의 정부지출 증가를 통해 총수요곡선을 우측으로 이동시킴

- 음의 수요충격 : 총수요곡선이 좌측으로 이동하여 단기균형이 좌하방으로 이동

예 경기과열상태인 경우 정부지출을 줄여 이자율 상승과 투자 감소를 통해 총수요곡선을 좌측으로 이동시킴

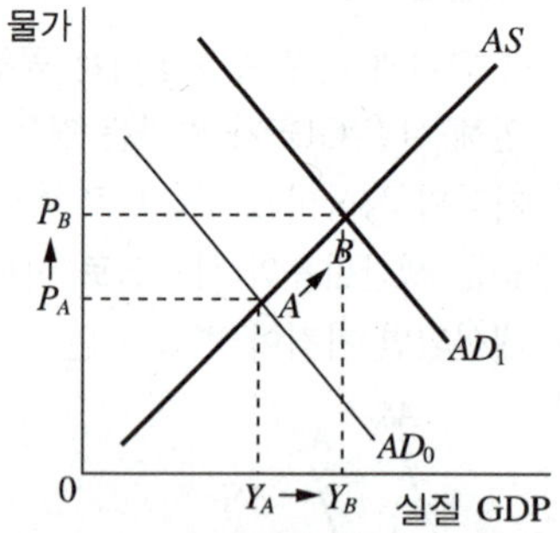

[양의 수요충격]

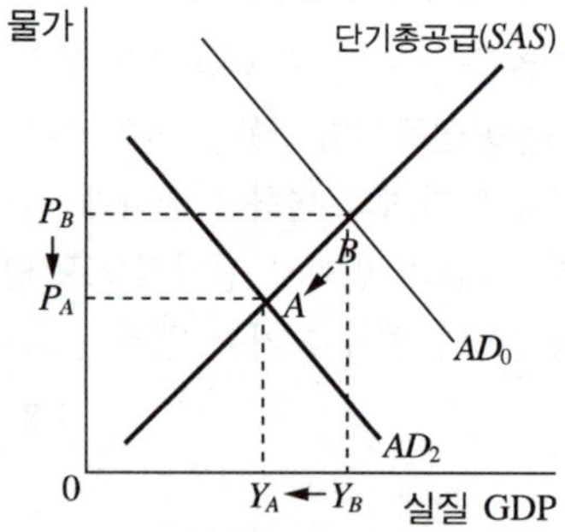

[음의 수요충격]

② 총공급곡선의 이동 : 공급충격으로 인해 단기균형이 변화함

- 양의 공급충격 : 총공급곡선이 우측으로 이동하여 단기균형이 우하방으로 이동

예 인터넷 사용 증가와 IT의 발달로 인해 기업생산성이 향상되어 총공급곡선이 우측으로 이동함

- 음의 공급충격 : 총공급곡선이 좌측으로 이동하여 단기균형이 좌상방으로 이동

예 석유파동과 같은 스태그플레이션(Stagflation) 발생 시 총공급곡선이 좌측으로 이동함

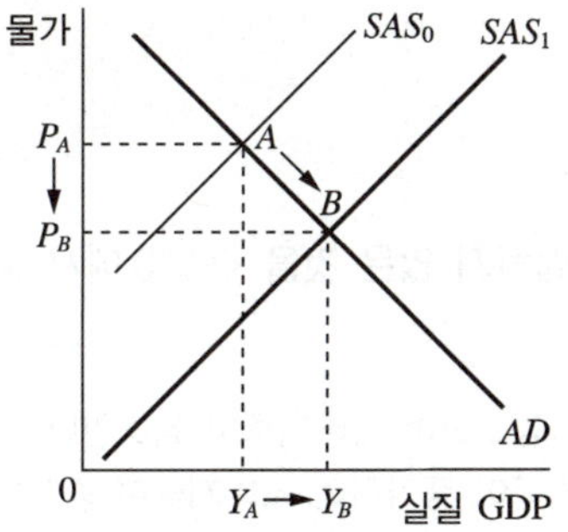

[양의 공급충격]

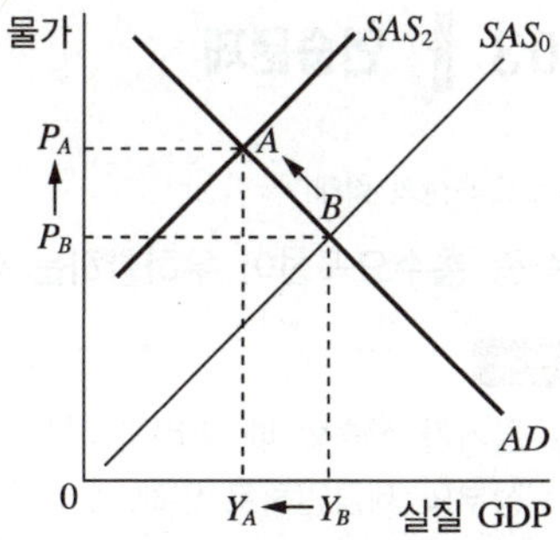

[음의 공급충격]

Level UP+

스태그플레이션

경제불황 속에서 물가상승이 동시에 발생하는 상태로 인플레이션과 총생산의 감소가 동시에 발생하는 현상을 말하며, 정도가 심한 것을 슬럼프플레이션(Slumpflation)이라 함

(3) 장기균형

총수요곡선(AD)과 단기총공급곡선(SAS), 장기총공급곡선(LAS)이 일치하는 지점에서 형성

(4) 장기균형의 이동

장기에는 모든 변수가 신축적인 기간으로 스스로 균형을 찾기 때문에 단기에만 영향을 미침

① 양의 수요충격 : 총생산은 다시 잠재생산수준으로 돌아오지만 물가는 상승함

② 음의 수요충격 : 총생산은 다시 잠재생산수준으로 돌아오지만 물가는 하락함

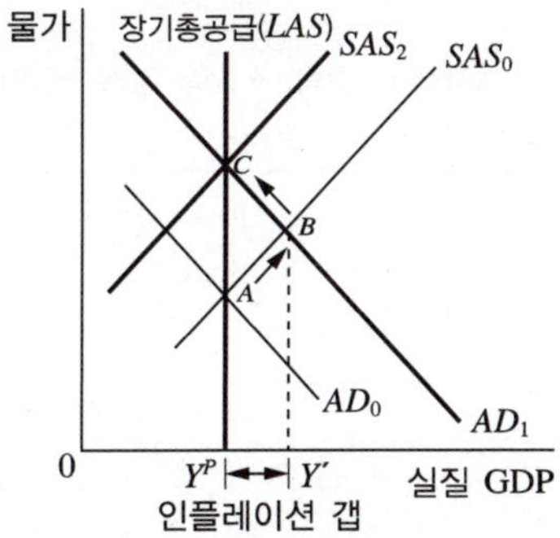

[양의 수요충격]

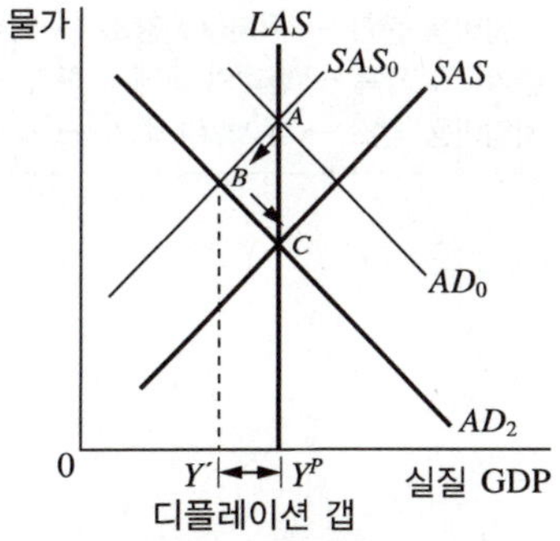

[음의 수요충격]

TOPIC 03 연습문제

Keyword | 총수요곡선의 형태

01 다음 중 총수요곡선이 우하향하는 이유로 적절하지 않은 것을 〈보기〉에서 모두 고르면?

> 보기
>
> ㉠ 물가가 상승할 때 소비자 자신의 구매력이 감소하여 소비지출이 감소한다.
> ㉡ 정부의 세금인하로 인해 소비자의 가처분소득이 증가하여 소비지출이 증가한다.
> ㉢ 물가 하락으로 화폐의 구매력이 증가함으로 인해 이자율이 하락하여 소비지출과 투자지출이 늘어나는 효과 때문이다.

① ㉠　　② ㉡
③ ㉢　　④ ㉡, ㉢

해설

미시경제학에서 수요곡선이 우하향하는 이유는 수요의 법칙 때문이었지만, 거시경제학에서는 다르다. 수요의 법칙은 다른 모든 조건이 같은 경우 가격의 변화와 수요량 간의 변화를 살펴보는 반면, 거시경제학은 생산물의 가격이 동시에 변할 때, 즉 물가가 변할 때 재화와 서비스에 대한 총수요가 어떻게 바뀌는지를 살펴보기 때문이다. 거시경제학에서 총수요곡선이 우하향하는 이유는 크게 자산효과와 이자율효과로 나눠볼 수 있다. 자산효과는 경제 전체의 물가가 변할 때 자산의 가치가 변동하여 소비수요에 미치는 영향을 의미한다.

> 물가(P) 상승 → 자산의 구매력 감소 → 소비(C) 감소 → 총수요량 감소
> 물가(P) 하락 → 자산의 구매력 증가 → 소비(C) 증가 → 총수요량 증가

한편, 이자율효과는 경제 전체의 물가가 변할 때 소비자 혹은 기업이 보유한 화폐의 구매력에 영향을 미쳐 소비지출과 투자지출이 달라지는 현상을 의미한다.

> 물가(P) 상승 → 화폐의 구매력 감소 → 차입 증가 → 이자율(r) 상승 → 저축 증가 → 소비(C) 감소 / 차입비용 증가 → 투자(I) 감소 → 총수요량 감소
> 물가(P) 하락 → 화폐의 구매력 증가 → 차입 감소 → 이자율(r) 하락 → 저축 감소 → 소비(C) 증가 / 차입비용 감소 → 투자(I) 증가 → 총수요량 증가

정답 ❷

Keyword | 총수요곡선의 이동

02 다음 중 우하향하는 총수요곡선을 우측으로 이동시키는 요인과 거리가 먼 것은?

① 물가가 상승한다.

② 가계의 소비성향이 증가한다.

③ 조세가 감소한다.

④ 통화량이 증가한다.

해설

물가는 내생변수에 해당하여 총수요곡선상의 이동을 유발하는 요인이다. 따라서 총수요곡선 자체를 이동시킬 수 없다.

오답분석

② 외생변수인 소비성향이 증가하면 총수요가 증가하여 총수요곡선이 우측으로 이동한다.

③ 세금의 감소는 가계의 가처분소득을 증가시켜 소비를 증가시킨다.

④ 통화량의 증가는 이자율을 감소시키고 투자의 증가로 이어져 총수요를 증가시킨다.

정답 ❶

Keyword | 장기총공급곡선의 이해

03 다음 중 장기총공급곡선에 대한 설명으로 적절하지 않은 것은?

① 장기총공급곡선은 고전학파의 이분성을 뒷받침한다.

② 확장적 통화정책으로 통화량이 증가하더라도 장기총공급곡선은 이동하지 않는다.

③ 장기총공급량은 명목임금이 정적이고 자유롭게 변동하지 않기 때문에 물가수준이 얼마가 되든 변하지 않는다.

④ 장기총공급곡선은 수직이다.

해설

장기에는 임금이 신축적이므로 물가수준이 상승하면 명목임금도 비례하여 상승한다. 물가상승 시 명목임금이 비례적으로 상승하면 실질임금과 고용량은 변하지 않는다. 그러므로 장기총공급곡선은 수직선으로 도출되며, 통화량의 변화는 실질변수에 아무런 영향을 미칠 수 없다.

오답분석

①·② 장기에는 실물부문의 균형치가 통화량과 아무런 관계없이 결정되는 현상인 고전적 이분성이 성립하게 된다.

④ 장기에는 임금이 신축적이므로 물가가 상승하면 명목임금도 비례적으로 상승한다. 물가상승 시 명목임금이 비례적으로 상승하면 실질임금과 고용량이 변하지 않으므로 장기총공급곡선은 수직으로 도출된다.

정답 ❸

Keyword | 장기균형의 이동

04 한 경제에 대한 비관적인 전망이 총수요곡선과 총공급곡선이 만나는 교점에 의해 결정되는 균형을 어떠한 단계로 움직이게 하는가?(단, 수직선은 장기총공급곡선을 의미한다)

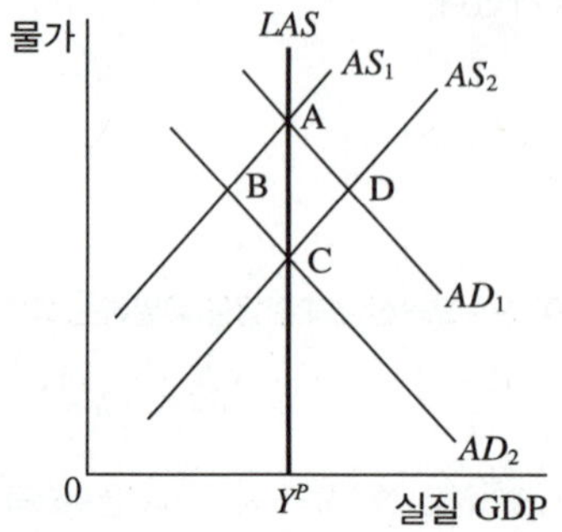

① A → B ② A → D

③ A → B → C ④ A → D → C

해설

비관적인 경기전망이 총수요곡선을 왼쪽으로 이동(AD_1 → AD_2)시키면 물가가 하락하게 된다. 예상물가수준이 하락하면 노동자들이 생각하는 예상실질임금이 상승하면서 노동공급이 증가한다. 노동공급의 증가로 산출량이 증가하고, 단기총공급곡선은 우측으로 이동(AS_1 → AS_2)한다. 따라서 균형점은 A → B → C 단계로 움직인다.

정답 ③

참고 **장기균형의 이동**

장기에는 모든 변수가 신축적인 기간으로, 스스로 균형을 찾기 때문에 단기에만 영향을 미침

- 양의 수요충격 : 총생산은 다시 잠재생산수준으로 돌아오지만 물가는 상승함
- 음의 수요충격 : 총생산은 다시 잠재생산수준으로 돌아오지만 물가는 하락함

Keyword | 총수요 – 총공급 모형의 이해

05 **장기균형상태에 있던 경제에 기상변화로 인해 농작물 피해가 발생했다. 다음 중 총수요 – 총공급 모형을 이용하여 기상변화가 경제에 미치는 영향을 설명한 것으로 적절한 것은?**

① 기상변화가 일시적이면 단기적으로 물가가 상승하지만 소득은 불변한다.

② 기상변화가 일시적이면 장기적으로 물가는 기상변화 이전 수준으로 돌아가지만 소득은 감소한다.

③ 기상변화가 영구적이면 장기적으로 물가는 상승하지만 소득은 불변한다.

④ 기상변화가 일시적이든 영구적이든 단기적으로 물가는 상승하고 소득은 감소한다.

해설

기상변화로 인해 농작물 피해가 발생하면 단기총공급곡선이 상방으로 이동한다. 단기총공급곡선이 상방으로 이동하면 단기적으로 물가가 상승하고 국민소득이 감소한다. 기상변화가 일시적이면 장기에는 단기총공급곡선이 하방으로 이동하므로 물가와 국민소득은 원래 수준으로 돌아가는 반면, 영구적이면 장기총공급곡선이 왼쪽으로 이동한다. 따라서 기상변화가 영구적이면 장기에도 물가수준이 원래보다 상승하고, 국민소득도 기상변화 이전보다 감소한다.

정답 ④

Keyword | 거시경제학에서의 총수요와 총공급

06 **다음 중 거시경제의 총수요와 총공급에 대한 설명으로 적절한 것은?**

① 명목임금 경직성하에서 물가수준이 하락하면 기업이윤이 줄어들면서 기업들의 재화와 서비스 공급이 감소하므로 단기총공급곡선은 왼쪽으로 이동한다.

② 단기경기변동에서 소비와 투자가 모두 경기순응적이며, 소비의 변동성은 투자의 변동성보다 크다.

③ 케인스의 유동성선호이론에 의하면 경제가 유동성함정에 빠지는 경우 추가적 화폐공급이 투자적 화폐수요로 모두 흡수된다.

④ 장기균형상태에 있던 경제에 원유가격이 일시적으로 상승하면 장기적으로 물가는 상승하고 국민소득은 감소한다.

해설

케인스는 유동성함정이 일반적으로 경기가 악화된 상태에서 물가가 계속 떨어지는 디플레이션을 예상할 경우 나타난다고 주장하였다. 경제주체들은 금리가 매우 낮은 수준이 되면 금리상승을 예상하여 모든 자산을 화폐로 보유하고자 하므로, 유동성함정 상황에서는 화폐공급을 증가시켜도 모두 화폐수요로 흡수되므로 금리가 전혀 변하지 않는다고 보았다.

오답분석

① 총공급곡선이 우상향 형태일 때 물가수준이 하락하면 총공급곡선 자체가 이동하는 것이 아니라 총공급곡선 상에서 좌하방으로 이동한다.

② 단기경기변동에서 소비와 투자가 모두 경기순응적이며, 소비의 변동성은 투자의 변동성보다 작다.

④ 장기균형상태에 있던 경제에 원유가격이 일시적으로 상승하면 단기에는 물가가 상승하고 국민소득이 감소하지만 장기적으로는 원유가격이 하락하여 총공급곡선이 다시 오른쪽으로 이동하므로 물가와 국민소득은 변하지 않는다.

정답 ③

TOPIC 04 화폐와 국민경제

1. 화폐의 개요

(1) 화폐의 기능

화폐는 교환의 매개수단, 가치의 저장수단, 회계의 단위 등의 기능을 함

(2) 통화지표의 종류 및 분류

① 협의통화(M1) : 화폐의 지급결제기능을 중시하는 통화지표
② 광의통화(M2) : 화폐의 거래적 기능뿐만 아니라 가치저장수단으로서의 기능까지 포함
③ 금융기관유동성(Lf) : 전체 금융기관의 자금상황을 나타내는 지표
④ 광의유동성(L) : 정부 및 기업 등이 발행한 유동성 금융상품을 포함

구분		구성
통화지표	M1 (협의통화)	현금통화+요구불예금+수시입출식예금(저축예금, MMDA, 투신사 MMF)
	M2 (광의통화)	M1+정기예·적금 및 부금*+시장형금융상품+실적배당형금융상품*+금융채* +기타(투신증권저축, 종금사 발행어음) *만기 2년 이상 제외
유동성 지표	Lf (금융기관유동성)	M2+M2 포함 금융상품 중 만기 2년 이상 정기예·적금 및 금융채 등+한국증권금융(주)의 예수금+생명보험회사(우체국보험 포함)의 보험계약준비금+농협 국민생명공제의 예수금 등
	L (광의유동성)	Lf+정부 및 기업 등이 발행한 유동성 시장금융상품(증권회사 RP, 여신전문기관의 채권, 예금보험공사채, 자산관리공사채, 자산유동화 전문회사의 자산유동화증권, 국채, 지방채, 기업어음, 회사채 등)

2. 화폐의 공급

(1) 본원통화

① 통화공급의 주체인 중앙은행이 발행한 현금이 중앙은행을 빠져나오면서 공급되는 통화
② 본원통화의 구성

(본원통화)=(현금통화)+(초과지급준비금)+(지급준비예치금)

- 지급준비금 : 초과지급준비금과 지급준비예치금을 더하여 계산
- 화폐발행액 : 현금통화와 초과지급준비금을 더하여 계산

(2) 지급준비금

금융기관이 고객의 인출요구에 대비하여 금전채무의 일정비율에 해당하는 부분을 의무적으로 한국은행에 예치 또는 시재금으로 보유하고 있는 금액

(3) 예금은행의 신용창조

① 신용창조(화폐창조) : 예금과 대출을 반복하며 통화량이 본원예금액보다 훨씬 많아지는 현상

$$(\text{총신용창조액}) = \frac{S}{1-(1-Z)} = \frac{S}{Z} \quad (\text{단, } Z\text{는 지급준비율})$$

② 지급준비율 10%, 본원통화 100을 가정할 경우 신용창조과정은 다음과 같다.

구분	신용창조과정				
	A은행	B은행	C은행	D은행	…
예금	100	90	81	72.9	…
지급준비금	10	9	8.1	7.29	…
대출	90	81	72.9	65.61	…
민간보유	90	81	72.9	65.61	…

$$\therefore (\text{총신용창조액}) = 100+90+81+72.9+65.61+\cdots = \frac{100}{1-(1-0.1)} = 1{,}000$$

3. 화폐의 수요

(1) 고전학파의 화폐수요이론

① **화폐수량설(Fisher)** : 물가수준이 통화량의 크기에 의해 결정된다는 화폐수요이론으로 통화공급이 통화수요보다 많은 경우 화폐시장의 초과공급이 발생하여 생산물에 대한 초과수요를 유발해 물가가 상승한다고 주장

- 교환방정식 : 일정기간 동안 생산물의 총거래액은 그 기간의 화폐지불액과 같음을 나타냄

$$\text{물가}(P) \times \text{실질국내총생산}(Y) = \text{통화량}(M) \times \text{화폐유통속도}(V)$$

- 화폐유통속도 : 경제 전체의 생산물을 거래시키기 위해 화폐가 몇 번 회전하는가를 나타냄
- 통화공급규모를 결정할 때 피셔의 교환방정식에 이론적 근거를 두고 있는 EC방식을 사용함

$$\frac{\Delta M}{M} + \frac{\Delta V}{V} = \frac{\Delta P}{P} + \frac{\Delta Y}{Y}$$

② **현금잔고수량설(Marshall)** : 소득의 획득 및 지불시점의 불일치로 개인은 화폐를 보유하고자 하며, 이로 인해 명목국민소득의 일부를 화폐로 보유한다고 주장

- 현금잔고방정식

$$M^D = kPY$$

- 마샬의 k : 명목국민소득(PY) 1원을 거래시키는 데 필요한 통화량 혹은 명목국민소득 가운데 수요하고자 하는 화폐량을 의미함
- 화폐수요는 물가 및 실질국민소득과 정비례하므로 화폐수요의 실질소득탄력성과 물가탄력성은 1임
- 화폐수요에는 이자율이 포함되어 있지 않으므로 화폐수요의 이자율탄력성은 0임

Level UP+

고전적 화폐수량설과 현금잔고수량설의 비교

구분	고전적 화폐수량설	현금잔고수량설
화폐의 기능	교환의 매개수단	가치의 저장수단
화폐에 대한 가치관	화폐의 지불기능 강조	화폐를 자산으로 인식
화폐수요	암묵적으로 화폐수요 발생 $M=\frac{1}{V}PY$	명시적으로 화폐수요 발생 $M^D=kPY$
강조점	화폐의 유량측면	화폐의 저량측면

③ 신화폐수량설(Friedman) : 화폐를 자산으로 인식하고 화폐수요를 여러 자산 중 어느 정도의 화폐를 보유할 것인지에 대한 자산선택의 결과라고 주장

- 유통속도가 이자율의 영향을 받는다고 가정하였으나, 이자율탄력성이 매우 낮아 안정적이라고 주장
- 개인의 부, 인적자산의 비율이 증가하면 화폐수요는 증가한다고 봄
- 주식의 수익률, 채권의 수익률, 예상인플레이션율의 상승으로 화폐수요가 감소한다고 봄

Level UP+

고전적 화폐수량설과 신화폐수량설의 비교

구분	고전적 화폐수량설	신화폐수량설
화폐수요함수 방정식	$M=\frac{1}{V}PY=kPY$	$\frac{M^D}{P}=\mathrm{k}(r,\ \pi^e)Y_P=\frac{1}{\mathrm{V}(r,\ p^e)}Y_P$
화폐수요 결정요인	명목국민소득(PY)	항상소득(Y_P)
화폐의 유통속도	상수	r의 영향을 받으나 매우 안정적
관점	화폐의 공급이론적 측면	화폐의 수요이론적 측면

(2) 케인스학파의 유동성선호설

사람들은 거래적·예비적·투기적 동기에 의해 유동성을 확보하고 화폐를 수요한다고 주장

① 유동성함정 : 아무리 금리를 낮추고 통화 공급을 늘려도 기업의 생산 및 투자와 가계의 소비가 늘지 않아 경기가 회복되지 않고, 경제가 마치 함정에 빠진 것처럼 보이는 상황

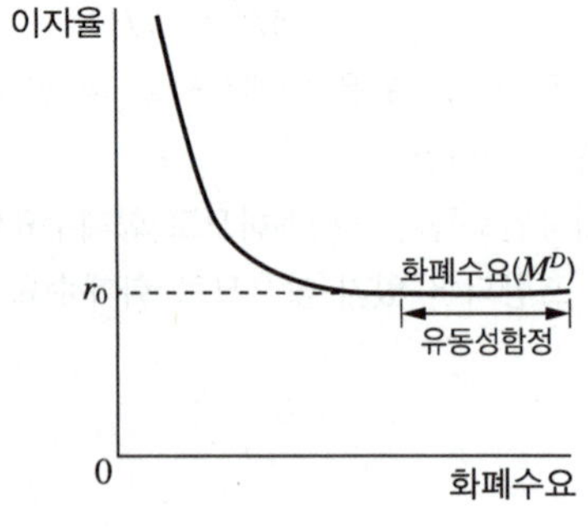

② **화폐수요곡선 :** 화폐수요는 소득에 비례하고, 이자율에 반비례함

$$M^D = P \times L(Y, r)$$

- 화폐수요곡선의 이동
  - 물가의 변화 : 물가가 상승하면 재화와 서비스의 가격 상승으로 이어져 화폐수요도 증가함
  - 실질국내총생산의 변화 : 실질 GDP의 증가는 가계와 기업의 소득과 이윤이 증가했다는 것을 의미하므로 재화와 서비스의 소비 증가로 이어져 화폐수요도 증가하고 화폐수요곡선은 우측으로 이동함
  - 신용카드 사용의 증가 : 화폐에 대한 수요가 감소하여 화폐수요곡선이 좌측으로 이동함

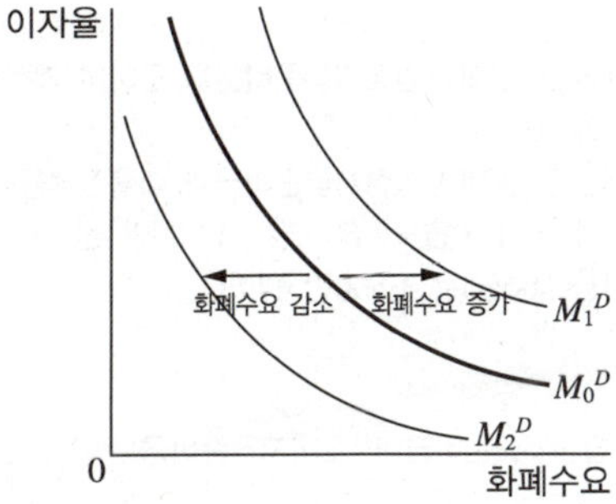

③ **화폐공급곡선 :** 중앙은행에서 통화정책에 따라 화폐공급량을 결정하므로 수직선 형태

④ **균형이자율 :** 화폐의 수요와 공급곡선이 만나는 지점에서 균형이자율이 형성

- 균형이자율의 이동 : 화폐수요곡선과 화폐공급곡선의 변화로 인해 균형이자율이 변화함

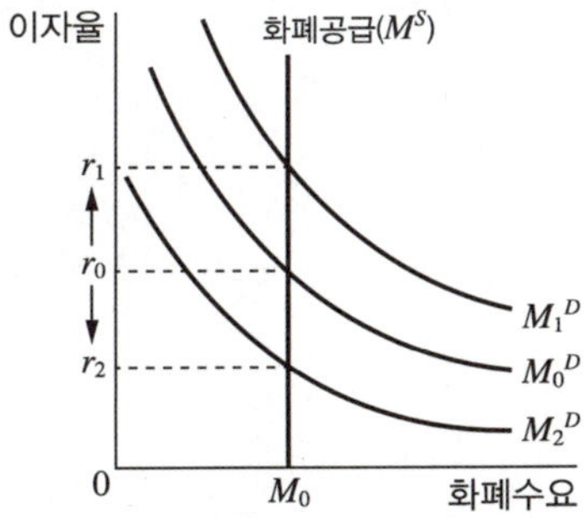

[수요변화와 균형이자율]

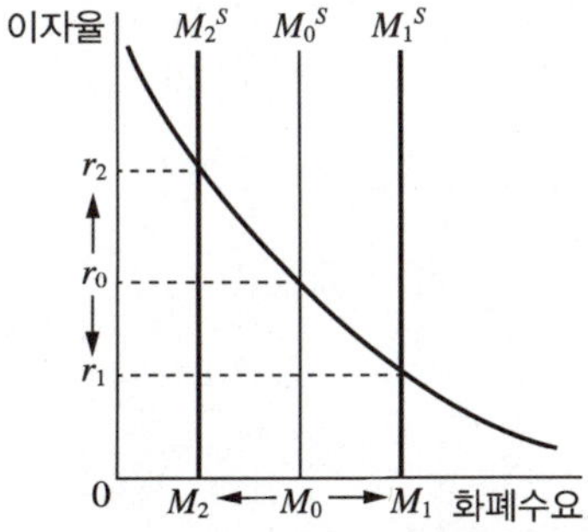

[공급변화와 균형이자율]

Level UP+

케인스의 화폐수요이론 발전(자산선택이론)

소득효과가 대체효과보다 크면 투기적 화폐수요가 이자율의 증가함수이고 대체효과가 소득효과보다 크면 투기적 화폐수요는 이자율의 감소함수이며, 일반적으로 대체효과가 소득효과보다 큼

대체효과	이자율(r) 상승 → 화폐보유의 기회비용 증가 → 화폐보유 감소 → 채권보유 증가
소득효과	이자율(r) 상승 → 실질소득 상승 → 화폐보유 증가 → 채권보유 감소

TOPIC 04 연습문제

Keyword | 지급준비금 계산

01 법정지급준비율이 30%일 때, 예금은행에 1억 원 예금이 입금되고, 이 중 2,500만 원을 대출한다면 초과지급준비금은 얼마인가?

① 3,000만 원
② 4,500만 원
③ 6,000만 원
④ 7,500만 원

해설

법정지급준비금은 예금된 금액에 법정지급준비율을 곱하여 계산한다.
(법정지급준비금)=1억×0.3=3,000만 원
초과지급준비금은 예금된 금액에 법정지급준비금과 대출잔액을 차감하여 계산한다.
(초과지급준비금)=1억−(3,000만+2,500만)=4,500만 원
따라서 초과지급준비금(시재금)은 4,500만 원이다.

정답 ❷

참고

(실제지급준비금)=(법정지급준비금)+(초과지급준비금)

Keyword | 통화량 증가요인

02 다음 중 통화량의 증가를 가져오는 경제활동을 〈보기〉에서 모두 고르면?

보기

㉠ 은행이 기업에 신규로 대출하였다.
㉡ 기업이 은행예금에서 현금을 인출하였다.
㉢ 가계가 은행예금을 줄이고 현금보유를 늘렸다.
㉣ 중앙은행이 공개시장조작을 통해 국공채를 매입하였다.
㉤ 중앙은행이 재할인율과 법정지급준비율을 인하하였다.

① ㉠, ㉣
② ㉡, ㉤
③ ㉠, ㉣, ㉤
④ ㉡, ㉣, ㉤

해설

㉠ 은행이 기업에 신규로 대출하면 신용창조과정을 통해 통화량이 증가한다.
㉣·㉤ 중앙은행의 확장적 통화정책으로서 통화량이 증가한다.

오답분석

㉡·㉢ 기업이나 가계의 은행예금이 줄어들면 신용창조가 감소하여 통화량이 감소한다.

정답 ③

참고 중앙은행의 통화정책

중앙은행이 정책목표를 달성하기 위해 통화량이나 이자율을 조절하는 정책으로, 물가안정과 금융안정을 위해 공개시장조작정책, 재할인율정책, 지급준비정책 등을 사용함

- 확장적 통화정책 : 경제 침체 시 통화량을 증가시켜 이자율을 하락시키는 통화정책으로, 시중 금융기관 상대로 채권을 매입, 지급준비율 인하, 재할인율 인하 등을 시행함
- 긴축적 통화정책 : 경제 과열 시 통화량을 감소시켜 이자율을 상승시키는 통화정책으로, 시중 금융기관 상대로 채권을 매도, 지급준비율 인상, 재할인율 인상 등을 시행함

PART 2

Keyword | 신용창조의 이해와 총신용창조금액 계산

03 법정지급준비율이 40%라고 가정하고, 어떤 개인이 현금 7,000원을 한 은행에 예금하였다고 하자. 만약 예금창조의 과정에서 3번째 대출받은 고객까지 현금유출이 전혀 없다가 4번째 대출받은 고객이 대출금을 모두 현금유출한다면, 이때 은행조직 전체에 의한 순예금창조액의 최대규모는 얼마인가?(단, 모든 계산은 소수점 첫째 자리에서 반올림한다)

① 9,139원 ② 11,667원
③ 15,232원 ④ 16,139원

해설

본원예금액 7,000원이 유입된 후 예금과 대출과정을 거치면서 도출되는 신용창조는 다음과 같다.

(단위 : 원)

구분	신용창조과정			
	A은행	B은행	C은행	D은행
예금	7,000	4,200	2,520	1,512
지급준비금	2,800	1,680	1,008	605
대출	4,200	2,520	1,512	907
민간보유	4,200	2,520	1,512	907

∴ (총신용창조금액)=7,000+4,200+2,520+1,512+907=16,139원

정답 ④

Keyword | 고전적 화폐수량설과 현금잔고수량설의 비교

04 다음은 피셔의 고전적 화폐수량설과 케임브리지학파의 현금잔고수량설을 설명한 내용이다. 빈칸에 들어갈 용어를 바르게 연결한 것은?

> 피셔의 고전적 화폐수량설은 화폐의 기능 중 ___A___을(를) 중시하는 데 비해서 케임브리지학파의 현금잔고수량설은 ___B___을(를) 중요시한다.

	A	B
①	교환의 매개수단	가치의 저장수단
②	교환의 매개수단	가치의 척도
③	가치의 저장수단	회계의 단위
④	가치의 저장수단	가치의 척도

해설

피셔의 고전적 화폐수량설은 화폐의 교환의 매개수단으로서의 기능을 중시하는 데 비해, 케임브리지학파의 현금잔고수량설은 화폐를 가치의 저장수단으로 보유하여야 한다고 주장한다.

정답 ❶

참고 고전적 화폐수량설과 현금잔고수량설의 비교

구분	고전적 화폐수량설	현금잔고수량설
화폐의 기능	교환의 매개수단	가치의 저장수단
화폐에 대한 가치관	화폐의 지불기능 강조	화폐를 자산으로 인식
화폐수요	암묵적으로 화폐수요 발생 $M=\frac{1}{V}PY$	명시적으로 화폐수요 발생 $M^D=kPY$
강조점	화폐의 유량측면	화폐의 저량측면

Keyword | 통화공급에 따른 거시경제변수의 변화

05 다음은 피셔의 통화량변화에 따른 거시경제변수의 변화를 설명한 내용이다. 빈칸에 들어갈 용어를 바르게 연결한 것은?

> 사람들은 중앙은행이 통화공급을 줄이면 채권을 ___A___하므로 이자율이 ___B___하고, 투자와 소득이 ___C___한다.

	A	B	C
①	매각	상승	감소
②	매입	상승	감소
③	매각	하락	증가
④	매입	하락	증가

해설

금융당국의 통화정책으로 통화공급이 감소하면 화폐공급곡선이 좌측으로 이동하여 현재 이자율수준에서 과소공급이 발생한다. 따라서 사람들은 화폐를 보유하려 하고 채권을 매각하게 되는데, 이때 채권시장의 공급이 급격히 증가하면서 채권의 초과공급을 야기하여 채권가격 하락으로 이어진다. 채권가격이 하락하면서 이자율은 상승하고, 그 결과 투자가 감소하여 총수요가 감소하고 결국 소득 감소로 이어지게 된다.

정답 ❶

Keyword | 케인스의 이자율 결정

06 다음 중 케인스의 이자율 결정에 대한 설명으로 적절한 것은?

① 소득수준이 감소하면 화폐수요가 증가한다.

② 화폐수요가 증가하면 이자율은 하락한다.

③ 중앙은행이 화폐공급을 늘리면 이자율은 하락한다.

④ 이자율은 화폐수요와 공급에 무관하게 외생적으로 결정된다.

해설

케인스는 이자율이 화폐시장에서 화폐수요와 공급에 의해 결정된다고 주장했다. 화폐공급은 이자율과 무관하게 중앙은행에서 독립적으로 결정하므로 수직선 형태를 가지는 반면, 화폐수요는 이자율에 영향을 받아 감소함수이므로 우하향 형태를 갖는다. 따라서 중앙은행이 화폐공급을 늘리면 공급곡선은 우측으로 이동하여 이자율이 하락하게 된다.

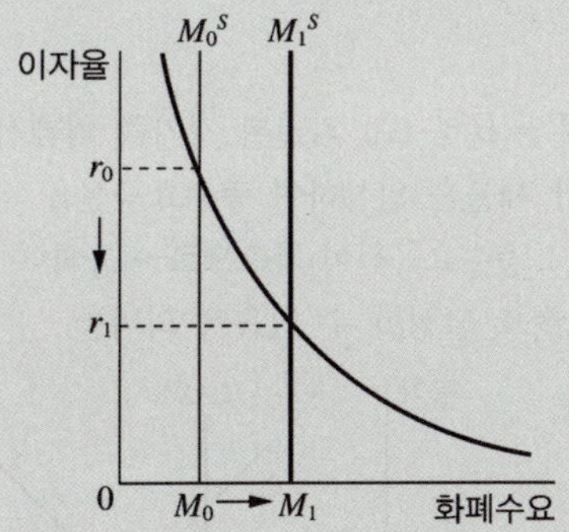

오답분석

① 소득수준이 감소하면 소비규모가 위축되어 화폐에 대한 수요가 감소한다고 주장한다.

② 화폐수요가 증가하면 수요곡선이 우측으로 이동하여 이자율이 상승한다.

④ 이자율은 투자규모에 영향을 미치므로 총수요에 변화를 줄 수 있다.

정답 ❸

TOPIC 05 재정정책과 통화정책

1. 재정정책

(1) 균형재정

조세(T)와 국채 발행(B)으로 구성된 정부의 수입과 정부의 지출(G)이 같은 경우

$$T+B=G$$

(2) 확장적 재정정책

경기가 위축되었을 때($T+B>G$) 위축된 경기를 확장시키려는 목적으로 시행하는 재정정책으로, 정부지출을 늘리거나 세율을 인하하여 총수요곡선을 우측으로 이동시킴

① **정부지출의 증가 :** 정부가 직접 재화와 서비스의 지출규모를 늘려 총수요를 증가시키는 방법

② **이전지출의 증가 :** 사회보장급여와 같이 정부가 다른 경제주체에게 일방적으로 지급하여 수급자의 수입의 일부를 보전해주는 방법

③ **조세의 감소 :** 가처분소득(DI) 증가가 소비지출(C) 증가로 이어져 총수요를 증가시키는 방법

$$DI=Y-T$$

④ **확장적 재정정책의 효과 :** 총수요곡선이 우측으로 이동하여 생산량이 완전고용국민소득수준에 도달하면 거시경제의 장기균형도 달성할 수 있음을 의미함

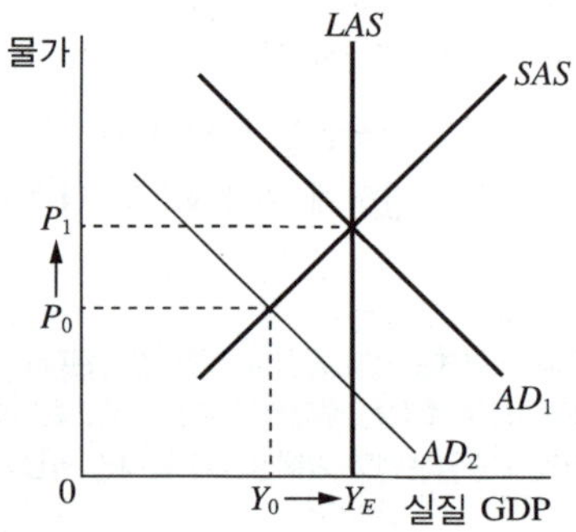

(3) 긴축적 재정정책

① 경기가 과열되었을 때($T+B<G$) 과열된 경기를 억제시키려는 목적으로 시행하는 재정정책으로, 정부지출을 줄이거나 세율을 인상하여 총수요곡선을 좌측으로 이동시킴

② **긴축적 재정정책의 효과 :** 총수요곡선이 좌측으로 이동하여 생산량이 완전고용국민소득수준에 도달하면 거시경제의 장기균형도 달성할 수 있음을 의미함

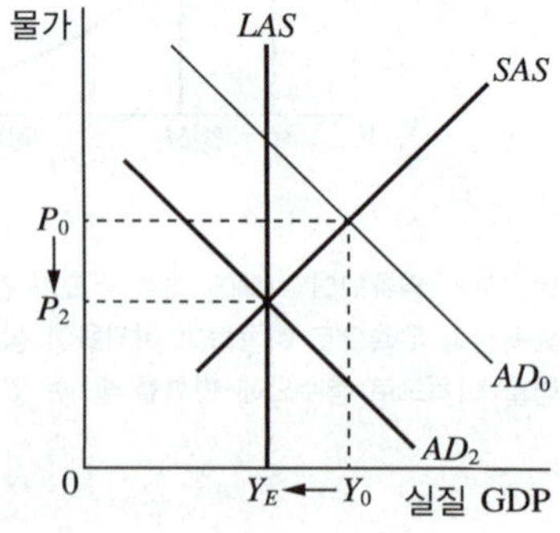

Level UP+

긴축적 재정정책과 톱니효과

톱니효과란 물가가 상승할 때는 톱니처럼 서서히 오르지만 한 번 올라간 물가수준은 좀처럼 내려오지 않는 현상으로, 소득이 늘어나 소비수준이 일단 높아지면 소득이 낮아져도 종전의 소비수준으로 줄어들지 않기 때문에 경기후퇴속도가 줄어드는 효과를 말함

2. 통화정책

(1) 통화정책

중앙은행이 물가안정과 금융안정을 위해 통화량이나 이자율을 조절하는 정책

(2) 통화정책의 수단

① 공개시장조작정책 : 중앙은행이 직접 채권시장에 참여하여 금융기관을 상대로 채권을 매입하거나 매도하여 통화량을 조절하는 방법

- 확장적 통화정책 : 채권 매입으로 통화량을 늘림으로써 실질이자율을 낮춰 총수요를 증가시킴
- 긴축적 통화정책 : 채권 매도로 통화량을 줄임으로써 실질이자율을 높여 총수요를 감소시킴

② 지급준비율정책 : 중앙은행이 법정지급준비율을 변경시킴으로써 통화량을 조절하는 방법

- 확장적 통화정책 : 지급준비율 인하로 통화량이 늘어나 실질이자율을 낮춰 총수요를 증가시킴
- 긴축적 통화정책 : 지급준비율 인상으로 통화량이 줄어 실질이자율을 높여 총수요를 감소시킴

③ 재할인율정책 : 일반은행이 중앙은행으로부터 자금을 차입할 때 차입규모를 조절하여 통화량을 조절하는 방법

- 확장적 통화정책 : 재할인율을 인하하여 실질이자율을 낮춤으로써 통화량을 증가시킴
- 긴축적 통화정책 : 재할인율을 인상하여 실질이자율을 높임으로써 통화량을 감소시킴

(3) 통화정책의 파급경로

① 확장적 통화정책의 파급경로

생산량 감소로 실업과 경기침체 발생 → 공개시장에서 채권 매입 / 지급준비율 인하 / 재할인율 인하 → 시중은행의 초과지급준비금 증가 → 통화공급의 증가 → 실질이자율 감소 → 투자 증가 → 총수요 증가 → 실질 GDP 증가 → 경기침체 회복

② 긴축적 통화정책의 파급경로

생산량 증가로 물가상승률 증가 → 공개시장에서 채권 매도 / 지급준비율 인상 / 재할인율 인상 → 시중은행의 초과지급준비금 감소 → 통화공급 감소 → 실질이자율 증가 → 투자 감소 → 총수요 감소 → 실질 GDP 감소 / 물가상승률 억제 → 경기과열 해소

Level UP+

통화정책과 단기균형의 변화

확장적 또는 긴축적 통화정책으로 통화량에 변화가 생겨 이자율이 조정되면 투자기회의 변화로 이어져 총수요가 변화하게 되고 이로 인해 단기균형에 변화가 생김

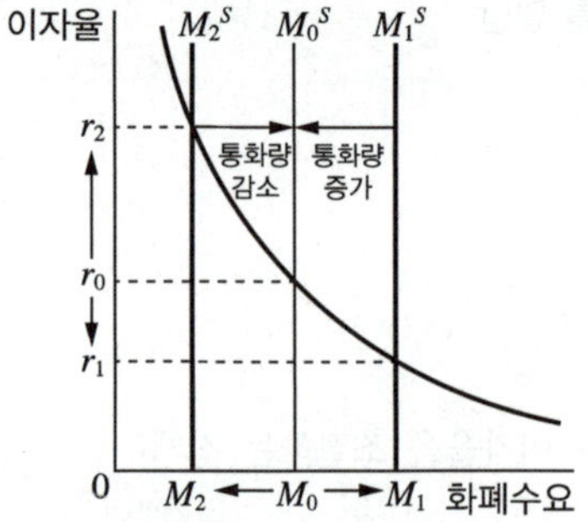

[통화정책에 따른 화폐시장의 변화]

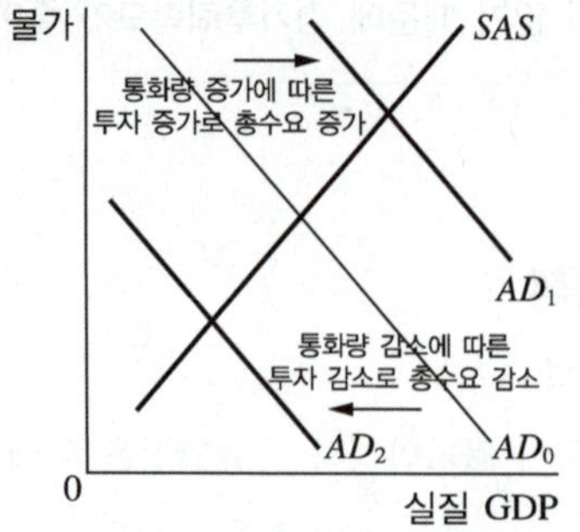

[통화정책에 따른 실물시장의 변화]

TOPIC 05 연습문제

Keyword | 확장적 통화정책의 이해

01 다음 중 한 국가의 내년도 경제가 저성장 위기에 처한 상황에서 정부가 경기부양을 위해 취할 수 있는 정책을 〈보기〉에서 모두 고르면?

보기

㉠ 기준금리 인상
㉡ 정부지출 축소
㉢ 국공채 매입
㉣ 법정지급준비율 인하
㉤ 기업에 대한 세금 인하

① ㉠, ㉡, ㉣
② ㉡, ㉢, ㉣
③ ㉠, ㉢, ㉤
④ ㉢, ㉣, ㉤

해설

정부가 확장적 재정정책이나 확장적 통화정책을 통해 경기를 부양해야 한다.
㉢ 공개시장조작정책으로, 통화량을 증가시켜 실질이자율 감소로 이어져 총수요가 증가한다.
㉣ 지급준비율정책으로, 통화량을 증가시켜 실질이자율 감소로 이어져 총수요가 증가한다.
㉤ 확장적 재정정책으로, 기업의 세금 인하는 투자 증가로 이어져 총수요가 증가한다.

오답분석

㉠ 긴축적 통화정책으로, 기준금리 인상으로 인한 소비 감소로 인해 총수요가 감소한다.
㉡ 긴축적 재정정책으로, 정부가 직접 재화와 서비스에 대한 지출규모를 줄이면 총수요가 감소한다.

정답 ④

Keyword | 중앙은행의 통화정책 이해

02 다음 중 중앙은행이 지급준비율을 인하할 경우 나타나는 현상은?

① 통화승수가 변하지 않아 통화량에 변화가 없다.
② 통화승수의 상승과 본원통화량의 변화를 통해 통화량이 증가한다.
③ 통화승수의 하락과 본원통화량의 변화를 통해 통화량이 감소한다.
④ 통화승수가 상승하여 본원통화량의 변화가 없어도 통화량이 증가한다.

해설

통화승수란 중앙은행이 늘려 공급한 본원통화와 은행의 예금창조과정을 거쳐 궁극적으로 증가한 통화량 사이의 비율을 나타낸다. 민간에서는 현금을 모두 예금하고 은행은 법정지급준비율만큼 지급준비금을 보유한다고 가정한다면, 통화승수는 법정지급준비율의 역수가 된다. 따라서 중앙은행이 지급준비율을 낮추면 본원통화량의 변화가 없어도 통화승수 상승으로 인해 시중 통화량이 증가한다.

정답 ④

참고 **신용창조(화폐창조)**

예금과 대출을 반복하며 통화량이 본원예금액보다 훨씬 많아지는 현상

(총신용창조액)$=\frac{S}{1-(1-Z)}=\frac{S}{Z}$ (단, Z는 지급준비율)

PART 2

Keyword | 통화정책 파급경로 이해

03 다음 중 팽창적인 통화정책의 파급경로로 옳은 것은?

① 화폐공급 증가 → 이자율 하락 → 투자 증가 → 총수요 증가 → 국민소득 증가
② 화폐공급 증가 → 이자율 상승 → 투자 증가 → 총수요 하락 → 국민소득 증가
③ 화폐공급 감소 → 이자율 상승 → 투자 하락 → 총수요 하락 → 국민소득 하락
④ 화폐공급 감소 → 이자율 하락 → 투자 하락 → 총수요 증가 → 국민소득 증가

해설

통화정책의 파급경로

- 확장적 통화정책의 파급경로
  생산량 감소로 실업과 경기침체 발생 → 공개시장에서 채권 매입 / 지급준비율 인하 / 재할인율 인하 → 시중은행의 초과지급준비금 증가 → 통화공급의 증가 → 실질이자율 감소 → 투자 증가 → 총수요 증가 → 실질 GDP 증가 → 경기침체 회복
- 긴축적 통화정책의 파급경로
  생산량 증가로 물가상승률 증가 → 공개시장에서 채권 매도 / 지급준비율 인상 / 재할인율 인상 → 시중은행의 초과지급준비금 감소 → 통화공급 감소 → 실질이자율 증가 → 투자 감소 → 총수요 감소 → 실질 GDP 감소 / 물가상승률 억제 → 경기과열 해소

정답 ❶

Keyword | 통화정책과 단기균형의 이해

04 다음 총수요-총공급 모형을 보고 불황인 현재 경기상황에서 재할인율을 하락시키는 통화정책을 통해 단기균형이 이동하는 경로로 옳은 것은?(단, 폐쇄경제구조를 가정한다)

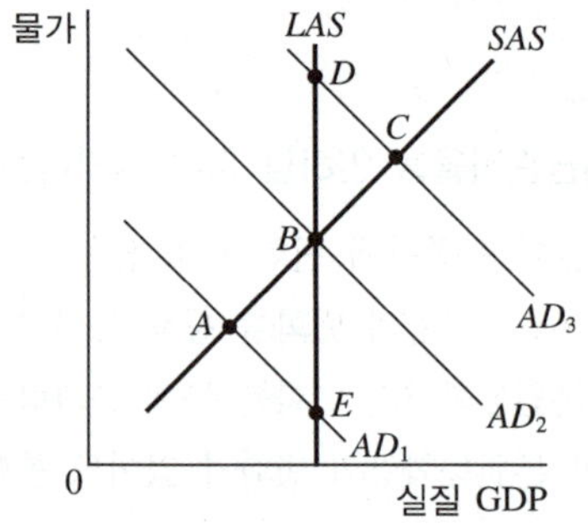

① A → B
② A → E
③ C → D
④ C → B

해설

각 균형점에서 달성되는 실질 GDP수준을 보아 호황인지 불황인지 파악할 수 있다. A점은 균형점보다 왼쪽에 놓여있으므로 불황, C점은 오른쪽에 놓여있으므로 호황이다. 불황인 현재 경기상황을 회복하기 위해 정부는 확장적 통화정책을 통해 안정화시켜야 하는데, 이때 재할인율 하락이라는 확장적 통화정책을 시행하게 되면 총수요곡선을 우측으로 이동시켜 균형점이 B로 이동하게 된다.

정답 ❶

TOPIC 06 인플레이션과 실업

1. 물가와 물가지수

(1) 물가

시장에서 거래되는 모든 개별상품과 서비스의 가격을 일정한 기준으로 가중평균하여 종합한 값

(2) 물가지수

물가를 측정하는 도구로서, 기준시점의 물가를 100으로 하여 지수로 나타낸 값

① 소비자물가지수(CPI) : 도시가계가 일상 소비생활을 영위하기 위해 구입하는 상품가격과 서비스요금의 가격변동을 종합적으로 측정하기 위해 작성하는 물가지수

② 생산자물가지수(PPI) : 국내에서 생산하여 국내시장에 출하되는 모든 재화와 서비스요금의 가격변동을 측정하기 위하여 작성하는 지수

③ GDP 디플레이터 : 명목 GDP를 실질 GDP로 나누어 사후적으로 얻어지는 값

2. 인플레이션

(1) 인플레이션

① 상품과 서비스의 물가수준이 지속적으로 상승하는 현상으로, 화폐가치 혹은 구매력 하락을 의미함

② 인플레이션율(π_t) : 물가수준의 변화율로 다음과 같이 계산함

$$\pi_t = \frac{P_t - P_{t-1}}{P_{t-1}}$$

(2) 인플레이션의 원인

① 수요견인 인플레이션 : 총수요가 증가하여 물가가 상승하는 현상

- 통화량 증가 : 고전학파의 화폐수량설에 따르면 통화량 증가는 물가 상승을 야기한다고 주장함
- 확장적 재정정책 : 케인스는 확장적 재정정책에 따른 총수요의 변화로 물가가 상승한다고 주장함
- 양의 수요충격 : 총수요곡선을 우측으로 이동시키는 모든 요인에 의한 인플레이션 발생

② 비용인상 인플레이션 : 총공급이 감소하여 물가가 상승하는 현상

- 생산요소비용의 증가 : 기업의 비용(임금, 원재료가격 등) 인상이 물가 상승을 야기함
- 노동생산성의 하락 : 파업, 태업과 같은 요인으로 인해 총공급이 감소하여 물가 상승을 야기함
- 음의 공급충격 : 총공급곡선을 좌측으로 이동시키는 모든 요인에 의한 인플레이션 발생

③ 혼합형 인플레이션 : 총수요 요인과 총공급 요인이 모두 작용하여 발생하는 인플레이션

- 혼합형 인플레이션은 지속적인 물가 상승이 가능함

> 공급충격으로 인한 총공급 감소 → 물가 상승 / 국민소득 감소 → 확장정책으로 인한 총수요 증가 → 물가 상승 → 지속되는 물가 상승으로 인한 임금 인상 → 공급충격으로 인한 총공급 감소 → …

④ **스태그플레이션** : 경기침체와 인플레이션이 동시에 발생하는 현상

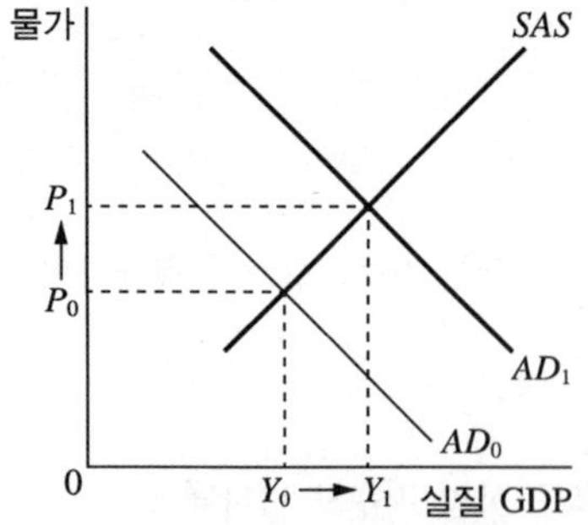

[수요견인 인플레이션]

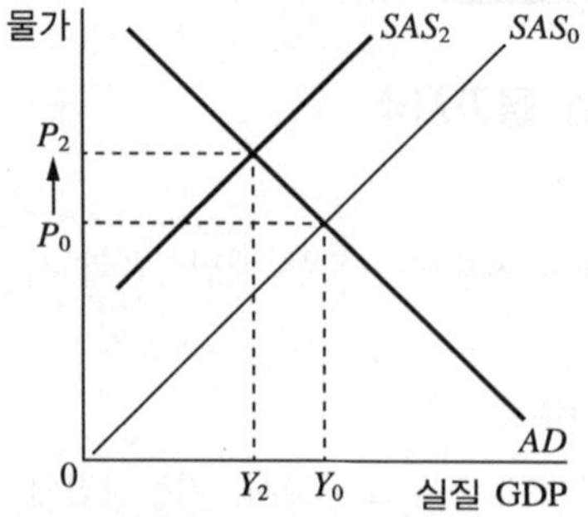

[비용인상 인플레이션]

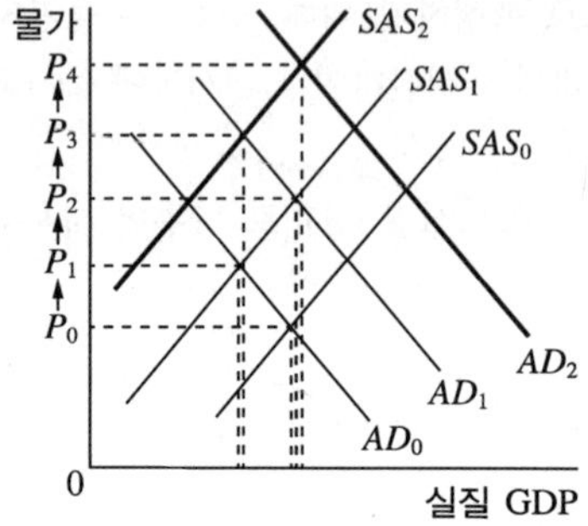

[혼합형 인플레이션]

(3) 인플레이션의 영향

① 예상된 인플레이션의 영향

- 소득재분배 미발생(피셔효과) : 채권자와 채무자 간에 부의 재분배가 발생하지 않음

  예 인플레이션이 완전하게 예상되면 채권자는 실질이자율에 예상인플레이션율을 더한 명목이자를 요구하여 물가상승에 따른 손실을 보전하려고 함

  $$[\text{명목이자율}(i)] = [\text{실질이자율}(r)] + [\text{예상인플레이션율}(\pi^e)]$$

- 구두창비용 발생 : 인플레이션으로 거래비용이 발생함

  예 화폐가치 하락으로 화폐보유가 줄어든 만큼 금융기관 방문 증가에 따른 거래비용이 증가함

- 메뉴비용 발생 : 인플레이션으로 기업이 재화나 서비스의 판매가격을 조정할 때 비용이 발생함

② 예상하지 못한 인플레이션의 영향

- 소득재분배 발생 : 채권자와 채무자 간 부의 재분배가 발생함

  예 예상하지 못한 인플레이션으로 화폐가치가 하락하면 금융자산을 가진 사람과 채권자는 손해를 보지만 실물자산을 가진 사람과 채무자는 이익을 얻음

- 경제의 불확실성 : 불투명한 경제전망으로 비효율이 높아져 후생수준이 감소함
- 생산과 고용의 증대 : 일시적으로 생산량과 고용량이 증가함

(4) 인플레이션의 종류

① **초인플레이션(Hyper Inflation)** : 전쟁 등 사회가 크게 혼란한 상황이나 통화량이 급속히 증가하는 경우 물가 상승이 정부나 중앙은행의 통제를 벗어나 1년에 수백에서 수천 퍼센트를 기록하는 인플레이션으로, 매우 급속한 속도로 일어나는 인플레이션

② **근원인플레이션(Core Inflation)** : 기초 경제여건의 변화로 인해 발생하는 인플레이션으로, 소비자물가상승률에서 일반적으로 예상하지 못한 일시적 외부충격에 의한 물가변동을 제거하여 계산함

③ **애그플레이션(Agflation)** : 농산물의 부족으로 인한 농산물의 지속적인 가격상승현상

④ **에코플레이션(Ecoflation)** : 환경적 요인에 의해 야기되는 인플레이션

예 지구온난화로 인한 기후변화나 환경기준의 강화 등으로 제조원가가 상승하여 소비재 가격이 상승함

⑤ **보틀넥 인플레이션(Bottleneck Inflation)** : 생산요소의 일부가 부족하여 발생하는 인플레이션

예 생산과정에 애로가 생겨 생산능력이 수요의 증가속도를 따라가지 못해 물가가 상승하는 병목현상이 발생함

⑥ **차이나플레이션(Chinaflation)** : 중국발 인플레이션으로, 중국 내 임금 및 원자재 값 상승 등으로 중국 제품의 수출단가가 오르면서 중국산 수입의존도가 높은 국가의 물가를 자극하는 현상

⑦ **디스인플레이션(Disinflation)** : 경제조정으로 통화가 수축되면서 물가상승률이 낮아지는 현상

3. 디플레이션

(1) 디플레이션

경제 전반적으로 상품과 서비스의 가격이 지속적으로 하락하는 현상

(2) 디플레이션의 원인

주요 원인으로는 기술혁신이나 노동생산성 증가, 생산원가 절감에 따른 총공급 증가에 기인하며, 총수요의 급격한 감소나 통화량 감소 등으로 총수요가 감소하여 발생하기도 함

(3) 디플레이션의 영향

① **예상된 디플레이션의 영향**

- 0의 명목이자율 : 피셔효과로 부의 재분배가 발생하지 않아 명목이자율이 (−)가 되지 않음
- 유동성함정 : 디플레이션 하에서 이자율을 낮추려는 통화정책은 효과를 얻을 수 없음

② **예상하지 못한 디플레이션의 영향**

- 소득재분배 발생 : 채권자와 채무자간 부의 재분배가 발생함

예 예상하지 못한 디플레이션으로 화폐가치가 상승하면 실물자산을 가진 사람과 채무자는 손해를 보지만 금융자산을 가진 사람과 채권자는 이익을 얻음

4. 실업

(1) 자발적 실업과 비자발적 실업

① 자발적 실업 : 일할 능력은 있으나 현재의 임금수준에서는 일할 의사가 없는 상태

② 비자발적 실업 : 일할 의사와 능력은 있으나 현재의 임금수준에서 일자리가 없는 상태

(2) 실업의 유형

① 자연적 실업 : 정상적인 경제상황(완전고용상태)에서도 존재하는 실업

- 마찰적 실업 : 노동시장의 정보 불완전성으로 노동자의 구직과정에서 발생하는 실업으로, 마찰적 실업을 감소시키기 위해서는 구인 및 구직정보를 적은 비용으로 찾을 수 있는 제도적 장치를 마련해야 함

  예 기업의 구인정보를 널리 홍보하는 정책을 사용하여 비대칭성 문제를 해결할 수 있는 탐색기간을 줄임

- 구조적 실업 : 경제발전에 따른 산업구조의 변화로 노동수요구조가 바뀜에 따라 발생하는 실업으로 구조적 실업을 감소시키기 위해서는 직업훈련, 재취업교육 등 인력정책이 필요함

  예 기술의 발달로 저숙련 노동자들에 대한 수요가 감소하는 현상

② 경기적 실업 : 경기침체로 인한 총수요의 부족으로 발생하는 실업

- 실업보험제도나 고용보험제도는 경기적 실업을 해소하기 위한 좋은 대책임

(3) 실업 관련 지표

① 경제활동의 구분

- 생산가능인구 : 15세 이상의 인구를 지칭하며 경제활동인구와 비경제활동인구로 구분
  - 경제활동인구 : 생산가능인구 중 취업자와 적극적으로 구직활동을 하는 실업자
  - 비경제활동인구 : 생산가능인구 중 주부, 실망노동자 등 취업할 능력이나 의사가 없는 인구

② 경제활동참가율 : 생산가능인구 중에서 경제활동인구가 차지하는 비율

$$(\text{경제활동참가율}) = \frac{(\text{경제활동인구})}{(\text{생산가능인구})} \times 100$$

③ 실업률 : 경제활동인구 중에서 실업자가 차지하는 비율

$$(\text{실업률}) = \frac{(\text{실업자 수})}{(\text{경제활동인구})} \times 100$$

- 정규직 구분 없이 모두 취업자로 간주하므로 고용의 질을 반영하지 못함
- 취업준비생, 실망노동자 등을 비경제활동인구에 포함시키므로 실업률이 실제보다 낮게 측정됨

④ 고용률 : 생산가능인구 중에서 취업자가 차지하는 비율

$$(\text{고용률}) = \frac{(\text{취업자 수})}{(\text{생산가능인구})} \times 100$$

(4) 학파별 실업이론과 대책

① **고전학파** : 노동의 수요와 공급은 실질임금의 함수이고 명목임금은 완전신축적이므로 항상 완전고용상태를 유지하여 비자발적 실업은 발생하지 않는다고 주장

- 물가하락 시 명목임금이 하락하지 않는다면 비자발적 실업이 계속 유지된다고 봄
- 실업의 발생원인은 노동조합, 최저임금제, 실업수당과 같은 제도적 요인이라고 봄
- 노동시장에 대한 인위적 제약 및 간섭을 최소화하여 가격기능을 최대한 보장해야 한다고 주장

② **케인스학파** : 케인스는 노동공급이 명목임금의 증가함수라고 가정하고, 케인스학파는 노동공급이 예상실질임금의 증가함수라고 가정함

- 경기침체로 유효수요가 감소하면 물가가 하락하므로 노동수요가 감소하는데, 노동수요가 감소하더라도 명목임금은 하방 경직적이므로 임금은 하락하지 않아 비자발적 실업이 발생함
- 비자발적 실업의 원인은 경기침체로 인한 유효수요의 부족이라고 주장
- 확대적인 재정정책을 실시하여 유효수요를 증가시켜야 한다고 주장

TOPIC 06 연습문제

Keyword | 물가지수의 비교

01 **다음 중 생산자물가지수(PPI), 소비자물가지수(CPI), GDP 디플레이터에 대한 설명으로 적절한 것은?**

① 생산자물가지수의 산정대상은 우리나라 GDP에 계상되는 모든 원자재이다.
② 소비자물가지수의 산정대상은 우리나라 GDP에 계상되는 모든 소비재이다.
③ 생산자물가지수와 소비자물가지수는 고정된 가중치를 적용해서 구하는 파셰지수의 대표적인 예이다.
④ GDP 디플레이터의 산정대상은 우리나라 GDP에 계상되는 모든 재화와 서비스이다.

해설

물가지수

- 소비자물가지수(CPI) : 도시가계가 일상 소비생활을 영위하기 위해 구입하는 상품가격과 서비스 요금의 가격변동을 종합적으로 측정하기 위해 작성하는 물가지수
- 생산자물가지수(PPI) : 국내에서 생산하여 국내시장에 출하되는 모든 재화와 서비스요금의 가격변동을 측정하기 위하여 작성하는 지수
- GDP 디플레이터 : 명목 GDP를 실질 GDP로 나누어 사후적으로 얻어지는 값

오답분석

① 생산자물가지수의 산정대상은 상품의 경우 개별 품목 거래액이 모집단 거래액의 1/10,000 이상인 801개의 상품으로 하며, 서비스의 경우 1/2,000 이상인 거래비중을 갖는 83개 품목만 포함된다.
② 소비자물가지수의 산정대상은 가계소비지출에서 차지하는 비중이 1/10,000 이상인 481개의 품목만 포함된다.
③ 생산자물가지수와 소비자물가지수는 기준연도의 거래량을 가중치로 사용하여 물가지수를 계산하는 라스파이레스 방식의 대표적인 예이다.

정답 ④

Keyword | 인플레이션의 원인

02 **다음 인플레이션 요인들 중 그 성격이 다른 것은?**

① 경기침체를 해소하기 위한 경기부양책으로 통화공급량을 대폭 증가시켰다.
② 사회간접자본 확충을 위한 통신망 구축사업이 시행되었다.
③ 기업이 대규모 해외자본을 유치하여 투자를 확대하였다.
④ 세계경제의 성장으로 세계원자재에 대한 수요가 크게 증가하고 있다.

해설

①·②·③은 수요적 측면에서 바라본 수요견인 인플레이션에 대한 설명이고 ④는 공급적 측면에서 바라본 비용인상 인플레이션에 대한 설명이다.

정답 ④

참고 **인플레이션의 원인**

- 수요견인 인플레이션 : 총수요가 증가하여 물가가 상승하는 현상
- 비용인상 인플레이션 : 총공급이 감소하여 물가가 상승하는 현상
- 혼합형 인플레이션 : 총수요 요인과 총공급 요인이 모두 작용하여 발생하는 인플레이션

Keyword | 인플레이션의 영향

03 **다음 중 인플레이션의 효과에 대한 설명으로 적절한 것은?**

① 인플레이션이 완전히 예견될 수만 있다면 이로 인해 손해를 보는 사람은 없을 것이다.
② 현금을 보유하고 있는 사람은 인플레이션세를 내는 효과가 발생한다.
③ 예상치 못한 인플레이션이 발생할 경우 미리 계약된 임금을 지급하는 기업은 손해를 본다.
④ 예상치 못한 인플레이션이 발생할 경우 '구두창 비용'이 발생한다.

해설

예상하지 못한 인플레이션으로 화폐가치가 하락하면 금융자산을 가진 사람과 채권자는 손해를 보지만 실물자산을 가진 사람과 채무자는 이익을 얻는다.

오답분석

① 인플레이션이 완전하게 예견되는 경우에도 구두창비용 및 메뉴비용이 발생하므로 사회적인 후생손실이 발생한다.
③ 예상치 못한 인플레이션이 발생하면 미리 계약된 임금을 지급하는 기업은 이익을 본다.
④ 구두창비용은 예상된 인플레이션하에서 발생한다.

정답 ❷

참고 **인플레이션의 영향**

- 예상된 인플레이션의 영향
  - 소득재분배 미발생(피셔효과) : 채권자와 채무자 간에 부의 재분배가 발생하지 않음
  - 구두창비용 발생 : 인플레이션으로 인해 발생하는 예상된 거래비용이 발생함
  - 메뉴비용 발생 : 인플레이션으로 기업이 재화나 서비스의 판매가격을 조정할 때 비용이 발생함
- 예상하지 못한 인플레이션의 영향
  - 소득재분배 발생 : 채권자와 채무자 간의 부의 재분배가 발생함
  - 경제의 불확실성 : 불투명한 경제전망으로 비효율이 높아져 후생수준이 감소함
  - 생산과 고용의 증대 : 일시적으로 생산량과 고용량이 증가함

Keyword | 피셔효과의 이해

04 **다음 중 이자율과 관련된 피셔효과(Fisher Effect)에 대한 설명으로 적절한 것은?**

① 기대 인플레이션율이 상승하면서 명목이자율은 상승한다.
② 피셔효과에 따르면 명목이자율은 실질이자율에 기대 인플레이션율을 차감하여 구한다.
③ 통화량이 증가하면 이자율은 하락한다.
④ 소득이 증가하면 이자율은 상승한다.

해설

피셔효과란 시중금리와 인플레이션 기대심리의 관계를 말해주는 이론으로, 시중 명목금리는 실질금리와 예상인플레이션율의 합과 같다는 이론이다. 따라서 기대 인플레이션율이 상승하면서 명목이자율도 상승한다.

오답분석

② [명목금리(i)]=[실질금리(r)]+[예상 인플레이션율(π^e)]
③·④ 시중금리와 인플레이션의 기대심리의 관계를 말하는 이론이다.

정답 ❶

Keyword | 실업 관련 지표계산

05 **어느 나라의 총인구가 5,000만 명, 15세 미만 인구가 2,400만 명, 비경제활동인구가 1,200만 명, 취업자가 1,000만 명, 실업자가 400만 명이라고 하자. 이때, 경제활동참가율과 실업률을 구하면?**

	경제활동참가율	실업률
①	38.46%	15.38%
②	38.46%	28.57%
③	53.84%	15.38%
④	53.84%	28.57%

해설

- (경제활동참가율)$=\frac{(\text{경제활동인구})}{(\text{생산가능인구})}\times 100$이므로 $\frac{1,400\text{만}}{2,600\text{만}}\times 100=53.84\%$
- (실업률)$=\frac{(\text{실업자 수})}{(\text{경제활동인구})}\times 100$이므로 $\frac{400\text{만}}{1,400\text{만}}\times 100=28.57\%$

정답 ④

Keyword | 학파별 실업이론과 대책

06 **다음 중 임금이 매우 신축적일 때 나타나는 경제상황으로 적절하지 않은 것은?**

① 마찰적 실업이 존재한다.
② 저축과 투자가 균형을 이룬다.
③ 수요부족상태가 장기적으로 지속되지 않는다.
④ 실업률이 자연실업률보다 높아질 가능성이 크다.

해설

고전학파에 따르면 노동의 수요와 공급은 모두 실질임금의 함수이고 명목임금은 완전신축적이므로 항상 완전고용상태를 유지하여 비자발적 실업은 발생하지 않는다고 주장하였다. 즉, 경제가 완전히 신축적인 상황이라면 경제에 있는 생산자원이 정상적으로 고용되어 있는 완전고용상태이고, 이때 자연실업률수준을 벗어날 수 없다.

정답 ④

참고 **학파별 실업이론과 대책**

- 고전학파 : 노동의 수요와 공급은 실질임금의 함수이고 명목임금은 완전신축적이므로 항상 완전고용상태를 유지하여 비자발적 실업은 발생하지 않는다고 주장
  - 물가하락 시 명목임금이 하락하지 않는다면 비자발적 실업이 계속 유지된다고 봄
  - 실업의 발생원인은 노동조합, 최저임금제, 실업수당과 같은 제도적 요인이라고 봄
  - 노동시장에 대한 인위적 제약 및 간섭을 최소화하여 가격기능을 최대한 보장해야 한다고 주장
- 케인스학파 : 케인스는 노동공급이 명목임금의 증가함수라고 가정하고, 케인스학파는 노동공급이 예상실질임금의 증가함수라고 가정함
  - 경기침체로 유효수요가 감소하면 물가가 하락하므로 노동수요가 감소하는데, 노동수요가 감소하더라도 명목임금은 하방경직적이므로 임금은 하락하지 않아 비자발적 실업이 발생함
  - 비자발적 실업의 원인은 경기침체로 인한 유효수요의 부족이라고 주장
  - 확대적인 재정정책을 실시하여 유효수요를 증가시켜야 한다고 주장

TOPIC 07 필립스곡선

1. 실업과 인플레이션

(1) 고통지수

경제적 어려움을 계량화한 것으로 인플레이션율과 실업률의 합에서 실질 GDP 증가율을 뺀 값

(고통지수)=(인플레이션율)+(실업률)−(실질 GDP 증가율)

(2) 인플레이션과의 상충관계

실업과 인플레이션을 동시에 회복하기 어려우며 일반적으로 역의 관계가 성립함

2. 전통적 필립스곡선

(1) 필립스곡선(SPC; Short-run Phillips Curve)

인플레이션율과 실업률 간의 단기 상충관계가 존재함을 보여주는 곡선으로 장기에는 성립하지 않음

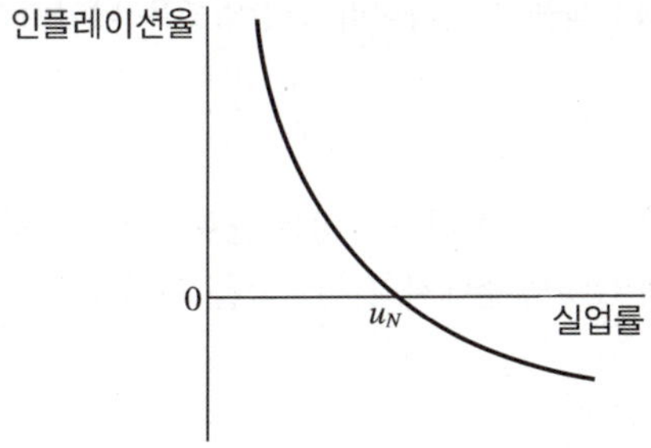

(2) 필립스곡선의 특징

① 우하향 곡선 : 물가안정과 완전고용은 역의 관계로 동시에 달성할 수 없음

② 실업률이 높을 때보다 낮을 때 기울기가 더 가파름

(3) 스태그플레이션과 필립스곡선

스태그플레이션은 인플레이션이 심화되면서 실업률이 동시에 증가하는 현상으로, 필립스곡선 자체가 우상방으로 이동하는 현상이 나타나며 인플레이션과 실업률 사이의 상충관계가 사라진 것을 의미함

3. 기대부가 필립스곡선

(1) 기대부가 필립스곡선

단기에는 노동자들의 기대 인플레이션율이 0으로 인플레이션과 실업률 간에 역의 관계가 성립하지만, 장기에는 노동자들의 물가상승에 따른 명목임금 인상요구로 인해 역의 관계가 성립하지 않는다고 주장

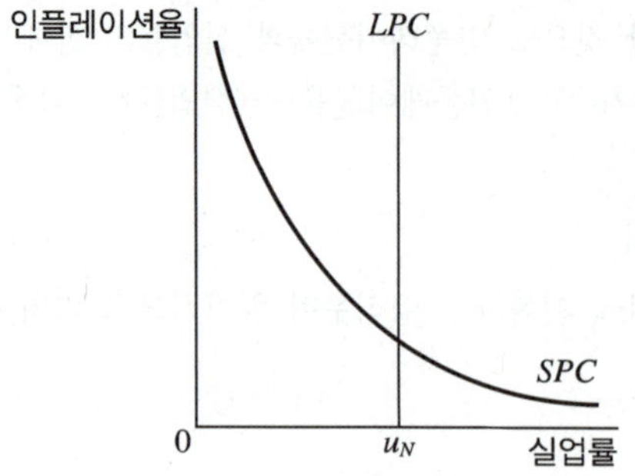

(2) 기대부가 필립스곡선의 특징

① 단기에는 우하향하는 곡선이지만 장기에는 자연실업률수준에서 수직선 형태

② 장기에는 확대적인 재정정책을 실시하더라도 실업률은 낮아지지 않고 물가만 상승하게 됨

(3) 자연실업률가설

노동시장에서 취업자와 실업자의 수가 변하지 않는 균형상태가 존재하는데, 그 수준에서의 실업률을 자연실업률이라고 하며, 잠재 GDP수준에서의 실업률을 의미함

4. 새고전학파 필립스곡선

(1) 새고전학파 필립스곡선

합리적 기대 하에서는 이용 가능한 모든 정보를 이용하여 다음 기의 인플레이션율을 예상하므로 예측오차는 평균적으로 0이 되어 단기적으로도 필립스곡선은 수직선이 될 수 있으나, 물가예상이 부정확한 경우에는 필립스곡선은 우하향함

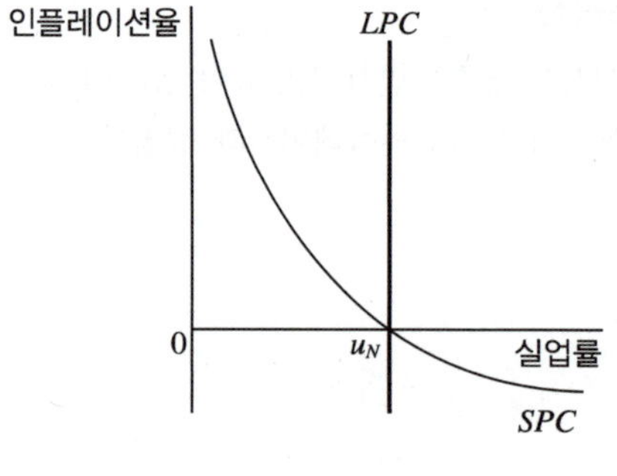

(2) 새고전학파 필립스곡선의 특징

① 예상한 정책은 단기적으로도 실업률에 영향을 미칠 수 없고 물가상승만을 초래함

② 예상하지 못한 정책이 단기적으로 실업률을 낮출 수는 있으나 바람직하지 못한 대책임

5. 인플레이션 억제정책

(1) 인플레이션 억제정책

① 물가를 안정시키기 위해 통화량 감소 등의 긴축적 정책을 실시하는 것

② 희생비율 : 인플레이션율을 1% 낮추기 위해 감수해야 하는 실질 GDP 감소율을 의미함

$$(\text{희생비율})=\frac{(\text{실질 GDP 감소율})}{(\text{인플레이션 하락률})}\times 100$$

(2) 점진주의정책

서서히 통화량을 줄여 점진적으로 인플레이션율을 낮추는 정책으로, 오랜 시간이 소요됨

(3) 급진주의정책

일시에 통화량을 대폭 줄임으로써 단시일 내에 인플레이션율을 낮추는 정책으로, 심각한 경기침체가 발생할 가능성이 있음

6. 기대가설과 필립스곡선

(1) 적응적 기대

① 과거 자료를 바탕으로 예상오차를 조금씩 수정하여 미래를 예측함

② 통화주의학파가 주장하였으며, 미래에 대한 기대는 과거의 정보로부터 도출될 수 있다고 봄

(2) 합리적 기대

합리적 판단이 불가하므로 정부가 어떠한 경제정책을 펴더라도 미리 합리적으로 예상하여 행동해야 함

TOPIC 07 연습문제

Keyword | 인플레이션율과 실업률의 관계

01 **다음 중 인플레이션율과 실업률에 대한 설명으로 적절한 것은?**

① 필립스곡선은 인플레이션율과 실업률 간의 양의 상관관계를 보여준다.
② 인플레이션율과 실업률이 동시에 상승하는 현상을 필립스곡선의 이동으로도 설명할 수 있다.
③ 스태그플레이션은 인플레이션율이 상승하면서 실업률이 감소되는 현상이다.
④ 실업률이 높을 때가 실업률이 낮을 때보다 실업을 줄이기 위해 희생해야 하는 물가상승률이 더 크다.

해 설

경기침체와 인플레이션을 합성한 스태그플레이션에 대한 설명으로, 물가가 상승하면서 실업률이 동시에 증가하는 현상을 말한다. 스태그플레이션이 발생하면 필립스곡선으로 설명할 수 있던 인플레이션율과 실업률 사이의 상충관계가 사라지고 필립스곡선 자체가 우상방으로 이동한다.

오답분석

① 필립스곡선은 인플레이션율과 실업률 간의 음의 상관관계를 나타내는 곡선이다.
③ 스태그플레이션이란 인플레이션율과 실업률이 동시에 높아지는 현상을 말한다.
④ 필립스곡선은 실업률이 높을 때보다 낮을 때 기울기가 가파르기 때문에 실업률이 높을 때가 실업률이 낮을 때보다 실업을 줄이기 위해 희생해야 하는 물가상승률이 훨씬 작다는 것을 의미한다.

정답 ❷

Keyword | 기대부가 필립스곡선의 이해

02 **다음 중 기대가 부가된 필립스곡선에 대한 설명으로 적절하지 않은 것은?**

① 오쿤의 법칙과 결합하여 총공급곡선을 도출할 수 있다.
② 1970년대 스태그플레이션을 설명하는 데 유용하다.
③ 기대 물가상승률이 합리적 기대에 따라 결정되면 예상된 통화정책은 실업률에 영향을 미치지 않는다.
④ 다른 조건이 일정하다면 필립스곡선의 기울기가 클수록 희생비율이 크다.

해 설

희생비율이란 인플레이션율을 1% 낮추기 위해 감수해야 하는 실질 GDP 감소율을 말한다. 필립스곡선의 기울기가 매우 가파르다면 인플레이션율을 낮추더라도 실업률은 별로 상승하지 않으므로 실질 GDP 감소율이 작아진다. 극단적으로 필립스곡선이 수직선이라면 인플레이션율을 낮추더라도 실업률은 전혀 상승하지 않으므로 실질 GDP 감소율은 0이 되어 희생비율도 0이 된다. 그러므로 필립스곡선의 기울기가 가파를수록 희생비율은 작아진다.

정답 ❹

참고 **오쿤의 법칙**

경기회복기에는 고용의 증가속도보다 국민총생산의 증가속도가 더 빠르고, 불황기에는 고용의 감소속도보다 국민총생산의 감소속도가 더 빠르다는 내용으로, 실업률이 1% 늘어날 때마다 국민총생산이 2.5%의 비율로 줄어드는 것을 발견했는데 이와 같이 실업률과 국민총생산이 밀접한 관계가 있음을 의미함

Keyword | 필립스곡선과 기대가설

03 다음 중 필립스곡선에 대한 설명으로 적절하지 않은 것을 〈보기〉에서 모두 고르면?

보기

가. 원자재 가격 상승으로 인한 공급충격은 단기필립스곡선을 아래쪽으로 이동시킨다.
나. 기대인플레이션의 상승은 단기필립스곡선을 아래쪽으로 이동시킨다.
다. 합리적 기대하에서 예상치 못한 통화정책은 인플레이션율과 실업률의 조합점을 단기필립스곡선에서 좌상방으로 이동시킨다.
라. 적응적 기대하에서 통화정책은 인플레이션율과 실업률의 조합점을 단기필립스곡선상에서 좌상방으로 이동시킨다.

① 가, 나　② 가, 다
③ 나, 라　④ 다, 라

해설

가. 원자재 가격 상승으로 인한 공급충격은 비용인상인플레이션을 유발하여 물가가 상승하고 산출량이 감소한다. 산출량의 감소는 실업률의 상승을 의미하므로 원자재 가격 상승은 단기필립스곡선을 우상방으로 이동시킨다.
나. 기대인플레이션이 상승하는 경우 단기필립스곡선은 우상방으로 이동한다.

정답 ❶

Keyword | 인플레이션 억제정책

04 다음 중 인플레이션 억제정책에 대한 설명으로 적절하지 않은 것은?

① 정부정책에 대한 국민들의 신뢰도가 매우 높다면 희생비율은 낮아질 수 있다.
② 급냉정책이란 급진적으로 인플레이션율을 낮추기 위한 정책을 말한다.
③ 합리적 기대론자들은 급진적인 정책보다는 점진적인 정책을 주장한다.
④ 점진주의정책을 실시할 경우에는 인플레이션율을 낮추는 데 소요되는 시간이 길다.

해설

합리적 기대론자들은 일시에 통화공급 증가율을 큰 폭으로 줄이는 급진주의정책을 주장한다. 이들은 일시에 통화공급 증가율을 낮출 경우 인플레이션 기대심리가 없어지므로 별로 비용을 들이지 않고 물가를 안정시킬 수 있다고 본다.

오답분석

① 인플레이션율을 낮추겠다는 정책이 사전에 발표되고 노동자와 기업이 정부발표를 신뢰하는 경우에는 실질 GDP 감소율이 0이 되어 희생비율이 0이 될 수도 있다.
④ 점진주의정책이란 서서히 통화량을 줄여 점진적으로 물가상승률을 낮추는 정책을 말하며, 점진주의정책을 실시하는 경우 경기위축과 그에 따른 실업문제가 심각해지지는 않지만, 인플레이션율을 낮추는 데 시간이 오래 소요된다.

정답 ❸

경제상식 영역소개

은행권에서는 다양한 직업을 가진 고객을 만나기 때문에 다양한 분야의 상식을 함양하고 있어야 합니다.
직무수행능력평가에서 고득점을 받을 수 있도록 경제상식을 수록하여 은행권 필기시험을 준비할 수 있도록 하였습니다.

CHAPTER 02

경제상식

SECTION 01 핵심용어

SECTION 02 출제예상문제

SECTION

01 핵심용어

가상자산

지폐·동전 등의 실물이 없으며 온라인에서 거래되는 자산

긱(Gig) 경제

필요에 따라 임시로 직원을 고용하여 일을 맡기는 고용 형태

데스노믹스(Deathnomics)

우크라이나 침공 이후 전사자가 늘어날수록 러시아 경제가 성장하는 비극적 상황

래퍼 곡선(Laffer Curve)

미국의 경제학자 래퍼(A. Laffer)가 제시한 조세 수입과 세율 간의 역설적 관계를 나타낸 곡선

부채 디플레이션

물가의 하락으로 실질금리가 상승하면서 부채의 실질 부담이 증가함에 따라 총수요가 감소하고 경제 활동이 침체되는 현상

지급준비율

예금액 중에서 중앙은행에 의무적으로 적립해야 하는 비율

경상수지

국가 간에 이루어지는 상품 및 서비스 거래에 의한 수지

통화승수

통화량이 확대되거나 감소되는 비율을 나타낸 수치

통화 스와프

계약에서 정한 환율에 따라 통화를 일정 시점에 교환하는 외환 거래

화이트 리스트

자국의 안전 보장에 위협이 될 수 있는 첨단 기술과 부품 등을 수출함에 있어서 허가신청이나 그 절차를 우대해주는 국가

예산 총계주의

정부나 지방 자치 단체의 세입과 세출을 모두 예산에 편입하여 정부 재정의 감독을 쉽게 하고 재정의 팽창과 문란을 막기 위해 계상하는 방침

BTL(Build Transfer Lease)

민간이 공공시설을 건설하고 정부가 시설 임대료를 분할하여 상환하는 방식

젠트리피케이션(Gentrification)

도시 인근의 낙후 지역에 상류층이 유입되면서 변화가 생기는 현상

주택연금

현재 살고 있는 주택을 담보로 매월 일정액을 연금 형식으로 받는 대출

바젤 협약

환경을 보호하기 위해 국가 간의 유해 폐기물 이동과 교역을 규제하는 국제협약

스피드팩토어(Speed Factore)

소비자가 언제 어디서든 자신이 원하는 옷을 주문하면 주문을 접수하자마자, 공장이 소비자의 주문에 맞는 옷을 만들어 배송하는 것

규제 샌드박스

신산업과 신제품에 대해 전체 산업을 대상으로 이뤄지던 기존의 규제를 일정 기간 유예해주는 정부의 정책

스크루플레이션(Screwflation)

쥐어짤 만큼 어려운 경제상황에서 체감물가가 올라가는 상태

출구전략

경기침체기에 경기를 부양하기 위하여 취했던 각종 정책들을 경제에 부작용을 남기지 않게 하면서 서서히 거둬들이는 전략

스놉 효과

특정 상품을 구매하는 사람이 많아지면 그 상품에는 더 이상 관심을 두지 않고 남들이 구하기 힘든 상품으로 눈을 돌리게 되는 현상

파노플리 효과

소비자가 명품을 구매하면서 자신이 그것을 소비하는 계층(상류층)과 같은 부류라는 생각을 가지게 되는 효과

퍼플칼라

근무 시간과 장소가 자유로워 일과 일상의 구분 없이 일할 수 있는 유형의 근로자

골드칼라

지식과 전문성으로 기획 등의 높은 생산성을 가지는 일만 하는 노동 유형

뉴칼라

4차 산업혁명시대에 걸맞은 IT 교육을 받은 인재

그레이칼라

블루칼라와 화이트칼라의 경계에 있는 직종에 종사하는 근로자

넛지 이론

선택은 상대방에게 맡기되 그의 행동을 특정한 방향으로 유도할 수 있는 효과적인 방식을 제안하는 것, 즉 상대방의 행동을 변화시키는 유연한 방식의 개입을 의미

경제민주화

대기업에 쏠린 부의 편중현상을 법적으로 완화해야 한다는 주장을 통칭하는 말

자본주의 4.0

다수의 성장을 추구하는 따뜻한 자본주의

콜라보노믹스(Collabonomics)

불투명한 경제상황에서 혁신적인 아이디어를 찾아내기 위한 상생의 윈-윈 파트너십

테이퍼링(Tapering)

중앙은행이 국채 등 자산 매입으로 시장에 돈을 푸는 양적완화정책을 점진적으로 축소하는 것

양적완화

금리인하를 통한 경기부양효과가 한계에 이르렀을 때, 중앙은행이 국채매입 등을 통해 시중에 돈을 직접 푸는 정책

그레샴의 법칙(Gresham's Law)

악화와 양화가 동일한 액면 가치를 갖고 함께 유통될 경우, 악화만이 그 명목 가치로 유통되고 양화는 유통되지 않고 사라지는 현상

거시경제

개별 경제주체들의 변수들이 서로 영향을 주고받으면서 발전하는 총체적인 국민경제

리디노미네이션(Redenomination)

한 나라에서 통용되는 화폐의 액면가(디노미네이션)를 동일한 비율의 낮은 숫자로 변경하는 조치

소프트패치(Soft Patch)

경기 회복 국면에서 일시적인 어려움을 겪는 상황

경기변동

경제활동이 경제의 장기성장추세를 중심으로 상승과 하강을 반복하며 성장하는 현상

더블딥(Double Dip)

경기가 침체 국면에서 회복될 조짐을 보이다가 다시 침체 국면으로 빠져드는 현상

경제성장률

한 나라 경제가 일정 기간 실질적으로 성장하는 비율을 나타낸 것으로 통상 1년 단위로 측정

경제활동인구

노동시장에서 경제활동이 가능한 15세 이상의 인구

인구 오너스(Demographic Onus)

전체 인구에서 생산연령인구의 비중이 하락하여 경제성장이 지체되는 것

골디락스(Goldilocks)

높은 성장률을 기록하면서도 물가상승압력이 거의 없는 이상적인 경제상황

버블경제

경제가 실물부문의 움직임과 괴리되어 성장하면서 실제보다 과대 팽창되는 경기상태

스태그플레이션(Stagflation)

경기침체기에 발생하는 인플레이션으로, 저성장·고물가의 상태

인플레이션(Inflation)

개별상품 및 서비스 가격의 평균값이 지속적으로 상승하는 현상

유동성함정(Liquidity Trap)

금리인하와 같은 통화정책이나 재정지출 확대와 같은 재정정책으로도 경기가 부양되지 않는 상태

피셔효과(Fisher Effect)

시중금리와 인플레이션 기대심리와의 관계를 말해주는 이론

재화

인간에 도움이 되는 효용을 가지고 있는 모든 물체와 물질

경제고통지수

일정 기간의 소비자물가상승률과 실업률을 더한 수치

공급의 가격탄력성

가격의 변화 정도에 따른 공급량의 변화 정도

가변자본

상품 생산에 투하된 자본 중 인적생산수단으로부터 전환된 것 예 임금

수요의 가격탄력성

가격의 변화 정도에 따른 수요량의 변화 정도

수요공급곡선

상품의 가격과 수요·공급량의 관계를 나타내는 곡선

독점적 경쟁시장

기업들이 독점적 입장의 강화를 꾀하면서도 서로 경쟁하는 시장

무차별곡선

x와 y축에 두 가지 상품을 놓고 소비자에게 동일한 만족을 주는 재화묶음을 연결한 곡선

한계효용체감의 법칙

한 재화의 소비량이 일정 단위를 넘어서면, 소비량이 증가할수록 그 재화의 한계효용이 지속적으로 감소하는 것

피구효과(Pigou Effect)

물가 하락 시 화폐의 실질가치는 증대해 결국 완전고용이 실현된다는 이론

기회비용

하나의 재화를 선택했을 때, 그로 인해 포기한 다른 재화의 가치

캡티브 프로덕트 가격(Captive Product Pricing)

주 제품과 함께 사용해야 하는 종속 제품이 있을 때 책정되는 가격전략

≫ 레버리지 분석

기업의 총비용 중 고정비가 매출액 변동에 따라 순이익에 미치는 영향을 분석하는 것

≫ 거시경제지표

국민소득이나 물가수준 등 국민경제 전체를 대상으로 분석한 경제지표

≫ 베블런효과(Veblen Effect)

가격이 오르는 데도 수요가 줄어들지 않고 오히려 증가하는 현상

≫ 희소성의 원칙

인간의 욕망 때문에 자원은 유한성을 보일 수밖에 없다는 원칙

≫ 거미집이론(Cobweb Theorem)

수요의 반응에 비해 공급의 반응이 지체되어 일어나는 현상

≫ 세이의 법칙(Say's Law)

공급이 스스로 수요를 창조한다는 법칙

≫ 레몬마켓(Lemon Market)

쓸모없는 재화나 서비스 등 저급품만 거래되는 시장

≫ 일물일가의 법칙

동일한 상품은 어떤 시장에서든지 그 가격이 같아야 한다는 법칙

≫ 가치의 역설(=스미스의 역설)

가격과 효용의 괴리 현상

≫ 카페라테효과

식사 후 마시는 커피 한 잔의 값을 아끼기만 해도 기대 이상의 재산을 축적할 수 있음을 반영하는 효과

≫ 역선택

의사결정에 필요한 정보가 충분하지 않아서 불리한 선택을 하게 되는 것

≫ 초과이익환수제

재건축으로 발생한 일정 금액의 수익을 세금으로 부과하는 제도

≫ 갭 투자(Gap Investement)

전세를 안고 소액으로 주택을 사는 방법으로 투자하는 기법

국민총생산(GNP; Gross National Product)
일정 기간 동안 한 나라의 국민에 의해 생산된 모든 최종생산물의 시장가치

국내총생산(GDP; Gross Domestic Product)
일정 기간 동안 한 나라 안에서 생산된 모든 최종생산물의 시장가치

가처분소득
개인소득 가운데 소비 또는 저축을 자유롭게 할 수 있는 소득

3면 등가의 원칙
지출국민소득, 생산국민소득, 분배국민소득이 서로 같은 것

국민순생산(NNP; Net National Product)
국민총생산에서 감가상각분을 제외한 금액

국민총소득(GNI; Gross National Income)
일정 기간 한 나라의 국민이 국내와 해외에서 벌어들인 소득의 실질구매력을 나타내는 지표

필립스곡선(Phillips Curve)
임금상승률과 실업률의 관계를 나타낸 그래프

지니계수(Gini Coefficient)
빈부격차와 계층 간 소득분포 불균형 정도를 나타내는 수치

로렌츠곡선(Lorenz Curve)
소득분포의 불평등도를 측정하는 곡선

기준 중위소득
국민 가구소득의 중윗값

소득주도성장론
가계의 임금과 소득을 늘리면 소비도 늘어난다는 경제성장론

앳킨슨지수(Atkinson Index)
사회구성원의 주관적인 가치판단을 반영하여 소득분배의 불평등도를 측정하는 지표

경기확산지수(DI; Diffusion Index)
경기동향요인이 다른 부문으로 점차 확산·파급되어 가는 과정을 파악하기 위한 지표

경기종합지수(CI; Composite Index)

경기에 민감하게 반영하는 주요 경제지표들의 전월 대비 증감률을 합성하여 작성

기업경기실사지수(BSI; Business Survey Index)

기업을 통해 전반적인 경기동향을 파악하고자 하는 단기 경기예측수단

소비자기대지수(CEI; Consumer Expectation Index)

현재와 비교하여 6개월 후의 소비자들에 대한 동향을 지수화한 것

소비자물가지수(CPI; Consumer Price Index)

가정에서 소비하기 위해 구입하는 재화와 용역의 평균 가격을 측정한 지수

빅맥지수

맥도날드의 빅맥 햄버거 값을 비교해 각국의 통화가치와 통화의 실질구매력을 평가하는 지수

엔젤계수(Angel Coefficient)

가계 총지출에서 취학 전후의 어린이들을 위해 지출한 비용의 비율

엥겔계수(Engel Coefficient)

총가계지출액 중에서 식료품비가 차지하는 비율

국민경제순환

경제주체들이 각각의 시장을 통해 서로 거래하는 것

재정정책

조세와 국공채수입을 통해 들어오는 재정수입을 가지고 정부가 추진하고자 하는 정책목표의 실현을 위해 투입하는 정부의 행위

환율정책

외환정책 중 하나로 정부가 외환시장에 개입함으로써 특정목표를 달성하려는 정책

통화정책

중앙은행이 통화량 및 금리를 조절함으로써 고용·물가안정·국제수지개선 등의 목표를 달성하기 위한 정책

브릭스(BRICS)

브라질·러시아·인도·중국·남아공의 신흥경제 5국을 하나의 경제권으로 묶은 용어

브렉시트(Brexit)
영국의 유럽연합 탈퇴

미스트(MIST)
신흥 유망국가 4개국인 멕시코, 인도네시아, 한국, 터키

비스타(VISTA)
BRICS에 맞설 신흥시장

G2
세계 경제 2대 강국인 미국과 중국을 이르는 말

G8
세계 정치와 경제를 주도하는 주요 8개국이 정치와 경제문제에 대해 회의하는 모임

G20
세계 주요 20개국을 회원으로 하는 국제기구

친디아(CHINDIA)
중국(China)과 인도(India)의 산업을 함께 일컫는 신조어

바트 경제권(Baht Economy)
태국, 미얀마, 베트남, 라오스, 캄보디아 등 인도차이나반도 국가들의 신흥시장

유로존(Eurozone)
유럽연합의 단일화폐인 유로를 국가통화로 도입하여 사용하는 국가나 지역

AIIB(Asian Infrastructure Investment Bank)
아시아 인프라 투자은행

엠바고(Embargo)
한 국가가 특정국가와 모든 부문의 경제교류를 중단하는 조치

칵테일리스크(Cocktail of Risks)
국제유가 급락, 신흥국 경제위기, 유럽 디플레이션 등 각종 악재가 동시다발적으로 한 번에 발생하는 것

다보스포럼(Davos Forum)
스위스의 휴양도시 다보스에서 열리는 세계경제포럼

≫ 도하개발어젠다(DDA)

세계무역기구(WTO)가 주최한 다자간 무역협상

≫ 동남아시아국가연합(ASEAN)

동남아시아의 정치 · 경제 · 문화공동체

≫ 북미자유무역협정(NAFTA)

캐나다 · 멕시코 · 미국이 체결한 자유무역협정

≫ 환태평양경제동반자협정(TPP)

아시아 – 태평양 지역 12개국 간 지역자유무역협정(FTA)

≫ 세계무역기구(WTO)

관광진흥을 통한 경제발전, 국제평화와 번영에 공헌하는 목적으로 설립된 국제기구

≫ 석유수출국기구(OPEC)

산유국 간의 석유정책협조와 이를 위한 정보수집 · 의견교환을 위해 결성된 기구

≫ 아시아유럽정상회의(ASEM)

아시아와 유럽의 협력관계 강화를 위해 발족된 기구

≫ 경제협력개발기구(OECD)

제2차 세계대전 직후 유럽의 경제부흥을 위한 미국의 마셜플랜에 따라 개발도상국의 문제 등 새로운 세계정세에 대응하기 위해 설립된 국제기구

≫ 아시아태평양경제협력체(APEC)

아시아 · 태평양 국가들의 경제협력을 위해 만든 국제기구

≫ 역내포괄적경제동반자협정(RCEP)

아세안 10개국과 중국, 일본, 한국, 호주, 뉴질랜드 5개 국가가 참여하는 다자간 무역협정

≫ 유럽연합(EU)

1993년 마스트리흐트조약에 따라 1994년부터 사용된 유럽공동체 EC의 새로운 명칭

≫ GATT

세계무역기구체제 이전에 존재한 관세무역일반협정

02 출제예상문제

정답 및 해설 p.046

01 **다음 중 화폐에 대한 설명으로 가장 적절한 것은?**

① 상품화폐의 내재적 가치는 변동하지 않는다.
② 광의의 통화(M2)는 준화폐(Near Money)를 포함하지 않는다.
③ 다른 용도로 사용될 수 있는 재화는 교환의 매개 수단으로 활용될 수 없다.
④ 가치 저장수단의 역할로 소득과 지출의 발생 시점을 분리시켜 준다.

02 **다음 중 통화정책의 단기적 효과를 높이는 요인으로 적절한 것을 〈보기〉에서 모두 고르면?**

보기
ㄱ. 화폐수요의 이자율 탄력성이 높은 경우
ㄴ. 투자의 이자율 탄력성이 높은 경우
ㄷ. 한계소비성향이 높은 경우

① ㄱ
② ㄴ
③ ㄱ, ㄴ
④ ㄴ, ㄷ

03 **기업의 생산함수가 $Y=200N-N^2$이고, 근로자의 여가 1시간당 가치가 40이다. 상품시장과 생산요소시장이 완전경쟁시장이고, 생산물의 가격이 1일 때, 균형노동시간은?(단, Y는 생산량, N은 노동시간이다)**

① 25시간
② 75시간
③ 80시간
④ 95시간

04 수요함수가 $q=10-p$로 주어진 생산물시장에서 두 기업 1과 2가 꾸르노경쟁(Cournot Competition)을 하고 있다. 기업 1의 비용함수는 $c_1(q_1)=3q_1$이고 기업 2의 비용함수는 $c_2(q_2)=2q_2$라 할 때, 다음 설명 중 적절한 것은?

① 균형에서 시장생산량은 5이다.
② 균형에서 기업 1의 생산량은 기업 2의 생산량의 절반이다.
③ 만약 기업 1이 독점기업이면 시장생산량은 4이다.
④ 만약 두 기업이 완전경쟁기업으로 행동한다면 시장생산량은 6이다.

PART 2

05 국민소득, 소비, 투자, 정부지출, 순수출, 조세를 각각 Y, C, I, G, NX, T라고 표현한다. 국민경제의 균형이 다음과 같이 결정될 때, 균형재정승수(Balanced Budget Multiplier)는?

- $C=100+0.8(Y-T)$
- $Y=C+I+G+NX$

① 0.8 ② 1
③ 4 ④ 5

06 다음 중 가격차별 행위로 보기 어려운 것을 〈보기〉에서 모두 고르면?

보기
가. 전월세 상한제
나. 학생과 노인에게 극장표 할인
다. 수출품 가격과 내수품 가격을 다르게 책정
라. 전력 사용량에 따라 단계적으로 다른 가격 적용
마. 대출 최고 이자율 제한

① 가, 마 ② 다, 라
③ 나, 다, 라 ④ 나, 다, 마

07 다음 중 인플레이션에 의해 나타날 수 있는 현상으로 보기 어려운 것은?

① 구두창 비용의 발생
② 메뉴비용의 발생
③ 통화가치 하락
④ 총요소생산성의 상승

08 다음 중 도덕적 해이(Moral Hazard)를 해결하는 방안에 해당하는 것을 〈보기〉에서 모두 고르면?

보기

가. 스톡옵션(Stock Option)
나. 은행담보대출
다. 자격증 취득
라. 전자제품 다년간 무상수리
마. 사고 건수에 따른 보험료 할증

① 가, 나
② 가, 라
③ 다, 마
④ 가, 나, 마

09 다음 중 어떤 산업이 자연독점화되는 이유로 가장 적절한 것은?

① 고정비용의 크기가 작은 경우
② 최소효율규모의 수준이 매우 큰 경우
③ 다른 산업에 비해 규모의 경제가 작게 나타나는 경우
④ 생산량이 증가함에 따라 평균비용이 계속 늘어나는 경우

10 **갑국과 을국 두 나라만 존재하며 재화는 TV와 쇠고기, 생산요소는 노동뿐이며, 두 나라에서 재화 1단위 생산에 필요한 노동량은 다음과 같다. 이때 리카도(D. Ricardo)의 비교우위론에 입각한 설명으로 적절한 것은?**

구분	갑국	을국
TV	3	2
쇠고기	10	4

① 자유무역이 이루어질 경우, 갑국은 TV만 생산할 때 이익이 가장 크다.
② 갑국은 쇠고기를 을국은 TV를 상대국에 수출한다.
③ 국제거래가격이 TV 1단위당 쇠고기 0.2단위면, 갑국은 TV를 수출한다.
④ 국제거래가격은 쇠고기 1단위당 TV 0.3단위와 0.5단위 사이에서 결정된다.

11 **상품 A의 가격을 10% 인상하였더니 상품 A의 판매량이 5% 감소하였다면, 다음 중 적절한 것은?**

① 공급의 가격 탄력성은 1보다 크다.
② 공급의 가격 탄력성이 1보다 작다.
③ 수요의 가격 탄력성이 1보다 크다.
④ 수요의 가격 탄력성이 1보다 작다.

12 **다음 중 생산자의 단기 생산 활동에 대한 설명으로 적절하지 않은 것은?**

① 가변요소의 투입량이 증가할 때 평균생산성은 증가하다가 감소한다.
② 가변요소의 투입량이 증가할 때 한계생산성은 증가하다가 감소한다.
③ 수확체감의 법칙은 한계생산성이 지속적으로 감소하는 구간에서 발생한다.
④ 한계생산물곡선은 평균생산물곡선의 극대점을 통과하므로 한계생산물과 평균생산물이 같은 점에서는 총생산물이 극대가 된다.

13 **다음 중 산업 내 무역에 대한 설명으로 가장 적절한 것은?**

① 산업 내 무역은 규모의 경제와 관계없이 발생한다.
② 산업 내 무역은 부존자원의 상대적인 차이 때문에 발생한다.
③ 산업 내 무역은 경제여건이 다른 국가 사이에서 이루어진다.
④ 산업 내 무역은 유럽연합 국가들 사이의 활발한 무역을 설명할 수 있다.

14 **다음 중 외부효과로 인한 시장의 문제점을 해결하기 위한 방법으로 제시된 코즈의 정리에 대한 설명으로 적절한 것을 〈보기〉에서 모두 고르면?**

보기

가. 외부효과를 발생시키는 재화에 대해 시장을 따로 개설해 주면 시장의 문제가 해결된다.
나. 외부효과를 발생시키는 재화에 대해 조세를 부과하면 시장의 문제가 해결된다.
다. 외부효과를 발생시키는 재화의 생산을 정부가 직접 통제하면 시장의 문제가 해결된다.
라. 외부효과를 발생시키는 재화에 대해 소유권을 인정해주면 이해당사자들의 협상을 통하여 시장의 문제가 해결된다.
마. 코즈의 정리와 달리 현실에서는 민간주체들이 외부효과 문제를 항상 해결할 수 있는 것은 아니다.

① 가, 다
② 라, 마
③ 나, 다, 마
④ 가, 나, 라

15 **다음 중 우상향하는 총공급곡선(AS)을 왼쪽으로 이동시키는 요인으로 옳은 것은?**

① 임금 상승
② 통화량 증가
③ 독립투자 증가
④ 정부지출 증가

16 다음 국내총생산(GDP) 통계에 대한 설명 중 적절한 것을 〈보기〉에서 모두 고르면?

보기

가. 여가가 주는 만족은 삶의 질에 매우 중요한 영향을 미치므로 GDP에 반영된다.
나. 환경오염으로 파괴된 자연을 치유하기 위해 소요된 지출은 GDP에 포함된다.
다. 우리나라의 지하경제 규모는 엄청나므로 한국은행은 이것을 포함하여 GDP를 측정한다.
라. 가정주부의 가사노동은 GDP에 불포함되지만 가사도우미의 가사노동은 GDP에 포함된다.

① 가, 다　② 가, 라
③ 나, 다　④ 나, 라

17 다음 중 내생적 경제성장이론에 대한 설명으로 적절한 것을 〈보기〉에서 모두 고르면?

보기

가. 인적자본의 축적이나 연구개발은 경제성장을 결정하는 중요한 요인이다.
나. 정부의 개입이 경제성장에 중요한 역할을 한다.
다. 자본의 한계생산은 체감한다고 가정한다.
라. 선진국과 후진국 사이의 소득격차가 줄어든다.

① 가, 나　② 가, 다
③ 나, 다　④ 나, 라

18 다음 중 파레토효율성에 대한 설명으로 적절하지 않은 것은?

① 어느 한 사람의 효용을 감소시키지 않고서는 다른 사람의 효용을 증가시킬 수 없는 상태를 파레토효율적이라고 한다.
② 일정한 조건이 충족될 때 완전경쟁시장에서의 일반균형은 파레토효율적이다.
③ 파레토효율적인 자원배분이 평등한 소득분배를 보장해주는 것은 아니다.
④ 파레토효율적인 자원배분하에서는 항상 사회후생이 극대화된다.

19 **다음 중 소비의 항상소득가설과 생애주기가설에 대한 설명으로 적절한 것을 〈보기〉에서 모두 고르면?**

> **보기**
> 가. 소비자들은 가능한 한 소비수준을 일정하게 유지하려는 성향이 있다.
> 나. 생애주기가설에 의하면 고령인구의 비율이 높아질수록 민간부문의 저축률이 하락할 것이다.
> 다. 프리드만의 항상소득가설에 의하면 높은 소득의 가계가 평균적으로 낮은 평균소비성향을 갖는다.
> 라. 케인스는 항상소득가설을 이용하여 승수효과를 설명하였다.

① 가, 나　　② 가, 라
③ 나, 다　　④ 가, 나, 다

20 **다음 중 자국의 실물시장 균형을 나타내는 IS곡선에 대한 설명으로 적절하지 않은 것은?(단, IS곡선의 기울기는 세로축을 이자율, 가로축을 소득으로 하는 그래프상의 기울기를 말한다)**

① 자국의 한계소비성향이 커지면 IS곡선의 기울기가 완만해진다.
② 자국의 정부지출이 증가하면 IS곡선은 오른쪽으로 이동한다.
③ 자국의 한계수입성향이 커질수록 IS곡선의 기울기는 가팔라진다.
④ 해외교역국의 한계수입성향이 커질수록 IS곡선의 기울기는 완만해진다.

경영상식 영역소개

은행권에서는 다양한 직업을 가진 고객을 만나기 때문에 다양한 분야의 상식을 함양하고 있어야 합니다.
직무수행능력평가에서 고득점을 받을 수 있도록 **경영상식**을 수록하여 은행권 필기시험을 준비할 수 있도록 하였습니다.

CHAPTER 03

경영상식

SECTION

01 핵심용어

가중평균자본비용(WACC)

우선주, 보통주, 부채, 유보이익 등으로 인한 기업의 자본비용을 시장가치 기준에 따라 각각이 총자본에서 차지하는 자본 구성 비율로 가중하여 평균한 것

균형성과 기록표(BSC; Balanced Score Card)

기업의 새로운 전략을 관리하고 성과를 평가하기 위한 기록표

내부수익률(IRR; Internal Rate of Return)

투자에 드는 지출액의 현재가치가 미래에 그 투자에서 기대되는 현금 수입액의 현재가치와 같아지는 할인율

당좌차월

기업이 일시적인 자금 부족의 보완책으로 금융 기관에 실제로 예금한 잔액보다 더 큰 액수의 수표를 발행하는 형식으로 단기 자금을 대출받는 것

디깅소비(Digging Consumption)

'파다'라는 뜻의 '디깅(Digging)'과 '소비'를 합친 신조어로 청년층의 변화된 라이프스타일과 함께 나타난 새로운 소비패턴

기업 결합

경영 위기 해소, 이윤 추구 등 일정한 목적을 가지고 기업이 결합하여 단일한 경영 체제의 지배를 받아 하나의 경제적 실체가 되는 것

프레너미

친구를 의미하는 'Friend'와 적을 의미하는 'Enemy'가 결합된 단어로 친구처럼 보이지만 실제로는 친구인지 적인지 모호한 상태

JIT(Just In Time)

필요한 때에 맞추어 물건을 생산하고 공급하는 다품종 소량 생산 제품에 적합한 적기 생산 방식

SWOT 분석

기업의 내부·외부 환경을 분석하여 파악한 강점, 약점, 기회, 위협 요인을 토대로 마케팅 전략을 세우는 것

SCM(Supply Chain Management)

기업에서 원재료의 생산과 유통 등 모든 공급망 단계를 최적화해 수요자가 원하는 제품을 원하는 시간과 장소에 제공하는 공급망 관리

독립 채산제

기업을 독립 및 특수 법인으로 설치하여 일반 행정 조직으로부터 분리하고 자립적으로 운영하는 제도

TPL(Third Party Logistics)

기업이 전문 업체에 물류를 위탁하여 전문적으로 처리하는 것

콤비나트(Kombinat)

기술적으로 연관되어 있는 공정이나 기업이 한곳에 모여 형성된 기업 집단

임금 피크제

근로자에게 정년까지 고용을 보장하는 대신 임금을 조정하는 제도

노동이사제(=근로자이사제)

근로자 대표가 이사회에 들어가 발언권과 의결권을 행사하여 노동자의 경영참여를 공식적으로 보장하는 제도

ESG(Environment · Social · Governance)

기업이 환경적 · 사회적 책임과 지배구조의 공정성을 목표로 지속가능 경영을 위해 노력하는 경영방식

준법감시(Compliance)

기업의 업무처리 과정에서 선관주의 의무를 다하고 관련 법규를 준수해 나가도록 준법감시체계를 마련하고 운영 · 점검하는 활동

중대재해처벌법

중대한 인명피해를 주는 산업재해가 발생했을 경우 안전조치를 소홀히 한 사업주나 경영책임자에 대한 형사처벌을 강화하는 내용을 핵심으로 한 법안

리니언시(Leniency)

담합행위를 한 기업들에게 자진신고를 유도하는 자진신고자 감면제

기업공개(IPO; Initial Public Offering)

회사가 발행한 주식을 대중에게 분산하고 재무내용을 공시하여 주식회사체제를 갖추는 것

고객만족경영(CSM; Customer Satisfaction Management)

고객만족을 궁극의 기업목표로 추구하는 경영기법

BPR(Business Process Reengineering)

기업의 경영활동에서 반복적이고 불필요한 과정들을 제거하기 위해 업무상의 여러 단계들을 통합하고 단순화하여 재설계하는 근본적 경영혁신 기법

TQM(Total Quality Management)

전사적 품질경영 또는 종합적 품질경영

6시그마(6σ; 6sigma)

무결점작업을 수행할 수 있는 프로세스능력을 수치화한 것

린 스타트업(Lean Startup)

아이디어를 빠르게 최소요건제품으로 제조한 뒤, 시장반응을 통해 다음 제품개선에 반영하는 전략

콘체른(Konzern)

법률적으로 독립된 기업들이 하나의 기업처럼 결합하는 형태

카르텔(Cartel)

기업 상호 간 경쟁의 제한이나 완화를 목적으로 동종/유사산업 분야의 기업 간 결성되는 기업담합형태

트러스트(Trust)

동일산업에서 자본의 결합을 축으로 한 독점적 기업결합으로 카르텔보다 강력한 형태

신디케이트(Syndicate)

동일시장 내 여러 기업이 출자하여 공동판매회사를 설립, 일원적으로 판매하는 조직으로 카르텔과 트러스트의 중간 형태

블랙박스전략

신기술에 대한 정보를 원천봉쇄하기 위해 특허출원을 하지 않는 전략

갈라파고스 증후군(Galapagos Syndrome)

기술・서비스가 독자적인 형태로 개발되어 국제표준에 맞지 않아 세계시장에서 고립되는 현상

라이선싱(Licensing)

상표 등록된 재산권을 가지고 있는 자가 타인에게 대가를 받고 그 재산권을 사용할 수 있도록 상업적 권리를 부여하는 계약

프랜드 조항(FRAND; Fair, Reasonable & Non-Discriminatory)

특허가 없는 업체가 표준특허로 제품을 만들고 이후 특허 사용료를 내는 권리

MRO(Maintenance Repair Operation)

기업활동에 직접 들어가는 원자재를 제외한 유지, 보수, 운영에 필요한 모든 소모성 기업자재

B2B(Business to Business)

각 경제주체 간 상거래

아웃소싱(Outsourcing)

기업의 내부 프로젝트나 제품의 생산, 유통, 용역 등을 외부의 제3자에게 위탁하여 처리하는 것

리쇼어링(Reshoring)

저렴한 인건비나 시장을 찾아 해외로 진출한 기업들을 본국으로 돌아오도록 하는 정책

BCG 매트릭스(BCG Matrix)

보스턴 컨설팅 그룹이 개발한 전략평가 기법으로, 상대적 시장점유율과 사업성장률을 기초로 하여 '스타(Star)사업', '현금젖소(Cash Cow) 사업', '물음표(Question Marks) 사업', '개(Dog) 사업'으로 분류

맥킨지 7S 모델(McKinsey 7S Model)

조직의 혁신을 추구하기 위한 모델로, 조직개발 측면에서 반드시 필요하다고 판단한 7가지 요인이며, 공유 가치(Shared value), 전략(Strategy), 구조(Structure), 시스템(System), 스킬(Skill), 스태프(Staff), 스타일(Style)로 구성

맥그리거의 XY이론(XY Theory)

경영자가 종업원을 통해 조직 목표를 달성하기 위하여 종업원의 본성에 대한 파악을 해야 한다는 이론

스톡옵션(Stock Option)

기업이 임직원에게 일정수량의 자사 주식을 일정한 가격으로 매수할 수 있는 권리를 부여하는 제도

노동조합(Labor Union)

노동자가 주체가 되어 근로조건의 유지, 개선 등을 목적으로 조직하는 단체

구조조정(Business Restructuring)

기업의 불합리한 경영구조를 개편하여 경제적 효율성을 높이는 경영활동

워크셰어링(Work Sharing)

근로자를 해고하는 대신 근로시간을 줄이는 제도

목표관리법(MBO; Mangement By Objectives)

구성원들이 공동으로 참여하여 교육목표를 수립하고 이에 대한 성과를 함께 측정하는 방법

가젤형 기업(Gazelles Company)

매출이나 고용자 수가 3년 연속 평균 20% 이상 고성장하는 기업

가우스이론(Gauss's Theorem)

동종 업종 가운데 가장 경쟁력 있는 기업만이 살아남는다는 경쟁전략이론

제품수명주기이론(PLC; Product Life Cycle Theory)

제품도 생명체와 마찬가지로 생성, 성장, 쇠퇴, 소멸해간다는 수명주기이론을 산업분석에 응용한 것

벤치마킹(Benchmarking)

최고의 경쟁력을 가진 상대와 비교해 그 강점을 파악하고 자기혁신을 추구하는 경영기법

트레이드 드레스(Trade Dress)

상품 외장의 고유한 이미지를 형성하는 무형의 요소

퍼플오션(Purple Ocean)

레드오션과 블루오션의 장점만을 따서 만든 새로운 시장

포지셔닝(Positioning)

목표시장에서 전략적 위치를 계획하는 것

시장세분화(Market Segmentation)

가격이나 제품에 대한 반응에 따라 전체시장을 몇 개의 공통된 특성을 가지는 세분시장으로 나누어서 마케팅을 차별화시키는 것

카테고리 킬러(Category Killer)

특정 분야(카테고리)의 상품을 전문적으로 다루는 소매업체

스파 브랜드(SPA Brand)

기획, 제작, 유통, 판매까지 모두 직접적으로 관리하는 브랜드

메기효과(Catfish Effect)

부진했던 시장에 막강한 경쟁자가 갑자기 등장하여 다른 경쟁자들 또한 분발하다보니 시장이 다시 치열해지고 전반적인 경쟁력 수준이 올라가는 것

파레토 법칙(Pareto's Law)

2080 법칙이라고도 하며, 사회 현상의 80%는 20%로 인해 발생한다는 경험법칙

롱테일 법칙(The Long Tail)

파레토 법칙과는 반대로 비주류 상품들의 매출인 80%에 해당하는 나머지가 20%의 주류 상품 못지않은 경제성을 지니고 있다는 이론

크라우드소싱(Crowd Sourcing)

기업이 생산과 서비스 과정에 소비자를 참여시켜 제품을 만들고 수익을 참여자와 공유하는 방법

크라우드펀딩(Crowd Funding)

특정 개인, 조직의 활동이나 사업을 지원하기 위한 자금을 목표액과 모금 기간을 정해놓고 인터넷을 통해 다수로부터 투자를 받는 방식

트윈슈머(Twinsumer)

타인의 구매 후기를 참조해서 상품을 구입하는, 생각과 소비성향이 다른 사람과 유사한 소비자

안테나 숍(Antenna Shop)

상품의 판매동향을 살피기 위해 실제 판매에 앞서 운영되는 파일럿 숍

바이럴 마케팅(Viral Marketing)

사람들이 마케팅 메시지를 퍼트리는 것을 촉진하는 마케팅 기법

스텔스 마케팅(Stealth Marketing, =Undercover Marketing)

소비자가 상술이라는 것을 전혀 인식하지 못하게 전개하는 브랜드 커뮤니케이션 전략

세그먼트 마케팅(Segment Marketing)

고객층의 성향에 맞게 제품이나 서비스, 판매방법 등을 다양화·세분화하는 마케팅 기법

레트로 마케팅(Retro Marketing)

소비자의 과거에 대한 향수와 추억을 자극하는 감성 마케팅

인플루언서 마케팅(Influencer Marketing)

인플루언서의 영향력을 활용하는 마케팅

니치 마케팅(Niche Marketing)

시장의 빈틈을 공략하는 새로운 상품을 내놓아 경쟁력을 제고시키는 마케팅

O2O 마케팅(Online to Offline)

온라인과 오프라인이 결합된 마케팅

노이즈 마케팅(Noise Marketing)

자극적이고 논란이 되는 내용의 홍보로 관심을 끄는 마케팅

디마케팅(Demarketing)

자사의 상품판매량과 고객수요를 의도적으로 줄이는 마케팅

코즈 마케팅(Cause Marketing)

기업과 사회적 이슈가 연계되어 상호이익을 추구하는 마케팅

다이렉트 마케팅(Direct Marketing)

단순 영업을 벗어나 유통과정과 판매 전 그리고 판매 후(A/S)까지 관리하는 마케팅

그린 마케팅(Green Marketing)

환경적으로 우수한 제품 및 기업 이미지를 창출함으로써, 기업의 이익 실현에 기여하는 마케팅

퍼플카우 마케팅(Purple Cow Marketing)

인상적이고 화제성 있는 제품을 개발하여 사람들의 시선을 확 잡아끌어 초기 소비자를 장악하는 마케팅

리킹 마케팅(Leaking Marketing)

신제품 공개 이전에 일부 정보를 누설해 소비자 반응을 미리 살피는 마케팅

앰부시 마케팅(Ambush Marketing)

스폰서의 권리가 없는 자가 마치 자신이 스폰서인 것처럼 대중들을 현혹하는 마케팅

버즈 마케팅(Buzz Marketing)

입소문 마케팅

프로슈머 마케팅(Prosumer Marketing)

기업의 생산자(Producer)이자 소비자(Consumer)인 프로슈머 개념을 마케팅에 접목시킨 전략

승자의 저주(Winner's Curse)

경쟁에서는 이겼지만 승리를 이끌어내기까지 과도한 비용을 치러 오히려 위험에 빠지거나 후유증을 경험하게 되는 상황

가격지도제(Price Leadership)

독과점 시장에서 산업계에서 지도적 위치에 있는 선도기업에 의하여 가격이 변동, 결정되는 것

상법상 회사의 종류

사원의 책임 정도에 따라 합명회사, 합자회사, 유한책임회사, 주식회사, 유한회사 5종으로 구분

M&A(Merger and Acquisition)

기업인수합병. 수직적 M&A와 수평적 M&A로 나뉨

세일 앤드 리스백(Sale & Lease back)

기업이 소유하던 자산을 다른 기업에 매각하고, 이를 다시 리스계약을 맺어 사용하는 방법

국제회계기준(IFRS)

국제회계기준위원회가 제정한 국제회계기준서 및 국제회계기준해석서

손익분기점(Break-Even Point)

일정한 기간의 매출액과 그것을 위하여 지출된 총비용이 같아지는 지점

손익계산서(P/L; Statement of Profit and Loss)

일정 기간에 모든 수익과 비용을 대비하여 나타낸 재무제표

어닝 시즌(Earning Season)

기업들의 분기별·반기별 실적발표시기

이익잉여금처분계산서(Surplus Appropriation Statement)

기업의 이익잉여금 변동사항을 표시한 회계보고서

재무상태표(Statement of Financial Position)

일정 시점에 기업의 재무상태를 나타내는 재무제표

현금흐름표(Cash Flow Table)

일정 기간 동안의 기업의 현금흐름을 나타내는 표

경제적 부가가치(EVA; Economic Value Added)

기업의 영업이익 가운데 세금과 금융이나 자본비용 등을 공제한 금액

유동자산과 무형자산

유동자산은 물이 흘러가듯 움직이는 자산을, 무형자산은 형태가 없는 자산을 의미

유동비율(Current Ratio)

회사의 단기부채상환능력을 평가하는 데 사용되는 지표

» 출자전환(Debt-equity Swap)

기업 부채를 주식으로 전환하는 것

» 레버리지비율(Leverage Ratio)

자기자본 규모에 비해 보유자산의 규모가 얼마나 큰지를 나타내는 지표

» 듀레이션(Duration)

채권투자로부터 발생하는 현금흐름을 회수하는 데 걸리는 평균기간

» ROI(Return on Investment, 총자본이익률)

생산활동에 투입된 총자본이 얼마나 효율적으로 운용되었는지 측정하는 지표

» PER(Price Earnings Ratio, 주가수익비율)

기업의 수익성에 비해 주가가 고평가 혹은 저평가되었는지를 측정하는 지표

» 흑자도산(Insolvency by Paper Profits)

재무제표상 흑자를 계상하고 있음에도 일시적인 자금부족으로 도산하는 것

» 위임장 대결(Proxy Fight)

주주총회의 의결권을 위임받은 자가 현 경영진의 교체당위성을 설득하는 전략

» 경영진 매수(MBO; Management Buy-out)

현 경영진이 중심이 되어 회사 또는 사업부를 인수하는 것

» 그린메일(Green Mail)

기업사냥꾼이 대주주에게 주식을 매각하기 위해 보내는 편지

» 포이즌 필(Poison Pill)

기존 주주들에게 시가보다 훨씬 싼 가격에 지분을 매입할 수 있도록 미리 권리를 부여하는 제도

» 백기사(White Knight)

경영권 방어에 협조적인 우호 주주

» 황금낙하산(Golden Parachute)

임기가 종료되지 않은 경영진들에게 거액의 퇴직금을 지급하거나 스톡옵션을 제공하는 것

SECTION

02 출제예상문제

정답 및 해설 p.049

01 **다음은 마이클 포터(Michael E. Porter)의 산업구조 분석모델(Five Forces Model)이다. 빈칸 (A)에 들어갈 용어는?**

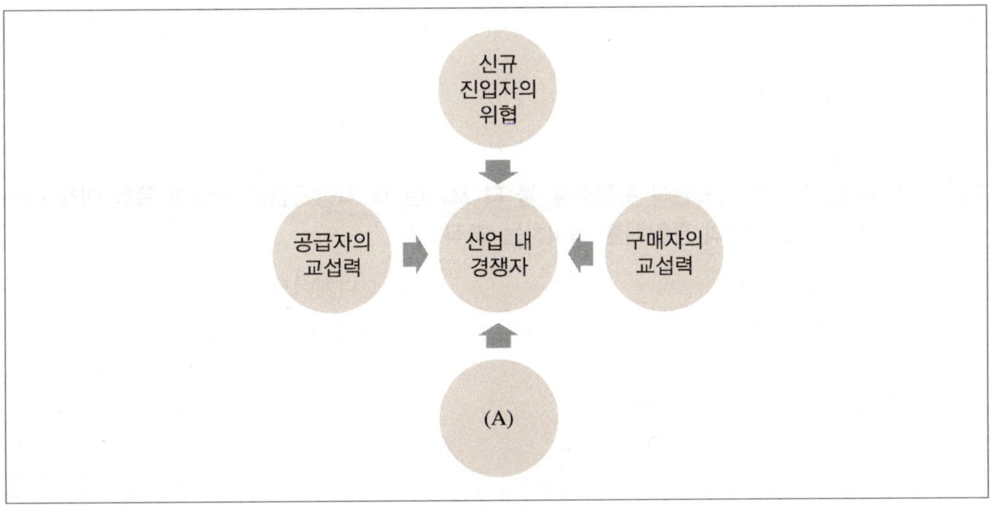

① 정부의 규제 완화
② 대체재의 위협
③ 공급업체의 규모
④ 가격의 탄력성

02 **다음 중 개인형 퇴직연금제도(IRP; Individual Retirement Pension)에 대한 설명으로 옳지 않은 것은?**

① 근로자가 재직 중 자율로 가입하거나 퇴직 시 받은 퇴직급여를 계속해서 적립·운용할 수 있는 퇴직연금제도이다.
② 운용기간 중 발생한 수익에 대해서는 퇴직급여 수급 시까지 과세가 면제된다.
③ 연간 1,800만 원까지 납입할 수 있으며, 최대 700만 원까지 세액공제 대상이 된다.
④ IRP계좌는 MMA계좌와 같이 입출금이 자유롭다는 장점이 있다.

03 다음 중 ESG 경영에 대한 설명으로 옳지 않은 것은?

① ESG는 기업의 비재무적 요소인 '환경(Environment), 사회(Social), 지배구조(Governance)'의 약자이다.

② ESG는 재무제표에는 드러나지 않지만 중장기적으로 기업 가치에 영향을 미치는 지속가능성 평가 지표이다.

③ ESG 경영의 핵심은 효율을 최우선으로 착한 기업을 키워나가는 것을 목적으로 한다.

④ ESG 평가가 높을수록 단순히 사회적 평판이 좋은 기업이라기보다 리스크에 강한 기업이라 할 수 있다.

04 다음 중 경제적 자립권과 독립성을 둘 다 포기한 채 시장독점의 단일한 목적 아래 여러 기업이 뭉쳐서 이룬 하나의 통일체를 의미하는 조직은?

① 카르텔(Kartell)

② 신디케이트(Syndicate)

③ 트러스트(Trust)

④ 콘체른(Konzern)

05 다음 중 목표설정이론 및 목표관리(MBO)에 대한 설명으로 옳지 않은 것은?

① 목표는 구체적이고 도전적으로 설정하는 것이 바람직하다.

② 성과는 경영진이 평가하여 부하직원 개개인에게 통보한다.

③ 목표는 지시적 목표, 자기설정 목표, 참여적 목표로 구분된다.

④ 조직의 목표를 구체적인 부서별 목표로 전환하게 된다.

06 다음 〈보기〉 중 가격책정 방법에 대한 설명으로 옳은 것을 모두 고르면?

보기

ⓐ 준거가격이란 구매자가 어떤 상품에 대해 지불할 용의가 있는 최고가격을 의미한다.

ⓑ 명성가격이란 가격－품질 연상관계를 이용한 가격책정 방법이다.

ⓒ 단수가격이란 판매가격을 단수로 표시하여 가격이 저렴한 인상을 소비자에게 심어주어 판매를 증대시키는 방법이다.

ⓓ 최저수용가격이란 심리적으로 적당하다고 생각하는 가격 수준을 의미한다.

① ⓐ, ⓑ

② ⓐ, ⓒ

③ ⓑ, ⓒ

④ ⓑ, ⓓ

07 다음 중 소비자의 구매의사결정과정을 순서대로 바르게 나열한 것은?

① 정보탐색 → 문제인식 → 구매 → 대안평가 → 구매 후 행동
② 문제인식 → 정보탐색 → 대안평가 → 구매 → 구매 후 행동
③ 문제인식 → 대안평가 → 구매 → 정보탐색 → 구매 후 행동
④ 정보탐색 → 문제인식 → 대안평가 → 구매 → 구매 후 행동

08 다음 중 수직적 통합의 목적으로 옳은 것은?

① 대기업이 시장점유율을 높여 가격선도자 역할을 하기 위해
② 중소기업이 생산규모를 확대하고 판매망을 강화하기 위해
③ 원료부터 제품까지의 기술적 일관성을 위해
④ 규모의 경제 확보를 위해

09 다음 중 자재소요계획(MRP)에 대한 설명으로 옳은 것은?

① MRP는 풀 생산방식(Pull System)의 전형적인 예로, 시장수요가 생산을 촉발시키는 시스템이다.
② MRP는 독립수요를 갖는 부품들의 생산수량과 생산시기를 결정하는 방법이다.
③ 자재명세서의 부품별 계획 주문 발주시기를 근거로 MRP를 수립한다.
④ 생산 일정계획의 완제품 생산일정(MPS), 자재명세서(BOM), 재고기록철(IR) 정보를 근거로 MRP를 수립한다.

10 다음 중 기업이 글로벌 전략을 수행하는 이유로 적절하지 않은 것은?

① 규모의 경제를 달성하기 위해
② 세계 시장에서의 협력 강화를 위해
③ 현지 시장으로의 효과적인 진출을 위해
④ 기업구조를 개편하여 경영의 효율성을 높이고 리스크를 줄이기 위해

11 **다음 중 지식경영시스템(KMS)에 대한 설명으로 옳지 않은 것은?**

① KMS는 Knowledge Management System의 약자로, 지식경영시스템 또는 지식관리시스템을 의미한다.

② 지식관리시스템은 지식베이스, 지식스키마, 지식맵의 3가지 요소로 구성되어 있다.

③ 지식베이스가 데이터베이스에 비유된다면 지식스키마는 원시데이터에 대한 메타데이터를 담고 있는 데이터사전 또는 데이터베이스에 비유될 수 있다.

④ 조직에서 필요한 지식과 정보를 창출하는 연구자, 설계자, 건축가, 과학자, 기술자는 필수적으로 포함되어야 한다.

12 **다음은 H기업의 균형성과평가제도를 적용한 평가기준표이다. (A) ~ (D)에 들어갈 용어를 순서대로 바르게 나열한 것은?**

구분	전략목표	주요 성공요인	주요 평가지표	목표	실행계획
(A)	매출 확대	경쟁사 대비 가격 및 납기 우위	평균 분기별 총매출, 전년 대비 총매출	평균 분기 10억 원 이상, 전년 대비 20% 이상	영업 인원 증원
(B)	부담 없는 가격, 충실한 A/S	생산성 향상, 높은 서비스품질	전년 대비 재구매 비율, 고객 만족도	전년 대비 10포인트 향상, 만족도 80% 이상	작업 순서 준수, 서비스 품질 향상
(C)	작업 순서 표준화 개선 제안 및 실행	매뉴얼 작성 및 준수	매뉴얼 체크 회수 개선 제안 수 및 실행 횟수	1일 1회 연 100개 이상	매뉴얼 교육 강좌 개선, 보고회의 실시
(D)	경험이 부족한 사원 교육	실천적 교육 커리큘럼 충실	사내 스터디 실시 횟수, 스터디 참여율	연 30회, 80% 이상	스터디 모임의 중요성 및 참여 촉진

	(A)	(B)	(C)	(D)
①	고객	업무 프로세스	학습 및 성장	재무
②	업무 프로세스	재무	고객	학습 및 성장
③	재무	고객	업무 프로세스	학습 및 성장
④	학습 및 성장	고객	재무	업무 프로세스

13 **다음 중 대규모 데이터베이스에서 숨겨진 패턴이나 관계를 발견하여 의사결정 및 미래예측에 활용할 수 있도록 데이터를 모아서 분석하는 것은?**

① 데이터 웨어하우스(Data Warehouse)
② 데이터 마이닝(Data Mining)
③ 데이터 마트(Data Mart)
④ 데이터 정제(Data Cleansing)

14 **다음 중 기업신용평가등급표의 양적 평가요소에 해당하는 것은?**

① 진입장벽
② 시장점유율
③ 재무비율 평가항목
④ 은행거래 신뢰도

15 **다음 중 재무제표에 대한 설명으로 옳지 않은 것은?**

① 재무제표는 재무상태표, 포괄손익계산서, 자본변동표, 현금흐름표 그리고 주석으로 구성된다.
② 재무제표는 적어도 1년에 한 번은 작성하며, 현금흐름에 대한 정보를 제외하고는 발생기준의 가정하에 작성한다.
③ 재무제표 요소의 측정기준은 역사적 원가와 현행가치 등으로 구분된다.
④ 기업이 경영활동을 청산 또는 중단할 의도가 있더라도, 재무제표는 계속기업의 가정하에 작성한다.

16 **다음 중 포드 시스템(Ford System)에 대한 설명으로 옳지 않은 것은?**

① 동시 관리 ② 차별적 성과급제
③ 이동조립시스템 ④ 저가격 고임금

17 **다음 중 거래비용이론에 대한 설명으로 옳지 않은 것은?**

① 거래비용이론은 기업과 시장 사이의 효율적인 경계를 설명하는 이론이다.
② 기업의 생산 활동은 경제적인 거래의 연속으로 정의될 수 있다.
③ 거래 당사자들은 자기중심적 · 이기적 성향을 가지므로 거래 당사자들이 거래를 성실하게 수행할 수 있도록 하는 감독비용이 발생한다.
④ 자산의 고정성이 높을 경우 거래에 소요되는 비용이 상대적으로 감소한다.

18 **다음 중 네트워크 조직(Network Organization)의 장점으로 옳지 않은 것은?**

① 정보 공유의 신속성 및 촉진이 용이하다.
② 광범위한 전략적 제휴로 기술혁신이 가능하며, 유연성이 뛰어나 전략과 상품의 전환이 빠르다.
③ 관리감독자의 수가 줄어들게 되어 관리비용이 절감된다.
④ 전문성이 뛰어나 아웃소싱 업체의 전문성 및 핵심역량을 활용하기 용이하다.

19 다음 〈보기〉 중 수직적 마케팅시스템(VMS; Vertical Marketing System)에 대한 설명으로 옳은 것을 모두 고르면?

보기

㉠ 수직적 마케팅시스템은 유통조직의 생산시점과 소비시점을 하나의 고리형태로 유통계열화하는 것이다.
㉡ 수직적 마케팅시스템은 유통경로 구성원인 제조업자, 도매상, 소매상, 소비자를 각각 별개로 파악하여 운영한다.
㉢ 유통경로 구성원의 행동은 시스템 전체보다 각자의 이익을 극대화하는 방향으로 조정된다.
㉣ 수직적 마케팅시스템의 유형에는 기업적 VMS, 관리적 VMS, 계약적 VMS 등이 있다.
㉤ 프랜차이즈 시스템은 계약에 의해 통합된 수직적 마케팅시스템이다.

① ㉠, ㉡, ㉢
② ㉠, ㉡, ㉣
③ ㉠, ㉣, ㉤
④ ㉡, ㉢, ㉣

20 다음 대화의 빈칸에 공통으로 들어갈 단어로 옳은 것은?

A이사 : 이번에 우리 회사에서도 _____ 시스템을 도입하려고 합니다. _____는 기업 전체의 의사결정권자와 사용자 모두가 실시간으로 정보를 공유할 수 있게 합니다. 또한 제조, 판매, 유통, 인사관리, 회계 등 기업의 전반적인 운영 프로세스를 통합하여 자동화할 수 있지요.
B이사 : 맞습니다. _____ 시스템을 통하여 기업의 자원관리를 보다 효율적으로 할 수 있어서, 조직 전체의 의사결정도 보다 신속하게 할 수 있을 것입니다.

① JIT
② MRP
③ MPS
④ ERP

금융상식 영역소개

은행권에서는 다양한 직업을 가진 고객을 만나기 때문에 다양한 분야의 상식을 함양하고 있어야 합니다.
직무수행능력평가에서 고득점을 받을 수 있도록 **금융상식**을 수록하여 은행권 필기시험을 준비할 수 있도록 하였습니다.

CHAPTER 04

금융상식

SECTION 01 핵심용어

SECTION 02 출제예상문제

SECTION

01 핵심용어

≫ 기대신용손실(Expected Credit Loss)

개별 채무 불이행 발생 위험으로 가중평균한 신용손실(모든 현금 부족액의 현재가치)

≫ 대손충당금

받을 어음, 외상 매출금, 대출금 등에서 받지 못할 것으로 예상해 장부상으로 처리하는 추산액

≫ 대안신용평가(Alternative Credit Scoring System)

전통적인 신용평가에서 활용되는 대출・연체 정보 등의 금융 정보 이외에 대체 정보를 활용해 신용등급・점수를 산정하는 것

≫ 서비스형 뱅킹(BaaS; Banking as a Service)

은행 등의 금융회사가 구축한 API(응용프로그램 인터페이스)를 비금융회사 등의 제3자에게 개방해 혁신적인 금융상품을 개발・출시하는 형태의 금융 서비스

≫ ESG채권

환경(Environment)・사회(Society)・지배구조(Governance) 등 기업의 비재무적 요소를 개선하기 위한 자금을 조달할 목적으로 발행되는 채권

≫ 핀셋규제

부동산 관련한 과열을 막기 위해 특정 과열지구나 수요자들을 지정해서 규제하는 것

≫ 데드 캣 바운스

미국의 월 스트리트 증시 격언인 '죽은 고양이도 매우 높은 곳에서 떨어지면 튀어오른다.'라는 말에서 유래된 말로, 주가가 급락한 뒤에 일시적으로 반등하는 일

≫ 유치권

타인의 재산을 담보로 빌려준 돈을 받을 때까지 그 재산을 유치하는 권리

≫ 이머징 마켓(Emerging Market)

자본시장 부문에서 급격하게 성장하고 있는 시장으로 개발도상국이나 저개발국의 발전 정도를 반영함

어닝 서프라이즈(Earning Surprise)

어닝시즌에 발표된 기업의 영업 실적이 시장의 예상치보다 높아 주가가 큰 폭으로 상승하는 것

오버슈팅(Overshooting)

경제에 어떤 충격이 가해졌을 때 상품이나 금융자산의 시장가격이 예상을 벗어나 일시적으로 폭등 또는 폭락하였다가 장기균형수준으로 수렴해가는 현상

팩터 투자(Factor Investing)

요인을 의미하는 'Factor'와 투자를 의미하는 'Investing'의 합성어로, 시장에서 어떤 특정한 요인에 균형 잡힌 포트폴리오를 구성하여 효율적으로 투자하는 전략

패닉 셀링(Panic Selling)

공황매도라고도 하며, 예상치 못한 어떤 악재로 인해 투자자들이 큰 손해를 볼지도 모른다는 공포와 불안에 휩싸여 보유 증권을 급격하게 매도하는 현상

사모펀드

비공개적으로 소수의 투자자로부터 돈을 모아 이것을 중심으로 운영되는 펀드

캐리트레이드(Carry Trade)

저금리 국가에서 자금을 빌려 고금리 국가 자산에 투자하는 것을 의미

유니콘 기업

생겨난 지 10년이 되지 않고 주식을 상장시키지 않았지만 기업 가치가 10억 달러(1조 원)를 넘는 전도유망한 기업을 의미함

신용부도스와프(CDS; Credit Default Swap)

대출이나 채권의 형태로 자금을 조달한 채무자의 신용위험만을 별도로 분리해 이를 시장에서 사고파는 금융파생상품의 일종

임대업이자상환비율(RTI; Rent To Interest ratio)

자영업자나 대출을 해 건물을 사 세를 준 임대업자가 해당 건물을 통해서 벌어들이는 수익으로 이자를 낼 능력이 얼마나 되는지를 알아보는 지표

역모기지론

이미 집을 가지고 있는 사람에게 그 집을 담보로 제공하면 생활자금을 빌려주는 것

디폴트(Default)
은행 융자나 공사채 등에 대해 채무자가 원리금을 갚지 못하게 되는 것으로서 다른 말로는 '채무불이행'이라고 함

방카슈랑스(Bancassurance)
주로 보험상품을 은행창구를 통하여 판매하는 것

어슈어뱅크(Assurebank)
보험과 은행의 합성어로 은행을 자회사로 두거나 은행상품을 판매하는 보험회사

내로우뱅크(Narrowbank)
자금중개 기능은 수행할 수 없고 지급결제 기능만을 전문적으로 담당하는 은행

파생금융상품
금리, 주가 등의 시세변동에 따른 손실 위험을 최소화한 상태에서 수익을 확보할 수 있도록 거래자의 특수한 조건에 맞게 각종 금융상품을 결합시켜 고안한 금융상품

코넥스(KONEX; KOrea New EXchange)
코스닥 시장 상장 요건을 충족시키지 못하는 벤처기업과 중소기업이 상장할 수 있는 중소기업 전용 주식시장으로 2013년 7월 1일 개장

모라토리엄(Moratorium)
한 국가가 외국에서 빌려온 채무의 이행을 연기 또는 유예하는 일

개인워크아웃(Workout)
금융기관의 채무재조정 작업을 통해 신용불량자들의 경제적 회생을 돕는 제도

테킬라효과(Tequila Effect)
국가의 금융·통화위기가 주변의 다른 국가로 급속히 확산되는 현상

그림자금융
은행과 유사하지만 규제를 받지 않는 유동성 있는 금융회사

뱅크런(Bank Run)
금융시장이 극도로 불안한 상황일 때 은행에 돈을 맡긴 사람들이 대규모로 예금을 인출하는 사태

BIS 자기자본비율
국제결제은행(BIS)에서 일반은행에 권고하는 자기자본비율 수치

머니론더링(Money Laundering)

자금세탁의 일종

수지상등의 원칙

보험회사의 수입과 지출이 같아지도록 보험료를 결정하게 되는 것

윔블던효과(Wimbledon Effect)

외국 자본이 국내 시장을 지배하는 현상

비트코인(Bitcoin)

각국의 중앙은행이 화폐 발행을 독점하고 자의적인 통화정책을 펴는 것에 대한 반발로 탄생한 사이버 암호화폐

금융소득종합과세

개인 연간 금융소득이 연 2천만 원을 초과하는 경우 누진소득세율로 종합과세하는 것

랩어카운트(Wrap Account)

고객이 예탁한 재산에 대해 자산구성, 운용, 투자자문까지 통합적으로 제공하는 자산종합관리계좌

배드뱅크(Bad Bank)

금융기관의 부실자산을 인수하여 전문적으로 처리하는 기구

신용불량자

금융기관에서 30만 원 이상의 금액을 3개월 이상 연체한 자

팩토링(Factoring)

기업의 외상매출금을 매매하는 금융

프로젝트 파이낸싱(PF; Project Financing)

신용도나 담보 대신 사업계획, 수익성 등을 보고 자금을 제공하는 금융기법

시드머니(Seed Money)

부실기업을 정리할 때 추가로 덧붙여주는 신규 대출

콜 금리(Call Rate)

자금이 부족한 금융기관이 자금이 남는 다른 기관에 자금을 빌려달라고 요청할 때 적용되는 금리

모기지론(Mortgage Loan)

부동산을 담보로 주택저당증권을 발행하여 장기주택자금을 대출해주는 제도

보통예금
예금자의 요구에 따라 언제든지 예금하고 자유롭게 인출할 수 있는 요구불예금

미소(美少) 금융사업
기업과 금융회사들의 기부금 및 휴면 예금 등으로 서민들에게 무담보 신용대출을 해주는 사업

예금자보호제도
금융회사가 예금을 지급할 수 없을 때 예금보험공사가 대신 지급해주는 공적보험제도

개인종합자산관리계좌(ISA)
다양한 금융상품을 한 계좌에서 운용할 수 있는 통장

서브프라임모기지(Subprime Mortgage)
미국의 비우량 주택담보대출

코픽스(COFIX) 금리
은행이 조달한 자금의 평균금리

주가지수연동형 상품(ELD, ELS, ELF)
증권의 한 종류로 고객들이 예탁한 돈을 주가지수의 움직임에 맞춰 이익을 내도록 운용하는 것

주택담보대출비용(LTV; Loan To Value Ratio)
집을 담보로 은행에서 돈을 빌릴 때 집의 자산가치를 평가하는 비율

총부채상환비율(DTI; Debt To Income)
총소득에서 부채(빚)의 연간 원리금 상환액이 차지하는 비율

총부채원리금상환비율(DSR; Debt Service Ratio)
총체적 상환능력 비율

MMF(Money Market Funds)
단기금융상품에 집중해서 투자하여 얻는 수익률을 되돌려주는 초단기형 실적배당상품

CMA(Cash Management Account, 어음관리계좌)
예탁금을 어음이나 채권에 투자하여 그 수익을 고객에게 돌려주는 실전배당 금융상품

코스닥시장
벤처 · 유망중소기업 등이 중심이 된 성장기업 중심의 전자거래 주식시장

코스피 200(KOSPI 200)

한국거래소의 유가증권시장 상장종목 중 업종 대표성과 시가총액 유동성을 고려해 200개의 종목을 산출한 지수

한국거래소(KRX)

증권의 공정한 가격 형성과 거래의 안정성 및 효율성을 도모하기 위한 기관

내부자거래

특정 기업의 직무 또는 지위를 맡은 사람이 기업 내부 중요정보를 이용하여 자기 회사의 주식을 거래하는 행위

네 마녀의 날

주식시장의 4가지 파생상품(주가지수 선물과 옵션, 개별 주식 선물과 옵션)의 만기가 겹치는 날

사이드카(Side Car)

선물시장이 급변할 경우 현물시장에 대한 영향을 최소화함으로써 현물시장을 안정적으로 운용하기 위한 관리제도

상장(Listing)

거래소가 정한 일정 요건을 충족하는 증권에 대해 증권시장에서 거래될 수 있도록 가격을 부여한 것

서킷브레이커(CB; Circuit Breaker)

주식시장에서 주가가 급등 또는 급락하는 경우 주식매매를 일시정지하는 제도

출자총액제한제

한 기업이 회사자금으로 다른 회사의 주식을 매입해 보유할 수 있는 주식의 총액을 제한하는 제도

레드칩(Red Chip)

최초 홍콩증시에 상장된 중국 본토의 국영기업 주식을 의미하는 용어

블루칩(Blue Chip)

주식시장에서의 대형 우량주를 통틀어 가리키는 말

숏커버링(Short Covering)

주식시장에서 매도한 주식을 다시 사들이는 것

웩더독(Wag the Dog) 현상

선물 매매가 현물시장을 흔들어 직접 영향을 주는 현상

벌처펀드(Vulture Fund)

파산위기에 놓인 부실기업이나 부실채권에 투자하는 자금

뮤추얼펀드(Mutual Fund)

다수의 소액투자자를 대상으로 공개모집하는 펀드

투자펀드

다수의 투자자로부터 자금을 모아 증권 등의 자산에 투자하여 그 수익을 배분하는 제도

헤지펀드(Hedge Fund)

투자 위험 대비 고수익을 추구하는 투기성 자본

국부펀드

정부가 수익 창출을 목적으로 조성한 투자회사나 펀드

인덱스펀드(Index Fund)

특정 지수들을 따라가도록 설계되고 운용되는 펀드

엄브렐러펀드(Umbrella Fund)

전환형 펀드의 일종으로, 하나의 펀드 아래에 유형이 다른 여러 개의 하위 펀드를 갖추고 있는 형태의 펀드

만기기간에 따른 채권의 종류

단기채, 중기채, 장기채

이자지급에 따른 채권의 종류

복리채, 단리채, 할인채, 이표채 등

사모발행

채권발행자가 직접 소수의 투자자와 교섭하여 채권을 발행하는 방법

지방채

지방자치단체가 자금을 조달하기 위해 발행하는 채권

하이브리드채권(Hybrid Bonds)

은행이나 기업이 주로 자본 조달수단을 목적으로 발행하는 것으로, 주식과 채권의 특징을 함께 가지는 증권

채권

정부, 공공단체와 주식회사 등이 일반인으로부터 비교적 거액의 자금을 일시에 조달받기 위하여 발행하는 차용증서이자 유가증권

특수채

특별법에 의해 설립된 법인들이 발행하는 채권

후순위채권(Subordinated Bonds)

채권발행기업이 파산했을 때 변제순위가 가장 늦은 채권

환매조건부채권(RP; Repurchase Agreements)

금융기관이 일정 기간 후 확정금리를 보태어 되사는 조건으로 발행하는 채권

김치본드

외국 또는 국내 기업이 우리나라에서 발행하는 외화표시채권

가맹점

신용카드업자와의 계약에 따라 카드회원들의 신용카드 등의 거래를 대행하는 자

리볼빙(Revolving)

이용금액을 일정비율로 상환하여 잔여 이용한도 범위 내에서 계속 카드사용을 하도록 하는 방법

신용공여기간

회원이 카드로 물건을 사거나 현금서비스를 받은 날로부터 대금을 결제하거나 돈을 갚은 날까지의 기간

ISP(Internet Secure Payment)

인터넷 전용 신용카드 인증 및 결제서비스

기준환율

자국의 환율결정 시 그 기준으로 삼기 위해 먼저 결정되는 특정국 통화와의 환율

기축통화

국제결제나 금융거래의 기축이 되는 특정국의 통화

고시환율

은행으로부터 외환을 매입·매도하려는 고객들을 위한 기준금리

매입환율

고객의 입장에서 외환을 매도할 때 적용받는 환율

02 출제예상문제

정답 및 해설 p.052

01 다음 중 변동환율제도에 대한 설명으로 옳지 않은 것은?

① 국가 간 자본거래가 활발하게 이루어진다면 독자적인 통화정책을 운용할 수 없다.
② 원화 환율이 오르면 수출업자가 유리해진다.
③ 원화 환율이 오르면 외국인의 국내 여행이 증가한다.
④ 환율은 기본적으로 외환시장에서의 수요와 공급에 의해 결정된다.

02 다음 중 프로젝트 파이낸싱에 대한 설명으로 옳지 않은 것은?

① 건물・토지 등이 아니라 사업의 장래성과 발생 가능한 현금 흐름을 담보로 삼는다.
② 프로젝트가 실패할 경우에도 모회사는 차입금 상환 부담이 없고, 투자 리스크를 분산할 수 있다.
③ 은행 등의 금융기관은 자금을 투자할 뿐이며, 사업성 검토나 입찰 준비 등에 참여하지 않는다.
④ 모회사로부터 독립된 별도의 특수목적 회사가 프로젝트의 주체가 되어 자금 조달과 수익 배분을 담당한다.

03 현물환율이 1,000원/달러, 선물환율이 1,200원/달러, 한국의 이자율이 3%, 미국의 이자율이 2%이고 이자율평가설이 성립할 때, 다음 중 옳지 않은 것을 〈보기〉에서 모두 고르면?

보기
ㄱ. 한국의 이자율이 상승할 것이다.
ㄴ. 미국의 이자율이 상승할 것이다.
ㄷ. 현물환율이 상승할 것이다.
ㄹ. 현재 한국에 투자하는 것이 유리하다.

① ㄱ, ㄴ
② ㄱ, ㄷ
③ ㄴ, ㄷ
④ ㄴ, ㄹ

04 다음 중 일종의 유가증권으로 은행의 정기예금에 매매가 가능하도록 양도성을 부여한 증서는?

① CP ② CD
③ RP ④ CMA

05 다음 설명과 관련된 내용으로 옳지 않은 것은?

> 주식시장에서 특정 종목의 주가가 하락할 것으로 예상되면 해당 주식을 보유하고 있지 않은 상태에서 주식을 빌려 매도하는, 즉 '공매도'를 하기도 하는데, 이는 이후 주가가 하락하면 싼 가격에 사서 돌려줌으로써 시세차익을 챙기기 위함이다. 이때 주식을 다시 사는 환매수를 '숏 커버링(Short Covering)'이라고 한다. 하지만 예상과 달리 주가가 상승한다면 더 이상의 손실을 줄이기 위한 매수를 하기도 한다.

① 공매도는 매도량의 증가로 인해 주가 하락을 유발한다.
② 숏 커버링은 주식 매수량의 증가로 단기간에 주가가 상승하는 효과가 있다.
③ 공매도와 숏 커버링은 시세 조정을 유발할 수 있다.
④ 공매도와 숏 커버링은 채무불이행을 감소시킬 수 있다.

06 다음 중 통화량을 감소시키기 위한 중앙은행의 정책으로 옳지 않은 것은?

① 대출한도 상승 ② 통화안정증권 발행
③ 재할인율 인상 ④ 국공채 매각

07 금융회사는 자신의 서비스가 자금세탁 등의 불법행위에 이용되지 않도록 여러 제도를 도입하고 있다. 다음 중 이와 가장 관련이 없는 것은?

① BIB ② CDD
③ CTR ④ EDD

08 **다음 중 환율제도에 대한 설명으로 옳지 않은 것은?**

① 공동변동환율제 : 역내에서는 변동환율제를 채택하고, 역외에서는 제한환율제를 택하는 환율 제도
② 시장평균환율제 : 외환시장의 수요와 공급에 따라 결정되는 환율제도
③ 복수통화 바스켓 : 자국과 교역비중이 큰 몇 개국의 통화를 선정하고 가중치에 따라 결정하는 환율제도
④ 단일통화 페그제도 : 자국 통화의 대외가치를 특정국의 단일통화(미 달러화 등)에 고정시키는 환율제도

09 **자산투자로부터의 수익 증대를 위해 차입자본(부채)을 끌어다가 자산매입에 나서는 투자전략을 총칭하는 말은?**

① ETF　　② ETN
③ 레버리지　　④ 인덱스펀드

10 **다음 중 용어에 대한 설명이 옳지 않은 것은?**

① Libor in-arrear 스와프는 이자계산 기간 종료일의 2일 전에 결정되는 변동금리를 기준으로 변동금리 이자가 결정되는 스와프이다.
② CMS 스와프에서 고정금리와 교환되는 변동금리 지표는 CMS 금리이다.
③ CMS 스와프의 금리민감도는 표준형 스와프보다 작다.
④ OIS는 변동금리의 지표에 1일의 Over-night 금리가 적용된다.

11 **다음 중 DLS 상품의 수익 여부 기준이 되는 파생상품에 포함되는 개념으로 옳지 않은 것은?**

① 주가지수　　② 유가지수
③ 환율　　④ 채권

12 다음 중 금융투자업의 종류로 옳지 않은 것은?

① 투자매매업
② 신용협동기구
③ 투자일임업
④ 신탁업

13 다음 중 금융기관에 대한 설명으로 옳은 것은?

① 예금은행은 통화금융정책을 사용할 권한을 가지고 있다.
② 예금은행은 통화금융기관으로 제1금융권이라고 한다.
③ 산업은행과 같은 개발기관은 주로 단기자금을 공급하기 위해 설립된 금융기관이다.
④ 자금중개기능을 담당하는 투자기관의 대표적인 예가 증권회사이다.

14 다음 중 밑줄 친 '기관투자자'에 대한 설명으로 옳은 것은?

> 스튜어드십 코드(Stewardship Code)란 연기금과 자산운용사 등 주요 기관투자자들의 의결권 행사를 적극적으로 유도하기 위한 자율지침을 말한다. 이를 통해 주요 기관투자자가 주식을 보유하는 데 그치지 않고 투자 기업의 의사결정에 적극적으로 참여함으로써 주주와 기업의 이익을 추구하고 지속 가능한 성장과 투명한 경영을 이끌어 내도록 한다.
> 2010년 영국이 가장 먼저 스튜어드십 코드를 도입하였고, 이후 캐나다, 남아프리카공화국, 네덜란드, 스위스, 이탈리아, 말레이시아, 홍콩, 일본 등이 도입하여 현재 운용 중이다. 우리나라도 2016년 2월부터 시행에 들어갔으나, 강제성이 없고 기업경영권과 자율권 침해, 공시 의무 과정에서의 전략 노출, 의결자문 등에 따른 비용 증가, 향후 이해 상충 등의 문제 발생 우려로 국내 기관투자자의 도입은 사실상 저조했다. 그러나 2018년 7월 국내 최대 기관투자자인 국민연금이 스튜어드십 코드를 도입하면서 다른 연기금과 자산운용사들의 참여가 증가하고 있는 추세이다.

① 기관투자자는 수탁자로서의 책임을 이행하는 과정에서 이해 상충 문제에 직면할 경우 비공개적으로 해결해야 한다.
② 기관투자자는 투자 대상 회사의 가치를 보존하고 높일 수 있도록 주기적으로 점검하여야 한다.
③ 기관투자자는 투자 대상 회사와의 공감대 형성을 지양하여야 한다.
④ 기관투자자는 의결권 행사를 위한 지침・절차・세부 기준을 포함한 의결권 정책을 비공개적으로 마련해야 한다.

15 **다음 중 단기금융상품이 아닌 것은?**

① 양도성예금증서
② 환매조건부채권
③ 표지어음
④ 부동산투자신탁

16 **다음 중 금융시장에 대한 설명으로 옳지 않은 것은?**

① 자금의 거래가 상시적으로 이루어지는 특정 건물이나 장소를 말한다.
② 자금의 수요자와 공급자 간의 거래가 행하여지는 시장이다.
③ 자금조달 방법에 따라 간접금융과 직접금융으로 나누어진다.
④ 금융자금의 공급기간에 따라 단기시장과 장기시장으로 구분된다.

17 **다음 중 단기금융시장에 해당하는 상품을 〈보기〉에서 모두 고르면?**

보기	
ㄱ. 콜	ㄴ. 환매조건부채권
ㄷ. 양도성예금증서	ㄹ. 회사채

① ㄱ, ㄴ, ㄷ
② ㄱ, ㄴ, ㄹ
③ ㄱ, ㄷ, ㄹ
④ ㄴ, ㄷ, ㄹ

18 **다음 중 요구불예금이 아닌 것은?**

① 당좌예금 ② 별단예금
③ 보통예금 ④ 저축예금

19 **다음 중 비과세 금융상품이 아닌 것은?**

① 장기저축성보험 ② 개인연금신탁
③ 재형저축 ④ 주가연계증권(ELS)

20 **다음 중 금융상품의 금리에 대한 설명으로 옳지 않은 것은?**

① 실적배당률이나 만기 때의 시장금리를 적용하는 경우의 금리를 연동금리라고 한다.
② 만기까지 받은 총수익의 투자원금에 대한 비율은 총수익률이라고 한다.
③ 예금의 만기에 이자를 1회 계산 · 지급하는 방식을 단리라고 한다.
④ 예금증서, 채권 등의 표면에 기재된 이자율을 표면금리라고 한다.

IT상식 영역소개

은행권에서는 다양한 직업을 가진 고객을 만나기 때문에 다양한 분야의 상식을 함양하고 있어야 합니다.
직무수행능력평가에서 고득점을 받을 수 있도록 **IT상식**을 수록하여 은행권 필기시험을 준비할 수 있도록 하였습니다.

CHAPTER 05

IT상식

SECTION 01 핵심용어

SECTION 02 출제예상문제

※ IT상식은 유튜브 은행권 필기시험 강의에서 다루고 있지 않는 영역이므로 참고 바랍니다.

SECTION

01 핵심용어

2나노 반도체

반도체 기술공정에서 트랜지스터의 크기가 2나노미터(nm, 10억분의 1m) 수준으로 작아진 차세대 첨단반도체

DNS서버

DNS(Domain Name System)서버는 네트워크에서 도메인이나 호스트 이름을 숫자로 된 IP 주소로 해석해 주는 TCP / IP 네트워크 서비스

디파이(De-Fi)

디파이는 '금융(Finance)의 탈중앙화(Decentralized)'라는 뜻으로, 기존의 정부나 은행 같은 중앙기관의 개입 · 중재 · 통제를 배제하고 거래 당사자들끼리 송금 · 예금 · 대출 · 결제 · 투자 등의 금융 거래를 하는 것

은행가 알고리즘(Banker's Algorithm)

병렬로 수행되는 프로세스 사이의 교착 상태(Deadlock)를 방지하기 위해 프로세스가 요구한 자원의 수가 현재 사용할 수 있는 자원의 수보다 작을 때 프로세스가 요구한 수만큼 더 자원을 할당하는 방식

유틸리티 토큰

ICO에서 발행하는 토큰으로, 블록체인 기술 기반의 애플리케이션 또는 서비스 등에서 사용하는 가상자산

아토믹 스와프

아토믹 크로스 체인 트레이딩(Atomic Cross-chain Trading)의 줄임말로 거래소를 이용하지 않고 서로 다른 암호화폐를 서로 교환하는 것

FDS(Fraud Detection System)

이상금융거래 탐지 시스템이라는 뜻으로, 결제자의 다양한 정보를 수집해 패턴을 만든 후 패턴과 다른 이상 결제를 잡아내고 결제 경로를 차단하는 보안 방식

인슈어테크(Insurtech)

보험(Insurance)과 기술(Technology)의 합성어로, 인공지능(AI), 빅데이터 등 정보기술(IT)을 상품개발, 계약 체결, 고객 관리와 같은 보험업무 전반에 융합하는 것

≫ 오픈뱅킹(Open Banking)

OS나 웹브라우저에 관계없이 조회나 이체 등 은행의 핵심 기능을 표준화한 실시간 인터넷 뱅킹 서비스

≫ 시스템 반도체(System Semiconductor)

중앙처리장치(CPU)처럼 데이터를 해석·계산·처리하는 비메모리 반도체

≫ 메타버스(Metaverse)

기존 가상현실보다 진보된 개념으로 온라인에서 사회적·경제적·문화적 활동을 하는 등 가상세계와 현실세계의 경계가 허물어져 혼재하게 되는 것

≫ 메인넷(Mainnet)

독립적인 플랫폼으로서 암호화폐 거래소, 개인 지갑 거래 간 처리 등 블록체인 프로젝트를 실제 출시해 운영하는 네트워크

≫ 어뷰징(Abusing)

인터넷 포털사이트에서 검색을 통한 클릭 수를 늘리기 위해 중복·반복 게시물을 전송하거나 인기 검색어에 올리기 위해 클릭 수를 조작하는 행위

≫ 셰어웨어(Shareware)

사용 기능이나 기간에 제한이 있어서 일정 기간 동안 사용해보고 계속 사용하고 싶은 경우에만 정식등록을 통해 구입할 수 있는 버전

≫ 프리웨어(Freeware)

별도의 라이센스 없이 무료로 배포되는 소프트웨어

≫ 트로이목마

자료삭제·정보탈취 등 사이버테러를 목적으로 사용되는 악성 프로그램으로 해킹 기능을 가지고 있어 인터넷을 통해 감염된 컴퓨터의 정보를 외부로 유출하는 것이 특징

≫ 스턱스넷

발전소·공항·철도 등 기반 시설의 제어시스템을 감염시키는 바이러스

≫ 매크로 바이러스

매크로 명령을 사용하는 프로그램의 데이터에 감염되는 컴퓨터 바이러스로 엑셀이나 워드 등 매크로를 사용하는 데이터를 전자우편으로 보낼 때 상대방의 컴퓨터에 감염되어, 작업한 문장을 바꾸어 놓거나 하드디스크를 지워버리는 일을 함

≫ 랜섬웨어

몸값(Ransom)과 소프트웨어(Software)의 합성어로, 감염된 이용자의 시스템을 잠그거나 데이터를 암호화해 사용할 수 없도록 만든 뒤 이를 인질로 금전을 요구하는 악성 프로그램

≫ 베이퍼웨어(Vaporware)

출시하겠다고 발표는 했으나 실제로 판매되지는 않은 제품을 의미하며, 당장 구입할 수 있는 경쟁사의 제품을 사지 못하도록 막는 효과

≫ OTP

무작위로 생성되는 난수의 일회용 패스워드를 이용하는 사용자 인증 방식으로, 보안을 강화하기 위해 도입한 시스템이며, 로그인할 때마다 일회성 패스워드를 생성하여 동일한 패스워드가 반복 사용됨으로써 발생하는 보안 취약점을 극복하기 위해 도입됨

≫ 블록체인

분산 컴퓨팅 기술 기반의 데이터 위변조 방지 기술로, P2P방식을 기반으로 하여 소규모 데이터들이 체인 형태로 연결되어 형성된 '블록'이라는 분산 데이터 저장 환경에 관리 대상 데이터를 저장함으로써 누구도 임의로 수정할 수 없고 누구나 변경의 결과를 열람할 수 있게 만드는 기술

≫ SSD

종래의 하드디스크(HDD)의 느린 속도가 발생시키는 문제점(시스템 처리 속도의 전반적인 하락)을 해결하기 위한 대안으로 제시된 저장장치로, HDD와 달리 자기디스크가 아닌 반도체를 이용해 데이터를 저장하기 때문에 빠른 속도로 데이터의 읽기와 쓰기가 가능하고, 물리적으로 움직이는 부품이 없으므로 작동 소음이 없으며 전력소모 또한 적음

≫ 인공지능(AI)

컴퓨터가 인간의 지능활동을 모방할 수 있도록 하는 것으로, 인간의 지능이 할 수 있는 사고·학습·모방·자기 계발 등을 컴퓨터가 할 수 있도록 연구하는 컴퓨터공학 및 정보기술 분야

≫ 딥러닝

사물이나 데이터를 군집화하거나 분류하는 데 사용되는 기술 중 하나로, 많은 데이터를 컴퓨터에 입력하고 비슷한 것끼리 분류하도록 하는 기술

≫ 머신러닝

컴퓨터가 스스로 방대한 데이터를 분석해서 미래를 예측하는 기술로, 인공지능을 가능하게 하는 기술

≫ 가상화폐

네트워크상에서 발행되어 온라인과 오프라인에서 사용할 수 있는 디지털 화폐 또는 컴퓨터 등에 정보 형태로 남아 실물 없이 사이버상으로만 거래되는 전자 화폐로, 인터넷 쿠폰, 모바일 쿠폰, 게임 머니 등과 암호 화폐인 비트코인이 해당

양자 컴퓨터

얽힘(Entanglement)이나 중첩(Superposition)과 같은 양자역학적 현상을 이용해 자료를 처리하는 컴퓨터로, 이 컴퓨터의 특성은 정보를 큐비트(양자비트) 단위로 읽는다는 점인데, 기존의 컴퓨터가 비트(0 또는 1) 단위로 정보를 처리하는 데 비해 큐비트는 0과 1의 중첩이 가능하여(00, 01, 10, 11 등) 기존의 슈퍼컴퓨터로 10억 년이 걸리는 연산을 100초 만에 해결할 수 있을 정도의 연산속도를 가짐

DDoS

해킹 방식의 하나로서 여러 대의 공격자를 분산 배치하여 동시에 '서비스 거부 공격(DOS; Denial Of Service attack)'을 함으로써 시스템이 더 이상 정상적인 서비스를 제공할 수 없도록 만드는 것

클라우드 컴퓨팅

집적·공유된 정보통신기기, 정보통신설비, 소프트웨어 등 정보통신자원을 이용자의 요구나 수요변화에 따라 정보통신망을 통하여 신축적으로 이용할 수 있도록 하는 정보처리체계

그리드 컴퓨팅

네트워크로 연결된 컴퓨터들이 서로 정보를 공유하듯이 컴퓨터의 자원(CPU, RAM의 처리능력, HDD의 저장공간 등)을 서로 공유하여 컴퓨팅 능력을 향상시키기 위해 사용되는 병렬 분산 시스템의 한 종류

키오스크(Kiosk)

정보 서비스와 업무의 무인·자동화를 통해 대중들이 쉽게 이용할 수 있도록 공공장소에 설치한 무인단말기

TCP / IP

인터넷 네트워크의 핵심 프로토콜로, 인터넷에서 전송되는 정보나 파일들이 일정한 크기의 패킷으로 나뉘어 네트워크상 수많은 노드의 조합으로 생성되는 경로를 거쳐 분산적으로 전송되고 수신지에 도착한 패킷이 원래의 정보나 파일로 재조립되도록 함

스니핑

네트워크의 중간에서 타인의 패킷 정보를 도청하는 해킹 유형 중 하나로, 이를 위해 설치되는 도구를 스니퍼(Sniffer)라고 하며, 네트워크 내의 패킷은 대부분 암호화되어 있지 않기 때문에 해킹에 이용당하기 쉬움

스푸핑

승인받은 사용자인 것처럼 위장하여 시스템에 접근하거나 네트워크상에서 허가된 주소로 가장하여 접근 제어를 우회하는 공격을 말하며, 위장을 위해 매체 접근 제어(MAC) 주소, 인터넷 프로토콜(IP) 주소, 포트(Port) 등을 이용함

패킷(Packet)

네트워크를 통하여 전송하기 쉽도록 구분한(자른) 데이터의 전송 단위로, 소화물을 뜻하는 패키지(Package)와 덩어리를 뜻하는 버킷(Bucket)의 합성어

프로토콜

컴퓨터와 컴퓨터, 컴퓨터와 단말기 사이 등에 정보교환이 필요한 경우 이를 원활하게 하기 위하여 정한 여러 가지 통신규칙과 방법에 대한 약속, 즉 통신규약으로, 대표적인 표준 프로토콜의 예로 인터넷에서 사용하는 TCP / IP가 해당

오픈 플로

네트워크 장비의 패킷 포워딩 기능과 제어 기능을 표준 인터페이스로 분리하여 네트워크 개방성을 제공하는 통신 프로토콜

소프트웨어 정의 데이터 센터(SDDC)

데이터 센터의 모든 자원이 가상화되어 서비스되고, 사람의 개입 없이 소프트웨어 조작만으로 자동 제어·관리되는 데이터 센터

스마트 그리드

정보통신기술을 접목하여 전력망의 에너지 효율은 물론, 신뢰성, 안전성, 복원력이 향상된 지능형 전력망

핀테크(FinTech)

금융(Finance)과 기술(Technology)의 합성어로 금융 서비스를 모바일 인터넷 환경으로 옮기는 것을 말하며, 모바일 결제, 모바일 송금, 온라인 개인 자산 관리, 크라우드 펀딩 등이 핀테크 기술을 이용한 예임

3V

가트너그룹에서 분류한 빅데이터의 특성으로 3V(Volume : 규모, Variety : 다양성, Velocity : 속도)를 의미하며, 흔히 빅데이터의 특징을 말할 때에는 3V에 정확성(Veracity)을 추가하여 4V가 거론됨

리눅스

커널의 일종인 리눅스 커널 혹은 리눅스 커널을 사용하는 운영 체제를 가리키는 말로, 소스 코드가 공개되어 있는 대표적인 오픈 소스 소프트웨어이며, 컴퓨터 역사상 가장 많은 사람이 투입된 프로젝트로 모바일 운영 체제인 안드로이드가 이를 기반으로 함

브로드밴드

대량의 정보를 고속으로 전송하는 유무선 정보 통신 시스템 또는 서비스로, 통신망에서는 동축 케이블이나 광섬유·무선 등 광대역 매체를 다중화하여 정보를 전송, 일반적으로는 케이블 모뎀, DSL, 와이파이, 와이맥스, 3G ~ 5G 이동통신, 위성 등을 포함한 통신망을 기반으로 제공하는 고속 인터넷 서비스를 의미

타입스크립트

마이크로소프트(Microsoft)의 핵심 개발자 아네르스 하일스베르가 주도하여 개발한 프로그래밍 언어로, 자바스크립트(Java Script)의 상위 언어이며, AngularJS · ReactJS · Node.js 등의 자바스크립트 기반 프로그램은 타입스크립트로도 작동함

HTTP 2.0

웹 콘텐츠의 전송 속도를 높이고 보안을 강화한 HTTP 2.0버전으로, 웹 페이지 로딩 시간을 50% 줄이는 것을 목표로 구글에서 2009년 개발한 개방형 전송 규약인 스피디(SPDY)를 토대로 인터넷 엔지니어링 태스크포스(IETF)에서 표준으로 개발함

서비스 워커

웹 브라우저를 실행하지 않은 상태에서도 브라우저의 고유 기능을 백그라운드로 실행할 수 있는 스크립트로, 웹 애플리케이션 또는 웹 서비스를 구성하는 HTML, CSS, 자바스크립트, 이미지, 동영상 등 다양한 리소스에 대해 적합한 캐시(Cache) 제어 기능을 제공하여 오프라인에서 이용할 수 있도록 함

양자암호통신

양자역학적 원리를 이용하여 암호통신용 비밀 키를 분배하는 기술

유니코드 변환 형식(UTF)

유니코드 문자를 기존 문자 체계와의 상호 호환을 위해 가변 길이의 바이트열 값으로 인코딩하는 방식으로, 1993년 국제 표준으로 제정된 유니코드는 전 세계의 거의 모든 문자에 고유 숫자를 부여한 문자 집합

웹 지급 결제

웹에서 신용카드, 현금카드 등 다양한 지급 결제 수단을 사용하여 지급 처리를 제공하는 기능에 대한 총칭으로, 월드와이드웹 표준화 기구(W3C)는 2015년 10월 웹 지급 결제 작업 그룹(WPWG; Web Payments Working Group)을 설립하여 PC와 모바일 단말에서 효율적이고 일관된 지급 결제 서비스 환경을 제공할 수 있는 표준을 개발하고 있음

무작위 대입 공격

암호문의 암호 키를 찾기 위해 모든 경우의 수를 무작위로 대입하여 암호를 푸는 공격 방법으로, 주로 아이디와 패스워드를 알아내기 위해 반복 대입하는 공격으로 사용됨

분기

컴퓨터 프로그램에서 순차적 제어 흐름을 조건에 따라 다른 흐름으로 변경하거나, 기계어 명령어 체계에서 지시된 주소로 명령 순서를 이동하는 것

지능형 사물(AIoT)

빛, 열, 음, 전파 등 다양한 센서를 통해 주변 상황을 인지하여 획득한 정보를 통신망을 통해 컴퓨터에 전달하고, 지능 정보 처리 결과를 다시 받아 컨트롤러를 통해 스스로 주변 환경에 대응하는 기기

에지 컴퓨팅

다양한 단말 기기에서 발생하는 데이터를 클라우드와 같은 중앙 집중식 데이터센터로 보내지 않고, 데이터가 발생한 현장 혹은 근거리에서 실시간 처리하는 방식으로, 데이터 흐름 가속화를 지원하는 컴퓨팅 방식

물리 컴퓨팅

현실 세계의 아날로그 정보를 인지하여 그에 맞게 대응할 수 있도록 센서와 마이크로컨트롤러 등의 하드웨어 장치, 소프트웨어로 컴퓨팅 시스템을 만드는 것을 말하며, 넓게는 사람이 디지털 세계를 이해하고 창의적으로 활용하기 위한 프레임워크라고 볼 수 있음

퍼즈 시험

소프트웨어의 취약점을 찾기 위해 무작위로 데이터를 입력하여 예외 오류를 발생시킨 후 원인을 분석하는 시험으로, 주로 프로그램 충돌이나 소스 코드 내의 오류, 잠재적인 메모리 누수와 같은 예외적인 상황을 찾을 때 사용

범용 인공지능(AGI)

특정 문제뿐 아니라 주어진 모든 상황에서 생각과 학습을 하고 창작할 수 있는 능력이 있는 인공지능

웹 어셈블리

웹 페이지에서 실행할 코드에 대해 이진 포맷이나 어셈블리와 유사한 텍스트 포맷을 정의한 웹 표준으로, C, C++ 등의 언어로 작성된 소스 코드를 웹 어셈블리로 변환하여 웹 응용 프로그램 개발에 재활용할 수 있음

인터넷 전문 은행

영업점을 소수로 운영하거나 영업점 없이 업무의 대부분을 현금 자동 입출금기(ATM), 인터넷 등 전자매체를 통해 운영하는 은행으로, 온라인상에서 비대면 본인 인증 방식으로 기존 은행의 금융 계좌 개설, 자금 대출, 신용카드 발급, 해외 송금 등 거의 모든 금융 업무를 수행

분산 원장 기술(DLT)

중앙 관리자와 중앙 데이터 저장소가 없으며, P2P 망 내의 모든 참여자가 거래 장부를 서로 공유하여 감시・관리하기 때문에 장부 위조를 막을 수 있는 기술로, 대표적인 예로 블록체인이 있음

암호 화폐

P2P 네트워크에서 안전한 거래를 위해 암호화 기술을 적용하는 전자 화폐로, 암호 화폐는 거래 내역의 변조가 불가능하고, 익명성을 보장하며, 중앙 통제 기관 없이 P2P 참여자들이 거래 내역을 관리함

작업 증명

P2P 네트워크에서 일정 시간 또는 비용을 들여 수행된 컴퓨터 연산 작업을 신뢰하기 위해 참여 당사자 간에 간단히 검증하는 방식 또는 블록체인에서 정보를 랜덤한 논스(Nonce) 값과 해시(Hash) 알고리즘을 적용시켜 설정된 크기의 해시보다 작은 값을 도출하는 과정으로, 새로운 블록을 블록체인에 추가하는 작업을 완료했음을 증명하는 것을 말함

스마트 계약

분산 원장 기술에서 거래의 일정 조건을 만족시키면 당사자 간에 자동으로 거래가 체결되는 기술로, 거래 조건과 내용을 등록하면, 그에 해당하는 법률 및 절차 등이 자동으로 적용되어 거래 당사자에게 결과가 전달되고, 이에 따라 절차 간소화, 비용 절감, 안전성 확보가 가능함

테크노포비아 / 테크노필리아

정보 통신 기술, 인공지능 등의 첨단 기술에 대해 공포감이나 적대감을 느끼는 것을 테크노포비아라고 하며, 이와 반대로 첨단 과학 기술은 인간이 필요에 의해 만든 것으로 제어가 가능하며 삶이 윤택해진다는 등 지나친 낙관만 하는 것을 테크노필리아라고 함

자연어 처리

인간이 발화하는 언어 현상을 기계적으로 분석해서 컴퓨터가 이해할 수 있는 형태로 만드는 자연언어 이해 혹은 그러한 형태를 다시 인간이 이해할 수 있는 언어로 표현하는 제반 기술

딥페이크

인공지능이나 얼굴 매핑 기술을 활용해 특정 영상에 합성한 편집물로, 특정인의 표정이나 버릇, 목소리, 억양 등을 그대로 흉내내면서 하지도 않은 말을 얼굴을 드러내 놓고 말한 것처럼 보이게 함

패킷 감청

심층 패킷 분석(DPI) 기술을 이용해 인터넷 회선에 오가는 모든 데이터를 실시간으로 감청하는 것으로, 특정 사용자가 인터넷 · SNS · 메신저 등을 화면에 구현한 모습을 그대로 엿볼 수 있음

QLC SSD

하나의 셀에 3비트 형식의 정보를 저장하던 기존 SSD와 달리, 하나의 셀에 4비트의 데이터를 담는 기술을 활용한 데이터 저장장치

데이터마이닝(Data Mining)

데이터(Data)와 채굴(Mining)의 합성어로, 방대한 양의 데이터로부터 유용한 정보를 추출하는 것

지불 카드 보안 표준(PCI DSS)

지불 카드 소유자의 개인정보, 거래 정보 등을 안전하게 보호하기 위해 지불 카드 결제의 모든 과정에 필요한 보안 요구 사항을 규정한 국제 데이터 보안 표준

증강현실(VR)

실제 환경에 가상 정보를 합성해 존재하는 사물처럼 보이도록 하는 그래픽 기법으로, 기존의 가상현실이 가상의 공간과 사물만을 대상으로 했다면, 증강현실은 현실세계의 기반 위에 가상의 사물을 합성하여 현실세계만으로는 얻기 어려운 부가 정보들을 구현하고자 함

스톱 랜섬웨어

암호화된 파일을 복호화하는 대가로 돈을 요구한다는 점에서는 기존의 랜섬웨어와 다르지 않지만, 한발 더 나아가 사용자의 개인정보를 탈취하는 기능도 있어 더 심각한 문제를 일으킬 수 있음

GDPR(General Data Protection Regulation)

유럽 의회에서 유럽 시민들의 개인정보 보호를 강화하기 위해 만든 통합 규정으로, 2016년 유럽 의회에서 공표되었으며, 약 2년 동안의 유예 기간을 가진 후 2018년 5월 25일부터 본격 적용됨

HTTPS

기존 HTTP의 보안 취약점을 보완하여 2000년 HTTPS 프로토콜이 사용되기 시작하였으며, 2019년 2월 대한민국 정부가 불법사이트의 차단을 강화하여 HTTPS 기반의 주소라도 암호화되지 않는 '서버 접근 요청'을 감청하여 차단하는 방안을 시행해 논란이 되고 있음

리치 커뮤니케이션 서비스(RCS)

세계이동통신협회에 의해 표준화된 메시징 서비스로, 우리나라에서는 이동통신 3사에 의해 상용화되고 있음

레그테크

금융사들이 복잡해지는 금융규제에 효과적으로 대응할 수 있도록 각종 정보기술(IT)을 활용하는 것

02 출제예상문제

정답 및 해설 p.055

01 다음 중 기존 H100칩보다 연산속도가 2.5배 빠르고 전력 대 성능비는 25배 개선된 엔비디아의 신형 AI 반도체는?

① 블랙웰
② 암페어
③ 호퍼
④ 사피온

02 다음 내용에서 알 수 있는 CPU 스케줄링 방식으로 옳은 것은?

> 어떤 프로세스가 CPU(중앙처리장치)를 할당받으면 그 프로세스가 종료되거나 입력 및 출력 요구가 발생할 때까지 계속 실행되도록 보장한다. 순차적으로 처리되는 공정성이 있고 다음에 처리해야 할 프로세스와 관계없이 응답시간을 예상할 수 있으며 일괄처리(Batch Processing)에 적합하다. CPU 사용 시간이 긴 하나의 프로세스가 CPU 사용 시간이 짧은 여러 프로세스를 오랫동안 대기시킬 수 있으므로, 처리율이 떨어질 수 있다는 단점이 있다. 선입선출 스케줄링(FCFS; First-Come First-Served), 최단작업 우선 스케줄링(SJF; Shortest-Job First) 등이 이 스케줄링에 속한다.

① 선점형 스케줄링
② 비선점형 스케줄링
③ 다단계 큐 스케줄링
④ 라운드 로빈 스케줄링

03 다음 중 25개의 구간을 망형으로 연결할 때, 필요한 회선의 수는?

① 250개
② 300개
③ 350개
④ 500개

04 다음 인터넷 용어 중 허가된 사용자만 디지털콘텐츠에 접근할 수 있도록 제한해 비용을 지불한 사람만 콘텐츠를 사용할 수 있도록 하는 서비스는?

① DRM(Digital Rights Management)
② WWW(World Wide Web)
③ IRC(Internet Relay Chatting)
④ SNS(Social Networking Service)

05 다음 설명에 해당하는 디렉터리 구조는?

> • 트리 구조에서 링크를 추가하여 순환을 허용하는 그래프 구조이다.
> • 디렉터리와 파일 공유에 융통성이 있다.
> • 탐색 알고리즘이 간단하여 파일, 디렉터리에 접근하기 쉽다.
> • 불필요한 파일을 제거하여 사용 공간을 늘이기 위해 참조 계수기가 필요하다.

① 일반적 그래프 디렉터리 구조
② 1단계 디렉터리 구조
③ 2단계 디렉터리 구조
④ 트리 디렉터리 구조

06 다음 영상 데이터를 압축하는 방법 중 성격이 다른 하나는?

① 예측 부호화 방식
② 허프만 부호화 방식
③ 사전 부호화 방식
④ 산술 부호화 방식

07 다음 중 기존 관계형 데이터베이스의 한계를 벗어난 데이터베이스 NoSQL의 특징으로 옳지 않은 것은?

① 기존에 정의된 스키마 없이 데이터를 상대적으로 자유롭게 저장할 수 있다.
② 기존 관계형 데이터베이스의 SQL과 같은 질의 언어를 제공한다.
③ 데이터 항목을 클러스터 환경에 자동적으로 분할하여 적재한다.
④ PC 수준의 상용 하드웨어를 활용하여 데이터를 복제 또는 분산 저장할 수 있다.

08 다음 중 정규형에 대한 설명으로 옳지 않은 것은?

① 제2정규형은 반드시 제1정규형을 만족해야 한다.
② 제1정규형은 릴레이션에 속한 모든 도메인이 원자값만으로 되어 있는 릴레이션이다.
③ 정규화하는 것은 테이블을 결합하여 종속성을 제거하는 것이다.
④ BCNF는 강한 제3정규형이라고도 한다.

09 인공지능의 연구 분야 중 하나로, 인간의 학습 능력과 같은 기능을 컴퓨터에서 실현하고자 하는 기술 및 기법은?

① 딥러닝
② M러닝
③ 머신러닝
④ 플립러닝

10 다음 중 DBMS(Data Base Management System)의 설명으로 옳지 않은 것은?

① 현실 세계의 자료 구조를 컴퓨터 세계의 자료 구조로 기술하는 시스템이다.
② 기존 파일 시스템이 갖는 데이터의 종속성과 중복성 문제를 해결하기 위해 제안된 시스템이다.
③ 응용 프로그램과 데이터의 중재자로서 모든 응용 프로그램들이 데이터베이스를 공유할 수 있도록 관리한다.
④ 데이터베이스의 구성, 접근 방법, 유지 관리에 대한 모든 책임을 진다.

11 다음 중 데이터 통신의 특징으로 옳지 않은 것은?

① 거리와 시간상의 제약을 극복할 수 있다.
② 대형 시스템과 대용량 파일의 공동 이용이 가능하다.
③ 광대역 전송과 다방향 전달 체계를 갖는다.
④ 시간과 횟수에 제한을 받으며, 같은 내용을 한 번만 전송할 수 있다.

12 **다음 빈칸에 공통으로 들어갈 단어로 옳은 것은?**

> 최근 _______ 기업들이 코로나19 이후 역대 최고 실적을 경신할 수 있었던 이유는 '시장' 역할을 하는 유통/검색/소셜미디어 등의 플랫폼을 장악했기 때문이다. 많은 기업들이 채용을 동결하거나 줄이고 있는 가운데 _______ 기업에서는 데이터 전문가나 소프트웨어 엔지니어와 같은 고급인재들을 싹쓸이하고 있다. 이에 미국 정부는 이들을 규제하기 위해 칼을 빼들었다. 최근 구글의 모회사인 '알파벳'이 미국 정부로 부터 고소를 당했고, 이후 열린 청문회에서는 구글, 아마존, 애플, 페이스북의 CEO가 최초로 한 자리에 모여 독점적 지위 악용이라는 비판을 받았다.

① 핀테크
② 빅테크
③ 빅블러
④ 베조노믹스

13 **다음 글에서 설명하는 것으로 옳은 것은?**

> 한국판 뉴딜 정책의 하나로 데이터 수집·가공·거래·활용기반을 강화하여 데이터 경제를 가속화하고, 5G 이동통신 전국망에 기반하여 모든 산업을 5G 이동통신과 인공지능의 융합 서비스로 하려는 사업이다. 분야별 데이터를 수집하고 가공하는 작업을 통해 새로운 산업을 육성하고, 신속하게 활용할 수 있도록 하는 것이 이 사업의 목표이다.

① 데이터 댐
② 데이터 사이언스
③ 데이터 마이닝
④ 데이터 레이블링

14 **기업들이 정규직보다 필요에 따라서 계약직이나 임시적으로 사람을 고용하여 일을 맡기는 형태의 방식으로 이를 도입한 대표적인 기업으로 우버(Uber)가 있다. 이를 일컫는 용어는?**

① 플랫폼 경제
② 긱 경제
③ 공유경제
④ 구독경제

15 **다음 중 블록체인(Block Chain)에 대한 설명으로 옳은 것은?**

① 온라인 거래정보를 체인에 저장하여 데이터를 관리하는 방식이다.
② 분산원장기술을 적용하여 데이터를 분산하여 보관하고 중앙에서 관리한다.
③ 블록체인에 참여하는 모든 사용자는 똑같은 데이터의 사본을 나눠서 보관한다.
④ 가장 마지막에 생성된 블록을 제네시스 블록이라고 한다.

16 **다음 중 로보 어드바이저(Robo Advisor)에 대한 설명으로 옳지 않은 것은?**

① 로보 어드바이저에는 머신러닝 기술이 적용되었다.
② 인간 프라이빗 뱅커(PB)를 대신하여 모바일 기기나 PC를 통해 포트폴리오 관리를 수행하는 온라인 자산관리 서비스를 말한다.
③ 인간의 판단을 확인하고 검수하는 역할을 한다.
④ 국내에서는 'DNA'라는 회사에서 최초로 로보 어드바이저 기술을 개발했다.

17 **다음 중 가상화폐 제작자가 특정 가상화폐를 소유한 사람에게 새로운 코인을 무료로 배분하는 것을 의미하는 용어는?**

① 가상화폐공개　　② 에어드랍
③ 스냅샷　　④ 이더리움

18 다음 중 로봇의 보험 상담 업무 대행, 블록체인을 이용한 안전 결제 시스템 등 IT 기술을 활용한 혁신적 보험 서비스를 의미하는 용어는?

① 사이버테크
② I－테크
③ 블랙테크
④ 인슈어테크

19 다음 중 자율주행 자동차에 적용될 기술과 가장 거리가 먼 것은?

① 스마트그리드
② GPS
③ 3D 카메라
④ 적외선 카메라

20 다음 중 비싼 프리미엄 채널 가입을 해지하고 보다 저렴한 유료 TV 패키지로 바꾸는 것을 일컫는 용어는?

① 코드 커팅(Cord Cutting)
② 코드 셰이빙(Cord Shaving)
③ 텔레매틱스(Telematics)
④ 트랜스 미디어(Trans Media)

PART 3
최종점검 모의고사

취약 영역 분석

번호	O/×	영역	번호	O/×	영역	번호	O/×	영역	번호	O/×	영역	번호	O/×	영역	번호	O/×	영역
1		의사소통능력	21		수리능력	41		문제해결능력	61		대인관계능력	81		경제상식	101		금융상식
2			22			42			62			82			102		
3			23			43			63			83			103		
4			24			44			64			84			104		
5			25			45			65			85			105		
6			26			46		자원관리능력	66		정보능력	86			106		
7			27			47			67			87			107		
8			28			48			68			88			108		
9			29			49			69			89			109		
10			30			50			70			90			110		
11			31		문제해결능력	51			71		조직이해능력	91		경영상식	111		IT상식
12			32			52			72			92			112		
13			33			53			73			93			113		
14			34			54			74			94			114		
15			35			55			75			95			115		
16		수리능력	36			56			76		기술능력	96			116		
17			37			57			77			97			117		
18			38			58			78			98			118		
19			39			59			79			99			119		
20			40			60			80			100			120		

제 1 회

최종점검 모의고사

평가 문항	120문항	평가 시간	120분
시작 시간	:	종료 시간	:
취약 영역			

모바일 OMR

제1회 최종점검 모의고사

☑ 응시시간 : 120분　　☑ 문항 수 : 120문항

정답 및 해설 p.060

01 다음 글의 제목으로 가장 적절한 것은?

> 부모와 긍정적인 관계를 형성한 청소년은 성인이 되고 나서도 원만한 인간관계 등을 통해 개인의 삶에 긍정적인 영향을 주는 것으로 나타났다. 미국 아이오와 대학교 연구팀은 미국 시애틀 거주자를 대상으로 이에 대한 연구를 진행했다. 우선 실험참가자들이 청소년일 때 부모와의 관계를 확인하고, 이후 부모와의 긍정적인 관계가 성인이 된 후 어떠한 영향을 미쳤는지 살폈다.
> 5년이 지난 뒤 19 ~ 22세 사이의 성인이 된 실험 참가자들에게서 타액 샘플을 채취한 다음 코르티솔 수치를 살폈다. 코르티솔은 스트레스에 반응하여 분비되는 호르몬으로, 인간관계를 자연스럽게 형성하면서 나타나는 호르몬으로도 볼 수 있다. 성별, 수입 상태, 수면 습관 등 다양한 변인을 통제한 상태에서 분석해본 결과, 부모와 청소년의 관계는 코르티솔 수치와 연관성을 보였다.
> 대부분의 실험 참가자들은 청소년기에 부모에게서 많은 칭찬과 보상을 받고 원만한 관계를 맺음으로써 성인기에 코르티솔 수치가 높아진 것으로 나타났다. 코르티솔 수치가 높다는 것은 주의에 집중하고 민첩하며 재빠른 상황 판단과 대처를 할 수 있다는 의미로, 이는 원만한 인간관계로 이어져 개인의 삶에 좋은 영향을 미친다고 볼 수 있다. 인간관계에서 벌어지는 미묘한 문제를 잘 알아채고 세부적인 사항들에 좀 더 주목할 수 있기 때문이다.
> 그런데 일부 실험 참가자는 다른 양상이 나타났다. 청소년기에 시작된 부모의 칭찬과 보상이 코르티솔 수치에 별다른 영향을 미치지 않은 것이다. 이는 어릴 때부터 범죄, 가정 문제 등으로부터 이미 스스로를 보호하고 경계하면서 자랐기 때문일 것으로 분석된다. 즉, 부모와의 관계가 자녀의 삶에 영향을 미칠 뿐만 아니라 외부 환경이 끼치는 영향 역시 무시할 수 없다는 의미로 해석될 수 있는 것이다.

① 대인관계 형성, 인종별로 다르게 나타나
② 코르티솔로 나타나는 부모와 자식의 관계
③ 부모와의 좋은 관계, 개인의 삶에 영향 미쳐
④ 외부환경으로 나타나는 자녀의 스트레스

02 다음 중 짝지어진 단어 사이의 관계가 나머지와 다른 하나는?

① 실 – 직물 – 옷
② 세면대 – 화장실 – 집
③ 흑연 – 연필심 – 연필
④ 밀가루 – 면 – 국수

03 다음은 '기부 문화의 문제점과 활성화 방안'에 대한 글을 쓰기 위해 작성한 개요이다. 개요의 수정·보완 및 자료 제시 방안으로 적절하지 않은 것은?

> Ⅰ. 서론
> – 현황 및 실태 : 기부 참여 저조와 기부 시기의 편중 ………………… ㉠
> Ⅱ. 본론
> 1. 기부 문화의 문제점 분석
> 가. 기부에 대한 대중의 인식 부족 ………………………………………… ㉡
> 나. 금액 기부 위주의 기부 제도
> 다. 기부 단체에 대한 대중의 낮은 신뢰도
> 2. 기부 문화의 활성화 방안 ……………………………………………………… ㉢
> 가. 기부에 대한 대중의 인식 전환
> 나. 기부 단체의 원활한 운영을 위한 정부의 지원 …………………… ㉣
> Ⅲ. 결론 : 기부 문화의 활성화를 위한 일반인의 인식 전환과 기부 단체의 제도 및 운영 방향 개선

① ㉠ – 일반인의 기부 참여율과 기부 시기를 조사한 설문조사 자료를 제시한다.
② ㉡ – 상위 항목과의 연관성을 고려하여 'Ⅱ – 2 – 가'와 위치를 바꾼다.
③ ㉢ – 상위 항목을 고려하여 '기부 유형과 방식의 다양화'를 하위 항목으로 추가한다.
④ ㉣ – 'Ⅱ – 1 – 다'의 내용을 고려하여 '투명성을 강화하기 위한 기부 단체의 운영 개선'으로 고친다.

04 다음 글의 내용으로 적절하지 않은 것은?

> VOD(Video On Demand)서비스는 기존의 공중파 방송과 무엇이 다른가? 그것은 바로 방송국이 아닌 시청자 본인의 시간을 중심으로 방송매체를 볼 수 있다는 점이다. 기존 공중파 방송의 정규 편성 프로그램을 시청하기 위해서 시청자는 특정한 시간에 텔레비전 앞에서 기다려야만 했다. 하지만 VOD서비스의 등장으로 시청자는 아침 일찍, 혹은 야근이 끝난 늦은 오후에도 방송매체를 스트리밍 혹은 다운로드 방식으로 전송하여 시청할 수 있게 되었다.
> VOD서비스의 등장은 기존에 방송국이 편성권을 지니던 시대와는 다른 양상을 초래하고 있다. 과거에는 시청률이 가장 높은 오후 7시에서 9시까지의 황금시간대에 편성된 프로그램이 큰 인기를 차지했으며 광고비 또한 가장 높았던 반면, VOD서비스는 순수하게 방송매체의 인기가 높을수록 시청률이 늘어나기 때문에 방송국에서 프로그램의 순수한 재미와 완성도에 보다 집중하게 되는 것이다.

① VOD서비스는 방송매체의 수준 향상에 기여하게 될 것이다.
② VOD서비스는 방송매체의 편성권을 시청자에게 쥐어주었다.
③ VOD서비스 때문에 시청자는 방송 편성 시간의 제약에서 자유로워졌다.
④ VOD서비스의 등장으로 방송국은 과도한 광고유치 경쟁에 뛰어들게 되었다.

05 신입사원 A씨는 입사 후 처음으로 보고서를 작성하게 되었는데, 보고서라는 양식 자체에 대한 이해가 부족하다는 생각이 들어서 인터넷을 통해 보고서에 대해 알아보았다. 다음 중 A사원이 이해한 내용으로 가장 적절한 것은?

① 전문용어는 이해하기 어렵기 때문에 최대한 사용하지 말아야 해.
② 상대가 요구하는 것이 무엇인지 파악하는 것이 가장 중요해. 상대의 선택을 받아야 하니까.
③ 이해를 돕기 위해서 관련 자료는 최대한 많이 첨부하는 것이 좋아.
④ 문서와 관련해서 받을 수 있는 질문에 대비해야 해.

06 다음 중 밑줄 친 단어의 맞춤법이 바르게 쓰인 것끼리 짝지어진 것은?

> 오늘은 <u>웬지</u> 아침부터 기분이 좋지 않았다. 회사에 가기 싫은 마음을 다독이며 출근 준비를 하였다. 회사에 겨우 도착하여 업무용 컴퓨터를 켰지만, 모니터 화면에는 아무것도 보이지 않았다. 심각한 바이러스에 노출된 컴퓨터를 힘들게 복구했지만, <u>며칠</u> 동안 힘들게 작성했던 문서가 <u>훼손</u>되었다. 당장 오늘까지 제출해야 하는 문서인데, 이 문제를 <u>어떡게</u> 해결해야 할지 걱정이 된다. 문서를 다시 <u>작성하든지</u>, 팀장님께 사정을 <u>말씀드리던지</u> 해결책을 찾아야만 한다. 현재 나의 간절한 <u>바램</u>은 이 문제가 무사히 해결되는 것이다

① 웬지, 며칠, 훼손
② 며칠, 어떡게, 바램
③ 며칠, 훼손, 작성하든지
④ 며칠, 말씀드리던지, 바램

07 다음 문단을 논리적 순서대로 바르게 나열한 것은?

> (가) 상품 생산자, 즉 판매자는 화폐를 얻기 위해 자신의 상품을 시장에 내놓는다. 하지만 생산자가 만들어 낸 상품이 시장에 들어서서 다른 상품이나 화폐와 관계를 맺게 되면, 이제 그 상품은 주인에게 복종하기를 멈추고 자립적인 삶을 살아가게 된다.
> (나) 이처럼 상품이나 시장 법칙은 인간에 의해 산출된 것이지만, 이제 거꾸로 상품이나 시장 법칙이 인간을 지배하게 된다. 이때 인간 및 인간들 간의 관계가 소외되는 현상이 나타난다.
> (다) 상품은 그것을 만들어 낸 생산자의 분신이지만, 시장 안에서는 상품이 곧 독자적인 인격체가 된다. 즉, 사람이 주체가 아니라 상품이 주체가 된다.
> (라) 또한 사람들이 상품들을 생산하여 교환하는 과정에서 시장의 경제 법칙을 만들어 냈지만, 이제 거꾸로 상품들은 인간의 손을 떠나 시장 법칙에 따라 교환된다. 이런 시장 법칙의 지배 아래에서는 사람과 사람 간의 관계가 상품과 상품, 상품과 화폐 등 사물과 사물 간의 관계에 가려 보이지 않게 된다.

① (가) – (다) – (나) – (라)
② (가) – (다) – (라) – (나)
③ (다) – (라) – (가) – (나)
④ (다) – (라) – (나) – (가)

※ 다음 글의 내용으로 가장 적절한 것을 고르시오. [8~9]

08

복사 냉난방 시스템은 실내 공간과 그 공간에 설치되어 있는 말단 기기 사이에 열교환이 있을 때 그 열교환량 중 50% 이상이 복사 열전달에 의해서 이루어지는 시스템을 말한다. 우리나라 주거 건물의 난방방식으로 100% 가까이 이용되고 있는 온수온돌은 복사 냉난방 시스템 중 하나이며, 창 아래에 주로 설치되어 복사 열교환으로 실내를 냉난방하는 라디에이터 역시 복사 냉난방 시스템이다.

다양한 복사 냉난방 시스템 중에서도 최근 친환경 냉난방 설비에 대한 관심이 급증하면서 복사 냉난방 패널 시스템이 주목받고 있다. 복사 냉난방 패널 시스템이란 열매체로서 특정 온도의 물을 순환시킬 수 있는 회로를 바닥, 벽, 천장에 매립하거나 부착하여 그 표면온도를 조절함으로써 실내를 냉난방하는 시스템으로 열원, 분배기, 패널, 제어기로 구성된다.

열원은 실내에 난방 시 열을 공급하고, 냉방 시 열을 제거하는 열매체를 생산해내는 기기로, 보일러와 냉동기가 있다. 열원에서 생산되어 세대에 공급되는 냉온수는 냉난방에 필요한 적정 온도와 유량을 유지할 수 있어야 한다.

분배기는 열원에서 만들어진 냉온수를 압력 손실 없이 실별로 분배한 뒤 환수하는 장치로, 집중화된 온도와 유량을 조절하고 냉온수 공급 상태를 확인하며, 냉온수가 순환되는 성능을 개선하는 일을 수행할 수 있어야 한다. 우리나라의 경우는 난방용 온수 분배기가 주로 이용되어 왔으나, 냉방기에도 이용이 가능하다.

패널은 각 실의 바닥, 벽, 천장 표면에 설치되며, 열매체를 순환시킬 수 있는 배관 회로를 포함한다. 분배기를 통해 배관 회로로 냉온수가 공급되면 패널의 표면 온도가 조절되면서 냉난방 부하가 제어되어 실내 공간을 쾌적한 상태로 유지할 수 있게 된다. 이처럼 패널은 거주자가 머무는 실내 공간과 직접적으로 열을 교환하는 냉난방의 핵심 역할을 담당하고 있으므로 열교환이 필요한 시점에 효율적으로 이루어질 수 있도록 설계, 시공되는 것이 중요하다.

제어기는 냉난방 필요 여부를 판단하여 해당 실의 온도 조절 밸브를 구동하고, 열원의 동작을 제어함으로써 냉난방이 이루어지게 된다.

복사 냉난방 패널 시스템은 다른 냉난방 설비에 비하여 낮은 온도의 열매체로 난방이 가능하여 에너지 절약 성능이 우수할 뿐만 아니라 쾌적한 실내 온열 환경 조성에도 탁월한 기능을 발휘한다.

※ 복사 : 물체로부터 열이나 전자기파가 사방으로 방출됨

※ 열매체 : '열(따뜻한 기운)'과 '냉(차가운 기운)'을 전달하는 물질

① 열원은 냉온수를 압력 손실 없이 실별로 분배한 뒤 환수한다.

② 패널은 난방 시 열을 공급하고 냉방 시 열을 제거하는 열매체를 생산한다.

③ 제어기는 각 실의 바닥, 벽, 천장 표면에 설치되어 열매체를 순환시킨다.

④ 분배기는 냉방기에도 이용이 가능하다.

09

> 녹내장은 안구 내 여러 가지 원인에 의하여 시신경이 손상되고, 이에 따른 시야 결손이 발생하는 진행성의 시신경 질환이다. 현재까지 녹내장 발병 원인에 대한 많은 연구가 진행되었으나, 지금까지 가장 확실한 원인은 안구 내 안압의 상승이다. 상승된 안압이 망막 시신경 섬유층과 시신경을 압박함으로써 시신경이 손상되거나 시신경으로 공급되는 혈류량이 감소됨으로써 시신경 손상이 발생될 수 있다.
> 녹내장은 일반적으로 주변 시야부터 좁아지는 것이 주된 증상으로, 초기에는 환자가 느낄 수 있는 자각 증상이 없는 경우가 대부분이다. 그래서 결국은 중심 시야까지 침범한 말기가 돼서야 병원을 찾는 경우가 많다. 녹내장은 제대로 관리되지 않으면 각막 혼탁, 안구로(眼球癆)*, 실명의 합병증이 동반될 수 있다.
> 녹내장을 예방할 수 있는 방법은 아직 알려져 있지 않다. 단지 녹내장은 대부분 장기간에 걸쳐 천천히 진행되는 경우가 많으므로 조기에 발견하는 것이 가장 좋은 예방법이라고 할 수 있다. 정기적인 검진으로 자신의 시신경 상태를 파악하고 그에 맞는 생활 패턴의 변화를 주는 것이 도움이 된다. 녹내장으로 진단이 되면 금연을 해야 하며, 가능하면 안압이 올라가는 상황을 피하는 것이 좋다. 예를 들면 무거운 물건을 든다든지, 목이 졸리게 넥타이를 꽉 맨다든지, 트럼펫과 같은 악기를 부는 경우에는 병의 경과를 악화시킬 가능성이 있으므로 피해야 한다.
>
> *안구로(眼球癆) : 눈알이 쭈그러지고 작아져서 그 기능이 약해진 상태

① 녹내장은 일반적으로 중심 시야부터 시작하여 주변 시야로 시야 결손이 확대된다.
② 상승된 안압이 시신경으로 공급되는 혈류량을 증폭시켜 시신경 손상이 발생한다.
③ 녹내장 진단 후 안압이 하강할 수 있는 상황은 되도록 피해야 한다.
④ 녹내장의 발병을 예방할 수 있는 방법은 아직 없다.

10 **다음 문단을 논리적 순서대로 바르게 나열한 것은?**

> (가) 오히려 클레나 몬드리안의 작품을 우리 조각보의 멋에 비견되는 것으로 보아야 할 것이다. 조각보는 몬드리안이나 클레의 작품보다 100여 년 이상 앞서 제작된 공간 구성미를 가진 작품이며, 시대적으로 앞설 뿐 아니라 평범한 여성들의 일상에서 시작되었다는 점 그리고 정형화되지 않은 색채감과 구성미로 독특한 예술성을 지닌다는 점에서 차별화된 가치를 지닌다.
> (나) 조각보는 일상생활에서 쓰다 남은 자투리 천을 이어서 만든 것으로, 옛 서민들의 절약 정신과 소박한 미의식을 보여준다. 조각보의 색채와 공간구성 면은 공간 분할의 추상화가로 유명한 클레(Paul Klee)나 몬드리안(Peit Mondrian)의 작품과 비견되곤 한다. 그만큼 아름답고 훌륭한 조형미를 지녔다는 의미이기도 하지만 일견 돌이켜 보면 이것은 잘못된 비교이다.
> (다) 기하학적 추상을 표방했던 몬드리안의 작품보다 세련된 색상 배치로 각 색상이 가진 느낌을 살렸으며, 동양적 정서가 담김 '오방색'이라는 원색을 통해 강렬한 추상성을 지닌다. 또한 조각보를 만드는 과정과 그 작업의 내면에 가족의 건강과 행복을 기원하는 마음이 담겨 있어 단순한 오브제이기 이전에 기복신앙적인 부분이 있다. 조각보가 아름답게 느껴지는 이유는 이처럼 일상 속에서 삶과 예술을 함께 담았기 때문일 것이다.

① (가) – (나) – (다)
② (나) – (가) – (다)
③ (나) – (다) – (가)
④ (다) – (가) – (나)

11 다음 글을 읽고 을의 주장 방식으로 가장 적절한 것은?

- 갑 : 정의는 지배자의 이익이다. 법률을 제정함에 있어서 독재 정치는 독재 체제의 법률을, 민주 정치는 민주 체제의 법률을 제정한다. 이때 법률은 지배자들이 결정하는 것이므로 지배자들의 입맛에 맞게 제정된다. 법률이 제정되면 지배자들은 법에 해당하는 행위를 정의로운 것으로 간주하고 이에 어긋나는 행동을 하는 사람을 정의롭지 못한 사람으로 판단하고 처벌한다. 따라서 정의는 수립된 정권의 이익 이외에 다른 것이 아니다.
- 을 : 지배자가 제정하는 법률이 반드시 지배자의 이익에 맞도록 제정된다고 할 수 없다. 의술은 환자의 이익을 위해 존재하는 것이나 의사가 의술을 올바르게 사용함으로써 그에 대한 부산물로 돈을 얻는 것처럼, 지배자 또한 자신이 다스리는 사람들의 이익을 위해 일함으로써 자신이 명예와 재산을 얻게 되는 것이다. 따라서 정의는 강자의 이익이 아니라 피지배자의 이익이다.

① 갑의 주장을 현실적인 사례를 통해 비판하고 있다.
② 비슷한 관계의 다른 사례를 통해 자신의 주장을 정당화하고 있다.
③ 갑의 주장이 감정에 호소하는 오류를 저지르고 있다고 비판하고 있다.
④ '정의'라는 단어를 새롭게 해석하여 자신의 주장의 근거로 사용하고 있다.

12 다음 글의 중심 내용으로 가장 적절한 것은?

동물성 지방은 혈중 콜레스테롤을 높일 수 있으므로 특히 주의하는 것이 좋습니다. 콜레스테롤은 두 종류가 있는데, LDL 콜레스테롤은 나쁜 콜레스테롤이라고 부르며, HDL 콜레스테롤은 혈관 건강에 도움이 되는 착한 콜레스테롤로 알려져 있습니다. 소고기, 돼지고기 등 육류와 튀김을 먹으면 LDL 콜레스테롤이 몸에 흡수되어 혈중 콜레스테롤 농도를 높입니다. 하지만 몸속 콜레스테롤 농도에 가장 많은 영향을 미치는 것은 음식보다 간에서 합성되는 LDL 콜레스테롤입니다. 이때 간의 LDL 콜레스테롤 합성을 촉진하는 것이 포화지방입니다. LDL 콜레스테롤이 들어간 음식을 적게 먹어도, 포화지방을 많이 먹으면 혈중 LDL 콜레스테롤 수치가 높아지게 됩니다. 불포화지방은 포화지방과 달리 간세포의 기능을 높여 LDL 콜레스테롤의 분해를 도와 혈중 수치를 낮추는 데 도움이 됩니다. 특히 생선기름에 들어있는 불포화지방인 EPA, DHA는 콜레스테롤을 감소시키는 효과가 있습니다. 트랜스지방은 불포화지방에 수소를 첨가하여 구조를 변형시켜 만든 것입니다. 식물성 기름을 고형화시키면 액상 기름보다 운송과 저장이 손쉽고 빨리 상하지 않기 때문에 트랜스지방이 생기게 되는 거죠. 트랜스지방은 혈중 LDL 콜레스테롤을 상승하게 하고, HDL 콜레스테롤을 감소하게 만들어 심혈관질환의 발생위험을 높입니다.

① 혈중 콜레스테롤의 비밀
② 비만의 원인, 지방을 줄여라
③ 심혈관질환의 적, 콜레스테롤
④ 몸에 좋은 지방과 좋지 않은 지방

13 다음 글의 제목으로 가장 적절한 것은?

우리는 처음 만난 사람의 외모를 보고, 그를 어떤 방식으로 대우해야 할지를 결정할 때가 많다. 그가 여자인지 남자인지, 얼굴색이 흰지 검은지, 나이가 많은지 적은지 혹은 그의 스타일이 조금은 상류층의 모습을 띠고 있는지 아니면 너무나 흔해서 별 특징이 드러나 보이지 않는 외모를 하고 있는지 등을 통해 그들과 나의 차이를 재빨리 감지한다. 일단 감지가 되면 우리는 둘 사이의 지위 차이를 인식하고 우리가 알고 있는 방식으로 그를 대하게 된다. 한 개인이 특정 집단에 속한다는 것은 단순히 다른 집단의 사람과 다르다는 것뿐만 아니라, 그 집단이 다른 집단보다는 지위가 높거나 우월하다는 믿음을 갖게 한다. 모든 인간은 평등하다는 우리의 신념에도 불구하고 왜 인간들 사이의 이러한 위계화(位階化)를 당연한 것으로 받아들일까? 위계화란 특정 부류의 사람들은 자원과 권력을 소유하고 다른 부류의 사람들은 낮은 사회적 지위를 갖게 되는 사회적이며 문화적인 체계이다. 다음에서 우리는 이러한 불평등이 어떠한 방식으로 경험되고 조직화되는지를 살펴보기로 하자.

인간이 불평등을 경험하게 되는 방식은 여러 측면으로 나눌 수 있다. 산업 사회에서의 불평등은 계층과 계급의 차이를 통해서 정당화되는데, 이는 재산, 생산 수단의 소유 여부, 학력, 집안 배경 등등의 요소들의 결합에 의해 사람들 사이의 위계를 만들어 낸다. 또한 모든 사회에서 인간은 태어날 때부터 얻게 되는 인종, 성, 종족 등의 생득적 특성과 나이를 통해 불평등을 경험한다. 이러한 특성들은 단순히 생물학적인 차이를 지칭하는 것이 아니라, 개인의 열등성과 우등성을 가늠하게 만드는 사회적 개념이 되곤 한다.

한편 불평등이 재생산되는 다양한 사회적 기제들이 때로는 관습이나 전통이라는 이름 아래 특정 사회의 본질적인 문화적 특성으로 간주되고 당연시되는 경우가 많다. 불평등은 체계적으로 조직되고 개인에 의해 경험됨으로써 문화의 주요 부분이 되었고, 그 결과 같은 문화권 내의 구성원들 사이에 권력 차이와 그에 따른 폭력이나 비인간적인 행위들이 자연스럽게 수용될 때가 많다.

문화 인류학자들은 사회 집단의 차이와 불평등, 사회의 관습 또는 전통이라고 얘기되는 문화 현상에 대해 어떤 입장을 취해야 할지 고민을 한다. 문화 인류학자가 이러한 문화 현상은 고유한 역사적 산물이므로 나름대로 가치를 지닌다는 입장만을 반복하거나 단순히 관찰자로서의 입장에 안주한다면, 이러한 차별의 형태를 제거하는 데 도움을 줄 수 없다. 실제로 문화 인류학 연구는 기존의 권력 관계를 유지시켜주는 다양한 문화적 이데올로기를 분석하고, 인간 간의 차이가 우등성과 열등성을 구분하는 지표가 아니라 동등한 다름일 뿐이라는 것을 일깨우는 데 기여해 왔다.

① 차이와 불평등
② 차이의 감지 능력
③ 문화 인류학의 역사
④ 위계화의 개념과 구조

14 다음 글의 빈칸에 들어갈 내용으로 가장 적절한 것은?

학생 : 오늘은 철학을 담당하고 계신 홍길동 선생님을 모시고 말씀을 나눠보도록 하겠습니다. 선생님, 안녕하십니까?

교사 : 안녕하십니까?

학생 : 저희 학생들은 대개 철학을 실제 생활과 별 관계가 없다고 생각합니다. 철학 수업 내용도 어렵다고 생각하고요.

교사 : 보통 학생들은 철학을 자신과 관계가 없고 어려운 것이라 생각합니다. 하지만 사실은 그렇지 않아요. 여러분들은 철학을 하고 있어요. 학생들은 사춘기를 맞아 많은 고민을 하고 있죠. 어른이 되기 위한 관문을 통과하는 의례라고도 할 수 있습니다. 이 시기에는 삶에 대해서 진지하게 생각하는 모습을 볼 수 있습니다. 삶이란 무엇인지, 어떻게 살 것인지, 장래 무엇을 할 것인지 등에 대해 고민하고, 친구와 대화를 나누기도 하고, 책을 읽어 보기도 하죠. 이런 행위들이 바로 철학을 하는 것입니다. 그런데 나이가 들면서 생활에 매달리다 보면 이런 고민을 사치라고 생각하는 사람이 많아집니다. 그렇지만 이런 생각은 철학을 잘못 이해하기 때문에 생긴 겁니다.

학생 : 좀 더 구체적으로 말씀해 주세요.

교사 : '나무는 보고 숲은 보지 못한다.'라는 말은 들어 봤죠? 물론 그 뜻도 알고 있겠습니다마는, 부분만을 봐서는 안 되고 전체를 봐야 한다는 뜻이죠. 그런데 이런 교훈은 일상생활에서 나온 겁니다. 살아가면서 얻은 교훈을 비유적으로 표현한 것이죠. ______________________ ______________________ 철학은 이처럼 단편적인 사실들이 서로 어떤 관계에 있는가를 주목하는 겁니다. 우리는 살아가는 과정에서 순간순간 선택을 하기 위해 생각을 하게 되죠? 우리는 바로 이런 장면에서 철학을 하는 겁니다. 선택의 기준은 자신의 생활신조이고요, 이 신조는 우리의 생활체험 속에서 스스로 얻은 것이고요.

① 나무는 각각 그 자체로 의미가 있는 것입니다.

② 숲을 이루는 나무는 전체적으로 통일되어 있어요.

③ 나무는 다른 나무와 관계를 가지면서 숲을 이루고 있어요.

④ 전체의 의미가 중요하기에 나무보다는 숲을 봐야 하지요.

PART 3

15 다음은 귀하의 업체가 주로 거래하는 A은행에서 공지한 내용이다. 이를 이해한 내용으로 적절하지 않은 것은?

> **〈서비스 개선 작업에 따른 A은행 거래 일시 중단 안내〉**
>
> 항상 저희 A은행을 이용해 주시는 고객님께 진심으로 감사드립니다.
> 고객님들께 더욱 편리하고 유용한 서비스를 제공하기 위한 개선작업으로 인해 서비스가 일시 중단되오니 고객님께 양해를 부탁드립니다.
>
> • 제한일시 : 2025년 7월 5일(토) 00:00 ~ 24:00
> • 제한서비스
>   – 현금 입출금기(ATM, CD) 이용 거래
>   – 인터넷뱅킹, 폰뱅킹, 모바일·스마트폰 뱅킹, 펌뱅킹 등 모든 전자 금융거래
>   – 체크카드, 직불카드를 이용한 물품 구매, 인출 등 모든 거래(외국에서의 거래 포함)
>   – 타 은행 ATM, 제휴 CD기(지하철, 편의점 등)에서 A은행 계좌 거래
>
> ※ 인터넷뱅킹을 통한 대출 신청·실행·연기 및 지방세 처리 ARS 업무는 7월 8일(화) 12시(정오)까지 계속해서 중지됩니다.
>
> 단, 신용카드를 이용한 물품 구매, 고객센터 전화를 통한 카드·통장 분실 신고(외국에서의 신고 포함) 및 자기앞 수표 조회 같은 사고 신고는 정상 이용 가능하다는 점을 참고하기 바랍니다.
>
> 항상 저희 A은행을 이용해 주시는 고객님께 늘 감사드리며, 이와 관련하여 더 궁금하신 점이 있다면 다음 고객센터 번호로 문의 부탁드리겠습니다.
>
> A은행 1500-1234 / 1500-5678
> A은행 카드사업부 1500-9875

① 7월 6일 내내 A은행의 지방세 처리 ARS 업무를 이용할 수 없다.

② 7월 8일 12시 이후부터 A은행에서 대출 신청이 가능하다.

③ 7월 5일 해외에서 체류 중이더라도, A은행의 고객센터를 통해 신용카드 분실 신고는 언제든지 가능하다.

④ 7월 5일 친구의 A은행 계좌로 돈을 입금하기 위해 다른 은행의 ATM기를 이용하더라도 정상적인 거래를 할 수 없다.

16 A사는 사내 교육에 참석한 사원들에게 다과를 나누어 주려고 한다. 쿠키 48봉지, 주스 72병, 사탕 180개를 최대한 많은 사원에게 나누어 주려고 할 때, 한 사원이 받는 주스의 개수는?(단, 다과를 받지 못한 사원은 없다)

① 4병　　② 6병
③ 10병　　④ 12병

17 다음과 같은 정오각형 모양의 탁자에 남학생 5명과 여학생 5명이 앉고자 할 때, 각 변에 남학생과 여학생이 이웃하여 앉을 확률은?(단, 회전하여 일치하는 경우는 모두 같은 것으로 본다)

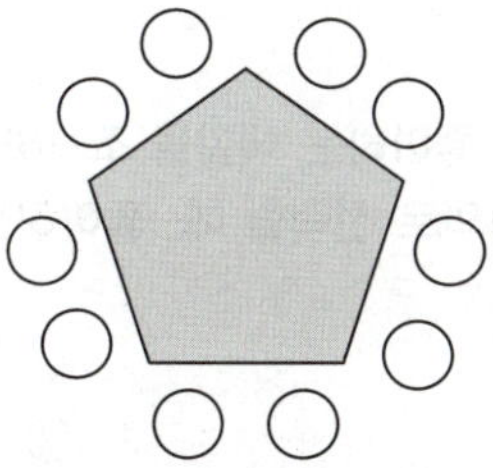

① $\frac{1}{63}$　　② $\frac{2}{63}$
③ $\frac{4}{63}$　　④ $\frac{8}{63}$

18 원가보다 1,000원을 올린 후 10% 인상한 가격이 a원인 상품이 있다고 할 때, 이 상품의 원가는 얼마인가?

① $\left(\frac{9}{10}a-1,000\right)$원　　② $\left(\frac{10}{11}a-1,000\right)$원
③ $\left(\frac{11}{12}a-1,000\right)$원　　④ $\left(\frac{12}{13}a-1,000\right)$원

19 A지점을 출발하여 B지점에 도착하는 T열차와 J열차가 있다. T열차는 J열차보다 분당 속도가 3km 빠르다. 두 열차가 동시에 A지점을 출발했고, 전체 운행 거리의 $\frac{4}{5}$ 지점에서 T열차가 분당 속도를 5km 늦췄더니, 두 열차가 B지점에 동시에 도착했다. T열차의 처음 출발 속도는?

① 6km/min ② 7km/min
③ 8km/min ④ 9km/min

20 고등학생들을 대상으로 가장 좋아하는 색깔을 조사하니 빨간색, 파란색, 검은색이 차지하는 비율이 2 : 3 : 5였다. 학생 2명을 임의로 선택할 때, 좋아하는 색이 다를 확률은?(단, 조사 인원은 충분히 많다)

① $\frac{27}{50}$ ② $\frac{29}{50}$
③ $\frac{31}{50}$ ④ $\frac{33}{50}$

21 자동차 부품을 만드는 K공장에는 A, B 두 기계가 있다. A기계의 수명은 5년이고, B기계의 수명은 4년이다. K공장이 설립된 해인 1994년에 두 기계를 모두 구입했다고 할 때, 2017년 이후 두 기계를 동시에 구입하는 해는?(단, 기계의 수명이 다하면 바로 구입하고 해를 넘겨 구입하는 일은 없다)

① 2026년 ② 2030년
③ 2034년 ④ 2038년

※ 해외여행을 하고 귀국 후 Q씨는 해외 쇼핑에 얼마나 소비했는지 정산을 시작하였다. 이어지는 질문에 답하시오. **[22~23]**

- 2025.02.14.
  - Q씨의 가족이 Q씨에게 N은행으로 3,000유로 입금하였다. 기존에 Q씨는 현금 20유로를 가지고 있었다.
- 2025.02.16.
  - Q씨는 스위스 N은행에서 당일 400유로, 600유로, 550유로를 총 3번 출금하였고, 자신 및 가족들 쇼핑에 모두 소비하였다. 현금이 더 이상 없자, S카드로 350유로를 사용하였다.
  - Q씨는 이날 구입한 물품 중 세금환급이 되는 것은 모두 그 자리에서 현금으로 바꾸었다.
- 2025.02.17.
  - Q씨는 당일 오전에 출국하였으며 출국하기 전까지 전날에 바꾼 현금 일부분을 사용하였고 80유로를 남겨 한국에 돌아왔다.

※ 350유로 지갑은 카드로 결제하였으며, Q씨의 가족이 부탁한 것임

22 다음은 2025년 2월 16일에 Q씨가 구매한 물품의 내역이다. 스위스에서는 각 매장마다 합산금액이 140유로가 넘을 경우, 전체의 12%를 세금 환급을 해주고 있다. 한편, Q씨는 해당 물품들을 합산한 결과 초과 과세 대상이 적용됨을 확인하였다. 관세는 총금액 중 미화 600달러를 제외한 부분에 관세율을 곱하여 납부해야 한다. 이때, Q씨가 구매한 물품에 관세까지 합산하여 지불한 총금액은 약 몇 유로인가?(단, 관세율은 20%이며, 총금액은 소수점 첫째 자리에서 반올림한다)

〈구입 물품 내역〉

구분	물건 및 소유주
P매장	가방(490EUR, Q씨 가족), 지갑(350EUR, Q씨 가족)
G매장	가방(820EUR, Q씨)
Z매장	벨트(150EUR, Q씨 가족)
I매장	벨트(88EUR, Q씨)

※ 600달러는 511유로임

① 1,422유로
② 1,593유로
③ 1,681유로
④ 1,915유로

23 Q씨가 스위스에서 구입한 모든 물품(Q씨 물품도 포함)들에 대한 관세는 가족들이 부담하고, 물품의 12% 세금 환급 금액은 Q씨가 가진다고 한다. 22번의 구입 목록을 참고하여, 가족들에게 보내야 할 총금액은 얼마인가?(단, Q씨가 가족들에게서 받을 돈은 고려하지 않고, 총금액은 소수점 첫째 자리에서 반올림한다)

① 1,776유로
② 1,832유로
③ 1,993유로
④ 2,101유로

24 귀하는 상사로부터 A8 사이즈의 명함을 제작하라는 지시를 받았다. A2의 규격이 420mm×594mm라고 할 때, A8의 규격은?(단, A열 용지는 재단 과정의 반복 횟수에 따라 일정한 비율대로 A 뒤에 올 숫자가 결정되고, 그 숫자가 작을수록 큰 용지이며, 소수점은 버림하여 계산한다)

① 37mm×52mm
② 52mm×74mm
③ 74mm×105mm
④ 105mm×148mm

25 K씨는 지난 영국출장 때 사용하고 남은 1,400파운드를 주거래 은행인 A은행에서 환전해 이번 독일출장 때 가지고 가려고 한다. A은행에서 고시한 환율은 1파운드당 1,500원, 1유로당 1,200원일 때, K씨가 환전한 유로화는 얼마인가?(단, 국내 은행에서 파운드화에서 유로화로 환전 시 이중환전을 해야 하며, 환전 수수료는 고려하지 않는다)

① 1,700유로
② 1,750유로
③ 1,800유로
④ 1,850유로

26 다음은 A은행이 판매하는 예 · 적금 상품에 대한 자료이다. A은행 상품에 가입하고자 하는 고객의 문의사항을 참고하여 고객에게 추천할 상품으로 옳은 것은?

〈A은행 예 · 적금 상품〉

구분	특징
스마트 적금	• 가입기간 : 6 ~ 12개월 • 가입금액 : 매일 앱으로 1,000원씩 자동입금 • 복잡한 우대금리 조건이 없는 스마트폰 전용 적금
나라지킴이 적금	• 가입기간 : 24개월 • 가입금액 : 최대 50만 원 • 군인인 경우에만 가입 가능
우리아이 정기예금	• 가입기간 : 12 ~ 36개월 • 가입금액 : 첫 예치 시 1,000만 원 이상 • 우대금리 : 신규고객으로 한정하며, 최초 통장 개설 시 200만 원 이상 예치금 입금
우리집 만들기 예금	• 가입기간 : 12 ~ 24개월 • 가입금액 : 제한 없음 • 우대금리 : 당행 계열사 카드 전월 실적 30만 원 이상 및 당행 예 · 적금 상품 신규고객을 대상으로 하며, 통장에 300만 원 이상 보유 시
청년 적금	• 가입기간 : 36개월 • 가입금액 : 월 300 ~ 1,000만 원 • 우대금리 : 만 19 ~ 28세 이하인 경우 우대

〈고객 문의〉

저는 이번에 A은행 예 · 적금 상품에 가입하고자 하며, 기간은 24개월로 하고 싶습니다. 저는 A은행 계열사 카드를 매달 40만 원씩 쓰고 있고, 통장에 500만 원 정도 있습니다. 현재 A은행 상품에 가입한 이력이 없습니다. 제대는 이미 오래전에 했고요, 지금 나이는 30살입니다. 가입금액은 월 10만 원씩 넣고 싶습니다.

① 스마트 적금
② 나라지킴이 적금
③ 우리아이 정기예금
④ 우리집 만들기 예금

PART 3

27 다음은 대한민국의 2024년 10월부터 2025년 3월까지의 수출액 동향 및 KOSPI지수에 대한 자료이다. 이에 대한 설명으로 옳지 않은 것은?

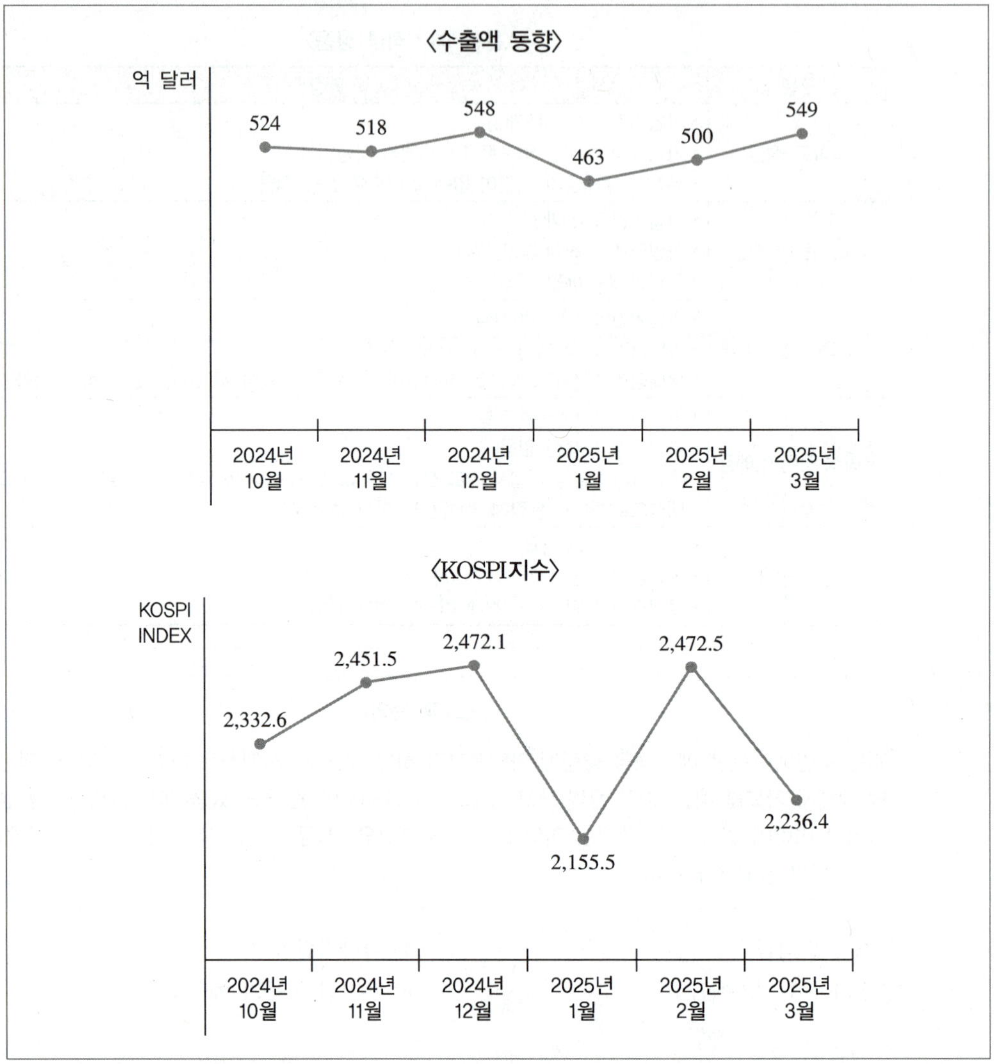

① 수출액이 가장 적은 달은 KOSPI지수도 가장 낮다.
② 수출액의 증감 추이와 KOSPI지수의 증감 추이가 서로 반대인 때는 2번이다.
③ 수출액이 전월 대비 증가율이 가장 높은 달은 KOSPI지수 증가율도 가장 높다.
④ 2024년 12월부터 2025년 2월까지 수출액 동향과 KOSPI지수의 전월 대비 증감 추이는 같다.

28 다음과 같이 3개의 항아리가 있다. 〈조건〉을 만족시키면서 수행순서의 모든 단계를 완료한 후, 10L 항아리에 남아 있는 물의 양은?

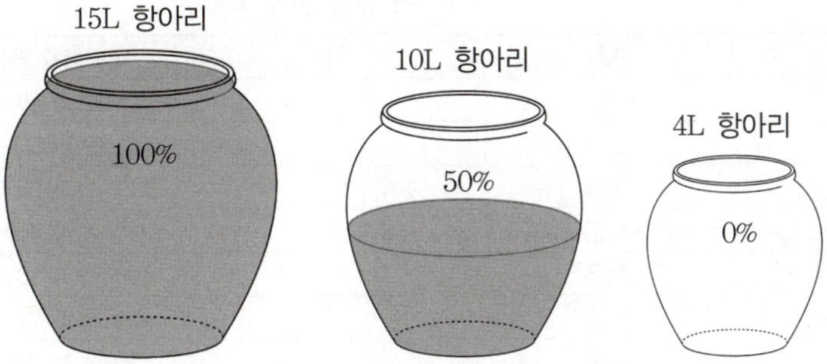

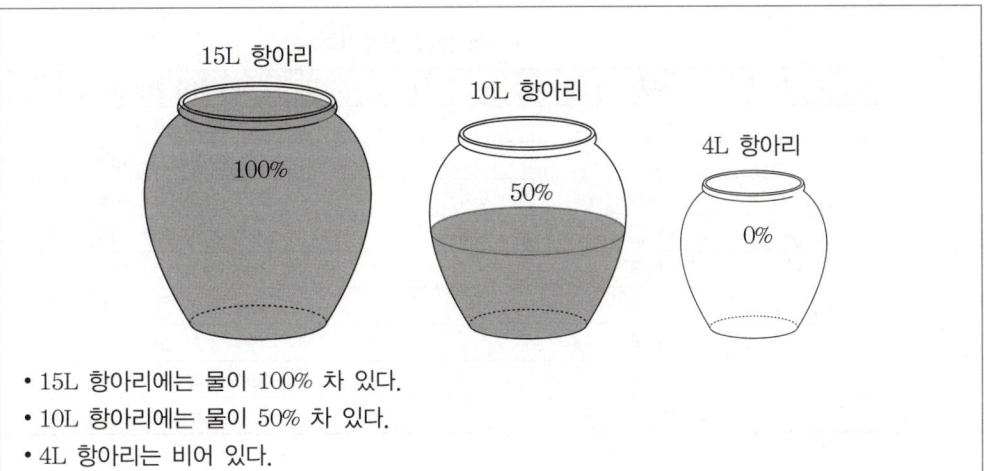

- 15L 항아리에는 물이 100% 차 있다.
- 10L 항아리에는 물이 50% 차 있다.
- 4L 항아리는 비어 있다.

〈수행순서〉

- 1단계 : 15L 항아리의 물을 4L 항아리에 붓는다.
- 2단계 : 15L 항아리의 물을 10L 항아리에 붓는다.
- 3단계 : 4L 항아리의 물을 15L 항아리에 붓는다.
- 4단계 : 10L 항아리의 물을 4L 항아리에 붓는다.
- 5단계 : 4L 항아리의 물을 15L 항아리에 붓는다.
- 6단계 : 10L 항아리의 물을 15L 항아리에 붓는다.

조건

- 한 항아리에서 다른 항아리로 물을 부을 때, 주는 항아리가 완전히 비거나 받는 항아리가 가득 찰 때까지 물을 붓는다.
- 수행순서 각 단계에서 물의 손실은 없다.

① 4L　　② 5L
③ 6L　　④ 7L

29 다음은 과목 등급 산정기준과 과목별 이수단위 및 민수의 과목별 석차에 대한 자료이다. 표와 평균등급 산출 공식에 따라 산정한 민수의 4개 과목 평균등급을 M이라 할 때, M의 범위로 옳은 것은?

〈과목 등급 산정기준〉

구분	과목석차 백분율
1등급	0% 초과 4% 이하
2등급	4% 초과 11% 이하
3등급	11% 초과 23% 이하
4등급	23% 초과 40% 이하
5등급	40% 초과 60% 이하
6등급	60% 초과 77% 이하
7등급	77% 초과 89% 이하
8등급	89% 초과 96% 이하
9등급	96% 초과 100% 이하

※ [과목석차 백분율(%)] $= \frac{(\text{과목석차})}{(\text{과목이수인원})} \times 100$

〈과목별 이수단위 및 민수의 과목별 석차〉

과목 \ 구분	이수단위	석차(등)	이수인원(명)
국어	3	270	300
영어	3	44	300
수학	2	27	300
과학	3	165	300

〈평균등급 산출 공식〉

(평균등급) $= \frac{[(\text{과목별 등급}) \times (\text{과목별 이수단위})\text{의 합}]}{(\text{과목별 이수단위의 합})}$

① $3 \leq M < 4$　② $4 \leq M < 5$

③ $5 \leq M < 6$　④ $6 \leq M < 7$

30 다음은 2024년 극한기후 유형별 발생일수와 발생지수에 대한 자료이다. 자료에 따라 2024년 극한기후 유형별 발생지수를 산출할 때, 이에 대한 설명으로 옳은 것은?

〈2024년 극한기후 유형별 발생일수와 발생지수〉

구분	폭염	한파	호우	대설	강풍
발생일수(일)	16	5	3	0	1
발생지수	5.0	( )	( )	1.0	( )

※ 극한기후 유형은 폭염, 한파, 호우, 대설, 강풍만 존재함

〈산정식〉

- (극한기후 발생지수)$=4\times\left(\frac{A-B}{C-B}\right)+1$
- A=당해년도 해당 극한기후 유형 발생일수
- B=당해년도 폭염, 한파, 호우, 대설, 강풍의 발생일수 중 최솟값
- C=당해년도 폭염, 한파, 호우, 대설, 강풍의 발생일수 중 최댓값

① 호우의 발생지수는 2.0 이상이다.

② 발생지수가 가장 높은 유형은 한파이다.

③ 극한기후 유형별 발생지수의 평균은 3.0 이상이다.

④ 대설과 강풍의 발생지수의 합은 호우의 발생지수보다 크다.

PART 3

31 **다음 〈조건〉에 따라 노래대회 예선이 진행된다. 甲이 심사위원장을 알아내고자 할 때, 〈보기〉에서 옳은 것을 모두 고르면?**

조건

- 예선의 심사위원은 심사위원장 1인을 포함하여 총 4인이며, 그중 누가 심사위원장인지 참가자에게 공개되지 않는다.
- 심사위원은 참가자의 노래를 들은 후 동시에 ○ 또는 ×의 결정을 내리며, 다수결에 의해 예선 통과 여부가 결정된다.
- 만약 ○와 ×를 결정한 심사위원의 수가 같다면, 심사위원장이 ○ 결정을 한 경우 통과, × 결정을 한 경우 탈락한다.
- 4명의 참가자들은 어떤 심사위원이 자신에게 ○ 또는 × 결정을 내렸는지와 통과 또는 탈락 여부를 정확히 기억하여 甲에게 알려주었다.

보기

ㄱ. 4명의 참가자가 모두 심사위원 3인의 ○ 결정으로 통과했다면, 甲은 심사위원장을 알아낼 수 없다.
ㄴ. 4명의 참가자가 모두 같은 2인의 심사위원에게만 ○ 결정을 받아 탈락했다면, 甲은 심사위원장을 알아낼 수 있다.
ㄷ. 4명의 참가자가 모두 2인의 심사위원에게만 ○ 결정을 받았고, ○ 결정을 한 심사위원의 구성이 모두 다르다면, 甲은 심사위원장을 알아낼 수 있다.

① ㄱ　　② ㄴ
③ ㄱ, ㄷ　　④ ㄴ, ㄷ

32 **8개의 좌석이 있는 원탁에 수민, 성찬, 진모, 성표, 영래, 현석 6명이 앉아 있다. 앉아 있는 〈조건〉이 다음과 같다고 할 때, 항상 옳은 것은?**

조건

- 수민이와 현석이는 서로 옆자리이다.
- 성표의 맞은편에는 진모가, 현석이의 맞은편에는 영래가 앉아 있다.
- 영래와 수민이는 둘 다 한쪽 옆자리만 비어 있다.
- 진모의 양 옆자리에는 항상 누군가가 앉아 있다.

① 영래의 오른쪽에는 성표가 앉는다.
② 성표는 어떤 경우에도 빈자리 옆이 아니다.
③ 성찬이는 어떤 경우에도 빈자리 옆이 아니다.
④ 진모와 수민이는 1명을 사이에 두고 앉는다.

33 A은행은 출퇴근길 자전거 타기에 더 많은 직원이 관심을 두도록 하기 위해, 하루에 가장 많은 운동량을 기록한 직원을 뽑아 상품을 주기로 하였다. 5명의 후보 중 운동량이 많은 순서대로 바르게 나열한 것은?(단, 연습용 자전거, 일반 자전거, 외발 자전거는 각각 1명당 0.8, 1, 1.5만큼의 운동량이 필요하다)

〈후보〉

- 갑 : 1.4km의 거리를 뒷자리에 1명을 태우고 일반 자전거로 주행하였다.
- 을 : 1.2km의 거리를 뒷자리에 1명을 태우고 연습용 자전거로 주행하였다.
- 병 : 2km의 거리를 혼자 외발 자전거로 주행하였다.
- 정 : 2km의 거리를 혼자 연습용 자전거로 주행한 후에 이어서 1km의 거리를 혼자 외발 자전거로 주행하였다.
- 무 : 0.8km의 거리를 뒷자리에 1명을 태우고 연습용 자전거로 주행한 후에 이어서 1.2km의 거리를 혼자 일반 자전거로 주행하였다.

① 병 > 정 > 갑 > 무 > 을
② 병 > 정 > 갑 > 을 > 무
③ 정 > 병 > 무 > 갑 > 을
④ 정 > 병 > 갑 > 무 > 을

34 다음 〈조건〉을 참고했을 때, A ~ F 6명 중 세 번째로 키가 큰 사람은 누구인가?

조건

- A는 E보다 작다.
- D는 가장 작다.
- B는 E보다 작다.
- C는 D보다 크며 E보다 작다.
- A는 C보다 크며 B보다 작다.
- F는 E보다 크다.

① A
② B
③ C
④ E

※ 다음은 I사의 성과급 기준 규정이다. 이어지는 질문에 답하시오. **[35~36]**

〈성과급 지급 규정〉

제1조(성과급의 정의)

성과급이란 조직원의 사기진작과 합리적인 임금 체계 구축을 위해 평가된 결과에 따라 차등 지급되는 보수를 말한다.

제2조(지급대상)

① 성과연봉의 지급대상자는 성과평가 대상기간 중 1개월 이상의 기간 동안 I사에 직원으로 근무한 자로 한다.

② 제1항의 근무기간에 휴직기간, 징계기간, 지위해제기간, 결근기간은 포함하지 않는다.

③ 1개월 이상 I사 직원으로 근무하였음에도 성과평가 결과를 부여받지 못한 경우에는 최하등급 기준으로 성과연봉을 지급한다.

제3조(평가시기)

평가는 분기별로 1회씩 이루어진다.

제4조(평가기준)

평가항목과 가중치에 따라 다음과 같은 기준을 제시한다.

구분	전문성	유용성	수익성
가중치	0.3	0.2	0.5

제5조(점수별 등급)

성과평가 점수에 따른 평가등급을 다음과 같이 제시한다.

구분	9.0점 이상	8.0점 이상 9.0점 미만	7.0점 이상 8.0점 미만	6.0점 이상 7.0점 미만	5.0점 이상 6.0점 미만
평가등급	S등급	A등급	B등급	C등급	D등급

제6조(지급기준)

평가등급에 따라 다음과 같이 지급한다.

구분	S등급	A등급	B등급	C등급	D등급
지급액	100만 원	80만 원	60만 원	40만 원	20만 원

35 **다음 중 I사의 성과급 지급 규정에 대해 제대로 이해하지 못하고 있는 사람은 누구인가?**

① A사원 : 성과연봉을 받기 위해서는 성과평가 대상기간 중 1개월 이상의 기간은 직원으로 I사에서 근무해야 해.

② B사원 : 맞아. 1개월 이상 I사 직원으로 근무하였음에도 성과평가 결과를 부여받지 못한 경우에는 성과연봉이 하나도 지급되지 않아.

③ C사원 : 성과급 평가기준은 전문성, 유용성, 수익성으로 나뉘는데, 수익성> 전문성> 유용성 순으로 가중치가 커.

④ D사원 : 성과평가는 분기별로 한 번씩 이루어져.

36 **I사에 근무하는 O대리의 평가점수가 다음과 같을 때, O대리는 1년 동안 총 얼마의 성과급을 받는가?**

〈O대리의 평가점수〉

(단위 : 점)

구분	전문성	유용성	수익성
1분기	6	8	7
2분기	7	7	6
3분기	8	6	7
4분기	7	8	9

① 200만 원
② 210만 원
③ 220만 원
④ 230만 원

37 S은행 면접 시험에서 응시자 A ~ L은 면접을 진행하였다. 다음 〈조건〉에 따라 평가 점수가 가장 높은 6명이 합격한다고 할 때, 합격자 6명을 높은 점수 순서대로 나열한 것은?(단, 소수점 셋째 자리에서 반올림한다)

〈지원자 면접 점수〉

(단위 : 점)

구분	면접관 1	면접관 2	면접관 3	면접관 4	면접관 5	보훈 가점
A	80	85	70	75	90	-
B	75	90	85	75	100	5
C	70	95	85	85	85	-
D	75	80	90	85	80	-
E	80	90	95	100	85	5
F	85	75	95	90	80	-
G	80	75	95	90	95	10
H	90	80	80	85	100	-
I	70	80	80	75	85	5
J	85	80	100	75	85	-
K	85	100	70	75	75	5
L	75	90	70	100	70	-

조건

- 면접관 5명이 부여한 점수 중 최고점과 최저점을 제외한 나머지 면접관 3명이 부여한 점수의 평균과 보훈 가점의 합으로 평가한다.
- 최고점과 최저점이 1개 이상일 때는 1명의 점수만 제외한다.
- 동점인 경우 먼저 면접을 진행한 응시자를 우선 순서로 한다.

① D－A－F－L－H－I
② E－G－B－C－F－H
③ G－A－C－F－E－L
④ G－E－B－C－F－H

38 W연구원은 같은 온실에서 A ~ E식물을 하나씩 동시에 재배하는 실험을 시행한 후 식물재배온도를 결정하려고 한다. 다섯 가지 식물의 재배가능 온도와 상품가치가 다음과 같을 때, 가장 많은 식물을 재배할 수 있는 온도와 상품가치의 총합이 가장 큰 온도를 바르게 나열한 것은?(단, W연구원은 온도만 조절할 수 있으며, 주어진 조건 외에 다른 조건은 고려하지 않는다)

〈A ~ E식물의 재배가능 온도와 상품가치〉

구분	재배가능 온도(℃)	상품가치(원)
A	0 이상 20 이하	10,000
B	5 이상 15 이하	25,000
C	25 이상 55 이하	50,000
D	15 이상 30 이하	15,000
E	15 이상 25 이하	35,000

※ 식물의 상품가치를 결정하는 유일한 것은 온도임
※ 온실의 온도는 0℃를 기준으로 5℃ 간격으로 조절할 수 있고, 한 번 설정하면 변경할 수 없음

	가장 많은 식물을 재배할 수 있는 온도	상품가치의 총합이 가장 큰 온도
①	15℃	20℃
②	15℃	25℃
③	20℃	20℃
④	20℃	25℃

39 다음은 H사의 신제품 판매 동향 보고서이다. 이 기업이 가장 중점을 두어야 할 대책으로 옳은 것은?

- 대상제품 : 새로 개발한 상황버섯 로션
- 영업활동 : 발매와 동시에 대규모 광고 시행
- 판매실적 : 예상판매 목표의 50% 미만으로 매우 부진
- 원인분석 : 소비자들이 자사 브랜드를 잘 알고 있지만 상황버섯의 독특한 향이 싫어서 판매실적이 부진한 것으로 보임

① 제품 특성을 개선한다.
② 판매 가격을 인하한다.
③ 판매 점포를 확대한다.
④ 홍보 자료를 배포한다.

40 K사에 근무하는 A대리는 국내 자율주행자동차 산업에 대한 SWOT 분석 결과에 따라 국내 자율주행자동차 산업 발달을 위한 방안을 고안하는 중이다. A대리가 SWOT 분석에 의한 경영전략에 따라 판단하였다고 할 때, 다음 〈보기〉의 설명 중 SWOT 분석에 의한 경영전략에 맞춘 판단으로 옳지 않은 것을 모두 고르면?

〈SWOT 분석 결과〉

구분	분석 결과
강점(Strength)	• 민간 자율주행기술 R&D지원을 위한 대규모 예산 확보 • 국내외에서 우수한 평가를 받는 국내 자동차기업 존재
약점(Weakness)	• 국내 민간기업의 자율주행기술 투자 미비 • 기술적 안전성 확보 미비
기회(Opportunity)	• 국가의 지속적 자율주행자동차 R&D 지원법안 본회의 통과 • 완성도 있는 자율주행기술을 갖춘 외국 기업들의 등장
위협(Threat)	• 자율주행차에 대한 국민들의 심리적 거부감 • 자율주행차에 대한 국가의 과도한 규제

〈SWOT 분석에 의한 경영전략〉

• SO전략 : 기회를 이용해 강점을 활용하는 전략
• ST전략 : 강점을 활용하여 위협을 최소화하거나 극복하는 전략
• WO전략 : 기회를 활용하여 약점을 보완하는 전략
• WT전략 : 약점을 최소화하고 위협을 회피하는 전략

보기

ㄱ. 자율주행기술 수준이 우수한 외국 기업과의 기술이전협약을 통해 국내 우수 자동차기업들의 자율주행기술 연구 및 상용화 수준을 향상시키려는 전략은 SO전략에 해당한다.
ㄴ. 민간의 자율주행기술 R&D를 적극 지원하여 자율주행기술의 안전성을 높이려는 전략은 ST전략에 해당한다.
ㄷ. 자율주행자동차 R&D를 지원하는 법률을 토대로 국내 기업의 기술개발을 적극 지원하여 안전성을 확보하려는 전략은 WO전략에 해당한다.
ㄹ. 자율주행기술개발에 대한 국내기업의 투자가 부족하므로 국가기관이 주도하여 기술개발을 추진하는 전략은 WT전략에 해당한다.

① ㄱ, ㄴ
② ㄱ, ㄷ
③ ㄴ, ㄷ
④ ㄴ, ㄹ

41 A고객은 3일 후 떠날 3주간의 제주도 여행에 대비하여 가족 모두 여행자 보험에 가입하고자 H은행에 방문하였다. 이에 K사원이 A고객에게 여행자 보험 상품을 추천하고자 할 때, K사원의 설명으로 옳지 않은 것은?(단, A고객 가족의 나이는 만 14세, 17세, 45세, 51세, 75세이다)

〈H은행 여행자 보험〉

- 가입연령 : 만 1 ~ 79세(인터넷 가입 만 19 ~ 70세)
- 납입방법 : 일시납
- 납입기간 : 일시납
- 보험기간 : 2일 ~ 최대 1개월
- 보장내용

구분	보험금 지급사유	지급금액
상해사망 및 후유장해	여행 중 사고로 상해를 입고 그 직접적인 결과로 사망하거나 후유장해 상태가 되었을 때	• 사망 시 가입금액 전액 지급 • 후유장해 시 장해 정도에 따라 가입금액의 30 ~ 100% 지급
질병사망	여행 중 발생한 질병으로 사망 또는 장해지급률 80% 이상의 후유장해가 남았을 경우	• 가입금액 전액 지급
휴대품 손해	여행 중 우연한 사고로 휴대품이 도난 또는 파손되어 손해를 입은 경우	• 가입금액 한도 내에서 보상하되 휴대품 1개 또는 1쌍에 대하여 20만 원 한도로 보상(단, 자기부담금 1만 원 공제)

- 유의사항
  - 보험계약 체결일 기준 만 15세 미만자의 경우 사망은 보장하지 않음
  - 보장금액과 상해, 질병 의료실비에 대한 보장내용은 홈페이지 참조

① 고객님, 후유장해 시 보험금은 장해 정도에 따라 차등 지급됩니다.

② 고객님, 가족 모두 가입하시려면 반드시 은행에 방문해주셔야 합니다.

③ 고객님, 만 14세 자녀의 경우 본 상품에 가입하셔도 사망보험금은 지급되지 않습니다.

④ 고객님, 여행 도중 귀중품을 분실하셨을 경우에 분실물의 수량과 관계없이 최대 20만 원까지 보상해드립니다.

※ 다음은 배송이용약관이다. 이어지는 질문에 답하시오. **[42~43]**

〈배송이용약관〉

▲ 배송기간

① 당일배송상품 및 A클럽 상품(A마트 점포배송)은 오전 주문 시 상품 당일 오후 배송(당일 배송 주문 마감 시간은 지점마다 상이함)

② 일반배송상품 및 A클럽(A마트 점포배송) 전국 택배점 상품은 상품 결제 완료 후 평균 2～4일 이내 배송완료

③ 일반배송상품은 택배사를 이용해 배송되므로, 주말, 공휴일, 연휴에는 배송되지 않음

④ 당일배송 A클럽 상품(A마트 점포배송)의 경우 각 지점에 따라 배송정책이 상이하므로 이용매장에 직접 확인해야 함

⑤ 꽃 배송은 전국 어디서나 3시간 내에 배달 가능(단, 도서 · 산간지역 등 일부 지역 제외, A쇼핑 근무시간 내 주문접수되어야 함)

▲ 배송비

① A클럽 상품(A마트 점포배송)을 제외한 상품은 무료배송이 원칙(단, 일부 상품의 경우 상품가격에 배송비가 포함될 수 있으며, 도서지역의 경우 도선료, 항공료 등이 추가될 수 있음)

② A클럽 상품(A마트 점포배송)은 지점별로 배송비 적용 정책이 상이함(해당점 이용안내 확인 필요)

③ 도서상품은 배송비 무료

④ CD / DVD 상품은 39,000원 미만 주문 시 배송비 3,000원 부과

⑤ 화장품 상품은 30,000원 미만 주문 시 배송비 3,000원 부과

⑥ 기타 별도의 배송비 또는 설치비가 부과되는 경우에는 해당 상품의 구매페이지에 게재함

▲ 배송확인

① [나의 e쇼핑 > 나의 쇼핑정보 > 주문 / 배송현황]에서 배송현황의 배송조회 버튼을 클릭하여 확인 가능

② 주문은 [주문완료] > [결제완료] > [상품준비 중] > [배송 중] > [배송완료] 순으로 진행

- [주문완료] : 상품대금의 입금 미확인 또는 결제가 미완료된 접수 상태
- [결제완료] : 대금결제가 완료되어 주문을 확정한 상태
- [상품준비 중] : 공급처가 주문내역을 확인한 후 상품을 준비하여 택배사에 발송을 의뢰한 상태
- [배송 중] : 공급처에 배송지시를 내린 상태(공급처가 상품을 발송한 상태)
- [배송완료] : 배송이 완료되어 고객님이 상품을 인수한 상태

※ 배송주소가 2곳 이상인 경우 주문할 상품의 상세페이지에서 [대량주문하기] 버튼을 클릭하면 여러 배송지로 상품 보내기 가능(배송주소를 여러 곳으로 설정할 때는 직접 입력 또는 엑셀파일로 작성 후 파일업로드 2가지 방식 이용 가능)

42 서울 R대학의 기숙사 룸메이트인 갑과 을은 A마트에서 각각 물건을 구매했다. 2명 모두 일반배송 상품을 이용하였으며, 갑은 화장품 세트를 을은 책 3권을 구매하였다. 이 경우 각각 물건을 구매하는 데 배송비를 포함하여 얼마가 들었는가?(단, 갑이 구매한 화장품 세트는 29,900원이며 을이 구매한 책은 각각 10,000원이다)

	갑	을
①	29,900원	30,000원
②	29,900원	33,000원
③	30,900원	33,000원
④	32,900원	30,000원

43 서울에 사는 병은 A마트에서 해운대에 사시는 부모님께 보내드릴 사과 한 박스를 주문했다. 사과는 A마트 일반배송상품으로 가격은 32,000원인데 현재 25% 할인을 하고 있다. 배송비를 포함하여 상품을 구매하는 데 총 얼마가 들었으며, 상품은 부모님 댁에 늦어도 언제까지 배송될 예정인가?

일	월	화	수	목	금	토
1	2	3	4	5	6 상품 결제완료	7
8	9	10	11	12	13	14

① 24,000원, 9일 월요일

② 24,000원, 12일 목요일

③ 32,000원, 12일 목요일

④ 32,000원, 13일 금요일

44 다음은 R은행의 계좌번호 생성 방법이다. 이를 토대로 생성된 계좌번호에 대한 설명으로 옳지 않은 것은?

〈계좌번호 생성 방법〉

000 – 00 – 000000

- 1 ~ 3번째 자리 : 지점번호
- 4 ~ 5번째 자리 : 계정과목
- 6 ~ 10번째 자리 : 일련번호(지점 내 발급순서)
- 11번째 자리 : 체크기호(난수)

[지점번호]

지점	번호	지점	번호	지점	번호
국회지점	736	영등포지점	123	동대문지점	427
당산지점	486	삼성역지점	318	종로지점	553
여의도지점	583	신사동지점	271	보광동지점	110
신길동지점	954	청담동지점	152	신용산지점	294

[계정과목]

구분	보통예금	저축예금	적금	당좌예금	가계종합	기업자유
번호	01	02	04	05	06	07

① 271 – 04 – 540616 : R은행의 신사동지점에서 발행된 계좌번호이다.
② 553 – 01 – 480157 : 입금과 인출을 자유롭게 할 수 있는 통장을 개설하였다.
③ 954 – 04 – 126541 : 일정한 금액을 주기적으로 불입하는 조건으로 개설했다.
④ 294 – 05 – 004325 : 신용산지점에서 4,325번째 개설된 당좌예금이다.

45 다음 제시된 명제가 참일 때 항상 옳은 것은?

감자꽃은 유채꽃보다 늦게 피고 일찍 진다.

① 유채꽃이 피기 전이라면 감자꽃도 피지 않았다.
② 감자꽃과 유채꽃은 동시에 피어있을 수 없다.
③ 감자꽃은 유채꽃보다 오랫동안 피어있다.
④ 유채꽃은 감자꽃보다 일찍 진다.

46 K사 기획전략처 문화홍보부 A대리는 부서 출장 일정에 맞춰 업무 시 사용할 렌터카를 대여하려고 한다. 다음 자료를 참고하여 A대리가 일정에 사용할 렌터카끼리 바르게 짝지어진 것은?

〈문화홍보부 출장 일정〉

구분	내용	인원수	짐 무게
2025 – 08 – 04(월)	보령화력 3부두 방문	2명	6kg
2025 – 08 – 05(화)	임금피크제 도입 관련 세미나 참여	3명	3kg
2025 – 08 – 06(수)	신서천화력 건설사업	5명	–
2025 – 08 – 07(목)	햇빛새싹발전소(학교태양광) 발전사업 대상지 방문	3명	3kg
2025 – 08 – 08(금)	제주 LNG복합 건설사업 관련 좌담회	8명	2kg
2025 – 08 – 11(월)	H그린파워 제철 부생가스 발전사업 관련 미팅	10명	3kg
2025 – 08 – 12(화)	방만경영 개선 이행실적 발표회	4명	1kg
2025 – 08 – 13(수)	보령항로 준설공사현장 방문	3명	2kg
2025 – 08 – 14(목)	보령 본사 방문	4명	6kg

※ 짐 무게 3kg당 탑승인원 1명으로 취급함

〈렌터카 요금 안내〉

구분	요금	유류	최대 탑승인원
A렌터카	45,000원	경유	4명
B렌터카	60,000원	휘발유	5명
C렌터카	55,000원	LPG	8명
D렌터카	55,000원	경유	6명

※ 렌터카 선정 시 가격을 가장 우선으로 하고, 최대 탑승인원을 다음으로 함

※ 8월 1일 ~ 8월 12일까지는 여름휴가 할인행사로 휘발유 차량을 30% 할인함

보내는 이 : A대리

안녕하십니까, 문화홍보부 A대리입니다.

금주 문화홍보부에서 참여하는 햇빛새싹발전소 발전사업 대상지 방문과 차주 보령 본사 방문에 관련된 정보를 첨부합니다. 해당 사항 확인해주시기 바랍니다. 감사합니다.

받는 이 : 문화홍보부

① A렌터카, B렌터카 ② B렌터카, D렌터카

③ B렌터카, C렌터카 ④ A렌터카, D렌터카

47 재무팀에서는 주말 사무보조 직원을 채용하기 위해 공고문을 게재하였으며, 지원자 명단은 다음과 같다. 다음 자료를 참고하였을 때, 최소비용으로 가능한 한 많은 인원을 채용하고자 한다면 몇 명의 지원자를 채용할 수 있겠는가?(단, 급여는 지원자가 희망하는 금액으로 지급한다)

〈사무보조 직원 채용 공고문〉

- 업무내용 : 문서수발, 전화응대 등
- 지원자격 : 경력, 성별, 나이, 학력 무관
- 근무조건 : 장기(6개월 이상, 협의불가) / 주말 11:00 ~ 22:00(협의가능)
- 급여 : 협의결정
- 연락처 : 02-000-0000

〈지원자 명단〉

성명	희망근무기간	근무가능시간	최소근무시간 (하루 기준)	희망임금 (시간당/원)
박소다	10개월	11:00 ~ 18:00	3시간	7,500
서창원	12개월	12:00 ~ 20:00	2시간	8,500
한승희	8개월	18:00 ~ 22:00	2시간	7,500
김병우	4개월	11:00 ~ 18:00	4시간	7,000
우병지	6개월	15:00 ~ 20:00	3시간	7,000
김래원	10개월	16:00 ~ 22:00	2시간	8,000
최지홍	8개월	11:00 ~ 18:00	3시간	7,000

※ 지원자 모두 주말 이틀 중 하루만 출근하기를 원함
※ 하루에 2회 이상 출근은 불가함

① 2명　　② 3명
③ 4명　　④ 5명

48 연봉 실수령액을 구하는 식이 다음과 같을 때, 연봉이 3,480만 원인 A씨의 연간 실수령액은?(단, 원 단위는 절사한다)

- (연봉 실수령액)=(월 실수령액)×12
- (월 실수령액)=(월 급여)−(국민연금+건강보험료+고용보험료+장기요양보험료+소득세+지방세)
- (국민연금)=(월 급여)×4.5%
- (건강보험료)=(월 급여)×3.12%
- (고용보험료)=(월 급여)×0.65%
- (장기요양보험료)=(건강보험료)×7.38%
- (소득세)=68,000원
- (지방세)=(소득세)×10%

① 30,944,400원　　② 31,078,000원
③ 31,203,200원　　④ 32,150,800원

49 다음 자료를 읽고 K사원이 2025년 1월 출장 여비로 받을 수 있는 총액은?

〈출장 여비 계산기준〉

- 출장 여비는 출장수당과 교통비의 합으로 계산한다.
- 출장수당의 경우 업무추진비 사용 시 1만 원을 차감하며, 교통비의 경우 관용차량 사용 시 1만 원을 차감한다.

〈출장지별 출장 여비〉

출장지	출장수당	교통비
D시	10,000원	20,000원
D시 이외	20,000원	30,000원

※ D시 이외 지역으로 출장을 갈 경우 13시 이후 출장 시작 또는 15시 이전 출장 종료 시 출장수당에서 1만 원 차감됨

〈K사원의 2025년 1월 출장내역〉

출장일	출장지	출장 시작 및 종료 시각	비고
1월 8일	D시	14 ~ 16시	관용차량 사용
1월 16일	S시	14 ~ 18시	
1월 19일	B시	09 ~ 16시	업무추진비 사용

① 7만 원　② 8만 원
③ 9만 원　④ 10만 원

50 한국의 A사, 오스트레일리아의 B사, 아랍에미리트의 C사, 러시아의 D사는 상호협력프로젝트를 추진하고자 화상회의를 하려고 한다. 한국 시각을 기준으로 화상회의가 가능한 시각은?

〈국가별 시간〉

국가(도시)	현지시각
한국(서울)	2025. 06. 20 08:00am
오스트레일리아(시드니)	2025. 06. 20 10:00am
UAE(두바이)	2025. 06. 20 03:00am
러시아(모스크바)	2025. 06. 20 02:00am

※ 각 회사의 위치는 위 자료에 있는 도시에 있음
※ 모든 회사의 근무시간은 현지시각으로 오전 9시 ~ 오후 6시임
※ A, B, D사의 식사시간은 현지시각으로 오후 12 ~ 1시임
※ 단, C사의 식사시간은 오전 11시 30분 ~ 오후 12시 30분이고 오후 12시 30분 ~ 1시까지 전 직원이 종교활동을 함

① 오후 1 ~ 2시　② 오후 2 ~ 3시
③ 오후 3 ~ 4시　④ 오후 4 ~ 5시

51 H공사는 도로관리장비 정비 업체를 새로 선정하려고 하며, 입찰 업체 4곳에 대한 정보는 다음과 같다. 업체별 계약금 및 품질개선효과와 품질개선점수 산출방식에 따라 품질개선점수가 가장 큰 업체 1곳을 선정한다고 할 때, 선정될 업체는?

〈업체별 계약금 및 품질개선효과〉

(단위 : 점)

구분	1년 계약금(만 원)	정비 1회당 품질개선효과	
		에너지효율 개선	수리 및 하자보수
A업체	1,680	22	29
B업체	1,920	26	25
C업체	1,780	21	24
D업체	1,825	28	28

〈품질개선점수 산출방식〉

- (품질개선점수)=(정비 1회당 품질개선효과)×(1년 정비횟수)
- (정비 1회당 품질개선효과)=(에너지효율 개선)+(수리 및 하자보수)
- (1년 정비비)=3,800만 원−(1년 계약금)
- (1년 정비횟수)=$\frac{\text{(1년 정비비)}}{5}$

① A업체 ② B업체
③ C업체 ④ D업체

52 A공사는 상수원의 여과기 정비 업체를 새로 선정하려고 하며, 입찰 업체 5곳의 1년 계약금 및 수질개선효과에 대한 정보는 다음과 같다. 수질개선점수 산출방식에 따라 점수가 가장 큰 업체 두 곳을 선정한다고 할 때, 선정될 업체는?(단, 모든 계산 시 소수점은 버린다)

〈업체별 계약금 및 수질개선효과〉

(단위 : 점)

구분	1년 계약금(만 원)	정비 1회당 수질개선효과		
		장비수명 개선	여과효율 개선	관리효율 개선
A업체	3,950	75	65	80
B업체	4,200	79	68	84
C업체	4,800	74	62	84
D업체	4,070	80	55	90
E업체	5,100	83	70	86

〈수질개선점수 산출방식〉

- (수질개선점수)=(정비 1회당 수질개선효과)×(분기별 정비횟수)÷100
- (정비 1회당 수질개선효과)=(장비수명 개선)+(여과효율 개선)+(관리효율 개선)
- 항목별 개선효과는 여과업체선정위원회에서 심사위원들이 업체별로 1~100점을 부과한 점수의 평균값임
- (1년 정비비용)=6,000만 원−(1년 계약금)
- (분기별 정비횟수)=$\frac{[\text{1년 정비비용(만 원)}]}{30}$

① A업체, B업체　　② A업체, D업체

③ B업체, C업체　　④ C업체, E업체

PART 3

53 A팀장은 4월 11일부터 14일까지 대전에서 열리는 포럼에 참석할 예정이다. 포럼의 모든 프로그램에 참여하기 위해서는 포럼 개최기간 동안 차량으로 이동해야 한다. A팀장이 다음 〈조건〉에 따라 렌탈업체 중 한 곳을 통해 차량을 렌트하고자 할 때, A팀장이 이용할 렌탈업체와 포럼 개최기간 동안 총렌트비용을 바르게 연결한 것은?

〈예약사이트별 예약 정보〉

구분	가격(원/1일)	할인행사
부릉이렌탈	35,000	할인기간 동안 렌트 시 1일당 10% 할인 (할인기간 : 4월 7 ~ 12일)
편한여행	39,000	3일 이상 이용 시 10% 할인쿠폰 1개 제공
렌트여기	36,000	멤버십 가입 시 1일당 20% 할인 (멤버십 가입비 : 15,000원)
싸다렌탈	40,500	2일 이상 렌트 시 10,000원 할인

조건

- A팀장은 포럼 첫날부터 마지막 날까지 모두 차량을 렌트하여야 한다.
- A팀장은 총렌트비용을 최소화하고자 한다.
- 한 업체에서만 렌트할 수 있다.

	렌탈업체	총렌트비용
①	부릉이렌탈	130,000원
②	편한여행	140,400원
③	렌트여기	130,200원
④	렌트여기	140,400원

54 N기업 홍보팀 팀원들은 함께 출장근무를 마치고 서울로 복귀하고자 한다. 다음 자료에 따를 때, 팀원들이 서울에 가장 일찍 도착할 수 있는 예정 시각은?

〈상황〉

- 홍보팀 팀원은 총 4명이다.
- 대전에서 출장을 마치고 서울로 돌아가려고 한다.
- 고속버스터미널에는 은행, 편의점, 화장실, 패스트푸드점 등이 있다.

※ 시설별 소요시간 : 은행 30분, 편의점 10분, 화장실 20분, 패스트푸드점 25분

〈시외버스 배차정보〉

대전 출발	서울 도착	잔여좌석 수
17:00	19:00	6
17:15	19:15	8
17:30	19:30	3
17:45	19:45	4
18:00	20:00	8
18:15	20:15	5
18:30	20:30	6
18:45	20:45	10
19:00	21:00	16

〈대화 내용〉

A과장 : 긴장이 풀려서 그런가? 배가 출출하네. 햄버거라도 사 먹어야겠어.
B대리 : 저도 출출하긴 한데 그것보다 화장실이 더 급하네요. 금방 다녀오겠습니다.
C주임 : 그럼 그 사이에 버스표를 사야 하니 은행에 들러 현금을 찾아오겠습니다.
D사원 : 저는 그동안 버스 안에서 먹을 과자를 편의점에서 사 오겠습니다.
A과장 : 지금이 16시 50분이니까 다들 각자 볼일 보고 빨리 돌아와. 다 같이 타고 가야 하니까.

① 19:00 ② 19:15
③ 19:45 ④ 20:15

PART 3

55 다음은 A은행 사원들의 주말 당직 일정표이다. 오전 9시부터 오후 4시까지 반드시 한 명 이상이 사무실에 당직을 서야 하며, 토요일과 일요일 연속하여 당직을 설 수는 없다. 또 월 2회 이상 월 최대 10시간 미만으로 당직을 서야 한다. 사원들 중 당직 일정을 수정해야 하는 사람은?(단, 점심시간 12 ~ 13시는 당직 시간에서 제외한다)

〈주말 당직 일정표〉

당직일	당직자	당직일	당직자
첫째 주 토요일	유지선 9 ~ 14시 서유진 12 ~ 16시	첫째 주 일요일	임유리 9 ~ 16시 정지수 13 ~ 16시 이준혁 10 ~ 14시
둘째 주 토요일	정지수 9 ~ 13시 이윤미 12 ~ 16시 길민성 12 ~ 15시	둘째 주 일요일	이선옥 9 ~ 12시 최기태 10 ~ 16시 김재욱 13 ~ 16시
셋째 주 토요일	최기태 9 ~ 12시 김재욱 13 ~ 16시	셋째 주 일요일	유지선 9 ~ 12시 이준혁 10 ~ 16시
넷째 주 토요일	이윤미 9 ~ 13시 임유리 10 ~ 16시 서유진 9 ~ 16시	넷째 주 일요일	이선옥 9 ~ 12시 길민성 9 ~ 14시 유지선 14 ~ 16시

① 유지선　② 이준혁
③ 임유리　④ 서유진

56 A는 여행을 가기 위해 B자동차를 대여하려 한다. 〈조건〉이 다음과 같을 때, A가 B자동차를 대여할 수 있는 첫날의 요일로 옳지 않은 것은?

〈2월 달력〉

일	월	화	수	목	금	토
	1	2	3	4	5	6
7	8	9	10	11 설 연휴	12 설 연휴	13 설 연휴
14	15	16	17	18	19	20
21	22	23	24	25	26	27
28						

조건

- 2월에 주말을 포함하여 3일 동안 연속으로 대여한다.
- 설 연휴에는 대여하지 않는다.
- 설 연휴가 끝난 다음 주 월, 화에 출장이 있다(단, 출장 중에 대여하지 않는다).
- B자동차는 첫째 주 짝수 날에는 점검이 있어 대여할 수 없다.
- 24일부터 3일간 B자동차는 대여가 예약되어 있다.
- 설 연휴가 있는 주의 화요일과 수요일은 업무를 마쳐야 하므로 대여하지 않는다.

① 수요일　　② 목요일

③ 금요일　　④ 토요일

PART 3

57 다음은 주택용 전력 요금에 대한 자료이다. 단독주택에 거주하는 A씨는 전력을 저압으로 공급받고, 빌라에 거주하는 B씨는 전력을 고압으로 공급받는다. 이번 달 A씨의 전력사용량은 285kWh이고 B씨의 전력사용량은 410kWh일 때, A씨와 B씨의 전기요금을 바르게 연결한 것은?

〈주택용 전기요금〉

구분	기본요금(원/호)		전력량요금(원/kWh)	
주택용 전력(저압)	200kWh 이하 사용	910	처음 200kWh까지	93.3
	201～400kWh 사용	1,600	다음 200kWh까지	187.9
	400kWh 초과 사용	7,300	400kWh 초과	280.6
주택용 전력(고압)	200kWh 이하 사용	730	처음 200kWh까지	78.3
	201～400kWh 사용	1,260	다음 200kWh까지	147.3
	400kWh 초과 사용	6,060	400kWh 초과	215.6

※ (전기요금)=(기본요금)+(전력량요금)+(부가가치세)+(전력산업기반기금)

※ (부가가치세)=[(기본요금)+(전력량요금)]×0.1(10원 미만 절사)

※ (전력산업기반기금)=[(기본요금)+(전력량요금)]×0.037(10원 미만 절사)

※ 전력량요금은 주택용 요금 누진제 적용(10원 미만 절사)

- 주택용 요금 누진제는 사용량이 증가함에 따라 순차적으로 높은 단가가 적용되며, 현재 200kWh 단위로 3단계 운영

	A씨의 전기요금	B씨의 전기요금
①	40,500원	55,300원
②	41,190원	55,830원
③	41,190원	60,630원
④	46,890원	55,830원

58 다음은 임직원 출장여비 지급규정과 T차장의 출장비 지출 내역이다. T차장이 받을 수 있는 여비는?

〈임직원 출장여비 지급규정〉

- 출장여비는 일비, 숙박비, 식비, 교통비로 구성된다.
- 일비는 출장일수에 따라 매일 10만 원씩 지급한다.
- 숙박비는 숙박일수에 따라 실비 지급한다. 다만, 항공 또는 선박 여행 시 항공기 또는 선박 내에서의 숙박은 숙박비를 지급하지 않는다.
- 식비는 일수에 따라 식사 여부에 상관없이 1일 3식으로 지급하며, 1식당 1만 원씩 지급한다. 단, 항공 또는 선박 여행 시에는 기내식이 포함되지 않을 경우만 지급하며, 출장 마지막 날 저녁은 지급하지 않는다.
- 교통비는 교통편의 운임 혹은 유류비 산출액을 실비 지급한다.

〈T차장의 2박 3일 출장비 지출 내역〉

3월 8일	3월 9일	3월 10일
• 인천 – 일본 항공편 : 84,000원 (아침 기내식 포함 ×) • 점심 식사 : 7,500원 • 일본 J공항 – B호텔 택시비 : 10,000원 • 저녁 식사 : 12,000원 • B호텔 숙박비 : 250,000원	• 아침 식사 : 8,300원 • 호텔 – 거래처 택시비 : 16,300원 • 점심 식사 : 10,000원 • 거래처 – 호텔 택시비 : 17,000원 • B호텔 숙박비 : 250,000원	• 아침 식사 : 5,000원 • 일본 – 인천 항공편 : 89,000원 (점심 기내식 포함 ○)

① 880,000원 ② 1,053,000원

③ 1,059,100원 ④ 1,086,300원

PART 3

59 **해외로 출장을 가는 김대리는 다음과 같이 이동하려고 계획하고 있다. 연착 없이 계획대로 출장지에 도착했다면, 도착했을 때의 현지시각은?**

- 서울 시각으로 5일 오후 1시 35분에 출발하는 비행기를 타고, 경유지 1곳을 거쳐 출장지에 도착한다.
- 경유지는 서울보다 1시간 빠르고, 출장지는 경유지보다 2시간 느리다.
- 첫 번째 비행은 3시간 45분이 소요된다.
- 경유지에서 3시간 50분을 대기하고 출발한다.
- 두 번째 비행은 9시간 25분이 소요된다.

① 오전 5시 35분
② 오전 6시
③ 오후 5시 35분
④ 오후 6시

60 **N기업에서는 농가소득 창출을 위한 농식품 생산 사업의 이익을 높이기 위해 다양한 방식을 고민하고 있다. 다음 정보에 따라 가장 많은 이익을 얻을 수 있는 방법으로 옳은 것은?**

〈정보〉

- 상품 1개당 판매가격은 12,000원이며, 상품 1개당 생산비용은 5,500원이다.
- 현재 상품의 한 달 생산량은 600개이며, 생산량 중 불량품을 제외하고 모두 판매한다.
- 현재 불량률은 15%이며, 불량률을 1%p 감소시킬 때마다 추가 생산비용이 2만 원씩 생긴다.

※ $[\text{불량률}(\%)]=\frac{(\text{불량품 개수})}{(\text{생산량})}\times 100$

※ (이익)=(판매량)×[(개당 판매가격)−(개당 생산비용)]−(추가 생산비용)

① 불량률을 5%p 감소시킨다.
② 불량률을 10%p 감소시킨다.
③ 불량률을 15%p 감소시킨다.
④ 생산량을 10% 증가시킨다.

61 **다음 글의 위스키 회사 간부가 헤밍웨이와 협상을 실패한 이유로 옳은 것은?**

> 어느 날 미국의 한 위스키 회사 간부가 헤밍웨이를 찾아왔다. 헤밍웨이의 비서를 따라 들어온 간부는 헤밍웨이의 턱수염을 보고서 매우 감탄하며 말했다.
> "선생님은 세상에서 가장 멋진 턱수염을 가지셨군요! 우리 회사에서 선생님의 얼굴과 이름을 빌려 광고하는 조건으로 4천 달러와 평생 마실 수 있는 술을 제공하려는데 허락해주시겠습니까?"
> 그 말을 들은 헤밍웨이는 잠시 생각에 잠겼다. 그 정도 조건이면 훌륭하다고 판단했던 간부는 기다리기 지루한 듯 대답을 재촉했다.
> "무얼 그리 망설이십니까? 얼굴과 이름만 빌려주면 그만인데…."
> 그러자 헤밍웨이는 무뚝뚝하게 말했다.
> "유감이지만 그럴 수 없으니 그만 당신의 회사로 돌아가 주시기 바랍니다."
> 헤밍웨이의 완강한 말에 간부는 당황해하며 돌아가버렸다. 그가 돌아가자 비서는 헤밍웨이에게 왜 허락하지 않았는지를 물었고, 헤밍웨이는 대답했다.
> "그의 무책임한 말을 믿을 수 없었지. 얼굴과 이름을 대수롭지 않게 생각하는 회사에 내 얼굴과 이름을 빌려준다면 어떤 꼴이 되겠나?"

① 잘못된 사람과 협상을 진행하였다.
② 자신의 특정 입장만을 고집하였다.
③ 상대방에 대해 너무 많은 염려를 하였다.
④ 협상의 대상을 분석하지 못하였다.

62 **F사 관리팀에 근무하는 B팀장은 최근 부하직원 A씨 때문에 고민 중이다. B팀장이 보기에 A씨의 업무 방법은 업무의 성과를 내기에 부적절해 보이지만, 자존감이 강하고 자기결정권을 중시하는 A씨는 자기 자신이 스스로 잘하고 있다고 생각하며 B팀장의 조언이나 충고에 대해 반발심을 표현하고 있기 때문이다. 이와 같은 상황에서 B팀장이 부하직원인 A씨에게 할 수 있는 가장 효과적인 코칭 방법으로 옳은 것은?**

① 징계를 통해 B팀장의 조언을 듣도록 유도한다.
② A씨에 대한 칭찬을 통해 업무 성과를 극대화시킨다.
③ 대화를 통해 스스로 자신의 잘못을 인식하도록 유도한다.
④ A씨를 더 강하게 질책하여 업무 방법을 개선시키도록 한다.

63 **귀하는 N은행에서 고객 상담 업무를 담당하고 있다. 고객이 찾아와 화를 내며 불만을 말할 때, 다음 중 귀하가 대응해야 할 방법으로 옳은 것은?**

① 회사 규정을 말하며 변명을 한다.

② 어떠한 비난도 하지 않고 문제를 해결한다.

③ 고객의 불만을 먼저 들은 후에 사과를 한다.

④ 내 잘못이 아니라는 것을 확인시켜 주고 문제를 해결한다.

64 **다음 〈보기〉에서 조직에 대한 감정 중 소외형에 해당하는 것을 모두 고르면?**

> 보기
>
> ㉠ 조직이 나의 아이디어를 원치 않는다고 느낀다.
> ㉡ 리더는 항상 자기 마음대로 한다고 느낀다.
> ㉢ 자신을 인정해 주지 않는다고 느낀다.
> ㉣ 적절한 보상이 없다고 느낀다.
> ㉤ 불공정하고 문제가 있다고 느낀다.

① ㉠, ㉡, ㉢ ② ㉠, ㉢, ㉤

③ ㉡, ㉢, ㉣ ④ ㉢, ㉣, ㉤

65 다음 상황에 나타난 감정은행계좌에 대한 설명으로 옳지 않은 것은?

- A는 술만 먹으면 아무것도 아닌 일로 동료들과 언성을 높인다. 그런 일이 있고난 후에는 그 동료에게 사과하고 음료수나 점심을 사곤 하는데, 어제도 또다시 동료와 술자리에서 다퉜고, 오늘 아침에 다시 그 동료에게 음료수를 주며 사과하였다.
- 해외 출장업무를 떠나는 상사가 팀원들에게 내가 없더라도 맡은 일을 충실히 하라고 당부하자, B는 "여기 일은 아무 염려 마시고 출장 잘 다녀오십시오."라고 답변하였다. 그 후 상사가 해외 출장업무를 떠나자 B는 몸이 아파 병원에 다녀온다고 나가서는 퇴근시간이 다 되어서야 들어왔다.
- 원래 비가 내린다는 예보가 없었는데 퇴근시간에 갑자기 비가 쏟아지기 시작하였다. C는 마침 우산이 2개가 있어서 1개를 두 여직원 중에서 정장을 입고 온 여직원에게 빌려주었다. 다음 날 우산을 빌려 간 여직원은 밝게 웃으며 업무를 하고 있었지만, 다른 여직원은 아침부터 한마디도 하지 않고 업무만 하고 있었다.
- D는 자신의 팀이 맡은 프로젝트가 끝나면 크게 회식을 하자고 약속을 해놓고는, 프로젝트가 끝난지 한 달이 넘도록 아무 말 없이 회식을 하지 않았다.

① A는 자신의 잘못이 반복될 때마다 매번 사과하였으므로 감정은행계좌 예입 행위에 해당한다.
② B의 행위는 타인의 기대를 저버린 행위이므로 감정은행계좌 인출 행위에 해당한다.
③ C의 행위는 사소한 일에 대한 관심을 소홀히 한 행위이므로 감정은행계좌 인출 행위에 해당한다.
④ D의 행위는 상대방과 한 약속을 지키지 않은 행위이므로 감정은행계좌 인출 행위에 해당한다.

PART 3

66 다음과 같이 거주지가 강원특별자치도인 사람에게 값 1을 부여하고, 그 외 지역인 사람에게 0을 부여하고자 할 때, [D3] 셀에 들어갈 함수식으로 옳은 것은?

	A	B	C	D	E
1					
2		이름	거주지	값	
3		A	서울 송파	0	
4		B	경기 하남	0	
5		C	경남 창원	0	
6		D	강원 홍천	1	
7		E	전북 군산	0	
8		F	경기 남양주	0	
9		G	강원 태백	1	
10		H	인천 강화	0	
11		I	강원 동해	1	
12		J	경북 울릉	0	
13					

① =IF(RIGHT(C3,2)=강원,1,0)
② =IF(RIGHT(C3,4)="강원",1,0)
③ =IF(LEFT(C3,2)=강원,1,0)
④ =IF(LEFT(C3,2)="강원",1,0)

67 다음 중 파일 삭제 시 파일이 [휴지통]에 임시 보관되어 복원이 가능한 경우는?

① 바탕 화면에 있는 파일을 [휴지통]으로 드래그 앤 드롭하여 삭제한 경우
② USB 메모리에 저장되어 있는 파일을 〈Delete〉 키로 삭제한 경우
③ 네트워크 드라이브의 파일을 바로 가기 메뉴의 [삭제]를 클릭하여 삭제한 경우
④ [휴지통]의 크기를 0%로 설정한 후 [내 문서] 폴더 안의 파일을 삭제한 경우

68 다음 시트에서 [A7] 셀에 수식 「=$A$1+$A2」를 입력한 후 [A7] 셀을 복사하여 [C8] 셀에 붙여넣기 했을 때, [C8] 셀에 표시되는 결괏값은?

	A	B	C
1	1	2	3
2	2	4	6
3	3	6	9
4	4	8	12
5	5	10	15
6			
7			
8			

① 3　　② 4
③ 7　　④ 10

69 다음 중 문서편집에서 자주 사용하는 응용 소프트웨어의 한 종류인 워드프로세서의 〈Shift〉 키에 대한 설명으로 옳지 않은 것은?

① 문단을 강제로 분리할 때 사용한다.
② 다른 키와 조합하여 특수한 기능을 수행한다.
③ 한글 입력 시 위쪽의 글자를 입력할 때 사용한다.
④ 영어 입력 시 대·소문자를 전환하여 입력할 때 사용한다.

70 A은행은 사원들만 이용할 수 있는 사내 공용 서버를 운영하고 있다. 이 서버에는 아이디와 패스워드를 입력하지 않고, 자유롭게 접속하여 업무 관련 파일들을 올리고 내릴 수 있다. 하지만 얼마 전부터 공용 서버의 파일을 다운로드받은 개인용 컴퓨터에서 바이러스가 감지되어, 우선적으로 공용 서버의 바이러스를 모두 제거하였다. 이런 상황에서 발생한 문제에 대처하기 위한 추가 조치 사항으로 옳은 것을 〈보기〉에서 모두 고르면?

보기

㉠ 접속하는 모든 컴퓨터를 대상으로 바이러스를 치료한다.
㉡ 공용 서버에서 다운로드한 파일을 모두 실행한다.
㉢ 접속 후에는 쿠키를 삭제한다.
㉣ 임시 인터넷 파일의 디스크 공간을 최대로 늘린다.

① ㉠, ㉡
② ㉠, ㉢
③ ㉡, ㉢
④ ㉢, ㉣

PART 3

71 다음과 같은 비즈니스 에티켓 특징을 가지고 있는 국가로 옳은 것은?

- 인사 : 중국계의 경우 악수로 시작하는 일반적인 비즈니스 문화를 가지고 있으며, 말레이계의 경우 이성과 악수를 하지 않는 것이 일반적이다. 인도계 역시 이성끼리 악수를 하지 않고 목례를 한다.
- 약속 : 약속 없이 방문하는 것은 실례이므로 업무상 필수적으로 방문해야 하는 경우에는 약속을 미리 잡아 일정 등에 대한 확답을 받은 후 방문한다. 미팅에서는 부수적인 이야기를 거의 하지 않으며 바로 업무에 대한 이야기를 한다. 이때 상대방의 말을 끝까지 경청해야 한다. 명함을 받을 때도 두 손으로 받는 것이 일반적이다.

① 미국
② 싱가포르
③ 인도네시아
④ 필리핀

72 다음 사례의 쟁점과 협상전략이 바르게 연결된 것은?

> 대기업 영업부장인 A씨는 기존 재고를 처리할 목적으로 업체 W사와 협상 중이다. 그러나 W사는 자금 부족을 이유로 이를 거절하고 있다. 하지만 A씨는 자신의 회사에서 물품을 제공하지 않으면 W사가 매우 곤란한 지경에 빠진다는 사실을 알고 있다. 그래서 A씨는 앞으로 W사와 거래하지 않을 것이라는 엄포를 놓았다.

① 자금 부족 – 협력전략
② 재고 처리 – 갈등전략
③ 재고 처리 – 경쟁전략(강압전략)
④ 정보 부족 – 양보전략(유화전략)

73 다음과 같은 상황에서 A과장이 취할 수 있는 가장 좋은 행동(Best)과 가장 좋지 않은 행동(Worst)을 바르게 연결한 것은?

> A과장은 동료 직원과 공동으로 맡은 프로젝트가 있다. 프로젝트의 업무 보고서를 내일까지 E차장에게 작성해서 제출해야 한다. 또한, A과장은 오늘 점심식사 후에 있을 회의 자료도 준비해야 한다. 회의 시작까지 남은 시간은 3시간이고, 프로젝트 업무 보고서 제출기한은 내일 오전 중이다.

구분	행동
㉠	동료 직원과 업무 보고서에 대해 논의한 뒤 분담해 작성한다.
㉡	동료 직원의 업무 진행 상황을 묻고 우선순위를 논의한 뒤 회의 자료를 준비한다.
㉢	다른 팀 사원에게 상황을 설명하고 도움을 요청한 뒤 회의 자료를 준비한다.
㉣	회의 자료를 준비한 후 동료와 업무 진행 상황을 논의해 우선순위를 정하고 업무 보고서를 작성한다.

	Best	Worst
①	㉠	㉢
②	㉡	㉣
③	㉢	㉠
④	㉣	㉠

※ 다음은 K금융 조직도의 일부이다. 이어지는 질문에 답하시오. [74~75]

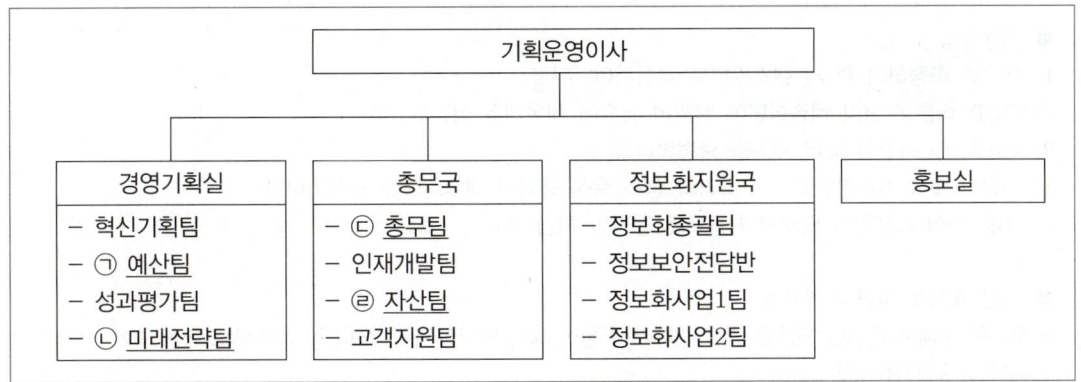

- 기획운영이사
  - 경영기획실
    - 혁신기획팀
    - ㉠ <u>예산팀</u>
    - 성과평가팀
    - ㉡ <u>미래전략팀</u>
  - 총무국
    - ㉢ <u>총무팀</u>
    - 인재개발팀
    - ㉣ <u>자산팀</u>
    - 고객지원팀
  - 정보화지원국
    - 정보화총괄팀
    - 정보보안전담반
    - 정보화사업1팀
    - 정보화사업2팀
  - 홍보실

74 다음 중 K금융의 각 부서와 업무 간의 연결이 옳지 않은 것은?

① ㉠ : 수입 · 지출 예산 편성 및 배정 관리
② ㉡ : 사업 관련 연구과제 개발 및 추진
③ ㉢ : 복무 관리 및 보건 · 복리 후생
④ ㉣ : 예산집행 조정, 통제 및 결산 총괄

75 다음 중 정보보안전담반의 업무로 옳지 않은 것은?

① 정보보안 및 개인정보보호 계획 수립
② 직원 개인정보보호 의식 향상 교육
③ 개인정보종합관리시스템 구축 · 운영
④ 채용시험 출제정보시스템 구축 · 운영

※ 사내 의무실 체온계의 고장으로 새로운 체온계를 구입하였다. 이어지는 질문에 답하시오. **[76~77]**

■ 사용방법

1) 체온을 측정하기 전 새 렌즈필터를 부착하여 주세요.
2) 〈ON〉 버튼을 눌러 액정화면이 켜지면 귓속에 체온계를 삽입합니다.
3) 〈START〉 버튼을 눌러 체온을 측정합니다.
4) 측정이 잘 이루어졌으면 '삐' 소리와 함께 측정 결과가 액정화면에 표시됩니다.
5) 60초 이상 사용하지 않으면 자동으로 전원이 꺼집니다.

■ 체온 측정을 위한 주의사항

- 오른쪽 귀에서 측정한 체온은 왼쪽 귀에서 측정한 체온과 다를 수 있습니다. 그러므로 항상 같은 귀에서 체온을 측정하십시오.
- 체온을 측정할 때는 정확한 측정을 위해 과다한 귀지가 없도록 하십시오.
- 한쪽 귀를 바닥에 대고 누워 있었을 때, 매우 춥거나 더운 곳에 노출되어 있는 경우, 목욕을 한 직후 등은 외부적 요인에 의해 귀 체온측정에 영향을 미칠 수 있으므로 이런 경우에는 30분 정도 기다리신 후 측정하십시오.

■ 문제해결

상태	해결방법	에러 메시지
렌즈필터가 부착되어 있지 않음	렌즈필터를 끼우세요.	— —
체온계가 렌즈의 정확한 위치를 감지할 수 없어 정확한 측정이 어려움	〈ON〉 버튼을 3초간 길게 눌러 화면을 지운 다음 정확한 위치에 체온계를 넣어 측정합니다.	POE
측정체온이 정상범위 (34 ~ 42.2℃)를 벗어난 경우 - HI : 매우 높음 - LO : 매우 낮음	온도가 10℃와 40℃ 사이인 장소에서 체온계를 30분간 보관한 다음 다시 측정하세요.	HI℃ LO℃
건전지 수명이 다하여 체온 측정이 불가능한 상태	새로운 건전지(1.5V AA타입 2개)로 교체하십시오.	— — —

76 **근무 중 몸이 좋지 않아 의무실을 내원한 A사원의 체온을 측정하려고 한다. 다음 중 체온 측정 과정으로 옳은 것은?**

① 렌즈필터가 깨끗하여 새것으로 교체하지 않고 체온을 측정하였다.
② 오른쪽 귀의 체온이 38℃로 측정되어 다시 왼쪽 귀의 체온을 측정하였다.
③ 정확한 측정을 위해 귓속의 귀지를 제거한 다음 체온을 측정하였다.
④ 정확한 측정을 위해 영점조정을 맞춘 뒤 체온을 측정하였다.

PART 3

77 **체온계 사용 중 'POE'의 에러 메시지가 떴다. 이에 대한 해결 방법으로 옳은 것은?**

① 〈ON〉 버튼을 3초간 길게 눌러 화면을 지운 뒤, 정확한 위치에서 다시 측정한다.
② 렌즈필터가 부착되어 있지 않으므로 깨끗한 새 렌즈필터를 끼운다.
③ 1분간 그대로 둬서 전원을 끈 다음 〈ON〉 버튼을 눌러 다시 액정화면을 켠다.
④ 건전지 삽입구를 열어 1.5V AA타입 2개의 새 건전지로 교체한다.

78 **K팀장은 신입사원을 대상으로 기업이 기술을 선택하는 데 있어 중요하게 고려해야 할 부분이 무엇인지에 대해 설명을 하고 있다. 다음 K팀장 설명에서 빈칸에 들어갈 말로 옳지 않은 것은?**

> K팀장 : 어떤 기술을 획득하고 활용할 것인지는 업무를 수행하고 있는 본인뿐만 아니라 기업 전체의 경쟁력을 결정짓는 데에도 영향을 끼칩니다. 기술을 선택할 경우에는 주어진 시간과 자원의 제약하에서 선택 가능한 대안들 중 최적이 아닌 최선의 대안을 선택하는 합리적인 의사결정이 필요합니다. 특히 최선의 기술을 선택하는 데 있어 우선순위를 고려해야 하는데, 그 기준으로는 ________________________ 등이 있습니다.

① 가장 최근에 개발된 기술인지 여부
② 아무나 쉽게 구현할 수 없는 기술인지 여부
③ 다른 기업에서 모방하기 어려운 기술인지 여부
④ 제품의 성능이나 원가에 미치는 영향력이 얼마나 큰 기술인지 여부

79 **다음 중 기술의 특징으로 옳지 않은 것은?**

① 기술은 하드웨어를 생산하는 과정이다.
② 기술을 설계하고, 생산하고 사용하기 위해 Know-why가 필요하다.
③ 기술은 인간의 능력을 확장시키기 위한 하드웨어와 그것의 활용을 뜻한다.
④ 하드웨어나 인간에 의해 만들어진 비자연적인 대상 혹은 그 이상을 의미한다.

80 **다음 중 산업재해의 예방대책 단계가 바르게 나열된 것은?**

ㄱ. 시정책 적응 및 뒤처리	ㄴ. 사실의 발견
ㄷ. 원인 분석	ㄹ. 시정책의 선정
ㅁ. 안전 관리 조직	

① ㄱ－ㄴ－ㄷ－ㅁ－ㄹ
② ㄷ－ㄹ－ㄱ－ㄴ－ㅁ
③ ㄹ－ㄱ－ㅁ－ㄷ－ㄴ
④ ㅁ－ㄴ－ㄷ－ㄹ－ㄱ

81 다음 중 고소득층의 소득 증대가 소비 및 투자 확대로 이어져 궁극적으로 저소득층의 소득도 증가하게 되는 효과를 의미하는 말로 옳은 것은?

① 낙수효과
② 분수효과
③ 풍선효과
④ 기저효과

82 다음 중 가격효과, 소득효과, 대체효과의 상호관계로 옳은 것은?

① (가격효과)=(소득효과)=(대체효과)
② (가격효과)<(소득효과)<(대체효과)
③ (가격효과)=(소득효과)+(대체효과)
④ (가격효과)<(소득효과)+(대체효과)

PART 3

83 다음 상황을 의미하는 경제 용어로 옳은 것은?

> 일본의 장기불황과 미국의 금융위기 사례에서와 같이 금리를 충분히 낮추는 확장적 통화정책을 실시해도 가계와 기업이 시중에 돈을 풀어놓지 않는 상황을 말한다. 특히 일본의 경우 1990년대 제로금리를 고수했음에도 불구하고 소위 '잃어버린 10년'이라고 불리는 장기불황을 겪었다. 불황 탈출을 위해 확장적 통화정책을 실시했지만 경제성장률은 계속 낮았다. 이후 경기 비관론이 팽배해지고 디플레이션이 심화되면서 모든 경제 주체가 투자보다는 현금을 보유하려는 유동성 선호경향이 강해졌다.

① 유동성 함정
② 공개시장조작
③ 용의자의 딜레마
④ 동태적 비일관성

84 시장에서 어떤 상품의 가격이 상승하면서 동시에 거래량이 증가하였다. 다음 중 이러한 변화를 가져올 수 있는 요인으로 옳은 것은?(단, 이 재화는 정상재이다)

① 이 상품의 생산과 관련된 기술의 진보
② 이 상품과 보완관계에 있는 상품의 가격 하락
③ 이 상품과 대체관계에 있는 상품의 가격 하락
④ 이 상품을 주로 구매하는 소비자들의 소득 감소

85 다음 〈조건〉에 따라 엥겔지수를 구하면?

> 조건
>
> • 독립적인 소비지출 : 100만 원
> • 한계소비성향 : 0.6
> • 가처분소득 : 300만 원
> • 식비지출 : 70만 원

① 0.2
② 0.25
③ 0.3
④ 0.35

86 다음 중 혼합경제체제에 대한 설명으로 옳은 것은?

① 자본주의 경제체제와 사회주의 경제체제의 혼합체제
② 경제발전계획을 추진하는 정부주도하의 경제운영체제
③ 시장경제원리와 계획경제원리가 혼재하는 현대의 자본주의 경제체제
④ 사유재산에 대한 국가의 통제를 인정하는 자본주의 경제체제

87 다음 〈보기〉에서 내생적 성장이론에서 주장하는 내용으로 옳지 않은 것을 모두 고르면?

> 보기
>
> 가. 금융시장이 발달하면 투자의 효율성이 개선되어 경제성장이 촉진된다.
> 나. 연구부문의 고용비율이 높아지면 성장률이 장기적으로 높아질 수 있다.
> 다. 외부효과를 갖는 지식의 경우에는 수확체감의 법칙이 적용되지 않는다.
> 라. 자본의 한계생산을 체감하지 않으므로 국가 간 소득수준의 수렴이 빠르게 발생한다.

① 다
② 라
③ 가, 나
④ 나, 다

88 다음은 2019년과 2024년의 빅맥 가격에 대한 자료이다. 일물일가의 법칙이 성립할 때, 이에 대한 설명으로 옳지 않은 것은?(단, 환율은 빅맥 가격을 기준으로 표시한다)

구분	2019년	2024년
원화 가격	5,000원	5,400원
달러 가격	5달러	6달러

① 2024년 원화의 명목환율은 구매력평가 환율보다 낮다.
② 빅맥의 1달러당 원화 가격은 두 기간 사이에 10% 하락했다.
③ 달러 대비 원화의 가치는 두 기간 사이에 10% 상승했다.
④ 달러 대비 원화의 실질환율은 두 기간 사이에 변하지 않았다.

89 다음 중 IS곡선에 대한 설명으로 옳지 않은 것은?

① IS곡선 하방의 한 점은 생산물시장이 초과수요 상태임을 나타낸다.
② 한계저축성향(s)이 클수록 IS곡선의 기울기는 가팔라진다.
③ 정부지출과 조세가 동액만큼 증가하더라도 IS곡선은 우측으로 이동한다.
④ 피구(Pigou)효과를 고려하게 되면 IS곡선의 기울기는 가팔라진다.

90 다음 중 일반적인 필립스곡선에 나타나는 실업률과 인플레이션의 관계에 대한 설명으로 옳지 않은 것은?

① 장기적으로 인플레이션과 실업률 사이에 특별한 관계가 없다.
② 실업률을 낮추기 위하여 확장적인 통화정책을 사용하는 경우 인플레이션이 일어난다.
③ 단기적으로는 인플레이션율과 실업률이 반대방향으로 움직이는 경우가 대부분이다.
④ 인플레이션에 대한 높은 기대 때문에 인플레이션이 나타난 경우에도 실업률은 하락한다.

91 **다음 중 IPO에 대한 설명으로 옳지 않은 것은?**

① 주식공개나 기업공개를 의미한다.
② 발행회사는 주식 발행가격이 높을수록 IPO 가격도 높아진다.
③ 소유권 분산으로 경영에 주주들의 압력이 가해질 수 있다.
④ IPO 가격이 낮아지면 투자자의 투자수익이 줄어 자본조달 여건이 나빠진다.

92 **다음 중 자산배분전략에 대한 설명으로 옳지 않은 것은?**

① 위험수준이 다른 여러 자산에 투자자금을 배분하여 포트폴리오를 구성하는 투자과정을 의미한다.
② 투자위험에 대한 관리와 투자목표의 달성을 위한 최적의 방안을 강구하는 과학적인 전략이다.
③ 단기적인 목표를 세우고 빠른 수익을 얻는 투자목적을 달성하기 위한 의사결정 과정이다.
④ 투자에 따른 기대수익률과 수반하게 될 위험에 대해 비교분석하는 것을 말한다.

93 **다음 중 PB상품의 특징으로 옳지 않은 것은?**

① 여타의 유통점과 차별화가 가능하다.
② PB상품 판매로 인해 NB상품을 취급하는 도소매업체와의 마찰이 심화될 수 있다.
③ 광고·마케팅 및 유통 비용을 절약할 수 있어 제조사 고유 브랜드 제품보다 가격을 저렴하게 책정할 수 있다.
④ 해당 점포에서만 판매된다는 점에서 NB상품과 구별되며, 이는 판매 장소에 제약이 있다는 한계로 작용할 수 있다.

94 **다음 중 제품수명주기(Product Life Cycle)에 대한 설명으로 옳지 않은 것은?**

① 도입기, 성장기, 성숙기, 쇠퇴기의 4단계로 나누어진다.
② 성장기에는 제품선호형 광고에서 정보제공형 광고로 전환한다.
③ 도입기에는 제품인지도를 높이기 위해 광고비가 많이 소요된다.
④ 성숙기에는 제품의 매출성장률이 점차적으로 둔화되기 시작한다.

95 **다음 중 기업 결합 형태와 그에 대한 설명으로 옳지 않은 것은?**

① 콘체른 : 대기업이 자본지배를 목적으로 여러 산업에 속한 중소기업의 주식을 보유하거나 자금을 대여하여 금융적으로 결합한 형태

② 카르텔 : 생산 및 판매에 있어 경쟁을 방지하고 수익을 확보하기 위해 동종 상품을 생산하는 기업 간 수평적으로 결합한 형태

③ 트러스트 : 시장을 지배할 목적으로 동종 혹은 이종 기업이 자본적 결합에 의해 완전히 하나의 기업으로 결합한 형태

④ 콘글로머리트 : 사업 내용이 같은 기업을 최대한 많이 흡수 또는 합병해서 지배하는 결합 형태

96 **다음 설명에 해당하는 용어는 무엇인가?**

공급자부터 제조업자, 중간 유통업자 그리고 최종 소비자에 이르는 전체 유통 과정을 관리·조직·통제하는 활동이다. 기업 내 부문별 최적화나 개별 기업 단위의 최적화에서 탈피하여 공급망의 구성요소들 간 발생하는 정보를 공유하고, 상호 협력함으로써 효율을 극대화하는 경영혁신기법이다.

① ERP ② SCM

③ EDI ④ MRP

97 **다음 중 앤소프의 의사결정에 대한 내용으로 옳지 않은 것은?**

① 단계별로 피드백이 이루어진다.

② 전략적, 운영적, 관리적 의사결정으로 분류된다.

③ 단계별 접근법에 따라 체계적인 분석이 가능하다.

④ 분석결과에 따라 초기 기업 목적과 시작 단계에서의 평가수정이 불가능하다.

98 **다음 중 보너스 산정방식에서 스캔런 플랜(Scanlon Plan)에 해당하는 것은?**

① 보너스 산정비율은 생산액에 있어서 재료 및 에너지 등을 포함하여 계산한다.

② 노동비용을 판매액에서 재료 및 에너지, 간접비용을 제외한 부가가치로 나누어 계산한다.

③ 종업원의 참여는 거의 고려되지 않고 산업공학기법을 이용한 공식을 활용하여 계산한다.

④ 생산단위당 표준노동시간을 기준으로 노동생산성 및 비용 등 산정조직의 효율성을 보다 직접적으로 측정하여 계산한다.

99 다음 중 확정기여형 퇴직연금제도(DC)에 대한 설명으로 옳지 않은 것은?

① 적립금 운용의 책임은 근로자에게 있으며, 기업 부담금은 근로자의 운용결과에 따라 달라진다.
② 사용자가 근로자 개별 계좌에 부담금을 정기적으로 납입하면, 근로자가 직접 적립금을 운용함은 물론 근로자 본인의 추가 부담금 납입도 가능하다.
③ 근로자는 사용자가 납입한 부담금과 운용 손익을 최종 급여로 지급받는다.
④ 일시금 또는 연금으로 55세 이후에 수령할 수 있다.

100 다음 중 (가)~(다)에 해당하는 것을 바르게 연결한 것은?

> (가) 한 매장에서 여러 브랜드의 제품을 판매한다. 상품기획자(MD)의 역량에 따라 브랜드를 선별하고, 매장의 콘셉트에 따라 의류, 신발, 액세서리 등 여러 제품을 소량씩 들여와 판매한다.
> (나) 시장에서 성공을 거둔 특정 상품의 브랜드를 중심으로 하여, 전체 브랜드의 이미지와 성격을 극대화한 매장으로, 브랜드의 표준 모델을 제시하고 그 브랜드의 각각 라인별 상품을 구분해서 소비자들에게 기준이 될 만한 트렌드를 제시한다.
> (다) 길게는 몇 개월에서 짧게는 하루만 운영하는 임시상점으로, 브랜드의 특징을 자세히 알릴 수 있어 새로 출시하는 브랜드나 제품의 고객 반응을 살피고 홍보하기 위한 수단으로 활용되기도 하며, 가건물이나 컨테이너 박스 등 다양한 형태로 매장을 연다.

	(가)	(나)	(다)
①	안테나숍	앵커스토어	팝업스토어
②	안테나숍	플래그십스토어	편집숍
③	편집숍	플래그십스토어	팝업스토어
④	편집숍	팝업스토어	플래그십스토어

101 다음 중 중앙은행이 취할 수 있는 여러 가지 통화정책의 조합 중에서 가장 긴축성이 강한 것은?

① 공개시장 매출, 지급준비율 인상, 재할인율 인상
② 공개시장 매출, 지급준비율 인상, 재할인율 인하
③ 공개시장 매입, 지급준비율 인상, 재할인율 인하
④ 공개시장 매입, 지급준비율 인상, 재할인율 인상

102 다음 중 금리에 대한 설명으로 옳지 않은 것은?

① 명목금리는 실질금리와 기대인플레이션의 합으로 나타낼 수 있다.
② 저축자의 시간선호도와 투자자의 자본한계생산성을 반영하여 저축과 투자에 의해 결정되는 장기 이자율을 시장이자율이라고 한다.
③ 채권가격과 채권금리 간의 관계는 반비례 관계이다.
④ 기대인플레이션과 명목금리가 1 : 1의 비율로 같은 방향으로 움직이는 것을 완전한 피셔효과라 한다.

103 다음 중 유로채와 외국채에 대한 설명으로 옳지 않은 것은?

① 유로채는 채권의 표시통화 국가에서 발행되는 채권이다.
② 유로채는 이자소득세를 내지 않는다.
③ 외국채는 감독 당국의 규제를 받는다.
④ 외국채는 신용 평가가 필요하다.

104 다음 중 빈칸에 공통으로 들어갈 용어는?

> 경기가 두 번 떨어진다는 뜻으로, 경기침체가 발생한 후 잠시 경기가 회복되다가 다시 경기침체로 접어드는 연속적인 침체 현상을 의미한다. ______은 2001년 미국 모건스탠리사의 이코노미스트였던 로치(S. Roach)가 미국 경제를 진단하면서 처음 사용한 용어로, 경기순환의 모습이 영문자 'W'를 닮았다 해서 'W자형 경기변동' 또는 'W자형 불황'이라고도 한다. 일반적으로 경기침체는 2분기 연속 마이너스 성장을 보이는 경우를 말하므로 ______은 경기침체가 발생하고 잠시 회복 기미가 관측되다 다시 2분기 연속 마이너스 성장에 빠지는 것으로, 1980년대 초 있었던 미국의 경기침체가 예로 자주 거론된다. 당시 미국 경제는 석유파동의 영향 등으로 1980년 1월부터 7월까지 침체에 빠졌으나 이후 1981년 1/4분기까지 빠르게 성장하였는데, 연방준비제도가 인플레이션을 제압하기 위하여 금리를 빠르게 올림에 따라 1981년 7월부터 1982년 11월까지 다시 불황에 빠지는 경기침체를 경험한 바 있다.

① 디레버레이징　　② 디커플링
③ 더블딥　　④ 디플레이션

105 다음 중 금융 분야의 여러 정보를 거래·결합할 수 있는 데이터 거래소에 대한 설명으로 옳지 않은 것은?

① 데이터 3법(개인정보보호법·신용정보법·정보통신망법) 개정이 법적 근거가 되었다.
② 상품으로서 데이터를 사고팔 수 있는 중개·거래 플랫폼이다.
③ 거래소를 이용하면 상권분석 서비스를 개발할 수 있다.
④ 거래는 익명·가명 정보 거래를 금지하고 실명으로 한다.

106 다음 중 본원통화에 대한 설명으로 옳은 것은?

① 은행 밖에 존재하는 모든 현금과 시중은행의 지급준비금을 합한 것이다.
② 은행 밖에 존재하는 모든 현금과 시중은행이 중앙은행에 예치한 예금을 합한 것이다.
③ 은행 밖에 존재하는 모든 현금과 시중은행의 금고에 있는 금액을 합한 것이다.
④ 시중은행 밖에 존재하는 모든 현금과 시중은행이 중앙은행에 예치한 예금을 합한 것이다.

107 다음 중 피셔의 화폐수량설에서 물가변동의 궁극적인 요인은?

① 거래량
② 예금총액
③ 유통속도
④ 화폐량

108 다음 중 국제결제은행(BIS)이 정한 은행의 자기자본비율은 얼마인가?(단, 바젤Ⅲ을 기준으로 한다)

① 7% 이상
② 8% 이상
③ 9% 이상
④ 10% 이상

109 **다음 중 금리가 상승하는 일반적 경우가 아닌 것은?**

① 경기 호전　　② 통화량 증가 시의 장기적 관점
③ 경상수지 호전　　④ 환율의 과도한 하락

110 **다음 중 여신전문금융회사에 대한 설명으로 옳지 않은 것은?**

① 예금업무는 취급하지 않고 여신업무만 취급한다.
② 자금은 주로 예금수입과 채권발행으로 조달된다.
③ 여신전문금융회사가 취급하는 여신업무는 소비자금융, 리스, 벤처금융 등을 포함한다.
④ 여신전문금융회사법에서는 신용카드업, 시설대여업, 할부금융업 및 신기술사업금융업을 여신전문금융업으로 규정하고 있다.

111 **다음 빈칸에 들어갈 내용이 순서대로 바르게 짝지어진 것은?**

CPU는 ________에 저장된 명령어의 주소를 읽어 주기억장치로부터 해당 명령어를 명령어 레지스터로 가져오고 ________에 의해 명령어의 해독과 실행이 이루어진다.

① MBR, 연산장치　　② 프로그램 카운터, 제어장치
③ 제어장치, 연산장치　　④ 연산장치, MBR

112 **다음 중 컴퓨터에서 사용하는 펌웨어에 대한 설명으로 옳지 않은 것은?**

① 하드웨어와 소프트웨어의 중간적 성격을 지닌다.
② 특정 하드웨어 장치에 포함된 소프트웨어로 디지털 시스템에서 사용된다.
③ 하드웨어를 읽어 실행하거나 수정하는 것이 가능하다.
④ ROM(EEPROM)에 저장되는 마이크로컴퓨터 프로그램이 해당된다.

113 다음에서 보이는 레지스터의 상태를 바탕으로 CPU에 두 개의 범용 레지스터와 하나의 상태 레지스터가 존재할 때, 두 범용 레지스터의 값이 동일한지 조사하기 위한 방법으로 옳은 것은?

Zero	Sign	Carry	Overflow

① 두 개의 레지스터의 내용을 뺀 후, Zero 여부를 조사한다.
② 두 개의 레지스터의 내용을 더한 후, Zero 여부를 조사한다.
③ 두 개의 레지스터의 내용을 뺀 후, Overflow 여부를 조사한다.
④ 두 개의 레지스터의 내용을 더한 후, Carry 여부를 조사한다.

114 다음 중 모든 컴퓨팅 기기를 하나의 초고속 네트워크로 연결하여, 컴퓨터의 계산능력을 극대화한 차세대 디지털 신경망 서비스는?

① 클라우드 컴퓨팅　② 유틸리티 컴퓨팅
③ 그리드 컴퓨팅　④ 네트워크 컴퓨팅

115 다음 중 공공장소에서 무인·자동화를 통해 주변 정보 안내나 버스 시간 안내 등 일반 대중들이 쉽게 이용할 수 있는 무인 정보단말기 또는 이를 활용한 마케팅은?

① RFID　② 비콘
③ NFC　④ 키오스크

116 다음 중 인공지능 프로그램이 다양한 데이터를 통해 스스로 학습할 수 있도록 인공신경망을 기반으로 한 기술은?

① 딥러닝　② 압축
③ 딥마인드　④ 빅데이터

117 다음 중 28GHz(39GHz)의 초고대역 주파수를 사용하여 무선으로 통신서비스를 제공하는 이동통신 기술은?

① 2G
② 3G
③ 4G
④ 5G

118 다음 중 인터넷 경제의 3원칙 가운데 하나로, 마이크로칩의 밀도가 24개월마다 2배로 늘어난다는 법칙은?

① 황의 법칙
② 가치사슬을 지배하는 법칙
③ 무어의 법칙
④ 메트칼프의 법칙

119 다음 중 리걸테크(Legaltech)에 대한 설명으로 옳은 것은?

① 법률(Legal)과 기술(Technique)의 합성어이다.
② 변호사의 수가 감소하면서 리걸테크의 도입이 가속화되고 있다.
③ 소규모 법적 분쟁이 증가하면서 리걸테크의 필요성이 증가되었다.
④ 과거에는 법률서비스를 공급하는 산업으로의 한정된 의미를 가졌으나, 현재는 법률서비스와 관련한 기술과 컴퓨터 프로그램 모두를 포함하는 의미를 갖고 있다.

120 다음 빈칸에 들어갈 용어로 옳은 것은?

> 이것은 다른 사이트의 정보를 복사한 사이트라고 해서 ________라고 불린다. 사이트가 네트워크에서 트래픽이 빈번해지면 접속이 힘들고 속도가 떨어지는데, 이를 예방하려면 네트워크의 이용 효율을 향상시켜야 한다. 이것은 다른 사이트들에 원본과 동일한 정보를 복사하여 저장시켜 놓는 것을 뜻한다.

① 게더링 사이트
② 레이더 사이트
③ 옐로 페이지
④ 미러 사이트

취약 영역 분석

번호	O/×	영역	번호	O/×	영역	번호	O/×	영역	번호	O/×	영역	번호	O/×	영역	번호	O/×	영역
1		의사소통능력	21		수리능력	41		문제해결능력	61		대인관계능력	81		경제상식	101		금융상식
2			22			42			62			82			102		
3			23			43			63			83			103		
4			24			44			64			84			104		
5			25			45			65			85			105		
6			26			46		자원관리능력	66		정보능력	86			106		
7			27			47			67			87			107		
8			28			48			68			88			108		
9			29			49			69			89			109		
10			30			50			70			90			110		
11			31		문제해결능력	51			71		조직이해능력	91		경영상식	111		IT상식
12			32			52			72			92			112		
13			33			53			73			93			113		
14			34			54			74			94			114		
15			35			55			75			95			115		
16		수리능력	36			56			76		기술능력	96			116		
17			37			57			77			97			117		
18			38			58			78			98			118		
19			39			59			79			99			119		
20			40			60			80			100			120		

제 2 회

최종점검 모의고사

평가 문항	120문항	평가 시간	120분
시작 시간	:	종료 시간	:
취약 영역			

제2회 최종점검 모의고사

모바일 OMR

☑ 응시시간 : 120분 ☑ 문항 수 : 120문항

정답 및 해설 p.083

01 다음 〈보기〉의 밑줄 친 단어 중 서로 바꾸어 쓸 수 있는 것을 모두 고르면?

보기

㉠ 세상이 무너지는 슬픔을 뒤로하고, 그는 종교에 의지하며 살았다.
㉡ 경서는 일주일 내내 야근했더니, 침대에 눕자마자 몸이 무너져 내리는 듯한 피로감을 느꼈다.
㉢ 이 제품은 구조가 간단하여 기계를 잘 모르는 나도 쉽게 조립할 수 있었다.
㉣ 사태를 해결하기 위해 늦은 시간까지 대응책을 구상했지만, 도무지 해결방안이 떠오르지 않았다.
㉤ 회사는 이번 공채부터 신입사원들을 위한 새로운 제도를 입안했다.
㉥ 20살 때부터 내가 하고 싶은 일부터, 해야 하는 일까지 내 스스로 설계했다.

① ㉠, ㉢, ㉣
② ㉡, ㉢, ㉤
③ ㉢, ㉣, ㉤
④ ㉣, ㉤, ㉥

02 다음 글의 밑줄 친 어휘 중 어법상 옳지 않은 것은?

어젯밤 꿈에서 돌아가신 할머니를 만났다. 할머니는 숨겨둔 비밀을 밝힐 때가 됐다며, 꿈에서 깨면 본인이 사용했던 화장대의 첫 번째 서랍을 열어보라고 하셨다. 나는 할머니의 비밀이 도대체 무엇인지 여러 차례 물었지만 돌아오는 것은 할머니의 미소뿐이었다. 꿈에서 깨어나 보니 할머니는 더 이상 보이질 않았고, 방안은 고요한 적막만 흘렀다. 나는 왠지 모르게 그동안 나를 덥쳤던 온갖 불행들이 사라진 것 같은 기분이 들었다.

① 첫 번째
② 미소뿐이었다
③ 깨어나 보니
④ 덥쳤던

03 다음 글의 빈칸에 들어갈 내용으로 가장 적절한 것은?

> 세율에는 세액을 과세 표준으로 나눈 값인 평균 세율, 세액을 과세 이전 총소득으로 나눈 값인 실효 세율 등이 있다. 다음 예를 통해 세율에 대해 이해해 보자. 소득세의 세율이 과세 표준 금액 1,000만 원 이하는 10%, 1,000만 원 초과 4,000만 원 이하는 20%라 하자. 이처럼 과세 표준을 몇 개의 구간으로 나누는 까닭은 소득에 대응하는 세율을 일일이 획정하는 것이 현실적으로 어렵기 때문이다. 과세 표준 금액이 3,000만 원인 사람의 세액은 '1,000만 원×10%+2,000만 원×20%=500만 원'으로 계산된다. ______________________ 과세 표준에 세율을 어떻게 적용할 것인지에 따라 세율 구조가 결정된다. 과세 표준이 클수록 높은 세율로 과세하는 것을 누진 세율 구조라고 한다. 그런데 누진 세율 구조가 아니더라도 고소득일수록 세액이 증가할 수 있으므로 세율 구조는 평균 세율의 증가 여부로 판단하는 것이 적절하다. 즉, 과세 표준이 증가할 때 평균 세율이 유지되면 비례 세율 구조, 평균 세율이 오히려 감소하면 역진 세율 구조, 함께 증가하면 누진 세율 구조이다.

① 이 경우 평균 세율은 약 50%(1,500÷3,000×100)가 된다.
② 이 경우 평균 세율은 약 16.7%(500÷3,000×100)가 된다.
③ 이 경우 평균 세율은 약 33.3%(1,000÷3,000×100)가 된다.
④ 이 경우 평균 세율은 약 66.7%(2,000÷3,000×100)가 된다.

04 다음 문단을 논리적 순서대로 바르게 나열한 것은?

> (가) 하지만 지금은 고령화 시대를 맞아 만성질환이 다수다. 꾸준히 관리받아야 건강을 유지할 수 있다. 치료보다 치유가 대세다. 이 때문에 미래 의료는 간호사 시대라고 말한다. 그럼에도 간호사에 대한 활용은 시대 흐름과 동떨어져 있다.
> (나) 인간의 질병 구조가 변하면 의료 서비스의 비중도 바뀐다. 과거에는 급성질환이 많았다. 맹장염(충수염)이나 구멍 난 위궤양 등 수술로 해결해야 할 상황이 잦았다. 따라서 질병 관리 대부분을 의사의 전문성에 의존해야 했다.
> (다) 현재 2년 석사과정을 거친 전문 간호사가 대거 양성되고 있다. 하지만 이들의 활동은 건강보험 의료수가에 반영되지 않고, 그러니 병원이 전문 간호사를 적극적으로 채용하려 하지 않는다. 의사의 손길이 미치지 못하는 곳은 전문성을 띤 간호사가 그 역할을 대신해야 함에도 말이다.
> (라) 고령 장수 사회로 갈수록 간호사의 역할은 커진다. 병원뿐 아니라 다양한 공간에서 환자를 돌보고 건강관리가 이뤄지는 의료 서비스가 중요해졌다. 간호사 인력 구성과 수요는 빠르게 바뀌어 가는데 의료 환경과 제도는 한참 뒤처져 있어 안타깝다.

① (가) – (다) – (라) – (나)
② (나) – (가) – (다) – (라)
③ (나) – (라) – (가) – (다)
④ (다) – (라) – (가) – (나)

05 다음 (가) ~ (라) 문단의 핵심 주제로 적절하지 않은 것은?

(가) 닭의 사육에 대한 기록은 청동기 시대부터이지만, 삼계탕에 대한 기록은 조선 시대 문헌에서조차 찾기 힘들다. 조선 시대의 닭 요리는 닭백숙이 일반적이었으며, 일제강점기에 들어서면서 부잣집에서 닭백숙, 닭국에 가루 형태의 인삼을 넣는 삼계탕이 만들어졌다. 지금의 삼계탕 형태는 1960년대 이후부터 시작되었으며, 대중화된 것은 1970년대 이후부터이다. 삼계탕은 주재료가 닭이고 부재료가 인삼이었기에 본래 '계삼탕'으로 불렸다. 그러다가 닭보다 인삼이 귀하다는 인식이 생기면서부터 지금의 이름인 '삼계탕'으로 불리기 시작했다.

(나) 삼계탕은 보통 삼복에 즐겨 먹는데 삼복은 일 년 중 가장 더운 기간이다. 땀을 많이 흘려 체력소모가 큰 여름에 몸 밖이 덥고 안이 차가우면 위장 기능이 약해져 기력을 잃고 병을 얻기 쉽다. 이러한 여름철에 닭과 인삼은 열을 내는 음식으로 따뜻한 기운을 내장 안으로 불어넣고 더위에 지친 몸을 회복하는 효과가 있다.

(다) 삼계탕과 닭백숙은 조리법에 큰 차이는 없지만, 사용하는 닭이 다르다. 백숙은 육계(고기용 닭)나 10주령 이상의 2kg 정도인 토종닭을 사용한다. 반면, 삼계탕용 닭은 28 ~ 30일 키운 800g 정도의 영계(어린 닭)를 사용한다.

(라) 삼계탕에 대한 속설 중 잘못 알려진 속설에는 '대추는 삼계탕 재료의 독을 빨아들이기 때문에 먹으면 안 된다.'는 것이 있는데, 대추는 삼계탕 재료의 독이 아닌 국물을 빨아들이는 것에 불과하므로 대추를 피할 필요는 없다.

① (가) : 삼계탕의 유래
② (나) : 삼계탕과 삼복의 의미
③ (다) : 삼계탕과 닭백숙의 차이
④ (라) : 삼계탕의 잘못된 속설

06 다음 글의 빈칸에 들어갈 단어로 가장 적절한 것은?

지난해 7월 이후 하락세를 보이던 소비자물가지수가 전기, 가스 등 공공요금 인상의 여파로 다시 상승세로 반전되고 있다.
이에 경기 하강 흐름 속에서 한풀 꺾이던 ____________에 대한 우려도 다시 커지고 있다. 여기에 중국의 경제 활동 재개 여파로 국제 에너지 및 원자재 가격 역시 상승 흐름을 탈 가능성이 높아져 계속하여 5%대 고물가 상황이 지속될 전망을 보인다.
앞서 정부는 지난해 전기요금을 세 차례 가스요금을 네 차례에 걸쳐 인상하였는데, 이로 인해 올해 1월 소비자 물가 동향에서 나타난 전기·가스·수도 요금은 지난해보다 28.3% 급등한 것으로 분석되었고, 이로 인해 소비자 물가 역시 상승 폭이 커지고 있다.
이러한 물가 상승 폭의 확대에는 공공요금의 영향뿐만 아니라 농축산물과 가공식품의 영향도 있는데, 특히 강설 및 한파 등으로 인해 농축수산물의 가격이 상승하였고, 이에 더불어 지난해 말부터 식품업계 역시 제품 가격을 인상한 것이 이에 해당한다. 특히 구입 빈도가 높고 지출 비중이 높은 품목들이 이에 해당되어 그 상승세가 더 확대되고 있다.

① E플레이션
② 디플레이션
③ 인플레이션
④ 디스인플레이션

07 다음 글을 읽고 〈보기〉의 의뢰인이 사용하면 좋을 기술 유형과 그 기술에 대한 설명이 바르게 연결된 것은?

인터넷 뱅킹이나 전자 상거래를 할 때 온라인상에서 사용자 인증은 필수적이다. 정당한 사용자인지를 인증받는 흔한 방법은 아이디(ID)와 비밀번호를 입력하는 것으로, 사용자가 특정한 정보를 알고 있는지 확인하는 방식이다. 그러나 이러한 방식은 고정된 정보를 반복적으로 사용하기 때문에 정보가 노출될 수 있다. 이러한 문제점을 보완하기 위해 개발된 인증 기법이 OTP(One-Time Password, 일회용 비밀번호) 기술이다. OTP 기술은 사용자가 금융 거래 인증을 받고자 할 때마다 해당 기관에서 발급한 OTP 발생기를 통해 새로운 비밀번호를 생성하여 인증받는 방식이다.
OTP 기술은 크게 비동기화 방식과 동기화 방식으로 나눌 수 있다. 비동기화 방식은 OTP 발생기와 인증 서버 사이에 동기화된 값이 없는 방식으로, 인증 서버의 질의에 사용자가 응답하는 방식이다. OTP 기술 도입 초기에 사용된 질의 응답방식은 인증 서버가 임의의 6자리 수, 즉 질읫값을 제시하면 사용자는 그 수를 OTP 발생기에 입력하고, OTP 발생기는 질읫값과 다른 응답값을 생성한다. 사용자는 그 값을 로그인 서버에 입력하고 인증 서버는 입력된 값을 확인한다. 이 방식은 사용자가 OTP 발생기에 질읫값을 직접 입력해 응답값을 구해야 하는 번거로움이 있기 때문에 사용이 불편하다.
이와 달리 동기화 방식은 OTP 발생기와 인증 서버 사이에 동기화된 값을 설정하고 이에 따라 비밀번호를 생성하는 방식으로, 이벤트 동기화 방식이 있다. 이벤트 동기화 방식은 기춧값과 카운트값을 바탕으로 OTP 발생기는 비밀번호를, 인증 서버는 인증값을 생성하는 방식이다. 기춧값이란 사용자의 신상 정보와 해당 금융 기관의 정보 등이 반영된 고유한 값이며, 카운트값이란 비밀번호를 생성한 횟수이다. 사용자가 인증을 받아야 할 경우 이벤트 동기화 방식의 OTP 발생기는 기춧값과 카운트값을 바탕으로 비밀번호를 생성하게 되며, 생성된 비밀번호를 사용자가 로그인 서버에 입력하면 된다. 이때 OTP 발생기는 비밀번호를 생성할 때마다 카운트값을 증가시킨다. 인증 서버 역시 기춧값과 카운트값으로 인증값을 생성하여 로그인 서버로 입력된 OTP 발생기의 비밀번호와 비교하는 것이다. 이때 인증에 성공하면 인증 서버는 카운트값을 증가시켜서 저장해 두었다가 다음 번 인증에 반영한다. 그러나 이 방식은 OTP 발생기에서 비밀번호를 생성만 하고 인증하지 않으면 OTP 발생기와 인증 서버 간에 카운트값이 달라지는 문제점이 있다.

보기

안녕하세요. 저희 A은행에서는 OTP 기기를 사용해서 고객님들의 본인 인증을 받고 있습니다. 그런데 기존에 사용하던 OTP 기술은 고객님들이 비밀번호를 발급받으시고 인증을 받지 않으시는 경우가 종종 있어 인증 서버에 문제가 자주 발생하여 저희 은행이 피해를 보고 있습니다. 그래서 이번에 다른 유형의 OTP를 사용해 보면 어떨까 하는데, 사용하면 좋을 OTP 기술의 유형을 추천해 주실 수 있을까요?

① 비동기화 방식 OTP : OTP 발생기는 비밀번호를, 서버는 인증값을 각각 생성한다.
② 이벤트 동기화 방식 : 인증 서버는 인증값, OTP 발생기는 비밀번호를 생성한다.
③ 비동기화 방식 OTP : OTP 발생기와 인증 서버 사이에 동기화된 값이 없다.
④ 이벤트 동기화 방식 : 사용자가 직접 응답값을 구해야 하는 번거로움이 있다.

PART 3

08 다음 글의 주장에 대한 비판으로 가장 적절한 것은?

> 저작권은 저자의 권익을 보호함으로써 활발한 저작 활동을 촉진하여 인류의 문화 발전에 기여하기 위한 것이다. 그러나 이렇게 공적 이익을 추구하기 위한 저작권이 현실에서는 일반적으로 지나치게 사적 재산권을 행사하는 도구로 인식되고 있다. 저작물 이용자들의 권리를 보호하기 위해 마련한 공익적 성격의 법조항도 법적 분쟁에서는 항상 사적 재산권의 논리에 밀려 왔다.
>
> 저작권 소유자 중심의 저작권 논리는 실제로 저작권이 담당해야 할 사회적 공유를 통한 문화 발전을 방해한다. 몇 해 전의 '애국가 저작권'에 대한 논란은 이러한 문제를 단적으로 보여준다. 저자 사후 50년 동안 적용되는 국내 저작권법에 따라, 애국가가 포함된 〈한국 환상곡〉의 저작권이 작곡가 안익태의 유족들에게 2015년까지 주어진다는 사실이 언론을 통해 알려진 것이다. 누구나 자유롭게 이용할 수 있는 국가(國歌)마저 공공재가 아닌 개인 소유라는 사실에 많은 사람들이 놀랐다.
>
> 창작은 백지 상태에서 완전히 새로운 것을 만드는 것이 아니라 저작자와 인류가 쌓은 지식 간의 상호 작용을 통해 이루어진다. "내가 남들보다 조금 더 멀리 보고 있다면, 이는 내가 거인의 어깨 위에 올라서 있는 난쟁이이기 때문"이라는 뉴턴의 겸손은 바로 이를 말한다. 이렇듯 창작자의 저작물은 인류의 지적 자원에서 영감을 얻은 결과이다. 그러한 저작물을 다시 인류에게 되돌려 주는 데 저작권의 의의가 있다. 이러한 생각은 이미 1960년대 프랑스 철학자들에 의해 형성되었다. 예컨대 기호학자인 바르트는 '저자의 죽음'을 거론하면서 저자가 만들어 내는 텍스트는 단지 인용의 조합일 뿐 어디에도 '오리지널'은 존재하지 않는다고 단언한다.
>
> 전자 복제 기술의 발전과 디지털 혁명은 정보나 자료의 공유가 지니는 의의를 잘 보여주고 있다. 인터넷과 같은 매체 환경의 변화는 원본을 무한히 복제하고 자유롭게 이용함으로써 누구나 창작의 주체로서 새로운 문화 창조에 기여할 수 있도록 돕는다. 인터넷 환경에서 이용자는 저작물을 자유롭게 교환할 뿐 아니라 수많은 사람들과 생각을 나눔으로써 새로운 창작물을 생산하고 있다. 이러한 상황은 저작권을 사적 재산권의 측면에서보다는 공익적 측면에서 바라볼 필요가 있음을 보여준다.

① 저작권의 사회적 공유에 대해 일관성 없는 주장을 하고 있다.
② 저작물이 개인의 지적·정신적 창조물임을 과소평가하고 있다.
③ 저작권의 사적 보호가 초래한 사회적 문제의 사례가 적절하지 않다.
④ 인터넷이 저작권의 사회적 공유에 미치는 영향을 드러내지 못하고 있다.

09 **다음 제시된 문단 뒤에 이어질 내용을 논리적 순서대로 바르게 나열한 것은?**

케인스학파에서는 시장에서 임금이나 물가 등의 가격 변수가 완전히 탄력적으로 작용하지는 않기 때문에 경기적 실업은 자연스럽게 해소될 수 없다고 주장한다.

(가) 그래서 경기 침체에 의해 물가가 하락하더라도 화폐환상현상으로 인해 노동자들은 명목임금의 하락을 받아들이지 않게 되고, 결국 명목임금은 경기적 실업이 발생하기 이전의 수준과 비슷하게 유지된다. 이는 기업에서 노동의 수요량을 늘리지 못하는 결과로 이어지게 되고 실업은 지속된다. 따라서 케인스학파에서는 정부가 정책을 통해 노동의 수요를 늘리는 등의 경기적 실업을 감소시킬 수 있는 적극적인 역할을 해야 한다고 주장한다.

(나) 이에 대해 케인스학파에서는 여러 가지 이유를 제시하는데 그중 하나가 화폐환상현상이다. 화폐환상현상이란 경기 침체로 인해 물가가 하락하고 이에 영향을 받아 명목임금이 하락하였을 때의 실질임금이 명목임금의 하락 이전과 동일하다는 것을 노동자가 인식하지 못하는 현상을 의미한다.

(다) 즉, 명목임금이 변하지 않은 상태에서 경기 침체로 인한 물가 하락으로 실질임금이 상승하더라도 고전학파에서 말하는 것처럼 명목임금이 탄력적으로 하락하는 현상은 일어나기 어렵다고 본 것이다.

① (가) – (나) – (다)
② (가) – (다) – (나)
③ (다) – (가) – (나)
④ (다) – (나) – (가)

PART 3

10 **다음 밑줄 친 (가) ~ (라)를 어법에 맞게 수정한 내용으로 적절하지 않은 것은?**

- 지속가능보고서를 창간 이래 (가) <u>매년 발간에 의해</u> 이해 관계자와의 소통이 좋아졌다.
- 내년부터 시행되는 신재생에너지 공급의무제는 회사의 (나) <u>주요 리스크로</u> 이를 기회로 승화시키기 위한 노력을 하고 있다.
- 전력은 필수적인 에너지원이므로 과도한 사용을 (다) <u>삼가야 한다</u>.
- (라) <u>녹색 기술 연구 개발 투자 확대 및</u> 녹색 생활 실천 프로그램을 시행하여 온실가스 감축에 전 직원의 역량을 결집하고 있다.

① (가) : ‘매년 발간에 의해’가 어색하므로 문맥에 맞게 ‘매년 발간함으로써’로 고친다.
② (나) : ‘주요 리스크로’는 조사의 쓰임이 어울리지 않으므로, ‘주요 리스크이지만’으로 고친다.
③ (다) : ‘삼가야 한다’는 어법상 맞지 않으므로 ‘삼가해야 한다’로 고친다.
④ (라) : ‘및’의 앞은 명사구로 되어 있고 뒤는 절로 되어 있어 구조가 대등하지 않으므로, 앞부분을 ‘녹색 기술 연구 개발에 대한 투자를 확대하고’로 고친다.

11 다음 글을 읽고 '광자(Photon)'에 대한 설명으로 가장 적절한 것은?

> 빛의 회절 및 간섭현상은 빛의 파동성으로 설명된다. 하지만 직진성을 가지는 입자의 성질로는 파동의 원형으로 퍼져나가는 회절 및 간섭현상을 설명할 수 없다. 반면에 콤프턴 산란과 같은 현상은 빛을 여러 개의 입자, 즉 광자(Photon)로 구성된 것으로 생각해야 한다. 이 중 한 개의 입자가 물질 내 전자와 부딪치면, 부딪친 후 광자는 전자에 에너지를 주고, 자신은 에너지가 낮아져서 나온다. 이렇게 빛을 입자의 성질을 띤 광자로 보는 입장은 원자처럼 아주 작은 단위의 자연계 현상에서 관측이 된다.
> 빛을 입자로 이해할 때, 광자 한 개의 에너지는 hv이고(h – 플랑크 상수, v – 진동수) 광속으로 이동하는 빛의 입자를 광자라 한다. 광자는 많은 에너지를 가진 감마선과 X선부터 가시광선을 거쳐 적은 에너지를 가진 적외선과 라디오파에 이르기까지 모든 에너지 상태에 걸쳐 존재한다. 광자의 개념은 1905년 알베르트 아인슈타인(Albert Einstein)이 광전 효과를 설명하기 위해 도입했는데, 그는 빛이 전파되는 동안 불연속적인 에너지 다발이 존재한다는 광양자설(光量子說)을 제안했다. 1923년 미국의 물리학자 아서 콤프턴(Arthur Compton)이 X선의 입자성(粒子性)을 밝힌 뒤 이 개념이 널리 사용되었으나, '광자'라는 용어는 1926년에 와서야 사용되었다. 광자에너지는 복사 진동수에 비례하는 특정의 값을 단위로 해서 그 정수배로 된다. 즉, 광자에너지는 $hv=hc\div\lambda$(h – 플랑크 상수, v – 진동수, c – 광속, λ – 파장)의 에너지 다발로 나가고 임의의 비율로 분할되지 않는다. 이것은 마치 물질이 원자로 구성되어 있는 것과 비슷해서, 거시적인 전자기파의 취급에서는 두드러지지 않으나 원자의 차원에서 그 움직임을 생각할 경우에는 그 입자적인 성격이 중요한 뜻을 가지게 됨을 의미한다. 결국 '광자'라는 개념의 도입으로 전자기파로서의 빛(파동성)과 광자로서의 빛(입자성)이라는 물질의 이중성을 인식하게 되는 계기가 되었다. 모든 광자는 광속으로 움직이며, 원자 구성입자 범주에서 생각할 때 광자는 전하(電荷)와 정지질량을 갖지 않는 전자기장의 운반자로 취급된다.

① 광자는 모든 에너지 상태에 걸쳐 존재하지는 않는다.
② 광자의 개념은 광전 효과를 설명하기 위해 미국의 물리학자 아서 콤프턴이 도입하였다.
③ 직진성을 가지는 입자의 성질로는 파동의 원형으로 퍼져나가는 회절 및 간섭현상을 설명할 수 있다.
④ 빛을 입자의 성질을 띤 광자로 보는 입장은 원자처럼 아주 작은 단위의 자연계 현상에서 관측이 된다.

12 다음 글의 내용으로 적절하지 않은 것은?

경제질서는 국가 간의 교역과 상호투자 등을 원활히 하기 위해 각 국가가 준수할 규범들을 제정하고 이를 이행시키면서 이루어진 질서이다. 경제질서는 교역 당사국 모두에 직접적인 이익을 가져다주기 때문에 비교적 잘 지켜지고 있다. 특히 1995년 WTO가 발족되어 안보질서보다도 더 정교한 질서로 자리를 잡고 있다. 경제질서를 준수하게 하는 힘은 준수하지 않았을 때 가해지는 불이익으로, 다른 나라들의 집단적 경제제재가 그에 해당된다. 자연보호질서는 경제질서의 한 종류로, 자원보호질서와 환경보호질서로 나뉜다. 이 두 가지 질서는 다음과 같은 생각에서 제안된 범세계적 운동이다. 자원보호질서는 유한한 자원을 모두 소비하면 후세 사람들이 살아갈 수 없으므로 재생 가능한 자원을 많이 사용하고 가능한 한 자원을 재활용하자는 생각이다. 환경보호질서는 하나밖에 없는 지구의 원 모습을 지켜 후손에게 물려주어야 한다는 생각이다. 자원보호질서는 부존자원의 낭비를 막기 위해 사용 물질의 양에 대한 규제를 주도하는 질서이고, 환경보호질서는 글자 그대로 환경을 쾌적한 상태로 유지하려는 질서이다. 이 두 가지 질서는 서로 연관되어 있으나 지키려는 내용에서 다르다. 자원보호질서는 사람이 사용하는 물자의 양을 통제하기 위한 질서이고, 환경보호질서는 환경의 원형보존을 위한 질서이다.

경제질서와는 달리 공공질서는 일부가 아닌 모든 구성국들에 이익을 가져다주는 국제질서이다. 국가 간의 교류 및 협력을 위해서는 서로 간의 의사소통, 인적・물적 교류 등이 원활히 이루어져야 한다. 이러한 거래, 교류, 접촉 등을 원활하게 하는 공동규범들이 공공질서를 이룬다. 공공질서는 모든 구성국에 편익을 주는 공공재를 창출하고 유지하려는 구성국들의 공동노력으로 이루어진다.

가장 새롭게 등장한 국제질서가 인권보호질서이다. 웨스트팔리아체제라 부르는 주권국가 중심의 현 국제정치질서에서는 주권 존중, 내정불간섭 원칙이 엄격히 지켜진다. 그래서 자국 정부에 의한 자국민 학살, 탄압, 인권유린 등이 국외에서는 외면되어 왔다. 그러나 정부에 의한 인민학살의 피해나, 다민족국가에서의 자국 내 소수민족 탄압이 용인될 수 없는 상태에까지 이르게 됨에 따라 점차로 인권보호를 위한 인도주의적 개입의 당위가 논의되기 시작하고 있다.

이러한 흐름 속에서 국제연합인권위원회 및 각종 NGO 등의 노력으로 국제사회에서 공동 개입하여 인권보호를 이루어내자는 운동이 일어나고 있다. 이러한 노력의 결과 하나의 새로운 국제질서인 인권보호질서가 자리를 잡아가고 있다. 인권보호질서는 아직 형성과정에 있으며, 또한 주권국가 중심의 현 국제정치질서와 충돌하므로 앞으로도 쉽게 자리를 잡기는 어려우리라 예상된다. 그러나 21세기에 접어들면서 '세계시민의식'이 급속히 확산되고 있는 점을 감안한다면, 어떤 국가도 결코 무시할 수 없는 국제질서로 발전하리라 생각한다.

① 교역 당사국에 직접 이익을 주기 때문에 WTO에 의한 경제질서는 비교적 잘 유지되고 있다.

② 세계시민의식의 확산과 더불어 등장한 인권보호질서는 내정불간섭 원칙의 엄격한 준수를 요구한다.

③ 세계적 차원에서 유한한 자원의 낭비를 규제하고 자원을 재활용하기 위해 자원보호질서가 제안되었다.

④ 인적・물적 교류를 원활하게 하는 공동규범으로 이루어진 공공질서는 그 구성국들에 이익을 가져다준다.

PART 3

13 다음 글의 내용으로 가장 적절한 것은?

독일의 발명가 루돌프 디젤이 새로운 엔진에 대한 아이디어를 내고 특허를 얻은 것은 1892년의 일이었다. 1876년 오토가 발명한 가솔린 엔진의 효율은 당시에 무척 떨어졌으며, 가동 비용도 많이 드는 단점이 있었다. 디젤의 목표는 고효율의 엔진을 만드는 것이었고, 그의 아이디어는 훨씬 더 높은 압축 비율로 연료를 연소시키는 것이었다.
일반적으로 가솔린 엔진은 기화기에서 공기와 연료를 먼저 혼합하고, 그 혼합 기체를 실린더 안으로 흡입하여 압축한 후, 점화 플러그로 스파크를 일으켜 동력을 얻는다. 이러한 과정에서 문제는 압축 정도가 제한된다는 것이다. 만일 기화된 가솔린에 너무 큰 압력을 가하면 멋대로 점화되어 버리는데, 이것이 엔진의 노킹 현상이다.
공기를 압축하면 뜨거워진다는 것은 알려져 있던 사실이다. 디젤 엔진의 기본 원리는 실린더 안으로 공기만을 흡입하여 피스톤으로 강하게 압축시킨 다음, 그 압축 공기에 연료를 분사하여 저절로 착화가 되도록 하는 것이다. 따라서 디젤 엔진에는 점화 플러그가 필요 없는 대신, 연료 분사기가 장착되어 있다. 또 압축 과정에서 디젤 엔진은 최대 12 : 1의 압축 비율을 갖는 가솔린 엔진보다 훨씬 더 높은 25 : 1 정도의 압축 비율을 갖는다. 압축 비율이 높다는 것은 그만큼 효율이 좋다는 것을 의미한다.
사용하는 연료의 특성도 다르다. 디젤 연료인 경유는 가솔린보다 훨씬 무겁고 점성이 강하며 증발하는 속도도 느리다. 왜냐하면 경유는 가솔린보다 훨씬 더 많은 탄소 원자가 길게 연결되어 있기 때문이다. 일반적으로 가솔린은 5 ~ 10개, 경유는 16 ~ 20개의 탄소를 가진 탄화수소들의 혼합물이다.
한편, 경유는 가솔린보다 에너지 밀도가 높다.
1갤런의 경유는 약 1억 5,500만 줄(Joule)의 에너지를 가지고 있지만, 가솔린은 1억 3,200만 줄을 가지고 있다. 이러한 연료의 특성들이 디젤 엔진의 높은 효율과 결합되면서, 디젤 엔진은 가솔린 엔진보다 좋은 연비를 내게 되는 것이다.
발명가 디젤은 디젤 엔진이 작고 경제적인 엔진이 되어야 한다고 생각했지만, 그의 생전에는 크고 육중한 것만 만들어졌다. 하지만 그 후 디젤의 기술적 유산은 이 발명가가 꿈꾼 대로 널리 보급되었다.
디젤 엔진은 원리상 가솔린 엔진보다 더 튼튼하고 고장도 덜 난다. 디젤 엔진은 연료의 품질에 민감하지 않고 연료의 소비 면에서도 경제성이 뛰어나 오늘날 자동차 엔진용으로 확고한 자리를 잡았다.
환경론자들이 걱정하는 디젤 엔진의 분진 배출 문제도 필터 기술이 나아지면서 점차 극복되고 있다.

① 디젤 엔진은 가솔린 엔진보다 먼저 개발되었다.
② 디젤 엔진은 가솔린 엔진보다 내구성이 뛰어나다.
③ 가솔린 엔진은 디젤 엔진보다 분진을 많이 배출한다.
④ 디젤 엔진은 가솔린 엔진보다 연료의 품질에 민감하다.

14 **다음은 안전 플랫폼에 대한 글이다. (가)~(라) 문단별로 안전 플랫폼을 효율적으로 운영하기 위해 제시된 방안이 바르게 연결되지 않은 것은?**

> 언제 발생할지 모르는 각종 재해・재난을 완벽하게 막을 수는 없다. 다만, 재해・재난이 발생하기 전이라면 사전예방을 통해 발생위험을 줄이고, 재해・재난이 발생한 뒤라면 초기대응과 체계적인 관리를 통해 피해를 최소화할 수 있다. 재난에 대한 피해를 최소화하기 위해서는 체계화된 플랫폼(Platform)이라는 쉘터(Shelter)가 필요하다. 국가가 안전 플랫폼을 효율적으로 운영하기 위한 방안은 다음과 같다.
>
> (가) 첫째, 재난관리 지휘・명령 표준체계를 통해 컨트롤 타워를 통합적으로 관리할 수 있어야 한다. 재난현장 지원 및 조정체계를 통해 관계기관의 협업이 가능해야 하며, 안전정책 총괄관리 및 개선체계를 통해 국가안전관리 계획수립과 재난안전 예산확보 및 안전관리 감독이 가능해야 한다.
>
> (나) 둘째, 지방자치단체의 역량 및 책임성이 강화되어 지역 재난안전을 관리할 수 있어야 한다. 이를 통해 지역별 재해・재난으로부터 신속히 대응할 수 있다. 또한 지방자치단체 주도의 재난대비 교육・훈련으로 재난대응 역량을 강화해야 한다. 아무리 효과적인 대응책을 가지고 있더라도 교육과 훈련을 통해 숙달되지 않으면 위기상황에 제대로 작동되지 않기 때문이다.
>
> (다) 셋째, 모두가 함께 안전을 만들기 위해서는 안전문화가 생활 속에 자리 잡아야 한다. 이를 위해서는 안전문화 증진을 위한 콘텐츠 개발이 필요하고, 주민참여형 거버넌스를 구축하여 민관협력체계가 활성화되어야 한다. 또한 안전취약계층에 대한 맞춤형 안전대책과 재난피해자 지원 확대방안도 개선되어야 한다.
>
> (라) 넷째, 재난안전 예방을 위해 공간분석을 통한 과학적 통합 경보 서비스와 피해예측시스템 및 재해 예방사업을 확대하고 안전산업육성을 위한 지원책이 마련되어야 한다. 공간분석은 공간데이터 분석을 통해 유용한 정보를 추출하여 공간적 의사결정을 하는 것을 말한다. 공간분석 시에 공간데이터의 기본단위를 설정하는 것이 공간분석의 기본이라고 할 수 있다.
>
> 다섯째, 대규모 재해・재난으로 확대될 수 있는 에너지 분야에서는 안전기술 개발 및 안전인프라가 구축되어야 하고, 농업 분야에서는 구제역 및 AI 등의 감염병 대책관리가 필요하며, 의료 분야에서는 코로나 등의 전염병 대책관리 및 응급의료서비스가 강화되어야 한다. 화학 분야에서는 불산 유출 등과 같은 화학물질 안전관리를 위해서 화학 안전관리제도를 구축하여 화학사고 대응체계를 강화해야 한다.

① (가) : 재난관리 지휘・명령 표준체계를 갖춰야 한다.

② (나) : 지방자치단체의 역량이 강화되어야 한다.

③ (다) : 생활 속 안전문화를 확산해야 한다.

④ (라) : 재난안전 예방 인프라를 확충해야 한다.

PART 3

15 다음 글을 읽고 추론한 내용으로 적절하지 않은 것은?

> 세계적으로 기후 위기의 심각성이 커지면서 '탄소중립'은 거스를 수 없는 흐름이 되고 있다. 이에 맞춰 정부의 에너지정책도 기존 화석연료 발전 중심의 전력공급체계를 태양광과 풍력 등 재생에너지 중심으로 빠르게 재편하는 작업이 추진되고 있다. 이러한 재생에너지 보급 확대는 기존 전력 설비 부하의 가중으로 이어질 수밖에 없다. 재생에너지 사용 확대에 앞서 송배전 시스템의 확충이 필수적인 이유다.
>
> 한국전력은 재생에너지 발전사업자의 접속지연 문제를 해소하기 위해 기존 송배전 전력설비의 재생에너지 접속용량을 확대하는 특별대책을 시행하고 나섰다. 한전은 그동안 재생에너지 발전설비 밀집 지역을 중심으로 송배전설비의 접속 가능용량이 부족할 경우 설비 보강을 통해 문제를 해결해왔다. 2016년 10월부터 1MW 이하 소규모 신재생에너지 발전사업자가 전력계통 접속을 요청하면 한전이 비용을 부담해 공용전력망을 보강하고 접속을 보장해 주는 방식이었다. 덕분에 신재생에너지 발전사업자들의 참여가 늘어났지만 재생에너지 사용량이 기하급수적으로 늘면서 전력계통설비의 연계용량 부족 문제가 뒤따랐다.
>
> 이에 한전은 산업통상자원부가 운영하는 '재생에너지 계통접속 특별점검단'에 참여해 대책을 마련했다. 배전선로에 상시 존재하는 최소부하를 고려한 설비 운영 개념을 도입해 변전소나 배전선로 증설 없이 재생에너지 접속용량을 확대하는 방안이다. 재생에너지 발전 시 선로에 상시 존재하는 최소부하용량만큼 재생에너지 발전량이 상쇄되고, 잔여 발전량이 전력계통으로 유입되기 때문에 상쇄된 발전량만큼 재생에너지의 추가접속을 가능케 하는 방식이다. 한전은 현장 실증을 통해 최소부하가 1MW를 초과하는 경우 배전선로별 재생에너지 접속허용용량을 기존 12MW에서 13MW로 확대했다. 또 재생에너지 장기 접속지연이 발생한 변전소에 대해서는 최소부하를 고려해 재생에너지 접속허용용량을 200MW에서 평균 215MW로 상향했다. 이 같은 개정안이 전기위원회 심의를 통과하면서 변전소 및 배전선로 보강 없이도 재생에너지 317MW의 추가 접속이 가능해졌다.

① 재생에너지 사업 확충에 노후된 송전설비는 걸림돌이 된다.

② 태양광에너지는 고갈 염려가 없다고 볼 수 있기 때문에 주목받는 신재생에너지이다.

③ 기존의 화석연료 중심의 에너지 발전은 탄소 배출량이 많아 환경에 악영향을 주었다.

④ 현재까지는 재생에너지 사업 확충에 따른 문제들을 해결하는 것은 설비 보강이 가장 좋은 해결법이다.

16 다음과 같이 일정한 규칙으로 수를 나열할 때, 빈칸에 들어갈 수로 알맞은 것은?

0.26	1.26	(　　)	3.32	3.44	6.44	6.62	10.62	10.86	15.86

① 1.22
② 1.32
③ 1.42
④ 1.52

17 진희는 남자인 친구 4명, 여자인 친구 2명과 함께 야구장에 갔다. 야구장에 입장하는 순서를 임의로 정한다고 할 때, 첫 번째와 마지막에 남자인 친구가 입장할 확률은?(단, 진희의 성별은 여자이다)

① $\frac{2}{7}$
② $\frac{3}{7}$
③ $\frac{4}{7}$
④ $\frac{5}{7}$

18 다음은 연차 계산법에 대한 자료이다. 이를 읽고 기간제로 6년을, 시간제로 6개월을 근무한 A씨의 총연차는?(단, 계산은 소수점 첫째 자리에서 올림한다)

〈연차 계산법〉

- 기간제 : [(근무 연수)×(연간 근무 일수)]÷365×15
- 시간제 : (근무 총시간)÷365

※ 1개월을 30일, 1년을 365일로 계산하며, 1일 8시간 근무함

① 86일
② 88일
③ 92일
④ 94일

19 K대리는 집에서 거리가 14km 떨어진 회사에 출근할 때 자전거를 이용해 1시간 30분 동안 이동하고, 퇴근할 때는 회사에서 6.8km 떨어진 가죽공방에 들러 취미활동 후 10km 거리를 이동하여 집에 도착한다. 퇴근할 때 회사에서 가죽공방까지 18분, 가죽공방에서 집까지 1시간이 걸린다면 K대리가 출·퇴근할 때 평균속력은 몇 km/h인가?

① 10km/h　② 11km/h
③ 12km/h　④ 13km/h

20 한국, 미국, 중국, 러시아에서 각각 2명의 테니스 선수들이 8강전에 진출하였다. 같은 국가의 선수들이 결승전에서만 붙는 경우의 수는?

① 56가지　② 58가지
③ 64가지　④ 72가지

21 농도 5%의 설탕물 300g과 농도 9%의 설탕물을 섞어 농도 7% 이상 8% 이하의 설탕물을 만들려고 한다. 넣을 수 있는 농도 9%의 설탕물의 최소량과 최대량의 합은?

① 900g　② 1,200g
③ 1,500g　④ 1,800g

22 자산관리사 A씨는 6개월 전 20,000,000원의 원금을 가지고 자금 운용을 시작하여, 현재 누적 수익률이 4%가 되었다. 6개월 후 누적 수익률이 원금의 10%가 되려면, 6개월 동안의 누적 수익률은 몇 %가 되어야 하는가?(단, 누적 수익률은 원금을 대상으로 계산된 이자만을 고려한다)

① 4%
② 5%
③ 6%
④ 12%

PART 3

23 정대리는 어떤 일을 처리하는 데 박주임보다 시간이 20% 적게 소요된다. 박주임 혼자 할 경우 10일이 소요되는 A프로젝트를 정대리와 함께 진행할 경우 완료하는 데까지 걸리는 시간은?

① $\frac{38}{9}$일
② $\frac{40}{9}$일
③ $\frac{14}{3}$일
④ $\frac{44}{9}$일

24 이자를 포함해 4년 후 2,000만 원을 갚기로 하고 돈을 빌리고자 한다. 연이율 8%가 적용된다면 단리를 적용할 때와 연 복리를 적용할 때 빌릴 수 있는 금액의 차이는 얼마인가?(단, $1.08^4=1.36$으로 계산하고, 금액은 천의 자리에서 반올림한다)

① 43만 원
② 44만 원
③ 45만 원
④ 46만 원

25 다음 상황과 지급 기준을 근거로 판단할 때, A기관이 원천징수 후 갑에게 지급하는 금액은?

〈상황〉

A기관은 갑을 '지역경제 활성화 위원회'의 외부위원으로 위촉하였다. 갑은 2025년 2월 24일 오후 2시부터 5시까지 위원회에 참석해서 지역경제 활성화와 관련한 내용을 슬라이드 20면으로 발표하였다. A기관은 다음 기준에 따라 갑에게 해당 위원회 참석수당과 원고료를 지급한다.

〈참석수당 및 원고료 지급 기준〉

- 참석수당 지급기준액

구분	단가
참석수당	• 기본료(2시간) : 100,000원 • 2시간 초과 후 1시간마다 : 50,000원

- 원고료 지급기준액

구분	단가
원고료	10,000원 / A4 1면

※ 슬라이드 2면을 A4 1면으로 함

- 위원회 참석수당 및 원고료는 기타소득이다.
- 위원회 참석수당 및 원고료는 지급기준액에서 다음과 같은 기타소득세와 주민세를 원천징수하고 지급한다.
  - 기타소득세 : [(지급기준액)−(필요경비)]×(소득세율 20%)
  - 주민세 : (기타소득세)×(주민세율 10%)

  ※ 필요경비는 지급기준액의 60%로 함

① 220,000원　② 228,000원
③ 256,000원　④ 263,000원

26 다음 〈조건〉과 제시된 상황을 근거로 판단할 때, 갑이 향후 1년간 자동차를 유지하는 데 소요될 총비용은?

조건

1. 자동차 유지비는 연 감가상각비, 연 자동차 보험료, 연 주유비용으로 구성되며 그 외의 비용은 고려하지 않는다.
2. 연 감가상각비 계산 공식
(연 감가상각비)=[(자동차 구매비용)−(운행 가능기간 종료 시 잔존가치)]÷[운행 가능기간(년)]
3. 연 자동차 보험료

(단위 : 만 원)

구분		차종		
		소형차	중형차	대형차
보험 가입 시 운전경력	1년 미만	120	150	200
	1년 이상 2년 미만	110	135	180
	2년 이상 3년 미만	100	120	160
	3년 이상	90	105	140

※ 차량 구매 시 보험 가입은 필수이며 1년 단위로 가입

※ 보험 가입 시 해당 차량에 블랙박스가 설치되어 있으면 보험료 10% 할인

4. 주유비용
1리터당 10km를 운행할 수 있으며, 리터당 비용은 연중 내내 1,500원이다.

〈상황〉

- 갑은 1,000만 원에 중형차 1대를 구입하여 바로 운행을 시작하였다.
- 차는 10년 동안 운행 가능하며, 운행 가능기간 종료 시 잔존가치는 100만 원이다.
- 자동차 보험 가입 시 갑의 운전경력은 2년 6개월이며 차에는 블랙박스가 설치되어 있다.
- 갑은 매달 500km씩 차를 운행한다.

① 192만 원　　② 288만 원

③ 298만 원　　④ 300만 원

PART 3

27 다음은 연금복권 관련 자료이다. 연금복권의 앞자리에 따른 1등 당첨횟수 그래프로 옳은 것은?(단, 모든 그래프의 단위는 '회'이다)

> 복권열풍이 한창인 가운데, 그중에서 연금복권의 판매율은 날이 갈수록 올라가고 있다. 타 복권은 당첨금을 일시에 주는 데 반해, 연금복권은 1등의 경우 월 500만 원씩 20년에 걸쳐 주는 것이 특징이다. 연금복권은 뒷자리 6개의 숫자뿐 아니라, 앞자리 1조부터 7조까지의 숫자 또한 맞추어야 하는데, 한 회차당 1등 번호는 2개가 존재한다.
> 최근 300회차 중 1등에서 4조, 5조 순으로 당첨횟수가 가장 많았으며 그 합은 절반 이상을 차지한 것으로 집계되었다. 또한 1조와 7조의 당첨횟수는 같으면서 가장 낮았으며, 각각 횟수는 전체 1등 번호 중 당첨횟수 5% 미만인 것으로 집계되었다.

①
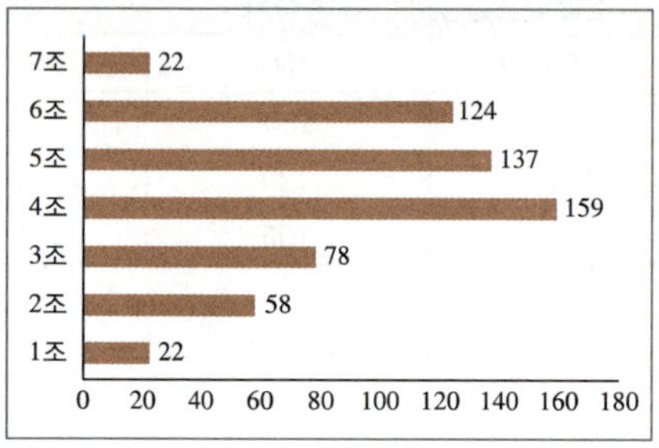

②
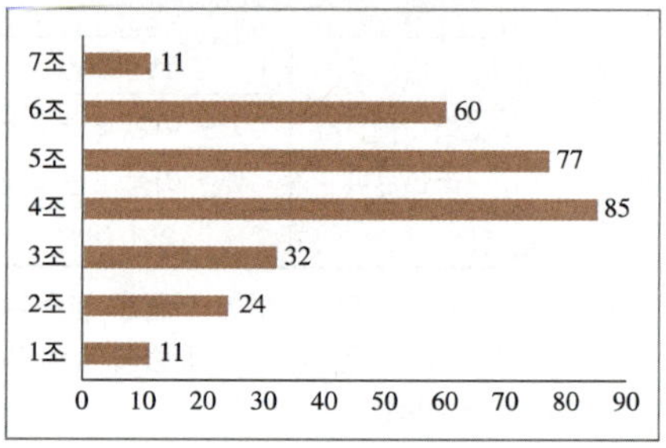

③
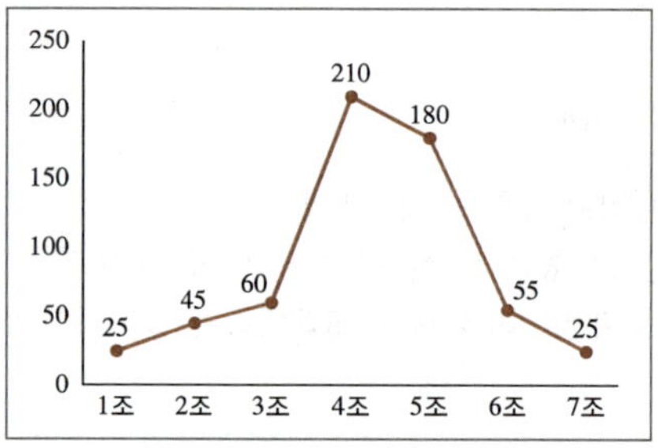

④
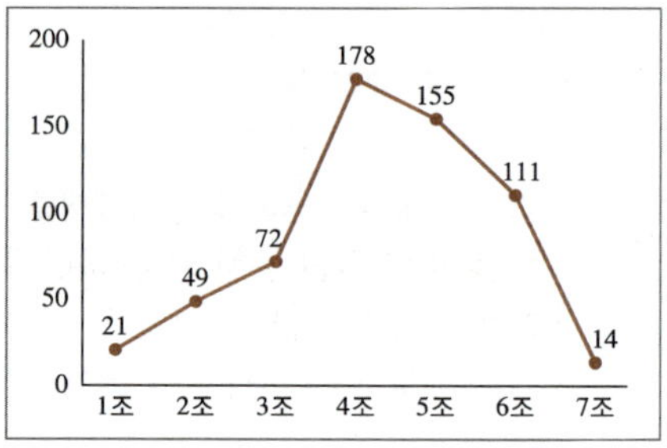

28 다음은 2024 ~ 2025년 상반기의 환율 동향에 대한 자료이다. 이에 대한 〈보기〉의 설명 중 옳은 것을 모두 고르면?

〈주요국가 환율 동향 – 달러/유로 및 엔/달러 환율 추이〉

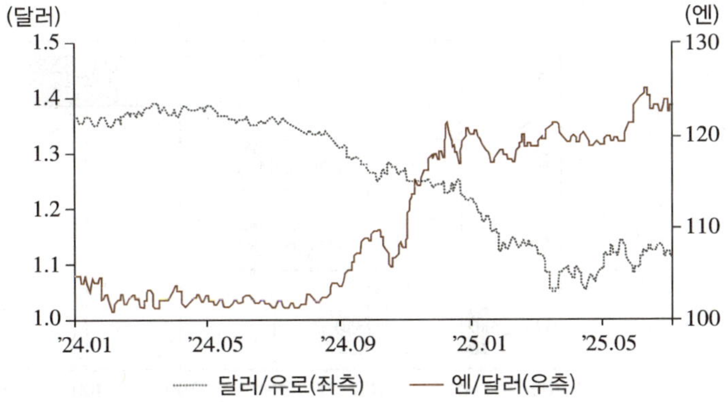

〈원화 환율 동향 – 원/달러 및 원/엔 환율 추이〉

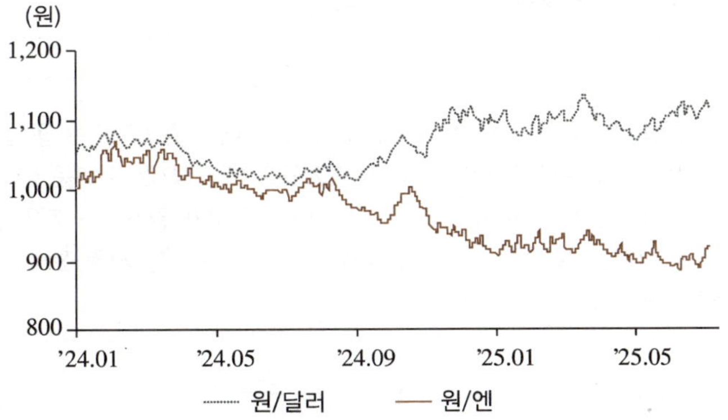

보기

㉠ 유로화는 달러화 대비 약세가 심화되고 있다.
㉡ 2025년 상반기의 엔화는 달러화에 대해 전반적으로 전년 대비 강세를 보이면서 강세이고, 반면 달러는 약세이다.
㉢ 2025년 상반기의 원/달러 환율은 전년 대비 상승하였으나, 방향성이 부재한 가운데 1,000원을 중심으로 등락을 지속하고 있다.
㉣ 2025년 상반기의 원/엔 환율은 전반적으로 900원 선을 상회하는 수준에서 완만하게 움직였다.

① ㉠, ㉡
② ㉠, ㉣
③ ㉡, ㉢
④ ㉢, ㉣

29 다음은 남미, 인도, 중국, 중동 지역의 2030년 부문별 석유수요의 2010년 대비 증감규모를 예측한 자료이다. 〈보기〉의 설명을 참고하여 A ~ D에 해당하는 지역을 바르게 연결한 것은?

〈2030년 지역별, 부문별 석유수요의 2010년 대비 증감규모〉

(단위 : 백만 TOE)

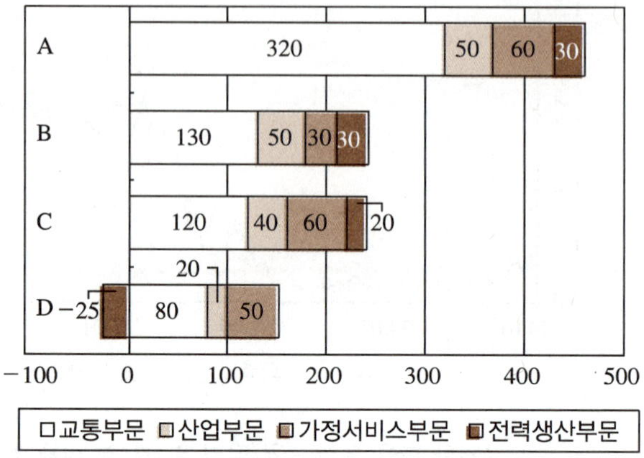

※ 주어진 네 부문 이외 석유수요의 증감은 없음

보기

- 인도와 중동의 2030년 전체 석유수요의 2010년 대비 증가규모는 동일하다.
- 2030년 전체 석유수요의 2010년 대비 증가규모가 가장 큰 지역은 중국이다.
- 2030년 전력생산부문 석유수요의 2010년 대비 규모가 감소하는 지역은 남미이다.
- 2030년 교통부문 석유수요의 2010년 대비 증가규모가 해당 지역 전체 석유수요 증가규모의 50%인 지역은 중동이다.

	A	B	C	D
①	중국	인도	중동	남미
②	중국	중동	인도	남미
③	중국	인도	남미	중동
④	인도	중국	중동	남미

30 다음은 공제회의 회원기금원금, 회원 수 및 1인당 평균 계좌 수, 자산 현황에 대한 자료이다. 이에 대한 〈보기〉의 설명 중 옳지 않은 것을 모두 고르면?

〈표 1〉 공제회 회원기금원금(연말 기준)

(단위 : 억 원)

구분 \ 연도	2019년	2020년	2021년	2022년	2023년	2024년
회원급여저축원금	19,361	21,622	21,932	22,030	23,933	26,081
목돈수탁원금	7,761	7,844	6,270	6,157	10,068	12,639
합계	27,122	29,466	28,202	28,187	34,001	38,720

〈표 2〉 공제회 회원 수 및 1인당 평균 계좌 수(연말 기준)

(단위 : 명, 개)

구분 \ 연도	2019년	2020년	2021년	2022년	2023년	2024년
회원 수	166,346	169,745	162,425	159,398	162,727	164,751
1인당 평균 계좌 수	65.19	64.27	58.02	61.15	67.12	70.93

〈표 3〉 2024년 공제회 자산 현황(연말 기준)

(단위 : 억 원, %)

구분	금액	비중
회원급여저축총액	37,952	46.8
차입금	17,976	22.1
보조금 등	7,295	9.0
안정기금	5,281	6.5
목돈수탁원금	12,639	15.6
합계	81,143	100.0

※ (회원급여저축총액)=(회원급여저축원금)+(누적이자총액)

보기

㉠ 회원기금원금은 매년 증가하였다.
㉡ 공제회의 회원 수가 가장 적은 해에 목돈수탁원금도 가장 적다.
㉢ 2024년에 회원급여저축총액에서 누적이자총액이 차지하는 비중은 50% 이상이다.
㉣ 1인당 평균 계좌 수가 가장 많은 해에 회원기금원금도 가장 많다.

① ㉠, ㉡　　② ㉠, ㉢
③ ㉡, ㉢　　④ ㉡, ㉣

31 다음 기사에 나타난 문제 유형으로 가장 적절한 것은?

> 도색이 완전히 벗겨진 차선과 지워지기 직전의 흐릿한 차선이 서울 강남의 도로 여기저기서 발견되고 있다. 알고 보니 규격 미달의 불량 도료 때문이었다. 시공 능력이 없는 업체들이 서울시가 발주한 도색 공사를 따낸 뒤 브로커를 통해 전문 업체에 공사를 넘겼고, 이 과정에서 수수료를 떼인 전문 업체들은 손해를 만회하기 위해 값싼 도료를 사용한 것이다. 차선용 도료에 값싼 일반용 도료를 섞다 보니 야간에 차선이 잘 보이도록 하는 유리알이 제대로 붙어있지 못해 차선 마모는 더욱 심해졌다. 지난 4년간 서울 전역에서는 74건의 부실시공이 이뤄졌고, 공사 대금은 총 183억 원에 달하는 것으로 밝혀졌다.

① 발생형 문제로, 일탈 문제에 해당한다.
② 발생형 문제로, 미달 문제에 해당한다.
③ 탐색형 문제로, 잠재 문제에 해당한다.
④ 탐색형 문제로, 예측 문제에 해당한다.

32 다음은 친환경 농법 아이디어 공모전에 대한 참가자 가 ~ 자의 평가표이다. 다음 〈조건〉에 근거할 때, 예상 소모비용의 총합은?

〈친환경 농법 아이디어 공모전 평가표〉

구분	예상 소모비용 (만 원/월)	경제성	노동효율	접근성	환경영향력
가	500	A	A	B	C
나	750	B	B	C	A
다	900	C	A	A	A
라	600	B	B	B	B
마	850	B	C	A	A
바	950	C	B	C	A
사	550	A	A	A	C
아	800	B	A	A	A
자	700	A	B	C	B

※ 평가등급은 A – B – C 순임

조건

- 접근성 평가는 고려하지 않는다.
- 환경영향력이 최저등급인 참가자는 모두 제외한다.
- 환경영향력을 제외한 분야별로 최고등급인 참가자를 모두 채택한다.

① 1,700만 원/월
② 2,100만 원/월
③ 2,400만 원/월
④ 3,150만 원/월

33 다음 글과 〈조건〉을 근거로 판단할 때, 출장을 함께 갈 수 있는 직원들의 조합으로 옳은 것은?

A은행 B지점 직원들은 3월 11일 회계감사 관련 서류 제출을 위해 본점으로 출장을 가야 한다. 오전 8시 정각 출발이 확정되었으며, 출발 후 B지점에 복귀하기까지 총 8시간이 소요된다. 단, 비가 오는 경우 1시간이 추가로 소요된다.

- 출장인원 중 한 명이 직접 운전하여야 하며, '1종 보통 운전면허' 소지자만 운전할 수 있다.
- 출장시간에 사내 업무가 겹치는 경우에는 출장을 갈 수 없다.
- 출장인원 중 부상자가 포함되어 있는 경우, 서류 박스 운반 지연으로 인해 30분이 추가로 소요된다.
- 차장은 책임자로서 출장인원에 적어도 한 명 포함되어야 한다.
- 주어진 조건 외에는 고려하지 않는다.

조건

- 3월 11일은 하루 종일 비가 온다.
- 3월 11일 당직 근무는 17시 10분에 시작한다.
- B지점 직원별 상황

구분	직급	운전면허	건강상태	출장 당일 사내 업무
갑	차장	1종 보통	부상	없음
을	차장	2종 보통	건강	17시 15분 계약업체 면담
병	과장	없음	건강	17시 35분 고객 상담
정	과장	1종 보통	건강	당직 근무
무	대리	2종 보통	건강	없음

① 갑, 을, 병　　② 갑, 병, 정
③ 을, 병, 무　　④ 을, 정, 무

34 다음 글을 근거로 판단할 때, 사과 사탕 1개와 딸기 사탕 1개를 함께 먹은 사람과 E가 먹은 사탕이 바르게 짝지어진 것은?

사과 사탕, 포도 사탕, 딸기 사탕이 각각 2개씩 있다. A～E 5명 중 1명이 사과 사탕 1개와 딸기 사탕 1개를 함께 먹고, 다른 4명이 남은 사탕을 각각 1개씩 먹었다. 이 사실만을 알고 A～E 5명은 차례대로 다음과 같이 말했으며, 모두 진실을 말하였다.

- A : 나는 포도 사탕을 먹지 않았어.
- B : 나는 사과 사탕만을 먹었어.
- C : 나는 사과 사탕을 먹지 않았어.
- D : 나는 사탕을 한 종류만 먹었어.
- E : 너희 말을 다 듣고 아무리 생각해봐도 나는 딸기 사탕을 먹은 사람 두 명 다 알 수는 없어.

① A, 포도 사탕 1개　　② A, 딸기 사탕 1개
③ C, 포도 사탕 1개　　④ C, 딸기 사탕 1개

35 다음 교통수단별 시간에 대한 자료를 참고할 때, 오전 9시에 회사에서 출발해 전주역까지 가장 먼저 도착하는 교통수단은?(단, 자료에 제시된 시간 이외는 고려하지 않는다)

〈회사 → 서울역 간 교통편〉

구분	소요시간	출발시간
A버스	24분	매시 20분, 40분
B버스	40분	매시 정각, 20분, 40분
지하철	20분	매시 30분

〈서울역 → 전주역 간 교통편〉

구분	소요시간	출발시간
새마을호	3시간	매시 정각부터 5분 간격
KTX	1시간 32분	9시 정각부터 45분 간격

① A버스 – 새마을호
② B버스 – KTX
③ B버스 – 새마을호
④ 지하철 – KTX

36 다음 글을 읽고 B구역 청소를 하는 요일을 모두 고르면?

갑레스토랑은 매주 1회 휴업일(수요일)을 제외하고 매일 영업한다. 갑레스토랑의 청소시간은 영업일 저녁 9시부터 10시까지이다. 이 시간에 A구역, B구역, C구역 중 하나를 청소한다. 청소의 효율성을 위하여 청소를 한 구역은 바로 다음 영업일에는 하지 않는다. 각 구역은 매주 다음과 같이 청소한다.

- A구역 청소는 일주일에 1회 한다.
- B구역 청소는 일주일에 2회 하되, B구역 청소를 한 후 영업일과 휴업일을 가리지 않고 이틀간은 B구역 청소를 하지 않는다.
- C구역 청소는 일주일에 3회 하되, 그중 1회는 일요일에 한다.

① 월요일, 목요일
② 월요일, 금요일
③ 월요일, 토요일
④ 화요일, 금요일

37 **다음 글을 읽고 A학자의 언어체계에서 표기와 그 의미를 연결한 내용으로 옳지 않은 것은?**

> A학자는 존재하는 모든 사물들을 자연적인 질서에 따라 나열하고 그것들의 지위와 본질을 표현하는 적절한 기호를 부여하면 보편언어를 만들 수 있다고 생각했다.
> 이를 위해 A학자는 우선 세상의 모든 사물을 40개의 '속(屬)'으로 나누고, 속을 다시 '차이(差異)'로 세분했다. 예를 들어 8번째 속인 돌은 순서대로 아래와 같이 6개의 차이로 분류된다.
> (1) 가치 없는 돌
> (2) 중간 가치의 돌
> (3) 덜 투명한 가치 있는 돌
> (4) 더 투명한 가치 있는 돌
> (5) 물에 녹는 지구의 응결물
> (6) 물에 녹지 않는 지구의 응결물
> 이 차이는 다시 '종(種)'으로 세분화되었다. 예를 들어, '가치 없는 돌'은 그 크기, 용도에 따라서 8개의 종으로 분류되었다.
> 이렇게 사물을 전부 분류한 다음에 A학자는 속, 차이, 종에 문자를 대응시키고 표기하였다.
> 예를 들어, 7번째 속부터 10번째 속까지는 다음과 같이 표기된다.
> (7) 원소 : de
> (8) 돌 : di
> (9) 금속 : do
> (10) 잎 : gw
> 차이를 나타내는 표기는 첫 번째 차이부터 순서대로 b, d, g, p, t, c, z, s, n을 사용했고, 종은 순서대로 w, a, e, i, o, u, y, yi, yu를 사용했다. 따라서 'di'는 돌을 의미하고 'dib'는 가치 없는 돌을 의미하며, 'diba'는 가치 없는 돌의 두 번째 종을 의미한다.

① ditu – 물에 녹는 지구의 응결물의 여섯 번째 종
② gwpyi – 잎의 네 번째 차이의 네 번째 종
③ dige – 덜 투명한 가치 있는 돌의 세 번째 종
④ deda – 원소의 두 번째 차이의 두 번째 종

38 A은행은 사무실 리모델링을 하면서 기획조정 1 ~ 3팀과 미래전략 1 ~ 2팀, 홍보팀, 보안팀, 인사팀의 사무실 위치를 이동하였다. 다음 〈조건〉이 참일 때, 이동한 사무실 위치에 대한 설명으로 옳은 것은?

1실	2실	3실	4실
복도			
5실	6실	7실	8실

조건

- 기획조정 1팀과 미래전략 2팀은 홀수실이며, 복도를 사이에 두고 마주보고 있다.
- 홍보팀은 5실이다.
- 미래전략 2팀과 인사팀은 나란히 있다.
- 보안팀은 홀수실이며, 맞은편 대각선으로 가장 먼 곳에는 인사팀이 있다.
- 기획조정 3팀과 2팀은 한 실을 건너 나란히 있고 2팀이 3팀보다 실 번호가 높다.

① 인사팀은 6실에 위치한다.

② 미래전략 1팀은 7실에 위치한다.

③ 기획조정 1팀은 기획조정 2팀과 3팀 사이에 위치한다.

④ 미래전략 2팀과 기획조정 3팀은 같은 라인에 위치한다.

39 A는 사내 여행 동아리의 회원이고 이번 주말에 반드시 여행에 참가할 계획이다. 다음 〈조건〉에 따라 A ~ E 5명의 회원들이 여행에 참가할 때, 여행에 참석하는 사람을 모두 고르면?

조건

- C가 여행에 참가하지 않으면, A도 참가하지 않는다.
- E가 여행에 참가하지 않으면, B는 여행에 참가한다.
- D가 여행에 참가하지 않으면, B도 여행에 참가하지 않는다.
- E가 여행에 참가하면, C는 참가하지 않는다.

① A, B
② A, B, C
③ A, B, D
④ A, B, C, D

40 다음은 청년전세임대주택에 대한 자료이다. 이에 대한 설명으로 옳지 않은 것은?

〈청년전세임대주택〉

• 입주자격

무주택요건 및 소득·자산기준을 충족하는 다음의 사람

① 본인이 무주택자이고 신청 해당연도 대학에 재학 중이거나 입학·복학예정인 만 19세 미만 또는 만 39세 초과 대학생

② 본인이 무주택자이고 대학 또는 고등·고등기술학교를 졸업하거나 중퇴한 후 2년 이내이며 직장에 재직 중이지 않은 만 19세 미만 또는 만 39세 초과 취업준비생

③ 본인이 무주택자이면서 만 19세 이상 39세 이하인 사람

• 임대조건

– 임대보증금 : 1순위 100만 원, 2·3순위 200만 원

– 월임대료 : 전세지원금 중 임대보증금을 제외한 금액에 대한 연 1～2% 이자 해당액

• 호당 전세금 지원 한도액

구분		수도권	광역시
단독거주	1인 거주	1.2억 원	9천 5백만 원
공동거주 (셰어형)	2인 거주	1.5억 원	1.2억 원
	3인 거주	2.0억 원	1.5억 원

※ 지원 한도액을 초과하는 전세주택은 초과하는 전세금액을 입주자가 부담할 경우 지원 가능. 단, 전세금 총액은 호당 지원 한도액의 150% 이내로 제한(셰어형은 200% 이내)

① 만 39세를 초과한 경우에도 입주자격을 갖출 수 있다.

② 호당 전세금 지원 한도액은 수도권이 광역시보다 높다.

③ 주택을 보유한 경우 어떠한 유형으로도 입주대상자에 해당되지 않는다.

④ 수도권에 위치한 3인 공동거주 형태의 경우, 최대 4.0억 원까지 지원받을 수 있다.

41 고객 A와 B는 N사의 보험에 가입하려고 한다. 제시된 고객 정보와 보험상품 정보를 고려하여 각각의 고객에게 추천할 최적의 보험을 바르게 연결한 것은?

〈고객 정보〉

- A는 만 62세로, 2년 전 당뇨 진단을 받은 이력이 있다. 암 보장형 상품을 가장 선호하며, 납입주기가 월납인 보험을 가입하고자 한다. 세제혜택 가능 여부에 대하여는 관심이 없으나 납입한 보험료를 전액 돌려받을 수 있는 상품 가입을 선호하며, 보험료 인상이 되도록 없는 상품에 가입하고자 한다.
- B는 만 48세로, 현재까지 특별한 병력은 없으나 건강에 대한 염려로 인해 앞으로 건강검진을 자주 받고자 한다. 보험상품이 필요한 기간만 가입하는 것을 선호하고, 정기적인 보험료 납입보다 단발성 납입을 선호한다.

〈보험상품 정보〉

구분	(가)보험	(나)보험	(다)보험
상품특징	• 보험료 인상 없이 주요 질환 110세까지 보장 • 기납입 보험료 최대 80% 환급	• 보장기간 100세까지 보험료 인상 없이 보장 • 유병자 / 고령자도 가입 가능 (간편가입형) • 납입한 보험료 100% 환급	• 건강검진에서 자주 발견되는 종양, 폴립 즉시 보장 • 간경변증, 당뇨 진단과 성인특정질환 수술급여금 보장
납입주기	• 월납, 연납, 일시납	• 월납	• 일시납
가입나이	• 만 15 ~ 최고 65세	• (일반가입) 만 15 ~ 60세 • (간편가입) 만 40 ~ 70세	• 만 20 ~ 60세
보험기간	• 80세 만기, 110세 만기	• 100세	• 1년, 3년
가입한도	−	−	• 100만 원
가입형태	• 암 보장형, 3대 질병 보장형	• 암 보장형, 3대 질병 보장형	• 단일플랜
세제혜택	• 보장성보험 세액공제 적용 가능	−	−

	A	B
①	(가)보험	(가)보험
②	(가)보험	(다)보험
③	(나)보험	(가)보험
④	(나)보험	(다)보험

42 A공장에서 제조하는 볼트의 일련번호는 다음과 같이 구성된다. 일련번호는 '형태 – 허용압력 – 직경 – 재질– 용도' 순으로 표시할 때, 다음 중 직경이 14mm이고, 자동차에 쓰이는 스테인리스 볼트의 일련번호로 옳은 것은?

〈볼트 일련번호 구성〉

형태	나사형	육각	팔각	별
	SC	HX	OT	ST
허용압력(kg/cm^2)	10 ~ 20	21 ~ 40	41~60	61 이상
	L	M	H	P
직경(mm)	8	10	12	14
	008	010	012	014
재질	플라스틱	크롬 도금	스테인리스	티타늄
	P	CP	SS	Ti
용도	항공기	선박	자동차	일반
	A001	S010	M110	E100

① SCP014TiE100
② OTH014SSS010
③ STM012CPM110
④ HXL014SSM110

43 K발전소에는 1 ~ 30번의 발전기가 30개 있고 직원들은 이를 테스트하려고 한다. 다음 〈조건〉을 모두 고려했을 때, 옳지 않은 것은?

조건

- 첫 시행에서는 1번 발전기부터 시작해 30번 발전기까지 모든 발전기를 테스트한다.
- 두 번째 시행에서는 2번 발전기부터 시작해 한 개씩 건너뛰어 테스트한다(2번, 4번, 6번, …, 30번).
- 세 번째 시행에서는 3번 발전기부터 시작해 두 개씩 건너뛰어 테스트한다(3번, 6번, 9번, …, 30번).
- 이후 같은 방식으로 테스트하다 30번째 시행에서 테스트를 마친다.

① 2회만 테스트한 발전기는 총 10대다.
② 8번의 테스트를 거친 발전기는 총 2대다.
③ 30번 발전기는 9번의 테스트를 거치게 된다.
④ 1번의 테스트를 거치는 것은 1번 발전기뿐이다.

PART 3

44 국내 금융그룹의 SWOT 분석 결과가 다음과 같을 때, 분석 결과에 대응하는 전략과 그 내용이 바르게 연결된 것은?

〈SWOT 분석 결과〉

S(강점)	W(약점)
• 탄탄한 국내시장 지배력 • 뛰어난 위기관리 역량 • 우수한 자산건전성 지표 • 수준 높은 금융 서비스	• 은행과 이자수익에 편중된 수익구조 • 취약한 해외 비즈니스와 글로벌 경쟁력 • 낙하산식 경영진 교체와 관치금융 우려 • 외화 자금 조달 리스크
O(기회)	**T(위협)**
• 해외 금융시장 진출 확대 • 기술 발달에 따른 핀테크의 등장 • IT 인프라를 활용한 새로운 수익 창출 • 계열사 간 협업을 통한 금융 서비스	• 새로운 금융 서비스의 등장 • 은행의 영향력 약화 가속화 • 글로벌 금융사와의 경쟁 심화 • 비용 합리화에 따른 고객 신뢰 저하

① SO전략 : 해외 비즈니스TF팀 신설로 상반기 해외 금융시장 진출 대비
② ST전략 : 금융 서비스를 다방면으로 확대해 글로벌 경쟁사와의 경쟁에서 우위 차지
③ WO전략 : 국내의 탄탄한 시장점유율을 기반으로 핀테크 사업 진출
④ WT전략 : 국내 금융사의 우수한 자산건전성 지표를 홍보하여 고객 신뢰 회복

45 다음 주에 방문하는 고객사 임직원들의 숙소를 예약하려고 한다. 다음 자료를 참고하여 예약할 호텔과 비용이 바르게 짝지어진 것은?

〈호텔별 숙박 요금표〉

(단위 : 원)

구분	스위트룸(1박)	디럭스룸(1박)	싱글룸(1박)	조식요금	참고
A호텔	1,000,000	250,000	180,000	35,000	스위트룸, 디럭스룸 숙박료에 조식 포함
B호텔	950,000	300,000	150,000	45,000	전체 5실 이상 예약 시 전체 숙박료 10% 할인
C호텔	1,000,000	300,000	120,000	40,000	스위트룸 2박 이상 연박 시 해당 객실 숙박료 10% 할인

〈예약 준비사항〉

• 예약비용을 최소화하면서 모든 임직원이 동일한 호텔에 묵을 수 있도록 한다.
• 모든 임직원이 매일 아침 조식을 먹을 수 있도록 준비한다.
• 각 객실에는 1명이 묵으며, 스위트룸 1실, 디럭스룸 2실, 싱글룸 4실이 필요하다.
• 바이어들의 체류일정은 2박 3일이다.

① A, 455만 원　　② B, 450만 원
③ B, 452만 원　　④ C, 450만 원

46 A회사는 7월 중에 신입사원 면접을 계획하고 있다. 면접에는 마케팅팀과 인사팀 차장, 인사팀 부장과 과장, 총무팀 주임이 1명씩 참여한다. 면접은 6 ~ 7월에 계획된 여름 휴가 일정과 겹치지 않게 진행한다고 할 때, 다음 중 면접이 가능한 날짜는?

휴가 규정	팀별 휴가 시작일
• 차장급 이상 : 4박 5일 • 대리 ~ 과장 : 3박 4일 • 사원 ~ 주임 : 2박 3일	• 마케팅팀 : 6월 29일 • 인사팀 : 7월 6일 • 총무팀 : 7월 1일

① 7월 1일
② 7월 3일
③ 7월 5일
④ 7월 7일

47 자동차 회사에서 기계설비를 담당하는 귀하는 12월 주말근무표 초안을 작성하였으며, 이를 토대로 대체근무자를 미리 반영하려고 한다. 다음 중 귀하가 배정한 인원으로 옳지 않은 것은?

• 주말근무 규정
① 1 ~ 3팀은 순차적으로 주말근무를 실시한다.
② 주말근무 후에는 차주 월요일(토요일 근무자) 및 화요일(일요일 근무자)을 휴무일로 한다.
③ 주말 이틀 연속 근무는 금한다.
④ 주말근무 예정자가 개인사정으로 인하여 근무가 어렵다면, 해당 주 휴무이거나 근무가 없는 팀의 일원 1명과 대체한다.

• 12월 주말근무표

구분	1주 차		2주 차		3주 차		4주 차	
	5일(토)	6일(일)	12일(토)	13일(일)	19일(토)	20일(일)	26일(토)	27일(일)
근무팀	1팀	2팀	3팀	1팀	2팀	3팀	1팀	2팀

• 기계설비부 명단
– 1팀 : 강단해(팀장), 마징가, 차도선, 이방원, 황이성, 강의찬
– 2팀 : 사차원(팀장), 박정훈, 이도균, 김선우, 정선동, 박아천
– 3팀 : 마강수(팀장), 이정래, 하선오, 이광수, 김동수, 김대호

	휴무예정일자	휴무예정자	사유	대체근무자	대체근무일
①	12/5(토)	차도선	가족여행	하선오	12/12(토)
②	12/12(토)	이정래	지인 결혼식	박정훈	12/27(일)
③	12/19(토)	이도균	건강검진	이방원	12/13(일)
④	12/20(일)	이광수	가족여행	강의찬	12/26(토)

48 K사 B과장이 내년에 해외근무 신청을 하기 위해서는 다음과 같은 기준을 만족해야 한다. B과장이 지금까지 글로벌 경영교육 17시간, 해외사무영어교육 50시간, 국제회계교육 24시간을 이수하였다면, 의무 교육이수 기준에 미달인 과목과 그 과목의 부족한 점수는 몇 점인가?

〈의무 교육이수 기준〉

(단위 : 점)

구분	글로벌 경영	해외사무영어	국제회계
이수 완료 점수	15	60	20
시간당 점수	1	1	2

※ 초과 이수 시간은 시간당 0.2점으로 환산하여 해외사무영어 점수에 통합함

	과목	점수
①	해외사무영어	6.8점
②	해외사무영어	7.0점
③	글로벌경영	7.0점
④	국제회계	6.8점

49 A은행에서는 2월 셋째 주에 연속 이틀에 걸쳐 본사에 있는 B강당에서 인문학 특강을 진행하려고 한다. B강당을 이용할 수 있는 날과 강사의 스케줄을 고려할 때 섭외 가능한 강사는?

〈B강당 이용 가능 날짜〉

구분	월요일	화요일	수요일	목요일	금요일
오전(9 ~ 12시)	×	○	×	○	○
오후(13 ~ 14시)	×	×	○	○	×

※ 가능 : ○, 불가능 : ×

〈섭외 강사 후보 스케줄〉

A강사	매주 수 ~ 목요일 10 ~ 14시 문화센터 강의
B강사	첫째·셋째 주 화·목요일 10 ~ 14시 대학교 강의
C강사	매월 첫째 ~ 셋째 주 월·수요일 오후 12 ~ 14시 면접 강의
D강사	매주 수요일 오후 13 ~ 16시, 금요일 오전 9 ~ 12시 도서관 강좌
E강사	매월 첫째·셋째 주 화 ~ 목요일 오전 9 ~ 11시 강의

※ A은행 본사까지의 이동거리와 시간은 고려하지 않음

※ 강의는 연속 이틀로 진행되며 강사는 동일해야 함

① A, B강사 ② B, C강사

③ C, D강사 ④ C, E강사

50 M은행에서는 약 2개월 동안 근무할 인턴사원을 선발하고자 다음과 같은 공고를 게시하였다. 이에 지원한 A ~ D 중에서 M은행의 인턴사원으로 가장 적절한 지원자는?

〈인턴 모집 공고〉

- 근무기간 : 약 2개월(6 ~ 8월)
- 자격요건
  - 1개월 이상 경력자
  - 포토샵 가능자
  - 근무시간(9 ~ 18시) 이후에도 근무가 가능한 자
- 기타사항
  - 경우에 따라서 인턴기간이 연장될 수 있음

〈지원자 정보〉

A지원자	• 경력사항 : 출판사 3개월 근무 • 컴퓨터 활용 능력 中(포토샵, 워드 프로세서) • 대학 휴학 중(9월 복학 예정)
B지원자	• 경력사항 : 없음 • 포토샵 능력 우수 • 전문대학 졸업
C지원자	• 경력사항 : 마케팅 회사 1개월 근무 • 컴퓨터 활용 능력 上(포토샵, 워드 프로세서, 파워포인트) • 4년제 대학 졸업
D지원자	• 경력사항 : 제약 회사 3개월 근무 • 포토샵 가능 • 저녁 근무 불가

① A지원자 ② B지원자
③ C지원자 ④ D지원자

PART 3

51 지우네 가족은 명절을 맞아 주말에 할머니 댁에 가기로 하였다. 다음 자료를 참고하여 〈조건〉에 맞는 교통편을 고를 때, 교통편과 그에 따라 지불해야 할 총교통비는?

〈교통편별 비용 및 세부사항〉

구분	인당 왕복 금액	걸리는 시간	집과의 거리	비고
비행기	119,000원	45분	1.2km	3인 이상 총금액 3%할인
E열차	134,000원	2시간 11분	0.6km	4인 가족 총금액 5%할인
P버스	116,000원	2시간 25분	1.0km	–
K버스	120,000원	3시간 02분	1.3km	1,000원씩 할인 프로모션

※ 걸리는 시간은 편도기준이며, 집과의 거리는 집에서 교통편까지 거리임

조건

- 지우네 가족은 성인 4명이다.
- 집에서 교통편 타는 곳까지 1.2km 이하여야 한다.
- 계획한 총교통비는 50만 원 이하이다.
- 왕복 시간은 5시간 이하이다.
- 가장 저렴한 교통편을 이용한다.

	교통편	총교통비
①	비행기	461,720원
②	E열차	461,720원
③	P버스	464,000원
④	P버스	561,620원

52 K은행은 직원들에게 매월 25일 월급을 지급하고 있다. A대리는 이번 달 급여명세서를 보고 자신의 월급이 잘못 나왔음을 알았다. 다음 달 A대리가 상여금과 다른 수당들이 없고 기본급과 식대, 소급액만 받는다고 할 때, 다음 〈조건〉을 참고하여 소급된 금액과 함께 받을 월급은 총 얼마인가?(단, 4대 보험은 국민연금, 건강보험, 장기요양, 고용보험이며, 각 항목의 금액은 10원 미만 절사한다)

〈급여명세서〉

(단위 : 원)

성명 : A	직책 : 대리	지급일 : 2025-10-25	
지급항목	지급액	공제항목	공제액
기본급	2,000,000	소득세	17,000
야근수당(2일)	80,000	주민세	1,950
휴일수당	–	고용보험	13,000
상여금	50,000	국민연금	90,000
기타	–	장기요양	4,360
식대	100,000	건강보험	67,400
교통비	–	연말정산	–
복지후생	–		
		공제합계	193,710
급여합계	2,230,000	차감수령액	2,036,290

조건

- 국민연금은 9만 원이고, 건강보험은 기본급의 6.24%이며 회사와 50%씩 부담한다.
- 장기요양은 건강보험 총금액의 7% 중 50%만 내고 고용보험은 13,000원이다.
- 야근수당은 하루당 기본급의 2%이며, 상여금은 5%이다.
- 다른 항목들의 금액은 급여명세서에 명시된 것과 같으며 매달 같은 조건이다.
- 잘못 계산된 금액은 다음 달에 소급한다.

① 1,865,290원　② 1,866,290원
③ 1,924,290원　④ 1,966,290원

53 A기업 영업팀이 다음 〈조건〉에 따라 회의가 가능한 시간에 맞춰 회의실을 예약하고자 할 때, 회의실을 예약할 가장 적절한 시간은?

조건

- 영업팀은 강부장, 성과장, 양과장, 김주임, 민사원, 신사원, 한사원으로 구성되어 있다.
- 전 팀원이 회의에 참석한다.
- 회의 진행 시간은 1시간이다.
- 근무시간은 10:00 ~ 19:00이고 점심시간은 13:00 ~ 14:00이며, 식사시간에는 회의를 하지 않는다.
- 강부장은 외부 업체와 협업에 대한 논의 사항이 있어 외근을 나가 점심식사 후에 사무실에 들어온다.
- 성과장은 신규 브랜드 론칭으로 외부 협력업체와 점심식사 약속이 있어 13:00부터 3시간 동안 부재이다.
- 양과장은 어머니 건강검진 건으로 오전 반차를 신청하여 점심식사 후에 출근한다.
- 김주임과 민사원은 타 부서와의 협업 진행 건으로 11:00 ~ 13:00에 회의 진행 예정이다.
- 신사원과 한사원은 시장조사 건으로 17:00에 외근을 나간 뒤 바로 퇴근할 예정이다.

① 11:00 ~ 12:00　　② 12:00 ~ 13:00
③ 14:00 ~ 15:00　　④ 16:00 ~ 17:00

54 B씨는 정원이 12명이고 개인 회비가 1인당 20,000원인 모임의 총무이다. 정기 모임을 카페에서 열기로 했는데 음료를 1잔씩 주문하고 음료와 곁들일 디저트도 2인에 1개씩 시킬 예정이다. 〈조건〉에 따라 가장 저렴하게 먹을 수 있는 방법으로 메뉴를 주문한 후 남는 돈은?(단, 2명은 커피를 마시지 못한다)

COFFEE		NON-COFFEE		DESSERT	
아메리카노	3,500원	그린티라테	4,500원	베이글	3,500원
카페라테	4,100원	밀크티라테	4,800원	치즈케이크	4,500원
카푸치노	4,300원	초코라테	5,300원	초코케이크	4,700원
카페모카	4,300원	곡물라테	5,500원	티라미수	5,500원

조건

- 10잔 이상의 음료 또는 디저트를 구매하면 4,500원 이하의 음료 2잔이 무료로 제공된다.
- 세트 메뉴로 음료와 디저트를 구매하면 해당 메뉴 금액의 10%가 할인된다.

① 175,000원　　② 178,500원
③ 180,500원　　④ 188,200원

55 해외영업부에서 근무하는 K부장은 팀원과 함께 해외출장을 가게 되었다. 인천공항에서 한국 시간으로 7월 14일 09:00에 모스크바로 출발하고, 모스크바에서 일정시간 동안 체류한 후, 영국 시간으로 7월 14일 18:30에 런던에 도착하는 일정이라고 할 때, K부장이 모스크바에 체류한 시간으로 옳은 것은?

구분	출발	도착	비행시간
인천 → 모스크바	7월 14일 09:00		9시간 30분
모스크바 → 런던		7월 14일 18:30	4시간

※ 시차정보(GMT기준) : 영국 0, 러시아 +3, 한국 +9

① 1시간 ② 2시간
③ 3시간 ④ 5시간

PART 3

56 다음 〈보기〉에 따라 사원 A ~ D가 성과급을 다음과 같이 나눠가졌을 때, 총성과급은 얼마인가?

보기
- A는 총성과급의 3분의 1에 20만 원을 더 받았다.
- B는 그 나머지 성과급의 2분의 1에 10만 원을 더 받았다.
- C는 그 나머지 성과급의 3분의 1에 60만 원을 더 받았다.
- D는 그 나머지 성과급의 2분의 1에 70만 원을 더 받았다.

① 840만 원 ② 900만 원
③ 960만 원 ④ 1,020만 원

57 A은행에서는 9월 1일 월요일부터 한 달 동안 임직원을 대상으로 금연교육 4회, 금주교육 3회, 성교육 2회를 실시하려고 한다. 다음 〈조건〉을 참고할 때, 교육 일정에 대한 설명으로 옳은 것은?

조건
- 금연교육은 정해진 같은 요일에만 주 1회 실시하고, 화·수·목요일 중에 해야 한다.
- 금주교육은 월요일과 금요일을 제외한 다른 요일에 시행하며, 주 2회 이상은 실시하지 않는다.
- 성교육은 9월 10일 이전, 같은 주에 이틀 연속으로 실시한다.
- 9월 22일 ~ 26일은 워크숍 기간이고, 이 기간에는 어떠한 교육도 실시할 수 없다.
- 교육은 하루에 하나만 실시할 수 있고, 토요일과 일요일에는 교육을 실시할 수 없다.
- 계획한 모든 교육을 반드시 9월 안에 완료하여야 한다.

① 금연교육이 가능한 요일은 화요일과 수요일이다.
② 금주교육은 같은 요일에 실시되어야 한다.
③ 금주교육은 4월 마지막 주에도 실시된다.
④ 9월 30일에도 교육이 있다.

58 다음은 A사의 승진 규정과 승진후보자 정보이다. 이에 따를 때, 2025년 현재 직급이 대리인 직원은?

〈승진 규정〉

- 2024년까지 근속연수가 3년 이상인 자를 대상으로 한다.
- 출산휴가 및 병가 기간은 근속연수에서 제외한다.
- 평가연도 업무평가 점수가 80점 이상인 자를 대상으로 한다.
- 평가연도 업무평가 점수는 직전연도 업무평가 점수에서 벌점을 차감한 점수이다.
- 벌점은 결근 1회당 －10점, 지각 1회당 －5점이다.
- 직급은 사원 → 주임 → 대리 → 과장 순으로 높아진다.

〈승진후보자 정보〉

구분	근무기간	작년 업무평가	근태현황		기타
			지각	결근	
A사원	1년 4개월	79	1	－	－
B주임	3년 1개월	86	－	1	출산휴가 35일
C대리	7년 1개월	89	1	1	병가 10일
D과장	10년 3개월	82	－	－	－
E차장	12년 7개월	81	2	－	－

① A사원
② B주임
③ C대리
④ D과장

59 다음 대화 내용에 따라 A팀장과 B사원이 함께 시장조사를 하러 갈 수 있는 시간대로 옳은 것은? (단, 근무시간은 09:00 ~ 18:00, 점심시간은 12:00 ~ 13:00이다)

A팀장 : B씨, 저번에 우리가 함께 진행했던 제품이 오늘 출시된다고 하네요. 시장에서 어떤 반응이 있는지 조사하러 가야 할 것 같아요.

B사원 : 네, 팀장님. 그런데 오늘 갈 수 있을지 의문입니다. 우선 오후 4시에 사내 정기강연이 예정되어 있고 초청강사가 와서 시간관리 강의를 한다고 합니다. 아마 2시간 정도 걸릴 것 같은데, 저는 강연준비로 30분 정도 일찍 가야 할 것 같습니다. 그리고 부서장님께서 요청하셨던 기획안도 오늘 퇴근 전까지 제출해야 하는데, 팀장님 검토시간까지 고려하면 2시간 정도 소요될 것 같습니다.

A팀장 : 오늘도 역시 할 일이 참 많네요. 지금이 11시니까 열심히 업무를 하면 1시간 정도는 시장에 다녀올 수 있겠네요. 먼저 기획안부터 마무리 짓도록 합시다.

B사원 : 네, 알겠습니다. 팀장님, 오늘 점심은 된장찌개 괜찮으시죠? 바쁘니까 예약해두겠습니다.

① 11:00 ~ 12:00
② 13:00 ~ 14:00
③ 14:00 ~ 15:00
④ 15:00 ~ 16:00

60 인사팀의 4월 월간 일정표와 〈조건〉을 고려하여 인사팀의 1박 2일 워크숍 날짜를 결정하려고 한다. 다음 중 인사팀의 워크숍 날짜로 가장 적절한 것은?

〈4월 월간 일정표〉

월	화	수	목	금	토	일
	1	2 오전 10시 연간 채용계획 발표(A팀장)	3	4 오전 10시 주간업무보고 오후 7시 B대리 송별회	5	6
7	8 오후 5시 총무팀과 팀 연합회의	9	10	11 오전 10시 주간업무보고	12	13
14 오전 11시 승진대상자 목록 취합 및 보고(C차장)	15	16	17 A팀장 출장	18 오전 10시 주간업무보고	19	20
21 오후 1시 팀미팅(30분 소요 예정)	22	23 D사원 출장	24 외부인사 방문 일정	25 오전 10시 주간업무보고	26	27
28 E대리 휴가	29	30				

조건

- 워크숍은 평일로 한다.
- 워크숍에는 모든 팀원들이 빠짐없이 참석해야 한다.
- 워크숍 일정은 첫날 오후 3시 출발하여 다음 날 오후 2시까지이다.
- 다른 팀과 함께 하는 업무가 있는 주에는 워크숍 일정을 잡지 않는다.
- 매월 말일에는 월간 업무 마무리를 위해 워크숍 일정을 잡지 않는다.

① 4월 9 ~ 10일
② 4월 18 ~ 19일
③ 4월 21 ~ 22일
④ 4월 28 ~ 29일

※ 다음 신문 사설을 읽고, 이어지는 질문에 답하시오. [61~62]

〈국제관광지 먹칠하는 대중교통의 불친절〉
– 제주일보 –

여러 사람에게 교통 서비스를 제공하는 대중교통은 무엇보다도 친절이 중요한 요소다. 승객들에게 얼마나 친절하느냐에 따라 교통 서비스의 질을 크게 좌우한다고 해도 과언이 아니다. 그런데 도내 대중교통의 불친절 사례가 잇따라 불거지고 있어 안타깝다.

본 보도에 따르면 지난주 오전 출근시간 서귀포에서 제주시로 운행하는 시외버스에서 기사와 승객 간 실랑이가 벌어졌다. 기사가 버스에 막 오른 할머니에게 빨리 의자에 앉지 않는다고 고함을 친 것이다. 이에 할머니는 몸이 불편해서 빨리 움직일 수 없다고 받아치면서 시작된 실랑이가 운행 중에도 20여 분 넘게 이어졌다. 다음 날 같은 시간대 같은 노선버스에서는 기사가 관광객들을 일방적으로 몰아붙인 사건이 있었다. 여행가방을 든 20대 여성 2명이 버스가 도착하자 운전기사의 도움 없이 짐칸에 가방을 밀어 넣느라 다소 시간이 소요되자 기사는 관광객들에게 "빨리빨리 좀 하라."며 반말로 소리를 질렀고 관광객들은 무슨 잘못을 저지른 것처럼 움츠러들었다.

최근 제주관광을 다녀간 J씨는 '제주도 다시는 가고 싶지 않습니다.'라는 제목으로 제주도 관광신문고에 민원을 제기했다. J씨는 "자유여행으로 버스를 이용했는데 목적지가 어디냐고 언성을 높이면서 짜증을 부리고, 어떤 버스기사는 목적지를 늦게 대답했다고 노려봤다."며 불쾌했던 심정을 털어놨다. J씨는 또 "중앙선을 침범하면서 질주하는데 무슨 레이싱 게임을 하는 줄 알았다."라고 버스의 위험한 질주를 고발하기도 했다. 실제로 제주도청 홈페이지 자유게시판과 관광신문고에는 버스기사의 불친절과 안전을 위협하는 행태를 고발하는 민원이 끊이지 않고 있다. 게다가 대중교통시설 만족도 조사에서도 운전기사 불친절 등의 불만족 요인이 높게 나타났다.

제주도는 한해 국내외 관광객 1,300만 명이 찾는 명실상부한 국제관광도시다. 때문에 제주에 오는 손님들에게 '친절'은 아무리 강조해도 지나침이 없다. 주인인 제주도민들이 친절하지 않으면 누가 친절히 응대하겠는가. 특히 대중교통의 친절도는 관광도시의 인상을 심어주는 데 상당한 영향을 미치게 된다. 따라서 제주도는 버스업체에 보조금을 지원할 때 친절도 부문도 적극 반영할 필요가 있다.

61 다음 중 윗글의 사례에서 버스기사가 발휘해야 하는 태도로 옳지 않은 것은?

① 고객에게 감사하는 마음으로 존중
② 예의를 갖추고 정중하게 대하는 것
③ 미소와 함께 신속하게 대응하는 것
④ 효율적인 업무처리를 통한 신속한 응대

62 다음 중 버스기사의 친절도를 높이기 위한 직접적인 방안으로 옳지 않은 것은?

① 서비스와 봉사의 중요성에 대한 교육
② 기사별 친절 서비스 지수 평가
③ 고객에게 서비스 만족도 평가
④ 공무원들의 책임감 증가

63 **다음에서 설명하는 리더십의 유형은 무엇인가?**

> • 리더는 조직구성원 중 1명일 뿐이다.
> • 집단의 모든 구성원은 의사결정에 참여한다.
> • 집단의 모든 구성원은 집단의 행동 성과 및 결과에 대해 책임을 공유한다.

① 독재자 유형
② 변혁적 유형
③ 파트너십 유형
④ 민주주의에 근접한 유형

64 **다음 중 Win – Win 전략에 의거한 갈등 해결 단계로 옳지 않은 것은?**

① 비판적인 패러다임을 전환하는 등 충실한 사전 준비를 한다.
② 갈등 당사자의 입장을 명확히 한다.
③ 서로가 받아들일 수 있도록 중간지점에서 타협적으로 주고받아 해결점을 찾는다.
④ 상호 간에 중요한 기준을 명확히 말한다.

PART 3

65 **대인관계능력이 성공과 밀접한 관련이 있다고 할 경우, 다음 중 직장생활에서 성공하기 어려운 사람을 모두 고르면?**

> • B가 근무하는 부서에 신입사원 A가 입사하였다. 평소 B는 입사 때 회사 선배로부터 일을 제대로 못 배워 동기들보다 승진이 늦어졌다고 생각하여, A에게 일을 제대로 가르친다는 생각으로 잘한 점은 도외시하고 못한 점만 과도하게 지적하여 A가 항상 긴장 상태에서 일 처리를 하도록 하였다.
> • C의 입사동기이자 업무능력이 뛰어난 동료 D는 회사의 큰 프로젝트를 담당하고 있으며, 이 프로젝트를 성공리에 완수할 경우 올해 말에 C보다 먼저 승진할 가능성이 높다. 그럼에도 불구하고 D가 업무 도움을 요청하자 C는 흔쾌히 D의 업무를 도와주었다.
> • E는 자기 팀이 작년 연말평가에서 최하 등급을 받아 팀 내 분위기가 어수선해지자, 팀의 발전이 자신의 발전이라고 생각하였다. 그래서 매일 아침에 모닝커피를 타서 팀원 전체에게 돌리고, 팀 내의 힘들고 궂은일을 솔선수범하여 처리하였다.
> • F는 대인관계에서 가장 중요한 것은 인간관계 기법과 테크닉이라고 생각하였다. 그래서 진심에서 우러나오지는 않지만 항상 무엇을 말하느냐, 어떻게 행동하느냐를 중시하였다.

① B, C
② B, F
③ C, E
④ E, F

66 다음 중 빈칸 ㉠, ㉡에 들어갈 엑셀 프로그램의 기능으로 옳은 것은?

_____㉠_____은/는 특정 값의 변화에 따른 결괏값의 변화 과정을 한 번의 연산으로 빠르게 계산하여 표의 형태로 표시해 주는 도구이고, _____㉡_____은/는 비슷한 형식의 여러 데이터의 결과를 하나의 표로 통합하여 요약해 주는 도구이다.

	㉠	㉡
①	데이터 표	통합
②	정렬	시나리오 관리자
③	데이터 표	피벗 테이블
④	해 찾기	데이터 유효성 검사

67 다음 중 스프레드 시트의 차트에 대한 설명으로 옳지 않은 것은?

① 표면형 차트 : 두 개의 데이터 집합에서 최적의 조합을 찾을 때 사용한다.
② 방사형 차트 : 분산형 차트의 한 종류로 데이터 계열 간의 항목 비교에 사용한다.
③ 분산형 차트 : 데이터의 불규칙한 간격이나 묶음을 보여주는 것으로 주로 과학이나 공학용 데이터 분석에 사용한다.
④ 이중 축 차트 : 특정 데이터 계열의 값이 다른 데이터 계열의 값과 현저하게 차이가 날 경우나 두 가지 이상의 데이터 계열을 가진 차트에 사용한다.

68 다음 〈조건〉에 따라 [B3] 셀에 들어갈 함수식으로 옳은 것은?

	A	B
1	문자	왼쪽에서 2글자
2	가나다라마바사	가나
3	아자차카타파하	
4	123456789	12
5	abcdefg	ab

조건

[B3] 셀에 LEFT 함수를 활용하여 왼쪽에서 2글자만을 출력하고자 함

① =LEFT(A3,“파하”)
② =LEFT(A3,“아자”)
③ =LEFT(A3,“2”)
④ =LEFT(A3,2)

69 다음 시트를 참조하여 작성한 함수식 「=INDEX(B2:D9,2,3)」의 결괏값은?

	A	B	C	D
1	코드	정가	판매수량	판매가격
2	L-001	25,400	503	12,776,000
3	D-001	23,200	1,000	23,200,000
4	D-002	19,500	805	15,698,000
5	C-001	28,000	3,500	98,000,000
6	C-002	20,000	6,000	96,000,000
7	L-002	24,000	750	18,000,000
8	L-003	26,500	935	24,778,000
9	D-003	22,000	850	18,700,000

① 19,500
② 23,200,000
③ 1,000
④ 805

70 다음과 같이 G마트에서 파는 물건을 상품코드와 크기에 따라 엑셀 프로그램으로 정리하였다. 상품코드가 S3310897이고, 크기가 '중'인 물건의 가격을 구하는 함수식으로 옳은 것은?

	A	B	C	D	E	F
1						
2		상품코드	소	중	대	
3		S3001287	18,000	20,000	25,000	
4		S3001289	15,000	18,000	20,000	
5		S3001320	20,000	22,000	25,000	
6		S3310887	12,000	16,000	20,000	
7		S3310897	20,000	23,000	25,000	
8		S3311097	10,000	15,000	20,000	
9						

① =HLOOKUP(S3310897,$B$2:$E$8,6,0)
② =HLOOKUP("S3310897",$B$2:$E$8,6,0)
③ =VLOOKUP("S3310897",$B$2:$E$8,2,0)
④ =VLOOKUP("S3310897",$B$2:$E$8,3,0)

71 **다음은 K공사의 해외시장 진출 및 지원 확대를 위한 전략과제의 필요성을 제시한 자료이다. 이를 통해 도출된 과제의 추진방향으로 적절하지 않은 것은?**

> 〈전략과제 필요성〉
>
> • 해외시장에서 기관이 수주할 수 있는 산업 발굴
> • 국제사업 수행을 통한 경험 축적 및 컨소시엄을 통한 기술 · 노하우 습득
> • 해당 산업 관련 민간기업의 해외진출 활성화를 위한 실질적 지원

① 국제기관의 다양한 자금을 활용하여 사업을 발굴하고, 해당 사업의 해외진출을 위한 기술역량을 강화한다.

② 해외봉사활동 등과 연계하여 기관 이미지 제고 및 사업에 대한 사전조사, 시장조사를 통한 선제적 마케팅 활동을 추진한다.

③ 국제경쟁입찰의 과열 경쟁 심화와 컨소시엄 구성 시 민간기업과 업무배분, 이윤추구성향 조율에 어려움이 예상된다.

④ 해당 산업 민간(중소)기업을 대상으로 입찰정보 제공, 사업전략 상담, 동반 진출 등을 통한 실질적 지원을 확대한다.

72 **다음 글을 읽고 A대리가 근무시간에 여유가 생겼을 때 실천할 수 있는 행동으로 가장 적절한 것은?**

> A대리는 국내 유명 자동차 회사에 근무 중이다. 월요일부터 금요일까지 아침 9시가 되면 어김없이 출근해서 12시까지 일을 하고 점심을 먹는다. 점심식사 이후에 오후 1시부터 6시까지 일을 하여 하루 8시간 근무를 한다. A대리가 하는 일은 조립된 자동차의 안전점검을 하는 것이다. 하지만 요새 회사 실적이 안 좋아져 안전점검을 받는 차량이 부쩍 적어졌다. A대리는 부쩍 줄어든 일거리 때문에 근무시간에 책을 본다거나 컴퓨터 게임 등을 하고 있다. 그럴 때마다 한편으로는 '이러다 회사가 심하게 안 좋아지면 어떡하나!'하며 내심 불안해한다.

① 자신의 직무 능력을 향상시키는 역량개발 활동

② 모바일 메신저를 이용한 친구들과의 대화

③ 은퇴 이후의 직업 설계와 관련된 공부

④ 다른 팀원들과 잡담을 통한 친목

73 다음 중 경영활동의 유형에 대한 설명으로 옳지 않은 것은?

① 외부경영활동과 내부경영활동으로 구분할 수 있다.

② 외부경영활동에는 조직 내부를 관리하고 운영하는 것도 포함된다.

③ 시장에서 이루어지는 활동으로 총수입을 극대화하고 총비용을 극소화하여 이윤을 창출하는 것은 외부경영활동의 예이다.

④ 내부경영활동은 조직내부에서 인적・물적자원 및 생산기술을 관리하는 것으로, 인사관리・재무관리・생산관리 등이 포함된다.

74 다음 글에 나타난 조직의 특징으로 옳은 것은?

> K은행의 사내 봉사 동아리에 소속된 70여 명의 임직원이 연탄 나르기 봉사활동을 펼쳤다. 이날 임직원들은 지역 주민들이 보다 따뜻하게 겨울을 날 수 있도록 연탄 총 3,000장과 담요를 직접 전달했다. 사내 봉사 동아리에 소속된 K은행 M대리는 "매년 진행하는 연말 연탄 나눔 봉사활동을 통해 지역사회에 도움의 손길을 전할 수 있어 기쁘다."라며 "오늘의 작은 손길이 큰 불씨가 되어 많은 분들이 따뜻한 겨울을 보내길 바란다."라고 말했다.

① 이윤을 목적으로 하는 조직

② 인간관계에 따라 형성된 자발적인 조직

③ 규모와 기능 그리고 규정이 조직화되어 있는 조직

④ 조직 구성원들의 행동을 통제할 장치가 마련되어 있는 조직

75 다음 중 조직변화의 과정을 순서대로 바르게 나열한 것은?

㉠ 환경변화 인지	㉡ 변화결과 평가
㉢ 조직변화 방향 수립	㉣ 조직변화 실행

① ㉠ – ㉢ – ㉣ – ㉡　　② ㉠ – ㉣ – ㉢ – ㉡

③ ㉡ – ㉢ – ㉣ – ㉠　　④ ㉣ – ㉠ – ㉢ – ㉡

※ 다음은 전력수급 비상단계 발생 시 행동요령이다. 이어지는 질문에 답하시오. [76~77]

〈전력수급 비상단계 발생 시 행동요령〉

• 가정
1. 전기 냉난방기기의 사용을 중지합니다.
2. 다리미, 청소기, 세탁기 등 긴급하지 않은 모든 가전기기의 사용을 중지합니다.
3. TV, 라디오 등을 통해 신속하게 재난 상황을 파악하여 대처합니다.
4. 안전, 보안 등을 위한 최소한의 조명을 제외한 실내외 조명은 모두 소등합니다.

• 사무실
1. 건물관리자는 중앙조절식 냉난방설비의 가동을 중지하거나 온도를 낮춥니다.
2. 사무실 내 냉난방설비의 가동을 중지합니다.
3. 컴퓨터, 프린터, 복사기, 냉온수기 등 긴급하지 않은 모든 사무기기 및 설비의 전원을 차단합니다.
4. 안전, 보안 등을 위한 최소한의 조명을 제외한 실내외 조명은 모두 소등합니다.

• 공장
1. 사무실 및 공장 내 냉난방기의 사용을 중지합니다.
2. 컴퓨터, 복사기 등 각종 사무기기의 전원을 일시적으로 차단합니다.
3. 꼭 필요한 경우를 제외한 사무실 조명은 모두 소등하고 공장 내부의 조명도 최소화합니다.
4. 비상발전기의 가동을 점검하고 운전 상태를 확인합니다.

• 상가
1. 냉난방설비의 가동을 중지합니다.
2. 안전·보안용을 제외한 모든 실내 조명등과 간판 등을 일시 소등합니다.
3. 식기건조기, 냉온수기 등 식재료의 부패와 관련 없는 가전제품의 가동을 중지하거나 조정합니다.
4. 자동문, 에어커튼의 사용을 중지하고 환기팬 가동을 일시 정지합니다.

76 다음 중 전력수급 비상단계 발생 시 행동요령에 대한 설명으로 옳지 않은 것은?

① 공장에 있을 경우 비상발전기 가동을 준비해야 한다.
② 집에 있을 경우 모든 실내외 조명을 소등해야 한다.
③ 집에 있을 경우 대중매체를 통해 재난상황에 대한 정보를 파악할 수 있다.
④ 사무실에 있을 경우 즉시 사용이 필요하지 않은 복사기, 컴퓨터 등의 전원을 차단해야 한다.

77 **다음 〈보기〉에서 전력수급 비상단계가 발생했을 때 전력수급 비상단계 발생 시 행동요령에 대한 설명으로 옳지 않은 행동을 모두 고르면?**

보기

㉠ 집에 있던 김사원은 세탁기 사용을 중지하고, 실내조명을 최소화하였다.
㉡ 본사 전력관리실에 있던 이주임은 사내 중앙보안시스템의 전원을 즉시 차단하였다.
㉢ 공장에 있던 박주임은 즉시 공장 내부 조명 밝기를 최소화하였다.
㉣ 상가에서 횟집을 운영하는 최사장은 모든 냉동고의 전원을 차단하였다.

① ㉠, ㉡
② ㉠, ㉢
③ ㉡, ㉢
④ ㉡, ㉣

78 **A사와 B사가 활용한 벤치마킹에 대한 종류가 바르게 짝지어진 것은?**

A사는 기존 신용카드사가 시도하지 않았던 새로운 분야를 개척하며 성장했다. A사만의 독특한 문화와 경영방식 중 상당 부분은 회사 바깥에서 얻었다. 이런 작업의 기폭제가 바로 'Insight Tour'이다. A사 직원들은 업종을 불문하고 새로운 마케팅으로 주목받는 곳을 방문한다. 심지어 혁신적인 미술관이나 자동차 회사까지 찾아간다. 금융회사는 가급적 가지 않는다. 카드사는 고객이 결제하는 카드만 취급하는 것이 아니라 회사의 고객 라이프 스타일까지 디자인하는 곳이라는 게 A사의 시각이다. A사의 브랜드 실장은 "카드사는 생활과 밀접한 분야에서 통찰을 얻어야 한다. 'Insight Tour'는 고객의 삶을 업그레이드시키는 데 역점을 둔다."고 강조했다.
B사의 첫 벤치마킹 대상은 선반이 높은 창고형 매장을 운영한 월마트였다. 하지만 한국 문화에 맞지 않았다. 3년 후 일본 할인점인 이토요카토로 벤치마킹 대상을 바꿨다. 신선식품에 주력하고 시식행사도 마련하였고, 결과는 성공이었다. 또한 자체브랜드(PL-Private Label) 전략도 벤치마킹을 통해 가다듬었다. 기존 B사의 PL은 저가 이미지가 강했지만, 이를 극복하기 위해 B사는 'PL 종주국' 유럽을 벤치마킹했다. 유럽의 기업인 테스코는 PL 브랜드를 세분화해서 '테스코 파이니스트 – 테스코 노멀 – 테스코 벨류'란 브랜드를 달았다. 이와 유사하게 B사도 '베스트 – 벨류 – 세이브' 등의 브랜드로 개편했다.

	A사	B사
①	경쟁적 벤치마킹	비경쟁적 벤치마킹
②	간접적 벤치마킹	글로벌 벤치마킹
③	비경쟁적 벤치마킹	글로벌 벤치마킹
④	직접적 벤치마킹	경쟁적 벤치마킹

※ 정보기획팀에 근무하는 귀하는 다음의 복합기 설명서를 참고하여 새롭게 입사할 인턴들의 컴퓨터에 복합기를 설정해 두려고 한다. 이어지는 질문에 답하시오. [79~80]

〈복합기 설치 방법 및 설명서〉

폴더 공유 보안 설정 변경 / 확인

▶ [시작] → [설정] → [제어판] → [네트워크 및 공유센터]를 클릭한다.

▶ 네트워크가 홈 또는 회사 네트워크인지 확인한다.
주의 : 공용인 경우 설정이 정상으로 되어 있어도, 스캔 문서가 저장이 되지 않는 문제가 발생함

▶ 홈 또는 회사 네트워크인지 확인 후, 고급 공유 설정 변경을 클릭한다.

▶ 고급 공유 설정 변경에서 다음의 항목들의 설정을 변경한다(필수사항).
- 네트워크 검색 : 네트워크 검색 켜기
- 파일 및 프린터 공유 : 파일 및 프린터 공유 켜기
- 파일 공유 연결 : 40비트 또는 54비트 암호화를 사용하는 장치에 대해 파일 공유
- 암호로 보호된 공유 : 암호 보호 공유 끄기

▶ [시작] → [설정] → [제어판] → [네트워크 및 공유 센터]에서 로컬 영역 연결을 더블 클릭한다.

▶ 로컬 영역 연결 '속성'에서 Internet Protocol Version 4(TCP / IPv4) '속성'을 클릭한다.

폴더 공유 보안 설정 변경 / 확인, IP주소 확인

▶ Internet Protocol Version 4(TCP / IPv4) '고급'에서 NetBIOS over TCP / IP 사용 선택을 한다.
단, IP 취득방법이 '다음 IP 주소사용'으로 되어 있는 경우, 'IP 주소'를 메모한다.

▶ [제어판] → [Windows 방화벽]을 선택한다.

▶ 'Windows 방화벽을 통해 프로그램 또는 기능 허용'을 선택한다.

▶ 파일 및 프린터 공유를 체크한다.

폴더 공유 권한 부여

▶ 스캔 문서가 저장이 될 폴더를 만들고 마우스 오른쪽 버튼 클릭 후 '속성'에서 '공유'를 선택한다.

▶ Everyone 계정을 추가하고, 읽기 / 쓰기 권한 부여 후, '공유'를 클릭하여 공유 설정을 완료한다.

PC 이름확인

▶ 바탕화면 '내 컴퓨터' 속성 또는 '시작 – 컴퓨터'의 속성 또는 '제어판 – 시스템' 항목을 클릭한다.

▶ 컴퓨터 이름을 메모한다(IP 취득방법이 자동으로 되어 있는 경우임).
IP가 고정으로 설정되어 있을 경우는 PC의 IP 주소를 메모한다.

PC 계정확인

▶ [제어판] → [사용자 계정 및 가족보호] → [사용자 계정 항목]에서 로그인 계정을 확인한다. 또는 [내 컴퓨터] → [관리] → [로컬 사용자 및 그룹] → [사용자 항목]에서 로그인 계정을 확인한다. 단, 2개의 계정이 틀린 경우 컴퓨터 관리에서 확인한 계정을 메모한다.

79 **귀하는 설명서를 토대로 복합기 설정을 마무리하였다. 올바르게 작동하는지 테스트하기 위하여 스캔을 한 결과, 문서가 저장되지 않는다는 것을 알았다. 다음 중 해당 문제점의 원인을 파악하기 위해서 귀하가 반드시 확인해야 할 사항으로 옳지 않은 것은?**

① 네트워크가 공유로 되어 있는지 여부
② 고급 공유 설정 변경에서 네트워크 검색이 켜져 있는지 여부
③ 고급 공유 설정 변경에서 파일 및 프린터 공유가 켜져 있는지 여부
④ 고급 TCP/IP 설정에서 LMHOSTS 조회 가능이 선택되었는지 여부

PART 3

80 **귀하는 A인턴에게 귀하의 컴퓨터에 있는 공유폴더에서 신입사원 교육자료를 인쇄하여 숙지하라고 지시하였다. 그러나 A인턴은 공유폴더를 찾을 수 없다고 하며, 귀하에게 도움을 요청하였다. A인턴이 귀하의 공유폴더를 볼 수 없는 이유로 옳은 것은?**

① 고급 공유 설정 변경에서 파일 및 프린터 공유 꺼짐
② 제어판 → Windows 방화벽에서 원격 데스크톱 미설정
③ 내 컴퓨터 → 관리 → 로컬 사용자 및 그룹 → 사용자 항목에서 로그인 계정 미설정
④ 고급 TVP/IP 설정에서 LMHOSTS 조회 가능 비선택

81 다음 중 스놉효과의 특징으로 옳지 않은 것은?

① 상품의 인기가 높아져 희소성이 떨어지면 수요가 감소한다.
② 명품처럼 소수만이 소유하는 상품을 선호하는 경향을 보인다.
③ 자신의 부를 과시하고 남들보다 돋보이기 위해 고가 상품을 소비한다.
④ 타인과 다른 독특한 소비를 통해 자신을 드러내려는 심리에서 발생한다.

82 다음 중 통화정책과 재정정책에 대한 설명으로 옳지 않은 것은?

① 경제가 유동성 함정에 빠져 있을 경우에는 통화정책보다는 재정정책이 효과적이다.
② 전통적인 케인스학파 경제학자들은 통화정책이 재정정책보다 더 효과적이라고 주장했다.
③ 재정정책과 통화정책을 적절히 혼합하여 사용하는 것을 정책혼합(Policy Mix)이라고 한다.
④ 화폐공급의 증가가 장기에서 물가만을 상승시킬 뿐 실물변수에는 아무런 영향을 미치지 못하는 현상을 화폐의 장기중립성이라고 한다.

83 다음에서 설명하는 시장의 유형으로 옳은 것은?

- 주변에서 가장 많이 볼 수 있는 시장의 유형이다.
- 공급자의 수는 많지만, 상품의 질은 조금씩 다르다.
- 소비자들은 상품의 차별성을 보고 기호에 따라 재화나 서비스를 소비하게 된다. 미용실, 약국 등이 속한다.

① 과점시장 ② 독점적 경쟁시장
③ 생산요소시장 ④ 완전경쟁시장

84 다음 중 죄수의 딜레마에 대한 설명으로 옳지 않은 것은?

① 개인의 합리적 선택이 집단의 비합리적 결과를 초래하게 된다.
② 각 개인이 상대방을 배신하면 더 큰 이익을 얻을 수 있다.
③ 정보 비대칭 및 의사소통의 부재가 원인으로 작용한다.
④ 한쪽의 이득이 다른 쪽의 손실로 이어지게 된다.

85 다음 중 케인스학파 경제학자들이 경기침체기에 금융정책이 효과를 나타내지 못한다고 생각하는 이유로 옳은 것은?

① 화폐수요와 투자수요 모두 이자율에 대해 상당히 탄력적이다.
② 화폐수요와 투자수요 모두 이자율에 대해 완전 비탄력적이다.
③ 화폐수요는 이자율에 대해 상대적으로 탄력적이며 투자수요는 이자율에 대해 상대적으로 비탄력적이다.
④ 화폐수요는 이자율에 대해 상대적으로 비탄력적이며 투자수요는 이자율에 대해 상대적으로 탄력적이다.

86 다음 〈보기〉에서 주어진 물가수준에서 총수요곡선을 오른쪽으로 이동시키는 원인으로 옳은 것을 모두 고르면?

보기
㉠ 개별소득세 인하
㉡ 장래경기에 대한 낙관적인 전망
㉢ 통화량 감소에 따른 이자율 상승
㉣ 해외경기 침체에 따른 순수출의 감소

① ㉠, ㉡　　② ㉡, ㉢
③ ㉢, ㉣　　④ ㉠, ㉡, ㉢

87 다음 중 완전경쟁산업 내의 개별기업에 대한 설명으로 옳지 않은 것은?

① 한계수입은 시장가격과 일치한다.
② 이 개별기업이 직면하는 수요곡선은 우하향한다.
③ 시장가격보다 높은 가격을 책정하면 시장점유율은 없다.
④ 이윤극대화 생산량에서는 시장가격과 한계비용이 일치한다.

88 다음 중 소규모 개방경제에서 국내 생산자들을 보호하기 위해 X재의 수입에 대하여 관세를 부과할 때의 현상으로 옳은 것은?(X재에 대한 국내 수요곡선은 우하향하고 국내 공급곡선은 우상향한다)

① 국내 생산자잉여가 감소한다.
② 국내 소비자잉여가 증가한다.
③ X재에 대한 수요와 공급의 가격탄력성이 낮을수록 관세부과로 인한 자중손실이 작아진다.
④ 관세부과로 인한 경제적 손실의 크기는 X재에 대한 수요와 공급의 가격탄력성과 관계없다.

89 기업은 가격차별을 통해 보다 많은 이윤을 획득하고자 한다. 다음 중 기업이 가격차별을 할 수 있는 환경이 아닌 것은?

① 제품의 재판매가 용이하다.
② 소비자들의 특성이 다양하다.
③ 기업의 독점적 시장지배력이 높다.
④ 분리된 시장에서 수요의 가격탄력성이 서로 다르다.

90 전력 과소비의 원인 중 하나로 낮은 전기료가 지적되고 있다. 다음 중 전력에 대한 수요곡선을 이동시키는 요인이 아닌 것은?

① 소득의 변화
② 전기요금의 변화
③ 도시가스의 가격 변화
④ 전기 기기에 대한 수요 변화

91 다음 중 BCG 매트릭스의 4가지 유형에 해당하지 않는 것은?

① 물음표(Question Marks) 사업 ② 별(Star) 사업
③ 개(Dog) 사업 ④ 느낌표(Exclamation Marks) 사업

92 다음 중 맥그리거(McGregor)의 X이론의 인간관에 대한 설명으로 옳지 않은 것은?

① 명령받는 것을 좋아하며, 책임지기를 싫어하며 안정된 생활만 추구하는 경향
② 천성적으로 일을 싫어하며 되도록 일을 회피하려고 하는 경향
③ 수동적 · 피동적 · 소극적인 경향
④ 개개인의 능동적인 활동 중시

93 다음 중 기업의 부채를 주식으로 전환하여 기업의 부채를 조정하는 방식을 뜻하는 용어는?

① 감자 ② 순환출자
③ 상호출자 ④ 출자전환

94 다음 중 시장지향적 마케팅에 대한 설명으로 옳지 않은 것은?

① 고객지향적 사고의 장점을 포함하면서, 그 한계점을 극복하기 위한 포괄적 마케팅이다.
② 기업이 최종 고객들과 원활한 교환을 통하여 최상의 가치를 제공하는 것을 목표로 한다.
③ 기존 사업시장에 집중하여 경쟁우위를 점하기 위한 마케팅이다.
④ 다양한 시장 구성요소들이 원만하게 상호작용하며 마케팅 전략을 구축한다.

95 **다음 중 원가우위전략에 대한 설명으로 옳지 않은 것은?**

① 원가우위에 영향을 미치는 여러 가지 요소를 활용하여 경쟁우위를 획득한다.

② 경쟁사보다 더 낮은 가격으로 제품이나 서비스를 생산하는 전략이다.

③ 가격, 디자인, 브랜드 충성도, 성능 등으로 우위를 점하는 전략이다.

④ 시장에 더 저렴한 제품이 출시되면 기존 고객의 충성도를 기대할 수 없다.

96 **다음 중 기업의 경쟁력 강화와 비전달성을 목표로 미래 사업구조를 근본적으로 구체화하는 기업혁신 전략을 뜻하는 용어는?**

① 벤치마킹(Benchmarking)

② 학습조직(Learning Organization)

③ 리엔지니어링(Re-Engineering)

④ 리스트럭처링(Restructuring)

97 **다음에서 설명하는 마케팅 STP 단계는?**

- 서로 다른 욕구를 가지고 있는 다양한 고객들을 하나의 동질적인 고객집단으로 나눈다.
- 인구, 지역, 사회, 심리 등을 기준으로 활용한다.
- 전체시장을 동질적인 몇 개의 하위시장으로 구분하여 시장별 차별화된 마케팅을 실행한다.

① 시장 세분화 ② 시장 매력도 평가

③ 표적시장 선정 ④ 포지셔닝

98 **다음 중 기업합병에 대한 설명으로 옳지 않은 것은?**

① 기업합병이란 독립된 두 기업이 법률적, 실질적으로 하나의 기업실체로 통합되는 것이다.
② 수평적 합병은 기업의 생산이나 판매과정 전후에 있는 기업 간의 합병으로, 주로 원자재 공급의 안정성 등을 목적으로 한다.
③ 기업인수는 한 기업이 다른 기업의 지배권을 획득하기 위하여 주식이나 자산을 취득하는 것이다.
④ 기업매각은 사업부문 중의 일부를 분할한 후 매각하는 것으로, 기업의 구조를 재편성하는 것이다.

99 **다음에서 설명하는 용어는?**

> • 기업과 기업 사이에 이루어지는 전자상거래를 일컫는 용어
> • '기업 간 거래' 또는 '기업 간 전자상거래'라고도 함

① B2G　　② B2C
③ B2E　　④ B2B

100 **다음 중 소비자들이 자발적으로 메시지를 전달하게 하여 상품에 대한 긍정적인 입소문을 내게 하는 마케팅 전략은?**

① 바이럴 마케팅　　② 니치 마케팅
③ 프리 마케팅　　④ 버즈 마케팅

101 **다음 중 지급준비제도에 대한 설명으로 옳지 않은 것은?**

① 지급준비율 조정을 통해 시중 유동성을 조절할 수 있다.
② 예금 외에 금융채에 대해서도 지급준비율을 부과할 수 있다.
③ 지급준비율이 인상될 경우 시중은행들은 대출을 증가시킬 수 있다.
④ 금융기관이 지급준비금 적립대상 채무의 일정비율을 중앙은행에 지급준비금으로 예치하도록 하는 제도이다.

102 **다음 중 여러 가지 자산운용서비스를 하나로 묶어서 고객의 투자성향에 따라 종합금융서비스를 제공하고, 그 대가로 일정률의 수수료를 받는 상품은?**

① CMA
② 사모펀드(Private Equity Fund)
③ 랩 어카운트(Wrap Account)
④ ETF

103 **다음 중 특정 대상물을 사전에 정한 시점에 정한 가격으로 사거나 팔 수 있는 권리는?**

① 선물(Futher)
② 스왑(Swap)
③ 옵션(Option)
④ 스톡옵션(Stock Option)

104 **다음 중 은행예금에 대한 설명으로 옳지 않은 것은?**

① CD는 무기명할인식으로 발행된다.
② 은행의 MMDA는 종합금융사의 CMA와 경쟁상품이다.
③ 비과세종합저축은 1인당 3천만 원 한도 내에서 비과세되는 저축이다.
④ 장기주택마련저축의 계약기간이 7년을 경과할 경우 비과세 혜택이 있다.

105 다음 중 환매조건부채권(RP)에 대한 설명으로 옳지 않은 것은?

① 일정 기간 경과 후 일정한 가격으로 동일 채권을 다시 매수하거나 매도할 것을 조건으로 한 채권 매매방식이다.

② 자금의 수요자는 채권매각에 따른 자본손실 없이 단기간 필요한 자금을 보다 쉽게 조달할 수 있다.

③ 국공채나 특수채·신용우량채권 등을 담보로 발행하기 때문에 안정성이 높고, 예금자 보호도 받을 수 있다.

④ 환매조건부채권의 매도는 거래 상대방을 제한할 필요는 없으므로 일반 법인 및 개인까지도 거래 상대방이 될 수 있다.

106 다음 〈보기〉의 내용에 따라, A기업의 배당 이후 PER을 구하면?

보기
- A기업 : 발행주식수 10,000,000주, 당기순이익 30억 원, 주가 20,000원
- 주당 100원의 현금배당 실시

① 70
② 100
③ 200
④ 300

107 다음 중 배당성향 모형에 대한 설명으로 옳지 않은 것은?

① 배당성향은 배당금을 순이익으로 나눈 값으로 구한다.
② 배당성향이 낮아지면 사내유보율이 낮아지고 자본금은 늘어날 수 있다.
③ 배당성향이 높아지면 기업 재무 상태에 부정적인 영향을 미칠 수 있다.
④ 당기순이익이 클수록 배당성향은 높아지는 경향이 나타난다.

108 **다음 중 금융투자상품에 대한 설명으로 옳지 않은 것은?**

① 금융투자상품은 이익을 얻거나 손실을 회피할 목적이 있는 것을 말한다.
② 일반적으로 증권과 파생상품으로 구분이 된다.
③ 현재 또는 장래의 특정 시점에 금전, 그 밖의 재산적 가치가 있는 것을 지급하기로 약속하는 상품이다.
④ 금전 등의 지급 시점이 현재이면 파생상품으로, 지급 시점이 장래의 특정 시점이면 증권으로 구분한다.

109 **다음 중 어음관리계좌(CMA)에 대한 설명으로 옳지 않은 것은?**

① 종합금융회사가 발행 및 지급의 책임을 지는 확정금리 고수익상품이다.
② 종합금융회사가 수신기반을 강화할 목적으로 도입한 상품이다.
③ 거래단위가 비교적 소액이며 입출금이 자유로워서 소규모 자금운용에 편리하다.
④ 만기 후 인출하지 않으면 원리금이 자동예치되는 방식으로 예탁기간이 연장된다.

110 **다음 중 수익률과 위험에 대한 설명으로 옳지 않은 것은?**

① 두 자산의 수익률 간의 상관관계가 0이라면 두 자산에 분산투자하여도 위험감소 효과가 없다.
② 투자대상 자산 간의 상관관계가 주어졌을 때 투자비율의 조정에 따른 포트폴리오 기대수익과 위험의 변화를 그림으로 나타낸 것이 포트폴리오 결합선이다.
③ 투자대상 자산의 상관관계가 낮을수록 분산투자의 위험절감 효과가 커진다.
④ 선택 가능한 포트폴리오 중 위험이 최소가 되는 포트폴리오를 최소분산 포트폴리오라 한다.

111 다음 중 특정 인프라에 종속되지 않는 개방형 클라우드 플랫폼으로, 한국 정부가 개발한 이 클라우드 플랫폼을 뜻하는 용어는?

① SAP ② PaaS-Ta
③ SaaS-Ta ④ Open PaaS

112 다음 중 블록체인 기술을 이용해서 디지털 자산의 소유주를 증명하는 가상의 토큰(Token)으로, 다른 토큰과 대체·교환할 수 없는 가상화폐를 이르는 용어는?

① USDT ② NFT
③ 핫월렛 ④ ICO

113 다음 〈보기〉에서 빅데이터에 대한 설명으로 옳은 것을 모두 고르면?

보기

㉠ 빅데이터는 정형화된 수치 자료뿐만 아니라 비정형의 문자, 영상, 위치 데이터도 포함한다.
㉡ 빅데이터는 클라우드 컴퓨팅 등 비용 효율적인 장비의 활용이 가능하다.
㉢ 빅데이터의 소프트웨어 분석 방법으로는 통계패키지(SAS), 데이터 마이닝 등이 대표적이다.
㉣ 빅데이터는 크기(Volume), 속도(Velocity), 다양성(Variety), 가치(Value), 복잡성(Complexity)의 특징을 가지고 있다.

① ㉠, ㉣ ② ㉡, ㉢
③ ㉠, ㉡, ㉢ ④ ㉠, ㉡, ㉣

114 다음에서 설명하는 기술로 옳은 것은?

> 인간의 뇌 기능을 적극적으로 모방하려는 의도에 기초하고 있다. 제어 대상과 관련된 복수의 요인을 설정하고, 복수의 요인의 결합과 그 경중을 판단하는 일종의 통계학적 학습 알고리즘이다. 병렬적 처리와 분석이 이루어진다는 점에서 생물학적 신경망과 유사하다.

① 슈퍼 컴퓨터
② 양자 컴퓨터
③ 뉴럴 네트워크
④ 데이터 마이닝

115 다음 〈보기〉에서 데이터 마이닝에 대한 설명으로 옳은 것을 모두 고르면?

> 보기
> ㉠ 기대했던 정보만 찾아내는 기술을 의미한다.
> ㉡ 계획적으로 축적한 대용량의 데이터를 대상으로 한다.
> ㉢ 통계분석기술을 적용하여 유용한 패턴과 관계를 찾는다.
> ㉣ 연관규칙 분석, 로지스틱 회귀분석 등의 기법을 사용한다.

① ㉠, ㉡
② ㉠, ㉢
③ ㉡, ㉢
④ ㉢, ㉣

116 다음에서 설명하는 저장장치로 옳은 것은?

> • 자기디스크가 아닌 반도체를 이용해서 데이터를 저장한다.
> • 빠른 속도로 데이터를 읽고 쓰기가 가능하다.
> • 물리적으로 움직이는 부품이 없기 때문에 작동에 대한 소음이 없으며 전력 소모가 적다.
> • 기계적 지연과 소음이 적고 소형화, 경량화 되어있다.

① HDD
② SSD
③ S-RAM
④ D-RAM

117 다음 중 IT용어에 대한 설명으로 옳지 않은 것은?

① 5G의 G는 Generation을 의미한다.
② 사물인터넷을 뜻하는 IoT는 'Internet of Things'의 약자이다.
③ 4차 산업혁명은 다보스포럼의 회장 클라우스 슈밥이 정의한 용어이다.
④ AR은 Augmented Reality의 약자로 현실과 격리되어 인공적으로 만들어진 공간을 체험할 수 있는 '증강현실'을 의미한다.

118 다음 중 금융사들이 복잡해지는 금융규제에 효과적으로 대응하기 위해 활용하는 각종 정보기술을 의미하는 것은?

① 파인테크
② 레그테크
③ 핀테크
④ 블랙테크

119 다음에서 설명하는 보안방식은 무엇인가?

• 로그인할 때마다 매번 비밀번호가 바뀌는 사용자 인증 방식이다. • 비밀번호가 1차적으로 노출되어도 악용될 염려가 덜하며, 보안성이 높다.

① OTP
② 블록체인
③ 방화벽
④ 핵티비즘

120 다음 중 인공지능(AI), 사물인터넷(IoT), 빅데이터 등의 첨단기술을 농산물의 파종부터 수확까지 전 과정에 적용하는 기술은?

① 푸드테크
② 헙테크
③ 애그테크
④ 콜드체인

PART 3

M E M O

PART 4
은행권 면접대비

경제 · 금융 동향 및 이슈 영역소개

국내 · 외 경제 및 금융시장을 브리핑하여 은행권 면접대비 자료로 활용할 수 있도록 최신 경제 · 금융 동향과 이슈에 대한 자료와 분석을 제공합니다.

CHAPTER 01

경제 · 금융 동향 및 이슈

경제 01

스테이블코인을 통한 자본유출 우려와 대응 전략

이정두(금융브리프 34권 17호, KIF 한국금융연구원, 2025. 09. 06.)

"우리나라에서는 스테이블코인을 포함한 가상자산 발행이 금지됨에 따라 국내에서 거래되는 스테이블코인은 모두 해외에서 발행되어 국내에 유입된 것으로 볼 수 있음. 달러 스테이블코인의 국내 거래 규모가 50조 원을 상회함을 고려할 때 이미 상당한 규모의 자본유출이 발생한 것으로 추정됨. 달러 스테이블코인은 외환당국 신고나 금융회사를 통하지 않고서도 국내 매입이 가능하고, 역외로의 이전 및 역외에서 국내로의 전송이 용이하여 국내 자본이 해외로 유출되는 통로가 될 수 있음. 이에 스테이블코인 제도화와 함께 외국환에 준하는 모니터링 및 자본유출입 관리 체계 구축이 필요함"

■ 국내 5대 가상자산거래소에서 거래되고 있는 USDT, USDC, USDS 등 달러 스테이블코인의 규모는 2024년 3분기 중 17.1조 원에서 2024년 4분기 중 60.3조 원, 2025년 1분기 중 56.9조 원으로 급증하였음
- 국내 가상자산거래소가 2023년 12월부터 달러 스테이블코인을 상장했다는 점을 고려한다면 불과 1년 사이에 달러 스테이블코인 거래 규모가 빠른 속도로 증가한 것으로 볼 수 있음
- 바이낸스, 코인베이스와 같은 해외 거래소나 DEX, P2P 등 거래소 밖에서의 매매 시스템을 통해 거래한 규모는 반영되지 않았다는 점에서 실제 내국인의 달러 스테이블코인 거래 규모는 이보다 훨씬 클 것으로 판단됨

■ 국내 스테이블코인 거래 유인은 상당 부분이 역외 가상자산 거래 및 송금 수요에 기인함에 따라 외국환 거래 모니터링 시스템을 통하지 않고 달러 스테이블코인을 통해 이루어지는 자본유출 규모가 상당할 것으로 추정됨
- 해시드오픈리서치가 2025년 2월 국내 스테이블코인 거래 참가자들을 대상으로 실시한 설문조사에서 스테이블코인 매입 목적이 코인 거래, 달러 보유, 예치 이자 수취, 김치프리미엄 차익 거래, 송금 목적 등의 순서로 나타났음
- 국내 가상자산거래소에서는 원화를 이용한 코인 거래가 가능하다는 점, 스테이블코인 예치에 따른 수익 제공 서비스가 주로 해외에서 제공되고 있다는 점, 김치프리미엄은 스테이블코인의 국내외 가격 차이를 노린 차익 거래로서 해외에서의 매입 거래를 의미한다는 점에서 국내 스테이블코인 거래의 대부분이 역외 거래를 목적으로 하고 있는 것으로 파악됨. 이는 국내에서 투자 및 소비 등에 사용돼야 할 자금이 스테이블코인을 통해 외환 규제를 우회해 역외로 유출되는 사례들로 볼 수 있음

■ 국내 달러 스테이블코인 거래 규모 및 거래 형태에 비추어 보면 이미 상당한 규모의 자본유출이 발생하고 있으며, 이는 제도화를 통한 시스템 보완이 필요한 이유임
- 국내 거래 규모가 그대로 자본유출 규모를 의미하지는 않지만, 역외에서 발행된 스테이블코인은 준비금이 발행지 등에서 관리되므로 국내로 유입되는 경우 그에 상당하는 규모의 자본유출이 이미 발생한 것으로 보임

- 인플레이션이나 환율변동성이 높은 기간에는 달러 스테이블코인에 대한 수요가 급증할 수 있고, 국내 금융시장이 불안정할 경우에는 달러 스테이블코인을 통한 급격한 자본유출이 발생할 수 있으며, 이는 외환시장의 불안정성을 키울 수 있음

■ 달러 스테이블코인의 외국환 수요 대체 현황을 파악하고, 스테이블코인이 갖는 지급결제 기능에 상응하는 외국환 규제 적용과 엄격한 법집행을 통해 불투명한 자본유출 거래에 적극적으로 대응할 필요가 있음

- 외국환거래법상의 대외 지급수단에 외화 스테이블코인을 포함해 외화 스테이블코인의 거래내역, 대외 전송에 대한 보고·신고를 의무화하고, 원화 스테이블코인의 경우에도 대외 전송 시 보고의무를 도입할 필요가 있음
- 가상자산사업자를 통하지 않고 신고·보고 등의 의무를 이행하지 않는 대규모 스테이블코인 거래에 대해서는 불법적인 자금 거래 소지에 대한 조사 등을 통해 외화 스테이블코인을 이용한 편법적인 자본유출 관리를 강화할 필요가 있음
- 자금세탁 규제와 관련해서는 특정금융정보법상의 트래블룰에 따라서 100만 원 이상의 가상자산 거래에 대해 전송인 및 수취인에 대한 정보를 확인·관리하도록 하고 있으며, 이는 스테이블코인에도 적용되고 있음
- 가상자산사업자를 통하지 않고 콜드월렛과 개인지갑(P2P)을 이용해 스테이블코인을 역외로 이전하는 경우에는 관련 거래를 모니터링하기 어려우므로 의심 거래 등에 대한 사후 조사 및 엄정한 법집행을 통해 편법적 거래 유인을 차단하는 것이 중요함

■ 스테이블코인 제도화 시 국내 유통 스테이블코인에 대한 준비금의 국내 관리 의무를 도입하여 국내 이용자 보호 체계를 마련하고, 외화 스테이블코인을 통한 자본유출을 관리할 필요가 있음

- 2024년 6월 시행된 EU의 가상자산규제법(MiCA)과 2025년 7월 제정된 미국의 스테이블코인 국가혁신법(GENIUS Act)은 역내에서 유통되는 스테이블코인의 준비자산이 역내 금융기관을 통해 관리되도록 의무화하고 있음
- 이는 역외 발행인의 환급능력에 문제가 발생할 경우 국내 이용자를 보호하기 위한 준비자산을 확보하는 수단이지만, 동시에 준비자산이 역내 금융기관을 통해 관리됨에 따라 자본유출을 관리하는 효과를 기대할 수 있음

✓ **Q & A**

달러 스테이블코인 시장 확대에 따른 위기의식을 바탕으로 스테이블코인 제도화를 둘러싼 논의와 함께 입법 움직임이 활발하다. 스테이블코인 제도화 요구 배경과 방향성에 대한 자신의 의견을 논하시오.

미국・EU 등 주요국들이 스테이블코인 관련 법・제도를 정비하는 등 적극적인 '스테이블코인 끌어안기' 정책을 시행하고 있고, 전 세계에서 유통되는 스테이블코인 시가총액의 99%는 미국 달러화 표시 스테이블코인이라고 한다. 이로 인해 향후 원화 결제 생태계가 잠식될 것이라는 위기의식이 높아지고 있으며, '디지털 통화 주권'을 지키려면 '원화 스테이블코인' 도입이 필수적이라는 견해가 지배적이다. 또한 국내 2025년 1분기 스테이블코인 시장 거래 규모가 57조 원에 육박할 정도로 관련 시장이 단기간에 폭발적으로 성장하는 등 한국은행과 금융위원회 등의 통화당국을 비롯해 경제계가 중지(衆智)를 모아 혁신적인 돌파구를 도출해야 할 시점에 이르렀다. 이에 따라 우리나라에서도 스테이블코인 제도화를 위한 논의와 함께 원화 스테이블코인 도입을 목표로 한 입법 논의가 적극적으로 이루어지고 있다.

통화가치에 준거하는 스테이블코인은 은행 등 전통적 금융 시스템과의 연계성이 높고 가치 안정성 및 환급 가능성과 관련한 이용자 보호가 필수적이므로 엄격한 발행 적격심사 및 영업행위 규제가 요구된다. 또한 스테이블코인의 지급결제 기능과 가상자산 생태계 밖에서의 범용성 확대에 대응해 기존의 통화 정책, 금융 규제, 외환 규제, 지급결제 시스템 등과 관련한 제도의 보완도 반드시 병행해야 할 과제이다. 특히 스테이블코인의 발행 구조와 기능 및 리스크를 숙고해 '동일 기능, 동일 리스크, 동일 규제'의 관점에서 기존 금융업권과 전자지급수단 등에 적용되는 규제를 탄력적으로 운용해야 할 것이다.

아울러 스테이블코인의 지급결제 기능을 활용하기 위한 애플리케이션 개발과 유통 등 새로운 유형의 서비스들이 이용자 보호책, 불법 송금 및 돈세탁 규제 대책을 확보할 수 있도록 신규 규제 수요에 대한 모니터링과 기존 제도의 보완도 지속적으로 이루어져야 한다. 더 나아가 미국 등 주요국의 스테이블코인 관련 법제도와 시장 동향에 대한 치밀한 분석을 토대로 해외 발행 스테이블코인의 국내 유통과 국내 사업자들의 역외 진출 등 국경간 스테이블코인 거래 관련 제도가 국내의 자본유출입, 외환 거래 제도와 정합성을 갖도록 운영되어야 한다.

경제 02

은행업통합법 제정의 필요성과 방안

김자봉(금융브리프 33권 04호, KIF 한국금융연구원, 2024. 02. 17.)

"시중은행, 인터넷전문은행, 지방은행, 저축은행, 상호금융(새마을금고, 신협, 농협, 수협, 산림조합) 등 국내 예금수취기관에 대한 규제는 기관 규모별 및 고객 대상별로 분화되고 개별화된 법체계를 기반으로 함. 하지만 과도하게 개별화된 법체계는 규제의 일관성과 효율성을 저해하고 금융기관 간 서비스방식의 차별성을 약화시켜 금융포용 및 금융발전에 제약조건으로 작용할 수 있으므로 은행업통합법 방식의 개선방안이 필요함"

■ 현재 국내 예금수취기관은 시중은행, 인터넷전문은행, 지방은행, 저축은행, 상호금융(새마을금고, 신협, 농협, 수협, 산림조합) 등으로 나뉘어 개별화된 법체계에 기반하고 있어 규제의 일관성과 효율성, 금융포용과 금융발전에 제약이 되는 측면이 있으므로 개선이 필요함

- 시중은행과 지방은행은 〈은행법〉, 인터넷전문은행은 〈인터넷전문은행법〉, 저축은행은 〈저축은행법〉에 따르고, 상호금융기관들의 경우 새마을금고는 〈새마을금고법〉, 신협은 〈신용협동조합법〉, 농협은 〈농업협동조합법〉, 수협은 〈수산업협동조합법〉, 산림조합은 〈산림조합법〉에 따라 규제의 대상이 됨
- 규제당국도 예금수취 금융기관 유형별로 다름. 시중은행, 인터넷전문은행, 지방은행, 저축은행, 신협은 금융위원회가 규제 책임자이고, 새마을금고는 행정안전부, 농협은 농림축산식품부, 수협은 해양수산부, 산림조합은 산림청이 규제를 맡고 있음
- 특히 상호금융의 경우 모두 협동조합형 은행업으로 동일기능임에도 각 기관 유형별로 감독체계와 건전성 규제제도가 달라 규제차익이 존재함
- 개별화된 법제는 목적에 따라 서비스 대상을 구분하고 각각의 특수성을 고려하는 장점이 있을 수 있으나, 개별화가 과도하여 규제차익을 초래하는 수준에 이르면 오히려 단점이 되어 규제의 일관성과 효율성을 저해하고 경쟁을 약화시켜 정책취지와는 달리 본연의 역할이 사라질 가능성이 있음

■ 개별화된 법체계는 겉으로는 금융 생태계의 다양성이 높으나 실제로는 고객기반이 단순하여 금융기관의 수익성・건전성에 부정적 영향을 미치고, 차별화된 서비스와 금융포용을 제공하지 못하는 문제점을 초래할 수 있음

- 각 개별법의 제정 목적은 고객 대상을 구분하고 있는데, 〈은행법〉은 일반 예금자이고, 〈저축은행법〉은 서민을 대상으로, 상호금융 관련 법률은 지역 및 업종별 조합원이 고객 대상임을 명시함
- 정책취지와는 별개로 신용점수를 기준으로 고객분할이 이루어지고 있는데 시중은행은 상대적으로 고신용자 중심인 반면, 상호금융과 저축은행은 중・저신용자로 분할됨. 예를 들어 은행의 경우 850점 이상의 고신용자의 비중은 70%를 넘는 반면, 저축은행은 850점 미만의 중・저신용자 비중이 97.3%에 이름(NICE 신용평가)
- 과도하게 개별화된 법제로 인한 규제차익과 신용점수 중심의 고객 분할은 외형적 다양성과는 반대로 내용적으로 금융서비스 모델을 단순화시킴. 특히 중・저신용자를 주된 고객으로 하는 금융기관은 고객기반이 단순하여 위험에 더 노출되고 수익성 및 건전성 관리에 어려움이 초래될 수 있음
- 실제로 경기가 제대로 회복되지 못한 어려운 시기인 2023년 중 은행권의 가계대출은 증가한 반면 저축은행・상호금융 등은 감소하는 가운데 저축은행, 상호금융 등의 가계대출 연체율이 은행에 비해 5.45배 이상 더 높았고* 신용점수별로도 고신용자 대출은 증가했으나 중・저신용자 대출은 더 크게 감소함

PART 4

- 규제차익을 해소하고 금융서비스 차별성에 기반한 경쟁을 제고하기 위해서는 은행업통합법 제정을 고려해볼 수 있음. 다만 통합법하에서 중・저신용자 대상의 영업이 기피될 가능성에 대해서는 EU와 미국 등에서의 사례를 참고하여 대응방안을 모색할 필요가 있음

■ 유럽과 미국에서는 은행업통합법 체계를 채택하고 있어 법체계로 인한 규제 일관성 및 효율성의 제약 가능성은 상대적으로 낮고, 경쟁촉진과 금융포용의 가능성은 상대적으로 높음

- EU는 모든 예금수취기관에 대해 단일 통합법 체계인 반면 미국은 은행과 협동조합을 구분한 이원화된 법체계로, 유럽이 상대적으로 더 강한 형태의 통합법 방식임
- 구체적으로 보면, EU의 경우 예금수취기관은 은행(Commercial Banks), 저축은행(Savings Banks), 협동조합은행(Cooperative Banks) 등으로 구분되나 모두 〈은행업법〉에 따라 ECB(European Central Bank)의 동일규제 대상이 됨(Regulation(EU) No. 1093/2010)
- EU에서 역사적으로 시중은행의 목적은 이윤추구, 협동조합은행은 조합원의 복지로 서로 출발점이 다르나 통합법 체계에서 규제차익이 없이 자신의 고유한 은행업 비즈니스 모델을 발전시켜 수익을 창출하고 고객을 유치하기 위해 경쟁함. 특히 협동조합은행은 초기 동질적 고객기반이 갖는 위험집중을 피하기 위해 노력하고 조합 간 네트워크를 형성하여 규모와 범위의 경제를 지향함
- 2022년 EU 역내 협동조합은행의 대출은 모든 유형의 전체 은행대출에서 23.3%의 비중을 차지하였으며, 코로나 팬데믹 기간 중에도 협동조합은행의 대출과 지점 수가 모두 증가하는 추세를 유지함으로써 금융포용이 축소되지 않음(EACB 2022 Performance of EU Cooperative Banks)
- 미국의 경우 예금수취기관은 은행, 저축기관, 신용협동조합(Credit Union) 등으로 나뉘는데 은행과 저축기관은 〈은행법〉에 따라 OCC(Office of the Comptroller of the Currency)와 FRB(Federal Reserve Board)의 동일규제를 받고, 모든 협동조합형 금융기관은 〈신협법(Federal Credit Union act)〉에 따라 NCUA(National Credit Union Association)의 규제를 받음
- 미국에서 은행과 신협은 구분된 법제를 갖지만 적어도 각각에 대해서는 단일한 법이 적용됨으로써 규제차익이 없고 비즈니스 모델을 중심으로 한 경쟁이 이루어지는 규제환경이 마련됨
- 이로 인해 다양한 고객구성을 가져 고신용자의 자금 여유를 이용해 중・저신용자에게 신용을 제공하게 되므로 저소득계층의 금융포용을 목적으로 하는 〈지역재투자법(Community Reinvestment Act of 1977)〉에 따라 은행이 정책금융과 무관하게 중・저신용자에게 제공한 자금규모는 2021년 기준 미국 전체 은행 총대출의 15.5%이었음

■ 우리나라에서도 예금수취기관에 대한 규제의 일관성과 효율성, 금융포용 및 금융발전을 제고하기 위해서는 은행업통합법의 제정을 검토할 필요가 있음

- 은행업통합법의 기본원칙은 단일 규제당국에 의한 일관된 동일규제를 시행하고, 고객이 가급적 신용점수별로 분할되지 않고 지역금융과 상호부조 등 서비스 기능의 경쟁력 강화와 금융포용의 기반을 마련하는 것임
- 은행업통합법은 금융기관 유형 간 규제 차이를 해소하여 규제 일관성 및 효율성을 높이고 현재 개별화된 법제에 따른 규제 칸막이를 없애 금융서비스 기능의 다양화를 촉진하고 궁극적으로 은행산업의 경쟁력 강화에 기여할 것임
- 흔히 〈금융통합법〉은 규제기능을 중심으로 한 금융권 전체의 통합법(예 영국 〈금융시장서비스법〉)과 특정 금융서비스 기능을 중심으로 하는 금융부문별 통합법(예 미국 은행법 및 증권법, 우리나라 자본시장법)으로 나뉠 수 있는데, 은행업통합법은 후자에 해당하는 것으로 금융서비스 기능의 결합에 따르는 위험이 없으므로 통합추진이 단순함

- 상호금융의 통합법 방식은 미국식과 유럽식으로 나뉘는데, 우리나라에서는 금융거래 대상이 비조합원을 포함하고(예 〈신용협동조합법〉 시행령 제16조의2 비조합원 등의 사업이용) 자산운용도 조합원의 자주적 협동의 경제활동 범위를 넘어 이루어지고 있으므로 조합원으로만 제한하는 미국식보다는 유럽식 통합법이 더 타당함
- 우리나라 상호금융은 유럽에 비하여 역사적으로 늦게 출발하였지만 국내에 도입된 지 50년이 넘었고 최근 상호금융권 전체 자산이 1,000조 원을 넘는 등 이미 일정 수준 이상이므로 통합법의 제정을 통해 보호와 지원에서 벗어나 본연의 포용금융에 대한 경쟁력을 갖추도록 유인할 필요가 있음

* 역사적으로 시중은행은 새롭게 출현하는 산업에 자금을 지원하는 등 고위험을 추구한 반면, 저축은행은 중위험, 협동조합은행은 차입자 위험의 정보 비대칭성 해소에 강점을 갖는 조합형 지배구조와 금융을 추구하는 등 상이한 서비스방식으로 경쟁함. 개별법에서는 규제차익의 이점을 찾는 고객에 안주해(lock-in) 서비스방식의 차별성을 추구할 필요가 없어질 수 있는 반면, 통합법에서는 동일규제에 의한 경쟁압력이 높아 서비스방식의 차별성 경쟁으로 고객기반이 다양해지고 포용금융이 확대될 수 있음. EU와 미국에서 포용금융은 통합법 체제가 유인하는 금융서비스방식의 차별성 및 경쟁력과 밀접한 관련을 갖는 것으로 볼 수 있음

PART 4

✓ Q & A

시중은행부터 지방은행, 인터넷전문은행, 상호금융까지 흩어진 은행법을 통합해야 한다는 지적이 있다. 은행업통합법 제정의 필요성과 그 방안에 대한 자신의 의견을 논하시오.

현재 시중은행과 지방은행, 인터넷전문은행, 저축은행, 상호금융 등은 개별화된 법체계를 기반으로 하고 있고, 규제당국 또한 예금수취 금융기관 유형별로 다르다. 이러한 개별화된 법체계는 목적에 따라 서비스 대상을 구분하고 각각의 특수성을 고려하는 장점이 있으나, 과도한 개별화로 인해 금융기관의 수익성·건전성에 부정적인 영향을 미치고 실제로는 고객기반이 단순하여 차별화된 서비스와 금융포용을 제공하지 못하는 문제점이 발생할 수 있다. 이에 따라 규제차익을 해소하고 금융서비스 차별성에 기반한 경쟁을 제고하기 위해 은행업통합법 제정을 고려해볼 필요가 있다.

은행업통합법을 시행하고 있는 나라를 살펴보면, 현재 유럽은 모든 예금수취기관에 대해서, 미국은 은행과 협동조합을 구분한 이원화된 법체계로 은행업통합법 체계를 채택하고 있다. 구체적으로 살펴보면 유럽의 경우 시중은행은 이윤추구, 협동조합은행은 조합원의 복지를 목적으로 하나 통합법 체계에서 규제차익 없이 자신의 고유한 은행업 비즈니스 모델을 발전시켜 수익 창출과 고객 유치를 위해 경쟁한다. 그리고 미국은 은행과 신협으로 구분된 법제를 갖지만 적어도 각각에 대해서 단일한 법이 적용됨으로써 규제차익 없이 비즈니스 모델을 중심으로 하는 경쟁이 이루어지는 규제환경이 마련되었다.

우리나라 또한 특정 금융서비스 기능을 중심으로 하는 금융부문별 통합법과 유럽식 상호금융의 통합법 적용을 통해 단일 규제당국에 의한 일관된 동일규제를 시행하여 규제 일관성과 효율성을 높이고, 지역금융과 상호부조 등 서비스 기능 경쟁력을 강화하여 금융포용의 기반을 마련한다면 궁극적으로 우리나라 은행 산업의 경쟁력은 더욱 강화될 것으로 전망한다.

겸제 03

벤처기업 복수의결권 제도 도입의 평가와 후속 과제

연태훈(금융브리프 32권 20호, KIF 한국금융연구원, 2023. 10. 28.)

"벤처기업 창업주에 대한 복수의결권 주식 발행을 허용하는 <벤처기업육성에 관한 특별조치법>(이하 <벤처기업법>)이 개정됨. 오랜 기간의 찬반 논의에서 제기된 쟁점들을 감안해 법개정의 취지는 살리되 부정적 파급효과는 최소화하기 위한 후속 과제를 검토해야 함. 특히 기업집단형 소유구조하에서 복수의결권 주식이 유발할 수 있는 이해상충 행위로부터 비지배주주들을 보호하기 위해 법령 및 상장 기준 등에 추가 장치를 도입하는 방안에 대해 충분한 논의가 이루어져야 함"

■ 벤처기업 창업주의 복수의결권 주식 발행을 제한적으로 허용하는 개정 〈벤처기업법〉이 2023년 11월 17일 시행됨

- 발행 대상은 벤처기업 설립 당시 정관에 기재된 발기인으로서, 복수의결권 주식 발행 당시 상무에 종사하는 이사이고 설립 이후 계속 지분율 30% 이상의 최대주주였으나, 가장 나중의 투자로 인해 지분율이 30% 미만으로 떨어지거나 더 이상 최대주주가 아니게 된 자로 한정하고 있음
- 1주당 의결권은 최소 2 ~ 최대 10 사이, 존속기간은 최대 10년 이내에서 정관으로 정함(복수의결권 주식의 존속기간 변경, 이사의 보수, 이사의 책임 감면, 감사의 선임・해임 등 일부 의결사항의 경우에는 의결권을 1주로 제한)
- 존속기간의 만료, 복수의결권 주식의 상속・양도, 창업주의 이사직 상실, 상장 후 3년 경과, 공시대상 기업집단으로 지정・편입되거나 편입 사유가 있음에도 불구하고 제외된 경우에는 보통주로 전환됨

■ 벤처기업 대상의 제한적 복수의결권 주식의 도입은 거의 3년에 걸친 격론을 거쳐 최종 입법에 이른 만큼, 그 과정에서 제기된 의견들을 숙고해 실제 운용과 향후 보완 작업에 참고해야 할 것임

- 법개정의 취지는 대규모 투자로 인해 창업주의 지분이 희석되더라도 일정 기간 동안 지배권을 유지할 수 있는 수단을 제공함으로써 해당 기업의 안정적인 경영과 적극적 투자 유치, 벤처 창업의 활성화 등을 도모하려는 것임
- 반대론자들은 이번 법개정이 벤처 활성화에 도움이 되지 않고, 향후 일몰조항이 삭제되면 경영자가 참호를 구축하고 사익을 편취하게 될 것이며, 재벌기업에도 복수의결권 주식이 허용되어 가족 지배 영속화에 이용될 것이라고 비판함

■ 법개정이 벤처 활성화에 실제로 도움이 될지 사전에 예측하기는 어려우나, 시장이 동의하는 경우에 한해 정해진 범위 내에서 소유・지배구조 형태에 자유도를 추가하는 변화라는 점을 감안하면 벤처 활성화를 저해하지는 않을 것임

- 상당수의 벤처기업은 상장 후에도 매출・수익성이 크지 않고, 투자자들도 성장 가능성을 보고 투자하는 경우가 많은 상황에서, 미래의 불확실한 가능성을 실현하려면 창업자의 혁신 마인드와 장기 비전의 유지가 필요할 수 있음

• 창업자의 지배권 유지가 해당 벤처의 성공에 반드시 결코 도움이 되지 않는다고 단언할 수 없다면 결국 창업자와 시장의 선택에 맡기는 것이 타당함. 이번 법개정도 최종 선택을 창업주와 시장에 위임하고 있는 것으로 파악됨
• 복수의결권 주식을 통해 형성된 소유 및 지배구조와 해당 기업의 성장 가능성, 미래의 배당과 주가 상승에 대한 기대 등 다양한 측면을 모두 감안해 투자자들이 자신의 선택으로 참여를 결정할 것이며, 시장이 해당 벤처기업의 성장 가능성과 벤처기업주의 능력을 인정하는 경우에만 복수의결권을 보유한 기업의 성공적 상장이 가능할 것임

■ 향후 일몰조항이 삭제되고 결국 재벌기업에도 복수의결권 주식이 허용되리라는 우려와 관련해, 이번 법개정은 벤처기업으로 대상을 한정하고 있어 〈상법〉 개정을 통한 복수의결권 주식의 보편적 도입과는 별개의 사안으로 파악해야 함
• 상장 후 3년을 포함해 개정법에 반영된 일몰조항들은 어느 정도 보수적으로 설정된 측면이 있어 향후 적정 존속기간 등에 대한 재평가 작업과 논의가 이루어질 가능성이 존재함
• 이번 복수의결권 도입은 〈상법〉이 아니라 〈벤처기업법〉 개정을 통해 이루어졌고, 재벌기업, 적어도 공시 대상 대기업집단 소속 기업에는 적용을 배제하는 조항과 복수의결권 주식의 상속이나 양도 시 보통주로 전환되는 조항을 포함하고 있어 재벌기업 관련 논란을 상당 부분 피해 가고 있음
• 〈상법〉 개정을 통한 복수의결권 주식의 보편적 도입 문제는 명확한 목표를 가지고 이루어진 이번 〈벤처기업법〉 개정과는 전혀 별개의 문제로, 완전히 새로운 맥락에서 논의가 이루어질 필요가 있음

■ 다만, 추후 일몰조항을 포함해 추가적 법개정이 있을 경우, 개정된 내용이 이미 복수의결권 주식을 보유한 상장 기업들에게는 투자자 보호 차원에서 소급적용되지 않도록 해야 할 것임
• 기존에 상장된 기업이 복수의결권 주식을 발행할 경우 일반 투자자를 포함한 투자자들에게 예상치 않은 불이익을 가져올 수 있기 때문에 법에서 명시적으로 상장 이후 발행을 불허하고 있음
• 마찬가지로 제도의 변경으로 기존 상장법인의 복수의결권 주식 존속기간이 변경될 경우 과거 투자 시점에 이를 예상하지 못했던 투자자들에게 예상치 못한 불이익이 발생할 수 있을 것임
• 따라서 기존 상장법인의 복수의결권 주식 발행을 허용하기 어려운 것과 동일한 이유로 제도 변경에 따라 기존에 발행된 복수의결권 주식의 존속기간에 변화가 발생하는 일이 일어나서는 안 될 것임

■ 이번 법개정의 취지 및 정책 목표가 원활히 달성될 수 있도록 시장 상황에 부합하는 거래소 상장 기준의 마련, 추가적으로 법령 개정이 필요한 사항의 검토 등이 차질 없이 진행되어야 함
• 입법예고된 시행령에서 규정한 복수의결권 주식 발행을 위한 투자 유치 규모가 현재의 벤처 투자 시장 상황 등을 감안할 때 다소 과하게 설정되어 실효성이 떨어진다는 지적 등을 반영해, 향후 시장 상황을 고려한 유연한 제도 운영이 가능하도록 보완하는 방안을 검토할 수 있음
• 거래소 간의 글로벌 기업 유치 경쟁이란 관점에서, 국내 유망 벤처기업의 해외 상장 억제는 물론 해외 유망 벤처기업의 한국 상장 유도까지 염두에 둔 제도 개선 방안에 대한 논의도 필요함
• 벤처기업의 창업주로 발행 대상을 국한하고 있으나, 창업주가 아닌 경영자·투자자도 비전과 혁신 역량을 보유할 수 있음을 감안해 향후 제도의 실제 운영 상황을 보아가며 발행 대상 요건의 일부 완화 가능성도 검토할 수 있음

PART 4

■ 반대로 기업집단형 소유구조하에서 복수의결권 주식이 유발할 수 있는 이해상충 행위들로부터 비지배주주들을 보호하기 위한 추가 장치의 도입과 관련한 논의가 필요하고, 이 가운데 일부 사항에 대해서는 거래소 상장 규정에 반영 가능한지 여부에 대해서도 검토가 이루어질 수 있을 것임

- 자회사를 포함한 계열회사 중 하나 이상이 상장되는 경우, 복수의결권 주식이 보통주로 전환되도록 하는 조항의 도입을 고려할 필요 있음

  ※ 복수의결권이 유발할 수 있는 문제들은 기업집단의 규모와 무관하므로, 복수의 상장 계열회사가 존재하는 경우에는 공시 대상 기업집단 소속 여부와 무관하게 보통주 전환을 강제하는 것이 바람직함

- 동일한 이유로 이미 상장된 계열회사가 존재하는 벤처기업의 경우에는 복수의결권 주식의 발행을 처음부터 불허하는 조항의 도입을 고려할 필요 있음
- 기업의 물적·인적 분할과 같이 지배주주와 나머지 주주들 간에 직접적 이해상충이 발생할 수 있는 사안의 의결에 있어서는 복수의결권 주식의 의결권을 제한하는 것이 바람직함
- 지배주주와 그 특수관계인 등이 지분을 보유한 상장 및 비상장 기업의 인수나 합병, 지분 투자나 해당 기업과의 거래 등의 사안에 있어서도 복수의결권 주식의 의결권을 제한하는 것이 바람직함

✓ Q & A

벤처기업 창업주에 대한 복수의결권 주식 발행을 허용하는 〈벤처기업법〉 개정법이 시행됐다. 법개정의 취지를 살리고 부정적인 영향은 최소화할 수 있는 방향에 대한 자신의 의견을 논하시오.

개정 〈벤처기업법〉을 통해 시행된 벤처기업 복수의결권 도입의 취지는 해당 기업의 안정적인 경영과 적극적 투자 유치, 나아가 벤처 창업의 활성화 등을 도모하는 것에 있다. 그러나 이번 법개정이 벤처 활성화에 도움이 되지 않고, 향후 일몰조항들이 삭제되면 창업주의 참호 구축과 사익 추구 행위가 허용될 것이며, 재벌기업에도 복수의결권 주식이 허용되어 가족 지배 영속화에 이용될 것이라는 우려 또한 높다. 따라서 법개정의 취지를 살려 정책 목표를 구현하는 동시에 부정적 파급효과에 대한 우려를 불식시키기 위해 필요한 후속 과제들을 정리하고 구체적 추진 방안을 마련해야 한다. 그렇다면 취지를 살리고 우려는 해소할 수 있는 방안으로는 무엇이 가능한지 짚어보자.

벤처기업 투자자들은 당장의 매출・수익보다는 미래의 성장 가능성을 보고 투자하는 경우가 더 많은 것이다. 투자자들은 복수의결권 주식을 통해 형성된 소유・지배구조와 성장 가능성 등 여러 측면을 고려해 스스로의 선택으로 참여를 결정할 것이며, 시장이 해당 벤처의 성장 가능성과 기업주의 능력을 인정할 경우에만 복수의결권을 보유한 기업의 성공적 상장이 가능할 것이다. 따라서 벤처기업에 대한 복수의결권 도입이 시장이 동의하는 경우에 한해 소유・지배구조 형태에 자유도를 더하는 변화라는 점을 감안하면 복수의결권 주식 발행 여부를 결국 창업자와 시장의 선택에 맡기는 것이 타당하다. 또한 개정 〈벤처기업법〉의 일몰조항들은 보수적으로 설정됐기에 향후 적정 존속기간 등에 대한 재평가와 논의가 이루어질 수 있으며, 벤처기업으로 대상을 한정하는 한편 재벌기업에 대한 복수의결권 적용을 배제하고 복수의결권 주식의 상속・양도 시 보통주로 전환하도록 규정하고 있기에 재벌기업 관련 논란을 상당 부분 피해가고 있다. 따라서 〈상법〉 개정을 통한 복수의결권 주식의 보편적 도입 문제는 이번 〈벤처기업법〉 개정과는 별개의 문제로, 완전히 새로운 맥락에서 논의가 이루어져야 한다. 다만, 추후 일몰조항을 포함해 법을 개정할 경우, 이미 복수의결권 주식을 보유한 상장 기업들에게는 투자자 보호 차원에서 개정된 내용이 소급적용되지 않게 해야 한다. 아울러 벤처 투자 시장 상황에 부합하는 거래소 상장 기준을 마련하고, 발행 대상 요건을 완화하는 등 복수의결권 제도의 실효성을 높이고 현실에 맞게 유연하게 운영하기 위해 필요한 개선 사항은 무엇인지 검토해야 한다.

반대로 기업집단형 소유구조하에서 복수의결권 주식이 야기할 수 있는 이해상충 행위들로부터 비지배주주들을 보호하기 위해 자회사를 포함한 계열회사 중 하나 이상이 상장되는 경우에는 복수의결권 주식이 보통주로 전환되도록 하며, 이미 상장된 계열회사가 있는 벤처기업의 경우에는 복수의결권 주식의 발행을 불허하는 등의 법적 장치 도입을 검토하고, 이 가운데 일부 사항에 대해서는 거래소 상장 규정에 반영이 가능한지에 대해서도 타진해야 한다.

PART 4

경제 04

한계기업 증가 가능성과 향후 과제

구정한(금융브리프 31권 22호, KIF 한국금융연구원, 2022. 10. 29.)

"최근 금리, 물가, 환율, 원자재 가격 상승과 경기 둔화로 향후 한계기업의 비중은 확대될 가능성이 있고, 이로 인해 기업 구조조정 수요는 증가할 것으로 예상됨. 그동안 예견하지 못했던 코로나19 발생으로 기업 구조조정이 지연되는 경향이 있었으나, 최근 경제 여건상 기업 구조조정을 계속 지연하기는 어려울 것으로 판단됨. 향후 기업 구조조정은 기업의 상황에 맞는 방식으로 추진되어야 하며, 이를 위한 제도적 뒷받침과 정책금융 등을 통한 지원이 필요함"

■ 3년 연속 이자보상배율이 1 미만인 한계기업의 비중은 지속적으로 증가하는 추세를 보였으나, 2021년에는 경기 회복에 따른 기업의 매출 증가, 수익성 회복의 영향으로 코로나19 이전 수준으로 하락하였음

- 2021년 중 기업 수를 기준으로 한계기업이 차지하는 비중은 14.9%를 기록하여 코로나19 이전인 2019년 14.8% 수준으로 하락하였음
- 2021년 중 처음으로 이자보상배율(영업이익÷총이자비용)이 1을 하회한 기업의 수가 감소함에 따라 전체 취약기업(이자보상배율이 1 미만인 기업)의 비중도 2020년 35.2%에서 2021년 31.1%로 크게 하락하였음

■ 그러나 최근 금리·물가·환율 상승 등으로 기업의 경영 여건이 악화되는 가운데 국내외 경기도 점차 둔화될 전망임에 따라 향후 한계기업의 비중은 크게 상승할 가능성이 있음

- 금리, 물가, 환율 및 원자재 가격 상승으로 기업들의 비용이 크게 상승할 소지가 있는 반면, 경기 둔화로 수요가 뒷받침되지 않는다면 한계기업의 비중 상승은 불가피할 것으로 전망됨
- 그동안 저금리 기조가 유지됨에 따라 경기 둔화에도 이자보상배율의 악화가 두드러지게 나타나지 않았는데, 가파른 금리 상승으로 기업들의 이자보상배율의 하락이 크게 나타날 가능성이 있음

■ 채권은행의 기업신용위험평가 체계상 한계기업의 증가는 기업 구조조정 수요의 증가로 연결될 가능성이 농후함

- 채권은행은 〈채권은행의 기업신용위험 상시평가 운영협약〉에 따라 매년 고객 기업에 대한 신용위험평가를 실시하는데, 우선 기본평가를 실시한 이후 해당 기업이 기본평가 항목에 기재된 일정 조건에 해당하면 세부평가를 실시함
- 한계기업을 의미하는 최근 3년간 이자보상배율이 1 미만인 기업은 기본평가 항목에서 대표적인 세부평가 대상이 되는 조건 중 하나이므로 2022년 기업신용위험평가에서 세부평가 대상 기업 수는 크게 증가할 것으로 전망됨
- 평가 결과 A～D의 4가지 등급 중에서 C와 D에 해당하는 기업은 부실징후기업으로 분류되고, 통상 채권은행 중심의 워크아웃 또는 법원의 회생절차를 통해 구조조정이 추진됨. 따라서 신용위험평가 체계에서 세부평가 대상에 해당하는 한계기업의 수가 증가하면 구조조정 대상인 부실징후기업의 수가 증가하는 것은 자연스러운 현상임

■ 코로나19가 예견치 못한 특수 상황임을 감안하여 기업 구조조정이 지연되는 경향이 있었는데, 최근 기업 구조조정을 계속 지연하기 어려운 경제 여건이 조성되고 있는 것으로 판단됨

- 한계기업의 수가 지속적으로 증가하는 상황에서 코로나19 사태라는 특수한 상황이 발생함에 따라 이를 감안하여 기업신용위험평가를 실시한 측면도 있는데다, 2021년 경기 회복에 따른 한계기업 감소 효과 등으로 2020년부터 실제 구조조정을 추진해야 하는 부실징후기업의 수는 2019년 대비 감소한 것으로 나타남
- 그러나 장기간 지속되었던 저금리 기조, 중소기업・소상공인에 대한 대출 만기 연장, 원리금 상환 유예 등의 조치로 기존 신용위험평가 기준의 적정성에 의문이 제기됨에 따라 최근 〈상시평가 운영 협약〉이 기업신용위험 평가를 엄격하게 하도록 개정되었음
- 게다가 최근 원자재 가격, 금리 상승 등 비용 상승에 따라 재무구조가 악화되는 기업이 다수 발생할 것으로 예상되어 기업 구조조정이 당면한 과제로 부각됨

■ 향후 일률적인 잣대로 기업 구조조정을 추진하기보다는 기업이 처한 상황에 맞는 구조조정 방식이 채택되어 추진되는 효율적인 기업 구조조정 환경 조성이 필요함

- 우선 한시법인 〈기업 구조조정 촉진법〉은 채권금융기관 중심 기업 구조조정 절차인 워크아웃을 제도적으로 규율하고 있는데, 일몰 시한이 2023년에 도래하므로 앞으로의 기업 구조조정 수요 증가를 감안하면 재입법이 필요한 것으로 판단됨
- 최근 채권금융기관들이 기업 구조조정에 적극적으로 참여하는 것을 꺼리고 있어 제도적으로 신규 자금 투입, 출자전환 등에 인센티브를 부여하는 방안을 고려할 필요가 있음
- 또한 단순히 재무구조 개선뿐만 아니라 사업구조를 재편해야 하는 기업의 경우에는 채권금융기관보다는 PEF(Private Equity Fund, 사모펀드)를 통한 구조조정이 더욱 효율적일 수 있으므로 구조조정 펀드에 대한 정책 지원을 지속할 필요가 있음
- 부실징후기업에 대한 구조조정과는 별개로 정책금융기관에서는 부실징후기업이 되기 이전 단계에서 디지털화・친환경 기조 등 제반 환경 변화에 선제적으로 대응하기 위해 사업 재편을 추진할 필요가 있는 기업을 발굴하여 지원함으로써 비용을 절감하면서 효율적으로 사전적 구조조정이 이루어질 수 있는 체계를 정착시킬 필요가 있음

✓ **Q & A**

한계기업의 급증 가능성에 따른 기업 구조조정에 대한 수요의 변화를 진단하고, 효율적인 기업 구조조정 환경 조성을 위해서 어떠한 방안 적용이 가능할지 자신의 생각을 논하시오.

2021년 한계기업이 차지하는 비중이 코로나19 사태 발생 이전 수준으로 하락하고, 취약기업의 비중도 전년에 비해 급감했다. 그러나 금리・물가・환율・원자재 가격 상승 등 경영 여건의 악화와 국내외 경기 둔화가 예상됨에 따라 한계기업의 비중이 급증할 가능성이 우려되며, 이로 인해 기업 구조조정 수요는 증가할 것으로 보인다.

채권은행에서 한계기업에 대한 세부평가를 한 결과 부실징후기업으로 분류된 기업은 워크아웃 또는 회생절차를 통해 구조조정이 추진된다. 따라서 한계기업의 증가는 구조조정 대상 기업의 증가로 이어진다. 또한 〈상시평가 운영협약〉이 기업신용위험 평가를 엄격히 하도록 개정되었고, 원자재 가격 등의 비용 상승에 따라 재무구조가 악화되는 기업이 다수 발생할 것으로 예상되어 기업 구조조정이 당면한 과제로 부각되었다.

효율적인 기업 구조조정 환경 조성을 위한 방안으로는 첫째, 한시법인 〈기업 구조조정촉진법〉(2023년 일몰)의 재입법이 필요하다. 둘째, 채권금융기관들의 적극적인 기업 구조조정을 유도하도록 신규 자금 투입, 출자전환 등에 인센티브를 부여하는 방안을 고려해야 한다. 셋째, 사업구조를 재편해야 하는 기업의 경우에는 PEF(사모펀드)를 통한 구조조정이 효율적일 수 있으므로 구조조정 펀드에 대한 정책 지원을 지속해야 한다. 넷째, 정책금융기관은 한계기업이 부실징후기업이 되기 전에 선제 대응하기 위해 사업구조 재편이 필요한 기업을 찾아내 지원함으로써 비용 절감과 효율적인 구조조정이 사전에 이루어지는 체계를 확립해야 한다.

경제 05

조세법률주의 입장에서 살펴본 가상자산 과세 문제

김동환(금융브리프 30권 25호, KIF 한국금융연구원, 2021. 12. 25.)

"최근 가상자산 과세 시점을 2023년으로 유예한다는 <소득세법> 개정안이 국회를 통과함. 조세법률주의에 입각할 때 현행 <소득세법>상 가상자산 과세 항목은 기타소득세가 유일하며, 사업소득세·양도소득세 등을 부과하기 위해서는 <소득세법> 개정이 필요함. 한편 가상자산은 현행 <상속세법>, <증여세법>상 과세 대상이 될 개연성이 있는 것으로 판단됨. 향후 조세평등주의 입장에서도 가상자산에 대한 과세 문제를 검토해 볼 필요가 있음"

■ 우리나라에서는 2020년 3월 〈특정금융거래정보의 보고 및 이용 등에 관한 법률(특금법)〉 개정을 통해 가상자산에 대한 과세 기반이 마련되고, 2020년 12월 〈소득세법〉 개정안이 국회를 통과하여 가상자산 소득에 대한 과세 시행을 앞두게 되었음
- 개정 〈특금법〉은 가상자산을 "경제적 가치를 지닌 것으로서 전자적 거래 또는 이전이 가능한 전자적 증표"(제2조 제3호)로 정의함
- 개정 〈소득세법〉은 2022년 1월 1일부터 250만 원 이상 가상자산의 양도 및 대여에 따라 발생하는 소득에 대해 20%를 과세하기로 규정함

■ 하지만 2021년 12월에 가상자산 과세 시점을 2023년 1월 1일로 유예한다는 내용의 〈소득세법〉 개정안이 국회 본회의를 통과함
- 〈소득세법〉 개정안의 국회 심의 과정에서는 가상자산에 대한 과세 인프라와 투자자 보호가 충분하지 않다는 의견이 나오면서 유예가 결정됨. 이에 따라 실제로는 2023년 거래액을 기준으로 과세가 이루어지기 때문에 2024년 5월 종합소득세 신고기간부터 가상자산 소득에 대한 세금 납부가 예정됨

■ 조세법률주의에 입각하여 가상자산에 대한 과세가 어디까지 가능한지, 그리고 남은 과제는 무엇인지를 살펴봄
- 조세법률주의란 조세의 부과·징수는 반드시 국회에서 제정하는 법률에 의해야 한다는 원칙임
- 검토 대상 과세 유형에는 소득세, 상속세 및 증여세, 부가가치세 등이 있음

■ 소득세 : 현행 〈소득세법〉상 가상자산 거래와 관련하여 과세 가능한 세목은 기타소득세가 유일함
- 〈소득세법〉상의 소득(종합소득, 퇴직소득, 양도소득) 가운데 가상자산 과세와 관련이 있는 소득으로는 종합소득 중 사업소득 및 기타소득, 그리고 양도소득 등을 생각해 볼 수 있음
- 그런데 조세법률주의 관점에서 볼 때 현행 〈소득세법〉상 과세 가능한 것은 기타소득세가 유일함

■ 한편 사업소득세, 양도소득세 등을 부과하기 위해서는 〈소득세법〉 개정이 필요함
- 가상자산소득이 영리 목적, 독립성, 연속성을 가지고 발생할 경우 사업소득세 부과 대상으로 고려할 수는 있으나 조세법률주의에 반할 가능성이 있음
- 가상자산 소득이 〈소득세법〉상 기타자산의 양도로 인하여 발생하는 소득으로 해석될 경우 양도소득세 부과 대상으로 고려할 수는 있으나, 조세법률주의하에서 이와 같은 해석을 인정할 수 있는지에 대해서는 추가 검토할 필요가 있음

■ 상속세 및 증여세 : 〈상속세법〉 및 〈증여세법〉에 따라 거주자 사망 시 거주자의 모든 상속자산, 거주자가 증여한 모든 증여자산이 과세 대상이 되기 때문에 가상자산 역시 상속세·증여세 과세 대상이 될 수도 있을 것으로 판단됨

- 가상자산의 재산성(Property)을 인정할 경우 재산적 가치를 지닌 가상자산은 상속세·증여세 과세 대상이 됨
- 가상자산의 상속세·증여세 과세에 대해선 크게 이견이 없으나, 가상자산의 특성상 과세 대상에서 누락될 수 있는 문제가 존재함

■ 기타 : 현행 〈세법〉상 거주자는 모든 소득에 대해, 비거주자는 국내 원천소득에 대해서만 과세하는데, 가상자산의 이전이 '자산의 양도'에 해당하는지 '용역의 제공'에 해당하는지에 대해서는 명확한 규정이 없는 실정임

- 가상자산 이전(매매, 지급수단으로 사용, 가상자산 간 교환 등)에 대해서는 '(양도가격)−(양도원가)=(소득)'으로 인식하여 과세할 수 있을 것임. 만약 '자산의 양도'에 해당한다면 국외에서 국내로의 판매는 국외거래로 간주되어 과세 대상이 되지 않고, 국내에서 국외로의 판매는 국내거래로서 과세 대상이 될 수 있음
- 한편 '용역의 제공'에 해당한다면(예컨대 전자적 용역을 공급받는 자의 사업장 소재지가 용역의 공급 장소가 되므로) 국외에서 국내로의 판매는 국내거래로 간주되어 과세 대상이 되는 반면, 국내에서 국외로의 판매는 국외거래로서 과세 대상이 아님

■ 조세평등주의 : 또한 조세평등주의 입장에서도 가상자산 과세 문제를 검토해 볼 필요가 있음

- 조세평등주의는 합리적 이유 없이 특정 납세자를 과세상 불리하게 차별하거나 우대해서는 안 되며, 조세 부담이 납세자의 급부 능력에 상응하여 공정하고 평등하게 배분되어야 한다는 원칙임. 이와 관련하여 항간에서는 가상자산 보유·투자자와 주식 등 금융투자상품 보유·투자자 간 과세상 형평성에 문제가 있다는 비판도 제기되고 있음

PART 4

✓ Q & A

법률의 미비로 인해 가상자산을 둘러싸고 논란이 일고 있다. 조세평등주의 입장에서 무엇이 문제시 되며, 가상자산 과세를 둘러싼 논란 해소를 위해 어떻게 접근해야 할지 자신의 의견을 논하시오.

〈소득세법〉 개정안은 가상자산을 기타소득으로 분류하고 250만 원 이상의 소득에 대해 20%의 세율로 과세하기로 했으나, 가상자산에 대한 과세 인프라와 투자자 보호가 미흡하다는 지적에 따라 시행이 유예되었다. 그런데 세금은 반드시 법률에 의해 부과해야 한다는 조세법률주의에 따르면 현행 〈소득세법〉상 가상자산에 대해 과세 가능한 항목은 기타소득세가 유일하다. 또한 가상자산소득이 〈소득세법〉의 사업소득세・양도소득세 부과 대상이 되는가에 대해 조세법률주의에 입각한 법률 해석을 둘러싸고 이견이 대립한다. 따라서 가상자산소득에 대해 사업소득세・양도소득세를 부과하려면 반드시 법률 해석에 대한 정밀한 추가 검토와 사회적 합의가 선행되어야 한다.

또한 가상자산의 재산성을 인정하면 가상자산은 상속세・증여세 과세 대상이 된다는 점에 대해선 크게 이견이 없으나, 가상자산의 특성상 과세 대상에서 누락될 수 있는 문제가 남는다. 따라서 조세법률주의에 입각해 〈상속세법〉과 〈증여세법〉 등 관련법의 정비가 이루어져야 한다.

조세평등주의는 납세자의 급부 능력에 맞게 공정・평등하게 조세 부담을 배분해야 함을 원칙으로 하며, 가상자산과 다른 금융투자상품에 대한 과세가 공평하지 못해 조세평등주의를 거스른다는 비판이 제기된다. 또한 가상자산에 대한 과세는 시행 여부가 아니라 시행 시기가 문제이다. 따라서 '소득이 있는 곳에 세금도 있다'는 과세의 대원칙과 '원칙 없는 규제는 조세 저항만을 초래한다'는 사실을 유념해 관련법에 대한 정밀한 검토와 개정이 시급한 시점이다.

경제 06

코로나19 사태 이후 국내은행의 수수료이익 동향 및 시사점

서병호(금융브리프 29권 21호, KIF 한국금융연구원, 2020. 11. 07.)

"코로나19 사태 이후 해외여행 감소, 내수 부진, 사모펀드 부실판매 사태 등에도 불구하고 국내은행의 수수료 이익이 증가하였는데, 이는 일부 은행의 일시적 요인에 기인함. 수수료 수익 기반이 전반적으로 약화된 국내은행은 내부통제 강화를 통해 신뢰를 회복할 필요가 있으며, 온라인 채널의 편의성 및 오프라인 채널의 전문성을 제고해 고객의 충성도도 높여야 함"

■ 코로나19 사태 이후 해외여행 감소 및 내수 부진, 파생결합펀드 및 사모펀드 관련 각종 사건·사고 등이 국내은행의 수수료에 악영향을 미칠 것으로 예상되었으나, 2020년 상반기 국내은행의 수수료 이익은 전년 동기 대비 증가함

- 코로나 방역 차원에서 이루어진 각국의 사회적 거리두기, 이동제한, 봉쇄 등으로 인한 해외여행 급감으로 외환취급 수수료 감소, 전반적인 내수 부진으로 송금 수요가 급감하면서 송금수수료 감소 요인도 있었음
- 해외금리 연계 DLF 손실 사태로 인해 은행의 고난도 사모펀드 판매 및 신탁 편입 금지, 사모펀드 최소투자금액 상향조정, 고난도 금융 상품 판매 전 이사회 의결 의무화, 내부 통제 미흡 시 경영진 제재 등의 조치가 취해지면서 은행의 사모펀드 및 신탁 판매 유인 감소로 수익증권 판매수수료 및 신탁수수료 감소 요인이 있었음
- 그럼에도 국내은행의 2020년 상반기 수수료이익이 증가하였는데 시중은행의 수수료이익은 감소했으나, 특수은행과 지방은행 등의 수수료이익이 크게 증가했음

■ 코로나19로 인해 일시적으로 증가했던 일부 수수료 수익원이 정상화될 경우 국내은행 수수료이익의 감소가 예상되는 등 국내은행의 수수료이익 기반은 아직 취약함

- 외환수입수수료와 송금수수료 등은 코로나 사태가 종료되면 회복될 것이 확실하나 수익증권판매 수수료는 장담할 수 없고 지급보증료가 정상화될 것으로 판단됨
- 이미 기준금리가 0.5%인 상황에서 금리를 추가로 낮추는 데는 한계가 있어 대출금조기상환수수료도 곧 정상화될 것으로 예상되며, 소비자의 대출 갈아타기로 이자이익이 감소하는 효과를 감안할 때 대출금 조기상환수수료의 증가는 수익성 개선 요인으로 보기 어려움

■ 국내은행이 수수료이익 기반을 안정적으로 강화하기 위해서는 다양한 금융상품 및 서비스의 개발 외에 내부 통제 강화를 통해 신뢰를 회복할 필요가 있으며, 온라인 채널의 편의성 및 오프라인 채널의 전문성을 제고해 고객의 충성도를 높이는 데 집중해야 함

- DLF, 라임, 옵티머스 등 일련의 사태를 보듯이 소비자보호 소홀로 고객이 받은 피해 배상, 벌금, 일부 업무정지, 규제 강화, 고객이탈, 브랜드가치 하락 등 다양한 경로를 통해 은행에게 막대한 피해로 되돌아오기 때문에 가이드라인 이상으로 내부통제를 강화를 통해 신뢰를 회복할 필요가 있으며, 신뢰를 회복해야 향후 규제 완화도 기대할 수 있음

• 제로금리 수준의 초저금리 장기화로 이자 관련 수익성을 높이는 데 한계가 있는 국내은행 입장에서 수수료이익을 포기할 수는 없으므로 온라인 채널의 편의성을 제고해 통상적인 업무는 온라인 채널을 이용하도록 유도하면서 오프라인 채널의 전문성 제고를 통해 점포에서는 각종 상담 및 PB, IB, 유언대용신탁, 재산신탁 등의 업무에 전념하여 수수료수익 기반을 확대할 필요가 있음

PART 4

✓ Q & A

국내은행이 수수료이익 기반을 안정적으로 다지기 위해서 어떠한 측면을 보완해야 할지 자신의 생각을 논하시오.

코로나19 사태 이후 해외여행 감소 및 내수 부진, 파생결합펀드 및 사모펀드 관련 각종 사건 · 사고 등이 국내은행의 수수료에 악영향을 미칠 것으로 예상되었으나, 2020년 상반기 국내은행의 수수료이익은 오히려 전년 동기 대비해서 증가하는 모습을 보였다.

코로나19로 인해 일시적으로 증가했던 일부 수수료 수익원이 정상화될 경우 국내은행 수수료이익의 감소가 예상되는 등 국내은행의 수수료이익 기반은 아직 취약하기 때문에 국내은행이 수수료이익 기반을 안정적으로 강화하기 위해서는 다양한 금융상품 및 서비스 개발 외에 내부 통제 강화를 통해 신뢰를 회복할 필요가 있으며, 온라인 채널의 편의성 및 오프라인 채널의 전문성을 제고해 고객의 충성도를 높이는 데 집중해야 한다.

소비자보호 소홀로 고객이 받은 피해는 은행에게 막대한 피해로 되돌아오기 때문에 가이드라인 이상의 내부통제 강화를 통해 신뢰를 회복할 필요가 있으며, 신뢰를 회복해야 향후 규제 완화도 기대할 수 있다. 또한 제로금리 수준의 초저금리 장기화로 이자 관련 수익성을 높이는 데 한계가 있는 국내은행 입장에서 수수료이익을 포기할 수는 없으므로 온라인 채널의 편의성 제고를 통해 통상적인 업무는 온라인 채널을 이용하도록 유도하면서 오프라인 채널의 전문성을 제고해 점포에서는 각종 상담 및 PB, IB, 유언대용신탁, 재산신탁 등의 업무에 전념하여 수수료수익 기반을 확대할 필요가 있다.

경제 07

P2P대출의 실태 평가와 건전성 제고 방안

김정한(금융브리프 29권 21호, KIF 한국금융연구원, 2020. 11. 07.)

"지난 7월 중국과 BP 간의 원유거래에서 위안화 결제가 처음으로 이루어짐에 따라 국제원유 거래의 주 결제통화인 미달러화가 대체되고 위안화의 영향력이 국제거래에서 확대될 것이라는 해석도 있음. 그러나 국제원유 실물거래와 선물거래의 미달러화 거래 규모를 계산하고 이를 전 세계 외환거래 규모와 비교해 본 결과, 전 세계 외환거래에서 위안화의 영향력이 크게 증가하지는 않을 것으로 전망됨"

■ 지난 7월 영국의 메이저 석유회사인 BP(British Petroleum)가 상하이국제에너지거래소(Shanghi International Energy Exchange)를 통해 중국에 이라크 원유 300만 배럴을 중국 위안화로 결제한 것이 세간의 관심을 집중시켰음

- 상하이국제에너지거래소는 중국이 금융시장 개방과 에너지 상품거래 국제화 등을 목적으로 2018년 개장한 상품거래소로, 출범 이후 중국 내 원유거래에 국한하였고 2019년 일평균 2.8억 배럴의 거래실적을 보였음
- 이번과 같이 글로벌 석유 메이저가 상하이국제에너지거래소에 참여하여 미국 달러화가 아닌 위안화로 거래한 후 현물로 납품한 것은 처음인 것으로 알려짐

■ 세계적으로 원유거래는 미달러화로 거래되는 페트로달러(Petrodollar) 체제 내에서 이루어짐

- 페트로달러 체제는 1973년 미국과 사우디아라비아 간에 원유 결제통화로 미 달러화를 사용하는 대신 소련, 이란 등으로부터 사우디아라비아의 안보를 미국이 보장해 준다는 합의가 이루어진 후 1975년 OPEC 회원국들이 이에 동조하며 원류거래 결제에 미 달러화를 사용하면서 확고해졌음
- 페트로달러 체제는 미달러화가 국제교역에서 결제통화로 자리 잡는 데 일조하였을 뿐만 아니라, 중동 산유국들이 원유수출로 취득한 미 달러화를 미국 국채 등에 투자함으로써 국제금융 거래에서도 미달러화가 주요한 위상을 차지하는 데 일조한 것으로 평가됨

■ BP와의 거래와 같은 대형 국제거래에서 중국이 위안화 결제로 거래를 성사한 것은 중국이 국제원유 시장에서 위안화 결제 비중을 늘리기 위해 첫 걸음을 뗀 것이라 볼 수 있음

- 최근 중국이 세계 최대 원유 수입국으로 부상함에 따라 국제원유거래에서 위안화 사용을 늘릴 수 있는 환경이 마련되면서 중국은 국제 원유시장에서 위안화 사용을 확대하고자 함
- 2019년 중국의 원유 수입량은 일평균 1,010만 배럴로, 미국의 수입량 680만 배럴을 넘어서는 세계 최대 원유 수입량을 나타냄
- 중국의 이러한 행보는 코로나19 사태, 중국의 〈홍콩보안법〉 제정 등 미국과의 대외적인 갈등이 고조되는 가운데 이루어져 중국이 국제교역에서 미달러화 사용 의존도를 줄이며 위안화의 국제적 사용 비중을 확대하고자 하는 것으로 해석되기도 함

■ 국제원유 거래 규모를 원유의 인수도가 일어나는 실물거래와 실물거래 헷징을 위해 국제상품거래소에서 이루어지는 파생상품거래로 구분하여 일평균 생산규모 및 거래규모로 파악해봄
- 실물거래는 생산된 원유가 소비되기 위해 거래되는 경우로, 원류 실물이 인도된 후 재판매되는 경우가 드물기 때문에 전 세계 산유국의 생산량이 실물거래의 최대한도라 할 수 있음
- 유가변동 위험 회피 목적 또는 투기적 목적을 위해 거래되는 파생상품거래는 뉴욕상업거래소와 런던대륙 간 거래소의 원유선물거래가 가장 큰 규모이고 미달러화로 결제되며 대부분 현금 청산됨

■ 중국이 상하이국제에너지거래소에서 국제원유 거래를 위안화로 결제하는 것은 국제원유시장에서 영향력을 확대하고 위안화를 국제화하기 위한 목적으로 파악됨
- 중국이 국제원유 거래에서 위안화 결제를 개시함에 따라 러시아, 이란, 베네수엘라 등 미국에 적대적인 국가들은 상하이국제에너지거래소를 활용해 미국의 금융제재를 피하면서 원유를 거래할 수 있게 되었음
- 이와 함께 중국의 국제원유 수요 확대가 예상되는 만큼, 상하이국제에너지거래소는 국제 원유시장에서 영향력을 확대할 수 있을 것으로 전망됨
- 하지만 국제원유 거래가 전부 위안화로 대체된다 가정해도, 전 세계 외환거래 대비 원유관련 미달러 사용 비중이 크지 않아, 위안화의 전 세계 외환거래에서의 비중은 눈에 띄게 증가하지는 않을 것으로 전망됨

✓ Q & A

국제 원유거래에서 미달러화 대신 위안화로 결제하는 것에 대한 자신의 생각을 논하시오.

지난 7월 영국의 메이저 석유회사인 BP가 상하이국제에너지거래소를 통해 중국에 이라크 원유 300만 배럴을 중국 위안화로 결제한 것이 세간의 관심을 집중시켰다. 통상적으로 원유거래는 미달러화로 거래되는 페트로달러 체제 내에서 이루어지기 때문이다.

BP와의 거래와 같은 대형 국제거래에서 중국이 위안화 결제로 거래를 성사한 것은 중국이 국제원유시장에서 영향력을 확대하고 위안화 결제 비중을 늘리기 위해 첫 걸음을 뗀 것이라 볼 수 있으며 국제원유 거래 규모를 원유의 인수도가 일어나는 실물거래와 실물거래 헷징을 위해 국제상품거래소에서 이루어지는 파생상품거래로 구분하여 일평균 생산규모 및 거래규모로 파악해볼 수 있다.

중국이 국제원유 거래에서 위안화 결제를 개시함에 따라 미국에 적대적인 국가들은 상하이국제에너지거래소를 활용해 미국의 금융제재를 피하면서 원유를 거래할 수 있고, 중국의 국제원유 수요 확대가 예상되는 만큼, 상하이국제에너지거래소는 국제 원유시장에서 영향력을 확대할 수 있을 것으로 전망된다.

하지만 국제원유 거래가 전부 위안화로 대체된다 하더라도, 전 세계 외환거래 대비 원유관련 미달러 사용 비중이 크지 않아, 위안화가 전 세계 외환거래에서의 비중이 눈에 띄게 증가하지는 않을 것으로 생각된다.

경제 08

국내 보험사의 해외대체투자 동향 및 평가

이석호(금융브리프 29권 17호, KIF 한국금융연구원, 2020. 09. 05.)

"국내 보험사의 해외대체투자는 전반적으로 자본 대비 비중이 크게 높지 않으며, 고위험 투자 비중도 양호한 편임. 그러나 코로나19에 따른 글로벌 경제활동 봉쇄조치의 영향으로 부동산, 항공기 등과 같은 해외대체투자 자산에서 현금흐름의 차질 및 손실 발생이 우려됨. 특히 과도한 해외대체투자 및 고위험 투자 비중을 보이는 일부 보험사는 손실이 확대될 경우 자본적정성에 큰 부담으로 작용할 수 있으므로 중점적인 모니터링이 필요함"

■ 최근 수년간 국내 보험사들은 초저금리 기조하에 수익률 확보 및 장기자산 투자를 위해 부동산, SOC 등을 중심으로 해외 대체투자를 확대해 왔음
- 2019년 6월 말 현재 국내 보험사의 해외 대체투자 규모는 약 15.4조 원으로 2017년 12월 말 10.5조 원 대비 47% 증가한 것으로 나타남
- 국내 보험사 해외 대체투자의 세부 자산별 비중은 부동산(6.1조 원)이 40%로 가장 높으며, SOC(5.8조 원) 38%, 항공 & 선박(1.5조 원) 10% 등의 순서인 것으로 파악됨
- 보험사 해외 대체투자의 지역별 비중은 북미지역 48%, 유럽 26%, 아시아 & 호주 16% 등의 순서임

■ 전반적으로 국내 보험사의 자기자본 및 총자산 대비 해외 대체투자 자산 비중이 크게 높지 않으며, 전체 해외 대체투자 자산 중 '후순위 · 지분형' 투자가 차지하는 비중도 양호한 편인 것으로 평가됨
- 국내 보험사의 해외 대체투자 비중은 자기자본 대비 16.4%, 총자산 기준으로는 2.8% 수준인 것으로 파악됨
- 국내 보험사의 해외 대체투자 자산 중 선순위 투자의 비중이 절반가량인 49%로 가장 높으며, 고위험, 고수익으로 분류되는 '후순위 · 지분형' 투자가 차지하는 비중은 29%인 것으로 파악됨
- 보험사는 증권사와 달리 해외 대체투자 자산의 재매각보다는 만기까지 장기 보유가 목적이므로, 코로나19발 경제충격 등에 따른 미매각 또는 큰 폭의 자산처분 손실 가능성도 과도하게 우려할 필요는 없을 것으로 판단됨
- 향후 코로나19 백신이 개발되고 국내외적으로 경제활동이 점차 정상화될 경우, 해외 대체투자 자산 가격 또한 상당 부분 회복될 것으로 예상됨

■ 그러나 국내 보험사의 해외 대체투자 자산에서 부동산 자산의 경우엔 '후순위 · 지분형' 투자의 비중이 높으며, 일부 보험사는 자기자본 대비 해외 대체투자 자산의 비중이 과도한 것으로 나타남
- 보험사 해외 대체투자의 세부 자산별 '후순위 · 지분형' 투자가 차지하는 비중은 부동산의 경우 43%, 인프라(SOC)는 25% 수준인 것으로 나타남
- 일부 보험사의 경우 해외 대체투자의 규모가 자기자본 대비 90 ~ 200% 수준으로 과도하게 높으며, '후순위 · 지분형' 투자가 차지하는 비중 또한 40 ~ 50%를 기록하고 있는 것으로 파악됨
- 국내 보험사의 해외 대체투자 자산 중 특히 부동산의 경우, 최근 들어 호텔 등 경기변동에 민감한 상업용 부동산 투자가 확대되고 있으며, 다른 대체투자자산에 비해 상대적으로 '후순위 · 지분형' 투자 비중이 높은 점에 주목할 필요가 있음

- 향후 코로나19의 종식이 늦어지거나 재확산될 경우, 해외부동산 등의 자산에서 현금흐름의 차질이 심화되고 손실이 누적, 확대되면서 경매 등을 통한 투자자산의 처분 압박이 높아질 가능성도 배제할 수 없음
- 특히 최근 초저금리기조 심화, IFRS17 도입 등의 영향으로 보험사의 수익성 및 재무건전성이 악화되고 있는 상황에서, 해외 대체투자 및 고위험 투자를 과도하게 늘려온 일부 보험사는 손실이 확대될 경우 자본적정성에 큰 부담으로 작용할 위험이 존재하므로 중점적으로 모니터링할 필요가 있음

■ 향후 보험사들도 부동산 등 해외 대체투자에 대한 사전적 심사역량을 더욱 강화할 필요가 있으며, 사후적으로 스트레스테스트 변수 및 기준을 보다 정교화, 강화하고 최악의 시나리오에 대비한 조기경보 시스템 및 컨틴전시 플랜을 마련해야 할 것임

PART 4

✓ Q & A

국내 보험사들의 해외 대체투자 비중에 대해 이야기하고, 향후 국내 보험사들이 어떠한 방향으로 나아가야 하는지 자신의 생각을 논하시오.

최근 수년간 국내 보험사들은 초저금리 기조하에 수익률 확보 및 장기자산 투자를 위해 부동산, SOC 등을 중심으로 해외 대체투자를 확대해 왔다.

전반적으로 국내 보험사의 자기자본 및 총자산 대비 해외 대체투자 자산 비중이 크게 높지 않으며, 전체 해외 대체투자 자산 중 '후순위·지분형' 투자가 차지하는 비중도 양호한 편인 것으로 평가된다. 그러나 국내 보험사의 해외 대체투자 자산에서 부동산 자산의 경우엔 '후순위·지분형' 투자의 비중이 높으며, 일부 보험사는 자기자본 대비 해외 대체투자 자산의 비중이 과도한 것으로 나타났다.

단기적으로 코로나19에 따른 글로벌 경제활동 봉쇄조치의 영향으로 부동산, 항공기 등과 같은 해외 대체투자 자산에서 현금흐름의 차질 및 손실이 발생하고, 그에 따른 국내 보험사의 자본적정성이 약화될 수 있다는 것에 유의할 필요가 있다.

따라서, 향후 보험사들도 부동산 등 해외 대체투자에 대한 사전적 심사역량을 더욱 강화할 필요가 있으며, 사후적으로 스트레스테스트 변수 및 기준을 보다 정교화, 강화하고 최악의 시나리오에 대비한 조기경보 시스템 및 컨틴전시 플랜을 마련해야 할 필요가 있다.

금융
01

포용적 보험의 활성화 필요성과 과제

한상용(금융브리프 34권 14호, KIF 한국금융연구원, 2025. 07. 19.)

"최근 전 세계적으로 경제적 · 사회적 취약계층을 대상으로 하는 포용적 보험(Inclusive Insurance)의 중요성이 대두되어 왔음. 그동안 해외 보험사들은 개발도상국에서 포용적 보험시장의 성장잠재력을 인식하고 해외 진출을 적극적으로 추진해 왔으며, 선진국에서 포용적 보험은 사회보장 제도의 사각지대를 해소하기 위한 도구로 활용되고 있음. 포용적 보험의 활성화를 위해 보험사들은 동 보험에 대한 취약계층의 접근성을 높이고 맞춤형 보험상품을 개발하는 한편, 지분투자 및 파트너십 체결 등을 통해 해외 진출을 추진할 필요가 있음. 또한 금융당국은 포용적 보험의 활성화를 위한 다양한 정책적 지원 방안을 모색할 필요가 있음"

■ 금융 소외계층의 금융 서비스 접근성 및 이용률을 높여 취약 가구 및 기업에 대한 기회를 확장하는 포용적 금융에 대한 중요성이 강조됨에 따라 사회 · 경제적으로 취약한 계층이나 기존 보험시장에서 소외되었던 사람들에게 보험 혜택을 제공하는 포용적 보험에 대한 관심이 증가해 왔음

- 포용적 보험은 보험 가입이 제한되어 보험의 혜택을 충분히 받지 못하는 사회적 약자, 저소득자, 영세 중소기업 등 사회적 취약계층에게 금융 서비스 접근성을 확대하고 경제 활동 참여를 돕는 보험을 의미함
- 포용적 보험은 경제적 어려움을 겪거나 사회에서 소외되어 보험 가입 여력이 부족한 계층에 접근하기 쉽고, 저렴한 보험상품을 제공함으로써 취약계층의 경제적 불안정을 완화하여 금융 포용성을 제고하고 사회적 불평등을 완화하는 데 목적을 두고 있음

■ 포용적 보험은 경제적 · 사회적 취약계층에게 질병 · 사망 · 재해 등의 각종 위험에 대한 위험관리 수단을 제공하여 미래의 경제적 안정을 돕는 효과적인 수단이 될 수 있으나, 취약계층의 경제적 여유 부족으로 인한 보험 가입 저조와 통계 자료의 미비 및 잠재적 손실 가능성에 대한 보험사의 우려로 인해 활성화되지 못한 실정임

- 기존 정책 수단인 대출, 보조금 지급, 채무 감면만으로는 취약계층의 경제적 자립을 돕는 데 한계가 있으므로 보험상품에 접근하지 못하는 소외계층에게 저렴한 보험료로 적절한 보상을 제공하는 포용적 보험은 취약계층의 경제적 안정을 도모하기 위한 효율적 지원 방안이 될 수 있음
- 취약계층은 낮은 소득 수준으로 인해 포용적 보험 가입률이 낮고, 공급자인 보험사들은 통계 데이터 부족으로 인한 보험료 산정의 어려움과 취약계층의 잠재적인 위험에 대한 우려로 포용적 보험을 적절히 공급하지 못해 국내에서 포용적 보험은 활성화되지 못하고 있음

■ 국내 보험사들과는 달리 해외 보험사들은 일찍부터 사회보험 시스템이 미비한 아프리카, 중남미, 동남아시아 등 개발도상국에서 포용적 보험시장의 성장잠재력을 인식하고 해외 진출을 적극적으로 추진해 왔음

- 현재 아프리카, 아시아, 중남미 지역의 36개국에서 전체 인구의 약 11.5%에 불과한 약 3억 3천만 명만이 포용적 보험상품의 보장을 받고 있으며, 개발도상국의 경제성장 및 금융 서비스 접근성 개선에 따른 모바일 기기 보급률 증가와 인터넷 인프라 개선 등으로 개발도상국에서 포용적 보험 가입률은 증가 추세에 있음

- 2014년 독일의 보험그룹인 알리안츠는 저소득층에게 소액보험을 제공하는 기업인 MicroEnsure와 협력해 마다가스카르에서 모바일 생명보험을 제공하였고, 2017년에는 9,660만 달러를 투자해 소액보험 관련 인슈어테크 기업인 BIMA의 최대 주주가 되었음
- 2015년 AIG 등 9개 해외 보험사들은 컨소시엄을 구성해 아프리카, 중남미, 동남아시아 지역의 보험 가입이 어려운 취약계층을 대상으로 날씨보험, 건강보험, 중소기업 소득보장보험 등을 출시했음. 또한 2016년 프랑스 보험사 AXA는 개발도상국의 현지 금융기관, 이동통신사 등과의 제휴를 통해 디지털 기반의 소액보험을 판매했고, 2019년에는 포용적 보험 관련 해외사업 확대를 위해 MicroEnsure의 지분 46%를 인수했음

■ 선진국에서는 글로벌 금융위기와 코로나19 팬데믹 등 경제위기를 경험하면서 사회계층 간 보험보장 격차가 증가함에 따라 포용적 보험이 사회보장 제도의 사각지대를 보완하기 위한 중요한 수단으로 활용되어 왔음

- 미국, 영국, 프랑스, 독일, 일본, 이탈리아, 스페인 등 7개국의 28,000여 가구를 대상으로 한 2024년 Geneva Association의 설문조사 결과에 따르면 전체 응답자의 85%가 1개 이상의 보험상품(의무보험 제외)에 가입한 것으로 나타나지만, 저소득층의 경우 보험 가입률이 52% 정도로 낮게 나타남
- 미국의 인슈어테크 기업인 Oscar Health는 저소득층을 대상으로 AI 기반 데이터 분석을 통해 개인 맞춤형 건강보험을 제공하고 있고, 프랑스의 AXA는 유럽 보험시장에서 저소득층과 영세 사업자들에게 맞춤형 보험상품을 판매하고 있음
- 일본의 메이지야스다생명은 사회적 취약계층을 대상으로 사망, 의료, 간병 등에 소액 보장을 제공하면서 가입이 간편하고 보험료가 저렴한 보험상품을 판매하고 있음

■ 포용적 보험의 활성화는 사회적으로 소외된 고객층에 대한 포용성과 사회적 형평성을 증진하여 사회적 가치 창출에 기여할 수 있을 뿐 아니라 보험회사에 새로운 수익원 창출을 가능하게 하여 보험사의 지속 가능한 성장 동력을 확보하는 데 중요한 기반이 될 것으로 기대됨

- 포용적 보험은 기존 보험시장에서 소외되었던 소비자의 보험 접근성 및 보장 장벽을 해소함으로써 사회·경제적 불평등을 줄여 계층 간의 통합을 촉진하고 사회 전체의 회복탄력성 강화에 기여할 수 있음
- 보험사들은 포용적 보험을 통해 ESG 경영 가운데 사회적 요소(S)와 관계된 소외된 고객층에 대한 사회적 책임을 실천하여 자사의 평판을 개선할 수 있으며, 이는 ESG 요소를 중시하는 소비자와 투자자의 유치로 이어져 시장점유율과 수익성을 제고할 수 있을 것으로 기대됨
- 개발도상국에서 포용적 보험시장은 지속적인 성장이 예상되므로 국내 보험사들의 포용적 보험을 통한 해외 진출은 포화상태에 이른 국내 보험시장을 벗어나 신규 시장을 개척하기 위한 좋은 기회가 될 것으로 판단됨

■ 포용적 보험의 활성화를 위해 보험사들은 동 보험에 대한 취약계층의 접근성을 높이고, 고객의 니즈와 특성에 부합하는 맞춤형 보험상품을 저렴하게 공급하는 한편, 동 보험에 대한 고객의 인식 향상을 위해 교육 프로그램 등을 제공하고 지분투자 및 파트너십 체결 등을 통해 해외 진출을 추진할 필요가 있음

- 포용적 보험의 주 대상층인 사회적 취약계층은 온라인이나 디지털 플랫폼 접근성이 비교적 낮은 경향이 있으므로 보험사들은 취약계층 맞춤형 플랫폼 및 모바일 애플리케이션 개발 등 디지털 채널의 확대를 통해 포용적 보험에 대한 고객의 보험 가입 편의성·접근성을 높일 필요가 있음

• 보험사들은 인슈어테크 등의 활용을 통해 상품 개발, 보험인수 심사, 보험금 지급 등에서 비용 효율을 달성하여 보다 낮은 보험료로 포용적 보험을 제공하고, 인공지능 및 빅데이터 기술 등을 활용해 고객의 요구를 보다 정확하게 파악해 맞춤형 상품 및 서비스를 개발해야 함
• 사회적 취약계층의 보험에 대한 낮은 이해도와 위험에 대한 인식 부족은 포용적 보험의 활성화를 저해하는 요소로 작용할 수 있으므로 보험사들은 고객에 특화된 맞춤형 금융·보험 교육 프로그램 또는 상담 서비스 등을 제공하여 동 보험이 취약계층의 위험관리에 미칠 수 있는 긍정적인 영향을 이해시킬 필요가 있음
• 향후 글로벌 포용적 보험시장 진출을 위해 국내 보험사들은 해외 보험사들의 사례를 참고하여 개발도상국에서 포용적 보험을 제공하는 인슈어테크 기업에 지분투자를 하거나 현지 금융기관, 이동통신망 사업자, 정부 등과의 파트너십 체결을 통해 진출하는 방안 등을 모색할 필요가 있음

■ 금융당국은 사회적 취약계층의 경제적 부담을 경감하고, 더 많은 사람들이 포용적 보험의 혜택을 받을 수 있도록 포용적 보험 가입 시 보험료 보조금 제도를 시행하는 한편, 보험사에 대한 세제 지원, 채권 발행을 통한 자금조달 허용, 규제 샌드박스 등 다양한 정책적 지원 방안을 모색할 필요가 있음
• 금융당국은 고위험군에 속하는 사회적 취약계층의 보험료 부담을 낮추기 위해 보험료 보조금 제도를 시행하여 소비자의 포용적 보험에 대한 접근성을 제고할 필요가 있음
• 보험사의 포용적 보험상품의 취급 정도 등을 경영실태평가(RAAS)에 반영하고 실적이 우수한 보험사들에는 세제 혜택 등을 제공함으로써 포용적 보험의 판매 확대를 유도하기 위한 인센티브를 도입하는 방안을 고려할 필요가 있음
• 포용적 보험 관련 해외 진출 시 지분투자 등을 원활히 수행할 수 있도록 보험사가 채권 발행 등을 통해 필요 자금을 효율적으로 조달할 수 있도록 하는 방안도 검토할 필요가 있음
• 금융당국은 규제 샌드박스 등을 통해 포용적 보험을 제공하는 보험회사, 인슈어테크 기업 등이 혁신적 상품 및 서비스의 개발을 시험해 볼 수 있는 환경을 조성하기 위한 정책적 지원을 할 필요가 있다고 사료됨

✓Q & A

소외계층의 금융 접근성 문제를 해소하기 위한 포용적 금융의 일환으로 '포괄적 보험'이 관심을 모으고 있다. 국내 포용적 보험시장 활성화 방안에 대한 자신의 의견을 논하시오.

포용적 보험은 보험 제공을 충분히 받지 못하는 모든 사회적 취약계층에 대한 금융 서비스 접근성을 확대하고, 이들이 겪는 경제적 불안정을 완화해 금융 포용성을 높이며 사회적 불평등을 완화함으로써 사회보장 제도의 사각지대를 해소하기 위한 효과적인 도구이다. 하지만 우리나라에서는 취약계층의 보험 가입 저조, 부족한 통계 자료, 손실 가능성에 대한 보험사의 우려 등으로 인해 포용적 보험은 활성화되지 못하고 있다. 이러한 포용적 보험의 활성화를 위해서는 보험 서비스를 제공하는 보험사 및 금융 당국 등의 주체적인 역할 수행이 중요하다.

먼저 보험사들은 취약계층이 접근하기 쉽도록 특화된 개인 맞춤형 보험상품을 개발해야 한다. 이때 저렴한 보험료로 적절한 보상을 제공하고 취약계층 맞춤형 플랫폼, 모바일 애플리케이션 등을 개발하는 한편, 고객에 특화된 금융·보험 교육 프로그램과 상담 서비스를 제공한다면 경제적 여유가 부족한 취약계층의 보험 가입률을 높일 수 있을 것이다. 또한 보험사들은 해외 인슈어테크 기업에 대해 지분투자를 하거나 현지 유관기업이나 정부와 파트너십을 체결함으로써 해외 진출을 추진할 수 있다. 개발도상국의 포용적 보험시장의 지속적인 성장세는 국내 보험사들에게 이미 포화상태에 이른 국내 시장을 탈피해 신규 시장을 개척할 수 있는 좋은 기회이다. 이때 해외 거대 보험사들의 개발도상국 진출 사례를 참고한다면 시행착오를 방지하고 효율성을 보다 높일 수 있다.

다음으로 금융위원회 등의 정부 당국은 다양한 정책을 마련해 취약계층과 보험사를 지원해야 한다. 예컨대 취약계층에게 보조금을 지급하면 보험료 부담을 낮출 수 있고, 포용적 보험을 판매 실적이 높은 보험사들에게 세제 혜택을 주면 포용적 보험의 판매 확대를 촉진할 수 있을 것이다. 또한 해외 포용적 보험시장에 진출하려는 보험사가 지분투자 등을 원활히 수행할 수 있도록 자금조달 지원 방안도 마련해야 한다. 아울러 규제 샌드박스를 통해 보험사, 인슈어테크 등의 혁신적인 포용적 보험상품 개발을 도울 수 있는 지원 정책을 시행할 수 있다.

이처럼 문턱을 낮춰 취약계층의 접근을 촉진하는 한편, 민간 보험사들은 저비용 구조를 확보하고 해외 시장 진출로 새로운 성장 기회를 포착하며, 정부는 보험료 보조금 지급과 세제 지원과 같은 정책 패키지를 마련하는 등 민관(民官)이 적극 나서서 건전한 생태계를 조성한다면 포용적 보험은 사회 안전망을 보다 강화하는 동시에 보험산업의 지속적인 성장을 이끄는 강력한 동력원이 될 수 있을 것이다.

금융
02

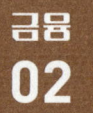

금융기관 자체 채무조정의 실효성 제고를 위한 과제

오태록(금융브리프 33권 20호, KIF 한국금융연구원, 2024. 09. 28.)

"새롭게 시행되는 <개인채무자보호법>을 통해 채권기관의 자체 채무조정이 활성화되고 개인채무자 보호에 대한 채권기관의 책무가 더욱 강화되는 토대가 마련될 것으로 보임. 자체 채무조정의 실효성을 높이기 위해서는 개별 채권기관으로 하여금 신용회복위원회의 채무조정 제도와 차별화되고 기관 성격과 차주 특성에 부합하는 채무조정 방식을 갖추어 나가도록 지속 유도할 필요가 있음. 또한 신복위는 다중채무자에 대한 채무조정기능을 더욱 강화하고 개별 채권기관이 수행하기 어려운 채무조정 및 차주의 신용회복관련 기능을 발굴해 나갈 필요가 있음"

■ 2024년 10월부터 시행될 개인금융채권의 관리 및 개인금융채무자의 보호에 관한 법률(이하 〈개인채무자보호법〉)을 통해 앞으로 채권기관의 자체 채무조정이 활성화되고 개인채무자 보호에 대한 채권기관의 책무가 더욱 강화되는 토대가 마련될 것으로 보임

- 〈개인채무자보호법〉은 채권기관의 자체 채무조정 활성화, 연체부담 경감, 과도한 추심 금지를 주요 골자로 하여, 대출성 상품의 연체 해소 전 과정을 규율하고 있음
- 지금까지는 개인 채무조정이 신용회복위원회(이하 신복위) 또는 법원 주도로 이루어져 왔으나, 이제는 개인채무자의 채무조정 요청 시 채권기관이 이를 수용하거나 적어도 검토 후 수용여부를 통지해야 하는 의무가 법제화됨으로써 개인채무자의 권리를 증진함

■ 자체 채무조정을 위한 가이드라인은 업권별로 이미 마련되어 있으나, 아직은 채권기관의 자율적 자체 채무조정 풍토가 충분히 정착되지 않은 것으로 파악됨

- 은행업권은 개인사업자대출119 또는 신용대출119 제도 등을 통해 은행 자체적으로 연체 및 연체우려 차주에 대한 채무조정 방식을 마련해 놓고 있음
- 저축은행업권은 취약·연체차주 채무조정 지원 활성화, 여신전문금융업권은 프리워크아웃 활성화 가이드라인 등을 통해 자율적 채무조정에 참고가 될 내용을 규정하고 있음
- 관련 가이드라인의 개정 등을 통해 자체 채무조정을 더욱 활성화하기 위한 시도가 있었지만 큰 효과로 이어지지는 않았고, 여전히 금융업권 전반에 걸쳐 자체 채무조정 지원실적이 미흡한 편임

■ 그동안 채권기관의 자체 채무조정이 활성화되지 않았던 원인으로는 채무조정을 통한 회수 제고 효과에 대한 인식 부족과 부실채권 처리 전반을 아우르는 시스템의 미비 등이 작용해 온 것으로 보임

- 채무조정을 통한 회수는 대체로 장기간에 걸쳐 진행됨에 따라 단기적 회수가 가능한 매각 등에 비해 매력이 떨어지고, 장기 회수율이 높더라도 관리비용 등으로 인해 회수율 제고 효과를 충분히 체감하지 못함
- 부실차주 및 부실채권의 특성에 따라 회수를 극대화하는 방식이 상이함에도 불구하고, 다양한 부실채권 처리 절차 전반을 종합적으로 관장할 수 있는 시스템 도입이 미비함

■ 〈개인채무자보호법〉이 시행되더라도, 개별 채권기관의 자체 채무조정 방식은 대체로 신복위의 현행 채무조정 제도와 크게 다르지 않은 형태가 될 가능성이 있음

- 새출발기금 지원 대상이 확대되는 등 신복위 채무조정 지원 대상이 더욱 확대되면서 〈개인채무자보호법〉에서 규정한 자체 채무조정 대상자는 대부분 채권기관의 자체 채무조정과 신복위 채무조정 중 본인에게 유리한 조정안을 택할 수 있게 됨
- 차주는 자체 채무조정안이 신복위 채무조정보다 더 높은 원리금 감면율을 제시하는 등, 상환 부담이 더욱 경감된 안을 제시하는 경우에만 이를 수용할 유인이 있음
- 그러나 채권기관이 신복위 채무조정안보다 더 높은 원리금 감면율을 적용하면 차주가 신복위 채무조정을 택할 때보다 회수율이 저하되므로, 채권기관은 적어도 신복위와 유사하거나 낮은 수준의 감면율만을 제시할 가능성이 큼
- 이렇게 채권자와 채무자의 유인이 결합될 경우, 자체 채무조정이 활성화되더라도 그 방식은 신복위 채무조정 제도에 수렴하는 수준에서 형성될 가능성이 있음

  * 예컨대 저축은행의 취약·연체차주 채무조정 지원 활성화 방안은 채무조정 지원 자격과 연체기간별 지원 방식이 신복위 채무조정 제도와 유사한 형태를 띠고 있음

■ 따라서 자체 채무조정 활성화가 실효성 있게 이루어지기 위해서는 채권기관이 스스로 각 기관 특성에 맞게 채무조정 방식을 차별화해 나가도록 지속적으로 유도할 필요가 있음

- 만일 자체 채무조정이 활성화되더라도 신복위 채무조정과 크게 차별화되지 않는다면 개인채무자보호 측면에서 실질적인 개선을 기대하기는 어려움
- 따라서 채권기관이 다소 정형화된 신복위 채무조정 방식의 틀에서 벗어나 차주의 상황을 반영한 맞춤형 채무조정 기능을 제공하고, 다양한 시도를 통해 기관 및 차주 특성에 따라 채권회수를 제고할 수 있는 채무조정 방식을 찾아 나가도록 적극 유도할 필요가 있음

  * 예를 들어 원리금 감면율 또는 상환유예 기간 측면에서의 차별화가 어렵다면, 채무조정 기간 동안의 대출접근성이나 신용 페널티 측면에서의 차별화를 모색해 볼 수 있을 것임

- 채권기관이 다양한 방식의 자체 채무조정을 시도해 보고 나름의 솔루션을 도출하며 회수 제고 효과 등을 직접 체감하기까지는 상당한 시일이 걸릴 수 있어, 이를 정착시키기 위한 꾸준한 노력이 필요할 것으로 보임

  * 예컨대 신복위 채무조정상 원리금 감면율은 특정 산식에 따라 일률적으로 결정되는데, 자체 채무조정 시에는 차주의 성실상환에 도움이 되는 적정 감면율 도출이 가능해질 수 있음

■ 또한 신복위는 자체 채무조정 체계가 정착되는 과정에서 다중채무자에 대한 채무조정 기능을 더욱 강화함과 동시에, 채무조정 및 차주의 신용회복에 있어 개별 채권기관이 수행하기 어려운 기능을 지속적으로 발굴해 나갈 필요가 있음

- 부실 우려 차주 또는 잠재적 채무조정 수요자의 대부분이 다중채무자임을 고려하면, 신복위 채무조정이 금융기관별 자체 채무조정보다 차주의 채무부담 완화에 여전히 더 큰 도움을 줄 가능성이 있음
- 채무조정 경험이 부족한 개별 금융기관에 채무조정 노하우를 공유하거나, 실무자의 귀책 부담 등으로 금융기관 차원에서 적합한 채무조정안 제시가 어려운 사례를 담당하는 등 보완적 역할을 지속적으로 발굴해 나가야 함
- 금융기관의 자체 채무조정자에 대해서도 차주의 신용회복 및 금융여건 개선에 필요한 신용교육 등의 지원을 효율적으로 수행하는 방안 등도 함께 모색될 필요가 있음

✓ Q & A

개인채무자의 신용 회복을 지원하고, 과도한 채권 추심을 방지하여 금융시장의 건전성을 도모하기 위해 〈개인채무자보호법〉이 시행될 예정이다. 이러한 금융기관 자체 채무조정의 실효성 제고를 위한 과제에 대해 자신의 의견을 논하시오.

지금까지 개인의 채무는 신용회복위원회(이하 신복위) 또는 법원 주도로 이루어져 왔으나 2024년 10월부터 개인금융채권의 관리 및 개인금융채무자의 보호에 관한 법률(이하 개인채무자보호법)이 시행됨에 따라 채권기관의 자체 채무조정이 활성화되고, 개인채무자 보호에 대한 채권기관의 책무가 더욱 강화될 것으로 전망된다.

이에 따라 업권별로 자체 채무조정을 위한 가이드라인을 마련해 놓고 있으나 여전히 전반적인 금융업에서는 자체 채무조정 풍토가 충분히 정착되지 않은 것으로 파악되고 있다.

그동안 채권기관의 자체 채무조정이 활성화되지 않았던 원인을 살펴보면, 먼저 채무조정을 통한 회수가 대체로 장기간에 걸쳐 진행되어 단기적 회수가 가능한 매각 등에 비해 매력이 떨어지고, 장기 회수율이 높더라도 관리비용 등으로 회수율 제고 효과가 충분하지 못했다. 그리고 부실차주 및 부실채권의 특성에 따라 회수를 극대화하는 방식이 달라야 함에도 불구하고 다양한 부실채권 처리 절차 전반을 종합적으로 관장할 수 있는 시스템이 없었다.

또한 앞선 사유 외에도 〈개인채무자보호법〉에서 규정한 자체 채무조정 대상자는 대부분 채권기관 자체 채무조정과 신복위 채무조정 중 본인에게 유리한 조정안을 택할 수 있는데, 차주는 자체 채무조정안이 신복위의 채무조정보다 더 유리할 경우에만 수용하게 될 것이다. 그러나 채권기관이 신복위 채무조정안보다 더 높은 원리금 감면율 적용 등을 하게 되면 차주가 신복위 채무조정을 택할 때보다 회수율이 저하되므로, 채권기관은 적어도 신복위와 유사하거나 혹은 더 낮은 수준의 감면율만 제시할 가능성이 높다. 이럴 경우 채권자와 채무자의 유인이 결합되어 자체 채무조정이 활성화되더라도 그 방식은 신복위 채무조정 제도에 수렴하게 될 가능성이 있게 된다.

따라서 자체 채무조정이 활성화되더라도 신복위 채무조정과 차별이 되지 않는다면 개인채무자 보호 측면에서 실질적인 개선을 기대하기는 어려울 것이다. 그러므로 채권기관이 다소 정형화되어 있는 신복위 채무조정 방식에서 벗어나 차주의 상황을 반영한 맞춤형 채무조정을 제공하고, 다양한 시도를 통해 기관 및 차주 특성에 따라 채권회수를 제고할 수 있는 채무조정 방식을 찾도록 적극적으로 유도할 필요가 있다. 신복위 또한 채무조정이 금융기관별 자체 채무조정보다 차주의 채무부담 완화에 여전히 도움을 줄 수 있으므로 채무조정 경험이 부족한 개별 금융기관에 채무조정 노하우를 공유하거나, 실무자의 귀책 부담 등 금융기관 차원에서 적합한 채무조정안 제시가 어려운 사례를 담당하는 등 보완적인 역할을 지속적으로 발굴하여 이러한 방식이 정착되도록 꾸준히 노력해야 한다.

금융 03

금리 상승에 따른 차주의 이자상환 부담과 소비의 변화

김현열(금융브리프 32권 9호, KIF 한국금융연구원, 2023. 5. 13.)

"2022년까지 이어진 금리 상승의 여파는 시차를 두고 2023년 가계대출 금리에 반영될 전망임. 금리 상승이 대출보유 차주의 이자상환 부담을 가중시킴으로써 야기하는 소비 감소 효과를 추정한 결과, 금리가 1%p 인상될 때 평균적으로 차주의 DSR(총부채 원리금 상환비율)은 1.94%p 증가, 소비는 0.49% 감소하는 것으로 나타남. 이자상환 부담 증가로 인한 소비 제약은 특히 자영업자 및 저연령층에게 크게 나타날 것으로 예상되므로, 해당 계층의 소비 여력 및 상환 능력을 주시할 필요가 있음"

■ 2022년 급격한 시장금리의 상승은 시차를 두고 2023년 가계대출 금리에 반영될 전망임
- 일반적으로 금리 인상이 대출금리에 반영되기까지는 약 3개월 ~ 1년 정도의 시차가 존재함
- 2022년 12월부터 시장금리 및 신규취급액 기준 대출금리는 하락하기 시작했으나, 잔액 기준 대출금리는 2021년 8월 기준금리 인상 이후 2023년 3월(연 5.01% 수준으로, 전기 대비 0.06%p, 전년 동기 대비1.76%p 상승)까지 상승세를 지속한 것으로 나타남

■ 이론적으로 금리 상승은 이자상환 부담의 증가, 자산가치의 하락, 저축 유인의 증가 등 다양한 경로로 민간 소비에 영향을 끼칠 수 있음
- 현금흐름 효과 : 대출금리의 인상은 이자상환액 증가와 그에 따른 가처분소득 감소를 야기함으로써 소비 제약의 요인이 됨(시장금리의 인상은 기존의 대출보유 차주의 가용현금흐름에 직접적인 영향을 끼침)
- 자산가치 변동 효과 : 금리 인상은 가계의 자산가치 및 담보가치를 하락시켜 소비를 감소시킴
- 대체 효과 : 금융상품의 금리 인상은 저축을 증대시키고 신규대출 및 소비를 감소시킬 유인이 됨
- 소득 효과 : 가계의 재무제표 구성에 따라 향후 기대되는 이자소득·이자비용의 증감으로 인해 소비 조정이 발생하게 됨
- 일반균형 효과 : 금리 인상의 여파로 인한 거시경제 전반의 총수요·총공급의 변화가 가격에 반영되어 궁극적으로 소비에 영향을 줄 수 있음

■ 금리 상승이 대출보유 차주의 이자상환 부담을 가중시킴으로써 야기하는 소비 감소 효과를 코리아크레딧뷰로(KCB) 표본자료를 이용하여 추정함
- 이는 앞서 논의한 경로 중 현금흐름의 변화에 의한 것으로, 금리 인상이 가장 즉각적으로 소비에 영향을 주는 경로임
- 분석을 위해 ① 금리 인상에 따른 DSR의 변화를 추정하고, ② DSR 변화에 따른 소비·지출 변화를 추정한 뒤, ③ 두 결과를 종합해 금리 인상의 소비 감소 효과를 계산함
  ※ KCB 표본에서 확인한 차주별 DSR 및 소득 대비 부채잔액을 통해 금리 인상에 따른 DSR의 변화를 추정할 수 있음
  ※ DSR은 소득 대비 부채 원리금 상환 부담을 나타내는 지표로, DSR이 높으면 소득에 비해 빚 상환 부담이 크다는 것을 의미함

■ 추정 결과, 금리가 1%p 인상될 때 평균적으로 차주의 DSR은 1.94%p 증가, 소비는 0.49% 감소하는 것으로 나타남

- 2022년 말 기준으로 금리 1%p 인상은 평균적으로 DSR을 1.94%p 상승시키는 것으로 추정됨
- 2019 ~ 2022년 KCB 자료를 분석한 결과, 추정 방식에 따라 DSR 1%p 인상은 분기별 소비를 0.06 ~ 0.44% 범위 내에서 감소시키는 것으로 나타남(현금흐름 효과에 따른 차주의 소비 변화가 지급수단별로 다르게 반영되지 않는다는 가정 아래 이 글의 추정치를 소비 변화율로 해석 가능함)
- 위 결과를 종합하면, 금리 1%p 인상에 따른 현금흐름 악화는 분기별 소비를 0.49% 감소시킴

■ 특히 차주의 특성에 따라 자영업자 및 저연령일수록 금리 인상에 따른 소비 감소율이 더 크게 나타남

- 자영업자의 경우에는 금리 인상에 따른 DSR 상승 폭이 급여소득자보다 크게 나타나며, 그로 인해 금리 인상에 따른 소비 감소율도 전체 평균보다 큰 것으로 추정됨
- 연령대별로 살펴보면 금리 1%p 인상 시 39세 이하가 다른 연령대보다 소비를 더 많이 줄이는 것으로 나타남

〈차주 특성별 금리 1%p 인상에 따른 DSR 및 분기별 소비 변화〉

구분	전체	자영업자	연령별						
			24세 이하	25세 ~ 29세	30세 ~ 39세	40세 ~ 49세	50세 ~ 59세	60세 ~ 64세	65세 이상
DSR 변화 (%p)	+1.94	+2.43	+0.87	+1.47	+2.05	+1.91	+1.83	+2.16	+2.47
소비 변화 (%)	−0.49	−0.53	−0.78	−0.74	−0.65	−0.33	−0.43	−0.42	−0.26

※ 자료 : KCB 표본자료를 이용해 계산함

■ 향후 대출금리의 상승이 지속될 경우, 그로 인한 이자상환 부담의 가중은 우리나라 민간 소비에 하방 압력 요인으로 작용할 것임

- 부채보유 가구의 비율(2022년 기준 63.3%) 및 부채보유 여부에 따른 평균 지출액을 감안하면, 대출금리의 1%p 인상이 DSR을 변화시킴으로써 전체 소비를 감소시키는 정도는 약 0.23%로 추정됨
- 이자상환 부담 증가로 인한 소비 제약은 특히 자영업자 및 저연령층에게 크게 나타날 것으로 예상되므로, 해당 계층의 소비 여력 및 연체위험을 주시할 필요가 있음

PART 4

✓ Q & A

금리가 상승할 경우에 대출보유 차주의 이자상환 부담과 소비가 어떻게 변화될 수 있을지 논하시오.

일반적으로 금리의 상승은 짧게는 3개월, 길게는 1년 후에 대출금리에 반영되는데, 이는 대출보유 차주의 이자상환 부담 증가로 인한 소비의 감소를 촉발한다. 금리 상승은 이자상환 부담의 증가 외에도 자산가치의 하락, 저축 유인의 증가 등 다양한 경로를 통해 소비에 영향을 끼칠 수 있기 때문이다. 좀 더 자세히 살펴보면, 대출금리의 인상은 이자상환액 증가에 따른 가처분소득의 감소, 가계의 자산가치・담보가치의 하락, 가계 이자비용의 증가 등으로 인해 소비를 제약하고, 신규대출 또한 감소시키는 원인이 된다. 결국 금리 인상의 여파로 인한 거시경제 전반의 총수요・총공급의 변화는 가격에 반영되어 궁극적으로 소비에 영향을 끼친다.

기존의 대출보유 차주는 시장금리의 인상에 따른 현금흐름의 변화로 인해 소비에 즉각적인 영향을 받게 된다. 금리 인상에 따른 DSR의 변화를 추정하고, 이러한 DSR 변화에 따른 소비・지출 변화를 추정한 뒤, 두 가지의 결과를 종합해 금리 인상의 소비 감소 효과를 분석해 보자. 2022년 말 기준으로 금리가 1%p 오를 때 차주의 DSR은 1.94%p 악화되었으며, 분기별 소비는 0.49% 줄어든 것으로 나타났다. 특히 자영업자인 차주, 연령대가 비교적 낮은 차주는 상대적으로 금리 인상에 따른 소비 감소율이 더 크게 나타났다. 자영업자는 금리 인상에 따른 DSR 상승 폭이 급여소득자보다 컸기에 금리 인상에 따른 소비 감소율 또한 전체 평균보다 컸던 것으로 추정된다. 또한 39세 이하 청년층이 다른 연령대보다 소비를 더 많이 감축한 것으로 나타났다. 이러한 대출금리 상승이 지속된다면 이자상환 부담의 가중은 민간 소비를 떨어뜨리는 원인이 될 것이다.

금융
04

투자상품으로서 NFT(대체 불가능 토큰)에 대한 우려

박해식(금융브리프 31권 17호, KIF 한국금융연구원, 2022. 09. 03.)

"NFT는 다른 무엇과도 대체할 수 없는 고유 가치를 보유하고 있고, 복제 · 위조 · 변조 등이 불가능하여 기초자산에 대한 소유권을 보장할 수 있는 토큰이라는 주장이 있음. 또한 NFT는 이러한 특성을 바탕으로 다양한 분야에서 활용이 가능하여 성장잠재력이 크고 고수익도 기대할 수 있다는 평가가 있음. 다만, NFT는 팬덤 수요에 민감하여 잠재적으로 가격 변동성이 클 뿐만 아니라 특정 집단에게만 유리한 투자 기회가 주어지거나 높은 수수료로 인해 실제 수익이 기대에 미치지 못할 수 있다는 지적이 있어 투자에 신중을 기할 필요가 있음"

■ NFT(Non-Fungible Token)는 블록체인 기술을 활용하여 디지털 콘텐츠에 대한 경로 정보를 기록하고 고유의 인식값을 부여하여 암호화한 다음에 유동화하는 토큰으로, 가상통화 등과는 달리 대체가 불가능함

- NFT는 비트코인, 이더리움 등 블록체인 기술을 기반으로 하는 가상통화 등과 유사한 자산으로 취급하는 경우가 있으나, 다음과 같은 특성으로 인해 다른 가상자산과 구별된다는 주장이 있음
- 첫째, 가상통화 등은 내재가치의 존재 여부가 불확실하다는 지적으로부터 자유롭지 못하나, NFT는 고유의 가치를 지닌 디지털 콘텐츠(예 게임 캐릭터)를 기초자산으로 하여 발행되기 때문에 내재가치를 보유함
- 둘째, NFT는 내재된 기초자산의 종류와 가치 등에 따라 가격이 달라지는 특성 때문에 동일한 토큰마다 동일한 가치가 매겨져, 일대일 교환을 통해 대체가 가능한 가상통화 등과 달리 NFT 간에는 대체가 불가능함
- 셋째, NFT는 블록체인 기술을 이용하여 기초자산에 고유의 인식값을 부여함으로써 복제가 불가능하고, 모든 거래에 대한 정보를 블록체인 상에 저장하므로 위조 · 변조 또한 어려워 소유권을 보장할 수 있음

■ NFT는 게임, 미술, 음악, 스포츠 등 디지털 콘텐츠의 제작이 가능한 다양한 분야에서 발행될 수 있어 성장가능성이 매우 높은 것으로 전망되며, 조각투자도 가능하여 투자자 기반이 확대되고 있는 것으로 평가됨

- 특히, 일부에서는 최근 가상과 현실을 결합한 메타버스(Metaverse)가 활성화됨에 따라 NFT 시장의 성장잠재력이 더욱 커질 것으로 전망되며, 메타버스라는 가상공간 내에 존재하는 토지 · 물건 등에 대한 소유권을 증명하기 위해 NFT가 활용될 수 있을 것으로 기대됨
- 온라인 플랫폼을 통해 거래가 이루어지는 NFT는 거래대금을 가상통화로 결제하는데, NFT 거래가 늘어나면서 NFT의 기초자산을 담보로 하여 가상통화를 대출하는 금융 서비스도 등장함
- 고가에 거래되는 NFT의 경우에는 복수의 투자자가 공동으로 자금을 투자하여 소유권을 나누어 갖는 형태의 조각투자가 이루어짐에 따라 소득 수준이 낮은 MZ세대를 중심으로 NFT 투자에 대한 관심이 고조됨

■ 다만, NFT는 대체 불가능하다는 태생적 특성으로 인해 공급이 극히 제한되어 있고 가격이 주로 편향적인 팬덤 수요에 의해 결정될 가능성이 높아 잠재적으로 가격 변동성이 매우 큰 불안정한 토큰으로 평가됨

- NFT에 대한 투자는 수익성 못지않게 상당한 수준의 손실 위험도 감수해야 하는 위험성이 높은 투자로 평가됨
- 팬덤 수요는 동질적인 투자자로 구성된 집단에 의해 형성되는 일방향적인 수요라는 점에서 팬덤 수요에 민감한 NFT는 쏠림 위험에 매우 취약하며, 팬덤 수요의 증감에 따라 가격이 급등·급락할 우려가 높음. 특히, 최근에는 조각투자가 가능해지면서 가격 급락에 따라 불특정 다수의 투자자가 피해를 입을 가능성이 높아짐

■ 또한 신규 NFT가 출시되는 발행시장은 특정 투자자 집단에게만 유리한 조건으로 신규 NFT를 구입할 수 있는 기회가 주어져 다른 투자자들보다 높은 수익을 올릴 수 있는 '기울어진 운동장'이라는 평가가 있음

- 통상적으로 신규 NFT의 성공 여부는 커뮤니티와 입소문의 영향이 크게 작용하는데, NFT 개발자는 신규 NFT를 출시하기 전에 홍보 활동 과정에서 해당 NFT에 대해 헌신적인 핵심 팔로어를 모집함
- NFT 개발자는 신규 NFT에 대한 헌신적인 홍보의 대가로 핵심 팔로어를 화이트 리스트에 등록하고 다른 투자자보다 낮은 가격으로 신규 NFT를 우선적으로 구입할 수 있는 혜택을 제공함
- 일반적으로 NFT 개발자가 출시하는 신규 NFT는 온라인 플랫폼에서 진행하는 경매를 통해 낙찰자가 정해지는데, 핵심 팔로어에게는 경매 이전에 낮은 가격으로 신규 NFT를 구입할 수 있는 기회가 제공됨. 실제로 화이트 리스트에 등록된 투자자가 신규 NFT 구입으로 얻은 수익률은 일반 투자자가 올린 수익률을 크게 상회하는 것으로 나타남

■ NFT 투자자는 온라인 플랫폼 경매를 통해 신규 NFT 구입 시 수수료를 지불하는데, 특히 경쟁이 치열한 신규 NFT의 경우에는 수수료 수준이 매우 높아 실제로 얻을 수 있는 투자수익이 예상보다 크지 않을 수 있다는 지적도 있음

- 신규 NFT를 구입하기 위해 온라인 플랫폼 경매에 참여하는 투자자는 구입의 성공 여부와 관계없이 경매 참여 1회당 가스피(Gas Fee)라는 수수료를 부담함
- 신규 NFT를 구입하려는 투자자는 다수이나 해당 NFT를 구입할 수 있는 투자자는 제한적이기 때문에 경쟁이 치열한 신규 NFT일수록 낙찰을 위해 경매에 참여하는 횟수를 늘릴 수밖에 없어 가스피가 급증할 가능성이 있음
- NFT 거래의 대부분은 이더리움 가상통화로 결제가 이루어지는데, 가스피는 신규 NFT 발행 및 유통에 따라 발생하는 등록, 검증 등 비용의 대가로 이더리움 개발자에게 지불하는 수수료인 것으로 파악됨

✓ **Q & A**

새로운 사업 모델이자 투자 대상으로 떠오른 NFT(대체 불가능 토큰)의 특징과 장단점에 대해서 자신의 의견을 논하시오.

NFT는 수요자가 그 가치를 인정한다는 점에서 고유의 가치를 지니며, 디지털 콘텐츠를 기초자산으로 하여 발행되기 때문에 내재가치가 있다. 또한 NFT는 내재되어 있는 기초자산의 종류와 가치 등에 따라 가격이 달라지는 특성 때문에 NFT 간에는 대체가 불가능하고, 기초자산에 고유의 인식값을 부여함으로써 복제가 불가능하며 위조·변조도 어려워 소유권을 보장할 수 있다.

이러한 특징 덕분에 NFT는 게임 등 디지털 콘텐츠 제작이 가능한 여러 분야에서 발행될 수 있어 성장가능성이 높다. 특히, 메타버스의 활성화에 따라 메타버스 내에 존재하는 토지·물건 등의 소유권 증명에 NFT가 활용될 것으로 기대되고, 고가의 NFT는 복수의 투자자가 공동으로 투자해 소유권을 나누어 갖는 조각투자가 이루어짐에 따라 NFT 투자에 대한 관심이 높아지는 등 성장잠재력이 더욱 커질 것으로 전망된다.

그러나 NFT는 공급이 극히 제한적이고, 가격이 주로 편향적인 팬덤의 수요에 의해 결정될 가능성이 높아 가격 변동성이 매우 커 불안정한 것으로 평가된다. 특히, 조각투자의 경우에는 가격 급락에 따라 불특정 다수가 피해를 입을 가능성이 높다. 또한 신규 NFT가 출시되는 발행시장은 특정 투자자 집단에게만 유리한 조건으로 해당 NFT를 우선 구입할 수 있는 기회가 주어져 다른 투자자들보다 고수익을 올릴 수 있어 경쟁의 공정성을 훼손할 수 있다. 아울러 경쟁이 치열한 신규 NFT의 경우에는 수수료(Gas Fee)가 매우 높아 실제 투자수익이 예상보다 크지 않을 수 있으므로 투자자는 투자에 지극히 신중해야 한다.

금융 05

중앙은행 디지털통화(CBDC) 발행의 편익 및 유의점

이광상(금융브리프 30권 25호, KIF 한국금융연구원, 2021. 12. 25.)

"가상자산 및 스테이블 코인이 갖는 사회적 비용 및 편익을 감안할 때 중앙은행 디지털통화(CBDC)를 발행해야 하는 이유는 크게 네 가지 정도로 요약됨. 첫째, 물리적 통화 발행에 들어가는 막대한 비용을 줄일 수 있음. 둘째, 기존 지급결제 사업자들의 서비스 효율화와 수수료 인하를 유발할 수 있음. 셋째, 중앙은행의 유동성 통제력 약화나 통화정책의 경기조절 기능 약화가 초래되지 않음. 넷째, 민간 디지털통화 시스템에서 발생할 수 있는 데이터 보안 및 개인정보 보호에 대한 침해 우려를 낮출 수 있음. 다만 CBDC 발행 시 시중은행 유동성 축소와 자금조달 금리 상승 등 금융 안정성이 저해될 우려가 있으므로 이에 대한 사전적인 대응 방안이 적극적으로 모색될 필요가 있음"

■ 가상자산에 대한 정책 대응에 있어 각국 정부는 다각적인 반응을 보이고 있는데, 이는 민간 발행의 가상자산은 물론 중앙은행 디지털통화(CBDC) 등 가상자산의 사회적 비용 및 편익에 대한 평가 필요성이 커지게 만들고 있음

- 대다수 국가는 민간에서 발행되는 가상자산에 대해 관망적인 자세를 견지하고 있는 반면, 가장 대표적으로 엘살바도르의 경우 비트코인과 미국 달러화를 법정통화로 병용하기로 함
- 미국 대통령 산하 금융시장 실무그룹은 보고서(2021년 11월 1일)에서 뱅크런이나 펀드런 발생에 따른 금융 시스템의 불안정성 증대를 우려하여 스테이블 코인에 대한 은행 수준의 규제 필요성을 강조함
- 반면 중국은 가상자산의 채굴은 물론 교환 수단으로서의 가상자산 사용을 전면적으로 금지함

■ 비트코인 등 민간 발행의 가상자산은 특정 법정통화나 담보자산과 연동성을 갖지 않아 내재적인 기초가치가 부재할 뿐만 아니라 심한 가격 변동성에 노출될 수 있음을 유념할 필요가 있음

- 가상자산 가격의 급등 사례는 가격 버블 형성 및 붕괴 상황에 대한 우려를 발생시키고 있음. 즉, 가상자산은 어떤 결함이 드러나거나 규제가 강화되는 등 특정 충격이 가해지면 급속한 가격 붕괴 현상이 발생할 가능성 또한 있음
- 다만 투자자 입장에서는 높은 변동성으로 인해 가상자산의 구입을 통한 잠재손실을 감안하더라도 잠재이익을 크게 높일 수도 있다는 점에서 서민층이나 중산층이 구입하는 복권과 유사한 특성이 있을 수 있음
- 그럼에도 불구하고 투기 성향이 강화될 경우 가상자산의 가격 붕괴 시 서민층이나 중산층 투자자들은 고소득층 투자자들에 비해 상대적으로 심각한 재정 충격을 받을 수 있음

■ 가격 변동성에 취약한 가상자산과 달리 스테이블 코인의 가치는 법정통화, 귀금속, 원자재에 연동되는 특징을 가짐

- 투자자들 입장에서는 발행되는 스테이블 코인의 가치를 충분히 뒷받침할 수 있는 만큼의 기초자산이 유지되고 있는지를 확인할 수 있는 장치가 필요한데, 그렇지 못할 경우 스테이블 코인의 내재가치는 시장 충격 발생 시 발행업자가 스테이블 코인을 약속한 액면금액대로 법정통화 등 기초자산으로 환전해주지 못할 위험을 반영해야 함

- 충분한 기초자산이나 담보자산의 보유를 공언하는 발행업자들로서도 지불준비금의 내역을 정기적으로 공개함과 아울러 외부의 회계감사를 받을 필요가 있음
- 통화정책이 제대로 작동 중인 대부분의 국가에서는 스테이블 코인의 발행 및 수용성 확대가 중앙은행에 의한 실물경제 전반의 유동성 통제력을 약화시켜 통화정책을 통한 경기조절 효과를 약화시키는 결과를 초래할 우려가 있음
- 게다가 가상자산뿐만 아니라 스테이블 코인 역시 탈중앙화 금융(De-Fi)의 영역에 접해 있는 만큼 자금세탁이나 테러금융 등 불법적인 금융거래 채널로 악용될 위험에 노출되어 있음

■ 가상자산 및 스테이블 코인이 갖는 사회적 비용 및 편익을 감안할 때 CBDC를 발행해야 하는 이유는 크게 네 가지 정도로 요약됨

- 첫째, 지폐·동전의 유통·유지 필요성이 없어짐으로써 정부는 물리적 통화 발행에 들어가는 비용을 줄일 수 있음
- 둘째, CBDC는 신용카드를 대체하는 지불결제 수단으로 이용될 수 있으므로 기존 지급결제 사업자들의 서비스 효율화를 촉진하고 가계나 기업 등 고객 거래에 부과되는 수수료를 낮추는 효과를 유발할 수 있음
- 셋째, CBDC는 발행 주체가 중앙은행인 만큼 가상자산이나 스테이블 코인과 달리 중앙은행의 유동성 통제력 약화나 통화정책의 경기조절 기능 약화가 초래되지 않음
- 넷째, CBDC는 민간 디지털통화 시스템에서 발생할 수 있는 데이터 보안 및 개인정보 보호에 대한 침해 우려를 낮추는 효과가 기대될 수 있음

■ 다만 CBDC 발행 시 상업은행 요구불예금이 CBDC로 옮겨가면서 시중은행의 유동성이 감소하고 자금조달 비용이 상승하는 등 금융 안정성이 저해될 우려가 있으므로 이에 대한 사전적인 대응 방안이 적극적으로 모색될 필요가 있음

■ 빠르게 확장 중인 가상자산이나 스테이블 코인 등 탈중앙화 금융에 속하거나 접해 있는 영역에 대한 생태계 조성 방향은 여전히 불확실한 상황이나, 향후 CBDC를 발행하는 국가들은 금융 시스템의 효율성과 안정성을 동시에 추구할 필요성이 커질 것으로 전망됨

✓ Q & A

중앙은행 디지털통화(CBDC)의 도입 배경을 제시하고, CBDC의 활성화를 위해 대비해야 할 점에 대해서 자신의 의견을 논하시오.

민간 발행의 가상자산은 법정통화나 담보자산과 연동성을 갖지 않아 내재적인 기초가치가 부재하고 가격 변동에 취약하기 때문에 투기로 인한 버블 발생과 붕괴 우려가 있다. 또한 그 가치가 법정통화·귀금속·원자재에 연동되는 스테이블 코인 등의 가상화폐는 중앙은행의 유동성 통제력을 약화시킴으로써 통화정책을 통한 경기조절 효과를 떨어뜨릴 우려가 있다. 따라서 대부분의 국가는 민간 발행 가상자산에 대해 관망적인 자세를 유지하고 있고, 미국은 스테이블 코인에 대한 은행 수준의 규제 필요성을 강조한다.

이러한 점에서 가상자산과 스테이블 코인이 갖는 사회적 비용 및 편익을 고려할 때 중앙은행이 발행하는 디지털통화, 즉 CBDC의 도입이 요구되는 이유로는 첫째, CBDC는 물리적 화폐 발행에 소모되는 비용을 절감할 수 있다. 둘째, CBDC는 기존 지급결제 서비스 효율화와 수수료 인하를 촉진하는 효과를 기대할 수 있다. 셋째, CBDC는 중앙은행에서 발행하므로 중앙은행의 유동성 통제력 약화나 통화정책의 경기조절 기능 약화 우려가 없다. 넷째 CBDC는 데이터 보안 및 개인정보 보호에 대한 침해 우려를 낮출 수 있다.

그러나 CBDC를 발행해 시중은행의 요구불예금이 CBDC로 대체되면 시중은행의 유동성 감소와 자금조달 비용의 상승을 조장해 결과적으로 금융 안정성이 흔들릴 수 있다. 따라서 CBDC를 시행하려는 국가는 CBDC의 보유한도 설정, 은행권에 대한 중앙은행의 대출금리 인하 등 CBDC 도입에 따른 자금조달 비용 상승 압력을 완화하는 보완책을 마련함으로써 예상 가능한 부작용에 선제적으로 대비하고 금융 시스템의 효율성과 안정성을 동시에 추구해야 한다.

금융
06

일본 은행들의 점포망 재편 방향

이대기(금융브리프 29권 21호, KIF 한국금융연구원, 2020. 11. 07.)

"일본 은행업계에서는 인구감소, 고령화 진전, 비현금결제 증가, 디지털 혁명 등 경영환경 변화를 배경으로 금융서비스의 디지털화가 가속화되면서 점포망 재편이 주요 경영이슈로 부상하고 있음. 그러나 대체하기 어려운 유인점포의 역할 및 필요성으로 인해 단기적으로는 점포 수 감축이 제한적일 수밖에 없을 것이라는 전망임. 향후 점포망 재편 방향은 무조건적인 점포 수의 감축보다는 기존의 풀뱅킹 형태에서 기능특화형 및 비전통적 점포 형태로 재편될 것으로 예측됨"

■ 일본 은행업계에서는 인구감소, 고령화 진전, 비현금결제 증가, 디지털 혁명 등 경영환경 변화를 배경으로 금융서비스의 디지털화가 가속화되면서 점포망 재편이 주요 경영이슈로 부상하고 있음

■ 과거 은행 점포는 '신규 출점 → 예금 확대 → 대출 확대 → 수익 확대'라는 사이클을 형성하며 은행 수익에 있어 중요한 역할을 담당해 왔음
- 그러나 인구감소와 더불어 저금리가 지속되는 경영환경에서 규모에 의한 비즈니스 모델은 한계에 달하였고, 디지털 기술의 발달로 고객들의 점포 이용률이 하락하면서 점포 불필요론이 힘을 얻고 있는 실정임

■ 그러나 아직까지 점포라는 물리적 거점이 고객과의 접점을 형성하기 위해 필수적이라는 의견이 우세함
- 점포가 존재함으로써 대출 전 방문조사와 청취조사 같은 정보수집, 대출기간 중 모니터링, 고객과의 거래관계 지속 등이 원활하게 이루어질 수 있음
- 은행은 점포를 통해 고객과의 관계를 긴밀히 하여 고객에 대한 정보를 획득하고 핵심 고객 확보, 부실채권 관리, 대출 결정 등에 동 정보를 활용함으로써 거래비용을 감소시킬 수 있으며, 이것이 점포라는 물리적 거점이 지니는 또 다른 부가가치임
- 예대사업은 여전히 은행 수익의 대부분을 차지하고 있고, 신용스코어링모델에 의한 대출 등 디지털 대출기술의 활용도 개인이나 소규모 사업자용으로 한정되어 있는 점을 감안하면 점포가 은행업에서 담당하는 역할은 여전히 중요함

■ 이와 같이 점포 감축 필요성과 감축에 따른 부정적 요인이 병존하는 가운데 최근 일본 은행들이 추구하는 점포 전략은 기존 점포를 「탈 풀뱅킹 점포」로 재편하는 공통점을 가지고 있음
- 기존과 같이 점포에 많은 기능을 부여하지 않음으로써 점포 내 잉여 인원을 법인 및 부유층 대상 상담 등 부가가치가 높은 업무에 재배치하거나 점포를 기능별로 분리해 특화형 점포로 전환시키기도 함
- 즉 법인용 대출과 섭외 등 법인영업에 특화된 법인특화형 점포, 자산운용 상담 등 개인영업에 특화한 개인특화형 점포, 창구와 ATM을 갖춘 차량이동점포, 업무를 한정한 경량점포 등 기능에 따라 점포를 재편하고 있음

- ■ 기능에 따라 점포를 재편하는 전략에 추가하여 새로운 부가가치를 창출하고자 「비전통적 형태의 점포」를 설치하는 움직임도 증가하고 있음
  - 점포 내 잉여공간에 타업종을 유치하여 점포 공간을 공동으로 사용함으로써 임대수입과 함께 고객의 점포 이용률을 높이는 공동점포 형태가 늘어남
  - 합병 등의 과정에서 발생하는 그룹 내 점포의 중복 해소를 위해 활용되었던 타은행과의 공동점포 사용 형태가 최근에는 동일 지역 내에서 영업하는 은행들끼리도 ATM 및 점포망의 효율화 측면에서 공동점포를 설립하는 예가 늘어나고 있음
  - 이 밖에도 전국에 점포망을 보유하고 있는 우체국과의 업무제휴를 통해 은행 사무 접수와 처리를 우체국 창구에서 실시하는 사례도 있으며, 드라이브스루(Drive Thru) 점포 등도 설치됨

- ■ 향후 은행 점포의 재편 관련하여 단기적으로는 기술적 발전으로 각종 거래의 셀프화, 자동화 환경이 정비됨에 따라 유인점포의 일부 기능이 점차 비대면채널로 대체될 것이라는 전망임
  - 그러나 고객 입장에서는 복잡한 거래에 대한 불안감과 디지털에 익숙하지 않은 고령자층을 중심으로 직접적 대면거래 수요가 유지될 것으로 보이고, 금융기관 입장에서도 단기간에 조직개혁이 어렵다는 점에서 점포 수의 감소는 불가피하지만 기존의 풀뱅킹형 유인점포 운영은 당분간 유지될 것으로 전망됨

- ■ 중장기적으로 유인점포에서 제공하는 모든 금융서비스가 비대면, 가상의 대면채널로 대체 가능해질 것으로 전망됨
  - 고객층 대부분이 디지털 거래에 익숙한 세대로 변화됨에 따라 보안 측면의 우려만 불식할 수 있다면 일상적 거래뿐만 아니라 비일상적 금융거래도 비대면 채널로 대체될 것으로 전망됨
  - 금융기관의 입장에서도 비대면 채널을 바탕으로 한 조직 정비가 완료되면서 중장기적 점포 전략은 비대면 및 가상의 대면채널 전략이 중심이 될 전망임

✓ Q & A

일본 은행업계의 비대면화에 관해 설명하고, 비대면화의 전망에 대한 자신의 생각을 논하시오.

일본 은행업계에서는 인구감소, 고령화 진전, 비현금결제 증가, 디지털 혁명 등 경영환경의 변화를 배경으로 금융서비스의 디지털화가 가속화되면서 점포망 재편이 주요 경영이슈로 부상하고 있다. 과거 은행 점포는 '신규 출점 → 예금 확대 → 대출 확대 → 수익 확대'라는 사이클을 형성하며 은행 수익에 있어 중요한 역할을 담당해 왔으나 인구감소와 더불어 저금리가 지속되는 경영환경에서 규모에 의한 비즈니스 모델은 한계에 달하였고, 디지털 기술의 발달로 고객들의 점포 이용률이 하락하면서 점포 불필요론이 힘을 얻고 있는 실정이다.

그러나 아직까지 점포라는 물리적 거점이 고객과의 접점을 형성하기 위해 필수적이라는 의견이 우세하다. 이와 같이 점포 감축 필요성과 감축에 따른 부정적 요인이 병존하는 가운데 최근 일본 은행들이 추구하는 점포 전략은 기존 점포를 「탈 풀뱅킹 점포」로 재편하는 공통점을 가지고 있으며 기능에 따라 점포를 재편하는 전략에 추가하여 새로운 부가가치를 창출하고자 「비전통적 형태의 점포」를 설치하는 움직임도 증가하고 있다.

향후 은행 점포의 재편 관련하여 단기적으로는 기술적 발전으로 각종 거래의 셀프화, 자동화 환경이 정비됨에 따라 유인점포의 일부 기능이 점차 비대면채널로 대체될 것이라는 전망이고, 중장기적으로는 유인점포에서 제공하는 모든 금융서비스가 비대면 및 가상의 대면채널로 대체 가능해질 것으로 전망된다.

금융
07

글로벌 레버리지론 시장의 건전성 악화 우려

김현태(금융브리프 29권 17호, KIF 한국금융연구원, 2020. 09. 05.)

"투기등급 기업에 대한 대출인 레버리지론은 지난 10년간 약 두 배 가까이 성장하였으나 그 과정에서 채무비율이 높은 기업에 대한 대출이 증가하는 등 건전성에 대한 우려가 점증해왔음. 특히 코로나19 확산 이후 발행기업의 평균 신용등급이 더욱 하락하고 부도율이 높아지고 있음. 레버리지론 부실 심화 시 우리 금융기관의 해외 대출채권담보부증권(CLO) 투자 중 메자닌 이하 후순위 등급 투자분에서 손실이 발생할 가능성이 있어 유의할 필요가 있음"

■ 투기등급 기업에 대한 대출인 글로벌 레버리지론 시장은 자산수익률 제고를 위한 비은행금융기관의 참여 확대와 동북아 등 신흥시장의 약진으로 지난 10여 년간 꾸준히 성장세를 유지하였음

- IMF에 따르면 2019년 말 기준 글로벌 레버리지론 잔액은 약 5.5조 달러로 2009년 말 2.9조 달러에 비해 두 배 수준으로 증가하였으며 북미와 유럽을 제외한 기타지역 레버리지론의 비중이 2009년 말 8.2%에서 2019년 말 24.3%로 확대되었음
- 레버리지론은 은행이 제공하는 Pro Rata 대출과 비은행금융기관이 주로 참여하는 기관대출로 나뉘는데 Pro Rata 대출 비중은 2000년대 중후반 평균 약 40% 수준에서 최근 5년 평균 31% 수준으로 하락하였음

■ 그러나 레버리지론 시장이 양적 확대를 거듭해 오면서 이미 부채비율이 높은 기업에 대한 대출 비중이 증가하고 대출 조건도 느슨해지는 등 건전성이 점차 악화되고 있다는 우려가 최근 몇 년간 확산되었음

- 레버리지론 발행시장에서 EBITDA 대비 총부채 비율이 높은 기업의 발행 비중이 늘어나고 있는데, 동 비율이 6 이상인 기업 비중은 글로벌 금융위기 직후 약 15% 내외를 유지하였으나 2018년에는 약 30%, 2019년에는 약 40%로 확대되었음
- 레버리지론 발행자(차입자)가 대출 유지를 위해 준수해야 하는 계약조건인 커버넌트가 완화된 커버넌트 라이트 대출의 비중도 글로벌 금융위기 직후 약 10% 수준에서 최근 약 60% 수준으로 증가하였음

■ 최근 코로나19 확산에 따른 경제활동 위축으로 기업 수익성이 악화되면서 레버리지론 가운데서도 신용등급이 낮은 B− 등급 이하 레버리지론 비중이 증가하고 미국 에너지 산업을 중심으로 레버리지론 부도율이 크게 상승하는 등 레버리지론의 건전성이 더욱 악화되고 있음

- 금년 1분기 미국 기업 세후 이익이 전기 대비 13% 하락(계절조정, 연율)하였으며 금년 3분기 필라델피아 연준의 경제전망 전문가 설문조사에 따르면 2020년과 2021년 기업이익 전망 평균도 각각 약 1.7조 달러와 1.8조 달러로 2019년 1.9조 달러보다 부진할 것으로 예상됨
- B− 등급 이하 레버리지론 중 신용등급 전망이 부정적인 레버리지론 비중이 2019년 말 40%에서 금년 6월 말 70% 이상으로 늘어나 건전성이 추가로 악화될 가능성도 증가하였음
- 2019년 중 2% 미만으로 유지되었던 미국 레버리지론 부도율은 최근 3.9%까지 증가하였으며 특히 배럴당 30 ~ 40달러의 낮은 국제유가 수준이 장기화되며 에너지 기업 부도율이 30%를 상회하고 있음

PART 4

■ 코로나19 확산에 따른 경제활동 위축이 장기화될수록 글로벌 레버리지론 등 고위험 기업부채의 건전성이 계속 저하될 것으로 예상되는데, 이는 국제금융시장의 위험회피 심리를 단기간에 확대시킬 수 있는 위험요인임
- 코로나19 확산 전 95 이상을 유지하던 미국 레버리지론 가격지수는 3월 중순 76까지 급락하였다가 최근 90 이상으로 복귀한 바 있는데 레버리지론 시장 부실 심화 등 고위험 기업부채 위험성 증가 시 이러한 급락이 반복될 가능성이 있음

■ 또한 레버리지론 부실 심화 시 우리나라 금융기관의 대출채권담보부증권(CLO) 투자 중 메자닌 등급 이하 후순위 투자분에서 손실이 발생할 가능성이 있어 주의를 요함
- CLO는 레버리지론을 모집하여 발행하는 유동화증권으로 상환 우선순위에 따라 선순위, 메자닌, 지분 트랜치로 구분하여 발행함
- 국내 금융기관의 해외 CLO 투자 규모는 약 4.8조 원에서 7.6조 원으로 알려졌으며, 자산운용사와 보험사가 대부분을 보유중임
- 국제신용평가사들은 코로나19의 부정적 충격이 주로 메자닌 등급 이하 후순위 CLO, 특히 그중에서도 BBB 등급 이하 CLO에 영향을 미칠 것으로 보고 있음
- 한국은행에 따르면 우리나라 금융 기관의 CLO 투자 중 선순위 비중은 52.8%이며, A등급 비중은 22.8%, BBB등급 이하 비중은 24.4%임

✓ Q & A

레버리지론에 대한 자신의 생각과 건전성 악화로 발생하는 문제점에 대해 논하시오.

투기등급 기업에 대한 대출인 글로벌 레버리지론 시장은 자산수익률 제고를 위한 비은행금융기관의 참여 확대와 동북아 등 신흥시장의 약진으로 지난 10여 년간 꾸준히 성장세를 유지하였다.
그러나 레버리지론 시장이 양적 확대를 거듭해 오면서 이미 부채비율이 높은 기업에 대한 대출 비중이 증가하고 대출 조건도 느슨해지는 등 건전성이 점차 악화되고 있다는 우려가 최근 몇 년간 확산되고 있다.

최근 코로나19 확산에 따른 경제활동 위축으로 기업 수익성이 악화되면서 레버리지론 가운데서도 신용등급이 낮은 B− 등급 이하 레버리지론 비중이 증가하고 미국 에너지 산업을 중심으로 레버리지론 부도율이 크게 상승하는 등 레버리지론의 건전성이 더욱 악화되고 있으며 코로나19 확산에 따른 경제활동 위축이 장기화될수록 글로벌 레버리지론 등 고위험 기업부채의 건전성이 계속 저하될 것으로 예상되는데, 이는 국제금융시장의 위험회피 심리를 단기간에 확대시킬 수 있는 위험요인이라고 볼 수 있다.

또한 레버리지론 부실 심화 시 우리나라 금융기관의 대출채권담보부증권(CLO) 투자 중 메자닌 등급 이하 후순위 투자분에서 손실이 발생할 가능성이 있어 주의를 요하는 바이다.

금융
08

IP 크라우드펀딩 활성화를 위한 과제

이지언(금융브리프 29권 16호, KIF 한국금융연구원, 2020. 08. 22.)

“최근 IP(지식재산) 크라우드펀딩 상품이 출시되며 개인투자자의 IP 투자 접근성이 높아졌음. IP 크라우드펀딩은 장기 발행이 어렵고, 발행가능 기관에 제한이 있어 신인도가 떨어지며, 투자위험도 높음. 크라우드펀딩을 통한 민간의 IP 투자 활성화를 위해서는 발행기업의 비용부담을 줄이고 공공펀드의 매칭투자를 확대하는 동시에 투자자 보호도 강화되어야 함”

■ 2020년 7월 개인이 IP(Intellectual Property; 지식재산)에 직접투자할 수 있는 첫 번째 IP 크라우드펀딩 상품이 출시되었음

- 크라우드펀딩 플랫폼 회사인 와디즈와 특허관리전문회사인 인텔렉추얼디스커버리가 공동으로 3억 원의 IP 크라우드펀딩에 성공하였음
- 이번 IP 크라우드펀딩은 2020년 7월에 발표된 정부의 IP 금융투자 활성화 추진전략의 일환으로, IP에 대한 민간투자를 확대하기 위해 시도되었음

■ 크라우드펀딩을 통해 IP 보유기업은 효율적으로 자금을 조달할 수 있으며, 개인투자자는 IP 직접투자 기회를 가질 수 있음

- 유동화증권을 발행하기 어려운 IP 기반 혁신중소기업도 크라우드펀딩을 통해 개인투자자와 직접 연결되어 유동화증권 발행과 유사한 자금조달 효과를 가질 수 있으며, 자본시장법상 크라우드펀딩에 대한 특례로 인해 일반증권에 비해 용이하게 발행할 수 있음
- 개인투자자의 입장에서 IP 크라우드펀딩은 IP 자산을 기초로 채권을 발행하고, IP 사용자로부터 로열티를 받기 때문에 사업성만으로 평가받는 일반 크라우드펀딩에 비해 안전성과 수익성이 높음
- 또한 자금 조달 목표금액에 미달할 경우 크라우드펀딩은 취소되는데 이는 투자성이 낮다는 집단지성이 반영된 결과로 이해할 수 있음

■ 그러나 IP 크라우드펀딩이 활발히 이루어지기에는 여러 가지 제약이 있음

- 신인도가 있는 신탁회사가 다수 IP를 풀링(Pooling)해 펀딩한다면 실효성을 높일 수 있지만 자본시장법상 크라우드펀딩은 창업, 벤처, 일정자격의 중소기업만 가능하고 신탁회사(금융업)에게는 허용되지 않고 있음
- IP 기반 창업, 중소기업의 경우 장기자금이 필요하지만 크라우드펀딩은 주로 1년 이내로 이루어져 만기 미스매치가 발생하며, 기업은 단기 차환발행을 계속해야 하는 부담을 지게 됨
- 다른 한편으로는 기업이 장기로 증권을 발행할 때 투자자가 유동성 리스크를 부담하게 되는 측면도 있음
- 일반적으로 크라우드펀딩의 부도율이 20%를 넘는 가운데 크라우드펀딩 시장의 93%를 차지하는 일반투자자는 IP에 대한 전문성이 부족한 정보의 비대칭이 존재하여 투자자 보호문제가 발생할 가능성이 있음

PART 4

■ 크라우드펀딩을 통해 IP에 대한 민간투자를 확대하고 혁신중소기업의 자금조달 실효성을 높이기 위해서는 발행기관의 신인도(Credibility)를 높이고, 장기투자를 유도해야 함

- 해외의 경우 IP 유동화는 신탁회사가 실행하는 경우가 많으므로 우리나라에서도 크라우드펀딩 가능 기관에 IP 신탁업자, 신탁관리기관, 특허관리전문회사 등을 포함하여 신인도를 높여야 함
- 기업의 장기자금 조달을 지원하고 발행비용 부담을 완화하기 위해 크라우드펀딩 프로젝트 수익 산정 시 투자자에게 지급한 배당금을 공제하는 등의 특례를 적용할 수도 있음
- 장기투자 – 장기발행의 선순환을 위해서는 투자자의 유동성리스크를 보전하고 축소해주어야 하는데 이를 위해 장기 채권형 크라우드펀딩 투자에 대해 이자소득세를 감면하고, 리스크를 분담할 수 있도록 모태펀드 등 공공펀드의 매칭투자도 확대할 필요가 있음
- 투자자 보호를 위해 기업 공시자료의 정확성과 구체성을 높여 투자 판단에 도움을 줄 필요가 있으며, 이를 위해 기술보증기금 및 IP 평가기관 등 전문기관에 의한 IP 평가를 받도록 유도하고, 이때 창업, 벤처 및 중소기업의 경우 정부가 펀딩 대상 IP의 가치평가 관련 비용을 지원해 줄 수도 있음

✓ Q & A

IP 크라우드펀딩이 무엇이며, 이를 활성화하기 위해서는 어떠한 조치를 해야 하는지 자신의 생각을 논하시오.

IP 크라우드펀딩이란 Intellectual Property, 즉 지식재산에 직접투자할 수 있는 펀딩 상품을 의미한다. 크라우드펀딩을 통해 IP 보유기업은 효율적으로 자금을 조달할 수 있으며, 개인투자자는 IP 직접투자 기회를 가질 수 있다.

그러나 IP 크라우드펀딩이 활발히 이루어지기에는 여러 가지 제약이 있다. 신인도(Credibility)가 있는 신탁회사가 다수 IP를 풀링(Pooling)해 펀딩한다면 실효성을 높일 수 있지만 자본시장법상 크라우드펀딩은 창업, 벤처, 일정자격의 중소기업만 가능하고 신탁회사(금융업)에게는 허용되지 않고 있기 때문이다.

크라우드펀딩을 통해 IP에 대한 민간투자를 확대하고 혁신중소기업의 자금조달 실효성을 높이기 위해서는 발행기관의 신인도를 높이고, 장기투자를 유도해야 한다.

금융
09

온라인 플랫폼이 제공하는 금융서비스 현황과 개선 방안

이보미(금융브리프 29권 15호, KIF 한국금융연구원, 2020. 08. 01.)

"최근 온라인 플랫폼 기업이 제공하는 금융서비스가 확대되고 있음. 우리나라 플랫폼 기업은 금융회사의 상품판매 채널의 역할을 하는 경우가 많으므로 직접 경쟁에 따른 위험뿐만 아니라 온라인 플랫폼을 통한 새로운 방식의 금융상품 판매로 인해 발생할 수 있는 부작용을 최소화하는 방안을 마련할 필요가 있음"

■ 카카오, 네이버 등 거대 온라인 플랫폼을 운영하는 기업이 제공하는 금융서비스의 범위가 간편결제, 송금 서비스를 넘어 예·적금, 대출, 펀드, 보험 서비스 등으로 확대되는 추세임

- 네이버는 금융 자회사 네이버파이낸셜을 설립하여 7월부터 미래에셋대우증권과 제휴를 통해 CMA 계좌개설 서비스를 제공하고 있으며, 네이버페이 이용 업체를 대상으로 신용대출 서비스, 보험 관련 서비스 등을 제공할 예정임
- 카카오는 카카오뱅크를 설립하여 예·적금, 대출, 증권계좌 개설 등의 서비스를 제공하고, 2월에 설립한 카카오페이증권을 통해 펀드 투자를 중개하고 있으며, 보험상품 판매를 위한 보험업 예비 인가를 신청할 예정임

■ 온라인 플랫폼 기업은 금융서비스를 제공하여 이용자의 편의성을 높이고, 제휴 금융회사의 금융서비스를 연계하거나 기존 금융상품과 차별화된 금융서비스를 제공하여 이익을 얻음

- 온라인 플랫폼 기업은 이용자의 편의성을 높여 이용자를 붙잡아두기 위한 목적으로 금융서비스를 제공하는 경우가 많으며, 전자상거래 플랫폼 사업자가 입점 업체에 소액대출을 공급하는 것이 대표적인 예임
- 온라인 플랫폼 기업은 광범위한 이용자 네트워크를 이용하여 다수의 이용자에게 손쉽게 금융서비스를 연결해줄 수 있으므로 금융회사의 서비스를 연계하는 대가로 수수료 혹은 광고수익을 얻음
- 나아가 플랫폼에서 축적한 데이터와 분석 기술을 활용하여 기존 금융서비스를 이용하지 못 하던 소비자에게 서비스를 제공하거나, 개인 맞춤형 서비스 등 차별화된 금융서비스를 제공함으로써 이익을 창출할 수 있음

■ 우리나라의 플랫폼 기업은 제휴한 금융회사의 상품판매 채널의 역할을 하는 경우가 많음

- 금융인프라와 금융산업이 발달하지 않은 국가에서 금융업 라이센스를 획득하여 직접 금융업에 진출하는 경우가 많은데, 이는 기술력을 이용해 인프라를 구축하고 금융업을 직접 영위해서 얻을 수 있는 이익이 크기 때문임
- 우리나라는 상대적으로 금융 인프라나 산업이 발달하였기 때문에 플랫폼 기업이 금융업을 직접 영위하기보다는 플랫폼 이용자와 제휴를 맺은 금융회사의 서비스를 연계해주는 역할을 주로 수행함

■ 따라서 플랫폼 기업과 금융회사 간 직접 경쟁에 의한 위험뿐만 아니라 플랫폼을 통한 새로운 방식의 금융 상품 판매로 인해 발생할 수 있는 위험에 대한 논의도 필요함

- 금융회사와 제휴하여 금융서비스를 제공하는 플랫폼 기업은 기존 금융업법의 규제를 적용받지 않을 수 있으며, 플랫폼 기업과 협업하는 금융회사와 그렇지 못한 금융회사 간 수익 격차 확대, 판매채널의 역할을 하던 소규모 핀테크 기업의 위축, 금융회사와 협업 시 플랫폼 기업의 우월적 지위 남용 등의 문제가 발생할 수 있음
- 한편 플랫폼 기업이 금융업에 직접 진출하는 경우에는 관련 금융업법의 규제를 적용받으므로 규제 공백의 문제가 크지 않지만, 이들이 축적한 차별화된 데이터를 이용하여 새로운 금융상품을 개발하고 직접 판매하는 경우 금융회사의 수익기반이 축소되고, 금융회사가 과도한 위험을 추구하는 등 금융시장의 안정성을 위협받을 가능성이 있음

■ 먼저 온라인 플랫폼을 통해 금융상품을 연계, 판매하는 행위에 대한 규제, 감독방안이 마련될 필요가 있음

- 플랫폼을 통해 네이버나 카카오뱅크 등이 제공하는 증권계좌를 개설하지만, 이용자가 제휴 증권회사의 약관과 제휴 증권회사에 대한 정보제공에 동의하는 등 플랫폼사업자가 아니라 증권회사와 계약을 체결하도록 하고 있음
- 이 경우 플랫폼사업자는 자신의 금융상품을 직접판매한다기보다는 단순히 판매 채널로서 다른 회사의 금융상품에 대한 광고, 정보 제공, 혹은 판매를 대리한다고 볼 수 있음
- 또한 해당 계좌의 관리 및 서비스에 대한 책임, 관련 금융규제는 제휴 증권회사에 적용되기 때문에 플랫폼 회사에 증권회사와 같은 수준의 금융규제를 적용하기는 어려움
- 따라서 온라인 플랫폼을 통해 금융상품을 연계, 판매하는 행위에 대해 별도의 규제, 감독방안을 마련하거나 기존 금융업법이나 금융소비자보호법에서 포괄할 수 있도록 하는 방안이 마련될 필요가 있음

■ 또한 판매채널로서 지배력을 구축한 온라인 플랫폼이 소수의 금융회사와만 협업하거나, 불공정한 계약을 통해 금융시장의 경쟁을 저해하지 않도록 규제, 감독장치가 충분히 마련될 필요가 있음

- 네트워크 효과라는 온라인 플랫폼의 특성상 소수의 플랫폼이 시장 대부분을 점유할 가능성이 큼
- 온라인 플랫폼과 금융회사의 협업이 증가하게 되면 거대 온라인 플랫폼과 협업하는 금융회사와 협업하지 않는 금융회사의 수익 격차가 크게 확대될 가능성이 크므로 플랫폼이 특정 금융회사의 상품만을 취급하는 행위를 방지하고, 협업하는 금융회사 간 차별적인 대우가 발생하지 않도록 규제할 필요가 있음
- 또한 특정 온라인 플랫폼이 금융상품의 판매 채널을 독점하지 않도록 금융회사가 다수의 플랫폼과 제휴할 수 있는 환경을 조성하는 동시에 온라인 플랫폼이 우월적 지위를 남용하지 못하도록 제도를 설계할 필요가 있음

✓ Q & A

온라인 플랫폼이 제공하는 금융서비스 현황과 그에 대한 개선 방안을 수립하시오.

카카오, 네이버 등 거대 온라인 플랫폼을 운영하는 기업이 제공하는 금융서비스의 범위가 간편결제, 송금 서비스를 넘어 예·적금, 대출, 펀드, 보험 서비스 등으로 확대되는 추세다. 온라인 플랫폼 기업은 금융 서비스를 제공하여 이용자의 편의성을 높이고, 제휴 금융회사의 금융서비스를 연계하거나 기존 금융상품과 차별화된 금융서비스를 제공하여 이익을 얻고 있다.

우리나라의 플랫폼 기업은 제휴한 금융회사의 상품판매 채널의 역할을 하는 경우가 많다. 금융인프라와 금융산업이 발달하지 않은 국가에서 금융업 라이센스를 획득하여 직접 금융업에 진출하는 경우가 많은데, 이는 기술력을 이용해 인프라를 구축하고 금융업을 직접 영위해서 얻을 수 있는 이익이 크기 때문이다. 하지만 우리나라는 상대적으로 금융 인프라나 산업이 발달하였기 때문에 플랫폼 기업이 금융업을 직접 영위하기보다는 플랫폼 이용자와 제휴를 맺은 금융회사의 서비스를 연계해주는 역할을 주로 수행한다.

따라서 플랫폼 기업과 금융회사 간 직접 경쟁에 의한 위험뿐만 아니라 플랫폼을 통한 새로운 방식의 금융상품 판매로 인해 발생할 수 있는 위험에 대한 논의도 필요하다. 먼저 온라인 플랫폼을 통해 금융상품을 연계, 판매하는 행위에 대한 규제, 감독방안이 마련될 필요가 있으며 판매채널로서 지배력을 구축한 온라인 플랫폼이 소수의 금융회사와만 협업하거나, 불공정한 계약을 통해 금융시장의 경쟁을 저해하지 않도록 규제, 감독장치가 충분히 마련될 필요가 있다.

은행별 최신 이슈 영역소개

은행 및 금융지주의 최신 동향과 키워드를 브리핑하여 은행권 면접대비 자료로 활용할 수 있도록 은행별 동향 및 최신 이슈에 대한 자료를 제공합니다.

CHAPTER 02

은행별 최신 이슈

1 KB국민은행

KB국민은행, 일임형 ISA 수익률 비교공시 9개 구간 1위 달성

(2025.07.25)

KB국민은행이 일임형 ISA 'MP(모델 포트폴리오) 대표 수익률 비교공시'에서 10개 수익률 구간 가운데 9개 구간에서 5대 은행 중 평균 수익률 1위를 기록했다.

수익률 비교 구간은 최근 1개월부터 3개월, 6개월, 9개월, 1년, 전년도, 2년, 3년, 출시 이후, 연초 이후까지 총 10개 구간으로 구분된다. 이 가운데 전년도 수익률을 제외한 9개 구간에서 가장 높은 평균 수익률을 보였다.

특히, KB국민은행은 최근 1개월 기준 평균 수익률 4.10%를 기록하며 같은 기간 5대 은행 평균 수익률 2.61%를 크게 상회했다. 최근 3개월과 6개월 수익률도 각각 3.46%, 5.62%를 기록하는 등 전 구간에서 탁월한 수익률을 기록하고 있다.

KB국민은행은 2022년부터 자산운용 전문 인력을 확대하고, 금융시장 전망과 자산배분 전략을 반영한 자체 'House View'를 기반으로 투자 프로세스를 고도화해 왔다.

특히 수익률 향상을 위해 국내 주식 비중을 전략적으로 확대했으며, 체계적인 사후 관리와 전술적 자산배분 전략도 한층 강화했다.

KB국민은행 관계자는 "우수한 리서치 역량을 바탕으로 고객 맞춤형 모델 포트폴리오를 제공해 안정적인 수익을 실현할 수 있었다"며, "앞으로도 차별화된 자산관리 서비스를 통해 고객 자산 성장에 기여하겠다."고 말했다.

Keyword

- **일임형 ISA** : 금융기관이 투자자의 성향에 맞춘 모델 포트폴리오(MP)로, 자산을 일임 운용하는 개인종합자산관리계좌

Memo

KB국민은행, 웹AR 기술을 활용한 '퇴직연금 서식 작성가이드' 파일럿 실시

(2024.08.01)

KB국민은행이 내년 3월까지 KB국민은행 전 영업점에서 증강현실(AR; Augmented Reality) 기술을 활용한 퇴직연금서식 작성가이드 파일럿을 실시한다.
증강현실이란 사용자가 눈으로 보는 현실 위로 이미지, 문자 등 가상정보를 실시간으로 중첩해 보여주는 기술이다. 이번 파일럿 서비스는 인기 증강현실 게임 '포켓몬고'를 개발한 AR서비스 선도 기업 'Niantic'의 8th Wall 기술을 활용한 것으로, 퇴직연금 서식 작성 시 마주하는 복잡하고 어려운 금융 용어 및 개념들에 대한 고객의 이해를 돕기 위해 마련됐다.
사용자가 종이 서식 위로 스마트폰 카메라를 비추면 주요 작성 항목 5개가 스마트폰 화면 내 증강된다. 항목별 버튼 클릭 시 은행 직원 캐릭터가 등장해 3D 이미지·애니메이션 등 증강요소를 활용해 관련 내용을 입체적으로 설명해준다.
특히, 별도 앱 설치 없이 웹AR 기술이 적용돼 사용자의 스마트폰 브라우저에서 간편하게 서비스 구동이 가능하다.
KB국민은행은 이번 서비스로 퇴직연금 아웃바운드 마케팅 시 다수의 근로자 고객에게 서식 작성 요령과 용어 설명을 반복적으로 수행해야 했던 비효율을 개선할 수 있게 됐다.

Keyword

- **증강현실(AR)** : 현실 세계에 존재하는 환경에 가상의 사물이나 정보 등을 덧입혀 마치 현실 세계에 존재하는 것처럼 보이게끔 만드는 기술

Memo

PART 4

KB국민은행, 유로화 커버드본드 발행
2020년 7월 이후 4번째 발행

(2023.10.05)

KB국민은행은 5억 유로 규모의 3.5년 만기 글로벌 커버드본드(Covered Bond) 발행에 성공했다고 밝혔다. 커버드본드는 금융회사가 보유한 주택담보대출 등 우량자산을 담보로 발행하는 이중상환청구권부 채권으로, 법제화 커버드본드는 유사시 발행기업에 상환청구권을 행사하는 동시에 담보물에 해당하는 기초자산에 대한 우선변제권을 행사할 수 있는 이중상환청구권이 법적으로 보장되기 때문에 투자자 보호 장치가 잘 갖춰졌다고 평가한다.

이번 발행은 2020년 7월, 2021년 10월, 2022년 6월에 이은 국민은행의 네 번째 유로화 커버드본드 발행이다. 발행금리는 유로화 미드스왑(MS) 금리에 55bp를 가산한 연 4.076%로 결정됐으며, 싱가포르와 독일 프랑크푸르트 거래소에 상장된다.

미국 연방준비제도(Fed)의 고금리 유지 기조와 유럽 중앙은행(ECB)의 10차례 연속 금리 인상 등 금융시장 변동성이 확대된 가운데에서도 발행에 성공했다는 점에서 의미가 있다. 국제 신용평가사 S&P와 Fitch로부터 최고등급인 'AAA' 신용등급을 부여받은 신용도와 안정성을 바탕으로 유럽 투자자들의 견조한 수요를 이끌어 낼 수 있었다.

이번 발행은 BNP파리바(Paribas), 코메르츠뱅크(Commerzbank), 크레딧 아그리콜(Credit Agricole), HSBC, ING, 소시에테 제네랄(Societe Generale)이 주간사로 참여했다. 투자자는 지역별로 보면 유럽 86%, 아시아 14%로 구성됐으며, 기관별로는 자산운용사 55%, 은행 13%, 중앙은행·국제기구 30%, 기타 2%를 차지했다.

Keyword

- **커버드본드** : 여신 기능이 있는 금융기관이 주택담보대출 채권 등의 우량자산을 담보로 발행하며 현금흐름을 유동화한 채권으로, 투자자는 담보자산에 대한 우선변제권을 보장받는 동시에 채권발행 금융기관에 대해서도 원리금 상환을 청구할 수 있기 때문에 '이중상환청구권부 채권'이라고도 함. 이렇게 이중으로 원리금 상환을 보장받기 때문에 일반 채권보다 발행금리가 낮으며, 은행이 커버드본드를 발행하면 낮은 고정금리로 장기자금을 조달할 수 있어 주택담보대출과 같은 장기 고정금리대출을 확대할 수 있음

Memo

KB국민은행, 5억 달러 규모 '지속가능채권' 발행

(2021.10.19)

KB국민은행은 지난 4월 28일 5억 달러 규모의 5년 만기 선순위 지속가능채권을 성공적으로 발행했다고 밝혔다.

발행 금리는 미국 5년물 국채 금리에 55bp를 가산한 수준인 1.406%로 KB국민은행 발행 글로벌본드 중 역대 최저 금리를 달성했으며, 싱가포르 거래소에 상장된다. 총 100여 개 이상의 기관이 참여해 발행 금액인 5억 달러의 4.2배 수준인 21억 달러 이상의 주문을 확보했으며, 가산금리 또한 최초제시금리 대비 30bp 축소해 결정됐다.

이번 발행은 지속가능(Sustainability)채권 형태로, 조달 자금은 KB국민은행 지속가능 금융 관리체계에 해당하는 친환경 및 사회 프로젝트 지원 등에 사용될 예정이다. KB국민은행은 2018년 국내 시중은행 최초로 외화 지속가능채권을 발행한 후 지속적으로 ESG채권을 시장에 공급함으로써 글로벌 시장에 주요 ESG채권 발행사로서의 이미지를 확고히 했다.

KB국민은행 관계자는 "이번 발행은 전 세계 코로나19 재확산 우려 등 시장 변동성 확대에도 불구하고 KB국민은행의 우수한 영업실적과 견고한 자산건전성을 바탕으로 글로벌 투자자들의 수요를 이끌어냈다."라며 "이번 발행을 포함해 외화 지속가능채권을 총 7회 발행하며 ESG 경영의 선도 금융기관으로서 위상을 공고히 했다."라고 밝혔다.

Keyword

- **지속가능채권** : 친환경이거나 사회적 가치를 창출하는 사업 부문에 한정해서 발행대금을 사용하는 채권으로 신재생 에너지, 에너지 효율 오염방지 및 관리, 사회적 기업 파이낸싱, 기본 인프라 등에 사용함

Memo

2 신한은행

신한은행, 예금 토큰 전자지갑 오픈

(2025.04.03)

신한은행은 1일 10시부터 신한 SOL뱅크에 한국은행 디지털화폐 테스트 '프로젝트 한강' 고객 참여를 위한 '예금 토큰 전자지갑'을 오픈한다.

신한은행은 지난 25일부터 수요 조사를 위해 신한 SOL뱅크에서 사전 신청을 받았으며, 접수 기간 중 이틀 만에 1만 3천여 명이 접수 하는 등 사전신청 기간 동안 약 3만 명이 넘는 고객이 신청하며 흥행을 이끌었다.

사전 신청 고객은 선착순(1만 6천 명)으로 4월 1일부터 2일까지 우선적으로 서비스에 가입할 수 있으며, 신한 SOL뱅크를 통해 예금 토큰 전자지갑을 개설할 수 있다.

또한 사전 신청을 놓친 고객들도 남은 정원에 한해 3일부터 선착순으로 추가 신청할 수 있다.

실거래 테스트 참여를 원하는 고객은 신한 SOL뱅크 '쏠지갑' 메뉴에서 '예금 토큰 전자지갑'을 개설하고 기존 보유 예금을 예금 토큰으로 전환하면, 생성된 QR코드를 활용해 온・오프라인 지정 가맹점에서 간편하게 결제할 수 있다.

본 이벤트 기간(6월 30일) 동안 사용 가능한 이용자 예금 토큰 보유 한도는 1백만 원, 기간 중 전환 가능한 총 예금 토큰 한도는 5백만 원이다.

특히 고객들은 신한은행의 혁신금융서비스 '땡겨요'를 통해 7일부터 땡겨요에 입점한 19만 개 가맹점 모두에서 예금 토큰을 활용하여 결제 가능하다.

신한은행 관계자는 "시범사업 기간 동안 새로운 결제수단을 경험해보고 금융 혜택도 받으실 수 있게 테스트를 준비했다."며 "프로젝트 한강의 참여은행 및 지정 가맹점으로서 디지털화폐 실거래 테스트가 원활히 진행될 수 있도록 충실하게 역할을 수행하겠다."고 밝혔다.

Keyword

- **예금 토큰** : 은행 예금을 디지털 형태로 토큰화한 것으로, 중앙은행이 발행한 디지털화폐(CBDC)를 기반으로 은행이 고객에게 발행・유통하는 디지털 자산

Memo

신한은행, 녹색분류체계 적용 기업대출 프로세스 도입

(2024.05.27)

신한은행은 국내 기업의 저탄소·녹색 전환을 지원하고 **한국형 녹색분류체계**(K-Taxonomy) 기반 녹색금융 공급을 활성화하기 위해 '녹색분류체계 적용 기업대출 프로세스'를 도입했다고 27일 밝혔다.
한국형 녹색분류체계는 온실가스 감축, 기후변화 적응 등 6대 환경목표에 기여하는 녹색경제활동을 정의한 것으로 녹색경제활동에 자금이 유입될 수 있도록 환경부 차원에서 명확한 원칙과 기준을 제시하는 가이드라인이다.
해당 프로세스에 따르면 영업점에서 기업의 저탄소·녹색 전환을 위한 10억 원 이상 기업대출을 신청할 경우 본점 ESG 담당부서에서 한국형 녹색분류체계에 따라 4가지 적합성 판단 기준(활동·인정·배제·보호)에 맞춰 별도의 심사 과정을 진행한다. 적합성을 충족한 기업대출에 대해서는 금리우대 등 혜택을 제공한다.
향후 신한은행은 녹색금융 수요 발굴 및 마케팅, 녹색금융 심사 및 성과 공개 등이 원활하게 진행될 수 있도록 체계적으로 관리하고 신재생에너지·기후테크 육성을 강화해 녹색금융 선도은행의 입지를 확고히 한다는 계획이다.
신한은행 관계자는 "한국형 녹색분류체계의 4가지 적합성 판단기준을 금융에 접목시키고 진정성 있는 녹색경제활동 촉진을 위해 이번 프로세스를 도입하게 됐다"며 "우리 사회가 저탄소 경제로의 전환을 성공적으로 이행해 국제사회의 모범이 될 수 있도록 국내 녹색금융 표준 제시 및 녹색자금 선순환 구조 구축으로 녹색금융 지원에 최선을 다하겠다."고 말했다.
한편 신한은행은 2022년 국내 최초로 한국형 녹색채권 발행에 성공한 후 매년 환경부 주관 '한국형 녹색채권 발행 이차보전 지원 사업'에 참여하고 있다.

Keyword

- **한국형 녹색분류체계(K-Taxonomy)** : 환경적으로 지속가능한 경제활동의 범위를 정한 것으로, 유럽연합(EU)이 발표한 그린 택소노미의 한국판이다. 환경부가 2021년 12월 30일 발표한 〈한국형 녹색분류체계 가이드 라인〉에 따르면 한국형 녹색분류체계는 6대 환경목표(온실가스 감축, 기후변화 적응, 물의 지속가능한 보전, 자원 순환, 오염 방지 및 관리, 생물다양성 보전)에 기여하는 녹색경제활동의 분류를 뜻함

Memo

PART 4

신한은행, '상생금융 확대 종합지원' 발표
상생금융 확대로 가계 · 기업 고객에게
총 1,623억 원 금융비용 절감 혜택

(2023.03.24)

신한은행은 금융감독원과 함께 '상생금융 간담회'를 열어 '상생금융 확대 종합지원 방안'을 발표하고 가계 · 소상공인 · 중소기업 고객들과 의견을 나눴다. 이번에 발표한 상생금융 확대 종합지원은 개인 고객 대상 금리 인하와 소상공인 · 중소기업 고객 대상 금융 지원으로 구성된다.

모든 가계대출 신규 · 대환 연기 고객을 대상으로 주택담보대출(신규 · 대환) 금리 0.4%p, 전세자금대출(신규 · 대환 · 연기) 금리 0.3%p, 일반 신용대출(신규 · 대환 · 연기) 금리 0.4%p, 새희망홀씨대출(신규) 금리 1.5%p를 인하한다. 이를 통한 개인 고객의 이자비용 절감 예상 규모는 약 1,000억 원이다.

소상공인 · 중소기업 고객에 대해서는 코로나19 **이차보전** 대출 이용 고객을 대상으로 이차보전 기간 종료에 따라 금리가 인상될 수밖에 없는 대출에 대해 신한은행이 자체적으로 이차보전 기간을 연장해 이자비용을 줄여준다. 또한 신용보증기금 매출채권보험 지자체 협약 상품을 이용하는 소상공인 · 중소기업 고객의 보험료를 지원해 소상공인의 금융비용 절감을 도와 경제적 부담을 덜어준다.

앞서 취약 중소기업을 대상으로 2023년 2분기 중 시행 예정이었던 신용등급 하락 시 금리 상승분 최대 1%p 인하, 금리 7% 초과 취약 중소기업 최대 3%p 금리 인하, 변동금리대출 고정금리 전환 시 현재 금리 유지 등 지원책을 3월 말로 앞당겨 시행한다. 이를 통한 소상공인 · 중소기업 고객의 금융비용 절감 예상 규모는 약 623억 원 수준이다.

최근 신한은행은 은행연합회 예대금리차 공시에서 2023년 2월 기준 1.06%로 시중은행 중 가계예대금리차(정책서민금융 제외) 최저치를 기록했다. 이번 '상생금융' 확대를 통해 추가되는 금리 인하로 신한은행의 예대금리차는 향후 더 낮아질 것으로 예상된다.

Keyword

- **이차보전(利差補塡)** : 정부 등이 가계 · 기업에 직접 자금을 지원할 때 적용되는 금리와 금융기관이 가계와 기업에 대출할 때의 금리 차이를 정부 등이 메워 주는 것을 뜻한다. 금융기관에 보상하는 경우도 있고, 대출받는 기관이 금융기관에 정상 이자를 내고 저금리에 대한 이자 차액을 직접 받는 경우도 있다. 정책 수혜자는 정부에서 직접 자금을 지원받은 금융기관에서 대출받은 낮은 금리로 자금을 조달할 수 있다.

Memo

신한은행, 그린수소 생산 사업 공동추진 업무 협약

(2022.09.23)

신한은행은 한국중부발전, LS일렉트릭, 이지스자산운용, 일렉시드와 컨소시엄을 구성해 호주 퀸즐랜드 주정부와 그린수소 양산 파일럿 프로젝트에 대한 업무협약을 체결했다고 23일 밝혔다.

신한은행이 참여한 컨소시엄과 호주 퀸즐랜드 주정부는 이번 업무협약으로 2천만 호주달러(한화 약 186억 원) 규모로 퀸즐랜드 지역에서 'H-REP(수소 재생에너지 파크)'파일럿 프로젝트를 진행하게 된다. H-REP는 3MW급 태양광 발전소를 건설하고, 이 전력으로 그린수소 생산에 필요한 수전해 설비를 운영해 하루 300kg의 그린수소를 생산할 예정이다. 이후 생산된 그린수소를 현지 수요처에 전량 판매해 그린수소 사업에 대한 실증을 진행한다.

신한은행은 이 파일럿 프로젝트에 대한 출자를 진행하고, 향후 실증화 단계에서 금융 자문, 주선, 선순위 대출 등 금융 솔루션을 제공해 사업 개발 및 확장이 안정적으로 이뤄지도록 지원할 예정이다.

신한은행 관계자는 "이번 업무협약으로 미래 에너지원의 한 축인 **수소 경제**를 이행하며, 청정 수소 생산 유망 국가인 호주 시장 개척을 컨소시엄과 함께 추진할 계획이다."라며 "앞으로도 ESG 관련 금융 지원을 지속해 ESG 경영과 탄소 중립 실천에 앞장서는 은행이 되겠다."라고 말했다.

Keyword

- **수소 경제** : 화석연료의 고갈과 유해성으로 인해 기존의 석탄, 석유 등 화석연료 중심의 경제 체제에서 벗어나 수소가 인류의 주요 에너지원이 되는 미래의 경제 체제

Memo

PART 4

신한은행, 외화 클럽론 미화 4억 달러 차입

(2022.09.14)

신한은행은 ESG 경영 확대는 물론 안정적인 외화자금 조달을 위해 국내 최초로 지속가능연계차입 형태의 외화 **클럽론** 미화 4억 달러를 차입했다고 14일 밝혔다.
이번 외화 클럽론 차입은 미국을 비롯한 주요국 기준금리 인상 및 경기침체에 대한 우려로 시장 변동성이 확대된 상황에서 국내 최초 지속가능연계차입 진행을 통해 ESG 연계 자산 증대를 필요로 하는 글로벌 은행들의 참여를 극대화하며 경쟁력 있는 금리 수준으로 조달할 수 있었다.
신한은행 관계자는 "이번 국내 최초의 차입 외화 클럽론을 통해 조달 수단을 다변화 함과 동시에 조달비용 역시 절감할 수 있었다."며 "앞으로도 신한은행은 국내 ESG 시장지위를 선도하고자 ESG 연계 조달을 적극적으로 추진하겠다."라고 말했다.
한편, 기업의 영리활동에 있어 최근 환경 및 사회 이슈에 대한 관심이 고조되며 전 세계적으로 지속가능한 ESG 경영을 요구하고 있다. 지속가능연계차입은 이미 서유럽 은행들을 중심으로 빠르게 성장하고 있는 가운데, 국내에서는 신한은행이 최초로 지속가능연계차입을 진행해 대주단들의 적극적인 관심을 받았다.

Keyword

- **클럽론(Club Loan)** : 차주가 직접 또는 주간사 은행과 협의하여 차주와 업무상 밀접한 관계가 있다고 예상되는 차관공여 은행과 접촉하여 차관단을 구성하는 방법에 의한 대출

Memo

신한은행, IPS운영플랫폼을 통한 자산컨설팅 서비스 확대 시행

(2022.08.03)

신한은행은 LDI(Liability Driven Investment, 부채연계투자)를 기반으로 한 IPS컨설팅 서비스를 퇴직연금 확정급여형(DB) 가입업체 대상으로 확대 제공한다고 3일 밝혔다.

지난 4월 근로자퇴직급여보장법 개정으로 300인 이상 DB사업장은 적립금운용위원회 설치와 적립금운용계획서 도입이 의무화 됨에 따라 신한은행은 IPS운용플랫폼을 자체 개발해 주요 공공기관 및 외투기업(퇴직연금 확정급여형 가입업체) 대상으로 IPS컨설팅 서비스를 시범 제공했다.

IPS운용플랫폼은 부채를 고려한 자산배분전략인 LDI를 통해 고객사의 투자성향(위험허용한도)을 고려해 목표 수익률 설정부터 전략적 자산배분, 최종 상품제안 및 운용성과 평가 등 IPS 프로세스를 표준화해 서비스를 제공하는 플랫폼이다.

특히, DB고객들이 필요로 하는 퇴직급여부채 장기 트렌드 분석, 부채 관련 리스크 점검 등 퇴직급여부채 관련 전반적인 히스토리 관리 도구 지원, AI 알고리즘을 통한 자본시장 예측 시나리오 산출, LDI 전략을 기반으로 부채 시장리스크 헤징 등 고객사의 퇴직급여부채 관리와 자산운용 관련 통합 솔루션을 제공한다.

이와 함께 IPS운용플랫폼을 통해 고객 맞춤형 컨설팅 보고서 제작과 적립금운용계획서 자동 생성을 지원해 퇴직연금 확정급여형(DB) 가입업체에게 맞춤형 솔루션도 제공한다.

Keyword

- IPS(Investment Policy Statement, **자산운용지침**) : 기금 운용의 목표와 투자정책 및 전략을 명시한 기준서로 목표수익률과 허용위험 한도, 전략적 자산 배분 등에 대한 수치를 명시적으로 표현한 지침서

Memo

PART 4

3 하나은행

하나은행, 올해 3분기 누적 은행권 퇴직연금 증가 1위

(2025.10.22)

하나은행은 올해 3분기 누적 은행권 퇴직연금 적립금 증가 1위를 달성했다고 22일 밝혔다.

금융감독원 통합연금포탈 퇴직연금 비교공시에 따르면 지난 9월 말 하나은행의 퇴직연금 적립금은 총 44조 1,083억 원으로 집계됐다. 개인형(IRP) 2조 6,583억 원, **확정기여형(DC)** 1조 1,586억 원 등 지난해 말 대비 총 3조 8,349억 원이 증가했다.

하나은행은 지난 2023 ~ 2024년 2년 연속 전 금융권에서 퇴직연금 적립금 증가 1위를 기록한 데 이어 올해 매분기 은행권 적립금 증가 1위를 달성하고 있다.

올해 3분기 확정기여형(DC) 원리금비보장 부문 운용 수익률에서도 17.18%로, 시중은행 1위를 기록했다.

하나은행은 지난 8월부터 연금 전문 컨설턴트가 상담 전용 차량과 함께 원하는 시간과 장소로 직접 찾아가는 '움직이는 연금 더드림 라운지'를 운영하고 있다.

지난 3월에는 금융권 최초로 AI 기반 '로보어드바이저 투자 일임 서비스'를 개시하고, 은행권 최초로 카카오톡을 통해 맞춤형 투자 포트폴리오를 제공하는 '하나 MP 구독서비스'를 출시하기도 했다.

하나은행 연금사업단 관계자는 "앞으로도 손님의 연금자산이 안정적이고 체계적으로 운용될 수 있는 맞춤형 서비스를 지속적으로 제공하겠다."라고 말했다.

Keyword

- **확정기여형(DC)** : 회사가 매년 근로자 연봉의 1/12 이상을 퇴직연금계좌에 적립하고 근로자가 직접 운용하는 퇴직연금 방식

Memo

하나은행, 이머징마켓 해외송금 기업을 위한 「지역특화송금서비스」 시행

(2024.07.04)

하나은행은 해외송금 기업의 편의성 증대를 위해 이머징마켓의 현지통화로 비대면 해외송금 신청이 가능한 「지역특화송금서비스」를 시행한다고 밝혔다.

「지역특화송금서비스」는 기업이 해외송금을 신청할 때 확정한 현지통화 금액을 수취인이 별도의 환전 절차 없이 수취할 수 있는 송금서비스로, 하나은행 기업뱅킹을 통해 중남미 지역 10개국(브라질, 칠레, 콜롬비아, 페루, 아르헨티나, 코스타리카, 과테말라, 도미니카공화국, 볼리비아, 우루과이)을 포함한 동아시아, 서남아시아, 중동 등 이머징마켓 22개 현지통화로 편리하게 해외송금이 가능하다.

특히, 「지역특화송금서비스」 이용 시 중계수수료 면제 혜택을 받을 수 있어 수취인에게 계약 원금 그대로 전달되기를 원하는 수입기업 및 해외지사 설립 법인의 편의성이 크게 증대될 것으로 기대된다.

또한, 기업뱅킹을 통한 해외송금 신청 단계에서 지역별·통화별 송금 필수사항 및 유의사항을 안내함으로써 해외송금의 안정성도 높였다. 이밖에도 22개 현지통화 외 추가로 원하는 통화에 대해 의견을 제시할 수 있는 '고객의 소리'를 마련해 해외송금 신청 기업과의 소통에 기반한 서비스 확대에도 나설 계획이다.

하나은행 외환사업지원부 관계자는 "별도의 환전 절차 없이 현지통화 원금 그대로 수취 가능한 「지역특화송금서비스」 시행으로 국내 기업들의 사업 경쟁력과 편의성이 크게 향상될 것으로 기대된다."며, "앞으로도 기업 손님과 지속적으로 소통하며 거래 통화 다양화 등 서비스 확대에 노력해 나가겠다."고 밝혔다.

Keyword

- **이머징마켓(Emerging Market)** : 금융시장과 자본시장에서 빠르게 성장하고 있는 국가들의 신흥시장으로, 일반적으로 개발도상국 중에서 경제성장률과 산업화가 빠르게 진행되고 있는 국가의 시장을 이름

Memo

PART 4

하나은행 '하나원큐 조각투자 연계 서비스' 출시
은행권 최초의 조각투자 연계 서비스로
부동산 · 음원에 이어 미술품 등 확대 예정

(2023.10.24)

하나은행은 4대 시중은행 중 최초로 '하나원큐 조각투자 연계 서비스'를 출시한다고 밝혔다.
하나원큐 조각투자 연계 서비스는 하나은행 대표 모바일 앱인 '하나원큐'를 통해 부동산 · 음원 등에 대한 조각투자 신규 공모 소식을 빠르게 접할 수 있고, 해당 상품을 판매하는 조각투자사로 쉽고 간편하게 접속할 수 있다. 하나원큐 조각투자 연계 서비스는 혁신금융 서비스로 지정받은 '루센트블록'과 '뮤직카우'를 우선적으로 연계한다.
루센트블록은 부동산 조각투자 플랫폼 '소유'를 운영하고 있는 핀테크 기업으로 2022년 6월 첫 공모 이후 현재까지 5개 건물의 공모를 조기 완판했다. 뮤직카우는 세계 최초의 음악 수익증권 조각투자 플랫폼으로, 음악 저작권료를 기존의 참여 청구권이 아닌 수익증권 형태로 발행하는 등 전면적인 사업 개편을 통해 2023년 9월에 서비스를 재개한 바 있다.
이번 서비스는 손님들에게 조각투자라는 새로운 투자 방식을 미리 경험하게 함으로써 향후 토큰증권, 웹3.0 등과 관련된 서비스를 제공하기 위한 기반이 될 것으로 기대된다.
한편 하나금융그룹은 해당 두 회사와 조각투자 관련 계좌관리, 신탁 등 긴밀한 협업 관계를 유지하고 있다. 또한 미래에셋증권, SK텔레콤과 함께 토큰증권 컨소시엄(NFI)을 구성하는 등 토큰증권과 웹3.0 선도를 위한 사업 준비에 박차를 가하고 있다.

Keyword

- **조각투자**: 하나의 자산에 투자자들이 공동 투자해 소유권을 조각처럼 쪼개 갖거나 이익을 공동으로 배분받는 투자 방식. 조각투자 사업자들은 자산을 매입해 소유권 또는 수익에 대한 청구권을 여러 조각으로 쪼갠 뒤 투자자들에게 판매하며, 이후 자산을 판매해 거둔 수익을 투자자들이 소유한 지분만큼 배분하고 수수료를 받음. 부동산, 미술품, 음악 저작권, 가상자산 등 다양한 분야에서 활용되고 있고, 소액 투자가 가능하지만, 환금성이 낮아 투자금 회수가 어렵거나 손실을 입을 위험도 있음

Memo

하나은행, 퇴직연금 '디폴트옵션 라이브 세미나' 진행

(2022.10.04)

하나은행은 DC형(확정기여형) 퇴직연금제도를 운용 중인 기업의 퇴직연금 담당자를 대상으로 **디폴트옵션**에 대한 정보 제공과 가입자의 투자전략을 위한 솔루션을 제시하고자 '디폴트옵션 라이브 세미나'를 진행했다고 밝혔다.

유튜브를 통해 실시간 라이브로 진행된 이번 세미나에서는 디폴트옵션 제도 도입 및 일정, 디폴트옵션 신청 프로세스, DC형 퇴직연금 가입 손님 대상 서비스 안내와 더불어 하나은행의 지원사항 등에 대해 안내했다. 또한, 문의사항에 대한 실시간 Q&A도 진행하면서 기업의 퇴직연금 담당자들이 실질적으로 제도 변화에 대해 쉽게 이해하고 대응할 수 있도록 도움을 주는 기회를 제공했다.

디폴트옵션은 근로자들의 퇴직연금 수익률 제고를 위한 목적으로 지난 7월 12일 도입됐으며, 정부의 승인 및 기업의 퇴직연금 규약 반영 등을 거쳐 11월 이후 본격적으로 시행될 예정이다.

디폴트옵션이 시행되면, DC형 퇴직연금 가입자나 IRP 가입자가 본인의 퇴직연금 적립금을 운용할 상품을 직접 지정하지 않아도 소중한 연금자산이 방치되지 않고 지속적으로 관리 및 운용될 수 있다.

하나은행 연금사업본부 관계자는 "본격적인 시행을 앞두고 디폴트옵션에 대한 이해가 부족한 현장의 목소리를 반영해 이번 라이브 세미나를 준비했다."라며 "향후에도 추가 세미나를 통해 디폴트옵션에 대한 정보 제공과 기업 담당자가 준비해야 하는 사항을 안내할 예정이며, 이를 개최해 연금투자에 대한 효과적인 솔루션을 제시하겠다."라고 밝혔다.

Keyword

- **디폴트옵션(사전지정 운용제도)** : 퇴직연금 DC・IRP형 가입자가 별다른 운용 지시를 하지 않을 경우 사전에 정한 적격투자상품으로 운용하는 것으로 실적 배당형과 같은 투자 상품 비중을 높여 운용사가 보다 적극적으로 운용하는 제도

Memo

PART 4

하나은행, 최저 예대금리차로 금융소비자 부담 완화

(2022.08.22)

하나은행은 은행연합회가 22일 홈페이지를 통해 공시한 '은행별 예대금리차'에서 주요 시중은행들 중 가장 낮은 예대금리차를 보였다고 밝혔다.

이는 코로나19 재확산 및 소비자 물가 상승과 기준금리 인상 등으로 이자부담이 가중되고 있는 상황에서 금융소비자의 부담 완화를 위한 지원 정책을 적극적으로 이행한 결과다.

하나은행은 지난 7월 한국은행의 '**빅스텝**' 기준금리 인상 시점에 맞춰 총 31종의 예・적금 상품 기본금리를 최대 0.9%p 인상했다. 또한, 서울시와의 협약을 통해 청년과 신혼부부를 대상으로 저금리 전세자금대출을 공급하고 아파트 입주 잔금대출 등의 실수요 가계자금대출 고정금리를 인하하는 등 금융소비자 지원을 중점적으로 추진한 바 있다.

특히, 지난달부터는 최근 금리 상승 등으로 어려움이 가중되고 있는 금융취약계층을 지원하기 위해 「HANA 금융지원 프로그램」을 시행 중이다. 이를 통해 고금리 개인사업자대출 및 서민금융지원 대출에 대해 각각 최대 1.0%p의 금리를 지원하는 등 금융취약계층을 위한 실질적인 지원에 적극 나서고 있다.

하나은행 관계자는 "지난 11일부터 대표 예금인 「하나의 정기예금」 금리를 최대 0.15%p 인상했고, 하반기에도 전세자금대출 등 실수요자 대출 및 취약계층 지원을 더욱 강화할 예정"이라며 "하나은행은 앞으로도 손님과 함께 성장하고 금융소비자에게 인정받는 금융회사가 될 수 있도록 최선의 노력을 다할 것"이라고 밝혔다.

Keyword

- **빅스텝** : 중앙은행의 기준금리를 0.5% 인상하는 것으로 기준금리를 인상・인하 시 0.25%씩 하는 것이 일반적이지만 물가 안정 등 금리를 좀 더 빨리 올릴 필요가 있을 때 빅스텝을 단행한다. 한국은행은 2022년 7월 13일 처음으로 빅스텝을 단행하였음

Memo

하나은행, 비대면 자산관리 상담 서비스 제공을 위한 '디지털PB 서비스' 시행

(2022.08.16)

하나은행은 디지털 채널을 선호하는 주거래 VIP 손님을 위해 비대면으로 자산관리 상담 서비스를 제공하는 '디지털PB 서비스'를 시행한다고 밝혔다.
'디지털PB 서비스'는 하나은행에 1억 원 이상 예치하고 있으나, 전담 PB가 없는 비대면 주거래 VIP 손님을 대상으로 제공되며, 전화나 화상을 통해 자산관리 상담 및 디지털 거래를 지원하는 것이 특징이다. 이를 통해 '디지털PB 서비스'를 이용하는 손님들은 맞춤형 자산관리 및 투자분석 리포트, 세무, 법률, 신탁 등 전문가 연계 서비스, VIP 케어 서비스 등 대면 서비스와 유사한 자산관리 서비스를 제공받을 수 있게 된다.
하나은행 WM본부장은 "디지털PB 서비스를 개시함으로써 디지털 채널을 선호하는 손님들께 보다 쉽고 빠르게 자산관리 상담 서비스를 제공할 수 있게 됐다."라며 "지속적인 서비스 강화를 통해 한층 더 차별화되고 전문적인 PB 서비스를 제공해 나가겠다."라고 밝혔다.

Keyword

- PB(Private Banking) : 거액의 예금자를 상대로 고수익을 낼 수 있도록 컨설팅을 제공하는 것으로 고객의 자산관리부터 라이프스타일 전반에 대한 지원으로 확장됨

Memo

PART 4

4 IBK기업은행

IBK기업은행, 2025년 IBK 혁신펀드 위탁운용사 선정 공고

(2025.10.13)

IBK기업은행은 2025년 'IBK **혁신펀드**' 위탁운용사 선정 계획을 공고했다고 13일 밝혔다.

이번 공모는 공개경쟁 방식의 블라인드 펀드 출자로 진행된다. 기업은행은 정부의 미래 신산업 육성 기조에 맞춰 인공지능(AI)·첨단산업 2개 분야에 총 2,000억 원을 출자해 5,600억 원 이상의 펀드를 조성할 계획이다.

인공지능 분야에는 총 1,200억 원을 3개 운용사에 출자한다. 기업은행은 해당 분야에 전문성이 있는 운용인력을 보유하고 투자성과가 우수한 운용사를 선정할 계획이다.

또한 첨단산업 분야에는 총 800억 원을 4개 운용사에 출자한다. 기업은행은 지원 자격을 운용 중인 자산규모(AUM) 8,000억 원 이하 운용사로 제한하고, 기업은행 출자 비율을 최대 50%까지 허용했다. 이를 통해 대형 운용사로의 자금 쏠림을 완화하고 강소 운용사를 발굴·지원할 예정이다.

기업은행은 10월 27일까지 제안서를 접수하고 11월 중 위탁운용사를 선정할 계획이다. 선정된 운용사는 2026년 6월까지 펀드 결성을 완료해야 한다.

기업은행 관계자는 "이번 IBK 혁신펀드가 국내 벤처시장에 활력을 불어 넣기를 바란다."며 "앞으로도 AI·첨단산업 등 미래전략산업 분야 육성 및 금융지원을 통해 정부의 생산적 금융을 선도하겠다."고 밝혔다.

한편 기업은행은 지난해 공고한 '2024 IBK 혁신펀드'의 결성을 마무리하고 본격적인 투자에 돌입했다. 펀드 규모는 총 1조 1,638억 원으로 당초 목표치의 2.3배 수준을 기록했으며, 앵커 출자자로서 성공적인 첫발을 내디뎠다.

Keyword

- **혁신펀드** : 기업의 구조조정, 연구개발(R&D), 신성장 동력 확보 등 혁신성장을 지원하기 위해 조성된 대규모 정책펀드

Memo

IBK기업은행, 핀란드 정책금융기관 핀베라(Finnvera)와 업무협약 체결

(2024.06.07)

IBK기업은행은 지난 6일(현지시간) 헬싱키에서 핀란드 정책금융기관인 핀베라(Finnvera, 대표이사 유소 헤이닐래)와 중소기업 지원을 위한 업무협약(MOU)을 체결했다고 밝혔다.
이번 협약은 스타트업을 포함한 중소기업 금융지원 촉진, 중소기업 육성을 위한 상호 협력, 중소기업 관련 주요 현안에 대한 연구 교류 등을 주요 내용으로 하고 있다.
최근 한국과 핀란드는 정보통신기술(ICT), 과학기술, 헬스케어 등 미래 혁신 분야에서 협력 수요가 증가하고 있다. 특히 헬싱키는 K-스타트업센터를 통한 스타트업 지원이 이뤄지고 있어 한국 기업의 진출 증가가 예상된다.
핀베라는 1999년 설립된 핀란드 정부 소유의 핵심 금융기관으로 대출, 수출신용보증 등의 업무를 수행하며 핀란드 중소기업의 국제적 성장을 지원하고 있다. 지난해에는 미국 수출입은행(US-EXIM)과도 5G 산업, 기후변화 대응 관련 프로젝트 지원을 위한 업무협약을 체결한 바 있다.
은행장은 "이번 협약이 한국과 핀란드의 중소기업들이 글로벌 시장에서 성장할 수 있는 견고한 기반을 마련하는 데 큰 역할을 할 것"이라며, "앞으로도 해외 현지 금융기관과 국제적 협력을 확대해 한국 중소기업들의 지속 가능한 성장을 적극 지원하겠다."고 밝혔다.
한편 기업은행은 프랑스 공공투자은행과의 업무협약, IBK창공 유럽 액셀러레이팅 프로그램 운영, 폴란드 사무소 법인 전환 추진 등 유럽 네트워크 확대를 통해 국내 중소기업의 해외시장 진출 지원을 위한 행보를 이어나가고 있다.

Keyword

- **업무협약(MOU)** : 당사국 사이의 외교교섭 결과 서로 양해된 내용을 확인·기록하기 위해 정식계약 체결에 앞서 행하는 문서로 된 합의

PART 4

Memo

IBK기업은행, 2023년 지속가능경영 보고서 발간 이중(Double) 중요성 평가 첫 적용, 공시 범위 확대하고 이해관계자와 소통 강화

(2023.07.28)

IBK기업은행은 ESG(환경 · 사회 · 지배구조)경영 성과를 담은 〈2023년 지속가능경영 보고서〉를 발간했다고 밝혔다.

이번 보고서는 '국제회계기준(IFRS)의 지속가능성 공시기준(ISSB)' 공개 초안, '국제 지속가능 보고서 가이드라인(GRI)' 개정 내용 등 최신 글로벌 ESG 공시 기준을 준수해 객관성과 신뢰성을 높였다. 특히, 최근 강조되고 있는 '이중 중요성 평가(Double Materiality Assessment)'를 처음으로 적용해 ESG 중요 이슈를 선정했다. 이중 중요성 평가는 환경 · 사회적 영향과 재무적 영향을 동시에 분석해 중요 이슈를 도출하는 방식이다.

선정된 중요 이슈는 기후변화 대응 관리 체계, 준법 · 윤리경영, 금융소비자 보호, 개인정보 보호 강화 등으로, 공시 범위를 확대해 이해관계자와의 소통을 강화했다.

한편, 보고서 구성의 변화도 눈여겨볼 만하다. 'ESG 하이라이트'에는 '2022 CDP Korea Awards 탄소경영 아너스클럽 수상' 등 기후위기 대응 노력을 비롯한 다양한 성과를 한눈에 볼 수 있도록 담아냈다. 'ESG 스페셜 리포트'는 '중소기업 ESG컨설팅', 'ESG자가진단 Tool', 'ESG동반성장협력대출' 등 중소기업 맞춤 ESG 경영지원 프로그램을 집중적으로 편성해 정책금융기관의 역할을 강조했다.

은행장은 보고서를 통해 "정책금융기관 본연의 역할에 충실한 ESG 경영에 집중해 가치금융을 실현하겠다."며 "IBK만의 차별화된 ESG 경영으로 지속 가능한 사회를 만드는 과정에 앞장서겠다."고 말했다.

Keyword

- **CDP(탄소정보 공개 프로젝트)** : Carbon Disclosure Project의 약자로, 세계 주요 기업(92개 이상의 국가)의 이산화탄소 감축, 기후변화, 수자원 안정성, 생물 다양성 등 환경 관련 경영정보 공개를 요청하는 협의회 성격의 비영리 ESG 평가 기관. 2000년 영국 런던에서 출범했으며, 이러한 정보는 투자나 대출 등 금융 활동에 반영됨

Memo

IBK기업은행 & 한국핀테크지원센터, '핀테크 데모데이' 공동 개최

(2022.06.29)

IBK기업은행이 '**핀테크** 데모데이'를 성황리에 마쳤다고 29일 밝혔다.
29일 서울 마포구 한국핀테크지원센터에서 열린 이번 '핀테크 데모데이'는 전 금융업권이 참여하는 대한민국 대표 핀테크 행사다. 2015년 첫 개최부터 지금까지 154개 핀테크 스타트업이 참여해 핀테크 활성화, 스타트업 투자 연계 등 금융산업 혁신의 마중물 역할을 해오고 있다.
이번 데모데이는 IBK의 오픈이노베이션 테스트베드인 'IBK 1st Lab'과 창업육성플랫폼 'IBK창공' 육성기업을 대상으로 투자유치 기회를 제공하기 위해 개최됐다. 본선에 오른 총 5개의 참여기업이 핀테크 혁신펀드 투자운용사 등으로 구성된 심사위원 앞에서 IR피칭을 선보였다.
데모데이 참여기업에게는 핀테크혁신펀드의 투자지원 기회와 함께 신용보증기금의 '핀테크 특화보증 프로그램' 참여 혜택이 주어지며 한국핀테크지원센터가 운영하는 보육공간 입주 기회도 제공된다.
기업은행 디지털그룹장(부행장)은 축사를 통해 "앞으로도 다양한 기관과의 협력을 통해 금융산업 생태계를 역동적으로 이끌어가는 핀테크 스타트업들의 성장을 지원하고 격려를 아끼지 않을 것"이라고 밝혔다. 한국핀테크지원센터 변영한 이사장은 "금융회사와 핀테크기업이 서로 협력하여 시너지를 창출할 수 있도록 금융회사와의 공동 데모데이를 더욱 확대하겠다."라고 전했다.

Keyword

- **핀테크** : 금융(Finance)과 기술(Technology)의 합성어로 모바일, 소셜 네트워크 서비스, 빅데이터 등 첨단 정보 기술을 기반으로 한 금융 서비스

Memo

IBK기업은행 & 신용보증기금,
'매출채권보험 모집대행 업무협약' 체결

(2022.05.30)

IBK기업은행은 신용보증기금(이하 신보)과 중소기업 경영안전성을 지원하기 위해 '**매출채권보험** 모집대행 업무협약'을 30일 체결했다고 밝혔다.

매출채권보험은 보험에 가입한 기업이 거래처에 물품이나 용역을 외상판매하고 외상대금을 회수하지 못할 때 신용보증기금이 손실금의 최대 80%까지 보상해 주는 공적보험제도다.

이번 협약으로 기업은행은 모집업무(매출채권보험 홍보, 가입 희망기업 추천, 필요서류 안내 등)를 수행하고 신보는 가입절차(보험 설계, 인수심사, 보험계약 체결 등)를 진행한다. 해당 업무는 오는 31일부터 시작한다.

기업은행을 통해 매출채권보험을 가입한 기업은 10%의 보험료 할인 혜택과 주요 거래처의 신용상태 확인, 모니터링 서비스도 받을 수 있다.

기업은행 관계자는 "이번 협약을 통해 중소기업들이 매출 채권 부실에 대한 리스크를 해소하길 기대한다."라며 "앞으로도 중소기업의 적극적인 영업활동을 지원하기 위해 다양한 제도를 발굴하겠다."라고 밝혔다.

Keyword

- **매출채권보험** : 중소기업(보험계약자)이 거래처(구매기업)에 물품 또는 용역을 외상판매하고 외상대금을 회수하지 못할 때 발생하는 손실금의 일부를 신용보증기금에서 보상해주는 공적보험제도

Memo

IBK기업은행, 모험자본 지원 확대 위한 실리콘밸리 해외 파견

(2022.04.03)

IBK기업은행은 은행장이 4월 3일부터 4박 6일 일정으로 세계적 창업생태계를 보유한 미국 실리콘밸리 출장에 나선다고 밝혔다.
은행장은 취임 후 "중소 벤처기업이 미래 혁신의 주체로 성장할 수 있도록 지원하는 것이 기업은행의 역할"이라며 "**모험자본** 공급을 통해 기술력이 우수한 중소기업이 글로벌 유니콘 기업으로 성장할 수 있는 발판을 제공할 것"이라고 강조해 왔다.
은행장은 이번 출장을 통해 창업초기기업의 데스밸리(Death Valley) 극복을 위한 정책금융의 역할을 더욱 강화할 계획이다. 와이콤비네이터(Y-combinator), 500스타트업스(500Startups), 플러그 앤 플레이(Plug & Play) 등 글로벌 최고 수준의 액셀러레이터들과 혁신창업기업 지원을 위한 협력 방안을 협의할 예정이다.
또 벤처대출(Venture Debt) 전문은행인 실리콘밸리은행과의 네트워킹을 통해 기업은행의 투·융자 복합금융을 확대하는 방안에 대해 협의하고 코트라 등 해외진출 지원기관과 함께 국내 스타트업의 글로벌 진출을 지원하는 방안에 대해서도 논의할 예정이다. 이와 더불어 실리콘밸리에 진출한 현지 스타트업, 벤처캐피탈과의 간담회를 개최해 국내기업의 해외진출과 관련된 애로사항도 청취할 예정이다.
기업은행 관계자는 "IBK창공, 모험자본, 기술금융, 컨설팅 등 기존 IBK경쟁력과 시너지를 창출하며 창업초기 기업에 대한 액셀러레이팅 기능을 강화할 계획"이라고 밝혔다.

Keyword

- **모험자본** : 상대적으로 투자위험은 크지만 일반적인 수준보다 수익성이 높은 사업을 시도하는 데 필요한 자금

Memo

PART 4

5 NH농협은행

NH농협은행, 아톤 · 뮤직카우와 스테이블코인 – STO 융합모델 검증 업무협약 체결

(2025.08.28)

NH농협은행은 아톤 · 뮤직카우와 **스테이블코인** – STO(토큰증권) 연계 융합 사업모델 검증을 위해 3자 업무협약(MOU)를 체결했다고 26일 밝혔다.

이번 협약은 국내 디지털자산 법제화가 가속화되는 상황에서 K-콘텐츠 실물자산 기반 STO와 결제 · 정산용 스테이블코인을 결합해 자산 유동성 확대와 투명한 거래 인프라를 검증하려는 취지에서 추진되었다.

NH농협은행은 한국은행 디지털화폐 프로젝트 '한강'에 참여한 '아톤'과 기술 협력을 진행한다. 글로벌 음악저작권 투자플랫폼 '뮤직카우'는 자산유동화를 맡아 검증 프로젝트의 완성도를 높일 예정이다.

프로젝트는 해외 K팝 팬들이 원화 스테이블코인을 사용해 K팝 저작권 STO를 구매하는 시나리오로 구성되었다. 개인과 법인 고객들은 환율 리스크 없이 실시간으로 결제 · 정산할 수 있는 글로벌 결제시스템을 경험하게 된다.

이를 통해 원화 스테이블코인의 수요처를 창출함과 동시에, K-콘텐츠의 금융상품화 및 저변 확대에도 기여할 수 있을 것으로 기대된다.

NH농협은행은 "이번 테스트는 K-콘텐츠 기반 디지털자산과 전통금융이 만나는 새로운 전환점이 될 것"이라며, "보다 건강하고 안정적인 디지털자산 생태계 조성에 앞장서겠다."고 말했다.

한편, NH농협은행은 지난해 12월 조각투자사업자의 토큰증권 발행을 지원하는 메인넷을 구축하고, 조각투자 API를 통해 조각투자사업자의 투자자금 보호를 지원하는 등 STO 분야에서 적극적인 행보를 이어왔다. 올해 4월에는 오픈블록체인 · DID협회(OBDIA) 내에 13개 주요 시중은행이 참여하는 스테이블코인 분과를 상설조직으로 신설하고 제도화 가능성과 은행 비즈니스 적용 방안을 검토 중이다.

Keyword

- **스테이블코인** : 법정화폐 · 금 등 자산의 가치에 연동하거나 공급 조절 알고리즘으로, 가격 안정성을 목표로 하는 암호화폐

Memo

NH농협은행, "장기미거래 신탁 찾아드립니다"

(2024.11.04)

NH농협은행은 정기적으로 실시해왔던 "장기 미거래 **신탁** 찾아주기" 캠페인을 11월 4일부터 29일까지 4주간 진행한다고 3일 밝혔다.

장기 미거래 신탁은 신탁만기일 또는 최종거래일로부터 5년 이상 거래가 없는 신탁계좌이다. 잔액 5만원 이상 계좌를 보유한 고객에게는 우편, 전화, SMS 등을 통해 안내할 예정이다. 장기미거래 신탁계좌를 조회 · 환급받고자하는 고객은 신분증을 지참하여 가까운 농협은행을 방문하면 안내받을 수 있다. 농협은행 인터넷뱅킹, 모바일 앱 또는 계좌정보통합관리서비스(www.payinfo.or.kr)를 통해서도 확인 가능하다.

투자상품 · 자산관리부문 부행장은 "NH농협은행에서는 매년 장기 미거래 신탁 찾아주기 캠페인을 통해 고객의 숨은 금융자산을 찾아드리고 있다."며, "앞으로도 대고객 안내를 강화하고, 휴면신탁에 대해서는 환급을 독려할 수 있는 선순환 체계를 마련하기 위해 노력하겠다."고 말했다.

Keyword

- **신탁** : 위탁자가 특정한 재산권을 수탁자에게 이전하거나 기타의 처분을 하고 수탁자로 하여금 수익자의 이익 또는 특정한 목적을 위하여 그 재산권을 관리 및 처분하게 하는 법률관계

Memo

PART 4

NH농협은행, '디지털금융 플랫폼 전환 구축' 착수
클라우드 기반 농협 디지털금융 표준플랫폼 전환을 통한 효율적 인프라 구성

(2023.08.22)

NH농협은행 IT 부문은 '**디지털금융** 플랫폼 전환 구축' 사업을 착수했다고 밝혔다.
이번 사업은 NH농협은행이 2020년부터 추진해 온 디지털금융 플랫폼 전환의 마지막 단계로, 고객 중심 초혁신 디지털뱅크 구현을 위해 은행·상호 디지털금융 전(全) 시스템을 2025년 2월까지 신기술 기반의 클라우드 인프라 시스템으로 전환하고 대고객 서비스를 전면 재구축하는 프로젝트이다.
이번 프로젝트의 목적은 고객 중심의 UI(User Interface) / UX(User Experience) 개편을 통한 쉽고 편리한 생활금융 플랫폼 구현에 있다. 개인 맞춤형 상품 검색 및 직관적인 상품 가입으로 고객 여정 흐름에 맞는 적시 서비스를 제공할 계획이다.
또한 간편뱅크 기반의 올원뱅크를 카드, 보험, 증권 등 종합금융 서비스 제공이 가능한 '고객 중심 슈퍼앱'으로 재탄생시킨다는 계획이다.
IT 부문 부행장은 "이번 사업은 NH농협은행과 상호금융의 미래 금융을 선도하기 위한 중요한 프로젝트로, 이를 통해 더 쉽고, 더 편하고, 더 친절한 디지털금융 플랫폼을 구현할 예정"이라며 "성공적인 디지털 플랫폼 구축을 통해 '고객 중심 초혁신 디지털뱅크'로 도약하는 NH농협은행이 되겠다."고 말했다.

Keyword

- **디지털금융** : 첨단 정보기술을 바탕으로 전자적인 수단을 통해서 결제 및 중개 등 전통적인 금융의 기능을 수행하는 것으로, 오늘날의 디지털금융은 전자화폐, 전자지급·결제, 인터넷 뱅킹 등 금융 업무의 구조·방식·제도가 혁신적으로 전환된 다양한 형태로 이루어지고 있음. 단, 디지털금융의 지속적 발전·확대를 위해서는 보안, 인증, 개인정보 보호 등을 위한 기술적·제도적 문제들이 해결되어야 함

Memo

NH농협은행, 블록체인 기반 해외송금 기술 검증 완료

(2022.10.20)

NH농협은행은 중앙은행 디지털화폐(이하 CBDC) 대응 파일럿시스템을 활용한 해외송금 기술 검증을 완료했다고 20일 밝혔다.

이번 해외송금 기술 검증에는 'HTLC(Hashed Time Lock Contract)'라는 **블록체인** 신기술이 활용되었으며, 이는 국내 금융권 최초의 사례이다. HTLC는 서로 다른 블록체인을 기반으로 생성된 디지털자산의 교환을 가능하게 함으로써 상호 운용성을 확보하는 방식이다.

블록체인 기반 해외송금은 시간과 비용을 절감할 수 있다. 현행 스위프트(Swift) 망을 통한 해외송금과는 달리 중계 은행이 개입하지 않아 수수료 없이 30초 이내에 해외송금을 완료할 수 있다.

농협은행 관계자는 "향후 국내외 CBDC 도입 시 해외송금에 활용할 수 있는 블록체인 기술을 확보한 것에 의의가 있다."면서도 "국가별 CBDC 개발 속도가 상이하고 국내외 법률상 제약이 있어서 상용화를 추진하는 단계는 아니다."라고 말했다.

은행장은 "블록체인 기술을 활용해 고객에게 새롭고 편리한 디지털 금융 경험을 제공할 수 있도록 앞으로 연구 개발을 확대해 나갈 계획이다."라고 말했다.

한편, 농협은행은 지난 9월에 개최된 코리아 핀테크 위크 2022에서 블록체인 기반 디지털화폐(NHDC)를 선보이는 등 블록체인 기반 금융서비스 발굴에 박차를 가하고 있다.

Keyword

- **블록체인** : 네트워크 내에서 정보를 투명하게 공유할 수 있도록 P2P(Peer to Peer) 네트워크를 통해 관리되는 분산 데이터베이스로 거래 정보를 한 개의 서버가 아닌, 블록체인 네트워크에 연결된 여러 컴퓨터에 저장 및 보관하는 기술

Memo

PART 4

NH농협은행, ESG 펀드「템플턴하나 뉴딜인프라 BTL 3호」투자

(2022.09.15)

NH농협은행은 템플턴하나자산운용이 운용하는 ESG 분야 투자펀드인「템플턴하나 뉴딜인프라 BTL 3호」에 투자자로 참여한다고 15일 밝혔다.

템플턴하나 뉴딜인프라 BTL 3호는 그린스마트스쿨 BTL 사업 등 교육시설 사업에 투자하는 약 2,000억 원 규모의 NH블라인드펀드로서 농협은행은 이 중 200억 원을 투자하기로 약정했다.

농협은행은 사회기반시설 개선으로 사회적 편익을 증가시키는 BTL 펀드 투자를 지속적으로 확대하고 있다. 2021년 1,000억 원 투자를 시작으로 올해 500억 원을 추가 투자했으며, 금차 투자하는 펀드를 통해 그린스마트스쿨 BTL사업에 참여하는 등 ESG 관련 투자를 더욱 확대할 계획이다.

농업·녹색금융 부문 부행장은 "금차 참여를 통해 노후화된 학교시설을 친환경, 최첨단 학습공간으로 탈바꿈시켜 아이들에게 쾌적한 공간을 제공함으로써 ESG 경영을 적극 실천하는 농협은행이 되겠다."라고 말했다.

Keyword

- **BTL(Build Transfer Lease, 임대형 민간투자사업)** : 민간 자금으로 공공시설을 건설한 뒤 소유권을 정부에 이전하고, 정부는 민간 사업자에게 임대료를 지불하는 형태로 투자금 회수를 지원하는 사업방식

Memo

NH농협은행, CBDC 대응 파일럿 시스템 구축 본격 착수

(2022.04.11)

NH농협은행은 급변하는 디지털금융 환경에 선제적으로 대응하고 향후 중앙은행 디지털화폐(CBDC) 발행 시 주도적인 역할을 수행하기 위해 CBDC 대응 파일럿 시스템 구축 프로젝트에 본격 착수한다고 밝혔다.

금차 프로젝트에는 주사업자인 LG CNS를 비롯하여 협력사인 CC미디어서비스, 헥슬란트, 블록오디세이 등 블록체인과 디지털자산에 풍부한 경험과 기술력을 보유한 업체들이 참여하고 있다.

농협은행은 우선 디지털자산 시장의 기반이 되는 블록체인 플랫폼을 구축하고, CBDC 도입 시 원활한 유통·결제 기능을 수행하도록 검증할 예정이며, 나아가 CBDC의 핵심 인프라인 전자지갑 서비스도 준비할 계획이다.

또한 플랫폼에 대한 테스트 범위를 대체불가능토큰(NFT) 및 스테이블코인 등까지 확장하여 고객에게 다양한 디지털자산 서비스를 제공하는 '고객 중심 초혁신 디지털 뱅크'로 도약하기 위한 기반을 마련할 예정이다.

농협은행 데이터·디지털플랫폼부문 부행장은 "CBDC 대응 플랫폼 구축은 디지털자산 커스터디, 독도버스 메타버스 플랫폼 구축 및 AI은행원 도입에 이은 농협은행의 디지털 전환 핵심전략 중 하나"로 "MZ세대는 물론 전 세대를 아우르는 고객 중심 디지털금융 인프라를 지속적으로 확대해 나가겠다."라고 말했다.

Keyword

- **중앙은행 디지털화폐(CBDC; Central Bank Digital Currency)** : 지폐나 동전 같은 실물 명목화폐를 대체하거나 보완하기 위해 중앙은행이 직접 발행하는 전자적 형태의 가상화폐

Memo

PART 4

6 Sh수협은행

Sh수협은행, SAS코리아와 국내 최초 AI 신용리스크 모형 상용화 추진

(2025.06.13)

Sh수협은행은 데이터·AI분야 글로벌기업인 SAS와 손잡고 AI기반 **신용리스크** 솔루션 공급 및 아시아 시장 공략을 위한 마케팅 협력에 나선다고 13일 밝혔다.

Sh수협은행은 이를 위해 지난 5월, SAS코리아와 업무협약을 체결하고 신용리스크 협업 프로젝트 추진을 위한 파트너십을 구축했다.

아울러, 지난 11일에는 SAS글로벌 아시아·유럽 금융시장 총괄 슈크리 다바기(ShuKri Dabaghi) 수석부사장과 아미르 소라비(Amir Sohrabi) 아시아지역 총괄책임자 등 SAS 임원진이 Sh수협은행을 찾아 비즈니스 미팅을 갖고 솔루션 고도화 및 글로벌 확산 전략 등 상호 협력방안을 심도있게 논의했다.

Sh수협은행과 SAS가 함께 공급하게 될 신용리스크 모형 'Creditracker(크레디트랙커)'는 신용평가 애널리스트들이 사용하는 130개 이상의 재무 이상징후 체크리스트를 계량화하고 이를 데이터로 제공하며, 최근 신용리스크 관리기법의 글로벌 트렌드를 반영해 사회과학과 자연과학을 균형있게 결합한 '기업 리스크의 신속한 진단을 위한 최적화된 AI기반 모형'이다.

Standard & Poor's Analytics Head 출신으로 Creditracker 최초 설계자인 양기태 Sh수협은행 부행장(보)은 "기업의 부실 가능성과 관련해 다양한 평가자료가 제공되기 때문에 기업 신용분석 초보자부터 전문가까지 누구나 쉽게 사용할 수 있다."며 "특히 금융기관에 필요한 여신 심사 및 리스크 관리, 감사 대응 등에 효과적으로 활용 가능한 것이 장점"이라고 설명했다.

Sh수협은행과 SAS 양사는 오는 8월까지 공급준비를 마치고 SAS의 글로벌 네트워크를 활용해 아시아 지역 금융기관을 중심으로 마케팅을 추진하는 한편, 단계적으로 시장을 확대해 나아간다는 전략이다.

Sh수협은행은 "신용리스크 분석 역량을 한층 더 고도화해 보다 안전하고 만족도 높은 금융서비스를 제공하고자 한다."며 "글로벌 기업인 SAS와의 협업을 통해 아시아 시장을 비롯한 글로벌 비즈니스 확장에 더욱 속도를 낼 것"이라고 말했다.

Keyword

- **신용리스크** : 차입자의 부도, 파산, 지급불능 등으로 인해 금융기관이나 투자자가 손실을 입을 수 있는 위험

Memo

Sh수협은행, 잘파세대 겨냥
참여형 유스마케팅 강화 호감도 제고

(2024.09.19)

Sh수협은행이 차세대 잠재고객인 '**잘파세대**'에 대한 소통과 마케팅을 강화해 미래 성장성 확보에 나선다. 최근 수협은행은 '젊고 트렌디한 은행'으로의 변화를 통해 세대를 아우르는 고객 유치에 주력하기 위해 다양한 행보를 이어가고 있다. 특히 미래 잠재고객인 잘파세대의 눈길을 사로잡기 위해 이들이 직접 참여하고 경험하는 다양한 이벤트와 현장 마케팅을 추진하고 있다.

수협은행은 이같은 차원에서 코로나19로 중단됐던 대학생 홍보대사 '유니블루'를 4년 만에 재가동하고, 온·오프라인을 통해 다양한 미션을 수행하며 수협은행의 상품과 서비스, 브랜드를 홍보하도록 했다. 유니블루 단원들은 수협은행이 주최하는 다양한 행사와 ESG 사회공헌활동에 서포터즈로 참여하는 한편, SNS 콘텐츠를 제작해 같은 세대에게 수협은행에 대한 긍정적 이미지를 심어주는 성과를 거뒀다.

수협은행은 매년 직원 유튜버이자 홍보모델인 'Sh크리에이터'를 선발해 이들이 직접 기획·출연하는 숏폼영상, 유튜브 콘텐츠를 제작하고 있다.

Sh크리에이터는 지난해 인스타 릴스, 유튜브 쇼츠, 틱톡 등 다양한 채널을 통해 매월 8편의 숏폼 콘텐츠를 정기적으로 업로드하며 편당 평균 조회수 약 50만 회를 기록했으며, '우리 수산물 알리기', '금융권 취업정보', '세무정보' 등 다양한 주제의 영상 콘텐츠를 1백여 편 제작해 총조회 수 567만 회를 넘어서는 성과를 달성했다.

수협은행 관계자는 "수협은행은 미래 핵심고객으로 성장할 잘파세대와의 공감대·호감도 강화를 위해 맞춤형 금융상품과 서비스 외에도 다양한 콘텐츠 마케팅을 확대할 방침"이라며 "특히 잘파세대들이 긍정적 경험과 트렌드를 중시하는 만큼 이들이 직접 참여하고 수협은행을 편리함을 느낄 수 있는 다양한 기회를 제공해 잘파세대와 함께 성장할 것"이라고 말했다.

Keyword

- **잘파세대** : 1990년대 중반에서 2000년대 초반에 태어난 Z세대와 2010년대 초반 이후에 태어난 알파세대를 합친 신조어. 잘파세대는 스마트폰의 대중화로 디지털 기기에 익숙한 환경에서 성장했기에 어떤 세대보다도 최신 기술을 아주 빠르게 받아들이고 활용한다는 특징이 있음

Memo

PART 4

Sh수협은행, 2023년 '디지털 원년' 선포하고
고객경험 혁신 중심 디지털 전환 가속화
금융 마이데이터 기반의 체계적인 고객 관리 추진

(2023.04.26)

Sh수협은행은 서울 송파구 수협은행 본사에서 은행장 등 임직원 200여 명이 참석한 가운데 '2023년 디지털 원년 선포식'을 개최했다. 이날 행사는 4차 산업혁명 등 디지털 대전환 시대를 맞아 급변하는 금융권 경영 환경과 금융 소비자, 디지털 기술 등에 보다 능동적으로 대응하고 수협은행의 중장기 디지털 대도약의 전환을 마련한다는 의미를 담았다.

수협은행은 '고객에게 쉬운, 직원에게 편리한 디지털'이라는 슬로건 아래 디지털 전환(DT)을 위해 고객 경험, 사업 모델, 내부 업무, 디지털 역량 등의 분야에서 다양한 혁신 과제를 선정했다. 특히 올해는 금융 **마이데이터** 기반의 고객 관리 체계화, 모바일뱅킹 앱 이용 고객 편의성 강화, AI 기술 기반 자금세탁 방지 시스템 고도화 등을 중점 추진할 계획이다. 수협은행은 전행 차원의 신속하고 입체적인 디지털 전환을 위해 전(全) 경영진이 참여하는 DT 협의체를 운영 중이다.

이날 행사의 하이라이트인 'DT 비전 선포식'에서는 은행장이 발표자로 등장해 디지털 전환의 중요성을 설명하고 임직원들과 공감대를 형성했다. 은행장은 디지털 플랫폼과 IT 인프라에 대한 지속적인 투자를 약속하는 한편, '양손잡이론(論)'을 강조하며 직원들에게 "전통적인 은행업의 한계에서 벗어나 더 큰 비즈니스 인사이트를 가진 멀티 플레이어로 성장해달라"고 강조했다.

또한 은행장은 "경영진 중심의 DT 협의체와 바텀업(Bottom-up) 방식의 디지털 챌린저가 균형적 조화를 이룰 때 수협은행의 디지털 전환과 미래 사업 경쟁력이 강화될 수 있을 것"이라며 "수협은행의 신가치경영 아래 더 크고 튼튼한 디지털 비전 하우스(조직의 비전·미션·목표를 설명하고 정의하는 데 사용되는 도구 또는 프레임워크)를 만들겠다."고 거듭 강조했다.

Keyword

- **마이데이터(Mydata)** : 개인이 정보 관리의 중심 주체로서 각 기관에 흩어져 있는 자신의 신용·금융정보 등 개인정보에 대한 결정권을 보유하고, 자신이 정한 기관에 위임해 개인정보를 신용관리·자산관리에 능동적으로 활용하는 과정 또는 그러한 체계를 뜻함. 개인의 정보 주권을 보장하자는 취지로 도입되었으며, 정보 유출 등의 사고 발생 시 손해배상 소재가 명확함

Memo

Sh수협은행, 유엔글로벌콤팩트(UNGC) 가입

(2022.11.04)

Sh수협은행은 글로벌 기준에 부합하는 사회적 책임 이행과 투명·윤리경영 준수를 위해 **유엔글로벌콤팩트(UNGC)**에 가입했다고 26일 밝혔다.

유엔글로벌콤팩트는 전 세계 165개국 1만 9천여 개 회원사가 참여하는 유엔 산하 국제 협약 기구로 인권, 노동, 반부패 분야의 10대 원칙을 중심으로 회원사의 지속가능경영 실천과 기업 시민의식 향상을 주도하고 있다.

수협은행은 유엔글로벌콤팩트 가입에 따라 UNGC 10대 원칙을 내재화하고 매년 ESG 경영 이행 보고서를 제출할 계획이다.

UNGC 한국협회 사무총장은 "수협은행의 이니셔티브 참여를 환영하며, ESG기반 세계 경제 패러다임에 동참해 유엔의 지속가능발전목표(SDGs) 달성에 힘써 달라"고 전했다.

수협 은행장은 "유엔글로벌콤팩트 가입을 계기로 글로벌 수준의 ESG 경영 경쟁력을 높이고 기업의 환경·사회적 책임을 다하겠다."라고 말했다.

Keyword

- **유엔글로벌콤팩트(UNGC)** : 전 세계 기업들이 지속가능하고 사회적 책임을 지는 기업 운영의 정책을 채택하고 그 실행을 국제기구에 보고하도록 장려하는 유엔의 국제기구로, 기업체의 사회적 책임에 대한 역할을 관장하고 기업들에게 동기 부여를 하는 국제 사무소

Memo

PART 4

Sh수협은행, 해양수산부 등 4개 기관과 손잡고 어촌마을 자치연금 추진

(2022.06.22)

Sh수협은행은 22일 해양수산부와 국민연금공단, 대・중소기업・농어업협력재단, 한국어촌어항공단 등 4개 공공기관과 '어촌마을 자치연금 추진을 위한 업무협약(MOU)'을 체결했다고 밝혔다.
마을자치연금은 국민연금공단과 대・중소기업・농어업협력재단이 농어촌 취약계층 어르신의 노후 소득보장을 위해 추진 중인 사회공헌사업으로 지방자치단체와 공공기관이 공동으로 마을에 수익시설을 도입하고 이를 통해 발생한 수익금을 주민에게 연금으로 지급하는 제도다.
수협은행은 이번 협약을 통해 앞으로 어촌수익시설 운영에 따른 수익금 및 연금지급 관리 등 마을자치연금 운영에 필요한 금융서비스를 책임지게 된다.
수협 은행장은 이날 자리에서 "수협은행 설립 본연의 목적인 어업인 복지증진을 위해 해양수산부를 비롯한 4개 기관과 협력하게 됐다."라며 "수협은행은 앞으로도 어촌마을과 어가의 소득증대, 고령화된 어업인의 노후 보장 등에 필요한 실질적 종합금융서비스 지원에 최선을 다할 것"이라고 말했다.
한편 어촌마을 자치연금 운영을 담당하는 해양수산부는 현재 어촌체험휴양마을을 운영 중인 어촌계와 협업하고, 하반기 중 관련 어촌마을 4곳을 선정한 뒤 성과에 따라 대상지를 점차 확대할 계획이다.

Keyword

- **마을자치연금** : 농어촌지역 주민의 노후 소득을 보완하고, 마을공동체를 활성화해 지역인구 소멸 위기를 극복하고자 국민연금공단에서 추진하는 사회공헌사업

Memo

Sh수협은행, ESG 경영 실천기업 위한 'Sh해양플라스틱Zero! 법인입출금통장' 출시

(2022.04.11)

Sh수협은행은 기업의 ESG 경영 실천을 지원하는 해양환경보전 공익상품 'Sh해양플라스틱Zero! 법인입출금통장'을 신규 출시한다고 8일 밝혔다.
이 통장은 연 0.1% 금리의 보통예금으로 별도의 가입 조건이나 판매 한도 없이 사업자등록증 또는 고유번호증을 소유한 법인이나 단체라면 쉽게 가입할 수 있다.
또 판매금액의 일정액을 전액 수협은행 부담으로 해양환경보전 및 ESG사업 지원기금으로 출연해 각종 해양환경보전사업을 지원하는 효과가 있으며 친환경 실천기업 이미지를 제고할 수 있는 장점이 있다.
한편 수협은행은 지난 2020년 'Sh해양플라스틱Zero! 예·적금' 상품을 출시해 1년 만에 가입자 10만 명을 돌파하는 성과를 달성했으며 올 1월에는 법인기업 대상 'Sh해양플라스틱Zero! 법인예금'도 출시해 히트 상품으로 키워가고 있다.
수협은행 관계자는 "Sh해양플라스틱Zero! 법인입출금통장 출시는 최근 기업의 ESG 경영 실천의 필요성이 대두되면서 이에 따른 금융지원이 필요한 상황을 반영한 것이다."라며 "수협은행은 앞으로도 ESG를 실천하는 착한 기업의 금융파트너로 함께 상생해 나가겠다."라고 말했다.

Keyword

- **ESG 경영** : '환경(Environment), 사회(Social), 지배구조(Governance)'를 뜻하는 경영 패러다임으로 이윤추구라는 기존의 경영 패러다임 대신에 기업이 환경적, 사회적 책임을 다하고, 지배구조의 공정성을 목표로 '지속가능 경영'을 위해 노력하는 경영방식

Memo

7 MG새마을금고

새마을금고, 건전성 제고 총력 및 서민금융 정체성 강화

(2025.08.28)

새마을금고는 2025년 건전성 제고 노력에 총력을 다하면서도, 건전성 관리로 서민금융 기능이 위축되지 않도록 서민금융기관으로서 본연의 역할을 다해 나갈 것이라고 28일 밝혔다.

2025년 새마을금고는 부동산·건설경기 회복 지연과 가계대출 규제 등 어려운 경영환경과 대규모 부실채권 매각 및 **대손충당금** 적립 등 건전성 관리 강화에 따라 어느 정도의 손실 발생은 불가피할 것으로 보고 있다. 다만, 앞으로 다음과 같은 다양한 건전성 제고 조치와 지속적인 경영혁신 노력이 이어진다면 내년부터는 건전성 지표가 개선되고 손실이 축소되는 등 경영실적이 점차 나아질 것으로 기대하고 있다.

새마을금고는 행정안전부와 금융당국의 정책·지도 방침에 따라 건전성 문제의 근본 원인으로 지적된 부동산PF 문제를 단계적으로 해소해 나가고 있다.

새마을금고는 금융당국의 부동산PF 사업성평가 기준에 따라 대상 사업장에 대해 보수적이고 엄격한 평가를 진행해 왔다. 자산건전성 재분류를 통해 지속적으로 대손충당금을 적립하고 경공매 및 재구조화를 통해 부실사업장을 정리하는 등 부동산PF 연착륙 방안을 성실하게 이행해 나가고 있다.

새마을금고는 올해 상반기 총 3.8조 원 규모의 부실채권을 매각하여 잠재적 불안요인을 상당 부분 정리하고 연체율을 적정 수준에서 관리하는 효과를 거두었다. 이는 전년도 상반기 이루어진 약 2조 원 수준의 매각대비 90% 증가한 규모이다.

또한, 사업성 평가에 따른 위험관리 및 손실흡수능력 제고를 위해 새마을금고는 대손충당금 적립규모를 지속적으로 늘려 손실에 대비하고 있다. 대손충당금은 향후 발생할 수 있는 대출채권의 부실 및 손실에 대비하기 위한 완충자본의 역할을 하게 된다.

새마을금고는 지난 7월초 공식 출범한 「새마을금고자산관리회사(MG AMCO)」를 통해 하반기에는 보다 종합적이고 체계적으로 부실채권을 정리하여 건전성 관리에 박차를 가할 예정이다.

「새마을금고자산관리회사(MG AMCO)」는 새마을금고의 부실채권 매입 전문 자회사로서 금고의 부실예방 및 경영개선, 부실채권의 정리를 효율적으로 지원하는 역할을 담당한다. 새마을금고는 올해 MG AMCO를 통해 3·4분기 마다 일괄 매각을 추진할 계획이다.

앞으로 「새마을금고자산관리회사(MG AMCO)」가 본격적인 업무를 개시하면채권 매각 위주 역할에서 추심 기능까지 아우르는 종합 솔루션을 제공하는 부실채권 정리 시스템이 구축될 것으로 기대된다.

Keyword

- **대손충당금** : 회수불능채권을 공제하기 위해 사용하는 회계 계정으로, 미래에 발생할 가능성이 있는 대손에 대비해 미리 설정해 놓은 금액

Memo

새마을금고, 가계대출 관리를 위한 적극적인 선제조치

(2024.10.25)

은행권이 가계부채 자율 관리 강화에 따라 가계대출을 바짝 조이면서 지난달부터 2금융권 가계대출 증가에 대한 우려가 커지자, 새마을금고중앙회는 새마을금고 가계대출 관리를 위한 여러 선제적 조치를 시행할 예정이라고 24일 밝혔다.

이는 가계부채 관리 기조 강화에 동참하면서 실수요자에 대한 대출이 이루어질 수 있도록 하는 선제적 조치로, 다주택자의 주택담보대출 취급 제한, 대출모집법인 관리 개선·강화, 과당금리경쟁 지도 강화, 중도금 대출의 중앙회 전건 사전검토 등 종합적이고 다방면의 조치가 포함될 예정이다.

주택담보대출 중심으로 금고 간 과당경쟁을 방지하고, 상환능력을 초과하는 과잉대출이 이루어지지 않도록 지도하여, 투기적 수요를 차단하고 가계부채를 적정수준으로 관리하고자 하는 감독당국의 노력에 보조를 맞춘 실수요자 중심의 가계대출 정책을 펼치고자 하는 것이다.

또한, 일각에서 새마을금고가 은행권이 가계대출을 축소한 사이 집단대출을 늘리고 있다는 지적에 따라, 새마을금고는 한시적으로 신규 중도금 대출을 전건 사전 검토하는 방안을 시행할 예정이다.

한편, 전체 금융권 가계대출과 달리 새마을금고 가계대출 총액은 몇 년간 지속적으로 감소해 왔다. 2022년 67조 5,056억 원, 지난해 61조 2,417억 원, 올해 9월 57조 8,582억 원으로 매년 큰 폭의 감소세를 보였다. 전체 가계대출 가운데 주택담보대출은 2022년 24조 9,933억 원, 지난해 23조 201억 원, 올 9월 22조 1,097억 원이었다.

새마을금고중앙회 회장은 "금융당국의 가계부채 관리를 위한 노력에 동참하면서, 무주택자인 서민 등 실수요자 위주의 가계대출 중심으로 여신 업무가 이뤄질 수 있도록 노력하겠다."며 "가계대출 유치를 위한 금고 간 과당경쟁은 철저히 관리할 계획"이라고 설명했다.

Keyword

- **주택담보대출** : 개인주택이나 아파트 등 집을 담보로 받는 대출. 대출금리의 기준은 국내 8개 은행의 자금조달비용지수인 코픽스(COFIX; Cost of Fund)이며, '주담대'로 줄여서 많이 사용됨

Memo

PART 4

새마을금고중앙회, UN ESCAP와 아태지역 워크숍 공동 개최

(2023.09.22)

새마을금고중앙회가 태국 방콕에 위치한 국제연합(UN) 컨퍼런스센터에서 '디지털포용 및 지역개발 워크숍'을 UN 아시아태평양경제사회이사회(ESCAP)와 공동으로 개최했다고 밝혔다.
이번 워크숍은 지역발전 불균형 및 디지털 격차 해소를 위한 자리로서, UN의 지속가능발전목표(SDGs)달성 및 아시아 – 태평양 정보 초고속망(AP–IS) 협력 증진의 하나로 추진됐다. 디지털 금융포용 모델 확산의 모범사례를 공유하는 이 자리에는 16개국 약 60여 명이 참석했다.
이번 워크숍의 성공적 결과를 바탕으로 새마을금고중앙회는 UN 등 국제기구와의 협력을 더욱 견고히 하고 전략적 파트너십을 구축해 향후 디지털 및 금융포용에 관한 다양한 사업을 발굴하고 추진할 계획이다.
이날 워크숍 세션 발표에서 새마을금고중앙회 국제개발협력팀장은 새마을금고의 국내외 금융포용 성공사례를 소개하며 "이번 공동워크숍을 시작으로 향후 양 기관 간 다양한 협업을 통해 한국의 대표적 금융포용 모델을 UN과 함께 전 세계와 공유해 나갈 계획이다."라고 밝혔다.
새마을금고중앙회는 국내 금융포용 활동의 성공 경험을 바탕으로, 미얀마 · 우간다 · 라오스 등 개발도상국에 한국의 저축운동 모델을 전파했고, 이는 금융포용 모범 모델로 평가받아 2021년 개발협력의 날 기념 대통령 표창을 수상했다.

Keyword

- **UN 아시아태평양 경제사회위원회(UN ESCAP)** : 유엔 경제사회이사회(ECOSOC) 직속 5개 지역경제위원회 중 하나로, 아시아 – 태평양 지역을 포괄하는 유일한 정부 간 기구. 아시아 – 태평양 지역 국가의 경제발전을 지향하며, 회원국 및 타 지역과 경제협력 촉진을 위해 정보를 수집 · 조사 · 연구함. 매년 1회 가맹국 도시에서 총회를 개최하며, 한국은 1954년에 가입함

Memo

새마을금고, 바이오정보 등록 이벤트 실시

(2022.11.23)

MG새마을금고가 바이오(손바닥정맥)인증 서비스 시행 1주년을 맞아 이벤트를 실시한다고 밝혔다. 새마을금고는 작년 10월 창구와 자동화기기에 바이오인증 서비스를 도입하고 지속적으로 서비스 범위를 확대해왔다. 새마을금고에 **바이오정보**를 등록한 고객은 신분증 없이 본인확인, 국내선 공항탑승 수속 간소화 서비스를 이용할 수 있고, 현금카드나 통장 없이 자동화기기를 이용할 수 있으며, 최근에는 통장・인감이 없어도 출금 및 해지업무를 할 수 있게 됐다.

이에 새마을금고중앙회는 안전하고 편리한 바이오인증 서비스 활성화를 위해 'MG새마을금고와 함께하는 바이오인증 활성화' 이벤트를 실시한다. 이벤트 기간 중 새마을금고에서 바이오정보를 등록한 고객 중 추첨을 통해 다양한 상품을 제공한다. 바이오정보의 등록은 신분증을 지참하고 가까운 새마을금고를 방문하면 가능하다.

또한 서비스 도입 1주년의 의미를 더하기 위해 이벤트 기간 전인 2022년 10월 24일 이후 바이오정보를 등록한 고객에게도 소급해서 추첨 자격을 부여했다. 새마을금고중앙회 회장은 "향후 바이오정보 인증 인프라는 다양한 분야로 확대될 것으로 예상되는 만큼 고객들을 위한 서비스 개발에 박차를 가할 것"이라고 말했다.

Keyword

- **바이오정보** : 지문・얼굴・홍채・정맥・음성・서명 등 개인을 식별할 수 있는 신체적 또는 행동적 특징에 관한 생체 정보를 의미하며, 이를 이용하여 개인을 식별하고 인증하는 행위를 '바이오인증'이라고 함

Memo

은행권 기출 면접 영역소개

국책은행인 **한국산업은행, 한국수출입은행, IBK기업은행**과 특수은행인 **NH농협은행, Sh수협은행, MG새마을금고, 신협중앙회,** 일반은행인 **KB국민은행, 신한은행, 하나은행**의 최근 기출 면접질문을 제공합니다.

CHAPTER 03

은행권 기출 면접

01 1차면접(실무진면접)

1. 직무역량면접 - 공통

[공통] 최근 경제 이슈에 대해 설명해 보시오.
[공통] 다른 사람을 설득하는 자신만의 방법에 대해 말해 보시오.
[공통] 은행원이 되기 위해 어떠한 노력을 했는가?
[공통] 은행원이 갖춰야 할 역량은 무엇이라고 생각하는가?
[공통] 본인만의 영업 전략은 무엇인가?
[공통] 타 은행과 비교하여 당행이 가진 강점과 취약점은 무엇인가?
[공통] 지원자의 어떠한 역량으로 당행을 발전시키겠는가?
[공통] 당행의 상품 중 아는 것 한 가지를 설명하시오.
[신한은행] 고객이 체험할 수 있는 생활밀착형 ESG서비스(은행권)에 대해 말해 보시오.
[신한은행] 수도권 이외의 지방과의 상생과 활성화를 위한 기업 브랜딩 전략에 대해 말해 보시오.
[신한은행] 중소기업 금융에 있어 발생할 수 있는 리스크에 대해 말해 보시오.
[신한은행] 4차 산업혁명으로 AI의 역할이 증대되면서 은행원의 역할이 감소될 때, 본인은 어떻게 대응할 것인지 말해 보시오.
[신한은행] 자산포트폴리오를 어떻게 구성할 것인가?
[신한은행] 한국은행 총재라면 금리를 올릴 것인가, 내릴 것인가?
[신한은행] ETF가 무엇인가?
[신한은행] 5,000만 원으로 포트폴리오를 구성해 보시오.
[KB국민은행] 시중은행과 인터넷 전문은행의 차이점과 시중은행이 발전해야 할 방향에 대해 말해 보시오.
[KB국민은행] 최근 은행은 비대면 전환이 대세인데 대면 업무를 하고 싶은 이유는 무엇인가?
[KB국민은행] 골드펀드에 대해 세일즈 마케팅 전략을 수립하시오.
[KB국민은행] 은행 · 보험 · 증권의 차이를 설명하시오.
[KB국민은행] 현재 세계 경제 상황을 어떻게 바라보고 있는가?
[IBK기업은행] 4차 산업 기술 중 사용해본 기술이 있는가?
[IBK기업은행] 본인이 은행장이라면 혁신을 이루어야 할 사업 분야는 어느 부문이라고 생각하는지 우선순위를 정하고 그 이유를 설명하시오.
[IBK기업은행] 당행이 경쟁력을 확보하기 위해서는 어떻게 해야 하는가?
[NH농협은행] 저금리 시대에 은행과 농협의 대응 방안은?
[NH농협은행] 미국 금리가 인상되면 농협 매출이 어떻게 될 것 같은가?
[NH농협은행] 세계에서 유통되고 있는 3가지 원유를 설명해 보시오.
[NH농협은행] 행동형 펀드가 무엇인가?
[NH농협은행] 블랙컨슈머는 무엇인가?
[NH농협은행] 당행의 인재상 중 지원자가 갖춘 역량은 무엇인가?
[NH농협은행] 친구에게 추천해주고 싶은 당행의 금융상품은 무엇이며 그 상품의 장단점은 무엇인가?
[NH농협은행] 밥 한 공기에 들어가는 쌀의 원가가 얼마라고 생각하는가?
[NH농협은행] 10억 자산가에게 자산관리를 해준다면 어떤 전략으로 하겠는가?

[MG새마을금고] 새마을금고중앙회와 시중은행의 차이점을 말해 보시오.
[MG새마을금고] 새마을금고가 카카오뱅크 등 인터넷은행에 어떻게 대응해야 하는지 말해 보시오.
[Sh수협은행] 당행에 입사하기 위해 따로 준비한 것이 있다면?
[Sh수협은행] 은행권 여러 곳에 지원을 했을 텐데, 그중에서도 지원자가 가장 가고 싶은 은행은 어디인가? 당행은 지원자의 기준에 부합하는가?
[Sh수협은행] 지원자의 전공이 지원한 직무와 어떤 관련성이 있는가?
[Sh수협은행] 당행에 추천하고 싶은 다른 은행의 금융상품이 있는가?
[Sh수협은행] 당행이 고금리 전략을 취한 이유가 무엇이라고 생각하는가?
[하나은행] 해당 업무를 진행할 때 본인이 가장 중요하다고 생각하는 것에 대해 말해 보시오.
[하나은행] 하나은행에 대해서 유튜브나 TV 등 매체를 통해 인상 깊게 본 것이 있다면 말해 보시오.
[하나은행] 하나은행의 서비스에 대해 잘 알고 있는 것이 있다면 말해 보시오.
[하나은행] 금융 관련 자격증이 없는데 실무에 바로 투입될 수 있는가?
[하나은행] 4차 산업혁명에 대비한 본인의 핵심역량은 무엇인가?
[한국산업은행] 산업은행의 자본 조달 방법에 대해 설명할 수 있는가?
[한국산업은행] BTS의 인기 요인이 무엇이라고 생각하는가?
[한국산업은행] 산업은행의 지점 수가 적당하다고 생각하는가?
[한국산업은행] 당행의 광고를 본 적이 있는가? 어떠한 생각이 들었는가?
[한국산업은행] 본인의 글로벌 역량을 강화하기 위해 어떠한 노력을 기울였는가?
[한국산업은행] 대기업과 중소기업의 자금조달 비율을 어떻게 설정하는 것이 바람직하다고 생각하는가?
[한국산업은행] 선제적 구조조정은 어떠한 의미가 있는가?
[한국수출입은행] EDCF를 어떻게 알게 되었는가?

2. 인성면접 – 공통

[공통] 1분 자기소개를 해 보시오.
[공통] 본인의 장점은 무엇인가?
[공통] 은행원에게 가장 중요한 덕목은 무엇이라고 생각하는가?
[공통] 지원동기와 간단한 자기소개를 해 보시오.
[공통] 본인의 단점이 무엇이라고 생각하는가?
[공통] 직장을 선택하는 기준이 무엇인가?
[신한은행] 신한은행의 장단점을 말해 보시오.
[신한은행] 은행원이 되고 싶은 이유에 대해 말해 보시오.
[신한은행] 단체활동을 할 때 어떤 역할을 맡는 편인가?
[신한은행] 고객이 사은품을 더 달라고 한다면 어떻게 대처할 것인가?
[신한은행] 자신과 뜻이 맞지 않는 상사와 어떻게 지낼 것인가?
[신한은행] 어르신을 상대할 때 본인만의 응대 방법이 있는가?
[신한은행] 살면서 가장 후회했던 경험은 무엇인가?
[신한은행] 살면서 가장 창의성을 발휘해 본 경험에 대해 말해 보시오.
[신한은행] 은행에 불이 났다면 어떻게 대처할 것인가?
[KB국민은행] 국민은행만의 강점과 약점에 대해 말해 보시오.
[KB국민은행] 업무 중 윤리적으로 흔들렸던 경험과 그 과정을 통해 느낀 점을 말해 보시오.
[KB국민은행] VIP가 와서 은행 업무를 먼저 처리해 달라고 한다면 어떻게 하겠는가?
[KB국민은행] 타 은행 인턴 경험이 있음에도 왜 당행에 지원하였는가?
[MG새마을금고] 자신을 동물이나 꽃에 비유한다면 무엇인지 말하고 그 이유를 설명해 보시오.
[MG새마을금고] 자기소개서에 적힌 역량 외에 다른 역량이 있다면 피력해 보시오.
[IBK기업은행] 가장 기억에 남은 면접 프로그램은 무엇인가?
[IBK기업은행] 살면서 가장 크게 사고를 친 경험에 대해 말해 보시오.
[IBK기업은행] 빠르게 변화하는 금융환경에서 필요한 인재상은 무엇이라고 생각하는가?
[IBK기업은행] 지금 가장 함께 일하고 싶은 지원자를 선택하고, 그 이유를 설명하시오.
[IBK기업은행] 주위 친구들은 지원자를 어떤 사람이라고 평가하는가?
[NH농협은행] 고객이 우선인가, 회사가 우선인가? 그 이유는?
[NH농협은행] 다른 회사에 원서를 접수하였는가?
[NH농협은행] 행복이란 무엇이라고 생각하는가? 어떻게 하면 행복해지는가?
[NH농협은행] 마음에 들지 않는 업무를 맡게 된다면 어떻게 하겠는가?
[Sh수협은행] 카드 50좌를 팔아야 한다면 어떻게 팔 것인가?
[Sh수협은행] 당행의 이미지는 어떠한가?
[Sh수협은행] 최근 읽었던 신문 기사 중 인상적인 것을 말해 보시오.
[하나은행] 다른 문화와 조화를 이룬 경험이 있다면 말해 보시오.
[하나은행] 안락사에 대해 어떻게 생각하는가?
[하나은행] 조직 내에서 어떠한 사람으로 비춰지고 싶은가?
[하나은행] 재학하면서 가장 힘들었던 경험은 무엇이었는가?

[하나은행] 남들과 차별화된 지원자만의 특별한 경험이 있는가?
[한국산업은행] 인생의 터닝포인트가 되었던 경험이 있는가?
[한국산업은행] 대기업과 중소기업이 공정한 경쟁을 할 수 없다고 생각하는가? 그 이유는 무엇인가?
[한국수출입은행] 최근 이슈인 최저임금 인상 문제에 대해 어떻게 생각하는가?
[한국수출입은행] 공기업 합동 채용에 대한 본인의 생각은 어떠한가?
[신협중앙회] 신협 상품 중 마음에 드는 상품은 무엇인지 말해 보시오.
[신협중앙회] 신협 지점에 가본 적이 있는지 말해 보시오.

3. 토론면접 – 한국산업은행, NH농협은행, KB국민은행, 신한은행, Sh수협은행

[공통] 주 52시간 근무제도 도입 시 성과와 효율을 높일 수 있는 방안 수립
[신한은행] 머그샷과 같은 강력범죄자 신상공개 찬성 / 반대 의견
[신한은행] 도서정가제 찬성 / 반대 의견
[신한은행] 외국인 건강보험료 의무 납입 찬성 / 반대 의견
[신한은행] 청년몰 활성화에 대한 찬성 / 반대 의견
[신한은행] 촉법소년 처벌 강화에 대한 찬성 / 반대 의견
[신한은행] 원자력발전소 추가 설치에 대한 찬성 / 반대 의견
[신한은행] 중・고등학생 두발 자유화에 대한 찬성 / 반대 의견
[신한은행] 복합쇼핑몰 정기휴무에 대한 찬성 / 반대 의견
[신한은행] 아파트 내 반려견 사육에 대한 찬성 / 반대 의견
[KB국민은행] 저신용자 신용 공급을 축소할 것인가에 대한 찬반 토론
[KB국민은행] 상대평가와 절대평가 중 무엇이 더 좋은지에 대한 토론
[KB국민은행] 20대 여성 소비패턴 변화에 따른 은행의 전략
[KB국민은행] 반려견 관련 금융상품
[KB국민은행] 동산 대출 활성화 방안 수립
[KB국민은행] 국민연금의 주주의결권 확대에 대한 찬반 토론
[KB국민은행] 금융업에서의 AI 활용 방안 수립
[KB국민은행] 금융업에서의 빅데이터 활성화 방안 수립
[NH농협은행] 키오스크의 효율성을 높이기 위한 방법과 키오스크 활성화에 따른 문제점 해결방안을 기업 측면과 정부 측면에서 각각 3가지 제시
[NH농협은행] 우리나라 농촌의 문제점에 대한 자신의 의견
[NH농협은행] 고소득 VIP를 유치하기 위한 홍보 방안 수립
[한국산업은행] 유명 연예인의 땅 투기 사건에 대한 자숙 찬성 / 반대 의견

4. PT면접 – 한국수출입은행, IBK기업은행, KB국민은행, 하나은행, 한국산업은행, 신협중앙회

[KB국민은행] 당사 발전방향에 대해 발표하시오.
[KB국민은행] 저출산 원인과 대책에 대해 발표하시오.
[KB국민은행] 해외진출국가 선정 및 진출방안에 대해 발표하시오.
[KB국민은행] 회사가 글로벌브랜드가 되기 위한 전략을 발표하시오.
[KB국민은행] 고객 중심 KPI를 기획해 보시오.
[KB국민은행] 신용 등급제가 신용 점수제로 바뀌었을 때 사회적 반응을 예상해 보시오.
[KB국민은행] 금융노마드 2030세대들을 위한 방안을 제시하시오.
[KB국민은행] 고령화에 대비한 은행의 대처 방안에 대해 발표하시오.
[KB국민은행] 아동수당이 확대되고 있는데, 이에 대비한 마케팅 방안을 발표하시오.

[KB국민은행] 디지털 소외계층을 위한 전략을 수립해 발표하시오.
[KB국민은행] 사회초년생을 위한 대출상품 전략을 수립하여 발표하시오.
[KB국민은행] 인터넷 전문은행 대응방안을 수립해 발표하시오.
[KB국민은행] 은행권에서의 챗봇 활성화 방안을 수립해 발표하시오.
[KB국민은행] 현재 경제 상황을 고려하여 당행이 취해야 할 전략을 수립해 발표하시오.
[IBK기업은행] IBK기업은행이 대중친화적이고, 이미지 상승 효과를 얻을 수 있는 광고나 시나리오에 대해 발표하시오.
[IBK기업은행] 제조업 경기하락과 고비용 저효율로 어려운 중소기업에 대한 IBK기업은행의 전략 방안에 대해 발표하시오.
[IBK기업은행] 복합점포 개발 방안에 대해 발표하시오.
[IBK기업은행] 솔로이코노미를 겨냥한 기업은행의 전략을 계획하시오.
[IBK기업은행] 중소기업 및 소상공인에 대한 새로운 평가 방식을 제시하시오.
[IBK기업은행] 해외 은행과 국내 은행의 영업방식을 비교해 설명하고, 해외 은행의 영업방식을 당행에 접목해 보시오.
[하나은행] 이스라엘 – 하마스 전쟁이 세계 금융 시장에 미치는 영향과 그에 따른 은행의 대응 방안에 대해 발표하시오.
[하나은행] AI 챗봇 도입 시 하나은행이 가질 장점과 활용 방안에 대해 발표하시오.
[하나은행] 기업금융에서 BaaS 활용 방안에 대해 발표하시오.
[하나은행] 모루밍족 증가에 따라 예측되는 유통시장의 변화에 대한 의견을 발표하시오.
[하나은행] 기업기술 유출을 최소화할 수 있는 방안을 수립해 발표하시오.
[하나은행] 우리나라 노령인구의 고독사 문제를 해결하기 위한 방안을 수립하시오.
[하나은행] 반려견 입마개 의무화 제도 정립의 필요성에 대해 발표하시오.
[하나은행] 젠트리피케이션 문제를 해결하기 위한 대책을 수립해 발표하시오.
[한국수출입은행] 음식 / 음악 경연프로그램이 사회에 미치는 악영향에 대한 의견을 정리해 발표하시오.
[한국수출입은행] 남북관계가 사회 및 경제에 미치는 영향에 대한 의견을 정리해 발표하시오.
[한국수출입은행] 최저임금 인상에 대한 지원자의 의견을 정리해 발표하시오.
[한국수출입은행] 평창올림픽의 흥행 요인을 분석해 발표하시오.
[한국수출입은행] 과정이 중요한지, 결과가 중요한지 지원자의 생각을 발표하시오.
[한국산업은행] 은행업과 유통업의 유사점에 대해 발표하시오.
[신협중앙회] 출자금 비과세 한도가 1,000만 원에서 2,000만 원으로 상향된 것에 따른 영향과 대응 방안을 조합 / 조합원 / 중앙회 입장에서 말해 보시오.
[신협중앙회] 신협에 대한 부정적인 또는 긍정적인 고정관념에 대해 말해 보시오.

PART 4

5. 팀과제수행 – 한국산업은행, IBK기업은행, 신한은행

[신한은행] 보드게임을 통한 신한가치평가 면접
[IBK기업은행] 아이스브레이킹 및 IBK챌린지(레크레이션)를 통한 협동능력 평가
[한국산업은행] 팀원과 함께 당행의 광고 제작

6. 세일즈면접 – IBK기업은행, Sh수협은행, 하나은행

[KB국민은행] 국민은행의 적금과 신탁상품 판매
[KB국민은행] 국민은행의 적금 투자 통장 판매
[KB국민은행] 시험장 안에 있는 물, 필통, 시계 등 판매
[IBK기업은행] 무작위로 나온 상품 판매(야구용품, 식탁 등)
[Sh수협은행] 물 공포증이 있는 사람에게 스킨스쿠버 물품 판매
[Sh수협은행] 스키니한 옷을 좋아하는 사람에게 통이 큰 바지 판매
[Sh수협은행] 체크카드를 고집하는 30대 고객에게 신용카드 판매
[하나은행] 무작위로 선정하여 나온 상품 판매(도형, 라이터, 줄자, 소나무, 12월 달력, 고래, 낡은 찬장 등, 고무장갑 등)

7. 협상면접 – IBK기업은행, 하나은행

[IBK기업은행] 대기업과 대기업 건물에 입점하게 되는 커피전문점 사이의 협상
[IBK기업은행] 대학 주거래 은행 설정 관련 학자금 대출 금리·운영 기간·기부금 협상
[하나은행] 카풀제도에 대한 찬성 / 반대 의견

8. 논술 - 한국산업은행, NH농협은행, 신한은행

[NH농협은행] 금리의 형성 과정과 금리 변동이 경제에 미치는 영향에 대해 서술하시오.

[NH농협은행] 한국과 미국의 기준금리가 상승한 배경과 이유를 서술하고, 앞으로 한국 금리가 어떻게 변동할지 전망을 서술하시오.

[NH농협은행] 생성형 AI의 장단점에 대해 서술하시오.

[NH농협은행] 금융위기와 실물경제에 대해 정리하시오.

[NH농협은행] 고령화 사회로의 진입은 고령 고객이 많은 당행에게 위기이다. 청년층 고객을 확보하기 위해 당행이 취해야 할 전략을 제시하시오.

[NH농협은행] 기업윤리에 대해 정리하시오.

[NH농협은행] 농가소득 5,000만 원 달성을 위해 당행이 취해야 할 전략을 구체적으로 수립하시오.

[NH농협은행] 미국의 양적완화 축소 배경과 그 영향에 대해 서술하시오.

[NH농협은행] 경기 불황에도 늘어나는 명품 소비에 대한 생각과 올바른 소비 활동에 대해 서술하시오.

[신한은행] 불완전판매에 대응하는 은행과 고객의 태도에 대해 서술하시오.

[신한은행] 해외에 진출한다면 어느 나라에, 왜, 어떠한 전략으로 진출할 것인지 구체적으로 계획하시오.

[한국산업은행 - 국문] 은행의 신제품 개발 및 마케팅에 프로슈머를 어떻게 활용할 수 있는지 서술하시오.

[한국산업은행 - 국문] 블루오션의 두 가지 이론을 참고해 은행의 대형화 방안을 수립하시오.

[한국산업은행 - 영문] e-Book과 Print Book 중 어느 것을 선호하며, 왜 그런지 경험에 비추어 이유를 서술하시오.

[한국산업은행 - 영문] 계속해서 노력하여 남들보다 앞서는 것이 성공인지 아니면 자기만족이 성공인지에 대해 본인의 생각을 서술하시오.

02 2차면접(임원진면접)

[신한은행] 최근 1~2년 내에 24시간 동안 가장 많은 시간을 쏟은 것은 무엇인지 말해 보시오.
[신한은행] 성장성 빼고 직장에서 중요하다고 생각하는 것 3가지를 말해 보시오.
[신한은행] 본인의 인생에서 가장 소중한 것은 무엇인가?
[신한은행] 신한은행에 총 지원한 횟수와 결과를 말하고 떨어진 이유가 무엇인지 말해 보시오.
[신한은행] 상황이 어려운 친구가 돈을 빌려달라고 한다면 어떻게 할 것인가?
[신한은행] 입행한다면 어떠한 업무를 하고 싶은가?
[신한은행] 현재 비대면 채널이 강화되는 추세인데, 이 부분에 대해 어떻게 생각하는가?
[KB국민은행] 살면서 멘토로 삼는 인물이 누구인지 말해 보시오.
[KB국민은행] 인터넷뱅킹 사용자가 증가함에 따라 발생하는 보이스 피싱 예방법에 대해 말해 보시오.
[KB국민은행] 개발에 대한 본인의 가치관에 대해 말해 보시오.
[KB국민은행] 떨어져도 다시 도전할 것인가?
[KB국민은행] 국민은행을 사용하면서 불편했던 점에 대해 말해 보시오.
[KB국민은행] 본인이 생각하는 리더의 정의에 대해 말해 보시오.
[KB국민은행] 당행이 새로운 지역에 입점한다면 어디에 입점하는 것이 좋겠는가?
[IBK기업은행] 만약 다른 은행에도 합격한다면 어디를 갈 것인가?
[IBK기업은행] 부모님을 제외하고 가장 존경하는 인물은 누구인가?
[NH농협은행] 지금 떠오르는 시가 있다면 몇 구절 읊어보시오.
[NH농협은행] 살면서 가장 힘들었던 경험에 대해 말해 보시오.
[NH농협은행] 지원한 직무를 수행하기 위해 어떠한 노력을 기울였는가?
[Sh수협은행] 프로와 아마추어의 차이가 무엇이라고 생각하는가?
[Sh수협은행] 최근 읽은 책의 내용을 간략히 설명하시오.
[Sh수협은행] 지원자가 생각하는 당행의 강점은 무엇인가?
[하나은행] 디지털 전환 시대에서 하나은행의 전략에 대해 말해 보시오.
[하나은행] 직업을 선택하는 기준에 대해 발해 보시오.
[하나은행] 갈등을 해결한 경험이 있다면 말해 보시오.
[하나은행] 디지털 소외계층을 위한 방안에 대해 말해 보시오.
[하나은행] 본인이 자주 사용하는 스마트폰 애플리케이션의 단점은 무엇인가?
[하나은행] 전공이 지원한 직무와 많이 다른데 어떤 준비를 하였는가?
[하나은행] 은행의 글로벌 진출에 대한 본인의 생각은 어떠한가?
[하나은행] 글로벌 마인드를 지니기 위해 어떠한 노력을 하였는가?
[하나은행] 순환직무를 하더라도 괜찮은가?
[하나은행] 업무 중 시재가 부족할 경우 어떻게 처리할 것인가?
[한국산업은행] 현재 우리나라의 블루오션 시장은 무엇이라고 생각하는가?
[한국산업은행] 기업의 가능성을 어떻게 알아볼 것인가?
[한국산업은행] 마이너스 금리란 무엇이고, 어떤 경우에 발생하는가?
[한국산업은행] 당행과 관련된 최근 이슈에 대해 말해 보시오.

[한국산업은행] 리디노미네이션에 찬성(반대)하는가? 그 이유는 무엇인가?
[한국산업은행] 당행이 기타 공기업과 다른 점은 무엇인가?
[한국수출입은행] 당행이 지방으로 이전해야 된다면 어디로 가야한다고 생각하는가?
[한국수출입은행] 당행은 어떠한 업무를 하는 곳이라고 생각하는가?
[한국수출입은행] 어떠한 부서에서 어떠한 업무를 하고 싶은가?
[MG새마을금고] 새마을금고중앙회의 경영공시에 대한 의견을 말해 보시오.
[MG새마을금고] 실리콘밸리 은행의 파산 원인이 무엇이라고 생각하는지와 해결방안을 제시해 보시오.
[MG새마을금고] 새마을금고 부실채권 이슈에 대해 솔직한 생각을 말하고, 해결방안을 제시해 보시오.
[신협중앙회] 신협중앙회에 대한 정보를 수집한 경로를 말해 보시오.
[신협중앙회] 사회적 협동조합에 대한 의견을 말해 보시오.
[신협중앙회] 협동조합과 신협의 차이에 대해서 말해 보시오.
[신협중앙회] 농협과 수협 그리고 신협의 차이에 대해서 말해 보시오.
[신협중앙회] 타금융기관과 차별화되는 신협의 강점과 이러한 점에 자신이 기여할 수 있는 부분은 무엇이 있는지 말해보시오.
[신협중앙회] 세계 신협의 조합국 수, 세계 각국 신협의 총자산은 얼마나 되는지 말해 보시오.

시대에듀

M E M O

답안채점 • 성적분석 서비스

모바일 OMR

도서 내 모의고사 우측 상단에 위치한 QR코드 찍기 → 로그인 하기 → '시작하기' 클릭 → '응시하기' 클릭 → 나의 답안을 모바일 OMR 카드에 입력 → '성적분석 & 채점결과' 클릭 → 현재 내 실력 확인하기

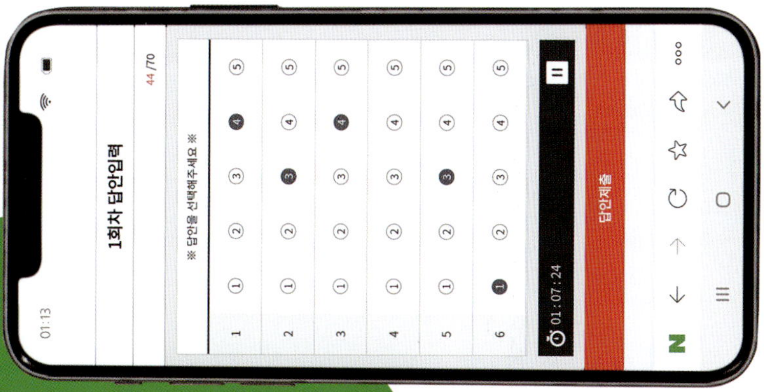

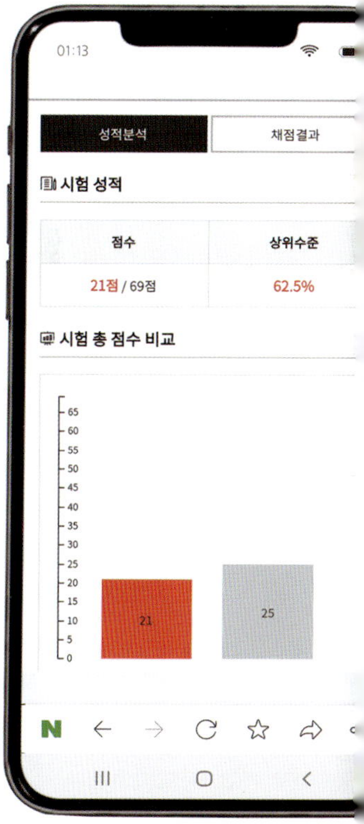

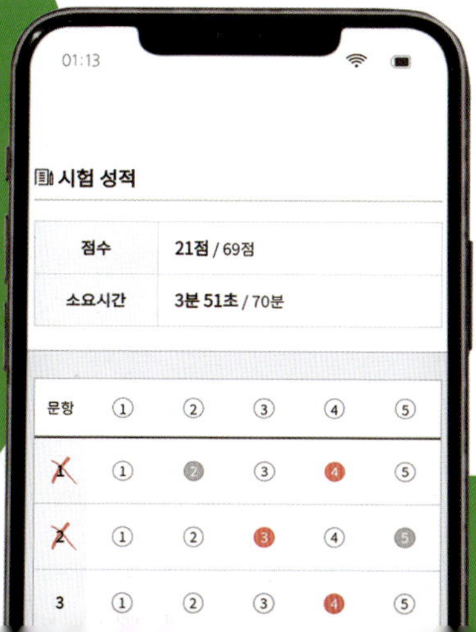

도서에 수록된 모의고사에 대한
객관적인 결과(정답률, 순위)를
종합적으로 분석하여 제공합니다.

※OMR 답안채점 / 성적분석 서비스는 등록 후 30일간 사용 가능합니다.

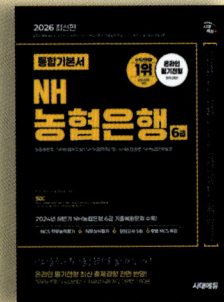

Add+
특별부록

CHAPTER

03 2025년 주요 은행권 NCS 기출복원문제

01	02	03	04	05	06	07	08	09	10	11	12	13	14	15	16	17	18	19	20
②	③	④	③	①	②	④	④	①	③	②	④	①	③	②	③	②	④	①	③
21	22	23	24	25	26	27	28	29	30	31	32	33	34	35	36	37	38	39	40
④	④	③	④	①	③	③	①	①	④	②	①	④	③	②	①	②	①	①	③
41	42	43	44	45	46	47	48	49	50	51	52	53	54	55	56	57	58	59	60
①	①	②	④	②	④	④	②	④	③	⑤	②	⑤	②	②	⑤	④	④	③	③

01

정답 ②

H은행은 기존의 재무제표를 통해 기업의 현재 가치만을 평가했던 방식에서 탈피해, 인공지능 기술인 '기술력 기반 ML 모형'으로 중소기업의 보유 기술과 관련한 정보를 바탕으로 기업의 미래 신용도를 평가할 수 있게 되었다. 따라서 글의 중심 내용으로 가장 적절한 것은 '인공지능 기술을 통해 기업의 미래를 평가하다.'이다.

오답분석

① H은행이 은행권 최초로 중소기업의 기술력을 평가한 것이 아니고, 은행권 최초로 인공지능 기술을 이용해 중소기업의 기술력을 평가한 것이다.
③ H은행이 은행권 최초로 인공지능 기술을 신용평가에 도입했다는 내용은 너무 포괄적이며, 이보다는 기업평가에 인공지능 기술을 최초로 활용했다고 하는 것이 적절하다.
④ 인공지능 기술을 통해 기업평가에 안정성을 확보한 것이 아니고, 인공지능 기술로 기업을 평가하는 방식에 대한 안정성 확보를 위해 리스크 측면에서 설명 가능한 항목을 구별하고 변동성이 낮은 항목을 학습하였다.

02

정답 ③

제시문에서 로보어드바이저 일임운용 서비스란 알고리즘을 통해 투자자를 분석한 뒤 맞춤형 포트폴리오를 생성하고, 이를 활용하여 노후 소득재원 확보를 위한 개인형 IRP 적립금을 일임운용하는 금융서비스라고 하였다. 따라서 빈칸에 들어갈 내용으로 가장 적절한 것은 '투자자 성향에 맞춰'이다.

03

정답 ④

중도해지 신청 시 적용되는 금리는 경과 기간별 금리이다. 한편, 먼저 돌아오는 3개월에 해당하는 금리는 해지예약 서비스를 신청하는 경우 적용된다.

오답분석

① 일부해지는 중도해지와 만기해지를 포함하는 횟수로 총 3회가 가능하다. 따라서 중도해지를 이용할 수 있는 최대 횟수는 만기해지를 제외한 2회이다.
② 369 정기예금은 가입기간이 3개월 경과할 때마다 중도해지 금리가 오르는 상품이다.
③ 일부해지 서비스는 분할해지 후 예금 잔액이 3백만 원 이상인 경우에만 이용할 수 있으므로, 가입금액이 2백만 원인 고객은 이용할 수 없다.

04

정답 ③

'대출신청시기'의 갱신 요건에는 주민등록전입일로부터 3개월이 경과해야 한다는 조건이 있으므로, 주민등록전입을 하지 않은 경우 갱신이 불가능하다.

오답분석

① 수도권의 임차보증금액이 7억 원으로 지방의 5억 원보다 높지만, 대출 가능 금액과는 관련이 없다.

② '대출한도'에 따르면 임차보증금의 90% 이내에서 최대 2억 원 범위 내로 대출이 가능하다. 따라서 전세자금의 90%일뿐, 최대 대출 가능 한도는 2억 원이다.

④ 신청자인 세대주가 배우자와 동일세대를 이루고 있는지의 여부는 대출과 관련이 없다. 단, 세대주와 동일세대를 이루고 있지 않은 배우자가 신청할 때에는 대출이 불가하다.

05

정답 ①

A지점에서 B지점까지는 오른쪽 4번, 아래쪽 3번으로 총 7번 이동하므로 가능한 경로의 경우의 수는 ${}_7C_3=\frac{7!}{4!\times3!}=35$가지이다.

그중 통행이 불가능한 C지점을 경유하는 경우의 수는 A지점에서 C지점까지의 경우의 수와 C지점에서 B지점까지의 경우의 수를 곱한 것이므로 각각 다음과 같다.

- A지점에서 C지점으로 가는 경우의 수 : 오른쪽 1번, 아래쪽 1번, 총 2번 이동 → ${}_2C_1=\frac{2!}{1!\times1!}=2$가지
- C지점에서 B지점으로 가는 경우의 수 : 오른쪽 3번, 아래쪽 2번, 총 5번 이동 → ${}_5C_2=\frac{5!}{3!\times2!}=10$가지

그러므로 C지점을 경유하는 경로의 경우의 수는 $2\times10=20$가지이다.

따라서 C지점을 통과하지 않고 A지점에서 B지점까지 가는 경로의 경우의 수는 $35-20=15$가지이다.

06

정답 ②

A와 B의 수익을 구하면 각각 다음과 같다.

(단위 : 만 원)

구분	첫 번째 종목 1차	첫 번째 종목 2차	두 번째 종목 1차	두 번째 종목 2차	총수익
A	500×(1+0.2)=600	600×(1−0.1)=540	500×(1−0.1)=450	450×(1+0.3)=585	540+585=1,125
B	500×(1−0.1)=450	450×(1+0.1)=495	500×(1+0.1)=550	550×(1−0.1)=495	495+495=990

총수익을 바탕으로 A와 B의 주식 수익률을 구하면 각각 다음과 같다.

- A : $\frac{1,125-1,000}{1,000}\times100=12.5\%$
- B : $\frac{990-1,000}{1,000}\times100=-1\%$

따라서 수익률이 더 높은 사람은 A이고, 두 사람의 수익률의 차이는 $12.5-(-1)=13.5\%$p이다.

07

정답 ④

분기별 매출액을 구하면 각각 다음과 같다.

- 1분기 : {12,000×(1−0.25)}×40,000=360,000,000원
- 2분기 : {15,000×(1−0.20)}×30,000=360,000,000원
- 3분기 : {10,000×(1−0)}×50,000=500,000,000원
- 4분기 : {14,000×(1−0)}×50,000=700,000,000원

모든 분기의 매출액을 더하면 연간 매출액을 구할 수 있다.

따라서 H기업의 2024년 연간 매출액은 3.6+3.6+5+7=19.2억 원이다.

08

정답 ④

제시된 조건에 따라 분기별 매출원가와 매출총이익을 구하면 각각 다음과 같다.

(단위 : 억 원)

구분	원가율(%)	매출원가	매출총이익
1분기	60	3.6×0.6=2.16	3.6−2.16=1.44
2분기	60	3.6×0.6=2.16	3.6−2.16=1.44
3분기	65	5×0.65=3.25	5−3.25=1.75
4분기	50	7×0.5=3.5	7−3.5=3.5

따라서 H기업의 2024년 연간 매출총이익은 1.44+1.44+1.75+3.5=8.13억 원이다.

09

정답 ①

4P 전략에서 가격은 생산비용 외에도 시장 상황, 경쟁사 가격, 소비자가 느끼는 가치, 수요와 공급, 유통 마진 등 다양한 요소를 종합적으로 고려하여 결정된다.

오답분석

② 유통은 제품이나 서비스가 생산자로부터 소비자에게 전달되는 모든 경로와 장소를 의미한다.

③ 4P 전략은 마케팅 믹스의 대표적인 전략으로 제품(Product), 가격(Price), 유통(Place), 촉진(Promotion)의 4가지 요소가 서로 영향을 주고받으며 고객의 구매 행동에 영향을 미친다.

④ 제품은 단순한 물리적 상품뿐만 아니라 품질, 디자인, 브랜드, 서비스 등 고객이 제품을 통해 얻는 모든 혜택을 포함한다.

10

정답 ③

B의 진술과 D의 진술에서 E의 참석 여부가 서로 모순이므로 B와 D 중 1명은 거짓을 말하고 있다.

i) B의 진술이 참일 경우

D의 진술은 거짓이고, E는 참석하였으므로 E의 진술이 참이 되어 A는 불참한다. A가 불참함에 따라 A의 진술이 거짓이므로 B나 D는 둘 다 참석하거나 둘 다 불참한다. 둘 다 참석할 경우, C의 진술이 거짓이 되어 A, C, D 3명이 거짓을 말하므로 모순이고, 둘 다 불참할 경우 B의 진술이 거짓이 되므로 이 또한 모순이다. 그러므로 B의 진술은 참일 수 없다.

ii) D의 진술이 참일 경우

B의 진술이 거짓이고, B와 E는 모두 불참한다. 이 경우 E는 거짓을 말하므로 A는 참석하고, A의 진술도 B만 불참하므로 참이 된다. 또한 C의 진술도 참이므로 A, C, D는 참을 말하는 참석자이며, B, E는 거짓을 말하는 불참자이다.

따라서 국제 콘퍼런스에 불참한 사람은 B, E이다.

11

정답 ②

제시된 글에서는 '그린바이오산업'이 무엇이고 어떠한 분야에 대한 것인지를 설명하고 있다. 그러므로 제시된 글에 이어질 문장으로 가장 적절한 것은 해당 분야에 대한 구체적인 예시를 제시한 (가)이다. (나)와 (다)를 살펴보면 (나)에서는 우리나라에서 그린바이오산업이 어떻게 이루어지고 있는지를 설명하고 있으며, (다)에서는 그린바이오산업이 세계적으로 주목받는 이유와 어떻게 진행되고 있는지에 대해 설명하고 있다. 이때 (나)가 '어떤 내용을 전제로 하여 그것과 유사하게'라는 의미를 가진 부사 '역시'로 시작하고 있으므로, (다) – (나) 순으로 이어져야 한다. 따라서 제시된 글에 이어 (가) – (다) – (나) 순으로 나열하는 것이 적절하다.

12

정답 ④

스트레스 완충자본 제도의 도입 전에는 금융당국이 스트레스 테스트에서 취약성이 판단되는 은행에 직접적인 조치를 취할 법적 근거가 없었을 뿐, 이전에도 스트레스 테스트를 시행하여 손실흡수능력은 평가할 수 있었다.

오답분석

① 스트레스 완충자본 제도는 독자적인 자본 보강이 어렵거나 정부의 손실보전 의무가 있는 은행은 제외된다.
② 스트레스 완충자본 제도는 미래에 발생할 수도 있는 위기상황에서 은행이 정상적인 기능을 지속할 수 있도록 현재에 미리 자본을 마련하는 제도이다.
③ 스트레스 완충자본 제도의 시행으로 은행은 미래의 위기에 대응한 추가적인 자본을 확충해야 하므로 당장의 경제적 부담감이 발생할 수 있다.
⑤ 스트레스 완충자본 제도의 시행으로 은행 입장에서는 추가적인 자본의 확충이 필요하며, 경기 악화로 인해 중소기업을 시작으로 연체율이 증가하고 있어 해당 제도가 도입된다면 기업 대출의 문턱은 높아질 것이다.

13

정답 ①

세 번째 문단에 따르면 ESG 경영은 단기적으로는 기업의 이윤 창출에 부정적인 영향을 줄 수 있지만 이는 단기적 부담일 뿐, 기업의 발전을 저해한다고는 볼 수 없다. 오히려 비용 절감, 내부 조직문화 개선 등 단기적으로도 기업 발전에 큰 효용이 있다.

오답분석

② 첫 번째 문단에 따르면 ESG 경영이란 기업의 비재무적인 요소에 해당하는 환경, 사회, 지배구조를 개선해 나가며 기업을 경영하는 방식을 말한다.
③ 세 번째 문단에 따르면 ESG 경영을 통해 향상된 기업 이미지는 소비자와 투자자 모두에게 신뢰를 쌓고 이것이 수익률 향상으로 직결될 수 있다.
④ 마지막 문단에 따르면 ESG 경영은 단순히 따라야 할 가치 판단의 기준을 넘어서 기업이 유지되느냐 아니냐를 결정하는 핵심 전략이 되었다고 하였다.

14

정답 ③

연 이율을 x%라 하고 식을 세우면 다음과 같다.

$96,000=1,000,000\times 0.01x\times 3$

$\rightarrow 96,000=30,000x \rightarrow x=\frac{96,000}{30,000}$

$\therefore x=3.2$

따라서 해당 상품의 연 이율은 3.2%이다.

15

정답 ②

2의 배수와 3의 배수를 뽑는 경우의 수는 각각 다음과 같다.

- 2의 배수를 뽑는 경우의 수 : 5가지
- 3의 배수를 뽑는 경우의 수 : 3가지

뽑은 공은 다시 넣으므로 첫 번째에 2의 배수를 뽑을 확률은 $\frac{5}{10}=\frac{1}{2}$, 두 번째에 3의 배수를 뽑을 확률은 $\frac{3}{10}$이다.

따라서 구하고자 하는 확률은 $\frac{1}{2}\times\frac{3}{10}=\frac{3}{20}$이다.

16

정답 ③

인구 1,000명당 신생아 수를 구하기 위해서는 먼저 전체 인구수를 구할 필요가 있다. 이혼율이 인구 1,000명당 이혼 건수를 의미하므로 전체 인구는 [(이혼 건수)÷(이혼율)]×1,000명이다. 인구 1,000명당 신생아 수는 [(신생아 수)÷(전체 인구)]×1,000명이므로 이를 정리하면 다음과 같다.

$$(\text{인구 1,000명당 신생아 수})=\frac{(\text{신생아 수})}{[(\text{이혼 건수})\div(\text{이혼율})]\times 1{,}000}\times 1{,}000=\frac{(\text{신생아 수})}{(\text{이혼 건수})}\times(\text{이혼율})$$

정리한 식을 바탕으로 2018년과 2022년의 인구 1,000명당 신생아 수를 구하면 다음과 같다.

- 2018년 : $\frac{400,000}{110,000}\times 2.2 \fallingdotseq 8.0$명
- 2022년 : $\frac{360,000}{90,000}\times 1.95=7.8$명

따라서 인구 1,000명당 신생아 수는 2018년이 2022년보다 많다.

오답분석

① 2021년과 2022년 이혼 건수는 동일하나 이혼율은 감소하였다. 이에 따라 전체 인구는 증가하였다.
② 이혼율이 증가한 해는 2018년, 2019년, 2024년이다. 이때의 이혼 건수는 모두 전년 대비 증가하였다.
④ 이혼 건수가 가장 많이 증가한 해는 전년 대비 10,000건이 증가한 2018년이며, 신생아 수 또한 2018년에 전년 대비 60,000명 감소하여 가장 많이 감소하였다.

17

정답 ②

BTO 사업에서 사업 개수의 전년 대비 증가율은 각각 다음과 같다.

- 2018년 : (70−60)÷60×100≒16.67%
- 2019년 : (77−70)÷70×100=10%
- 2020년 : (30−77)÷77×100≒−61.04%
- 2021년 : (45−30)÷30×100=50%
- 2022년 : (70−45)÷45×100≒55.56%
- 2023년 : (60−70)÷70×100=−14.29%
- 2024년 : (85−60)÷60×100≒41.67%

BTL 사업에서 사업 개수의 전년 대비 증가율은 각각 다음과 같다.

- 2018년 : (300−270)÷270×100≒11.11%
- 2019년 : (400−300)÷300×100≒33.33%
- 2020년 : (200−400)÷400×100=−50%
- 2021년 : (270−200)÷200×100=35%
- 2022년 : (150−270)÷270×100≒−44.44%
- 2023년 : (200−150)÷150×100≒33.33%
- 2024년 : (300−200)÷200×100=50%

따라서 전년 대비 사업 개수의 증가율이 가장 큰 해는 BTO 사업은 2022년, BLT 사업은 2024년이므로 옳지 않은 설명이다.

오답분석

① BTO 사업에서 사업 비용의 전년 대비 증가율은 각각 다음과 같다.
   - 2018년 : (1,100−1,000)÷1,000×100=10%
   - 2019년 : (1,200−1,100)÷1,100×100≒9.09%
   - 2020년 : (500−1,200)÷1,200×100≒−58.33%
   - 2021년 : (700−500)÷500×100=40%
   - 2022년 : (1,000−700)÷700×100≒42.86%
   - 2023년 : (600−1,000)÷1,000×100=−40%
   - 2024년 : (900−600)÷600×100=50%

   따라서 BTO 사업에서 사업 비용의 전년 대비 증가율이 가장 큰 해는 2024년이다.
③ BTL 사업에서 사업 평균수익률이 가장 낮은 해는 2024년이며, 이때 사업 비용의 전년 대비 증가율은 (14,500−11,500)÷11,500×100=26.09%로 25% 이상이다.
④ BTL 사업에서 사업 개수당 사업 비용은 각각 다음과 같다.
   - 2017년 : 15,000÷270≒55.56백만 원
   - 2018년 : 16,000÷300≒53.33백만 원
   - 2019년 : 18,000÷400=45백만 원
   - 2020년 : 7,500÷200=37.5백만 원
   - 2021년 : 10,000÷270≒37.04백만 원
   - 2022년 : 12,000÷150=80백만 원
   - 2023년 : 11,500÷200=57.5백만 원
   - 2024년 : 14,500÷300≒48.33백만 원

   따라서 BTL 사업에서 사업 개수당 사업 비용이 가장 큰 해는 2022년이며, 이때 사업 평균수익률은 5% 흑자를 기록하였다.

⑤ 연도별 BTO 사업에서 사업 개수당 사업 투입 인원은 각각 다음과 같다.

- 2017년 : 100÷60≒1.67천 명
- 2018년 : 150÷70≒2.14천 명
- 2019년 : 140÷77≒1.82천 명
- 2020년 : 50÷30≒1.67천 명
- 2021년 : 55÷45≒1.22천 명
- 2022년 : 120÷70≒1.71천 명
- 2023년 : 60÷60=1천 명
- 2024년 : 180÷85≒2.12천 명

따라서 BTO 사업에서 사업 개수당 사업 투입 인원이 가장 많은 해는 2018년이며, 이때 사업 비용의 전년 대비 증가율은 (1,100−1,000)÷1,000=10%이다.

18

정답 ④

C부서는 화이트보드가 있는 나, 다 회의실 중 총 7명을 수용할 수 있는 다 회의실을 사용한다.

오답분석

① A부서는 빔 프로젝터가 있는 가, 마 회의실 중 하나를 사용할 것이다. 그러나 마 회의실은 오후에 사용이 불가능하므로, A부서는 가 회의실을 사용한다.

② B부서는 화상회의 시스템을 갖춘 나, 라 회의실 중 7명 이상을 수용하고 오후 4시부터 6시까지 이용이 가능한 라 회의실을 사용한다.

⑤ D부서는 빔 프로젝터가 있는 가, 마 회의실 중 하나를 사용할 것이다. 그러나 가 회의실은 A부서가 사용하므로 오전 중 3시간 반 동안 사용이 가능한 회의실인 마 회의실을 사용한다.

19

정답 ①

마지막 명제의 대우는 '운동을 좋아하는 사람은 고전을 좋아한다.'이다. 따라서 두 번째 명제와 연결하면 '사진을 좋아하는 사람은 고전을 좋아한다.'는 반드시 참이다.

20

정답 ③

두 번째 조건에 따라 B는 6층에 입주해야 하고, 세 번째 조건에 따라 F−D−E 순으로 높은 층에 입주해야 한다.
A와 C는 1~3층에 거주해야 하므로 E는 3층부터, D는 4층부터 입주가 가능하다. 이를 표로 정리하면 다음과 같다.

구분	1층	2층	3층	4층	5층	6층
A				×	×	×
B	×	×	×	×	×	○
C				×	×	×
D	×	×	×	○	×	×
E				×	×	×
F	×	×	×	×	○	×

6명이 빌딩에 입주하는 경우의 수는 A, C, E가 남은 층에 입주하는 경우의 수와 같다. 따라서 6명이 빌딩에 입주하는 경우의 수는 3×2×1=6가지이다.

21

정답 ④

제시문은 빠른 사회변화 속 다양해지는 수요에 맞춘 주거복지 정책의 예로 예술인을 위한 공동주택, 창업 및 취업자를 위한 주택, 의료안심주택을 들고 있다. 따라서 글의 주제로 가장 적절한 것은 '다양성을 수용하는 주거복지 정책'이다.

22

정답 ④

제시문은 환율과 관련된 경제 현상을 설명하는 내용으로, 환율은 기초 경제 여건을 반영하여 수렴된다는 (가) 문단이 먼저 오는 것이 적절하며, '그러나' 환율이 예상과 다르게 움직이는 경우가 있다는 (라) 문단이 그 뒤에 오는 것이 적절하다. 그다음으로 이러한 경우를 오버슈팅으로 정의하는 (나) 문단이, 이어서 오버슈팅이 발생하는 원인인 (다) 문단이 오는 것이 적절하다.

23

정답 ③

제시문은 AI 기술을 자동화 시스템에 접목한 사례에 대해 설명하고 있다. 따라서 빈칸에는 이러한 기술을 더욱 강화하겠다는 내용이 들어가는 것이 가장 적절하다.

오답분석

①·② 수기로 확인하거나 인력을 동원하는 것은 자동화 시스템과 거리가 멀다.
④ 제시문에 따르면 A카드는 이미 AI 기술을 자동화 시스템에 접목하였다.

24

정답 ④

상생 우대이율을 적용받기 위해서는 만기일 전날까지가 아니라 만기일 전 1영업일까지 증빙서류를 제출하여야 한다. 만약 만기일 전날이 주말 또는 공휴일이라면 이는 영업일에 해당하지 않으므로 만기일 전날까지라고 할 수 없다.

오답분석

① 최대 적용금리란 기본이율에 가능한 우대이율을 더한 것으로 4+0.5+1.5=연 6%이다.
② 상품의 계약기간은 1년이며, 매월 입금할 수 있는 최대 금액은 30만 원이다. 따라서 이 상품에 납입 가능한 최대 금액은 12×30=360만 원이다.
③ 일반 우대이율을 적용받기 위해서는 M은행의 본인명의의 요구불계좌에 만기자동이체를 등록해 만기자동이체되거나, 가입 월부터 10개월간 5회차 이상 자동이체로 납입하여야 한다. 따라서 M은행에 본인명의의 요구불계좌가 없다면 두 경우 모두 불가하므로 적용받을 수 없다.

25

정답 ①

단리 예금 이자는 $(\text{원금})\times(\text{기간})\times\frac{(\text{이율})}{12}$이다.

따라서 만기 시 이자를 계산하면 $20{,}000{,}000\times24\times\frac{0.008}{12}=320{,}000$원이다.

26

정답 ③

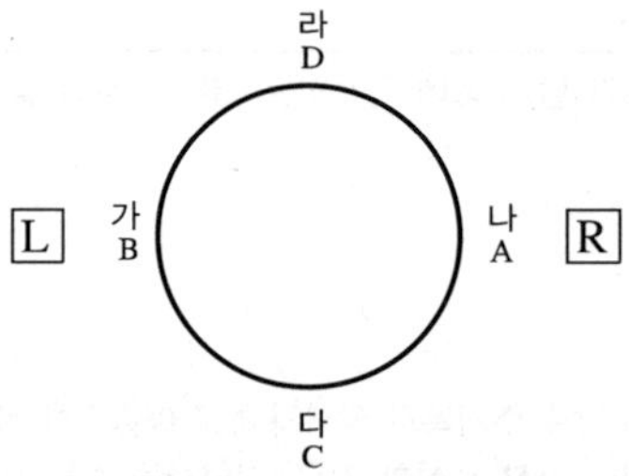

- 첫 번째 조건·다섯 번째 조건 : 다 직원의 위치는 시계 6시 방향이고, 9시 방향과 12시 방향은 각각 B인턴과 D인턴을 맡은 직원이 앉게 된다.
- 두 번째 조건 : A인턴을 맡은 직원은 3시 방향에 앉고, 세 번째 조건에 따라 라 직원은 12시 방향에 앉아 있으므로 D인턴을 맡은 직원은 라 직원이다.
- 네 번째 조건 : 나 직원은 3시 방향에, 가 직원은 9시 방향에 앉아 있게 되므로 A인턴을 맡은 직원은 나 직원, B인턴을 맡은 직원은 가 직원이다. 즉, 남은 C인턴은 다 직원이 맡는다.

27

정답 ③

ㄱ. 각 팀장이 매긴 순위에 대한 가중치는 모두 동일하다고 했으므로 1, 2, 3, 4순위의 가중치를 각각 4, 3, 2, 1점으로 정해 4명의 면접점수를 산정하면 다음과 같다.

- 갑 : 2+4+1+2=9
- 을 : 4+3+4+1=12
- 병 : 1+1+3+4=9
- 정 : 3+2+2+3=10

면접점수가 높은 을과 정 중에 1명이 입사를 포기하면 갑과 병 중 1명이 채용된다. 따라서 갑과 병의 면접점수는 9점으로 동점이지만 조건에 따라 인사팀장이 부여한 순위가 높은 갑을 채용하게 된다.

ㄷ. 경영관리팀장이 갑과 병의 순위를 바꿨을 때, 4명의 면접점수를 산정하면 다음과 같다.

- 갑 : 2+1+1+2=6
- 을 : 4+3+4+1=12
- 병 : 1+4+3+4=12
- 정 : 3+2+2+3=10

따라서 을과 병이 채용되므로 정은 채용되지 못한다.

오답분석

ㄴ. 인사팀장이 을과 정의 순위를 바꿨을 때, 4명의 면접점수를 산정하면 다음과 같다.

- 갑 : 2+4+1+2=9
- 을 : 3+3+4+1=11
- 병 : 1+1+3+4=9
- 정 : 4+2+2+3=11

따라서 을과 정이 채용되므로 갑은 채용되지 못한다.

28

정답 ①

제시문의 두 번째 문단에서 '시장경제가 제대로 운영되기 위해서는 국가의 소임이 중요하다.'라고 하였고, 세 번째 문단에서 '시장경제에서 국가가 할 일은 크게 세 가지로 나누어 볼 수 있다.'라고 하였다. 따라서 글의 제목으로 가장 적절한 것은 '시장경제에서의 국가의 역할'이다.

29

정답 ①

크리스퍼 방식에서 DNA 표적 이중사슬을 탐색하는 것은 gRNA의 역할이며, Cas9 효소는 gRNA의 유도를 받아 표적 이중사슬을 절단하는 역할만 수행한다.

오답분석

② 제시문의 네 번째 문단에서 유전자 편집 기술을 통해 원하는 부분을 고쳐도 예기치 않은 돌연변이가 생길 수 있다고 하였으므로 적절한 내용이다.
③ 제시문의 두 번째와 세 번째 문단에서 표적 염기서열마다 단백질(엔도뉴클레이즈)을 새로 설계해야 하는 기존 방식과 달리 크리스퍼 방식은 가이드 RNA(gRNA)만 바꿔주면 된다고 하였으므로 적절한 내용이다.
④ 제시문의 세 번째 문단에서 크리스퍼 방식은 변환이 쉬운 gRNA만 바꾸면 다양한 생물종의 DNA를 쉽게 편집할 수 있다고 하였으므로 적절한 내용이다.

30

정답 ④

갑지점의 설문 응답률은 100−(23+45)=32%이고, 인터넷 설문 응답자 중 '잘 모르겠다.'를 제외한 응답자는 5,500×0.67=3,685명이다.

따라서 갑지점을 택한 응답자는 3,685×0.32≒1,179명이다.

31

정답 ②

만기일 일시상환은 매달 이자만 부담하고 만기에 대출금을 모두 상환한다.

따라서 첫 달에 납입해야 하는 상환액은 $100,000,000\times0.045\times\frac{1}{12}=375,000$원이다.

32

정답 ①

제시된 명제를 기호화하면 다음과 같다.

- p : 스포츠를 좋아하는 사람
- q : 음악을 좋아하는 사람
- r : 그림을 좋아하는 사람
- s : 독서를 좋아하는 사람

이를 정리하면 $p \rightarrow q$, $r \rightarrow s$, $\sim q \rightarrow \sim s$이고, $\sim q \rightarrow \sim s$의 대우는 $s \rightarrow q$이므로 $r \rightarrow s \rightarrow q$이다. 즉, $r \rightarrow q$이다. 따라서 항상 참인 것은 '그림을 좋아하는 사람은 음악을 좋아한다.'이다.

33

정답 ④

승진자 선발 방식에 따른 승진후보자별 평가점수는 각각 다음과 같다.

(단위 : 점)

구분	가점을 제외한 총점	가점	평가점수
A주임	29+28+12+4=73	1	74
B주임	32+29+12+5=78	2	80
C주임	35+21+14+3=73	5(가점상한 적용)	78
D주임	28+24+18+3=73	–	73
E주임	30+23+16+7=76	4	80

평가점수가 80점으로 가장 높은 승진후보자는 B주임과 E주임인데, 이 중 분기실적 점수와 성실고과 점수의 합이 B주임은 32+12=44점, E주임은 30+16=46점이다. 따라서 E주임이 승진한다.

34

정답 ③

중간가호가와 스톱지정가호가는 넥스트레이드가 제공하는 호가 유형으로 넥스트레이드에서만 사용이 가능하며, 사용 가능한 시간도 프리·애프터마켓 운영시간이 아닌 기존 정규시장 운영시간 내에서만 가능하다.

오답분석

① 첫 번째 문단에서 기존에는 한국거래소 단일 체제로 운영되었음을 알 수 있으나, 이 체제가 투자자들에게 불리했다는 내용은 제시문에서 찾을 수 없다. 다만 복수 거래소 체제로의 전환으로 이전보다 투자자들에게 이전보다 유리하게 작용할 것으로 기대되는 상황이다.

② 애프터마켓의 도입 전에도 해외 투자자는 우리나라 주식의 거래가 가능했다. 다만 애프터마켓의 도입으로 이전보다 거래시간이 확대되어 해외 투자가가 해당 국가의 낮 시간에 우리나라 주식을 거래할 수 있게 되어 접근이 용이해졌다.

④ 거래소 경쟁 체제의 도입으로 넥스트레이드가 내놓은 정책이 거래유형에 따라 달리 수수료를 부과하는 방식일 뿐, 한국거래소는 기존과 동일하게 거래유형에 구분 없이 일률적인 수수료 부과방식을 유지한다.

35

정답 ②

보기의 문장은 주식거래 시간의 확대와 해외 투자자에 대한 내용이 모두 포함된 문단 뒤에 오는 것이 적절하다. (나) 문단에서 국내 주식시장 거래시간이 확대되었고, 이로 인해 해외 투자자들의 국내 주식시장 거래가 용이해졌다고 하였다. 따라서 보기의 문장이 들어갈 위치로 가장 적절한 곳은 (나) 문단의 뒤이다.

36

정답 ①

기대 수익률은 실물이전 상품별 추정 수익률의 확률 가중 평균이다. 이에 따른 상품별 기대 수익률은 각각 다음과 같다.

- 공모펀드 : [(0.3×0.3)+(0.2×0.2)−(0.5×0.1)]×100=8%
- ETF : [(0.15×1)+(0.25×0.5)−(0.55×0.3)−(0.05×0.5)]×100=8.5%
- 예금 : (1×0.05)×100=5%

따라서 ETF의 기대 수익률이 가장 높다.

오답분석

② • 월 납임금 : 8,000,000×0.1=800,000원
  • 총 납입금액 : 800,000×12×(65−40)=240,000,000원
  따라서 총 납입금액이 2억 원 이상이므로 퇴직연금을 일시금으로 수령할 수 있다.

③ • 납입금
  − 월 납입금 : 6,000,000×0.1=600,000원
  − 납입금액 : 600,000×12×20=144,000,000원
  • 수령액
  − 정년퇴직 후 월 수령액 : 1,200,000원
  − 10년간 수령액 : 1,200,000×12×10=144,000,000원
  따라서 납입금과 연금 수령액이 동일하다.

④ • 30개월간 수령액 : 1,200,000×30=36,000,000원
  • 상속 가능 금액 : 50,000,000−36,000,000=14,000,000원
  • 상속세 5%를 적용한 상속 가능한 실제 금액 : 14,000,000×(1−0.05)=13,300,000원
  따라서 상속 가능한 실제 금액은 1,330만 원이다.

37

정답 ②

A씨는 5년마다 연봉이 600만 원씩 상승하므로 월급은 600÷12=50만 원이 상승한다. 연령대별 월급과 월 납입액 그리고 월 수령액은 각각 다음과 같다.

(단위 : 만 원)

구분	월급	월 납입액	월 수령액
26 ~ 30세	200	−	−
31 ~ 35세	250	−	−
36 ~ 40세	300	30	−
41 ~ 45세	350	35	−
46 ~ 50세	400	40	−
51 ~ 55세	450	45	−
56 ~ 60세	500	50	−
61 ~ 65세	550	55	−
66 ~ 70세	−	−	120
71 ~ 75세	−	−	120
76 ~ 80세	−	−	실물이전 수익금
81 ~ 85세	−	−	120

A씨의 총 납입액은 (30+35+40+45+50+55)×12×5=15,300만 원이다. 76세에 실물이전을 하며, 최대 수익률을 가정하므로 추정 수익률이 100% 상승인 ETF를 선택한다. 이는 납입액의 50%에 대해 100% 투자 수익률이므로 15,300×0.5=7,650만 원의 수익을 얻는다.

따라서 15년간 매월 120만 원씩 연금을 받고, 76 ~ 80세 5년 동안 7,650만 원의 수익을 얻었으므로 A씨가 정년퇴직 후 얻을 수 있는 금액의 최대치는 (120×12×15)+7,650=29,250만 원, 즉 2억 9,250만 원이다.

38

정답 ①

I기업 직원별 5월 소득은 각각 다음과 같다.

- A사원 : 2,230+(2×100)+50+0+0=2,480천 원
- B대리 : 2,750+(4×100)+70+30+0=3,250천 원
- C대리 : 3,125+(5×100)+70+30+250=3,975천 원
- D과장 : 3,500+(6×100)+100+50+0=4,250천 원
- E차장 : 3,780+(10×100)+150+50+0=4,980천 원
- F부장 : 4,200+(14×100)+200+100+50=5,950천 원

따라서 I기업 직원들의 5월 소득 평균은 (2,480+3,250+3,975+4,250+4,980+5,950)÷6=4,147.5천 원, 즉 414만 7천 5백 원이므로 450만 원 이하이다.

오답분석

② I기업 직원별 5월 소득에서 5월 지출을 뺀 금액을 각각 다음과 같다.

- A사원 : 2,480−2,445=35천 원
- B대리 : 3,250−2,665=585천 원
- C대리 : 3,975−3,293=682천 원
- D과장 : 4,250−4,278=−28천 원
- E차장 : 4,980−4,942=38천 원
- F부장 : 5,950−5,315=635천 원

따라서 5월 소득에서 5월 지출을 뺀 금액이 가장 많은 사람은 C대리이다.

③ 근속연수가 가장 짧은 직원은 A사원이다. A사원의 5월 소득은 248만 원(=2,480천 원)이며, 5월 지출 또한 244.5만 원이므로 모두 250만 원 이하이다.

④ I기업 직원들의 평균 5월 지출을 만 원 단위로 계산하면 (244.5+266.5+329.3+427.8+494.2+531.5)÷6=382.3만 원이므로 350만 원 이상이다.

39

정답 ①

I기업 직원 6명의 금융상품 투자금액을 만 원 단위로 계산하면 총 20+25+40+15+30+70=200만 원이다. 전체 직원의 금융상품 투자금액에서 각 직원이 차지하는 비율은 다음과 같다.

- A사원 : 20÷200×100=10%
- B대리 : 25÷200×100=12.5%
- C대리 : 40÷200×100=20%
- D과장 : 15÷200×100=7.5%
- E차장 : 30÷200×100=15%
- F부장 : 70÷200×100=35%

따라서 I기업 전체 직원의 금융상품 투자금액에서 각 직원이 차지하는 비율을 바르게 나타낸 그래프는 ①이다.

40

정답 ③

I은행 승진 규정에 따른 승진 대상자별 최종 평가 점수는 각각 다음과 같다.

(단위 : 점)

구분	업무실적	팀워크	전문성	성실성	최종 평가 점수
A주임	60×0.4=24	90×0.15=13.5	84×0.25=21	98×0.2=19.6	78.1
B주임	70×0.4=28	86×0.15=12.9	84×0.25=21	96×0.2=19.2	81.1
C주임	91×0.4=36.4	76×0.15=11.4	96×0.25=24	53×0.2=10.6	82.4
D주임	84×0.4=33.6	92×0.15=13.8	76×0.25=19	80×0.2=16	82.4

C주임과 D주임의 최종 평가 점수가 동일하므로 업무실적과 전문성 점수의 평균을 구하면 다음과 같다.

- C주임 : (91+96)÷2=93.5점
- D주임 : (84+76)÷2=80점

따라서 대리로 진급하는 사람은 C주임이다.

41

정답 ①

변경된 승진 규정에 따른 승진 대상자별 최종 평가 점수는 각각 다음과 같다.

(단위 : 점)

구분	업무실적	팀워크	전문성	성실성	최종 평가 점수
A주임	60×0.15=9	90×0.3=27	84×0.4=33.6	98×0.15=14.7	84.3
B주임	70×0.15=10.5	86×0.3=25.8	84×0.4=33.6	96×0.15=14.4	84.3
C주임	91×0.15=13.65	76×0.3=22.8	96×0.4=38.4	53×0.15=7.95	82.8
D주임	84×0.15=12.6	92×0.3=27.6	76×0.4=30.4	80×0.15=12	82.6

A주임과 B주임의 최종 평가 점수가 동일하므로 팀워크와 전문성 점수의 평균을 구해야 한다.

- A주임 : (90+84)÷2=87점
- B주임 : (86+84)÷2=85점

따라서 팀장이 되는 사람은 A주임이다.

42

정답 ①

IBK 부모급여우대적금에서 부모급여나 아동수당의 수급은 우대이자율 조건 중의 하나로, 상품가입을 위한 필수 조건은 아니다. 따라서 부모급여나 아동수당을 수급하는 사람에 한해 가입이 가능한 자유적립식 적금상품이라는 행원의 답변은 옳지 않다.

오답분석

② 우대이자율의 가족 실적합산에서 가족등록 후 계약기간 중 충족된 실적은 합산하여 우대이자율을 제공한다고 명시되어 있으며, 적금 가입과 우대조건을 충족한 고객의 명의가 달라도 합산하여 실적을 인정해 주므로 옳은 답변이다.

③ 가족등록을 하기 위해서는 반드시 가족관계 확인서류를 지참하여 영업점을 방문해야 하므로 옳은 답변이다.

④ IBK 부모급여우대적금은 1년(12개월) 계약상품으로 월 최대 50만 원씩 입금할 수 있다. 따라서 최대 입금액은 50×12=600만 원이므로 옳은 답변이다.

43

정답 ②

A고객은 9개월 동안 적금을 유지하다가 중도해지하였으므로 중도해지이자율에 따라 이자율이 결정되며, 우대이자율은 적용되지 않는다. 1년(12개월) 계약 상품에서 9개월까지 유지하였으므로 납입기간 경과비율은 9÷12×100=75%이다. 그러므로 중도해지이자율은 (기본이자율)×60%이다. 따라서 A고객이 받을 수 있는 최고 이자율은 2.5×0.6=연 1.5%이다.

44

정답 ④

국내 외환시장의 개장시간을 연장하기 전에는 오후 3시 30분에 마감이 되어 거래 자체가 불가능했다. 따라서 동일한 환율로 거래가 이루어졌다는 것은 적절하지 않은 내용이다.

오답분석

① 종가란 증권시장에서 마지막으로 거래가 이루어진 가격을 뜻한다. 따라서 국내 외환시장의 개장시간 연장으로 달러의 마지막 거래는 새벽 2시에 이루어지므로 이때의 거래가격이 종가가 된다.

② 두 번째 문단에 따르면 국내 외환시장의 개장시간 연장은 원/달러 환율에만 적용되는 것이며, 이종통화의 거래시간은 변경 전과 동일하게 운영된다고 하였다.

③ 국내와 시간 차이가 있어 새벽이나 밤에만 국내 주식의 거래가 가능했었던 해외 투자자들의 경우 기존보다 늘어난 거래시간으로 인해 시간적 편의를 볼 것으로 예측된다.

45

정답 ②

면허를 발급하는 것은 면허 발급 방식이며, 보조금을 지급받는 것은 보조금 지급 방식으로 둘 사이의 연관성은 없다.

오답분석

① 과거에는 공공 서비스가 경합성과 배제성이 모두 약한 사회 기반 시설 공급을 중심으로 제공되었다. 이런 경우 서비스 제공에 드는 비용은 주로 세금을 비롯한 공적 재원으로 충당을 한다.
③ 정부는 위탁 제도를 도입함으로써 정부 조직의 규모를 확대하지 않고 서비스의 전문성을 강화할 수 있다.
④ 공공 서비스의 다양화와 양적 확대가 이루어지면서 행정 업무의 전문성 및 효율성이 떨어지는 문제점이 나타나기도 한다.

46

정답 ④

제시된 명제를 기호화하면 다음과 같다.

• p : 근대화
• q : 전통 사회 생활양식의 변화
• r : 전통 사회의 고유성 유지
• s : 문화적 전통 확립

이를 정리하면 각각 $p \rightarrow q$, $q \rightarrow \sim r$, $r \rightarrow s$이다. 이때, 두 번째 명제의 대우인 $r \rightarrow \sim q$가 성립한다. 따라서 전통 사회의 고유성을 유지한다면 생활양식의 변화 없이 문화적 전통을 확립할 수 있다.

47

정답 ④

만약 A가 진실이라면 동일하게 A가 사원이라고 말한 C도 진실이 되어 진실을 말한 사람이 2명이 되므로, A와 C는 모두 거짓이다. 또한 E가 진실이라면 B가 사원이므로 A의 'D는 사원보다 직급이 높아.'도 진실이 되어 역시 진실을 말한 사람이 2명이 되기 때문에 E도 거짓이다. 그러므로 B와 D 중 1명이 진실이다.

i) B가 진실인 경우
E는 차장이고, B는 차장보다 낮은 3개 직급 중 하나이다. C가 거짓이므로 A가 과장이고, E가 거짓이기 때문에 B는 사원이 아니므로 B는 대리가 되고, A가 거짓이므로 D는 사원이다. 그러면 남은 부장 자리가 C여야 하는데, E가 거짓이므로 C는 부장이 될 수 없어 모순이 된다. 즉, B의 진술은 거짓이다.

ii) D가 진실인 경우
E는 부장이고 C가 거짓이므로 A는 과장이며, A가 거짓이므로 D는 사원이다. B가 거짓이므로 B는 차장보다 낮은 직급이 아니기 때문에 차장이고, C는 대리가 된다.

따라서 진실을 말한 사람은 D이다.

48

정답 ②

각 월드컵에서 시행되는 경기 수는 다음과 같다.

• 2022년 카타르 월드컵
 – 조별리그 : ${}_4C_2 \times 8 = 48$경기
 – 본선 토너먼트 : 8(16강)+4(8강)+2(4강)+1(3, 4위전)+1(결승)=16경기
  → 총 48+16=64경기
• 2026년 북중미 월드컵
 – 조별리그 : ${}_4C_2 \times 12 = 72$경기
 – 본선 토너먼트 : 16(32강)+8(16강)+4(8강)+2(4강)+1(3, 4위전)+1(결승)=32경기
  → 총 72+32=104경기

따라서 2022년 카타르 월드컵과 2026년 북중미 월드컵에서 진행되는 경기 수는 총 64+104=168경기이다.

49

정답 ④

100,000엔은 100,000×8.6=860,000원이고, $\frac{860,000}{1,300}$ ≒661.54달러이므로 송금수수료는 건당 5,000원이며, 전신료는 건당 8,000원이다. 따라서 지불해야 하는 당발송금수수료는 (5,000×3)+(8,000×3)=15,000+24,000=39,000원이다.

50

정답 ③

직원별 주거비는 각각 다음과 같다.

- A직원(영등포구 전세) : 500,000+(50×30×12)=518,000천 원
- B직원(은평구 월세) : 380,000+[(500+50)×20×12]=512,000천 원
- C직원(강동구 전세) : 490,000+[(30+10)×25×12]=502,000천 원
- D직원(금천구 월세) : 330,000+[(450+40)×30×12]=506,400천 원

따라서 가장 적은 주거비를 지불한 사람은 C직원이다.

51

정답 ⑤

제시문은 DID 기술을 적용한 모바일 주민등록증의 발급이 가능해짐에 따라 이로 인한 장점들이 무엇인지에 대해 다루고 있다. 모바일 주민등록증을 개인 스마트폰에 저장해 사용할 수 있다는 편의성과 선택적으로 정보를 제공하고, 정보를 암호화해 분산 저장함으로써 개인정보의 유출이나 부정사용 및 위변조를 방지할 수 있는 보안성에 대해 말하고 있다. 따라서 글의 제목으로 가장 적절한 것은 ⑤이다.

오답분석

① 모바일 주민등록증의 발급이 최초의 모바일 신분 확인 방법인지는 제시문을 통해 알 수 없다.
② DID 기술의 도입으로 데이터의 분산 저장뿐만 아니라 데이터의 암호화도 가능해졌으므로 글 전체를 포괄하는 제목으로 보기에는 어렵다.
③ 제시문은 기존 신분증의 문제점에 대해 다루기보다는 DID 기술을 활용한 모바일 주민등록증의 발급이 가능해졌고 이 기술에 대한 설명과 이로 인한 장점은 무엇인지에 대해 초점이 맞춰져 있으므로 글의 제목으로 보기에는 어렵다.
④ 개인정보의 선택적 제공이 가능해진 것은 DID 기술의 도입으로 인한 장점 중 한 가지이므로 글 전체를 포괄하는 제목은 아니다.

52

정답 ②

각자의 여행 경비는 다음과 같다.

- A : (300×1,400)+(4,000×200)+80,000=1,300,000원
- B : (250×1,550)+(500×1,850)=1,312,500원
- C : (100×1,400)+(500×900)+(15,000×40)+100,000=1,290,000원
- D : (350×1,550)+(1,800×200)+(450×900)=1,307,500원
- E : (150×1,400)+(100×200)+(400×1,850)+(2,000×40)+200,000=1,250,000원

따라서 가장 많은 여행 경비를 지출한 사람은 B이다.

53

정답 ⑤

신한 SOL뱅크 애플리케이션은 쏠야구 우대금리를 받기 위해서 반드시 필요하지만, 만기 전전영업일까지만 응원 팀 설정을 완료하면 해당 우대금리를 받을 수 있다. 따라서 최대 우대금리를 받기 위해서 반드시 신한 SOL뱅크를 통해 가입해야 하는 것은 아니다.

오답분석

① 가입대상은 실명의 개인 및 개인사업자로, 1인 1계좌 개설이 가능하다.
② 1982 전설의 적금은 30만 좌의 한도가 있으며, 3차에 걸쳐 10만 좌씩 판매되므로 가입하는 고객이 많을 경우 가입이 불가능할 수 있다.
③ 한 달 최대 불입금은 30만 원이며 계약기간은 12개월이므로, 최대 불입할 수 있는 원금은 30×12=360만 원이다.
④ 기본금리는 연 3.0%이며, 카드 우대의 우대금리는 연 4.2%p, 쏠야구 우대의 우대금리는 연 0.5%p이므로 적용금리는 최대 연 3.0+4.2+0.5=7.7%이다.

54

정답 ②

고객별 우대금리 적용사항은 각각 다음과 같다.

구분	카드 우대	쏠야구 우대	우대금리
A고객	신한은행 체크카드 결제 실적 6개월 미만(+0%p)	신한 SOL뱅크를 통한 응원 팀 설정 불가능(+0%p)	+0%p
B고객	두 가지 조건에 모두 만족하므로 높은 이자율 조건을 하나만 적용(+4.2%p)	신한 SOL뱅크를 통한 응원 팀 미설정(+0%p)	+4.2%p
C고객	첫 번째 조건은 결제 실적이 부족하며, 두 번째 조건은 신용카드만 해당하므로 적용 불가(+0%p)	신한 SOL뱅크를 통한 응원 팀 설정 완료(+0.5%p)	+0.5%p
D고객	첫 번째 조건 만족(+3.5%p)	신한 SOL뱅크를 통한 응원 팀 설정 완료(+0.5%p)	+4.0%p
E고객	적금 11개월 차에 중도해지하여 우대금리 적용 불가(+0%p)		+0%p

따라서 가장 높은 우대금리를 적용받는 고객은 B고객이다.

55

정답 ②

먼저 첫 번째 식을 통해 z값을 구하면 다음과 같다.

$x+y+z=26$

$\rightarrow z=26-x-y$

이를 바탕으로 두 번째 식과 세 번째 식에 대입하면 다음과 같다.

- 두 번째 식

  $2x-y+3z=22$

  $\rightarrow 2x-y+3(26-x-y)=22$

  $\rightarrow 2x-y+78-3x-3y=22$

  $\rightarrow -x-4y=-56$

  $\therefore x+4y=56$

- 세 번째 식

  $x+4y-z=50$

  $\rightarrow x+4y-(26-x-y)=50$

  $\rightarrow x+4y-26+x+y=50$

  $\therefore 2x+5y=76$

그러므로 다음과 같은 연립방정식이 성립한다.

$$\begin{cases} x+4y=56 \cdots ㉠ \\ 2x+5y=76 \cdots ㉡ \end{cases}$$

㉠에 따라 $x=56-4y$이므로 이를 ㉡에 대입하면 다음과 같다.

$2(56-4y)+5y=76$

$\rightarrow 112-8y+5y=76$

$\rightarrow -3y=-36$

$\therefore y=12$

도출된 y값을 바탕으로 나머지 미지수의 해를 구하면 다음과 같다.

$\therefore x=8,\ y=12,\ z=6$

따라서 $x \times y \div z = 8 \times 12 \div 6 = 16$이다.

56

정답 ⑤

먼저 세 번째 조건에 따라 3팀은 3호실에 위치하고, 네 번째 조건에 따라 8팀과 2팀은 4호실 또는 8호실에 각각 위치한다. 이때, 두 번째 조건에 따라 2팀과 5팀은 앞뒤로 나란히 위치해야 하므로 결국 2팀과 5팀이 각각 8호실과 7호실에 나란히 위치하고, 4호실에는 8팀이 위치한다. 그리고 첫 번째 조건에 따라 1팀과 7팀은 1호실 또는 5호실에 각각 위치하는데, 마지막 조건에서 4팀은 1팀과 5팀 사이에 위치한다고 하였으므로 4팀이 5팀 바로 앞인 6호실에 위치하고, 1팀은 5호실에 위치한다. 이에 따라 1호실에는 7팀이 위치하고, 바로 뒤 2호실에는 6팀이 위치한다. 이를 종합하여 기획 1～8팀의 사무실을 배치하면 다음과 같다.

창고	입구	계단
기획 7팀	복도	기획 1팀
기획 6팀		기획 4팀
기획 3팀		기획 5팀
기획 8팀		기획 2팀

따라서 기획 4팀과 기획 6팀은 복도를 사이에 두고 마주하는 것을 알 수 있다.

오답분석

① 창고 뒤에는 기획 7팀의 사무실이 위치하며, 기획 1팀의 사무실은 계단 쪽 라인에 위치한다.
② 기획 3팀과 기획 5팀은 복도를 사이에 두고 마주한다.
③ 기획 2팀의 사무실은 8호실에 위치한다.
④ 기획 7팀과 기획 8팀은 창고 쪽의 라인에 위치한다.

57

정답 ④

세 번째 문단에 따르면 국내 서비스업 취업자 수가 감소한 것이 아니라, 증가폭이 감소하였다고 하였으므로 적절하지 않은 설명이다.

오답분석

① 두 번째 문단에 따르면 세계경제의 성장세가 확대되는 움직임을 나타내고 있으므로, 최근 세계경제가 지속적으로 성장해 왔음을 추론할 수 있다.
② 두 번째 문단에 따르면 주요국 통화정책 정상화 기대 등으로 국채금리가 상승하였다고 하였으므로, 국채금리는 주요국 통화정책의 영향을 받는다는 것을 추론할 수 있다.
③ 다섯 번째 문단에 따르면 장기시장금리의 오름세와 주가 상승 등 금융시장이 안정된 모습을 보였고, 주택가격은 낮은 오름세를 보였으므로 전반적으로 오름세를 보이고 있다는 것을 추론할 수 있다.

58

정답 ④

2023년 1/4～4/4분기의 전년 동분기 대비 증가폭을 구하면 다음과 같다.

- 1/4분기 : 109,820−66,541=43,279건
- 2/4분기 : 117,808−75,737=42,071건
- 3/4분기 : 123,650−89,571=34,079건
- 4/4분기 : 131,741−101,086=30,655건

따라서 2023년 중 전년 동분기 대비 확정기여형 퇴직연금을 도입한 사업장 수가 가장 많이 증가한 시기는 1/4분기이다.

오답분석

① 자료 내 합계를 통해 확인할 수 있다.
② 분기별 확정급여형과 확정기여형 취급실적을 비교하면 확정기여형이 항상 많은 것을 확인할 수 있다.
③ 제시된 자료를 통해 확인할 수 있다.

59

정답 ③

세 번째 조건에 따라 파란색을 각각 왼쪽에서 두 번째, 세 번째, 네 번째 벽에 칠할 때로 나눈다.

i) 파란색을 왼쪽에서 두 번째 벽에 칠할 때
- 노랑 – 파랑 – 초록 – 주황 – 빨강

ii) 파란색을 왼쪽에서 세 번째 벽에 칠할 때
- 주황 – 초록 – 파랑 – 노랑 – 빨강
- 초록 – 주황 – 파랑 – 노랑 – 빨강

iii) 파란색을 왼쪽에서 네 번째 벽에 칠할 때
- 빨강 – 주황 – 초록 – 파랑 – 노랑

따라서 항상 참인 것은 ③이다.

60

정답 ③

S은행 주요 고객이 뽑은 항목 순위에 따른 상품별 평점과 김사원이 잘못 기록한 평점 순위는 다음과 같다.

i) 중요 항목 순위에 따른 평점

구분	총점	상품순위
A적금	(4×50)+(2×30)+(3×15)+(2×5)=315점	2등
B적금	(2×50)+(4×30)+(2×15)+(3×5)=265점	4등
C펀드	(5×50)+(3×30)+(1×15)+(2×5)=365점	1등
D펀드	(3×50)+(3×30)+(4×15)+(2×5)=310점	3등
E적금	(2×50)+(3×30)+(1×15)+(4×5)=225점	5등

ii) 1순위와 3순위가 바뀐 항목 순위에 따른 평점

구분	총점	상품순위
A적금	(3×50)+(2×30)+(4×15)+(2×5)=280점	2등
B적금	(2×50)+(4×30)+(2×15)+(3×5)=265점	3등
C펀드	(1×50)+(3×30)+(5×15)+(2×5)=225점	4등
D펀드	(4×50)+(3×30)+(3×15)+(2×5)=345점	1등
E적금	(1×50)+(3×30)+(2×15)+(4×5)=190점	5등

따라서 주요 고객이 뽑은 항목 순위에 따른 상품 순위보다 김사원이 잘못 기록한 항목 순위에서 순위가 상승한 상품은 B적금과 D펀드이다.

PART 1
직업기초능력평가

01 의사소통능력

01	02	03	04	05	06	07	08	09	10
①	④	④	②	③	④	③	④	④	②
11	12	13	14	15	16	17	18	19	20
④	①	④	②	①	④	③	①	④	④

01

정답 ①

(가) 문단에서 피타고라스학파가 '근본적인 것'으로 '수(數)'를 선택했음을 알 수 있다. 이후 전개될 내용으로는 피타고라스학파가 왜 수를 가장 근본적인 것으로 생각했는지의 이유가 전개되어야 한다. 따라서 수의 중요성과 왜 근본적인지에 대한 내용의 보기는 (가) 문단의 뒤에 들어가는 것이 가장 적절하다.

02

정답 ④

개요에서는 현재의 소비 생활을 살펴봄으로써 문제점을 발견하고, 이에 대해 환경친화적 제품을 구매하고 제품 사용 시 환경에 끼칠 영향을 고려하는 소비 생활의 변화가 필요하다는 대안을 제시하고 있다. 따라서 주제문으로 환경친화적 소비 생활을 촉구하는 ④가 적절하다.

03

정답 ④

인간의 심리적 문제는 비합리적인 신념의 '원인'이 아닌 '산물'이다.

04

정답 ②

마지막 문단에서 세계경제포럼(WEF)의 향후 전망을 통해 전력산업의 발전 방향을 제시하고 있음을 알 수 있다.

05

정답 ③

사설의 내용을 통해 세계 전력산업의 역사를 이해함으로써 오늘날 전력산업의 모습을 설명하고 있으며, 이를 통해 파괴적 혁신 시대의 도래를 언급하고 파괴적 혁신 시대의 특징과 방향을 설명하고 있다. 따라서 사설의 제목으로 ③이 가장 적절하다.

06

정답 ④

향후 에너지 서비스 산업의 핵심 활동은 대상별(고객, 설비 등) 맞춤형 서비스를 통한 소비자 가치증진에 있으며 데이터가 중심인 에너지 플랫폼이 그 핵심이 될 것으로 보고 있다.

07

정답 ③

두 번째 문단은 우울증의 긍정적인 면모인 보호 기제로서의 측면에 대한 내용을 다루고 있다. 그러나 ㉢은 지금의 경쟁사회가 정신적인 소진 상태를 초래하기 쉬운 환경이라는 내용이므로, 오늘날 우울증이 급격히 늘어나는 원인을 설명하고 있는 세 번째 문단의 마지막 문장 바로 앞에 들어가는 것이 더 적절하다.

오답분석

① 우울증과 창조성의 관계를 설명하면서 그 예시로 우울증을 갖고 있었던 위대한 인물들을 들고 있다. 따라서 천재와 우울증이 동전의 양면과 같으므로 인류 문명의 진보를 이끌었다고 볼 수 있다는 내용의 ㉠은 문단의 결론이므로 삭제할 필요는 없다.

② 문장의 주어가 '엄청난 에너지를 소모하는 것, 즉 행위이므로 이 행위는 어떤 상태에 이르게 '만드는' 것이 되어야 문맥이 자연스럽다. 따라서 문장의 주어와 호응하는 것은 '이르게도 할 수 있다.'이다.

④ ㉣을 기준으로 앞 문장은 새로운 조합을 만들어 내는 창조성 있는 사람이 이익을 갖게 된다는 내용이고, 뒤 문장은 새로운 조합을 만들어 내는 일이 많은 에너지를 요하는 어려운 일이라는 내용이다. 따라서 뒤 문장은 앞 문장의 결과라고 보기 어렵다.

08

정답 ④

성과 이름은 붙여 쓰고 이에 덧붙는 호칭어, 관직명 등은 띄어 써야 하므로 '김민관 씨'가 올바른 표기이다.

09

정답 ④

일방적으로 자신의 말만 하고, 무책임한 마음으로 자신의 말이 '정확히 전달되었는지', '정확히 이해했는지'를 확인하지 않는 미숙한 의사소통 기법이 직장생활에서의 원만한 의사소통을 저해하고 있다.

10

정답 ②

태양광 연계 ESS REC 가중치 5.0은 2018년에 하향 조정될 것으로 예상되었으나 2018년 6월까지 유지한다고 하였다.

오답분석

① 태양광 연계형 ESS를 설치할 시 태양광 발전시설만 설치할 때보다 월 수익이 2 ~ 3배 더 늘어난다.
③ ESS는 설치비용과 유지보수비 등 초기비용이 많이 들어 경제 규모가 크지 않은 이상 설치하기 어렵다는 단점이 있다.
④ ESS 전용특례요금제도는 경부하 시간대인 심야시간 충전 전력의 10%에 해당하는 전력요금을 할인해 주는 제도이다. 2017년 1월부터는 할인율을 최대 50%까지 올렸다.

11

정답 ④

전선업계는 구릿값이 상승할 경우 기존 계약금액을 동결한 상태에서 결제를 진행하고, 반대로 구릿값이 떨어지면 그만큼의 차액을 계약금에서 차감해 줄 것을 요구하는 불공정거래 행태를 보여주고 있다. 이는 자신의 이익만을 꾀하는 행위로 ④가 적절하다.

오답분석

① 개구리 올챙이 적 생각 못 한다 : 지난 일은 생각지 못하고 처음부터 그랬던 것처럼 잘난 체한다는 뜻이다.
② 소 잃고 외양간 고친다 : 일이 이미 잘못된 뒤에는 손을 써도 소용이 없다는 뜻이다.
③ 등잔 밑이 어둡다 : 가까이에 있는 것을 도리어 알아보지 못한다는 뜻이다.

12

정답 ①

기사 내용에서 상반된 이론을 제시하는 경우는 확인할 수 없다.

오답분석

② 첫 번째 문단에서는 한전의 전력구입비 상승으로 인한 문제점을, 두 번째 문단에서는 이에 대한 정부의 대응을 확인할 수 있다.
③ 첫 번째 문단에서 SMP라는 용어를 정의하여 이해를 돕고 있다.
④ 마지막 문단에서 전력전문가의 의견을 통해 해결방안을 제시하고 있음을 알 수 있다.

13

정답 ④

첫 번째 문단에서 최근 몇 년간 석탄과 원자력 등의 기저발전설비 증가와 LNG연료비 하락에 따른 SMP 하락으로 민간 LNG발전사와 집단에너지사업자들의 경영난이 가중되었다고 설명하고 있다.

오답분석

① 수익 보전 방안이 없는 일반복합발전사와 열병합발전사들이 수년째 누적적자가 발생해 발전소 존폐 위기에 직면해 있다.
② 집단에너지의 경우 열 제약 발전 시 연료비와 SMP 중 더 높은 가격으로 보상해 변동비를 보전해 주는 방안이 검토되었다.
③ 전국적인 한파로 국내 원전 24기 중 10기가 계획예방정비 등으로 가동되지 않았다.

14

정답 ②

제시된 대화에서 나타나는 오류는 '피장파장의 오류'로, 상대방의 잘못을 들추어 서로 낫고 못함이 없다고 주장하여 자신의 잘못을 정당화하는 오류이다.

오답분석

① 성급한 일반화의 오류 : 제한된 증거를 기반으로 성급하게 어떤 결론을 도출하는 오류이다.
③ 군중에 호소하는 오류 : 군중 심리를 자극하여 논지를 받아들이게 하는 오류이다.
④ 인신공격의 오류 : 주장하는 사람의 인품·직업·과거 정황을 트집 잡아 비판하는 오류이다.

15

정답 ①

도미니카공화국에 전기차와 충전설비를 기증하였다는 (마) – 기증의 이유와 앞으로의 계획에 대해 설명하는 (나) – 5월 29일에 진행된 전기차 기증 이후 5월 30일에 개최된 전기차 관련 기술세미나를 언급하는 (바) – 기술세미나의 구성과 내용, 기획의도를 말하는 (다) – 세미나 참석 소감을 말하는 도미니카공화국 관계자의 인터뷰인 (가) – H공사의 계획을 언급하며 마무리하는 (라) 순으로 이어지는 것이 적절하다.

16

정답 ④

L씨는 기사문을 통해 자식들을 훌륭하게 키운 K씨의 교육 방법을 파악하고 가족들과 함께 시간을 보낼 수 있는 '가족의 밤'을 진행하기로 하였으므로, 문서에서 이해한 목적 달성을 위해 취해야 할 행동을 생각하고 결정하는 단계에 해당한다.

문서이해의 구체적인 절차

1. 문서의 목적을 이해하기
2. 이러한 문서가 작성되게 된 배경과 주제를 파악하기
3. 문서에 쓰인 정보를 밝혀내고, 문서가 제시하고 있는 현안을 파악하기
4. 문서를 통해 상대방의 욕구와 의도 및 내게 요구되는 행동에 대한 내용을 분석하기
5. 문서에서 이해한 목적 달성을 위해 취해야 할 행동을 생각하고 결정하기
6. 상대방의 의도를 도표나 그림 등으로 메모하여 요약·정리하기

17

정답 ③

제시문을 통해 동네 마트 등 주변에서 가전제품처럼 쉽게 구할 수 있었던 미니태양광이 자격기준의 강화로 설치가 불편해졌다는 의견이 제기되고 있음을 알 수 있다. 따라서 까다로워진 기준으로 인해 태양광 설치의 대중화를 우려하고 있다는 것을 알 수 있다.

오답분석

① 서울시는 태양광 미니발전소가 발전설비인 만큼 안전문제가 대두될 수 있으므로 보급업체의 자격기준을 강화하였다.
② 베란다형 태양광 미니발전소 설치는 2016년에 8,311개로 2014년도의 1,777개에 비해 4배 이상 증가하였다.
④ 지난해까지는 전기공사업 면허 없이도 보급업체로 참여할 수 있었다.

18

정답 ①

스마트그리드를 사용하면 신재생에너지에 바탕을 둔 분산전원의 활성화를 통해 기존의 발전설비에 들어가는 화석연료의 사용절감 효과를 얻을 수 있다.

19

정답 ④

오답분석

- C : DC아일랜드가 구축되는 서거차도에는 200kW급 태양광발전과 100kW급 풍력발전기, 1.5MWh 용량의 에너지저장장치가 구축되어 있다. 즉, 외부에서 공급되는 에너지를 이용하지 않는다.

20

정답 ④

국제학생증 체크카드는 수령 후 카드사용 등록을 해야 서비스 이용이 가능하다.

CHAPTER

02 수리능력

01	02	03	04	05	06	07	08	09	10
①	③	②	④	③	②	④	③	④	②
11	12	13	14	15	16	17	18	19	20
②	④	③	③	④	③	④	③	④	④

01

정답 ①

- n개월 후 형의 잔액 : $2{,}000\times n$
- n개월 후 동생의 잔액 : $10{,}000+1{,}500\times n$

$2{,}000n>10{,}000+1{,}500n$

$\therefore\ n>20$

따라서 21개월 후에는 형의 잔액이 동생보다 많다.

02

정답 ③

내리막길의 거리를 $x$km라고 하면 다음과 같은 식이 성립한다.

$\left(\frac{32}{60}-\frac{x}{20}\right)\times18=\left(\frac{84}{60}-\frac{x}{4}\right)\times15$

$\therefore\ x=4$

이때, 평탄한 길의 거리는 $\left(\frac{32}{60}-\frac{4}{20}\right)\times18=6$km이다.

따라서 집에서 체육관까지의 거리는 $4+6=10$km이다.

03

정답 ②

이어지는 x개의 경기를 모두 이긴다고 가정하면 다음과 같은 식이 성립한다.

$\frac{8+x}{11+x}\times100\geq80$

$\rightarrow(8+x)\times100\geq80\times(11+x)$

$\rightarrow800+100x\geq880+80x$

$\rightarrow20x\geq80$

$\therefore\ x\geq4$

따라서 최소한 4경기를 치러야 한다.

04

정답 ④

농도 11%인 소금물의 양은 $(100-x)+x+y=300$이므로 $y=200$이다. 그러므로 다음과 같은 식이 성립한다.

$\frac{20}{100}(100-x)+x+\frac{11}{100}\times200=\frac{26}{100}\times300$

$\rightarrow2{,}000-20x+100x+2{,}200=7{,}800$

$\therefore\ x=45$

따라서 $x+y=245$이다.

05

정답 ③

K사의 전 직원을 x명이라고 하면, 유연근무제에 찬성한 직원은 $0.8x$명이고, 그중 남직원은 $0.8x\times0.7=0.56x$명이다.

구분	찬성	반대	합계
남자	$0.56x$	$0.04x$	$0.6x$
여자	$0.24x$	$0.16x$	$0.4x$
합계	$0.8x$	$0.2x$	x

따라서 여직원을 뽑았을 때, 이 직원이 유연근무제에 찬성한 사람일 확률은 $\frac{0.24x}{0.4x}=\frac{3}{5}$이다.

06

정답 ②

A가 1시간 동안 정리할 수 있는 면적을 $x\text{m}^2$라 하면, B가 정리할 수 있는 면적은 $\frac{2}{3}x\text{m}^2$이다.

$\left(x+\frac{2}{3}x\right)\times5=100\rightarrow\frac{5}{3}x=20$

$\therefore\ x=12$

따라서 A가 1시간 동안 정리할 수 있는 면적은 12m^2이다.

07

정답 ④

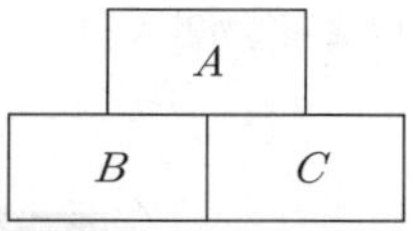

$\rightarrow B\div A=\square\cdots C$

A	B	C
7	23	2($\because$ $23\div7=3\cdots2$)
9	43	7($\because$ $43\div9=4\cdots7$)
17	84	16($\because$ $84\div17=4\cdots16$)

따라서 빈칸에 들어갈 수는 16이다.

08

정답 ③

단리는 원금에 대해서만 이자가 발생하므로 세후이자 산출식은 다음과 같다.

(세후이자)=(원금)×(금리)×[1−(이자소득세)]

A씨는 매월 100만 원씩 납입하였으므로 2년 만기 시 납입액의 합은 1,000,000×24=2,400만 원이다. 매년 연말에 단리로 5%의 금리를 적용하므로 가입 1년(12개월) 후 이자소득세를 적용한 세후이자는 12,000,000×0.05×(1−0.154)=507,600원이다. 또한 가입 2년(24개월) 후 이자소득세를 적용한 세후이자는 24,000,000×0.05×(1−0.154)=1,015,200원이다.

따라서 만기시점에 A씨의 통장에 입금될 금액은 24,000,000+507,600+1,015,200=25,522,800원이다.

09

정답 ④

- 현재 시간 : 11시
- 이전 동시 출발 시간 : 10시
- 배차 간격 : 12분, 18분, 24분

세 버스가 동시에 출발하는 시간 간격은 각 버스 배차 시간의 최소공배수이므로 세 버스는 72분(=1시간 12분) 간격으로 동시에 출발한다.

10시 이후 세 버스가 동시에 출발하는 시간은 11시 12분, 12시 24분, 13시 36분 …이므로 이동시간과 발송업무에 걸리는 시간을 고려했을 때, 12시 24분에 출발하는 고속버스를 이용하는 것이 적절하다. 따라서 화물 택배 의뢰 업무는 20분이 걸리므로 터미널에 도착해야 할 최대 시간은 12시 24분−20분=12시 04분이다.

10

정답 ②

각 국가의 무역의존도를 구하면 다음과 같다.

- A : $\frac{300+300}{1,000}=\frac{600}{1,000}=\frac{3,600}{6,000}$
- B : $\frac{250+250}{3,000}=\frac{500}{3,000}=\frac{1,000}{6,000}$
- C : $\frac{200+200}{2,000}=\frac{400}{2,000}=\frac{1,200}{6,000}$

따라서 무역의존도가 높은 순서대로 나열하면 A−C−B이다.

11

정답 ②

화장품과 등산복 가격의 합은 260,000원이다. 가맹점이기 때문에 10% 할인이 되어 234,000원이 되고, 포인트 2만 점을 사용할 수 있기 때문에 214,000원을 결제해야 한다. 5개월 할부이기 때문에 수수료율 12%에 해당되며 할부수수료를 표로 정리하면 다음과 같다.

(단위 : 원)

구분	이용원금	할부수수료	할부잔액
1회차	42,800	214,000원×(0.12÷12)=2,140	171,200
2회차	42,800	171,200원×(0.12÷12)=1,712	128,400
3회차	42,800	128,400원×(0.12÷12)=1,284	85,600
4회차	42,800	85,600원×(0.12÷12)=856	42,800
5회차	42,800	42,800원×(0.12÷12)=428	0
합계	214,000	6,420	−

따라서 A대리가 지불할 총 금액은 220,420원이다.

12

정답 ④

자료 3에서 한국은 고점 대비 10년간 하락 폭이 3.8%p인 것을 확인할 수 있다. 반면, 주요국의 평균은 $\frac{29.9}{14}$ ≒2.13%p로 한국이 주요국 평균에 비해 $\frac{3.8}{2.13}$ ≒1.8배 크다는 것을 알 수 있다.

오답분석

① 자료 1에서 우리나라가 미국에 비해 실물자산 비중이 높은 것과 고령층으로 갈수록 실물자산의 편중도가 심화된다는 것을 알 수 있다.

② 자료 1에서 우리나라 '~64세'와 '~74세' 구간을 통해 실물자산 비중이 약 80%임을 알 수 있으며, 이는 미국을 크게 상회하는 수준이다. 또한 자료 2에서 '55~64세'와 '65~74세' 구간을 통해 금융자산 대비 금융부채 비율(전체 가구 기준)이 미국에 비해 약 2~3배 높은 수준임을 알 수 있다.

③ 자료 2에서 '55~64세'와 '65~74세' 구간을 통해 금융부채 보유가구의 금융자산 대비 금융부채 비율자료를 확인할 수 있으며, 그래프상에서 대략적으로 85~115% 정도임을 유추할 수 있다.

13

정답 ③

먼저, 각 테이블의 주문 내역을 살펴보면 전체 메뉴는 5가지이며 각 두 그릇씩 주문이 되었다는 것을 알 수 있다. 즉, 1번부터 5번 테이블까지의 주문 총액을 2로 나누면 전체 메뉴의 총합을 알 수 있다는 것이다. 실제로 구해보면 테이블 1~5까지의 총합은 90,000원이며 이것을 2로 나눈 45,000원이 전체 메뉴의 총합이 됨을 알 수 있다.

여기서 테이블 1부터 3까지만 따로 떼어놓고 본다면 다른 것은 모두 한 그릇씩이지만 짜장면만 두 그릇이 됨을 알 수 있다. 이를 바꿔 생각하면 테이블 1 ~ 3까지의 총합(=51,000원)과 45,000원의 차이가 바로 짜장면 한 그릇의 가격이 된다는 것이다. 따라서 짜장면 한 그릇의 가격은 6,000원이다.

14

정답 ③

제시된 '공공임대주택 공급 실적 및 증감률'은 보고서를 작성하는 데 직접적으로 활용되지 않았다.

오답분석

① · ② 보고서의 첫 번째 항목인 2024년 주택건설 인허가 실적에 대한 내용을 작성하는 데 직접적인 근거로 활용된 자료들이다.

④ 보고서의 두 번째 항목인 2024년 아파트와 아파트 외 주택의 인허가 실적에 대한 내용을 작성하는 데 직접적인 근거로 활용된 자료이다.

15

정답 ④

㉠ : A방식에 따르면 2020년과 비교했을 때 2021년의 세수액의 감소분을 계산하면 되므로 42조 5,000억−41조 8,000억=7,000억 원이 된다.

㉡ : B방식에 따르면 2020년이 기준년도가 되며, 2021년의 감소액은 7,000억 원, 2022년의 감소액은 11,000억 원이 되어 이의 누적액은 1조 8천억 원이 된다.

㉢ : A방식에 따른 2023년까지의 세수 감소액은 7,000억 원(2021년분)+4,000억 원(2022년분)+1,000억 원(2023년분)=1조 2천억 원이며, B방식에 따른 2023년까지의 세수 감소액은 7,000억 원(2021년분)+11,000억 원(2022년분)+12,000억 원(2023년분)=3조 원이다. 따라서 이 둘의 차이는 1조 8천억 원이 된다.

16

정답 ③

은행 상담을 통해 A씨가 가진 외화를 우선 원화로 환전한 뒤, 환전한 원화를 홍콩달러로 환전해야 함을 알 수 있다. 이때 다음과 같은 절차를 거치게 된다.

i) 외화를 원화로 환전할 경우 : '팔 때' 환율 적용

- 미국 USD : $1,000×1,190.40=1,190,400원
- 유럽연합 EUR : €500×1,300.13=650,065원
- 중국 CNY : ¥10,000×175.90=1,759,000원
- 일본 JPY 100 : ¥5,000×1,046.64÷100=52,332원

그러므로 원화 총액은 3,651,797원이다.

ii) 원화를 홍콩달러로 환전할 경우 : '살 때' 환율 적용

3,651,797÷159.07=22,957 (∵ 소수점 단위 금액 절사)

따라서 A씨는 HK$ 22,957을 수령한다.

17

정답 ④

(단위 : 원)

구분	단팥빵 구매액	남은 금액	월급
2016년	140,000	21,000	161,000
2012년	84,000	4,300	88,300

2016년과 2012년 남은 금액의 차이는 21,000−4,300=16,700원으로 15,000원보다 크므로 옳은 내용이다.

오답분석

① 이병 월급은 2012년 81,700원에서 2020년 408,100원으로 5배 이상 증가하였으므로 400% 이상 증액되었다. 따라서 옳지 않은 내용이다.

② 증가율을 직접 구할 필요 없이 배수만으로도 판단이 가능하다. 상병의 2016년 월급은 2012년에 비해 2배에 미치지 못하게 증가하였으나 2020년 월급은 2016년에 비해 2배 이상 증가하였다. 따라서 옳지 않은 내용이다.

③ 단팥빵의 경우 매 기간 400원씩 동일한 액수만큼 증가하고 있으므로 보다 적은 값에서 같은 금액만큼 증가한 2016년의 2012년 대비 증가율이 더 높다. 따라서 옳지 않은 내용이다.

18

정답 ③

월별 증가율을 직접 계산할 필요 없이 배수를 어림해 보면 3월의 경우 2월에 비해 2배 이상 증가한 상태이지만 다른 월은 모두 2배 이하로 증가한 상태이다. 따라서 옳은 내용이다.

오답분석

① 1월의 학교폭력 신고 건수를 직접 계산할 필요 없이 그래프 2의 비율 자체를 비교하면 학부모의 비율은 55%인데 반해 학생 본인은 28%로서 학부모의 절반을 넘는다. 따라서 학부모의 신고 건수는 학생 본인의 신고 건수의 2배 미만이다.

② 그래프 2에 의하면 학부모의 신고 비율은 매월 감소하고 있으나, 그래프 1의 전체 건수는 매월 증가하고 있다. 그런데 3월의 경우 전체 신고 건수는 2배 이상 증가한 반면, 동월 학부모의 신고 비율은 약 10% 정도의 감소율만을 보였다. 따라서 이 둘을 서로 곱한 학부모의 신고 건수는 증가하였음을 알 수 있다.

④ 1월의 학생 본인의 학교폭력 신고 건수는 600건×28%이며, 4월은 3,600건×59%인데, 1월이 4월의 10% 이상이라고 하였으므로 (600건×28%)>(360건×59%)가 성립하는지를 파악하면 된다. 이를 곱셈비교의 원리를 이용해 살펴보면, 59는 28의 2배를 넘는 데 반해 600은 360의 2배에 미치지 못하고 있다. 따라서 우변이 더 크므로 옳지 않은 내용이다.

19

정답 ④

소득세 결정기준에 따라 A ~ D의 소득세를 산출하면 다음과 같다.

(단위 : 만 원)

구분	근로소득세	금융소득세	소득세 산출액
A	2,200	750	2,950
B	4,450	–	4,450
C	3,200	–	3,200
D	4,450*	750	5,200

*D의 근로소득세는 금융소득 중 5천만 원을 초과하는 부분에 대한 세액임

따라서 소득세 산출액이 가장 많은 사람은 D이고, 가장 적은 사람은 A이다.

20

정답 ④

제시된 정보를 토대로 자료를 정리하면 다음과 같다.

(단위 : 건)

구분	상반기	하반기	합계
일반상담가	48	72	120
전문상담가	6	54	60
합계	54	126	180

따라서 2022년 하반기 전문상담가에 의한 가족상담 건수는 54건이다.

03 문제해결능력

01	02	03	04	05	06	07	08	09	10
③	④	②	①	②	②	①	①	③	③
11	12	13	14	15	16	17	18	19	20
②	②	④	②	③	③	②	③	③	②

01

정답 ③

예술성은 창의적 사고와 관련이 있으며, 비판적 사고를 개발하기 위해서는 감정적이고 주관적인 요소를 배제하여야 한다.

오답분석

① 체계성 : 결론에 이르기까지 논리적 일관성을 유지하여 논의하고 있는 문제의 핵심에서 벗어나지 않도록 한다.
② 결단성 : 모든 필요한 정보가 획득될 때까지 불필요한 논증을 피하고 모든 결정을 유보하며, 증거가 타당할 때 결론을 맺어야 한다.
④ 지적 호기심 : 여러 가지 다양한 질문이나 문제에 대한 해답을 탐색하고 사건의 원인과 설명을 구하기 위해 왜, 언제, 누가, 어떻게 등에 대한 질문을 제기한다.

02

정답 ④

제시문의 상황에서 나타나는 오류는 허수아비 공격의 오류이다. 허수아비의 공격의 오류는 상대가 의도하지 않은 것을 강조하거나 허점을 비판하여 자신의 주장을 내세우는 것으로, 상대방의 주장과는 상관없는 별개의 논리를 만들어 공격하는 오류를 말한다.

오답분석

① 결합의 오류 : 개별적으로는 참이나, 그 부분의 결합인 전체로는 거짓인 것을 참인 것으로 주장함으로써 일어나는 오류를 말한다.
② 무지의 오류 : 어떤 논제가 거짓이라는 것이 증명되지 않았다는 것을 이유로 논제가 참이라고 주장하거나, 그 반대로 어떤 논제가 참이라는 것이 증명되지 않았다는 이유로 논제를 거짓이라고 주장하는 오류를 말한다.
③ 피장파장의 오류 : 잘못을 들추어 서로 낫고 못함이 없다고 주장하여 자신의 잘못을 정당화하는 오류를 말한다.

03

정답 ②

첫 번째, 네 번째 조건에 따르면 미국 – 일본 – 캐나다 순으로 여행한 사람의 수가 많음을 알 수 있고, 두 번째 조건에 따라 일본을 여행한 사람은 미국 또는 캐나다 여행을 했음을 알 수 있다. 따라서 일본을 여행했지만 미국을 여행하지 않은 사람은 캐나다 여행을 했고, 세 번째 조건에 따라 중국을 여행하지 않았다.

오답분석

①·④ 제시된 조건만으로는 알 수 없다.
③ 미국을 여행한 사람이 가장 많지만 일본 또는 중국을 여행한 사람의 수보다 많은지는 알 수 없다.

04

정답 ①

제시된 설명에 따라 A, B, C가 각각 7개, 6개, 7개의 동전을 가지게 된다. 이때 모든 종류의 동전이 있는 A의 최소 금액은 $(10\times4)+(50\times1)+(100\times1)+(500\times1)=690$원이다.

오답분석

② C가 2개[$(500\times1)+(100\times1)=600$원]의 동전을 가지고, B도 C와 같은 개수(2개)의 동전을 가지게 된다. 이때 16개의 동전을 가진 A의 최대 금액은 $500\times16=8{,}000$원이 된다.
③ C가 2개[$(500\times1)+(100\times1)=600$원]의 동전을 가진 경우와 3개[$(500\times1)+(50\times2)=600$원]의 동전을 가진 경우도 있을 수 있다. 이때 B도 C와 같은 개수인 각 2개와 3개의 동전을 가져, B와 C가 각각 4개 이상의 동전을 가질 수 없게 된다.
④ 제시된 조건만으로는 알 수 없다.

05

정답 ②

실행계획 수립은 무엇을, 어떤 목적으로, 언제, 어디서, 누가, 어떤 방법으로의 물음에 대한 답을 가지고 계획하는 단계이다. 따라서 자원을 고려하여 수립해야 하고, 세부 실행내용의 난이도를 고려하여 가급적 구체적으로 세우는 것이 좋으며, 해결안별 구체적인 실행계획서를 작성함으로써 실행의 목적과 과정별 진행내용을 일목요연하게 파악하도록 하는 것이 필요하다.

06

정답 ②

창의적 사고는 선천적으로 타고 날 수도 있지만, 후천적 노력에 의해 개발이 가능하기 때문에 해줄 수 있는 조언으로 적절하지 않다.

오답분석

① 새로운 경험을 찾아 나서는 사람은 적극적이고, 모험심과 호기심 등을 가진 사람으로 창의력 교육훈련에 필요한 요소를 가지고 있는 사람이다.
③ 창의적 사고는 창의력 교육훈련을 통해 후천적 노력에 의해서도 개발이 가능하다.
④ 창의력은 본인 스스로 자신의 틀에서 벗어나도록 노력하는 것으로 통상적인 사고가 아니라, 기발하고 독창적인 것을 말한다.

07

정답 ①

초고령화 사회는 실버산업(기업)을 기준으로 외부환경 요소이며, 기회 요인으로 볼 수 있다.

오답분석

② 기업의 비효율적인 업무 프로세스는 기업의 내부환경 요소이며, 약점 요인으로 볼 수 있다.
③ 살균제 달걀 논란은 빵집(기업)을 기준으로 외부환경 요소이며, 위협 요인으로 볼 수 있다.
④ 근육운동 열풍은 헬스장(기업)을 기준으로 외부환경 요소이며, 기회 요인으로 볼 수 있다.

08

정답 ①

자아 인식, 자기 관리, 공인 자격 쌓기 등의 평가 기준을 통해 A사원이 B사원보다 스스로 관리하고 개발하는 능력이 우수하다는 것을 알 수 있다.

09

정답 ③

A은행 카드 모바일 간편 결제는 28일 16시부터 29일 02시까지 일시적으로 제한되므로, 28일에 A은행 카드로 모바일 간편 결제를 이용하려면 16시 이전에 결제를 마쳐야 한다.

오답분석

① 카드업무 중 체크카드의 이용은 28일부터 30일까지 제한되지만, 신용카드의 경우 물품 결제, 대금 결제 등의 승인은 언제나 가능하다.
② 신용카드의 이용은 제한되지 않으나 A은행 카드 포인트 사용과 같은 승인 외 부수 업무는 27일부터 30일까지 제한되므로, 포인트를 사용할 수 없다.
④ 은행업무가 일시 중단될 경우 타 금융기관을 이용한 A은행 계좌의 입금·출금·계좌이체 및 조회도 불가하므로 입금확인을 할 수 없다.

10

정답 ③

ⓒ 원칙적으로는 만 12세까지의 취약계층 아동이 사업대상이지만 해당 아동이 초등학교 재학생이라면 만 13세 이상도 포함한다고 하였으므로 해당 학생은 사업대상에 해당한다.
ⓔ 지역별로 전담공무원을 3명, 아동통합서비스 전문요원을 최대 7명까지 배치 가능하다고 하였으므로 전체 인원은 최대 10명까지 배치 가능하다.

오답분석

㉠ 사업대상의 각주에서 0세는 출생 이전의 태아와 임산부를 포함한다고 하였으므로 임신 6개월째인 취약계층 임산부는 사업대상에 포함된다.
㉣ 원칙적인 지원 한도는 최대 3억 원이나 신규 사업지역일 경우에는 1억 5천만 원으로 제한한다고 하였으므로 옳지 않은 내용이다.

11

정답 ②

㉠ 돼지고기, 닭고기, 오리고기의 경우 원산지가 다른 돼지고기 또는 닭고기를 섞은 경우에는 그 사실을 표시한다고 하였다. 따라서 국내산 돼지고기와 프랑스산 돼지고기를 섞은 돼지갈비를 유통할 때에는 국내산과 프랑스산이 섞여 있다는 사실을 표시해야 하므로 옳게 표시한 것이다.
㉣ 조리한 닭고기를 배달을 통하여 판매하는 경우 그 조리한 음식에 사용된 닭고기의 원산지를 포장재에 표시한다고 하였다. 그런데 선택지의 양념치킨은 국내산 닭을 이용하였으므로 '국내산'으로 표기할 수 있다. 따라서 옳은 내용이다.

오답분석

ⓒ 수입한 돼지를 국내에서 2개월 이상 사육한 후 국내산으로 유통하였다면 '국내산'으로 표시하고 빈칸 안에 축산물명 및 수입국가명을 함께 표시한다고 하였다. 그런데 선택지의 덴마크산 돼지는 국내에서 1개월간 사육한 것이어서 2개월에 미치지 못하므로 '국내산'으로 표기할 수 없고 '삼겹살(덴마크산)'으로 표기해야 한다.
ⓔ 수입한 오리를 '국내산'으로 표기하기 위해서는 국내에서 1개월 이상 사육해야 한다. 그런데 선택지의 중국산 훈제오리는 사육 과정이 없었으므로 '국내산'으로 표기할 수 없고 '훈제오리(중국산)'으로만 표기해야 한다.

12

정답 ②

'안압지 – 석굴암 – 첨성대 – 불국사'는 '세 번째로 방문한 곳이 첨성대라면, 첫 번째로 방문한 곳은 불국사'라는 다섯 번째 조건과 '마지막으로 방문한 곳이 불국사라면, 세 번째로 방문한 곳은 안압지'라는 여섯 번째 조건에 맞지 않는다.

13 정답 ④

제시된 조건에 따르면 김 씨는 남매끼리 서로 인접하여 앉을 수 없으며, 박 씨와도 인접하여 앉을 수 없으므로 김 씨 여성은 왼쪽에서 첫 번째 자리에만 앉을 수 있다. 또한, 박 씨 남성 역시 김 씨와 인접하여 앉을 수 없으므로 왼쪽에서 네 번째 자리에만 앉을 수 있다. 나머지 자리는 최 씨 남매가 모두 앉을 수 있으므로 6명이 앉을 수 있는 경우는 다음과 같다.

• 경우 1

김 씨 여성	최 씨 여성	박 씨 여성	박 씨 남성	최 씨 남성	김 씨 남성

• 경우 2

김 씨 여성	최 씨 남성	박 씨 여성	박 씨 남성	최 씨 여성	김 씨 남성

따라서 경우 1과 경우 2 모두 최 씨 남매는 왼쪽에서 첫 번째 자리에 앉을 수 없다.

오답분석

① 어느 경우에도 최 씨 남매는 인접하여 앉을 수 없다.
② 박 씨 남매는 항상 인접하여 앉는다.
③ 최 씨 남성은 박 씨 여성과 인접하여 앉을 수도 있고 인접하여 앉지 않을 수도 있다.

14 정답 ②

설정형 문제(미래 문제)는 미래 상황에 대응하여 앞으로 어떻게 할 것인지에 대한 문제로 보기에서 ㉡만 해당된다.

오답분석

• 발생형 문제(보이는 문제) : 이미 일어난 문제로 당장 걱정하고 해결해야 되는 문제 → ㉠, ㉢
• 탐색형 문제(찾는 문제) : 현재의 상황에서 개선해야 되는 문제 → ㉣, ㉤

15 정답 ③

자료에서 설명하는 문제해결방법은 Logic Tree 방법이다. Logic Tree 방법은 문제의 원인을 깊이 파고들거나 해결책을 구체화할 때 제한된 시간 속에 넓이와 깊이를 추구하는 데 도움이 되는 기술로, 주요 과제를 나무 모양으로 분해·정리하는 기술이다.

오답분석

① So What 방법 : '그래서 무엇이지?'라고 자문자답하는 의미로, 눈앞에 있는 정보로부터 의미를 찾아내어 가치 있는 정보를 이끌어내는 방법이다.
② 피라미드 구조 방법 : 하위의 사실이나 현상부터 사고함으로써 상위의 주장을 만들어가는 방법이다.
④ SWOT 분석 방법 : 기업내부의 강점, 약점과 외부환경의 기회, 위협 요인을 분석·평가하고 이들을 서로 연관 지어 전략과 문제해결 방안을 개발하는 방법이다.

16 정답 ③

분석적 문제는 해답의 수가 적고 한정되어 있는 반면 창의적 문제는 해답의 수가 많으며, 많은 답 가운데 보다 나은 것을 선택할 수 있다. 즉, 분석적 문제에 대한 해답은 창의적 문제에 대한 해답보다 적다.

구분	창의적 문제	분석적 문제
문제제시 방법	현재 문제가 없더라도 보다 나은 방법을 찾기 위한 문제 탐구로, 문제 자체가 명확하지 않음	현재의 문제점이나 미래의 문제로 예견될 것에 대한 문제 탐구로, 문제 자체가 명확함
해결 방법	창의력에 의한 많은 아이디어의 작성을 통해 해결	분석, 논리, 귀납과 같은 논리적 방법을 통해 해결
해답 수	해답의 수가 많으며, 많은 답 가운데 보다 나은 것을 선택	답의 수가 적으며, 한정되어 있음
주요 특징	주관적, 직관적, 감각적, 정성적, 개별적, 특수성	객관적, 논리적, 정량적, 이성적, 일반적, 공통성

17 정답 ②

(가) 고객 분석 : ㉠, ㉤과 같은 질문을 통해 고객에 대한 정보를 분석한다.
(나) 자사 분석 : ㉡과 같은 질문을 통해 자사의 수준에 대해 분석한다.
(다) 경쟁사 분석 : ㉢, ㉣과 같은 질문을 통해 경쟁사를 분석함으로써 경쟁사와 자사에 대한 비교가 가능하다.

18 정답 ③

문제해결을 위한 방법으로 소프트 어프로치, 하드 어프로치, 퍼실리테이션(Facilitation)이 있다. 그중 마케팅 부장은 연구소 소장과 기획팀 부장 사이에서 의사결정에 서로 공감할 수 있도록 도와주는 일을 하고 있다. 또한 상대의 입장에서 공감을 해주며 서로 타협점을 좁혀 생산적인 결과를 도출할 수 있도록 대화를 하고 있다. 따라서 마케팅 부장이 취하는 문제해결방법은 퍼실리테이션이다.

오답분석

① 소프트 어프로치 : 대부분의 기업에서 볼 수 있는 전형적인 스타일로 조직 구성원들은 같은 문화적 토양을 가지고 이심전심으로 서로를 이해하려 하며, 직접적인 표현보다 무언가를 시사하거나 암시를 통한 의사전달로 문제를 해결하는 방법이다.
② 하드 어프로치 : 다른 문화적 토양을 가지고 있는 구성원을 가정하고, 서로의 생각을 직설적으로 주장하며 논쟁이나 협상을 통해 의견을 조정하는 방법이다.

④ 비판적 사고 : 어떤 주제나 주장 등에 대해 적극적으로 분석하고 종합하며 평가하는 능동적인 사고로, 어떤 논증, 추론, 증거, 가치를 표현한 사례를 타당한 것으로 받아들일 것인지 결정을 내릴 때 요구되는 사고력이다.

19

정답 ③

기존 커피믹스가 잘 팔리고 있어 새로운 것에 도전하지 않는 것으로 보인다. 또한 기존에 가지고 있는 커피를 기준으로 틀에 갇혀 블랙커피 커피믹스는 만들기 어렵다는 부정적인 시선으로 보고 있기 때문에 '발상의 전환'이 필요하다.

오답분석

① 전략적 사고 : 지금 당면하고 있는 문제와 해결방법에만 국한되어 있지 말고, 상위 시스템 및 다른 문제와 관련이 있는지 생각해 봐야 한다.
② 분석적 사고 : 전체를 각각의 요소로 나누어 그 요소의 의미를 도출한 다음 우선순위를 부여하고 구체적인 문제해결방법을 실행하는 것을 말한다.
④ 내・외부자원의 효과적 활용 : 문제해결 시 기술・재료・방법・사람 등 필요한 자원 확보 계획을 수립하고, 내・외부자원을 활용하는 것을 말한다.

20

정답 ②

환경 분석 주요 기법 중 사업환경을 구성하고 있는 자사, 경쟁사, 고객에 대한 체계적인 분석은 '3C 분석'이라고 한다.

오답분석

① SWOT 분석 : 기업내부의 강점・약점과 외부환경의 기회・위협 요인을 분석・평가하고, 이들을 서로 연관 지어 전략을 세우고 문제해결 방안을 개발하는 방법이다.
③ MECE 사고 : 중복이나 누락 없이 대상을 나누어서 생각하는 방법이며, 나눈 부분들의 교집합은 없어야 한다.
④ SMART 기법 : 목표를 세우는 방법으로, 구체적이고 현실적으로 실현가능하게 명확한 시간을 정하여 행동하는 기법이며, 어느 정도 달성했는지도 분명히 알 수 있어야 한다.

04 자원관리능력

01	02	03	04	05	06	07	08	09	10
④	④	④	④	③	②	④	④	④	②
11	12	13	14	15	16	17	18	19	20
③	③	④	②	③	③	③	②	②	③

01

정답 ④

선정방식에 따라 업체별 경영건전성 점수, 시공실적 점수, 전력절감 점수, 친환경 점수를 합산한 값의 평균에 가점을 가산하여 최종점수를 구하면 다음과 같다.

(단위 : 점)

구분	A업체	B업체	C업체	D업체
경영건전성 점수	85	91	79	88
시공실적 점수	79	82	81	71
전력절감 점수	71	74	72	77
친환경 점수	88	75	85	89
평균	80.75	80.5	79.25	81.25
가점	수상 2점	무사고 1점, 수상 2점	입찰가격 2점	무사고 1점, 입찰가격 2점
최종점수	82.75	83.5	81.25	84.25

따라서 선정될 업체는 최종점수가 84.25점으로 가장 높은 D업체이다.

02

정답 ④

K사원은 총 20×10=200부, 200×30=6,000페이지를 인쇄하고자 하며, 업체당 인쇄 비용을 구하면 다음과 같다.

구분	페이지 인쇄 비용	유광 표지 비용	제본 비용	할인을 적용한 총비용
A 인쇄소	6,000×50=30만 원	200×500=10만 원	200×1,500=30만 원	30+10+30=70만 원
B 인쇄소	6,000×70=42만 원	200×300=6만 원	200×1,300=26만 원	42+6+26=74만 원
C 인쇄소	6,000×70=42만 원	200×500=10만 원	200×1,000=20만 원	42+10+20=72만 원 → 200부 중 100부 5% 할인 → (할인 안 한 100부 비용)+(할인한 100부 비용)=36+(36×0.95)=70만 2천 원
D 인쇄소	6,000×60=36만 원	200×300=6만 원	200×1,000=20만 원	36+6+20=62만 원

따라서 가장 저렴한 비용으로 인쇄할 수 있는 업체는 D인쇄소이다.

03

정답 ④

구분	월요일	화요일	수요일	목요일	금요일	토요일	일요일
낮	가, 나, 마	나, 다	다, 마	아, 자	바, 자	라, 사, 차	바
야간	라	마, 바, 아, 자	가, 나, 라, 바, 사	가, 사, 차	나, 다, 아	마, 자	다, 차

일정표를 보면 일요일 낮에 1명, 월요일 야간에 1명이 필요하고, 수요일 야간에 1명이 빠져야 한다. 그러므로 가, 나, 라, 바, 사 중 1명이 옮겨야 한다. 이때 세 번째 당직 근무 규칙에 따라 같은 날에 낮과 야간 당직 근무는 함께 설 수 없으므로 월요일에 근무하는 '가, 나, 라, 마'와 일요일에 근무하는 '다, 바, 차'는 제외된다.

따라서 '사'가 당직 근무 일정을 변경하여 일요일 낮과 월요일 야간에 당직 근무를 해야 한다.

04

정답 ④

전자제품의 경우 관세와 부가세가 총 18%로 모두 동일하며, 전자제품의 가격이 다른 가격보다 월등하게 높기 때문에 대소 비교는 전자제품만 비교해도 된다. 또한 A의 TV와 B의 노트북은 가격이 동일하기 때문에 굳이 계산할 필요가 없고 TV와 노트북을 제외한 휴대폰과 카메라만 비교하면 된다. B의 카메라가 A의 휴대폰보다 비싸기 때문에 B가 더 많은 관세를 낸다.

구분	전자제품	전자제품 외
A	TV(110만), 휴대폰(60만)	화장품(5만), 스포츠용 헬멧(10만)
B	노트북(110만), 카메라(80만)	책(10만), 신발(10만)

B가 내야 할 세금을 계산해보면 우선 카메라와 노트북의 부가세를 포함한 관세율은 총 18%로, 190×0.18=34.2만 원이다.

이때, 노트북은 100만 원을 초과하므로 특별과세 50%(=개별소비세 20%+교육세 30%)가 부과된 110×0.5=55만 원이 더 과세된다. 나머지 품목들의 세금은 책이 10×0.1=1만 원, 신발이 10×0.23=2.3만이다.

따라서 B가 내야 할 관세 총액은 34.2+55+1+2.3=92.5만 원이다.

05

정답 ③

기준일이 2023년 1월 1일인 것과 화장품 제조번호 표기방식 및 사용가능기한을 고려하여 매장 내 보유 중인 화장품의 처분 여부를 판단하면 다음과 같다.

- M2225030이라고 쓰여 있고 개봉한 립스틱
  - 제조일 : 2022년 9월 7일
  - 제조일로부터 5년 이내이며 생산 직후에 개봉했다고 하더라도 1년이 지나지 않았으므로, 처분대상에서 제외된다.
- M1920030이라고 쓰여 있고 개봉하지 않은 클렌저
  - 제조일 : 2019년 7월 19일
  - 제조일로부터 3년이 넘었으므로, 개봉하지 않았더라도 처분대상에 포함된다.
- M2123010이라고 쓰여 있고 개봉하지 않은 에센스
  - 제조일 : 2021년 8월 18일
  - 제조일로부터 3년 이내이며 개봉하지 않았으므로, 처분대상에서 제외된다.
- M1912040이라고 쓰여 있고 개봉한 날짜를 알 수 없는 아이크림
  - 제조일 : 2019년 4월 30일
  - 제조일로부터 3년이 넘었으므로, 개봉 여부와 상관없이 처분대상에 포함된다.
- M2216030이라고 쓰여 있고 2022년 10번째 되는 날에 개봉한 로션
  - 제조일 : 2022년 6월 9일 / 개봉일 : 2022년 1월 10일
  - 제조일로부터 3년 이내이지만 개봉일로부터 6개월이 지났으므로, 처분대상에 포함된다.
- M2230050이라고 쓰여 있고 2022년 200번째 되는 날에 개봉한 스킨
  - 제조일 : 2022년 10월 27일 / 개봉일 : 2022년 2월 19일
  - 제조일로부터 3년 이내이고 개봉일로부터 6개월이 지나지 않았으므로, 처분대상에서 제외된다.

따라서 매장 내 보유 중인 화장품 중에서 처분대상이 되는 것은 총 3개이다.

06

정답 ②

직원들의 연차 및 교육 일정을 정리하면 다음과 같다.

〈10월 달력〉

일요일	월요일	화요일	수요일	목요일	금요일	토요일
	1	2 B사원 연차	3 개천절	4	5	6
7	8	9 한글날	10 A과장 연차	11 B대리 교육	12 B대리 교육	13
14	15 A사원 연차	16	17 B대리 연차	18 A대리 교육	19 A대리 교육	20
21	22	23	24 A대리 연차	25	26	27
28	29 워크숍	30 워크숍	31			

달력에서 바로 확인 가능한 사실은 세 번째 주에 3명의 직원이 연차 및 교육을 신청했다는 것이다. 그러나 A대리와 A사원이 먼저 신청했으므로 B대리가 옳지 않음을 알 수 있다. 또한 A대리의 말에서 자신이 교육받는 주에 다른 사람 2명 신청 가능할 것 같다고 한 것은 네 번째 조건에 어긋난다.
따라서 옳지 않은 말을 한 직원은 A대리와 B대리임을 알 수 있다.

07

정답 ④

오답분석

① 9일 경영지도사 시험은 전문자격시험일이므로 두 번째 조건에 따라 그 주에 책임자 1명은 있어야 한다. 따라서 다음 날인 10일에 직원 모두 출장은 불가능하다.
② 17일은 전문자격시험에 해당되는 기술행정사 합격자 발표일이며, 네 번째 조건에 따라 합격자 발표일에 담당자는 사무실에서 대기해야 한다.
③ 19일은 토요일이며, 일곱 번째 조건에 따라 출장은 주중에만 갈 수 있다.

08

정답 ④

• A씨가 인천공항에 도착한 현지 날짜 및 시각

독일시각	11월 2일 19시 30분
소요시간	+12시간 20분
시차	+8시간
	=11월 3일 15시 50분

인천공항에 도착한 시각은 한국시각으로 11월 3일 15시 50분이고, A씨는 3시간 40분 뒤에 일본으로 가는 비행기를 타야 한다. 비행 출발 시각 1시간 전에는 공항에 도착해야 하므로, 참여 가능한 환승투어 코스는 소요시간이 2시간 이내인 엔터테인먼트, 인천시티, 해안관광이다. 따라서 A씨의 인천공항 도착시각과 환승투어 코스가 바르게 짝지어진 것은 ④이다.

09

정답 ④

팀원의 모든 스케줄이 비어 있는 시간대인 16:00 ~ 17:00가 가장 적절하다.

10

정답 ②

팀장과 과장의 휴가일정과 세미나가 포함된 주를 제외하면 A대리가 연수에 참석할 수 있는 날짜는 첫째 주 금요일부터 둘째 주 화요일까지로 정해진다. 4월은 30일까지 있으므로 주어진 일정을 달력에 표시를 하면 다음과 같다.

〈4월 달력〉

일	월	화	수	목	금	토
	1	2 팀장 휴가	3 팀장 휴가	4 팀장 휴가	5 A대리 연수	6 A대리 연수
7 A대리 연수	8 A대리 연수	9 A대리 연수	10 B과장 휴가	11 B과장 휴가	12 B과장 휴가	13
14	15 B과장 휴가	16 B과장 휴가	17 C과장 휴가	18 C과장 휴가	19	20
21 ╳	22 ╳	23 ╳	24 ╳	25 ╳	26 세미나	27 ╳
28	29	30				

따라서 5일 동안 연속으로 참석할 수 있는 날은 4월 5일부터 9일까지이므로 A대리의 연수 마지막 날짜는 9일이다.

11

정답 ③

영희는 누적방수액의 유무와 상관없이 재충전 횟수가 200회 이상이면 충분하다고 하였으므로 100회 이상 300회 미만으로 충전이 가능한 리튬이온배터리를 구매하고, 누적방수액을 바르지 않은 것이 더 저렴하므로 영희가 가장 저렴하게 구매하는 가격은 5,000원이다.

오답분석

① • 철수가 가장 저렴하게 구매하는 가격 : 20,000원
• 영희가 가장 저렴하게 구매하는 가격 : 5,000원
• 상수가 가장 저렴하게 구매하는 가격 : 5,000원
따라서 철수, 영희, 상수가 리튬이온배터리를 가장 저렴하게 구매하는 가격은 20,000+5,000+5,000=30,000원이다.
② • 철수가 가장 비싸게 구매하는 가격 : 50,000원
• 영희가 가장 비싸게 구매하는 가격 : 10,000원
• 상수가 가장 비싸게 구매하는 가격 : 50,000원
따라서 철수, 영희, 상수가 리튬이온배터리를 가장 비싸게 구매하는 가격은 50,000+10,000+50,000=110,000원이다.
④ 영희가 가장 비싸게 구매하는 가격은 10,000원, 상수가 가장 비싸게 구매하는 가격은 50,000원이다. 두 가격의 차이는 40,000원으로 30,000원 이상이다.

12

정답 ③

급여 총액을 바탕으로 K사원의 시간외수당을 구하면 다음과 같다.

2,950,000−(2,400,000+120,000+150,000+100,000)
=180,000원

시간외근무 시간을 x라 하면, 다음의 식이 성립한다.

$$2,400,000\times\frac{x}{200}\times1.5=180,000$$

$\rightarrow$ $18,000x=180,000$

$\therefore$ x=10시간

K사원의 과세 대상 급여는 2,400,000+180,000+120,000=2,700,000원이다. 이를 바탕으로 소득세 및 4대 보험료를 구하면 다음과 같다.

- 근로소득세 : 2,700,000×0.03=81,000원
- 지방소득세 : 81,000×0.1=8,100원
- 국민연금 : 2,700,000×0.045=121,500원
- 건강보험 : 2,700,000×0.035=94,500원
- 장기요양보험 : 94,500×0.1=9,450원
- 고용보험 : 2,700,000×0.009=24,300원

그러므로 과세 총액은 81,000+8,100+121,500+94,500+9,450+24,300=338,850원이다.

따라서 K사원은 시간외근무를 10시간 하였으며, 세후 급여는 2,950,000−338,850=2,611,150원이다.

13

정답 ④

3분기 경유는 리터당 2,000원이므로 10만 원의 예산으로 사용할 수 있는 연료량은 50L이다. 연비가 가장 좋은 차종은 006이므로 주행 가능한 거리는 50×25=1,250km가 된다.

14

정답 ②

기존의 운행횟수는 12회이므로 1일 운송되는 화물량은 12×1,000=12,000상자이다. 이때, 적재효율을 높여 기존 1,000상자에서 1,200상자로 늘어나면 10회(=12,000÷1,200)로 운행횟수를 줄일 수 있다.

그러므로 기존 방법과 새로운 방법의 월 수송비를 계산하면 다음과 같다.

(월 수송비)=(1회당 수송비)×(차량 1대당 1일 운행횟수)×(차량 운행대수)×(월 운행일수)

- 기존 월 수송비 : 100,000×12×20=24,000,000원
- 신규 월 수송비 : 100,000×10×20=20,000,000원

따라서 월 수송비 절감액은 24,000,000−20,000,000=4,000,000원이다.

15

정답 ③

도배지는 총 3가지 종류의 규격이 있는데, 첫 번째 도배지가 가장 경제적이므로 우선하여 사용한다. 왜냐하면 두 번째 도배지의 크기는 첫 번째 도배지 크기의 $\frac{2}{3}$ 정도인 것에 반해, 가격은 $\frac{3}{4}$ 정도로 비싸기 때문이다. 이는 세 번째 도배지의 경우도 마찬가지이다. 크기별로 벽면을 나누어 사용되는 벽지의 도배 비용을 추산하면 다음과 같다.

- (가로) 8m×(높이) 2.5m 벽 도배 비용

  다음과 같이 벽면에 필요한 도배지를 도식화할 수 있다.

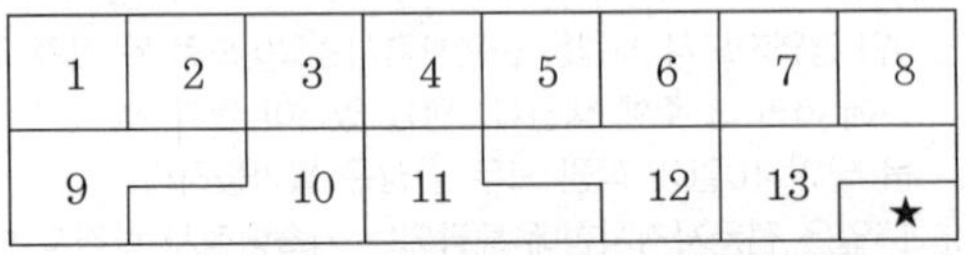

  이 경우 첫 번째 도배지는 13Roll이 필요하므로 비용은 520,000원(=40,000×13)이 든다. 이때, ★의 크기는 (폭) 100cm×(길이) 50cm이다.

- (가로) 4m×(높이) 2.5m 벽 도배 비용

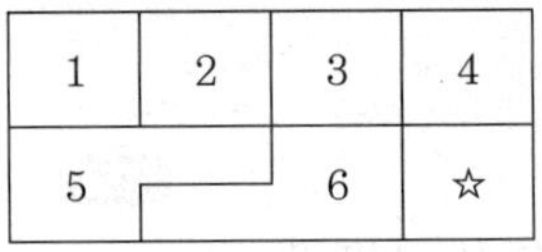

  이 경우 첫 번째 도배지는 총 6Roll이 필요하므로 비용은 240,000원(=40,000×6)이 든다. 이때, ☆의 크기는 (폭) 100cm×(길이) 100cm이다.

- 남은 부분의 도배 비용

  ★과 ☆의 폭이 같기 때문에 총길이는 150cm(=50+100)으로 첫 번째 도배지 1Roll만 있으면 충분하다. 즉, 비용은 40,000원이 든다.

따라서 최소비용은 1,600,000원[=(520,000+240,000+40,000)×2]이고, 10%의 여유자금을 보유해야 하므로 최종 예산은 1,760,000원이다.

16

정답 ③

주어진 규정에 따라 근무 교체 인원을 정리하면 다음과 같다.

[1주 차]

- 이광수(주임) : 동일한 주임 직급에서 대체할 사람 중 해당 주에 근무가 불가한 사람은 3주 차의 김종대와 4주 차의 박성인인데, 박성인은 3·4주 차에 근무를 할 수 없으므로 1주 차나 2주 차에 대체근무를 해야 한다. 따라서 이광수의 대체자로는 4주 차의 박성인이 가장 적절하다.
- 정수정(인턴) : 동일한 인턴 직급에서 대체할 사람은 3주 차의 최안나이다.

[2주 차]

- 민정훈(사원) : 동일한 사원 직급에서 대체할 사람은 4주 차의 신주현이다.

[3주 차]

- 김종대(주임) : [1주 차]의 근무 교체 인원에 따라 3주 차에 근무 교체를 할 수 있는 사람은 1주 차의 이광수이다.
- 최안나(인턴) : 1주 차의 정수정과 교체 근무한다.

[4주 차]

- 박성인(주임) : [1주 차]와 [3주 차]의 근무 교체 인원에 따라 근무 교체를 할 수 있는 사람은 3주 차의 김종대이다.
- 신주현(사원) : 2주 차의 민정훈과 교체 근무한다.

이를 표로 정리하면 다음과 같다.

구분	명단
1주 차(4일)	서정훈(팀장), 박성인(주임), 김종인(사원), 최안나(인턴)
2주 차(11일)	강동호(팀장), 하동훈(주임), 이슬기(주임), 신주현(사원)
3주 차(18일)	박선미(팀장), 이광수(주임), 유인영(사원), 이정은(인턴), 정수정(인턴)
4주 차(25일)	이자영(팀장), 김종대(주임), 민정훈(사원)

따라서 셋째 주 토요일에 근무하는 사람은 '박선미(3팀 팀장), 이광수(1팀 주임), 유인영(1팀 사원), 이정은(2팀 인턴), 정수정(3팀 인턴)'이다.

17

정답 ③

A와 D는 각각 문제해결능력과 의사소통능력에서 과락이므로 제외한다.

합격 점수 산출법에 따라 계산하면 다음과 같다.

- B : 39+21+22=82점
- C : 36+16.5+20=72.5점
- E : 54+24+19.6=97.6점

따라서 B와 E가 합격자이다.

18

정답 ②

각자의 총점이 0이고 각 영역의 점수 합이 0이므로, 인화력 점수를 매긴 후 차례대로 경우의 수를 확인하면 된다.

사원 \ 영역	업무 능력	리더십	인화력
A	−1	0	1
B	0	0	0
C	1	0	−1

사원 \ 영역	업무 능력	리더십	인화력
A	−1	0	1
B	1	−1	0
C	0	1	−1

사원 \ 영역	업무 능력	리더십	인화력
A	0	−1	1
B	0	0	0
C	0	1	−1

사원 \ 영역	업무 능력	리더십	인화력
A	0	−1	1
B	−1	1	0
C	1	0	−1

따라서 경우의 수를 만족하는 평과 결과표는 4개이다.

19

정답 ②

면접평가 결과를 점수로 변환하면 다음과 같다.

구분	A	B	C	D	E
의사소통능력	100	100	100	80	50
문제해결능력	80	75	100	75	95
조직이해능력	95	90	60	100	90
대인관계능력	50	100	80	60	85

변환된 점수에 최종 합격자 선발기준에 따른 평가비중을 곱하여 최종 점수를 도출하면 다음과 같다.

- A : (100×0.4)+(80×0.3)+(95×0.2)+(50×0.1) =88점
- B : (100×0.4)+(75×0.3)+(90×0.2)+(100×0.1) =90.5점
- C : (100×0.4)+(100×0.3)+(60×0.2)+(80×0.1) =90점
- D : (80×0.4)+(75×0.3)+(100×0.2)+(60×0.1) =80.5점
- E : (50×0.4)+(95×0.3)+(90×0.2)+(85×0.1) =75점

따라서 최종 합격자는 상위 2명이므로 B, C가 선발된다.

20

정답 ③

ㄱ. • 검수대상 : 1,000×0.1=100건(∵ 검수율 10%)
- 모조품의 적발개수 : 100×0.01=1건
- 평균 벌금 : 1,000만 원×1=1,000만 원
- 인건비 : 30만 원×10=300만 원

∴ (평균 수입)=1,000만 원−300만 원=700만 원

ㄴ. • 전수조사 시 검수율 : 100%
- 조사인력 : 10+20×9=190명
- 인건비 : 30만 원×190=5,700만 원
- 모조품의 적발개수 : 1,000×0.01=10건
- 벌금 : 1,000만 원×10=1억 원
- 수입 : 1억 원−5,700만 원=4,300만 원

따라서 전수조사를 할 때 수입보다 인건비가 더 크다.

ㄹ. • 검수율이 30%일 때
  - 조사인력 : 10+20×2=50명
  - 인건비 : 30만 원×50=1,500만 원
  - 검수대상 : 1,000×0.3=300건
  - 모조품의 적발개수 : 300×0.01=3건
  - 벌금 : 1,000만 원×3=3,000만 원
  - 수입 : 3,000만 원−1,500만 원=1,500만 원
- 검수율을 10%로 유지한 채 벌금을 2배 인상하는 방안
  - 검수대상 : 1,000×0.1=100건
  - 모조품의 적발개수 : 100×0.01=1건
  - 벌금(2배) : 1,000만 원×2×1=2,000만 원
  - 인건비 : 30만 원×10=300만 원
  - 수입 : 2,000만 원−300만 원=1,700만 원

따라서 벌금을 인상하는 방안의 1일 평균 수입이 더 많다.

오답분석

ㄷ. 검수율이 40%일 때
- 조사인력 : 10+20×3=70명
- 인건비 : 30만 원×70=2,100만 원
- 검수대상 : 1,000×0.4=400건
- 모조품의 적발개수 : 400×0.01=4건
- 벌금 : 1,000만 원×4=4,000만 원
- 수입 : 4,000만 원−2,100만 원=1,900만 원

현재 수입은 700만 원이므로 검수율이 40%일 때 1일 평균 수입은 현재의 1,900÷700≒2.71배이다.

CHAPTER

05 대인관계능력

01	02	03	04	05	06	07	08	09	10
④	③	②	④	②	③	③	④	④	②

01

정답 ④

K씨의 경우 자신의 시간 계획에 따라 업무를 진행해왔으나, 예상하지 못했던 외부 일정으로 인해 계획 실천에 어려움을 겪었고 결국 업무에도 차질이 생겼다. 시간 계획에서 가장 중요한 것은 그 계획을 따르는 것이지만, K씨처럼 뜻하지 않은 상황이 발생할 수도 있다. 따라서 K씨는 다양한 상황이 발생할 수 있다는 것을 염두에 두고 이에 대비하여 융통성 있는 계획을 세워야 한다.

02

정답 ③

오답분석

ㄴ. 인간관계에서의 커다란 손실은 사소한 것으로부터 비롯되기 때문에 사소한 일에 대한 관심을 두는 것은 매우 중요하다.

ㄹ. 거의 모든 대인관계에서 나타나는 어려움은 역할과 목표에 대한 갈등과 애매한 기대 때문에 발생한다. 처음부터 기대를 분명히 해야 상대방에 대한 신뢰가 높아지며, 대인관계능력 또한 향상된다.

대인관계능력 향상 방안

- 상대방에 대한 이해심
- 사소한 일에 대한 관심
- 약속의 이행
- 기대의 명확화
- 언행일치
- 진지한 사과

03

정답 ②

3단계는 상대방의 입장을 파악하는 단계이다. 자기 생각을 말한 뒤 A씨의 견해를 물으며 상대방의 입장을 파악하려는 ②가 3단계에 해당하는 대화로 가장 적절하다.

04

정답 ④

'윈 – 윈(Win – Win) 관리법'은 갈등을 피하거나 타협하는 것이 아닌 모두에게 유리할 수 있도록 문제를 근본적으로 해결하는 방법이다. 귀하와 A사원이 공통적으로 가지는 근본적인 문제는 금요일에 일찍 퇴근할 수 없다는 것이므로, 금요일 업무시간 전에 청소를 할 수 있다면 귀하와 A사원 모두에게 유리한 갈등 해결방법이 된다.

오답분석

① '나도 지고 너도 지는 방법'인 회피형에 대한 방법이다.
② '나는 지고 너는 이기는 방법'인 수용형에 대한 방법이다.
③ '서로가 타협적으로 주고받는 방법'인 타협형에 대한 방법이다.

05

정답 ②

회식자리에서의 농담은 자신의 생각에 달린 것이 아니라 상대방이 어떻게 받아들이는가가 중요하다. 상사가 자신의 기분이 상할 수 있는 농담을 들었을 때, 회식과 같이 화기애애한 자리를 갑자기 냉각시킬 수는 없으므로 그 자리에서만 수용해 줄 수 있는 것이다. 따라서 본인이 실수했다고 느꼈을 때 바로 사과하는 것이 가장 적절하다.

06

정답 ③

고객이 제기한 민원이 반복적으로 발생하지 않도록 조치해야 하므로 자신의 개인 업무노트에 기록해 두는 것보다 민원사례를 전 직원에게 공유하여 교육이 될 수 있도록 하는 것이 더 적절하다.

07

정답 ③

조직의 의사결정 과정이 창의성을 발휘할 수 있는 분위기에서 진행된다면, 적절한 수준의 내부적 갈등은 순기능으로 작용할 가능성이 높다.

08 정답 ④

계획을 세울 때 흔히 저지르기 쉬운 실수 중 하나는 너무 많은 시간을 소비하는 것이다. 계획은 완벽히 세우기 어렵고 설사 완벽하게 세웠더라도 실천하지 못하면 무용지물이다. 계획이 완벽해야 한다는 부담감을 버리고 실제로 진행하면서 수정될 수 있음을 염두에 두는 것이 좋다.

09 정답 ④

서비스업에 종사하다 보면 난처한 요구를 하는 고객을 종종 만나기 마련이다. 특히 판매 가격이 정해져 있는 프랜차이즈 매장에서 "가격을 조금만 깎아달라."는 고객의 요구는 매우 난감하다. 하지만 이러한 고객의 요구를 모두 들어주다 보면 더욱 곤란한 상황이 발생할 수 있다. 따라서 왜 가격을 깎아줄 수 없는지 친절하게 설명하면서 불쾌하지 않도록 고객을 설득할 필요가 있다.

10 정답 ②

효과적인 팀의 특징

- 팀의 사명과 목표를 명확하게 기술한다.
- 창조적으로 운영된다.
- 결과에 초점을 맞춘다.
- 역할과 책임을 명료화시킨다.
- 조직화가 잘되어 있다.
- 개인의 강점을 활용한다.
- 리더십 역량을 공유하며 구성원 상호 간에 지원을 아끼지 않는다.
- 팀 풍토를 발전시킨다.
- 의견의 불일치를 건설적으로 해결한다.
- 개방적으로 의사소통한다.
- 객관적인 결정을 내린다.
- 팀 자체의 효과성을 평가한다.

06 정보능력

01	02	03	04	05	06	07	08	09	10
④	④	①	③	③	①	④	④	③	④

01

정답 ④

상품이 '하모니카'인 매출액의 평균을 구해야 하므로 AVERAGEIF 함수를 사용해야 한다. 함수식은 「=AVERAGEIF(계산할 셀의 범위, 평균을 구할 셀의 정의, 평균을 구하는 셀)」이므로, 「=AVERAGEIF(B2:B9,"하모니카",E2:E9)」가 옳다.

02

정답 ④

ROUND 함수, ROUNDUP 함수, ROUNDDOWN 함수의 기능은 다음과 같다.

- ROUND(인수, 자릿수) 함수 : 인수를 지정한 자릿수로 반올림한 값을 구한다.
- ROUNDUP(인수, 자릿수) 함수 : 인수를 지정한 자릿수로 올림한 값을 구한다.
- ROUNDDOWN(인수, 자릿수) 함수 : 인수를 지정한 자릿수로 내림한 값을 구한다.

함수에서 단위별 자릿수는 다음과 같다.

만 단위	천 단위	백 단위	십 단위	일 단위	소수점 첫째 자리	소수점 둘째 자리	소수점 셋째 자리
−4	−3	−2	−1	0	1	2	3

[B9] 셀에 입력된 1,260,000 값은 [B2] 셀에 입력된 1,252,340의 값을 만 단위로 올림하여 나타낸 것임을 알 수 있다. 따라서 [B9] 셀에 입력된 함수는 ROUNDUP 함수로 볼 수 있으며, 만 단위를 나타내는 자릿수는 −4이므로 함수식으로 ④가 적절하다.

03

정답 ①

엑셀에서 기간을 구하는 함수는 DATEDIF(시작일, 종료일, 구분 "Y/M/D")로, 재직연수를 구해야 하므로 구분에는 연도로 나타내주는 "Y"가 들어간다. 현재로부터 재직기간을 구하는 것이므로 현재의 날짜를 나타내는 TODAY( ) 함수를 사용해도 되고, 현재 날짜와 시간까지 나타내는 NOW( ) 함수를 사용해도 된다. 또한 조건에 맞는 셀의 개수를 구하는 함수는 COUNTIF(범위,조건)이고 8년 이상이라고 했으므로 조건에는 ">=8"이 들어가야 한다. 따라서 각 셀에 적합한 함수식으로 옳은 것은 ①이다.

04

정답 ③

하이퍼링크(Hyperlink)는 다른 문서로 연결하는 HTML로 구성된 링크로, 외부 데이터를 가져오기 위해 사용하는 기능은 아니다.

오답분석

① [데이터] → [외부 데이터 가져오기] → [기타 원본에서] → [데이터 연결 마법사]
② [데이터] → [외부 데이터 가져오기] → [기타 원본에서] → [Microsoft Query]
④ [데이터] → [외부 데이터 가져오기] → [웹]

05

정답 ③

유효성 검사에서 제한 대상을 목록으로 설정했을 경우, 드롭다운 목록의 너비는 데이터 유효성 설정이 있는 셀의 너비에 의해 결정된다.

06

정답 ①

숫자와 문자가 혼합된 데이터는 문자열로 입력되며, 문자 데이터와 같이 왼쪽으로 정렬된다.

오답분석

② 문자 데이터는 기본적으로 왼쪽으로 정렬된다.
③ 날짜 데이터는 자동으로 셀의 오른쪽으로 정렬된다.
④ 수치 데이터는 셀의 오른쪽으로 정렬된다.

07

정답 ④

HRN 스케줄링 공식은 [(대기시간)+(서비스시간)]÷(서비스시간)이며, 가장 높은 결괏값이 우선순위가 높다.

- A : (5+20)÷20=1.25
- B : (40+20)÷20=3
- C : (15+45)÷45≒1.33
- D : (20+2)÷2=11

따라서 우선순위가 가장 높은 것은 D이다.

08

정답 ④

운영체제의 기능에는 프로세스 관리, 메모리 관리, 기억장치 관리, 파일 관리, 입출력 관리, 리소스 관리 등이 있다.

09

정답 ③

오답분석

① 오프라인 시스템 : 컴퓨터가 통신회선 없이 사람을 통하여 자료를 처리하는 시스템이다.

② 일괄 처리 시스템 : 데이터를 일정량 또는 일정 기간 모아서 한꺼번에 처리하는 시스템이다.

④ 분산 시스템 : 여러 대의 컴퓨터를 통신망으로 연결하여 작업과 자원을 분산시켜 처리하는 시스템이다.

10

정답 ④

오답분석

ㄱ. 스팸 메일을 열게 되면 바이러스가 침투할 수 있기 때문에 읽지 않고 삭제하여야 한다.

ㄷ. 사이트 내에 바이러스가 침투했을 수 있기 때문에 ActiveX 컨트롤은 반드시 필요한 부분만 설치해야 한다.

07 조직이해능력

01	02	03	04	05	06	07	08	09	10
③	②	①	③	②	③	②	②	③	③

01

정답 ③

영리조직으로는 이윤 추구를 목적으로 하는 다양한 사기업을 들 수 있으며, 비영리조직으로는 정부조직, 대학, 시민단체, 종교단체, 병원 등을 들 수 있다.

02

정답 ②

자료에 나타난 기업의 경영구조는 기능별 조직 형태에 프로젝트팀 조직을 결합한 매트릭스 구조로, 구성원은 종적으로는 생산, 판매 등의 기능조직의 일원이 됨과 동시에 횡적으로는 프로젝트 A・B・C의 일원이 되어 두 조직에 중복적으로 소속된다. 이러한 매트릭스 구조는 주로 소수의 제품라인을 가진 중소규모의 조직에 적합하다.

오답분석

①・③ 매트릭스 구조의 장점이다.

④ 매트릭스 구조는 제품 관리자와 기능별 관리자의 이원화된 명령구조를 갖는다.

03

정답 ①

일반적으로 기획부의 업무는 제시된 자료처럼 사업계획이나 경영점검 등 경영활동 전반에 걸친 기획이 주를 이루며, 사옥 이전 관련 발생 비용 산출은 회계부, 대내외 홍보는 총무부에서 담당한다.

04

정답 ③

직장에 소속된 개인은 회사의 이윤창출 등 회사 공동의 목표를 위해 동료와 상호작용을 해 나가는 구성원으로, 조직의 구성원은 서로 협력하여 공동의 목표를 향해 노력해야 한다. 그러므로 업무를 뚜렷하게 나눠 독립적으로 일을 처리하기보다는 유기적으로 소통하고 부족한 부분을 채워가며 업무를 진행하는 것이 조직의 특성에 적합하며, 실적 향상에 도움이 된다.

05

정답 ②

제시된 모든 시간대에 전 직원의 스케줄이 비어있지 않다. 그렇다면 업무의 우선순위를 파악하여 바꿀 수 있는 스케줄을 파악하여야 한다. 10:00 ~ 11:00에 있는 사원의 비품 신청은 타 업무에 비해 우선순위가 낮다.

오답분석

① 오전 부서장 회의는 부서의 상급자들과 상위 부서장들의 회의이며, 그날의 업무를 파악하고 분배하는 자리이므로 일정을 변경하기 어렵다.

③・④ 해당 시간에 예정된 업무는 해당 인원의 단독 업무가 아니므로 일정을 변경하기 어렵다.

06

정답 ③

오답분석

㉠ 미국 바이어와 악수할 때 눈이나 얼굴을 보는 것은 좋은 행동이지만, 손끝만 살짝 잡아서는 안 되며, 오른손으로 상대방의 오른손을 잠시 힘주어서 잡아야 한다.

㉡ 이라크 사람들은 시간약속을 할 때 정각에 나오는 법이 없으며 상대방이 으레 기다려 줄 것으로 생각하므로 좀 더 여유를 가지고 기다리는 인내심이 필요하다.

㉤ 수프를 먹을 때는 몸 쪽에서 바깥쪽으로 숟가락을 사용한다.

㉦ 빵은 수프를 먹고 난 후부터 디저트를 먹을 때까지 먹는다.

07

정답 ②

체크리스트 항목의 내용을 볼 때 국제감각 수준을 점검할 수 있는 체크리스트임을 알 수 있다. 따라서 국제적인 법규를 이해하고 있는지 확인하는 ②가 가장 적절하다.

국제감각 수준 점검항목

- 다음 주에 혼자서 해외에 나가게 되더라도, 영어를 통해 의사소통을 잘할 수 있다.
- VISA가 무엇이고 왜 필요한지 잘 알고 있다.
- 각종 매체(신문, 잡지, 인터넷 등)를 활용하여 국제적인 동향을 파악하고 있다.
- 최근 미달러화(US$), 엔화(¥)와 비교한 원화 환율을 구체적으로 알고 있다.
- 영미권, 이슬람권, 중국, 일본 사람들과 거래 시 주의해야 할 사항들을 숙지하고 있다.

08

정답 ②

①·③·④는 인터뷰 준비를 위한 업무처리 내용이고, ②는 인터뷰 사후처리에 대한 내용이므로 우선순위 면에서는 ②가 가장 낮다.

09

정답 ③

백화점에 모여 있는 직원과 고객은 조직의 특징인 조직의 목적과 구조가 없고, 목적을 위해 서로 협동하는 모습도 볼 수 없으므로 조직의 사례로 적절하지 않다.

10

정답 ③

김과장의 개인 주간 스케줄 및 업무 점검을 보면 홍보팀, 외부 디자이너와의 미팅이 기재되어 있다. 따라서 김과장은 이번 주에 내부 미팅과 외부 미팅을 할 예정이다.

08 기술능력

01	02	03	04	05	06	07	08	09	10
①	②	①	②	④	④	④	④	②	①

01

정답 ①

연구개발에 참가한 연구원과 엔지니어들이 그 기업을 떠나는 경우 기술과 지식의 손실이 크게 발생하는 점을 볼 때, 기술혁신은 새로운 지식과 경험의 축적으로 나타나는 지식 집약적인 활동으로 볼 수 있다.

기술혁신의 특성
- 기술혁신은 그 과정 자체가 매우 불확실하고 장기간의 시간을 필요로 한다.
- 기술혁신은 지식 집약적인 활동이다.
- 기술혁신 과정의 불확실성과 모호함은 기업 내에서 많은 논쟁과 갈등을 유발할 수 있다.
- 기술혁신은 조직의 경계를 넘나든다.

02

정답 ②

②는 간접적 벤치마킹의 단점으로, 간접적 벤치마킹은 인터넷, 문서자료 등 간접적인 형태로 조사·분석하게 됨으로써 대상의 본질보다는 겉으로 드러나 보이는 현상에 가까운 결과를 얻을 수 있는 단점을 가진다.

03

정답 ①

상향식 기술선택은 기술자들로 하여금 자율적으로 기술을 선택하게 함으로써 기술자들의 흥미를 유발할 수 있고, 이를 통해 그들의 창의적인 아이디어를 활용할 수 있다는 장점이 있다.

오답분석

② 상향식 기술선택은 기술자들이 자신의 과학기술 전문 분야에 대한 지식과 흥미만을 고려하여 기술을 선택하게 함으로써, 시장의 고객들이 요구하는 제품이나 서비스를 개발하는 데 부적합한 기술이 선택될 수 있다.

③ 하향식 기술선택은 먼저 기업이 직면하고 있는 외부환경과 기업의 보유 자원에 대한 분석을 통해 기업의 중장기적인 사업목표를 설정하고, 이를 달성하기 위해 확보해야 하는 핵심고객층과 그들에게 제공하고자 하는 제품과 서비스를 결정한다.

④ 하향식 기술선택은 기술에 대한 체계적인 분석을 한 후, 기업이 획득해야 하는 대상기술과 목표기술수준을 결정한다.

04

정답 ②

기술선택을 위한 절차

1. 외부 환경분석 : 수요 변화 및 경쟁자 변화, 기술 변화 등 분석
2. 중장기 사업목표 설정 : 기업의 장기비전, 중장기 매출목표 및 이익목표 설정
3. 내부 역량분석 : 기술능력, 생산능력, 마케팅 / 영업능력, 재무능력 등 분석
4. 사업전략 수립 : 사업 영역 결정, 경쟁 우위 확보 방안 수립
5. 요구기술 분석 : 제품 설계 / 디자인 기술, 제품 생산공정, 원재료 / 부품 제조기술 분석
6. 기술전략 수립 : 기술획득 방법 결정

05

정답 ④

세부절차 설명 항목 중 '(2) 공유기의 DHCP 서버 기능 중지'에서 DHCP 서버 기능을 중지하도록 안내하고 있다. 그리고 안내 항목에서도 DHCP 서버 기능을 중단하도록 알려 주고 있다.

06

정답 ④

세부절차 설명 항목 중 '(3) 스위치(허브)로 변경된 공유기의 연결' 단계를 살펴보면 스위치로 동작하는 공유기 2의 WAN 포트에 아무것도 연결하지 않도록 안내하고 있으므로, WAN 포트에 연결하라는 답변은 적절하지 않다.

07

정답 ④

Index 뒤의 문자 SOPENTY와 File 뒤의 문자 ATONEMP에서 일치하는 알파벳의 개수를 확인하면 O, P, E, N, T로 총 5개가 일치하는 것을 알 수 있다. 따라서 판단 기준에 따라 빈칸에 들어갈 Final Code는 Nugre이다.

08

정답 ④

주행 알고리즘에 따른 로봇의 이동 경로를 그림으로 나타내면 다음과 같다.

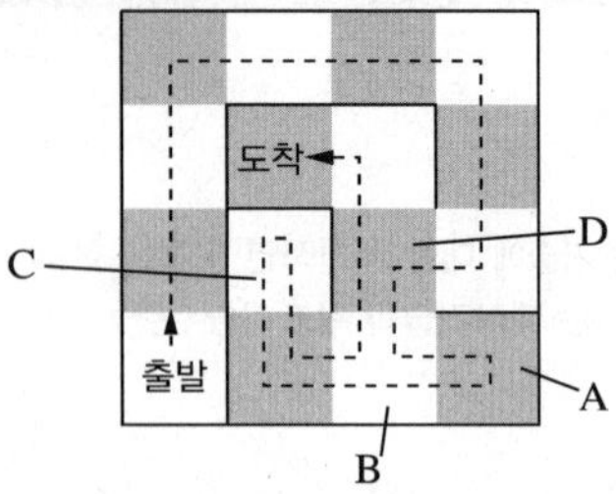

따라서 A에서 B, C에서 D로 이동할 때는 보조명령을 통해 이동했으며, 그 외의 구간은 주명령을 통해 이동했음을 알 알 수 있다.

09

정답 ②

제품설명서 중 A/S 신청 전 확인 사항을 살펴보면, 기능이 작동하지 않을 경우 수도필터가 막혔거나 착좌센서 오류가 원인이라고 제시되어 있다. 따라서 K사원으로부터 접수받은 현상(문제점)의 원인을 파악하려면 수도필터의 청결 상태를 확인하거나 비데의 착좌센서의 오류 여부를 확인해야 한다.

10

정답 ①

09번의 문제에서 확인한 사항(원인)은 '수도필터의 청결 상태'이다. 이때, 수도필터의 청결 상태가 원인이 되는 또 다른 현상(문제점)으로는 수압이 약해지는 것이 있다. 따라서 귀하가 할 행동으로 옳은 것은 ①이다.

PART 2
직무수행능력평가

02 경제상식

01	02	03	04	05	06	07	08	09	10
④	④	③	①	②	①	④	④	②	①
11	12	13	14	15	16	17	18	19	20
④	④	④	②	①	④	①	④	④	④

01

정답 ④

화폐의 기능 중 가치 저장 기능은 발생한 소득을 바로 쓰지 않고 나중에 지출할 수 있도록 해준다는 것이다.

오답분석

① 금과 같은 상품화폐의 내재적 가치는 변동한다.
② M2에는 요구불 예금과 저축성 예금이 포함된다.
③ 다른 용도로 사용될 수 있더라도 교환의 매개 수단으로 활용될 수 있다.

02

정답 ④

오답분석

ㄱ. 화폐수요의 이자율 탄력성이 높은 경우에는 총통화량을 많이 증가시켜도 이자율의 하락폭은 작기 때문에 투자의 증대효과가 낮다. 반면, 화폐수요의 이자율 탄력성이 낮은 경우에는 총통화량을 조금만 증가시켜도 이자율의 하락폭은 커지므로 투자가 늘어나고 이로 인해 국민소득이 늘어나므로 통화정책의 효과가 높아진다.

03

정답 ③

노동시장에서 기업은 한계수입생산(MRP)과 한계요소비용(MFC)이 일치하는 수준까지 노동력을 수요하려 한다.

• 한계수입생산 : $MRP_L = MR \times MP_N$
  생산물시장이 완전경쟁시장이라면 한계수입과 가격이 일치하므로 $P \times MP_N$, 주어진 생산함수에서 노동의 한계생산을 도출하면 $Y=200N-N^2$, 이를 N으로 미분하면 $MP_N=200-2N$이다.

• 한계요소비용 : $MFC_N = \dfrac{\Delta TFC_N}{\Delta N} = \dfrac{W \cdot \Delta N}{\Delta N} = W$
  이때, 여가의 가치는 임금과 동일하므로 $W=40$이 된다.

• 균형노동시간의 도출 : $P \times MP_N = W$
  $1 \times (200-2N)=40$

따라서 $N=80$이 도출된다.

04

정답 ①

$MR_A = MC_A$, $MR_B = MC_B$를 이용하여 기업 1과 기업 2의 반응곡선을 구한다.

• $10-2q_1-q_2=3$, $q_1=-\dfrac{1}{2}q_2+3.5$

• $10-q_1-2q_2=2$, $q_2=-\dfrac{1}{2}q_1+4$

꾸르노 모형의 균형은 두 기업의 반응곡선이 교차하는 점에서 이루어지므로 $q_1=2$, $q_2=3$이다.
따라서 균형에서의 시장생산량은 $q_1+q_2=5$이다.

05

정답 ②

균형재정승수란 정부가 균형재정을 유지하는 경우에 국민소득이 얼마나 증가하는가를 측정하는 것이다. 균형재정이란 정부의 조세수입과 정부지출이 같아지는 상황으로 $\triangle G = \triangle T$라고 할 수 있다.
정부지출과 조세를 동일한 크기만큼 증가시키는 경우로 보기에 따르면 정부지출승수는 $\dfrac{\Delta Y}{\Delta G}\ \dfrac{-MPC}{1-MPC} = \dfrac{-0.8}{1-0.8} = -4$
이므로 정부지출과 조세를 동시에 같은 크기만큼 증가시키면, $\dfrac{\Delta Y}{\Delta G} + \dfrac{\Delta Y}{\Delta T} = \dfrac{1}{1-0.8} + \dfrac{-0.8}{1-0.8} = 5-4=1$이다.
따라서 균형재정승수는 1이다.

06

정답 ①

가격차별(Price Discrimination)은 동일한 상품에 대해 구입자 혹은 구입량에 따라 다른 가격을 받는 행위를 의미한다. 노인이나 청소년 할인, 수출품과 내수품의 다른 가격 책정 등은 구입자에 따라 가격을 차별하는 대표적인 사례이다. 한편, 물건 대량 구매 시 할인해 주거나 전력 사용량에 따른 다른 가격을 적용하는 것은 구입량에 따른 가격차별이다.
가・마. 가격의 법정 최고치를 제한하는 가격상한제(Price Ceiling)에 해당하는 사례이다.

07

정답 ④

인플레이션은 구두창 비용, 메뉴비용, 자원배분의 왜곡, 조세왜곡 등의 사회적 비용을 발생시켜 경제에 비효율성을 초래한다. 특히 예상하지 못한 인플레이션은 소득의 자의적인 재분배를 가져와 채무자와 실물자산소유자가 채권자와 화폐자산소유자에 비해 유리하게 만든다.
인플레이션으로 인한 사회적 비용 중 구두창 비용이란 인플레이션으로 인해 화폐가치가 하락한 상황에서 화폐보유의 기회비용이 상승하는 것을 나타내는 용어이다. 이는 사람들이 화폐보유를 줄이게 되면 금융기관을 자주 방문해야 하므로 거래비용이 증가하게 되는 것을 의미한다. 메뉴비용이란 물가가 상승할 때 물가 상승에 맞추어 기업들이 생산하는 재화나 서비스의 판매 가격을 조정하는 데 지출되는 비용을 의미한다. 또한 예상하지 못한 인플레이션이 발생하면 기업들은 노동의 수요를 증가시키고, 노동의 수요가 증가하게 되면 일시적으로 생산량과 고용량이 증가하게 된다. 하지만 인플레이션으로 총요소생산성이 상승하는 것은 어려운 일이다.

08

정답 ④

오답분석

다・라. 역선택의 해결방안에 해당한다.

09

정답 ②

자연독점이란 규모가 가장 큰 단일 공급자를 통한 재화의 생산 및 공급이 최대효율을 나타내는 경우 발생하는 경제 현상을 의미한다. 자연독점 현상은 최소효율규모의 수준 자체가 매우 크거나 생산량이 증가할수록 평균총비용이 감소하는 '규모의 경제'가 나타날 경우에 발생한다. 최소효율규모란 평균비용곡선상에서 평균비용이 가장 낮은 생산 수준을 나타낸다.

10

정답 ①

리카도의 비교우위론이란 한 나라가 두 재화생산에 있어서 모두 절대우위 혹은 절대열위에 있더라도 양국이 상대적으로 생산비가 낮은 재화생산에 특화하여 무역을 할 경우 양국 모두 무역으로부터 이익을 얻을 수 있다는 이론이다.
각국 생산의 기회비용을 비교해 보면 비교우위를 알 수 있다.

구분	갑국	을국
TV의 기회비용	0.3 쇠고기	0.5 쇠고기
쇠고기의 기회비용	10/3 TV	2 TV

위 표에서 보는 바와 같이 TV 생산의 기회비용은 갑국이 낮고 쇠고기 생산의 기회비용은 을국이 더 낮으므로 갑국은 TV 생산, 을국은 쇠고기 생산에 비교우위를 갖는다.
따라서 무역이 이루어지면 갑국은 TV만 생산하여 수출하고 을국은 쇠고기만 생산하여 수출하는 것이 양국 모두 이익이다.

11

정답 ④

수요의 가격탄력성이란 어떤 재화의 가격이 변할 때 그 재화의 수요량이 얼마나 변하는지를 나타내는 지표이다. 수요의 가격탄력성은 수요량의 변화율을 가격의 변화율로 나누고 음의 부호(−)를 부가하여 구할 수 있으며, 이 값이 1보다 큰 경우를 '탄력적'이라고 하고 가격 변화에 수요량이 민감하게 변한다는 것을 의미한다. 이 문제에서 가격 변화율은 10%, 제품 판매량은 5% 감소하였으므로 수요의 가격 탄력성은 $\frac{5\%}{10}=0.5$이다.

12

정답 ④

생산에 투입된 가변요소인 노동의 양이 증가할수록 총생산이 체증적으로 증가하다가 일정 단위를 넘어서면 체감적으로 증가하기 때문에 평균생산과 한계생산은 증가하다가 감소한다. 한계생산물곡선은 평균생산물곡선의 극대점을 통과하므로 한계생산물과 평균생산물이 같은 점에서는 평균생산물이 극대가 된다. 한편, 한계생산물이 0일 때 총생산물이 극대가 된다.

13

정답 ④

산업 내 무역(Intra-industry Trade)은 동일한 산업 내에서 재화의 수출입이 이루어지는 것을 말한다. 산업 내 무역은 시장구조가 독점적 경쟁이거나 규모의 경제가 발생하는 경우에 주로 발생하며, 부존자원의 차이와는 관련이 없다. 산업 내 무역은 주로 경제발전의 정도 혹은 경제 여건이 비슷한 나라들 사이에서 이루어지므로 유럽 연합 국가들 사이의 활발한 무역을 설명할 수 있다.

14

정답 ②

코즈의 정리란 재산권(소유권)이 명확하게 확립되어 있고, 거래비용 없이도 자유롭게 매매할 수 있다면 권리가 어느 경제주체에 귀속되는가와 상관없이 당사자 간의 자발적 협상에 의한 효율적인 자원배분이 가능해진다는 이론이다. 그러나 현실적으로는 거래비용의 존재, 외부성 측정 어려움, 이해당사자의 모호성, 정보의 비대칭성, 협상능력의 차이 등으로 코즈의 정리로 문제를 해결하는 데는 한계가 있다.

15

정답 ①

우상향하는 총공급곡선이 왼쪽으로 이동하는 경우는 부정적인 공급충격이 발생하는 경우이다. 따라서 임금이 상승하는 경우 기업의 입장에서는 부정적인 공급충격이므로 총공급곡선이 왼쪽으로 이동하게 된다.

오답분석

②・③・④ 총수요곡선을 오른쪽으로 이동시키는 요인이다.

16

정답 ④

오답분석

가. 여가, 자원봉사 등의 활동은 생산활동이 아니므로 GDP에 포함되지 않는다.

다. GDP는 마약밀수 등의 지하경제를 반영하지 못하는 한계점이 있다.

17

정답 ①

오답분석

다. 정부의 지속적인 교육투자정책으로 인적자본축적이 이루어지면, 규모에 대한 수확체증이 발생하여 지속적인 성장이 가능하다고 한다.

라. 내생적 성장이론에서는 금융시장이 발달하면 저축이 증가하고 투자의 효율성이 개선되어 지속적인 경제성장이 가능하므로, 국가 간 소득수준의 수렴현상이 나타나지 않는다고 본다.

18

정답 ④

사회후생의 극대화는 자원배분의 파레토효율성이 달성되는 효용가능경계와 사회무차별곡선이 접하는 점에서 이루어진다. 따라서 파레토효율적인 자원배분하에서 항상 사회후생이 극대화되는 것은 아니며, 사회후생 극대화는 무수히 많은 파레토효율적인 점들 중 한 점에서 달성된다.

19

정답 ④

오답분석

라. 케인스는 절대소득가설을 이용하여 승수효과를 설명하였다.

20

정답 ④

IS곡선이란 생산물시장의 균형이 이루어지는 이자율(r)과 국민소득(Y)의 조합을 나타내는 직선을 말하며, 관계식은 다음과 같다.

$$\mathrm{r}=\frac{-1-c(1-t)+m}{b}$$

$$\mathrm{Y}+\frac{1}{b}(\mathrm{C}_0-{}_c\mathrm{T}_0+\mathrm{I}_0+\mathrm{G}_0+\mathrm{X}_0-\mathrm{M}_0)$$

즉, IS곡선의 기울기는 투자의 이자율탄력성(b)이 클수록, 한계소비성향(c)이 클수록, 한계저축성향(s)이 작을수록, 세율(t)이 낮을수록, 한계수입성향(m)이 작을수록 완만해진다. 한편, 소비, 투자, 정부지출, 수출이 증가할 때 IS곡선은 오른쪽으로, 조세, 수입, 저축이 증가할 때 왼쪽으로 수평이동한다. 외국의 한계수입성향이 커지는 경우에는 자국의 수출이 증가하므로 IS곡선은 오른쪽으로 이동한다.

03 경영상식

01	02	03	04	05	06	07	08	09	10
②	④	③	③	②	③	②	③	④	④
11	12	13	14	15	16	17	18	19	20
④	③	②	③	④	②	④	③	③	④

01

정답 ②

마이클 포터(Michael Porter)의 산업구조 분석모델은 산업에 참여하는 주체를 기존기업(산업 내 경쟁자), 잠재적 진입자(신규 진입자), 대체재, 공급자, 구매자로 나누고 이들 간의 경쟁 우위에 따라 기업 등의 수익률이 결정되는 것으로 본다.

오답분석

① 정부의 규제 완화 : 정부의 규제 완화는 시장 진입장벽이 낮아지게 만들며, 신규 진입자의 위협으로 볼 수 있다.
③ 공급업체의 규모 : 공급업체의 규모에 따라 공급자의 교섭력에 영향을 준다.
④ 가격의 탄력성 : 소비자들은 가격에 민감할 수도 둔감할 수도 있기에 구매자 교섭력에 영향을 준다.

02

정답 ④

IRP를 중도 해지하면 그동안 세액공제를 받았던 적립금은 물론 운용수익에 대해 16.5%의 기타소득세를 물어야 하므로, IRP는 입출금에서 자유롭지 못하다는 단점이 있다.

03

정답 ③

ESG 경영의 주된 목적은 착한 기업을 키우는 것이 아니라 불확실성 시대의 환경, 사회, 지배구조라는 복합적 리스크에 얼마나 잘 대응하고 지속적 경영으로 이어나갈 수 있느냐 하는 것이다.

04

정답 ③

트러스트(Trust)는 경제적 자립권과 독립성을 둘 다 포기한 채 시장독점이라는 하나의 목적으로 여러 기업이 뭉쳐서 이뤄진 하나의 통일체이다.

오답분석

① 카르텔(Kartell) : 기업연합을 의미하는 용어로, 동종 산업에 종사하는 다수의 기업들이 서로 경제적인 자립권과 법률상 독립권을 유지한 채 시장독점을 목적으로 한 연합체이다.
② 신디케이트(Syndicate) : 공동판매 카르텔로, 가장 고도화된 카르텔의 형태이며 생산은 독립성을 유지하나, 판매는 공동판매회사를 통해서 이루어진다.
④ 콘체른(Konzern) : 법률상의 독립권만 유지되는 형태의 기업연합이다.

05

정답 ②

목표관리는 목표의 설정뿐 아니라 성과평가 과정에도 부하직원이 참여하는 관리기법이다.

오답분석

① 목표설정 이론은 명확하고 도전적인 목표가 성과에 미치는 영향을 분석한다.
③ 목표는 지시적 목표, 자기설정 목표, 참여적 목표로 구분되고, 이 중 참여적 목표가 종업원의 수용성이 가장 높다.
④ 조직의 목표를 부서별, 개인별 목표로 전환하여 조직 구성원 각자의 책임을 정하고, 조직의 효율성을 향상시킬 수 있다.

06

정답 ③

ⓑ 명성가격은 가격이 높으면 품질이 좋다고 판단하는 경향으로 인해 설정되는 가격이다.
ⓒ 단수가격은 가격을 정확히 떨어지지 않는 단수로 적어 소비자에게 싸다는 인식을 주는 가격이다(예 9,900원).

오답분석

ⓐ 구매자가 어떤 상품에 대해 지불할 용의가 있는 최고가격은 유보가격이다.
ⓓ 심리적으로 적당하다고 생각하는 가격 수준은 준거가격이라고 한다. 최저수용가격이란 소비자들이 품질에 대해 의심 없이 구매할 수 있는 가장 낮은 가격을 의미한다.

07

정답 ②

소비자의 구매의사결정과정

문제인식(Problem Recognition) → 정보탐색(Infor- mation Search) → 대안의 평가(Evaluation of Alter-natives) → 구매(Purchase Decision) → 구매 후 행동(Post-Purchase Behavior)

08

정답 ③

수직적 통합은 원료를 공급하는 기업이 생산기업을 통합하는 등의 전방 통합과 유통기업이 생산기업을 통합하거나 생산기업이 원재료 공급기업을 통합하는 등의 후방 통합이 있으며, 원료 독점으로 경쟁자 배제, 원료 부문에서의 수익, 원료부터 제품까지의 기술적 일관성 등의 장점이 있다.

오답분석

①·②·④ 수평적 통합의 장점에 해당한다. 수평적 통합은 동일 업종의 기업이 동등한 조건하에서 합병·제휴하는 것이다.

09

정답 ④

자재소요계획은 생산 일정계획의 완제품 생산일정(MPS)과 자재명세서(BOM), 재고기록철(IR)에 대한 정보를 근거로 MRP를 수립하여 재고 관리를 모색한다.

오답분석

① MRP는 Push System 방식이다.
② MRP는 종속수요를 갖는 부품들의 생산수량과 생산시기를 결정하는 방법이다.
③ 부품별 계획 주문 발주시기는 MRP의 결과물이다.

10

정답 ④

기업이 글로벌 전략을 수행하면 외국 현지법인과의 커뮤니케이션 비용이 증가하고, 외국의 법률이나 제도 개편 등 기업 운영상 리스크에 대한 본사 차원의 대응 역량이 더욱 요구되므로, 경영상의 효율성은 오히려 낮아질 수 있다.

오답분석

① 글로벌 전략을 통해 대량생산을 통한 원가절감, 즉 규모의 경제를 이룰 수 있다.
② 글로벌 전략을 통해 세계 시장에서 외국 기업들과의 긴밀한 협력이 가능하다.
③ 외국의 무역장벽이 높으면, 국내 생산 제품을 수출하는 것보다 글로벌 전략을 통해 외국에 직접 진출하는 것이 효과적일 수 있다.

11

정답 ④

지식경영시스템은 조직 안의 지식자원을 체계화하고 공유하여 기업 경쟁력을 강화하는 기업정보시스템으로 조직에서 필요한 지식과 정보를 창출하는 연구자, 설계자, 건축가, 과학자, 기술자 등을 반드시 포함하는 것과는 관련이 없다.

12

정답 ③

균형성과표(Balanced Score Card)는 조직의 비전과 전략을 달성하기 위한 도구로써 전통적인 재무적 성과지표뿐만 아니라 고객, 업무 프로세스, 학습 및 성장과 같은 비재무적 성과지표 또한 균형적으로 고려한다. 즉, BSC는 통합적 관점에서 미래지향적·전략적으로 성과를 관리하는 도구라고 할 수 있다.

(A) 재무 : 순이익, 매출액 등
(B) 고객 : 고객 만족도, 충성도 등
(C) 업무 프로세스 : 내부처리 방식 등
(D) 학습 및 성장 : 구성원의 능력개발, 직무 만족도 등

13

정답 ②

오답분석

① 데이터 웨어하우스(Data Warehouse) : 사용자의 의사결정을 돕기 위해 다양한 운영 시스템에서 추출·변환·통합되고 요약된 데이터베이스를 말한다. 크게 원시 데이터 계층, 데이터 웨어하우스 계층, 클라이언트 계층으로 나뉘며 데이터의 추출·저장·조회 등의 활동을 한다. 데이터 웨어하우스는 고객과 제품, 회계와 같은 주제를 중심으로 데이터를 구축하며 여기에 저장된 모든 데이터는 일관성을 유지해 데이터 호환이나 이식에 문제가 없다. 또한 특정 시점에 데이터를 정확하게 유지하면서 동시에 장기적으로 유지될 수도 있다.
③ 데이터 마트(Data Mart) : 운영 데이터나 기타 다른 방법으로 수집된 데이터 저장소로서, 특정 그룹의 지식 노동자들을 지원하기 위해 설계된 것이다. 따라서 데이터 마트는 특별한 목적을 위해 접근의 용이성과 유용성을 강조해 만들어진 작은 데이터 저장소라고 할 수 있다.
④ 데이터 정제(Data Cleansing) : 데이터베이스의 불완전 데이터에 대한 검출·이동·정정 등의 작업을 말한다. 여기에는 특정 데이터베이스의 데이터 정화뿐만 아니라 다른 데이터베이스로부터 유입된 이종 데이터에 대한 일관성을 부여하는 역할도 한다.

14

정답 ③

양적 평가요소는 재무비율 평가항목으로 구성된 안정성, 수익성, 활동성, 생산성, 성장성 등이 있고, 질적 평가요소는 시장점유율, 진입장벽, 경영자의 경영능력, 은행거래 신뢰도, 광고활동, 시장규모, 신용위험 등이 있다.

15

정답 ④

계속기업의 가정이란, 보고기업이 예측 가능한 미래에 영업을 계속하여 영위할 것이라는 가정이다. 기업이 경영활동을 청산 또는 중단할 의도가 있다면, 계속기업의 가정이 아닌 청산가치 등을 사용하여 재무제표를 작성한다.

오답분석

① 재무제표는 재무상태표, 포괄손익계산서, 자본변동표, 현금흐름표 그리고 주석으로 구성된다. 법에서 이익잉여금처분계산서 등의 작성을 요구하는 경우, 주석으로 공시한다.
② 원칙적으로 최소 1년에 한 번씩은 작성해야 하며, 현금흐름표 등 현금흐름에 관한 정보는 현금주의에 기반한다.
③ 역사적 원가는 측정일의 조건을 반영하지 않고, 현행가치는 측정일의 조건을 반영한다. 현행가치는 다시 현행원가, 공정가치, 사용가치(이행가치)로 구분된다.

16

정답 ②

포드 시스템은 생산의 표준화와 이동조립법을 실시한 생산시스템으로, 차별적 성과급이 아닌 일급제 급여 방식이다.

구분	테일러 시스템	포드 시스템
통칭	과업관리	동시관리
중점	개별 생산	계속 생산
원칙	고임금·저노무비	고임금·저가격
방법	직능직 조직, 차별적 성과급제	컨베이어 시스템 (이동조립법, 연속생산공정), 일급제 급여
표준	작업의 표준화	제품의 표준화

17

정답 ④

거래비용이론에 따르면 거래의 당사자가 거래의 성립을 위해 지불해야 할 비용은 크게 세 가지 관점에서 발생한다. 그중 거래에 투자되는 거래 당사자들의 자산이 그 특정 거래에 국한될 경우, 즉 자산의 고정성(Asset Specificity)이 높다면 거래에 소요되는 비용이 상대적으로 증가한다.

거래비용이론(Transaction Cost Theory)
기업조직의 생성과 관리는 거래비용을 최소화하기 위해 이루어진다는 이론이다. 기업과 시장 간 효율적인 경계를 설명하며, 기업이 시장거래를 하는 대신에 조직을 형성하는 이유는 일정 거래가 기업 조직 경계 안의 내부적 거래로 이루어지는 것이 시장에서 이루어지는 경우보다 상대적으로 비용이 적게 들기 때문이라고 본다. 기업은 조직 생산 활동 범위 중 어느 부분을 내부조달 또는 외부조달(Make or Buy)할 것인지 의사결정을 내리게 되고, 그 결과에 따라서 조직의 경계가 결정된다.

18

정답 ③

네트워크 조직은 다수의 다른 장소에서 이루어지는 프로젝트들을 관리·통솔하는 과정에서 다른 구조보다 훨씬 더 많은 층위에서의 감독이 필요하며 그만큼 관리비용이 증가한다. 이러한 다수의 관리감독자들은 구성원들에게 혼란을 야기하거나 프로젝트 진행을 심각하게 방해할 수도 있다. 이에 따른 단점을 상쇄하기 위해 최근 많은 기업들은 공동 프로젝트 통합관리 시스템 개발을 통해 효율적인 네트워크 조직운영을 목표로 하고 있다.

네트워크 조직(Network Organization)
자본적으로 연결되지 않은 독립된 조직들이 각자의 전문 분야를 추구하면서도 제품을 생산과 프로젝트 수행을 위한 관계를 형성하여 상호의존적인 협력관계를 형성하는 조직이다.

19

정답 ③

수직적 마케팅시스템(VMS)은 생산자와 도매상, 소매상들이 하나의 통일된 시스템을 이룬 유통경로 체제이다.

오답분석

㉡ 수직적 마케팅시스템은 구성원인 제조업자, 도매상, 소매상, 소비자를 각각 개별적으로 파악하는 것이 아니라, 구성원 전체가 소비자의 필요와 욕구를 만족시키는 유기적인 전체 시스템을 이룬 유통경로 체제이다.
㉢ 수직적 마케팅시스템에서는 구성원들의 행동이 각자의 이익을 극대화하는 방향이 아닌 시스템 전체의 이익을 극대화하는 방향으로 조정된다.

20

정답 ④

전사적 자원관리(ERP)의 특징
- 기업의 서로 다른 부서 간의 정보 공유를 가능하게 함
- 의사결정권자와 사용자가 실시간으로 정보를 공유하게 함
- 보다 신속한 의사결정과 효율적인 자원 관리를 가능하게 함

오답분석

① JIT(Just – In – Time) : 과잉생산이나 대기시간 등의 낭비를 줄이고 재고를 최소화하여 비용 절감과 품질 향상을 달성하는 생산 시스템
② MRP(Material Requirement Planning, 자재소요계획) : 최종제품의 제조과정에 필요한 원자재 등의 종속수요 품목을 관리하는 재고관리기법
③ MPS(Master Production Schedule, 주생산계획) : MRP의 입력자료 중 하나로, APP를 분해하여 제품이나 작업장 단위로 수립한 생산계획

CHAPTER

04 금융상식

01	02	03	04	05	06	07	08	09	10
①	③	④	②	④	①	①	①	③	③
11	12	13	14	15	16	17	18	19	20
①	②	②	②	④	①	①	④	④	①

01

정답 ①

변동환율제도에서는 중앙은행이 외환시장에 개입하여 환율을 유지할 필요가 없고, 외환시장의 수급 상황이 국내 통화량에 영향을 미치지 않으므로 독자적인 통화정책의 운용이 가능하다.

02

정답 ③

프로젝트 파이낸싱은 수익성이 높은 만큼 실패 위험도 높기 때문에 금융기관은 자금 투자뿐만 아니라 사업성 검토, 입찰 준비 등의 제반 업무에 관여한다.

03

정답 ④

이자율평가설에 따르면, 현물환율(S), 선물환율(F), 자국의 이자율(r), 외국의 이자율(r_f) 사이에 다음과 같은 관계가 존재한다.

$$(1+r)=(1+r_f)\frac{F}{S}$$

공식의 좌변은 자국의 투자수익률, 우변은 외국의 투자수익률을 의미한다. 즉, 균형에서는 양국 간의 투자수익률이 일치하게 된다.

문제에 주어진 자료를 공식에 대입해보면 $1.03<1.02\times\frac{1,200}{1,000}$로서, 미국의 투자수익률이 더 큰 상태이다. 이 상태에서 균형을 달성하기 위해서는 좌변이 커지거나 우변이 작아져야 한다. 따라서 한국의 이자율이 상승하거나, 미국의 이자율·선물환율이 하락, 현물환율이 상승해야 한다. 그리고 현재 미국의 투자수익률이 더 큰 상태이므로, 미국에 투자하는 것이 유리하다.

04

정답 ②

양도성예금증서(CD)는 은행의 정기예금에 양도성을 부여한 것으로, 은행이 발행하고 증권회사와 종합 금융회사의 중개를 통해 매매된다.

오답분석

① 기업어음(CP) : 기업체가 자금 조달을 목적으로 발행하는 어음
③ 환매조건부채권(RP) : 금융기관이 일정 기간 후 확정 금리를 보태어 되사는 조건으로 발행하는 채권
④ 어음관리계좌(CMA) : 고객의 예탁금을 어음 및 국공채 등 단기금융상품에 직접 투자하여 운용한 후 그 수익을 고객에게 돌려주는 실적배당 금융상품

05

정답 ④

공매도와 숏 커버링에 대한 설명이다. 특정 주식이 향후 하락될 것으로 예상되면 주식을 공매도하고, 실제로 주가가 하락하면 싼값에 숏 커버링하여(되사들여) 빌린 주식을 갚음으로써 차익을 얻는 매매 기법이다. 이때 공매도가 단기적으로 상승한다면 주가가 하락하고, 반대로 숏 커버링이 단기적으로 상승한다면 주가가 상승하게 된다. 보통 공매도는 주가 하락을 유발하고, 숏 커버링은 주가 상승 요인으로 작용하여 시세 조정을 유발한다. 또한 공매도는 주식을 빌려서 매도를 하는 것이기 때문에, 주가가 하락하지 않고 지속적으로 상승하게 되면 결제 불이행 가능성이 발생하여 채무불이행 상태에 빠질 수 있다.

06

정답 ①

중앙은행이 시중은행에 대한 대출한도를 늘리면 은행들의 금융비용 부담이 줄어 대출금리가 하락하고, 대출규모도 증가하여 통화량이 증가한다.

오답분석

②·③·④ 통화량을 감소시키기 위한 긴축적 통화정책

07

정답 ①

BIB는 기존 금융회사 점포 일부에 별도로 다른 금융회사가 영업소나 부스 형태로 들어와 운영하는 소규모 점포를 뜻하는 용어이다.

오답분석

② CDD(고객정보확인) : 금융회사가 자사의 서비스가 자금세탁 등 불법행위에 이용되지 않도록 고객의 신원, 실제 당사자 여부 및 거래목적 등을 확인하는 제도
③ CTR(고액현금거래보고제도) : 불법 자금 거래를 효과적으로 차단하기 위해 금융회사가 고객과 일정 기준금액 이상의 고액 현금 거래를 할 경우 금융위원회 금융정보분석원에 자동으로 보고되는 제도
④ EDD(강화된 고객정보확인) : CDD보다 강화된 고객확인 의무제도

08

정답 ①

공동변동환율제란 역내에서는 제한환율제를 채택하고, 역외에서는 공동으로 변동환율제를 채택하는 환율제도이다.

09

정답 ③

오답분석

① ETF : 인덱스펀드를 거래소에 상장시켜 투자자들이 주식처럼 편리하게 거래할 수 있도록 만든 상품
② ETN : 상장지수펀드(ETF)와 마찬가지로 거래소에 상장돼 손쉽게 사고팔 수 있는 채권
④ 인덱스펀드 : 정해진 목표지수와 같은 수익률을 올릴 수 있도록 하는 펀드

10

정답 ③

CMS 금리의 듀레이션은 단기금리 지표보다 장기이므로 CMS 스와프의 금리민감도는 표준형 스와프보다 크다.

11

정답 ①

주가지수는 ELS(주가지수 결합 상품)의 기초자산 결합 대상이다. DLS는 파생상품을 기초자산으로 한 결합 상품으로, 설정한 파생상품의 값이 계약 기간 동안 일정 수준 이상 변동되지 않을 경우 보상을 받는다. 파생상품이란 산업 원자재, 원자재지수, 원유, 금, 금리, 환율, 채권의 가치변동을 상품화한 것을 말한다.

12

정답 ②

자본시장과 금융투자업에 관한 법률 제6조에서 금융투자업의 종류를 투자매매업, 투자중개업, 집합투자업, 투자자문업, 투자일임업, 신탁업으로 구분하고 있다. 신용협동기구는 제2금융권의 종류이며 신용협동조합, 새마을금고, 상호금융 등이 포함된다.

13

정답 ②

제1금융권은 우리나라의 금융기관 중 예금은행을 지칭한다.

오답분석

① 통화금융정책의 사용권은 한국은행만이 가지고 있다.
③ 산업은행은 장기자금인 공급을 위해 설립된 기관이다.
④ 자금중개기능은 간접금융시장의 은행이 하는 것이다. 증권회사는 유가증권의 매매·인수·매출 등을 취급하며, 자금을 전환시키는 직접금융시장에 속한다.

14

정답 ②

기관투자자는 고객, 수익자 등 타인의 자산을 관리·운영하는 수탁자로서 투자 대상 회사의 중장기적인 가치를 제고하여 투자자산의 가치를 보존하고 높일 수 있도록 투자 대상 회사를 정기적으로 점검할 의무가 있다.

오답분석

① 기관투자자가 이해 상충 문제에 직면했을 경우에는 문제해결 방안에 대한 정책 내용을 공개하여 효과적이고 명확하게 해결하는 것이 바람직하다.
③ 기관투자자는 투자 대상 회사와의 공감대 형성을 지향하고, 필요한 경우 수탁자 책임 이행을 위한 활동 전개 시기와 절차, 방법에 관한 내부지침을 마련해 수탁자로서의 책임을 충실히 이행하여야 한다.
④ 기관투자자는 의결권 행사를 위한 지침·절차·세부 기준을 포함한 의결권 정책을 마련하여 공개함으로써 고객 및 수익자의 신뢰를 얻을 수 있다.

15

정답 ④

단기금융상품으로는 양도성예금증서, 환매조건부채권, 상업어음 일반매출, 무역어음 일반매출, 소액채권저축, 표지어음 등이 있다. 부동산투자신탁(REITs)은 대부분 3년 이상이다.

16

정답 ①

금융시장이란 기업, 가계, 정부, 금융기관 등 경제 주체들이 금융상품을 거래하여 필요한 자금을 조달하고 여유자금을 운용하는 조직화된 장소를 말한다. 이는 추상적인 것으로 어느 특정 건물이나 장소를 의미하는 것은 아니다.

17

정답 ①

우리나라의 단기금융시장으로는 콜 · 기업어음(CP) · 양도성 예금증서(CD) · 환매조건부채권(RP) 매매 · 표지어음 · 통화 안정증권시장이 있다.

오답분석

ㄹ. 회사채와 금융채, 국채 등은 장기금융시장에서 거래되는 상품이다.

18

정답 ④

예금의 종류

- 요구불예금 : 당좌예금, 별단예금, 보통예금, 가계당좌예금, 공공예금 등
- 저축성예금 : 정기예금, 저축예금, 기업자유예금, MMDA(시장금리부 수시입출식예금), 상호부금 등

19

정답 ④

비과세 금융상품으로는 재형저축, 개인연금신탁, 연금저축, 농어가목돈마련저축, 출자금, 예탁금, 장기저축성보험, 비과세생계형저축 등이 있다.

주가연계증권(ELS)은 소득원천과 관계없이 수익 전체에 대해 15.4%(지방소득세 포함)의 배당소득세가 원천징수된다.

20

정답 ①

①은 변동금리에 대한 내용이다. 연동금리란 시장 실세금리에 연동되어 매일 또는 매월 금리가 고시되고 이 금리를 일정 기간 확정 · 부여한다.

CHAPTER

05 IT상식

01	02	03	04	05	06	07	08	09	10
①	②	②	①	①	①	②	③	③	①
11	12	13	14	15	16	17	18	19	20
④	②	①	②	③	③	②	④	①	②

01

정답 ①

블랙웰(Blackwell)은 인공지능(AI) 반도체의 선두주자로 불리는 엔비디아가 2024년 3월 공개한 신형 AI 반도체이다. 2022년 엔디비아가 출시한 호퍼(Hopper) 아키텍처의 후속 기술로 흑인으로서 미국 국립과학원(NAS)의 첫 회원이었던 통계학자이자 수학자인 '데이비는 헤럴드 블랙웰'을 기리기 위해 붙인 이름으로 알려져 있다. 2,080억 개의 트랜지스터가 집약된 역대 그래픽처리장치(GPU) 중 최대 크기인 블랙웰 B200은 800억 개의 트랜지스터로 이루어진 호퍼 기반의 기존 H100칩보다 연산속도가 2.5배 빠르고 전력 대 성능비는 25배 개선된 제품이다.

02

정답 ②

제시된 내용은 이미 사용되고 있는 CPU의 사용이 끝날 때까지 기다리는 스케줄링 기법에 대한 설명이다. 응답시간을 예측할 수 있고 일괄처리 방식이 적합하며 모든 프로세스의 요구에 대해서 공정한 스케줄링 방식은 비선점형 스케줄링이다.

오답분석

① 선점형 스케줄링은 CPU를 할당받지 않은 프로세스가 CPU를 할당받은 프로세스를 강제로 중지함으로써 CPU를 빼앗을 수 있으며, 빠른 응답 시간을 요구하는 시스템에 주로 쓰인다.

③·④ 다단계 큐 스케줄링, 라운드 로빈 스케줄링, 다단계 피드백 큐 스케줄링 등은 선점형 스케줄링의 일종이다.

03

정답 ②

망형(Mesh) 통신 회선(링크)의 수는

$\frac{N(N-1)}{2}=\frac{25\times 24}{2}=300$개이다.

04

정답 ①

오답분석

② WWW(World Wide Web) : 인터넷에서 그래픽, 음악, 영화 등 다양한 정보를 통일된 방법으로 찾아볼 수 있는 서비스

③ IRC(Internet Relay Chatting) : 인터넷에 접속된 수많은 사용자와 대화하는 서비스

④ SNS(Social Networking Service) : 온라인 인맥구축 서비스로 1인 미디어, 1인 커뮤니티, 정보 공유 등을 포괄하는 개념

05

정답 ①

오답분석

② 1단계 디렉터리 구조 : 가장 간단하며, 모든 파일이 하나의 디렉터리에 위치하여 관리되는 구조

③ 2단계 디렉터리 구조 : 중앙에 마스터 파일 디렉터리가 있어 그 아래에 사용자별로 서로 다른 파일 디렉터리가 있는 구조

④ 트리 디렉터리 구조 : 하나의 루트 디렉터리와 여러 개의 서브 디렉터리로 구성된 구조

06

정답 ①

예측 부호화 방식은 압축률을 높이기 위해 중복되거나 불필요한 정보가 손실되는 것을 허용하는 손실 압축방식에 해당한다.

오답분석

②·③·④ 데이터의 무결성이 보존되어 어떤 부분도 손실되지 않는 무손실 압축방식에 해당

07

정답 ②

NoSQL은 기존 관계형 데이터베이스의 SQL과 같은 질의 언어를 제공하지 않고, 간단한 API Call 또는 HTTP를 통한 단순한 접근 인터페이스의 CLI(Call Level Interface)를 제공한다.

> **NoSQL의 특징**
> - 유연한 스키마 사용
> - 높은 가용성 제공
> - 저렴한 클러스터 구성
> - 대용량 데이터 처리

08

정답 ③

정규화는 테이블을 결합하는 것이 아니라 분해해 가면서 종속성을 제거해 가는 것이다.

09

정답 ③

머신러닝은 컴퓨터 과학 중 인공지능의 한 분야로, 패턴인식과 컴퓨터 학습 이론의 연구로부터 진화한 분야이다. 경험적 데이터를 기반으로 학습을 하고 예측을 수행하고 스스로의 성능을 향상시키는 시스템과 이를 위한 알고리즘을 연구하고 구축하는 기술이라 할 수 있다.

오답분석

① 딥러닝 : 사물이나 데이터를 군집화하거나 분류하는 데 사용하는 기술
② M러닝 : 스마트폰 등 모바일 기기를 통해 언제 어디서나 자유롭게 인터넷에 접속해서 교육받을 수 있게 하는 시스템
④ 플립러닝 : 기존 전통 수업 방식과는 반대로, 수업에 앞서 학생들이 교수가 제공한 강연 영상을 미리 학습하고, 강의실에서는 토론이나 과제 풀이를 진행하는 형태의 수업 방식

10

정답 ①

①은 데이터 모델에 대한 설명이다. DBMS는 사용자와 데이터베이스 사이에서 사용자의 요구에 따라 정보를 생성해 주고, 데이터베이스를 관리해 주는 소프트웨어이다(데이터베이스를 운용하는 소프트웨어).

11

정답 ④

데이터 통신은 고도의 에러 제어 기능으로 신뢰성이 높고, 응용 범위가 넓다. 또한 시간과 횟수에 관계없이 같은 내용을 여러 번 반복하여 전송할 수 있다.

12

정답 ②

빅테크(Big Tech)의 원래 의미는 대형 정보기술 기업을 뜻하는 말이지만, 네이버와 카카오 등 온라인 플랫폼 제공 사업을 핵심으로 하다가 금융시장에 진출한 업체를 지칭하게 되었다.

오답분석

① 핀테크(FinTech) : '금융(Finance)'과 '기술(Technology)'이 결합한 서비스 또는 그런 서비스를 하는 회사를 가리키는 말로, 금융서비스 및 산업의 변화를 칭하는 말
③ 빅블러(Big Blur) : 경계 융화가 일어나는 현상을 의미하는 말로, 변화의 속도가 빨라지면서 기존에 존재하던 것들의 경계가 뒤섞이는 현상
④ 베조노믹스(Bezonomics) : 세계 최대 인터넷 쇼핑몰인 아마존의 혁신적인 사업 모델로 아마존의 창업주인 제프 베조스의 실천적 경영이론

13

정답 ①

데이터 댐은 정부가 2020년 7월 14일 확정·발표한 정책인 '한국판 뉴딜'의 10대 대표과제 중 하나로, 데이터 수집·가공·거래·활용기반을 강화하여 데이터 경제를 가속화하고, 5G 전국망을 통한 전 산업 5G와 AI 융합을 확산시키는 것이다. 이를 위해 2022년까지 총사업비 8조 5,000억 원을 투자해 일자리 20만 7,000개를 창출하며, 2025년까지는 총사업비 18조 1,000억 원을 들여 일자리 38만 9,000개를 창출한다는 계획이다.

오답분석

② 데이터 사이언스 : 정형, 비정형 형태를 포함한 다양한 데이터부터 지식과 인사이트를 추출하는 데 과학적 방법론, 프로세스, 알고리즘, 시스템을 동원하는 융합분야
③ 데이터 마이닝 : 많은 데이터 가운데 숨겨져 있는 유용한 상관관계를 발견하여 미래에 실행 가능한 정보를 추출해 내고 의사결정에 이용하는 과정
④ 데이터 레이블링 : 인공지능을 만드는 데 필요한 학습 데이터를 입력하는 작업으로, 객체 인식은 각 영상에서 객체를 구분하고 객체가 있는 위치와 크기 등을 기록해야 한다. 동물 인식은 동영상에서 동물이 있는 영역에 박스를 친 뒤 해당 객체가 어떤 동물인지 이름을 적는 방식임

14

정답 ②

긱 경제는 산업 현장에서 필요에 따라 단기로 사람을 채용해 일을 맡기는 경제 형태로 음악인이나 연극인, 코미디언들이 단기간 공연을 위해 계약하는 것에서 시작했다. 노동자의 입장에서는 어딘가에 고용되지 않고, 필요할 때만 일하는 유연한 경제 방식이다.

15

정답 ③

블록체인의 데이터는 모든 사용자가 동일한 정보를 보관할 수 있도록 하기 때문에 한 부분의 정보가 손실되어도 금방 복구할 수 있다.

오답분석

① 온라인 거래정보는 수정할 수 없도록 블록에 저장된다.
② 블록체인은 데이터를 분산하고 체인으로 연결하여 관리하는 분산 컴퓨팅 기술이다.
④ 가장 처음 생성된 블록을 제네시스 블록이라고 한다. 즉, 제네시스 블록은 그 앞에 어떤 블록도 생성되지 않은 최초의 블록을 말한다.

16

정답 ③

로보 어드바이저는 인간의 개입을 최소화하고, 개인투자성향에 따라 포트폴리오를 만들어 투자자에게 제공하므로, 저렴한 수수료로 수익을 낼 수 있다.

17

정답 ②

에어드랍(Airdrop)이란 '공중에서 투하한다.'는 뜻으로, 가상화폐 시장에서 특정 가상화폐를 소유한 사람에게 코인을 무료로 지급하는 것을 의미하며, 주로 신규 코인을 상장시킬 때 이벤트나 마케팅의 한 요소로 사용한다.

18

정답 ④

보험(Insurance)과 기술(Technology)의 합성어인 인슈어테크(Insur-Tech)는 인공지능, 사물인터넷 등의 IT 기술을 적용한 혁신적인 보험 서비스를 의미한다. 보험 상품을 검색하는 고객에게 맞춤형 상품을 추천하고, 보험 상담을 요청하는 고객에게는 로봇이 응대하는 등 다양하게 활용될 수 있다.

19

정답 ①

스마트그리드(Smart Grid)란 기존의 전력망에 IT, 통신 네트워크를 결합한 차세대 에너지 신기술이다. 전기자동차에 전기를 충전하는 기본 인프라로 태양광 · 풍력 등 신재생에너지를 안정적으로 이용할 수 있도록 한다.

20

정답 ②

오답분석

① 코드 커팅(Cord Cutting) : 가정에서 인터넷으로 방송을 이용하게 되면서 기존 케이블 등 유료방송에는 가입하지 않는 현상
③ 텔레매틱스(Telematics) : 차량 내 무선 인터넷 서비스
④ 트랜스 미디어(Trans Media) : 미디어 간의 경계를 넘어 서로 결합 · 융합되는 현상

MEMO

PART 3
최종점검 모의고사

제1회 최종점검 모의고사

01	02	03	04	05	06	07	08	09	10	11	12	13	14	15	16	17	18	19	20
③	②	②	④	④	③	②	④	④	②	②	④	④	③	②	②	④	②	①	③
21	22	23	24	25	26	27	28	29	30	31	32	33	34	35	36	37	38	39	40
③	④	①	②	②	④	③	②	②	④	③	④	④	②	②	③	④	②	①	④
41	42	43	44	45	46	47	48	49	50	51	52	53	54	55	56	57	58	59	60
④	④	②	④	①	③	④	①	④	③	④	②	③	③	③	①	③	④	①	④
61	62	63	64	65	66	67	68	69	70	71	72	73	74	75	76	77	78	79	80
④	③	②	④	①	④	①	②	①	②	②	③	④	④	④	③	①	①	②	④
81	82	83	84	85	86	87	88	89	90	91	92	93	94	95	96	97	98	99	100
①	③	①	②	②	③	②	①	④	④	②	③	②	②	④	②	④	①	①	③
101	102	103	104	105	106	107	108	109	110	111	112	113	114	115	116	117	118	119	120
①	②	①	③	④	①	④	②	④	②	②	③	①	③	④	①	④	③	③	④

01

정답 ③

제시문에서는 청소년기에 맺은 부모와의 긍정적인 관계가 성인기의 원만한 인간관계로 이어져 개인의 삶에 영향을 미침을 설명하고 있다. 따라서 글의 제목으로 가장 적절한 것은 ③이다.

02

정답 ②

오답분석

①·③·④ 대상 – 원료 관계이다.

03

정답 ②

'Ⅱ – 2 – 가'는 기부 문화의 문제점보다는 기부 문화의 활성화 방안으로 적절하며, ⓒ은 이러한 방안이 필요한 문제점으로 적절하다. 따라서 서로 위치를 바꾸는 것은 적절하지 않다.

04

정답 ④

제시문은 VOD서비스의 등장으로 방송국이 프로그램의 순수한 재미와 완성도에 집중하게 될 것이라고 추측했을 뿐, 이러한 양상이 방송국 간의 과도한 광고 유치 경쟁을 불러일으킬 것이라고는 언급하지 않았다.

05

정답 ④

어떤 사안에 대한 '보고'를 한다는 것은 그 내용에 대한 충분한 이해가 되었다는 것이다. 즉, 그 내용과 관련해서 어떤 질문을 받아도 답변이 가능해야 한다.

오답분석

① 설명서에 해당하는 설명이다.
② 기획안에 해당하는 설명이다.
③ 이해를 돕기 위한 자료라 해도 양이 너무 많으면 오히려 내용 파악에 방해가 된다.

06

정답 ③

오답분석

- 웬지 → 왠지
- 어떡게 → 어떻게
- 말씀드리던지 → 말씀드리든지
- 바램 → 바람

07

정답 ②

제시문은 상품 생산자와 상품의 관계에 있어서 인간이 소외되는 현상에 대해 설명하는 글이다. 따라서 (가) 상품 생산자와 상품의 관계를 제시 – (다) '자립적인 삶'의 부연 설명 – (라) 내용 첨가 : 시장 법칙의 지배 아래에서 사람과 사람과의 관계 – (나) 결론 : 인간의 소외 순으로 나열하는 것이 적절하다.

08

정답 ④

제시문에 따르면 열원에서 만들어진 냉온수를 압력 손실 없이 실별로 분배한 뒤 환수하는 분배기는 주로 난방용으로 이용되어 왔으나, 냉방기에도 이용이 가능하다.

오답분석

① 분배기는 냉온수를 압력 손실 없이 실별로 분배한 뒤 환수한다.
② 열원은 난방 시 열을 공급하고 냉방 시 열을 제거하는 열매체를 생산한다.
③ 패널은 각 실의 바닥, 벽, 천장 표면에 설치되어 열매체를 순환시킨다.

09

정답 ④

마지막 문단에서 녹내장을 예방할 수 있는 방법은 아직 알려져 있지 않고, 가장 좋은 예방법이 조기에 발견하는 것이라고 하였다. 따라서 '녹내장 발병을 예방할 수 있는 방법은 아직 없다.'고 볼 수 있다.

오답분석

① 녹내장은 일반적으로 주변 시야부터 좁아지기 시작해 중심 시야로 진행되는 병이다.
② 상승된 안압이 시신경으로 공급되는 혈류량을 감소시켜 시신경 손상이 발생될 수 있다.
③ 녹내장은 안압이 상승하여 발생하는 병이므로 안압이 상승할 수 있는 상황은 되도록 피해야 한다.

10

정답 ②

제시문은 조각보가 무엇인지 설명하며, 이를 클레와 몬드리안의 작품을 비교하는 것은 잘못되었다고 하고, 조각보의 독특한 예술성에 대해 설명하는 글이다. 따라서 (나) 조각보의 정의, 클레와 몬드리안의 비교가 잘못된 이유 – (가) 클레와 몬드리안보다 100여 년 이상 앞서 제작된 조각보의 특징 – (다) 조각보가 아름답게 느껴지는 이유 순으로 나열하는 것이 적절하다.

11

정답 ②

갑은 현실적으로 지배 체제에 맞게 지배자들이 법률을 제정하기 때문에 정의는 강자의 이익이라고 주장한다. 이에 반해 을은 지배자들이 꼭 자신들의 이익을 위해 법률을 만드는 것은 아니라는 점을 주장한다. 여기에서 을은 자신의 주장을 강화하기 위해서 유비추리의 방식을 이용하여 의사와 환자라는 비슷한 사례를 제시하고 있다.

12

정답 ④

제시문은 혈관 건강에 좋지 않은 LDL 콜레스테롤을 높이는 포화지방과 LDL 콜레스테롤의 분해를 돕고 HDL 콜레스테롤을 상승하게 하는 불포화지방에 대해 설명하고 있다. 따라서 중심 내용으로 가장 적절한 것은 '몸에 좋은 지방과 좋지 않은 지방'이다.

13

정답 ④

제시문의 첫 문단에서 위계화의 개념을 설명하고, 하위 문단들에서 이러한 불평등의 원인과 구조에 대해 살펴보고 있다.

14

정답 ③

빈칸 뒤에 '철학은 이처럼 단편적인 사실들이 서로 어떤 관계에 있는가를 주목하는 겁니다.'라는 말을 통해 '단편적인 사실'이 '나무'를 의미한다는 것과 '나무' 사이의 관계를 주목하는 것이 '철학'이라는 것을 알 수 있다.

15

정답 ②

7월 8일 12시(정오)까지는 인터넷뱅킹을 통한 대출 신청・실행・연기가 중지된다고 설명되어 있다. 그러나 은행에 방문하여 창구를 이용한 대출 신청에 대해 별다른 언급이 없으므로, 7월 5일(토) 중단일 이후 은행영업일이라면 이용 가능하다고 볼 수 있다. 따라서 7월 8일 12시 이후부터 은행에서 대출 신청이 가능하다는 설명은 적절하지 않다.

오답분석

① 7월 8일 정오까지 지방세 처리 ARS 업무가 중단된다고 설명하고 있다.
③ 고객센터 전화를 통한 카드・통장 분실 신고(해외 포함) 등과 같은 사고 신고는 정상 이용이 가능하다고 안내하고 있다.
④ 타 은행 ATM, 제휴 CD기에서 A은행으로의 계좌 거래는 제한서비스로 분류된다고 안내하고 있다.

16

정답 ②

48, 72, 180을 각각 소인수분해하면 다음과 같다.

$48=2^4\times3$

$72=2^3\times3^2$

$180=2^2\times3^2\times5$이므로 48, 72, 180의 최대공약수는 $2^2\times3=12$이다.

따라서 사원은 12명이므로 한 사원이 받는 주스의 개수는 $72\div12=6$병이다.

17

정답 ④

i) 10명이 탁자에 앉을 수 있는 경우의 수

10명을 일렬로 배치하는 경우의 수는 10!이고, 정오각형의 각 변에 둘러앉을 수 있으므로 같은 경우 5가지씩을 제외한 경우의 수는 $\frac{10!}{5}$이다.

ii) 남학생과 여학생이 이웃하여 앉는 경우의 수

남학생 5명을 각 변에 1명씩 먼저 앉히고 남은 자리에 여학생을 앉힌다.

각각에 대하여 남녀의 자리를 바꿀 수 있으므로 경우의 수는 $4!\times5!\times2^5$이다.

따라서 구하고자 하는 확률은 $\dfrac{4!\times5!\times2^5}{\dfrac{10!}{5}}=\dfrac{8}{63}$이다.

18

정답 ②

상품의 원가를 x원이라고 하면 다음과 같은 식이 성립한다.

$a=1.1(x+1,000)$

$\rightarrow \frac{10}{11}a=x+1,000$

따라서 상품의 원가는 $\frac{10}{11}a-1,000$이다.

19

정답 ①

A지점에서 B지점까지의 거리를 $5a$km라 하고, T열차의 처음 속도를 $x$km/min이라 하면, J열차의 속도는 $(x-3)$km/min이다.

$\frac{5a}{x-3}=\frac{4a}{x}+\frac{a}{x-5}$

$\rightarrow \frac{5}{x-3}=\frac{4}{x}+\frac{1}{x-5}$

$\rightarrow 5x(x-5)=4(x-3)(x-5)+x(x-3)$

$\rightarrow 5x^2-25x=4(x^2-8x+15)+x^2-3x$

$\rightarrow 10x=60$

$\therefore x=6$

따라서 T열차의 처음 출발 속도는 6km/min이다.

20

정답 ③

(좋아하는 색이 다를 확률)=1−(좋아하는 색이 같을 확률)

i) 2명 모두 빨간색을 좋아할 확률 : $\left(\frac{2}{10}\right)^2$

ii) 2명 모두 파란색을 좋아할 확률 : $\left(\frac{3}{10}\right)^2$

iii) 2명 모두 검은색을 좋아할 확률 : $\left(\frac{5}{10}\right)^2$

학생 2명을 임의로 선택할 때, 좋아하는 색이 다를 확률 : $1-\left(\frac{4}{100}+\frac{9}{100}+\frac{25}{100}\right) \rightarrow 1-\frac{38}{100}=\frac{62}{100}=\frac{31}{50}$

따라서 구하고자 하는 확률은 $\frac{31}{50}$이다.

21

정답 ③

5와 4는 서로소이므로 최소공배수는 5×4=20이다. 즉, K공장은 A, B 두 기계를 20년 주기로 동시에 구입하므로 2017년 이후 두 기계를 동시에 구입하는 해는 1994년으로부터 40년 후인 2034년이다.

22

정답 ④

한 매장에서 지불한 금액이 140유로가 넘어 세금 환급이 되는 물품들은 12% 할인 적용한다. 또한 구입한 물품은 모두 과세 대상이다. 구하고자 하는 총금액은 세금환급이 되는 물품(12% 할인)과 안 되는 물품 그리고 관세적용대상물품의 관세금액(20% 적용)의 합이다.

I매장에서 구입한 물건만 88유로로 세금환급되지 않고, 나머지 매장들은 12% 할인 적용되어 총 물품가격은 (490+350+820+150)×0.88+88=1,680.8유로이다.

관세는 총금액 중 미화 600달러(511유로)를 제외한 부분에 적용되므로, 1,680.8−511=1,169.8유로에 대한 관세를 계산하면 된다. 그러므로 Q씨에게 부과되는 관세는 1,169.8×0.2=233.96유로이다.

따라서 Q씨가 구매한 물품에 관세까지 합산하여 지불한 총금액은 1,680.8+233.96=1,914.76유로, 약 1,915유로이다.

23

정답 ①

가족은 Q씨에게 3,000유로를 송금해주었다. 이 중 실질적으로 사용한 금액을 살펴보면 가방(490유로), 지갑(350유로), 벨트(150유로)를 샀으므로 총 490+350+150=990유로이다.

또한 모든 물품의 관세는 가족들이 부담하기 때문에 **22**번 해설의 관세 233.96유로는 가족들이 부담한다.

따라서 가족들에게 돌려줘야 하는 총금액은 3,000−(990+233.96)=3,000−1,223.96=1,776.04유로, 약 1,776유로이다.

24

정답 ②

A열 용지는 자르는 과정을 몇 번 반복하느냐에 따라 A 뒤에 올 숫자가 결정되는데, 용지 사이즈는 A0부터 A10까지 구분된다.

A 뒤에 나오는 숫자가 2씩 증가하면 용지의 가로와 세로의 길이는 $\frac{1}{2}$배가 된다.

즉, A8용지의 가로와 세로 길이는 A2용지의 가로와 세로 길이의 $\left(\frac{1}{2}\right)^3=\frac{1}{8}$배가 된다.

- A8용지의 가로의 길이 : $420\times\frac{1}{8}\fallingdotseq 52$mm
- A8용지의 세로의 길이 : $594\times\frac{1}{8}\fallingdotseq 74$mm

따라서 A8용지의 사이즈는 52mm×74mm이다.

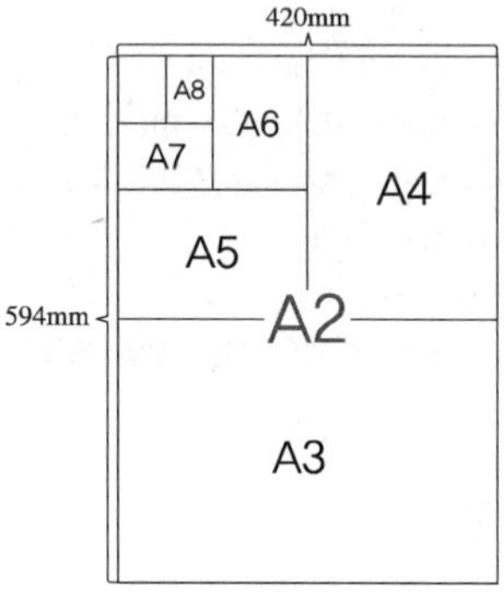

25

정답 ②

파운드화를 유로화로 환전할 때 이중환전을 해야 하므로 파운드화에서 원화, 원화에서 유로화로 두 번 환전해야 한다.

- 파운드화를 원화로 환전 : 1,400파운드×1,500원/파운드=2,100,000원
- 원화를 유로화로 환전 : 2,100,000원÷1,200원/유로=1,750유로

26

정답 ④

가입기간이 24개월이기 때문에 '스마트 적금'과 '청년 적금'은 제외된다. 또한 현재 군 복무 중이 아니기 때문에 '나라지킴이 적금'도 제외된다. '우리아이 정기예금'의 경우 첫 예치 시 1,000만 원 이상부터 가능하지만 500만 원밖에 없다고 했으므로 불가능하다. 따라서 당행 계열사 카드 전월 실적 30만 원 이상 및 당행 예·적금 상품 신규고객에 속하며, 통장에 300만 원 이상 보유한 조건을 갖춰 우대금리를 적용받을 수 있고, 가입기간을 24개월로 할 수 있는 '우리집 만들기 예금'을 추천하는 것이 적절하다.

27

정답 ③

수출액의 전월 대비 증가율이 가장 높은 달은 2025년 3월이고, KOSPI지수의 전월 대비 증가율이 가장 높은 달은 2025년 2월이다.

오답분석

① 수출액이 가장 적은 달은 2025년 1월이고, KOSPI지수가 가장 낮은 달 또한 2025년 1월이다.

② 2024년 11월에 수출액은 전월 대비 감소하였으나 KOSPI지수는 전월 대비 증가하였고, 2025년 3월에 수출액은 전월 대비 증가하였으나 KOSPI지수는 전월 대비 감소하였다.

④ 2024년 12월부터 2025년 2월까지 수출액의 전월 대비 증감 추이는 '증가 – 감소 – 증가'이고, KOSPI지수의 전월 대비 증감 추이 또한 '증가 – 감소 – 증가'이다.

28

정답 ②

제시된 조건에 맞추어 단계별로 진행한 결과를 표시하면 다음과 같다.

(단위 : L)

구분	15L 항아리	10L 항아리	4L 항아리
1단계	11	5	4
2단계	6	10	4
3단계	10	10	0
4단계	10	6	4
5단계	14	6	0
6단계	15	5	0

따라서 모든 단계를 완료한 후 10L 항아리에 남아 있는 물의 양은 5L이다.

29

정답 ②

제시된 자료를 표로 정리하면 다음과 같다(이수인원은 300명으로 모두 동일함).

구분	석차(등)	백분율(%)	등급	이수단위	(등급)×(단위)
국어	270	90	8	3	24
영어	44	약 14	3	3	9
수학	27	9	2	2	4
과학	165	55	5	3	15

이수단위의 합은 11이므로 전체 평균등급은 $\frac{(24+9+4+15)}{11} \fallingdotseq 4.7$이다. 따라서 평균등급 M은 4와 5 사이에 위치하게 되므로 ②가 정답이 된다.

30

정답 ④

빈칸의 수가 3개이며, 이를 구할 수 있는 산정식이 주어져 있다. 즉, 빈칸을 먼저 채워야만 선택지의 판단이 가능하다.

먼저 산정식에서 B는 0이고, C는 16이므로 극한기후 발생지수 산정식은 $\frac{A}{4}+1$로 단순화시킬 수 있다.

이를 이용하여 빈칸에 들어갈 수를 구하면 다음과 같다.

구분	폭염	한파	호우	대설	강풍
발생일수(일)	16	5	3	0	1
발생지수	5.0	$\left(\frac{9}{4}\right)$	$\left(\frac{7}{4}\right)$	1.0	$\left(\frac{5}{4}\right)$

대설(1.0)과 강풍$\left(\frac{5}{4}\right)$의 발생지수의 합은 $\frac{9}{4}$이므로 호우의 발생지수 $\frac{7}{4}$보다 크다. 따라서 옳은 내용이다.

오답분석

① 호우의 발생지수는 $\frac{7}{4}$이므로 2.0에 미치지 못한다. 따라서 옳지 않은 내용이다.

② 발생지수가 가장 높은 것은 폭염(5.0)이므로 옳지 않은 내용이다.

③ 제시된 극한기후 유형별 발생지수를 모두 더하면 $\frac{(20+9+7+4+5)}{4}=\frac{45}{4}$이므로 이의 평균은 $\frac{45}{20}=\frac{9}{4}$임을 알 수 있다. 따라서 3에 미치지 못하는 수치이므로 옳지 않은 내용이다.

31

정답 ③

ㄱ. 심사위원 3인이 같은 의견을 낸 경우엔 다수결에 의해 예선 통과 여부가 결정되므로 누가 심사위원장인지 알 수 없다.

ㄷ. 심사위원장을 A, 나머지 심사위원을 B, C, D라 하면 2명의 O 결정에 따른 통과 여부는 다음과 같다.

O 결정	A, B	A, C	A, D	B, C	B, D	C, D
통과 여부	○	○	○	×	×	×

- 경우 1
  참가자 4명 중 2명 이상이 A가 포함된 2인의 심사위원에게 O 결정을 받았고 그 구성이 다르다면 심사위원장을 알아낼 수 있다.
- 경우 2
  참가자 4명 중 1명만 A가 포함된 2인의 심사위원에게 O 결정을 받아 통과하였다고 하자. 나머지 3명은 A가 포함되지 않은 2인의 심사위원에게 O 결정을 받아 통과하지 못하였고 그 구성이 다르다. 통과하지 못한 참가자에게 O 결정을 준 심사위원에는 A가 없고 통과한 참가자에게 O 결정을 준 심사위원에 A가 있기 때문에 심사위원장이 A라는 것을 알아낼 수 있다.

오답분석

ㄴ. 4명의 참가자 모두 같은 2인의 심사위원에게만 O 결정을 받아 탈락했으므로 나머지 2인의 심사위원 중에 심사위원장이 있다는 것만 알 수 있고, 누가 심사위원장인지는 알 수 없다.

32

정답 ④

영래의 맞은편이 현석이이고 현석이의 바로 옆자리가 수민이이므로, 이를 기준으로 제시된 조건에 맞추어 자리를 배치해야 한다. 영래의 왼쪽・수민이의 오른쪽이 비어있을 때 또는 영래의 오른쪽・수민이의 왼쪽이 비어있을 때는 성표와 진모가 마주보면서 앉을 수 없으므로 성립하지 않는다. 그러므로 영래의 왼쪽・수민이의 왼쪽이 비어있을 때와 영래의 오른쪽・수민이의 오른쪽이 비어있을 때를 정리하면 다음과 같다.

- 영래의 왼쪽, 수민이의 왼쪽이 비어있을 때

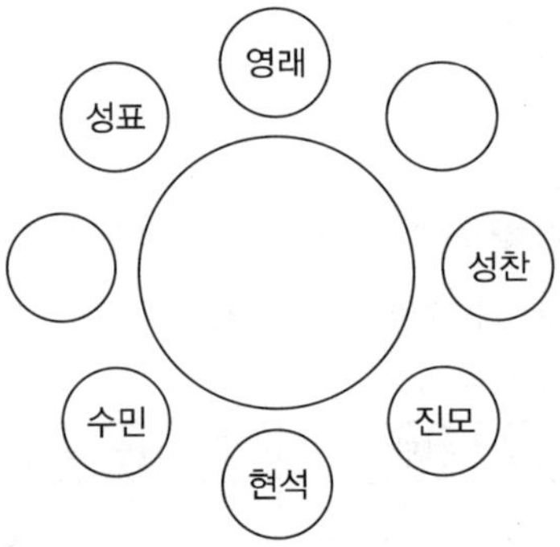

- 영래의 오른쪽, 수민이의 오른쪽이 비어있을 때

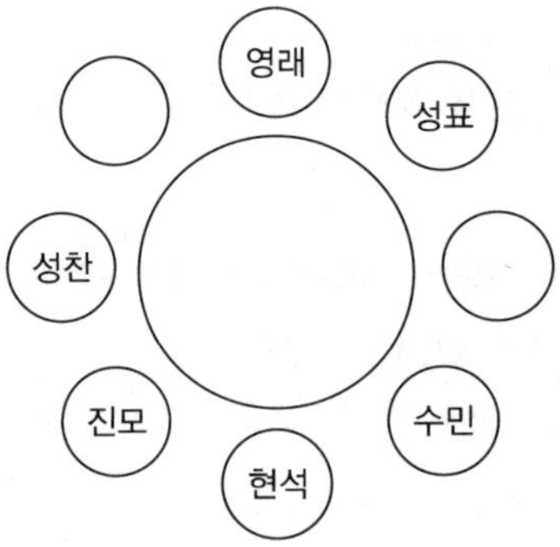

따라서 어느 상황에서든 진모와 수민이는 1명을 사이에 두고 앉는다.

33

정답 ④

운동량은 자전거 주행 거리에 비례하므로 거리를 이용해 운동량을 비교하면 다음과 같다.

- 갑 : $1.4\times2=2.8$
- 을 : $1.2\times2\times0.8=1.92$
- 병 : $2\times1.5=3$
- 정 : $(2\times0.8)+(1\times1.5)=3.1$
- 무 : $(0.8\times2\times0.8)+1.2=2.48$

따라서 '정>병>갑>무>을' 순서대로 운동량이 많다.

34

정답 ②

제시된 조건을 정리하면 다음과 같다.

i) D는 가장 작다.
ii) D<C<E, C<A<B
iii) A<E, A<B<E, E<F

따라서 제시된 조건을 오름차순으로 나열해 보면 D<C<A<B<E<F이므로 세 번째로 키가 큰 사람은 B이다.

35

정답 ②

제2조 제3항에 따르면 1개월 이상 I사 직원으로 근무하였음에도 성과평가 결과를 부여받지 못한 경우에는 최하등급 기준으로 성과연봉을 지급한다.

36

정답 ③

성과급 지급 규정의 평가기준 가중치에 따라 O대리의 평가점수를 변환해 보면 다음과 같다.

(단위 : 점)

구분	전문성	유용성	수익성	총합	등급
1분기	1.8	1.6	3.5	6.9	C
2분기	2.1	1.4	3.0	6.5	C
3분기	2.4	1.2	3.5	7.1	B
4분기	2.1	1.6	4.5	8.2	A

따라서 1～2분기에는 40만 원, 3분기에는 60만 원, 4분기에는 80만 원을 받아 1년 동안 총 220만 원을 받는다.

37

정답 ④

제시된 조건에 따라 최고점과 최저점을 제외한 3명의 면접관의 평균과 보훈 가점을 더한 총점은 다음과 같다.

구분	총점	순위	구분	총점	순위
A	$\frac{80+85+75}{3}=80$점	7위	G	$\frac{80+90+95}{3}+10\fallingdotseq98.33$점	1위
B	$\frac{75+90+85}{3}+5\fallingdotseq88.33$점	3위	H	$\frac{90+80+85}{3}=85$점	4위
C	$\frac{85+85+85}{3}=85$점	4위	I	$\frac{80+80+75}{3}+5\fallingdotseq83.33$점	5위
D	$\frac{80+85+80}{3}\fallingdotseq81.67$점	6위	J	$\frac{85+80+85}{3}\fallingdotseq83.33$점	5위
E	$\frac{90+95+85}{3}+5=95$점	2위	K	$\frac{85+75+75}{3}+5\fallingdotseq83.33$점	5위
F	$\frac{85+90+80}{3}=85$점	4위	L	$\frac{75+90+70}{3}\fallingdotseq78.33$점	8위

따라서 총점이 가장 높은 6명의 합격자를 면접을 진행한 순서대로 나열하면 'G－E－B－C－F－H' 순이다.

38

정답 ②

제시된 자료를 보면 재배가능 최저 온도는 0°C, 최고 온도는 55°C이다. 0°C에서 55°C까지 5°C씩 나누어 온도별 재배가능 식물과 온도별 상품가치의 합을 구하면 다음과 같다.

• 온도별 재배가능 식물

온도(°C)	0	5	10	15	20	25	30	35 이상
식물종류	A	A, B	A, B	A, B, D, E	A, D, E	C, D, E	C, D	C

따라서 가장 많은 식물을 재배할 수 있는 온도는 15°C이다.

• 온도별 상품가치

온도(°C)	0	5	10	15	20	25	30	35 이상
상품가치(원)	10,000	35,000	35,000	85,000	60,000	100,000	65,000	50,000

따라서 상품가치의 총합이 가장 큰 온도는 25°C이다.

39

정답 ①

제시된 신제품 판매 동향 보고서를 보면 판매 부진 원인은 독특한 향 때문인 것으로 나타나 있다. 따라서 독특한 향을 개선, 즉 제품 특성을 개선하면 판매 부진을 면할 수 있을 것이다.

40

정답 ④

ㄴ. 민간의 자율주행기술 R&D를 지원하여 기술적 안정성을 높이는 전략은 위협을 최소화하는 내용은 포함하지 않고 약점만 보완하는 내용이므로 ST전략에 해당하지 않는다.

ㄹ. 국내기업의 자율주행기술 투자가 부족한 약점을 국가기관의 주도로 극복하려는 전략은 약점을 최소화하고 위협을 회피하려는 WT전략에 해당하지 않는다.

오답분석

ㄱ. 높은 수준의 자율주행기술을 가진 외국 기업과의 기술이전협약 기회를 통해 국내외에서 우수한 평가를 받는 국내 자동차기업이 국내 자율주행자동차 산업의 강점을 강화하는 전략은 SO전략에 해당한다.

ㄷ. 국가가 지속적으로 자율주행차 R&D를 지원하는 법안이 본회의를 통과한 기회를 토대로 기술개발을 지원하여 국내 자율주행자동차 산업의 약점인 기술적 안전성을 확보하려는 전략은 WO전략에 해당한다.

41

정답 ④

휴대품 손해 시 가입금액 한도 내에서 보상하되 휴대품 1개 또는 1쌍에 대해서만 20만 원 한도로 보상한다.

42

정답 ④

• 갑이 화장품 세트를 구매하는 데 든 비용
  - 화장품 세트 : 29,900원
  - 배송비 : 3,000원(∵ 일반배송상품이지만 화장품 상품은 30,000원 미만 주문 시 배송비 3,000원 부담)
• 을이 책 3권을 구매하는 데 든 비용
  - 책 3권 : 30,000원(∵ 각각 10,000원)
  - 배송비 : 무료(∵ 도서상품은 배송비 무료)

따라서 갑의 구매비용은 32,900원, 을의 구매비용은 30,000원이다.

43

정답 ②

- 사과 한 박스의 가격 : 32,000×0.75(∵ 25% 할인)=24,000원
- 배송비 : 무료(일반배송상품, 도서지역에 해당되지 않음)
- 최대 배송 날짜 : 일반배송상품은 결제완료 후 평균 2 ~ 4일 이내 배송되므로(공휴일 및 연휴 제외) 금요일 결제 완료 후 토요일, 일요일을 제외하고 늦어도 4일 뒤인 목요일까지 배송될 예정이다.

44

정답 ④

마지막 11번째 자리는 체크기호로 난수이다. 따라서 432번째 개설된 당좌예금이다.

45

정답 ①

감자꽃은 유채꽃보다 늦게 피므로 유채꽃이 피기 전이라면 감자꽃도 피지 않았다.

46

정답 ③

8월 7일에 있는 햇빛새싹발전소 발전사업 대상지 방문 일정에는 3명이 참가한다. 짐 무게 3kg당 탑승인원 1명으로 취급하므로, 총 4명의 인원이 탈 수 있는 렌터카가 필요하다. 최대 탑승인원을 만족하는 A, B, C, D렌터카 중 가장 저렴한 것은 A렌터카이지만 8월 1일 ~ 8월 12일에 여름휴가 할인행사로 휘발유 차량을 30% 할인하므로 B렌터카의 요금이 60,000×(1−0.3)=42,000원으로 가장 저렴하다.

8월 14일 보령 본사 방문에 참여하는 인원은 4명인데, 짐 무게 6kg은 탑승인원 2명으로 취급하므로 총 6명이 탈 수 있는 렌터카가 필요하다. 최대 탑승인원을 만족하는 C와 D렌터카는 요금이 동일하므로 조건에 따라 최대 탑승인원이 더 많은 C렌터카를 선택한다.

47

정답 ④

제시된 조건을 정리하면 다음과 같다.

- 최소비용으로 가능한 한 많은 인원 채용
- 급여는 희망임금으로 지급
- 6개월 이상 근무하되, 주말 근무시간은 협의가능
- 지원자들은 주말 이틀 중 하루만 출근하길 원함
- 하루 1회 출근만 가능

위 조건을 모두 고려하여 근무스케줄을 작성해 보면 다음과 같다.

<table>
<tr><th>시간</th><th>토요일</th><th>일요일</th></tr>
<tr><td>11 ~ 12시</td><td rowspan="7">최지홍(7,000)
3시간</td><td rowspan="4">박소다(7,500)
3시간</td></tr>
<tr><td>12 ~ 13시</td></tr>
<tr><td>13 ~ 14시</td></tr>
<tr><td>14 ~ 15시</td></tr>
<tr><td>15 ~ 16시</td><td rowspan="5">우병지(7,000)
3시간</td></tr>
<tr><td>16 ~ 17시</td></tr>
<tr><td>17 ~ 18시</td></tr>
<tr><td>18 ~ 19시</td><td rowspan="4">한승희(7,500)
2시간</td></tr>
<tr><td>19 ~ 20시</td></tr>
<tr><td>20 ~ 21시</td><td rowspan="2">김래원(8,000)
2시간</td></tr>
<tr><td>21 ~ 22시</td></tr>
</table>

따라서 총 5명의 직원을 채용할 수 있으며 김병우 지원자의 경우, 희망근무기간이 4개월이므로 채용하지 못한다.

48

정답 ①

A씨의 월 급여는 3,480÷12=290만 원이다.
국민연금, 건강보험료, 고용보험료를 제외한 금액을 계산하면 다음과 같다.
290만 원−[290만 원×(0.045+0.0312+0.0065)]
→ 290만 원−(290만 원×0.0827)
→ 290만 원−239,830=2,660,170원

- 장기요양보험료 : (290만 원×0.0312)×0.0738≒6,670원(∵ 원 단위 이하 절사)
- 소득세 : 68,000원
- 지방세 : 68,000×0.1=6,800원

따라서 A씨의 월 실수령액은 2,660,170−(6,670+68,000+6,800)=2,578,700원이고, 연 실수령액은 2,578,700×12=30,944,400원이다.

49

정답 ④

- 1월 8일
  출장지는 D시이므로 출장수당은 10,000원이고, 교통비는 20,000원이다. 그러나 관용차량을 사용했으므로 교통비에서 10,000원이 차감된다.
  즉, 1월 8일의 출장 여비는 10,000+(20,000−10,000)=20,000원이다.
- 1월 16일
  출장지는 S시이므로 출장수당은 20,000원이고, 교통비는 30,000원이다. 그러나 출장 시작 시각이 14시이므로 10,000원이 차감된다.
  즉, 1월 16일의 출장 여비는 (20,000−10,000)+30,000=40,000원이다.
- 1월 19일
  출장지는 B시이므로 출장수당은 20,000원이고, 교통비는 30,000원이다. 출장 시작 및 종료 시각은 차감대상이 아니지만 업무추진비를 사용했으므로 10,000원이 차감된다.
  즉, 1월 19일의 출장 여비는 (20,000−10,000)+30,000=40,000원이다.

따라서 K사원이 1월 출장 여비로 받을 수 있는 금액은 20,000+40,000+40,000=100,000원이다.

50

정답 ③

한국(A사)이 오전 8시일 때, 오스트레일리아(B사)는 오전 10시(시차 : +2), 아랍에미리트(C사)는 오전 3시(시차 : −5), 러시아(D사)는 오전 2시(시차 : −6)이다. 그러므로 업무가 시작되는 오전 9시를 기준으로 B사는 이미 2시간 전에 업무를 시작했고, C사는 5시간 후, D사는 6시간 후에 업무를 시작한다. 이를 표로 정리하면 다음과 같다.

한국 시각 / 회사	7am	8am	9am	10am	11am	12pm	1pm	2pm	3pm	4pm	5pm	6pm
A사						식사						
B사				식사								
C사										식사 및 종교 활동		
D사												식사

따라서 화상회의가 가능한 시각은 한국시각으로 오후 3~4시이다.

51

정답 ④

업체별 정비 1회당 품질개선효과와 1년 정비비, 1년 정비횟수를 정리하면 다음과 같다.

(단위 : 점)

구분	1년 계약금(만 원)	1년 정비비(만 원)	1년 정비횟수(회)	정비 1회당 품질개선효과
A업체	1,680	2,120	424	51
B업체	1,920	1,880	376	51
C업체	1,780	2,020	404	45
D업체	1,825	1,975	395	56

이를 바탕으로 품질개선점수를 도출하면 다음과 같다.

(단위 : 회, 점)

구분	1년 정비횟수	정비 1회당 품질개선효과	품질개선점수
A업체	424	51	21,624
B업체	376	51	19,176
C업체	404	45	18,180
D업체	395	56	22,120

따라서 선정될 업체는 D업체이다.

52

정답 ②

업체별 1년 정비비용, 분기별 정비횟수, 정비 1회당 수질개선효과를 구한 후, 이에 따라 수질개선점수를 도출하면 다음과 같다.

(단위 : 회, 점)

구분	1년 정비비용(만 원)	분기별 정비횟수	정비 1회당 수질개선효과	수질개선점수
A업체	6,000−3,950=2,050	$\frac{2,050}{30}=68$	75+65+80=220	$\frac{220\times68}{100}=149$
B업체	6,000−4,200=1,800	$\frac{1,800}{30}=60$	79+68+84=231	$\frac{231\times60}{100}=138$
C업체	6,000−4,800=1,200	$\frac{1,200}{30}=40$	74+62+84=220	$\frac{220\times40}{100}=88$
D업체	6,000−4,070=1,930	$\frac{1,930}{30}=64$	80+55+90=225	$\frac{225\times64}{100}=144$
E업체	6,000−5,100=900	$\frac{900}{30}=30$	83+70+86=239	$\frac{239\times30}{100}=71$

따라서 수질개선점수가 가장 높은 A업체와 D업체가 선정된다.

53

정답 ③

A팀장은 개최기간(4월 11 ~ 14일) 총 4일 동안 차량을 렌트하여야 하며, 업체별로 A팀장이 지불할 렌트비용을 계산하면 다음과 같다.

구분	총렌트비용	할인내역
부릉이렌탈	(35,000×2×0.9)+(35,000×2)=133,000원	4월 11 ~ 12일 10% 할인
편한여행	39,000×4×0.9=140,400원	10% 할인쿠폰 1개 적용
렌트여기	멤버십 가입 ○ : 15,000+(36,000×4×0.8)=130,200원	멤버십 가입 시 1일당 20% 할인 (멤버십 가입비 15,000원 지출)
	멤버십 가입 × : 36,000×4=144,000원	−
싸다렌탈	(40,500×4)−10,000=152,000원	10,000원 할인

따라서 가장 저렴한 경우는 '렌트여기'에서 '멤버십 가입 ○'이고, 총 130,200원의 비용이 든다.

54

정답 ③

대화 내용을 살펴보면 A과장은 패스트푸드점, B대리는 화장실, C주임은 은행, D사원은 편의점을 이용한다. 이는 동시에 이루어지는 일이므로 가장 오래 걸리는 일의 시간만을 고려하면 된다. 은행이 30분으로 가장 오래 걸리므로 17:20에 모두 모이게 된다. 그러므로 17:00, 17:15에 출발하는 버스는 이용하지 못하고, 17:30에 출발하는 버스는 잔여석이 부족하여 이용하지 못한다. 따라서 최종적으로 17:45에 출발하는 버스를 탈 수 있으므로 서울에 도착 예정시각은 19:45이다.

55

정답 ③

임유리 직원은 첫째 주 일요일 6시간, 넷째 주 토요일 5시간으로 월 최대 10시간 미만인 당직 규정을 어긋나므로 당직 일정을 수정해야 한다.

56

정답 ①

조건에 따라 자동차를 대여할 수 없는 날을 표시하면 다음과 같다.

〈2월 달력〉

일	월	화	수	목	금	토
	1	2 × 짝수 날 점검	3	4 × 짝수 날 점검	5	6 × 짝수 날 점검
7	8	9 × 업무	10 × 업무	11 × 설 연휴	12 × 설 연휴	13 × 설 연휴
14	15 × 출장	16 × 출장	17	18	19	20
21	22	23	24 × 대여예약	25 × 대여예약	26 × 대여예약	27
28						

따라서 B자동차를 대여할 수 있는 날은 주말을 포함한 18 ~ 20일, 19 ~ 21일, 20 ~ 22일, 21 ~ 23일이므로 수요일이 자동차를 대여할 수 있는 첫날이 될 수 없다.

57

정답 ③

- A씨 : 저압 285kWh 사용
  - 기본요금 : 1,600원
  - 전력량요금 : (200×93.3)+(85×187.9)=18,660+15,971.5≒34,630원
  - 부가가치세 : (1,600+34,630)×0.1=36,230×0.1≒3,620원
  - 전력산업기반기금 : (1,600+34,630)×0.037=36,230×0.037≒1,340원
  - 전기요금 : 1,600+34,630+3,620+1,340=41,190원
- B씨 : 고압 410kWh 사용
  - 기본요금 : 6,060원
  - 전력량요금 : (200×78.3)+(200×147.3)+(10×215.6)=15,660+29,460+2,156≒47,270원
  - 부가가치세 : (6,060+47,270)×0.1=53,330×0.1≒5,330원
  - 전력산업기반기금 : (6,060+47,270)×0.037=53,330×0.037≒1,970원
  - 전기요금 : 6,060+47,270+5,330+1,970=60,630원

따라서 A씨와 B씨의 전기요금을 바르게 연결한 것은 ③이다.

58

정답 ④

• 일비 : 하루에 10만 원씩 지급 → 100,000×3=300,000원
• 숙박비 : 실비 지급 → B호텔 2박 → 250,000×2=500,000원
• 식비 : 8～9일까지는 3식이고 10일에는 점심 기내식을 제외하여 아침만 포함 → (10,000×3)+(10,000×3)+(10,000×1)=70,000원
• 교통비 : 실비 지급 → 84,000+10,000+16,300+17,000+89,000=216,300원

따라서 T차장이 받을 수 있는 여비는 총 300,000+500,000+70,000+216,300=1,086,300원이다.

59

정답 ①

두 번째 조건에서 경유지는 서울보다 +1시간, 출장지는 경유지보다 −2시간이므로, 서울과 −1시간 차이다.
김대리가 서울에서 경유지를 거쳐 출장지까지 가는 과정을 서울 시간 기준으로 정리하면 다음과 같다.
서울 5일 오후 1시 35분 출발 → 오후 1시 35분+3시간 45분=오후 5시 20분 경유지 도착 → 오후 5시 20분+3시간 50분(대기시간)=오후 9시 10분 경유지에서 출발 → 오후 9시 10분+9시간 25분=6일 오전 6시 35분 출장지 도착
따라서 출장지에 도착했을 때 현지시각은 서울보다 1시간 느리므로, 오전 5시 35분이다.

PART 3

60

정답 ④

선택지에 따른 각각의 방법에서 이익을 구하면 다음과 같다.
① (600×0.9)×(12,000−5,500)−(20,000×5)=540×6,500−100,000=3,410,000원
② (600×0.95)×(12,000−5,500)−(20,000×10)=570×6,500−200,000=3,505,000원
③ 600×(12,000−5,500)−(20,000×15)=600×6,500−300,000=3,600,000원
④ (600×1.1×0.85)×(12,000−5,500)=561×6,500=3,646,500원
따라서 생산량을 10% 증가시키는 것이 가장 많은 이익을 얻을 수 있다.

61

정답 ④

마지막 헤밍웨이의 대답을 통해 위스키 회사 간부가 협상의 대상인 헤밍웨이를 분석하지 못하였음을 알 수 있다. 헤밍웨이의 특징, 성격 등을 파악하고 헤밍웨이로 하여금 신뢰감을 느낄 수 있도록 협상을 진행하였다면 협상의 성공률은 올라갔을 것이다.

62

정답 ③

대화를 통해 부하직원인 A씨 스스로 업무성과가 떨어지고 있고, 업무방법이 잘못되었음을 인식시켜서 이를 해결할 방법을 스스로 생각하도록 해야 한다. 이후 B팀장이 조언하며 A씨를 독려한다면, B팀장은 A씨의 자존감과 자기결정권을 침해하지 않으면서도 A씨 스스로 책임감을 느끼고 문제를 해결할 가능성이 높아지게 할 수 있다.

오답분석

① 징계를 통해 억지로 조언을 듣도록 하는 것은 자존감과 자기결정권을 중시하는 A씨에게 옳지 않은 방법이다.
② 칭찬은 A씨로 하여금 자신의 잘못을 인식하지 못하도록 할 수 있어 옳지 않은 방법이다.
④ 자존감과 자기결정권을 중시하는 A씨에게 강한 질책은 옳지 않은 방법이다.

63

정답 ②

어떠한 비난도 하지 않고 문제를 해결하는 것은 고객 불만에 대응하는 옳은 방법이다.

오답분석

① 회사 규정을 말하며 변명을 하는 것은 오히려 화를 키울 수 있다.
③ 먼저 사과를 하고 이야기를 듣는 것이 더 효과적이다.
④ 내 잘못이 아니라는 것을 고객에게 알리는 것은 화를 더 키울 수 있다.

64

정답 ④

팔로워십 유형별 조직에 대한 감정

구분	조직에 대한 자신의 느낌	구분	조직에 대한 자신의 느낌
소외형	• 자신을 인정해 주지 않음 • 적절한 보상이 없음 • 불공정하고 문제가 있음	실무형	• 규정 준수를 강조 • 명령과 계획의 빈번한 변경 • 리더와 부하 간의 비인간적 풍토
순응형	• 기존 질서를 따르는 것이 중요 • 리더의 의견을 거스르는 것은 어려운 일임 • 획일적인 태도와 행동에 익숙함	수동형	• 조직이 나의 아이디어를 원치 않음 • 노력과 공헌을 해도 아무 소용이 없음 • 리더는 항상 자기 마음대로 함

오답분석

㉠ · ㉡ 수동형이 느끼는 조직에 대한 감정이다.

65

정답 ①

진지한 사과는 감정은행계좌에 신뢰를 예입하는 것이다. 그러나 반복되는 사과는 불성실한 사과와 마찬가지로 받아들여져 신용에 대한 인출이 된다.

감정은행계좌의 예입 수단

- 상대방에 대한 이해와 양보
- 약속의 이행
- 언행일치
- 사소한 일에 대한 관심
- 칭찬하고 감사하는 마음
- 진지한 사과

오답분석

② B의 행위는 자신의 말을 지키지 못하고, 상사의 기대를 저버린 행위이므로 감정은행계좌 인출 행위에 해당한다.
③ C의 행위는 우산을 빌리지 못한 다른 여직원이 서운함을 느낄 수 있는 행위이므로 감정은행계좌 인출 행위에 해당한다.
④ 책임을 지고 약속을 지키는 것은 감정은행계좌 예입 행위이며, 약속을 어기는 것은 중요한 감정은행계좌 인출 행위이다. 따라서 D의 행위는 팀원과의 약속을 지키지 않은 행위이므로 감정은행계좌 인출 행위에 해당한다.

66

정답 ④

「IF(logical_test, [value_if_true], [value_if_false])」함수는 정의한 조건과 일치하거나 불일치할 때, 그에 맞는 값을 출력하는 조건문이다. 'logical_test'는 정의하려는 조건, [value_if_true]는 앞선 조건이 참일 때 출력할 값, [Value_if_false]는 앞선 조건이 거짓일 때 출력할 값을 입력한다. 또한, LEFT함수는 셀의 왼쪽부터 공백을 포함하여 몇 번째 수까지의 수 또는 텍스트를 추출하여 출력하는 함수이다. 따라서 [D3] 셀에 들어갈 함수식은 [C3] 셀의 왼쪽에서 2번째 텍스트를 추출하고, 그 값이 "강원"일 때 1을 출력하는 함수식이며, 「=IF(LEFT(C3,2)="강원",1,0)」이다.

67

정답 ①

[휴지통]에 들어 있는 자료는 언제든지 복원 가능하다. 단, [휴지통] 크기를 0%로 설정한 후, 파일을 삭제하면 복원이 불가능하다.

68

정답 ②

'$'가 붙으면 절대참조로 위치가 변하지 않고, 붙지 않으면 상대참조로 위치가 변한다. 「$A$1」은 무조건 [A1] 위치로 고정이며 「$A2」는 [A] 열은 고정이지만 행은 변한다는 것을 의미한다. [A7] 셀을 복사할 때 열이 오른쪽으로 2칸 움직이지만 고정이기에 의미는 없고, 행이 7에서 8로 1행만큼 이동하기 때문에 [A1]+[A3]의 값이 [C8] 셀이 된다. 따라서 1+3=4이다.

69

정답 ①

문단을 강제로 분리할 때는 〈Enter〉 키를 사용한다.

70

정답 ②

㉠ 공용 서버 안의 모든 바이러스를 치료한 후에 접속하는 모든 컴퓨터를 대상으로 바이러스 검사를 하고 치료해야 한다.
㉢ 쿠키는 공용으로 사용하는 PC로 인터넷에 접속했을 때 개인 정보 유출을 방지하기 위해 삭제한다.

오답분석

㉡ 다운로드받은 감염된 파일을 모두 실행하면 바이러스가 더욱 확산된다.
㉣ 임시 인터넷 파일의 디스크 공간을 늘리는 것보다 파일을 삭제하여 디스크 공간을 확보하는 것이 추가 조치사항으로 적절하다.

71

정답 ②

싱가포르는 중국계(74.1%), 말레이계(13.4%), 인도계(9.2%), 기타(3.3%)의 다민족 국가로 그에 맞는 비즈니스 에티켓을 지켜야 한다. 말레이계, 인도계 등은 이성끼리 악수를 하지 않는 편이며, 싱가포르 현지인은 시간관념이 매우 철저하므로 약속 시간을 엄수하고 일을 진행하기 전 먼저 약속을 잡는 것이 바람직하다.

72

정답 ③

제시된 사례의 쟁점은 재고 처리이며, 여기서 A씨는 W사에 대하여 경쟁전략(강압전략)을 사용하고 있다. 강압전략은 'Win – Lose' 전략이다. 즉, 내가 승리하기 위해서 당신은 희생되어야 한다는 전략인 'I Win, You Lose' 전략이다. 명시적 또는 묵시적으로 강압적 위협이나 강압적 설득, 처벌 등의 방법으로 상대방을 굴복시키거나 순응시킨다. 자신의 주장을 확실하게 상대방에게 제시하고 상대방에게 이를 수용하지 않으면 보복이 있을 것이며, 협상이 결렬될 것이라는 등의 위협을 가하는 것이다. 즉, 강압전략은 일방적인 의사소통으로 일방적인 양보를 받아내려는 것이다.

73

정답 ④

중요도와 긴급성에 따라 우선순위를 둔다면 1순위는 회의 자료 준비이다. 업무 보고서는 내일 오전까지 시간이 있으므로 회의 자료를 먼저 준비하는 것이 옳다. 따라서 ㉣이 가장 좋은 행동이라 할 수 있다. 반면, ㉠은 첫 번째 우선순위로 놓아야 할 회의 자료 작성을 전혀 고려하지 않고 있으므로 가장 좋지 않은 행동이라 할 수 있다.

74

정답 ④

예산집행 조정, 통제 및 결산 총괄 등 예산과 관련된 업무는 자산팀(㉣)이 아닌 예산팀(㉠)이 담당하는 업무이다.
한편, 자산팀은 물품 구매와 장비・시설물 관리 등의 업무를 담당한다.

75

정답 ④

채용시험의 출제정보를 관리하는 시스템의 구축・운영 업무는 개인정보보안과 관련된 업무를 담당하는 정보보안전담반의 업무로 옳지 않다.

76

정답 ③

체온 측정을 위한 주의사항에 따르면 체온을 측정할 때는 정확한 측정을 위해 과다한 귀지가 없도록 해야 한다.

오답분석

① 체온을 측정하기 전 새 렌즈필터를 부착하여야 한다.
② 오른쪽 귀에서 측정한 체온과 왼쪽 귀에서 측정한 체온은 다를 수 있으므로 항상 같은 귀에서 체온을 측정해야 한다.
④ 영점조정에 대한 사항은 제시문에서 확인할 수 없는 내용이다.

77

정답 ①

'POE' 에러 메시지는 체온계가 렌즈의 정확한 위치를 감지할 수 없어 정확한 측정이 어렵다는 메시지이다. 따라서 〈ON〉 버튼을 3초간 길게 눌러 화면을 지운 다음 정확한 위치에 체온계를 넣어 다시 측정해야 한다.

오답분석

② '––' 에러 메시지가 떴을 때의 해결방법에 해당한다.
③ 제시문에서 확인할 수 없는 내용이다.
④ '–––' 에러 메시지가 떴을 때의 해결방법에 해당한다.

78

정답 ①

가장 최근에 개발된 기술이라고 해서 기업의 성장에 도움이 된다고 단정 지을 수 없다. 또한 최신 기술이라고 하더라도 빠른 시간 내에 진부화될 수 있다. 무조건 최신 기술을 도입하기보다는 향후 기업성장에 도움이 되는 기술인지, 진부화될 가능성이 낮은 최신 기술인지를 판단하여 선택하는 것이 옳은 방법이다.

79

정답 ②

기술은 '노하우(Know-how)'를 포함한다. 즉, 기술을 설계하고, 생산하고, 사용하기 위해 필요한 정보, 기술, 절차를 갖는 데 노하우(Know-how)가 필요한 것이다.

80

정답 ④

산업재해의 예방대책

1. 안전 관리 조직
2. 사실의 발견
3. 원인 분석
4. 시정책의 선정
5. 시정책 적응 및 뒤처리

81

정답 ①

낙수효과에 대한 설명이다.

오답분석

② 분수효과 : 낙수효과와 반대되는 현상을 나타내는 말로, 저소득층의 소비 증대가 전체 경기를 부양시키는 현상이다.
③ 풍선효과 : 어떤 부분에서 문제를 해결하면 또 다른 부분에서 새로운 문제가 발생하는 현상이다.
④ 기저효과 : 경제지표를 평가하는 과정에서 기준시점과 비교시점의 상대적인 수치에 따라 그 결과에 큰 차이가 나타나는 현상이다.

82

정답 ③

가격효과는 소득효과와 대체효과의 합이며, 힉스와 슬루츠키에 의해 정립되었다.

83

정답 ①

제시된 상황은 케인스가 주장하였던 유동성 함정(Liquidity Trap)이다. 유동성 함정이란 시장에 현금이 흘러 넘쳐 구하기 쉬운데도 기업의 생산·투자와 가계의 소비가 늘지 않아 경기가 나아지지 않고, 마치 경제가 함정(Trap)에 빠진 것처럼 보이는 상황을 말한다. 즉, 유동성 함정의 경우에는 금리를 아무리 낮추어도 실물경제에 영향을 미치지 못하게 된다.

84

정답 ②

어떤 상품이 정상재인 경우 이 재화의 수요가 증가하면 수요곡선 자체를 오른쪽으로 이동시켜 재화의 가격이 상승하면서 동시에 거래량이 증가한다. 소비자의 소득 증가, 대체재의 가격 상승, 보완재의 가격 하락, 미래 재화가격의 상승 예상, 소비자의 선호 증가 등이 수요를 증가시키는 요인이 될 수 있다. 한편, 생산기술의 진보, 생산요소의 가격 하락, 생산자의 수 증가, 조세 감소 등은 공급의 증가요인으로 공급곡선을 오른쪽으로 이동시킨다.

85

정답 ②

엥겔지수는 가계 소비지출에서 차지하는 식비의 비율을 의미하며, 가계 소비지출은 소비함수[(독립적인 소비지출)+{(한계소비성향)×(가처분소득)}]로 계산할 수 있다. 각각의 숫자를 대입하면 100만 원+(0.6×300만 원)=280만 원이 소비지출이 되고, 이 중 식비가 70만 원이므로, 엥겔지수는 70만 원÷280만 원=0.25이다.

86

정답 ③

혼합경제체제란 자본주의 경제체제와 사회주의 경제체제의 혼합이 아닌, 시장경제원리와 계획경제원리가 혼재하는 현대의 자본주의 경제체제이다.

87

정답 ②

내생적 성장이론에서는 자본에 대한 수확체감 현상이 발생하지 않으므로 경제성장률은 1인당 자본량에 관계없이 결정된다. 따라서 국가 간 소득이 동일한 수준으로 수렴하는 현상이 발생하지 않는다.

88

정답 ①

제시된 자료로는 구매력평가 환율만을 구할 수 있을 뿐 명목환율을 구할 수 없다.

오답분석

② 빅맥의 1달러당 원화 가격은 1,000원에서 900원으로 변화했으므로 10% 하락했다.
③ 환율의 하락은 원화의 평가절상을 의미하므로 달러 대비 원화의 가치는 10% 상승했다.
④ 구매력평가설이 성립한다면 실질환율은 항상 1이므로 실질환율은 두 기간 사이에 변하지 않았다.

89

정답 ④

피구(Pigou)효과란 경제 불황이 발생하여 물가가 하락하면 민간이 보유한 화폐의 구매력이 증가하므로 실질적인 부가 증가하는 효과가 발생하고, 실질적인 부가 증가하면서 소비도 증가하여 IS곡선이 오른쪽으로 이동하는 효과를 말한다. 즉, 피구효과는 IS곡선의 기울기가 아닌 IS곡선 자체의 이동을 가져오는 효과이다.

90

정답 ④

필립스곡선이란 인플레이션율과 실업률 간에 단기 상충관계가 존재함을 보여주는 곡선이다. 하지만 장기적으로 인플레이션율과 실업률 사이에는 특별한 관계가 성립하지 않는다. 대상기간이 길어지면 사람들의 인플레이션에 대한 기대가 바뀔 수 있고, 오일쇼크와 같은 공급 충격도 주어질 수 있기 때문에 장기적으로는 필립스곡선이 성립하지 않는 것이다. 따라서 인플레이션 기대나 원자재 가격 상승 때문에 물가가 상승할 때는 실업률이 하락하지 않을 수 있다.

91

정답 ②

IPO(Initial Public Offering)는 기업이 일정 목적을 가지고 주식과 경영상의 내용을 공개하는 것을 의미한다. 발행회사는 주식 발행가격이 높을수록 IPO 가격이 낮아지므로 투자자의 투자수익이 줄어 추가공모 등을 통한 자본조달 여건이 나빠진다. 따라서 성공적인 IPO를 위해서는 적정 수준에서 기업을 공개하는 것이 중요하며 투자자들의 관심을 모으는 것이 필요하다.

92

정답 ③

자산배분전략은 장기적인 과정에서 투자목적을 달성하기 위한 의사결정 과정이다.

93

정답 ②

PB(Private Brand)상품이란 '독자상표상품'으로 대형마트·백화점·슈퍼마켓 등과 같은 유통업체에서 자체적으로 개발하여 판매하는 상품을 말한다. 유통업체가 제조업체에 생산을 위탁하여 자사 상표를 붙여 자사 매장에서만 판매하는 것이 특징이다. PB상품을 판매하는 유통업체의 경우 물류비나 판매관리비 등의 제반비용가격을 낮추면서도 제조업체의 기존 브랜드(NB)를 취급하는 도소매업체와 마찰을 피할 수 있다는 장점이 있다.

94

정답 ②

성장기에는 신제품을 인지시키기 위한 정보제공형 광고에서 소비자의 선호도를 높이기 위한 제품선호형 광고로 전환한다.

95

정답 ④

콘글로머리트는 사업 내용이 전혀 다른 기업을 최대한 많이 흡수 또는 합병해서 지배하는 결합 형태로, 대기업의 문어발식 기업 확장에 가장 많이 사용되는 결합 방식이다.

96

정답 ②

SCM(Supply Chain Management)은 공급사슬관리 또는 유통총공급망관리라고 불린다.

오답분석

① ERP(Enterprise Resource Planning) : 전사적 자원관리. 기업의 모든 자원을 최적으로 관리함으로써, 빠르고 투명한 업무 처리의 실현을 목적으로 한다.
③ EDI(Electronic Data Interchange) : 전자문서 교환방식. 기업 간에 데이터를 효율적으로 교환하기 위해 지정한 데이터와 문서의 표준화 시스템이다.
④ MRP(Material Requirement Planning) : 자재 소요량 계획. 컴퓨터를 이용하여 최종제품의 생산계획에 따라 그에 필요한 부품 소요량의 흐름을 종합적으로 관리하는 생산관리 시스템이다.

97

정답 ④

분석결과에 따라 초기 기업 목적과 시작 단계에서의 평가수정이 가능하다는 것이 앤소프 의사결정의 장점이다.

앤소프의 세 가지 의사결정 유형

전략적 의사결정	운영적 의사결정	관리적 의사결정
• 기업의 목표・목적을 설정하고 그에 따라 각 사업에 효율적인 자원배분을 전략화한다. • 비일상적이며 일회적인 의사결정이다.	• 기업 현장에서 일어나는 생산・판매 등 구체적인 행위에 대한 의사결정이다. • 일상적이면서 반복적인 의사결정이다.	• 결정된 목표와 전략을 가장 효과적으로 달성하기 위한 활동들과 관련되어 있다. • 전략적 의사결정과 운영적 의사결정의 중간 지점이다.

98

정답 ①

스캔런 플랜(Scanlon Plan)은 보너스 산정방식에 따라 3가지로 분류된다. 단일비율 스캔런 플랜은 노동비용과 제품생산액의 산출과정에서 제품의 종류와 관계없이 전체 공장의 실적을 보너스 산출에 반영한다. 또한 분할비율 스캔런 플랜은 노동비용과 제품생산액을 산출할 때 제품별로 가중치를 둔다. 그리고 다중비용 스캔런 플랜은 노동비용뿐만 아니라 재료비와 간접비의 합을 제품생산액으로 나눈 수치를 기본비율로 사용한다. 이러한 모든 공식에는 재료 및 에너지 등을 포함하여 계산한다.

오답분석

② 러커 플랜(Rucker Plan) : 러커(Rucker)는 스캔런 플랜에서의 보너스 산정비율은 생산액에 있어서 재료 및 에너지 등 경기변동에 민감한 요소가 포함되어 있어, 종업원의 노동과 관계없는 경기 변동에 따라 비효율적인 수치 변화가 발생할 수 있는 문제점이 있다고 제시하면서, 노동비용을 판매액에서 재료 및 에너지, 간접비용을 제외한 부가가치로 나누는 것을 공식으로 한다.
③ 임프로쉐어 플랜(Improshare Plan) : 회계처리 방식이 아닌 산업공학의 기법을 사용하여 생산단위당 표준노동시간을 기준으로 노동생산성 및 비용 등을 산정하여 조직의 효율성을 보다 직접적으로 측정하며, 집단성과급제들 중 가장 효율성을 추구한다.
④ 커스토마이즈드 플랜(Customized Plan) : 집단성과배분제도를 각 기업의 환경과 상황에 맞게 수정하여 사용하는 방식으로, 성과측정의 기준으로서 노동비용이나 생산비용, 생산 이외에도 품질향상, 소비자 만족도 등 각 기업이 중요성을 부여하는 부분에 초점을 둔 새로운 지표를 사용한다. 성과를 측정하는 항목으로 제품의 품질, 납기준수실적, 생산비용의 절감, 산업 안전 등 여러 요소를 정하고, 분기별로 각 사업부서의 성과를 측정하며 성과가 목표를 초과하는 경우에 그 부서의 모든 사원들이 보너스를 지급받는 제도이다.

99

정답 ①

확정기여형 퇴직연금제도에서 적립금 운용의 책임은 근로자에게 있으며, 기업의 부담금은 사전에 확정되어 있다. 한편, 적립금 운용의 책임이 기업에 있는 경우는 확정급여형(DB; Defined Benefit)이다.

확정기여형(DC; Defined Contribution)

• 근로자는 자기책임의 투자기회, 사용자는 예측가능한 기업운영의 이점이 있다.
• 사용자가 매년 근로자의 연간 임금총액의 1/12 이상을 근로자의 퇴직연금계좌에 적립하면 근로자가 적립금을 운용하고, 퇴직 시 기업이 부담한 금액과 운용결과를 합한 금액을 일시금 또는 연금형태로 받을 수 있다.
• 근로자의 운용실적에 따라 퇴직급여가 변동될 수 있다.

100

정답 ③

(가) 편집숍 : 한 매장에서 여러 브랜드의 제품을 모아서 판매하는 상점을 말한다.
(나) 플래그십스토어 : 성공한 특정 상품 브랜드를 앞세워 전체 브랜드의 성격과 이미지를 극대화하는 상점을 말한다.
(다) 팝업스토어 : 신상품 등의 특정 제품을 짧은 기간 동안 판매하고 사라지는 상점을 말한다.

오답분석

- 안테나숍 : 상품에 대한 소비자의 반응을 파악하고 판매촉진방안이나 상품개발 등을 연구하기 위해 도매상이 직접 운영하는 전략적 점포이다.
- 앵커스토어 : 특정 상권을 대표하거나 대형 상가의 주축이 되는 유명 점포로 주변 상권에 영향을 미친다. 신축 건물 내 영화관이나 유명 커피숍, 대형 마트 등의 유치가 이에 해당한다.

101

정답 ①

중앙은행의 통화정책 조합 중 가장 긴축성이 강한 방법은 통화공급을 감소시키는 것이다.

통화공급 감소	통화공급 증가
국공채 매각	국공채 매입
재할인율 인상	재할인율 인하
지급준비율 인상	지급준비율 인하

102

정답 ②

②는 자연이자율에 대한 설명으로, 시장이자율은 자금의 수요와 공급이 일치하여 균형을 이루는 이자율로서, 화폐시장의 자금 수급에 따라 정해지는 단기이자율이다.

103

정답 ①

외국채는 채권의 표시통화 국가에서 발행되는 채권이고, 유로채는 채권의 표시통화 국가 이외의 국가에서 발행되는 채권이다.

오답분석

② 외국채는 이자소득세를 내야 하지만, 유로채는 세금을 매기지 않는다.
③ 외국채는 감독 당국의 규제를 받지만, 유로채는 규제를 받지 않는다.
④ 외국채는 신용 평가가 필요하지만, 유로채는 필요하지 않다.

104

정답 ③

제시문은 경기침체가 두 번 연달아 오는 '더블딥(Double Dip)' 현상에 대한 설명이다.

오답분석

① 디레버레이징(Deleveraging) : 부채를 축소하는 것을 말한다.
② 디커플링(Decoupling) : 탈동조화라고 번역할 수 있는데, 어떤 나라나 지역의 경제가 인접한 다른 국가나 전반적인 세계 경제의 흐름과는 다른 모습을 보이는 현상을 말한다.
④ 디플레이션(Deflation) : 물가가 지속적으로 하락하는 현상을 말한다.

105

정답 ④

데이터 거래소는 익명·가명 정보를 통해 개인정보를 알아낼 수 있는 경우 법적 처벌을 받기 때문에 데이터를 거래할 때는 익명으로 한다.

106

정답 ①

본원통화는 중앙은행이 공급하는 현금통화로, 화폐발행액과 예금은행이 중앙은행에 예치한 지급준비예치금의 합계로 측정한다.

107

정답 ④

피셔의 화폐수량설은 화폐공급량의 증감이 물가수준의 등락을 정비례적으로 변화시킨다고 하는 경제이론으로, 피셔는 $MV=PT$ 라는 교환방정식으로 유통속도(V)와 총거래량(T)은 일정하다는 가정 아래 물가(P)는 화폐량(M)에 의해서 결정된다고 하였다.

108

정답 ②

BIS에서 발표한 바젤Ⅲ의 기준

- BIS 기준 자기자본비율을 8% 이상 유지
- 8%의 자기자본비율 중 보통주자본비율은 4.5% 이상 유지
- 기본자본비율은 6% 이상 유지
- 위기 발생 가능성 대비를 위한 완충자본 확보

109

정답 ④

경기가 호황이 되면 자금의 수요가 증가하여 금리가 상승한다. 그러나 환율이 지나치게 하락하면 환율 방어를 위해 금리의 인하를 검토하게 된다.

110

정답 ②

여신전문금융회사는 예금업무를 취급하지 않고 여신업무만을 취급하는 금융기관이다. 여신전문금융회사가 취급하는 여신업무는 다른 금융기관이 거의 취급하지 않는 소비자금융, 리스, 벤처금융 등이며, 재원은 채권발행, 금융기관 차입금으로 주로 조달한다. 여신전문금융회사에는 리스회사, 신용카드회사, 할부금융회사, 신기술사업금융회사 등이 있다.

111

정답 ②

- 프로그램 카운터(PC) : CPU에서 다음에 실행될 명령어의 주소를 기억하는 레지스터이다.
- 제어장치 : 주기억장치에서 읽어 들인 명령어를 해독하여 해당 장치에 제어 신호를 보내고 정확하게 수행하도록 지시한다. 프로그램 카운터와 명령 레지스터를 이용하여 명령어의 처리 순서를 제어한다.

오답분석

- 메모리 버퍼 레지스터(MBR) : 기억장치의 읽거나 저장할 데이터를 일시적으로 기억하는 레지스터이다.
- 연산장치 : 누산기, 가산기, 보수기, 시프터, 데이터 레지스터, 상태 레지스터, 인덱스 레지스터, 주소 레지스터로 구성된다.

112

정답 ③

펌웨어(Firmware)는 소프트웨어를 읽어 실행하거나 수정하는 것이 가능하며, 하드웨어의 성능 향상을 위해 업그레이드할 수 있다.

113

정답 ①

컴퓨터는 0과 1로 이루어져 있으므로 두 레지스터의 값을 뺐을 때, Zero가 된다면 같은 값임을 알 수 있다.

114

정답 ③

일반적으로 그리드 컴퓨팅(Grid Computing)은 PC나 서버, PDA 등 모든 컴퓨팅 기기를 하나의 네트워크로 연결해 정보처리 능력을 슈퍼컴퓨터 혹은 그 이상의 수준으로 극대화시키는 것으로, 분산된 컴퓨팅 자원을 초고속 네트워크로 모아 활용하는 개념이다.

115

정답 ④

키오스크(Kiosk)는 터치스크린과 사운드, 그래픽, 통신 카드 등 첨단 멀티미디어 기기를 활용하여 음성서비스, 동영상 구현 등 이용자에게 효율적인 정보를 제공하는 무인 종합정보안내시스템으로 이를 활용한 마케팅을 지칭하기도 한다.

116

정답 ①

딥러닝은 인공지능 프로그램에 인공신경망을 기반으로 스스로 인지하고 판단할 수 있도록 한 기술이다. 지난 2016년 이세돌 9단과의 바둑 대결에서 승리한 구글의 알파고 역시 딥 러닝에 기반한 프로그램이다.

117

정답 ④

5G FWA는 유선 대신 무선으로 각 가정에 초고속 통신서비스를 제공하는 기술이다. 2018년 삼성전자는 미국 최대 이동통신 사업자인 버라이즌과 5G 기술을 활용한 통신장비 공급 계약을 체결하였다.

118

정답 ③

오답분석

① 황의 법칙 : 반도체 메모리의 용량이 1년마다 2배씩 증가한다는 법칙이다.
② 가치사슬을 지배하는 법칙 : 조직의 계속 거래 비용은 비용이 적게 드는 쪽으로 변화한다는 법칙이다.
④ 메트칼프의 법칙 : 인터넷, 즉 네트워크의 가치는 참여자 수의 제곱에 비례한다는 법칙이다.

119

정답 ③

과거에 비해 최근에는 소규모 법적 분쟁이 증가하면서, 이에 대해 소비자가 법률적 서비스를 보다 저렴하게 얻고자 하는 필요성에 따라 리걸테크(Legaltech)가 등장하게 되었다.

오답분석

① 법률(Legal)과 기술(Technology)의 합성어이다.
② 변호사의 수가 증가하면서, 이에 대한 법률서비스의 차별성을 확보하기 위하여 리걸테크의 도입이 시작되었다.
④ 과거에는 법률서비스와 관련한 기술과 컴퓨터 프로그램을 의미했다면, 최근에는 이를 포함한 산업으로써의 넓은 의미를 포함한다.

120

정답 ④

미러 사이트(Mirror Site)에서 '미러(Mirror)'는 자료의 복사본 모음을 뜻한다. 미러 사이트들은 가장 일반적으로 동일한 정보를 여러 곳에서 제공하기 위해, 특히 클라이언트가 요청하는 대량의 안정적인 다운로드를 위해서 만들어진다. 또한 웹 사이트 또는 페이지가 일시적으로 닫히거나 완전히 폐쇄되어도 자료들을 보존하기 위해 만들어진다.

제2회 최종점검 모의고사

01	02	03	04	05	06	07	08	09	10	11	12	13	14	15	16	17	18	19	20
④	④	②	②	②	③	③	②	④	③	④	②	②	④	④	②	①	④	②	④
21	22	23	24	25	26	27	28	29	30	31	32	33	34	35	36	37	38	39	40
②	③	②	②	②	②	③	②	①	②	②	③	④	①	②	①	②	③	④	④
41	42	43	44	45	46	47	48	49	50	51	52	53	54	55	56	57	58	59	60
④	④	③	②	②	③	①	①	④	③	①	④	④	④	④	③	④	③	③	③
61	62	63	64	65	66	67	68	69	70	71	72	73	74	75	76	77	78	79	80
④	④	③	③	②	①	②	④	②	④	③	①	②	②	①	②	④	③	④	①
81	82	83	84	85	86	87	88	89	90	91	92	93	94	95	96	97	98	99	100
③	②	②	④	③	①	②	③	①	②	④	④	④	③	③	④	①	②	④	④
101	102	103	104	105	106	107	108	109	110	111	112	113	114	115	116	117	118	119	120
③	③	③	③	③	②	②	④	①	①	②	②	④	③	④	②	④	②	①	③

01

정답 ④

㉣ 구상하다 : 앞으로 이루려는 일에 대하여 그 일의 내용이나 규모, 실현 방법 따위를 어떻게 정할 것인지 이리저리 생각하다.
㉤ 입안하다 : 어떤 안(案)을 세우다.
㉥ 설계하다 : 계획을 세우다.

오답분석

㉠ 의지하다 : 다른 것에 마음을 기대어 도움을 받다.
㉡ 무너지다 : 몸이 힘을 잃고 쓰러지거나 밑바닥으로 내려앉다.
㉢ 구조 : 부분이나 요소가 어떤 전체를 짜 이룸. 또는 그렇게 이루어진 얼개

02

정답 ④

한글 맞춤법에 따르면 '덮치다'는 '덮다'에 사동 접미사 '-치-'가 결합한 형태로 그 어간을 밝혀 적어야 한다. 따라서 '덥쳤던'이 아닌 '덮쳤던'이 올바른 표기이다.

03

정답 ②

평균 세율은 세액을 과세 표준으로 나눈 값이므로 과세 표준 금액이 3,000만 원이고, 세액이 '1,000만 원×10%+2,000만 원×20%=500만 원'인 경우 평균 세율은 약 16.7%(500÷3,000×100)가 되므로 빈칸에는 ②가 가장 적절하다.

04

정답 ②

제시문은 인간의 질병 구조가 변화하고 있고 우리나라는 고령화 시대를 맞이함에 따라 만성질환이 증가하였으며, 이에 따라 간호사가 많이 필요해진 상황에 대해 말하고 있다. 하지만 제도는 간호사를 많이 채용하지 않고 있어 뒤처진 제도에 대한 아쉬움에 대해 이야기하고 있는 글이다. 따라서 (나) 급성질환이 많았던 과거엔 의사 의존도가 높았음 – (가) 만성질환이 많아진 지금, 간호사 시대가 올 것임 – (다) 간호사가 필요한 현실과는 맞지 않는 고용 상황 – (라) 간호사의 필요성과 뒤처진 의료 제도에 대한 안타까움 순으로 나열하는 것이 적절하다.

05

정답 ②

(나) 문단의 핵심 주제로는 '삼복에 삼계탕을 먹는 이유'가 적절하다.

06

정답 ③

인플레이션이란 물가수준이 계속하여 상승하는 현상을 말한다. 제시문에서는 올해 1월 공공요금 인상의 영향으로 농축산물과 가공식품 등 물가가 계속하여 상승하고 있다고 우려하고 있다. 따라서 빈칸에 들어갈 가장 적절한 단어는 '인플레이션'이다.

오답분석

① E플레이션 : 에너지 자원의 수요는 증가하는 반면 공급이 충분하지 않아 이것이 물가 상승으로 이어지는 현상을 말한다. 제시문은 에너지 자원 요금의 상승이 물가 상승에 영향을 끼치고 있다는 내용을 다루고는 있지만, 에너지 자원만의 문제점으로는 보고 있지 않다.

② 디플레이션 : 물가수준이 계속하여 하락하는 현상으로, 계속하여 물가가 상승하고 있다는 제시문의 취지와 맞지 않는 내용이다.

④ 디스인플레이션 : 물가를 현재 수준으로 유지하면서 인플레이션 상황을 극복하기 위한 경제조정정책이다. 제시문은 인플레이션 상황에 대해 다루고 있지만, 이를 극복하기 위한 경제조정정책에 대해서는 다루고 있지는 않다.

07

정답 ③

현재 보기의 의뢰인이 이용하고 있는 방식은 이벤트 동기화 방식 OTP이다. 따라서 비동기화 방식 OTP를 추천해야 하며, 비동기화 방식은 OTP 발생기와 인증 서버 사이에 동기화된 값이 없다.

오답분석

① 이벤트 동기화 방식에 대한 설명이다.

②·④ 현재 보기의 의뢰인이 사용하는 방식이 이벤트 동기화이기 때문에, 이벤트 동기화 방식을 추천하는 것은 적절하지 않다.

08

정답 ②

제시문에서는 저작권 소유자 중심의 저작권 논리를 비판하며 저작권이 의의를 가지려면 저작물이 사회적으로 공유되어야 한다고 주장하고 있다. 따라서 이 주장에 대한 비판으로 ②가 가장 적절하다.

09

정답 ④

(다)는 '다시 말하여'라는 뜻의 부사 '즉'으로 시작하여, '경기적 실업은 자연스럽게 해소될 수 없다.'는 주장을 다시 한 번 설명해 주는 역할을 하므로 제시된 문단 바로 다음에 위치하는 것이 자연스럽다. 다음으로는 이처럼 경기적 실업이 자연스럽게 해소될 수 없는 이유 중 하나인 화폐환상현상을 설명하는 (나) 문단이 오는 것이 적절하다. 마지막으로 화폐환상현상으로 인해 실업이 지속되는 것을 설명하고, 정부의 적극적 역할을 해결책으로 제시하는 케인스학파의 주장을 이야기하는 (가) 문단이 오는 것이 적절하다. 따라서 (다) – (나) – (가) 순으로 나열하는 것이 적절하다.

10

정답 ③

'삼가하다'는 '삼가다'의 비표준어이며, '삼가-'를 어간으로 활용하여 사용해야 한다. 따라서 '삼가야 한다.'로 바르게 사용되었으므로 수정하지 않아도 된다.

11

정답 ④

첫 번째 문단의 마지막 문장에서 확인할 수 있다.

오답분석

① 두 번째 문단에서 '광자는 많은 에너지를 가진 감마선과 X선부터 가시광선을 거쳐 적은 에너지를 가진 적외선과 라디오파에 이르기까지 모든 에너지 상태에 걸쳐 존재한다.'고 하였다.
② 두 번째 문단에서 '광자의 개념은 1905년 알베르트 아인슈타인이 광전 효과를 설명하기 위해 도입했다.'는 것을 알 수 있다.
③ 첫 번째 문단에서 '직진성을 가지는 입자의 성질로는 파동의 원형으로 퍼져나가는 회절 및 간섭현상을 설명할 수 없다.'고 하였다.

12

정답 ②

웨스트팔리아체제라 부르는 주권국가 중심의 현 국제정치질서에서는 주권존중, 내정불간섭 원칙이 엄격히 지켜진다. 인권보호질서는 아직 형성과정에 있으며 주권국가 중심의 현 국제정치질서와 충돌하고 있다. 따라서 인권보호질서가 내정불간섭 원칙의 엄격한 준수를 요구한다는 것은 제시문의 내용으로 적절하지 않다.

13

정답 ②

마지막 문단을 통해 '디젤 엔진은 원리상 가솔린 엔진보다 더 튼튼하고 고장도 덜 난다.'는 것을 알 수 있다.

오답분석

① 첫 번째 문단에 따르면 가솔린 엔진은 1876년에, 디젤 엔진은 1892년에 등장했다.
③ 디젤 엔진에는 분진을 배출하는 문제가 있으나 디젤 엔진과 가솔린 엔진 중에 어느 것이 분진을 더 많이 배출하는지는 언급하지 않았다.
④ 마지막 문단에 따르면 디젤 엔진은 연료의 품질에 민감하지 않다.

14

정답 ④

(라) 문단에서는 재난안전 예방을 위해 공간분석을 통한 과학적 통합 경보 서비스 등이 필요하다고 보았다. 따라서 '공간분석을 통한 재난안전 예방 시스템을 구축해야 한다.'와 같은 방안이 (라) 문단의 내용에 적절하다.

15

정답 ④

재생에너지 사업이 기하급수적으로 늘어남에 따라 전력계통설비의 연계용량 부족 문제가 또 발생하였는데, 이것은 설비 보강만으로는 해결하기 어렵기 때문에 최소부하를 고려한 설비 운영 방식으로 해결하고자 하였다.

오답분석

① 재생에너지 확충으로 인해 기존 송배전 전력설비가 과부하되는 문제가 있다고 하였다.
② 재생에너지의 예시로 태양광이 제시되었다.
③ 탄소중립을 위해 재생에너지 발전 작업이 추진되고 있다고 하였으므로 적절한 추론이다.

16

정답 ②

앞의 항에 $+1$, $+0.06$, $+2$, $+0.12$, $+3$, $+0.18$, …을 하는 수열이다.
따라서 $(\quad)=1.26+0.06=1.32$이다.

17

정답 ①

- 진희를 포함한 친구들이 야구장에 입장하는 경우의 수 : $\frac{7!}{4!\times3!}$가지
- 남자인 친구 2명이 첫 번째와 마지막에 들어가는 경우의 수 : 두 번째부터 여섯 번째까지 진희를 포함하여 남자인 친구 2명과 여자인 친구 3명이 입장하는 경우의 수와 동일하므로 $\frac{5!}{2!\times3!}$가지

따라서 구하고자 하는 확률은 $\frac{\frac{5!}{2!\times3!}}{\frac{7!}{4!\times3!}}=\frac{5!\times4!\times3!}{7!\times2!\times3!}=\frac{4\times3}{7\times6}=\frac{2}{7}$이다.

18

정답 ④

제시된 연차 계산법에 따라 A씨의 연차를 구하면 다음과 같다.

- 기간제 : $(6\times365)\div365\times15=90$일
- 시간제 : $(8\times30\times6)\div365\fallingdotseq4$일

따라서 A씨의 연차는 총 94일이다.

19

정답 ②

평균속력은 $\frac{(\text{총이동거리})}{(\text{총걸린시간})}$이며, K대리가 이동한 총거리는 $14+6.8+10=30.8$km이다. 이동하는 데 걸린 시간(모든 시간 단위는 시간으로 환산)은 $1.5+\frac{18}{60}+1=2.5+\frac{3}{10}=2.8$시간이다.

따라서 K대리가 출·퇴근하는 평균속력은 $\frac{30.8}{2.8}=11$km/h이다.

20

정답 ④

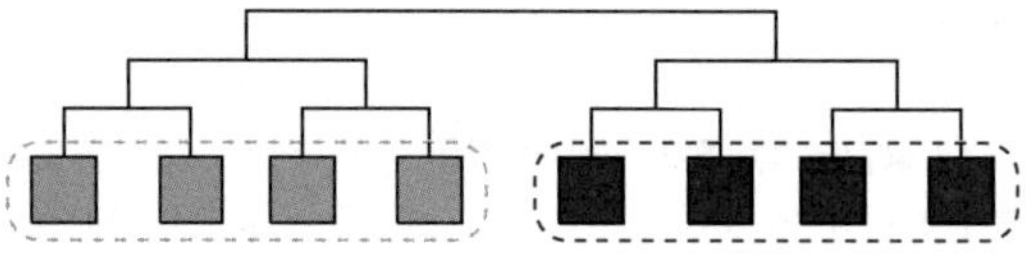

위 그림과 같이 8강전 대진표를 살펴보면 결승전은 4명 중에서 1명씩 진출하는 것을 알 수 있다.
결승전 전까지 같은 국가의 선수 간 대결을 피하기 위해서는 A그룹과 B그룹에 2명의 선수들이 나누어 들어가야 한다.
대진표상 A그룹과 B그룹은 따로 구별이 필요하지 않다. 하지만 2명의 한국 선수가 각 그룹에 들어갔다고 할 때, 선수를 기준으로 두 그룹의 구별이 발생한다. 해당 그룹에 나머지 각 나라의 선수들이 배치되는 경우의 수는 $2\times2\times2=8$가지이다.
따라서 분배된 인원들의 경기의 경우의 수를 구하면 ${}_4C_2\times{}_2C_2\div2\times{}_4C_2\times{}_2C_2\div2=9$가지이므로 구하고자 하는 경우의 수는 $8\times9=72$가지이다.

21

정답 ②

농도 9%의 설탕물 양을 xg이라 하면 섞은 후 설탕물의 양은 $(300+x)$g이고, 섞은 후 설탕의 양은 $\left(\frac{5}{100}\times300+\frac{9}{100}x\right)$g이다.
이때 섞은 후 농도가 7% 이상 8% 이하여야 하므로 다음 식이 성립한다.

$$\frac{7}{100}(300+x)\le\frac{5}{100}\times300+\frac{9}{100}x\le\frac{8}{100}(300+x)$$

부등식을 두 부분으로 나누어 계산하면 다음과 같다.

• $\frac{7}{100}(300+x) \le \frac{5}{100}\times300+\frac{9}{100}x$

→ $7(300+x) \le 1,500+9x$

→ $2x \ge 600$

∴ $x \ge 300$ … ㉠

• $\frac{5}{100}\times300+\frac{9}{100}x \le \frac{8}{100}(300+x)$

→ $1,500+9x \le 2,400+8x$

∴ $x \le 900$ … ㉡

㉠과 ㉡ 두 부등식의 공통범위를 구하면 $300 \le x \le 900$이다.

따라서 넣을 수 있는 농도 9% 설탕물의 최소량과 최대량의 합은 300+900=1,200g이다.

22

정답 ③

목표 수익률은 원금의 10%인 2,000×0.1=200만 원이다.

현재 2,000×0.04=80만 원의 수익을 얻었고, 6개월 동안 120만 원의 수익을 내야 한다.

따라서 지금부터 6개월까지 누적 수익률은 2,000만 원 중 120만 원이므로 6%에 해당한다.

23

정답 ②

박주임이 프로젝트를 진행하는 데 걸리는 시간이 10일이므로 정대리가 프로젝트를 진행하는 데 걸리는 시간은 $10\times\left(1-\frac{20}{100}\right)=8$일이다.

전체 일의 양을 1이라고 하면 박주임이 하루에 처리할 수 있는 일의 양은 $\frac{1}{10}$이고, 정대리가 하루에 처리할 수 있는 일의 양은 $\frac{1}{8}$이다.

박주임과 정대리가 A프로젝트를 같이 진행했을 때 걸리는 기간을 x일이라고 하면 다음 식이 성립한다.

$\left(\frac{1}{10}+\frac{1}{8}\right)x=1$

→ $\frac{9}{40}x=1$

∴ $x=\frac{40}{9}$

따라서 박주임과 정대리가 A프로젝트를 같이 진행하면 $\frac{40}{9}$일이 걸린다.

24

정답 ②

현재 빌릴 돈을 x만 원이라고 하자. 4년 후 갚아야 할 돈이 이자를 포함하여 2,000만 원이므로, 이율은 r%, 개월 수를 n개월이라고 할 때, 복리와 단리를 계산하면 다음과 같다.

• 복리 : (원금)$\times(1+r)^{\frac{n}{12}}=x\times1.08^4=2,000$ → $x=\frac{2,000}{1.08^4}=\frac{2,000}{1.36}\fallingdotseq1,471$만 원

• 단리 : (원금)$\times\left(1+\frac{r}{12}\times n\right)=x\times(1+0.08\times4)=2,000$ → $x\times1.32=2,000$ → $x=\frac{2,000}{1.32}\fallingdotseq1,515$만 원

따라서 금액의 차이는 1,515−1,471=44만 원이다.

25

정답 ②

- 참석수당 지급기준액(3시간) : 100,000+50,000=150,000원
- 원고료 지급기준액(슬라이드 20면=A4 10면) : 10,000×10=100,000원
- 총지급기준액 : 150,000+100,000=250,000원
- 기타소득세 : (250,000×40%)×(소득세율 20%)=20,000원
- 주민세 : 20,000×(주민세율 10%)=2,000원

따라서 원천징수 후 지급액은 총 250,000−20,000−2,000=228,000원이다.

26

정답 ②

갑이 향후 1년간 자동차를 유지하는 데 소요될 총비용을 계산하면 다음과 같다.

- 감가상각비 : (1,000만 원−100만 원)÷10년=90만 원
- 자동차 보험료 : 120만 원×90%=108만 원(∵ 블랙박스 설치로 인한 10% 할인 반영)
- 주유비용 : 매달 500km를 운행하여 매월 50리터의 기름이 소모되므로 50리터×1,500원×12개월=90만 원

따라서 1년간 총유지비용은 90+108+90=288만 원이다.

27

정답 ③

1등 번호는 2개가 존재하므로 300회차 중 1등 번호는 총 600개다. 당첨횟수 금액 1위와 2위는 각각 4조와 5조이며 그 당첨횟수의 합은 절반인 300회 이상(210+180=390회)이고, 또 1조와 7조의 당첨횟수는 각각 600개 중 5%(600×0.05=30회) 미만인 25회이다.

오답분석

① 4조와 5조의 1등 당첨횟수 합이 300회보다 적다.
② 1조에서 7조까지 1등 당첨횟수 총합은 300회이며, 4조와 5조의 1등 당첨횟수 합이 300회보다 적다.
④ 1조와 7조의 1등 당첨횟수가 다르다.

28

정답 ②

㉠ 유로화가 달러화 대비 약세가 심화되고 있는 부분은 첫 번째 그래프에서 달러/유로 환율 추이를 통해 알 수 있다. 2024년 9월까지 1유로당 1.3 ~ 1.4달러 사이에서 유지하다가 그 이후부터 하락하기 시작하여 2025년에 들어와서 1유로당 1.1달러 내외인 것을 확인할 수 있다. 따라서 유로화는 달러화 대비 약세를 보이고 있다는 것은 옳은 설명이다.
㉣ 원/엔 환율 추이를 통해 2025년 원/엔 환율이 전반적으로 900원 선에서 상회하고 있다는 것을 확인할 수 있다.

오답분석

㉡ 엔화는 달러화에 대해 전반적으로 전년 대비 약세를 보이고 있는데, 이는 첫 번째 그래프에서 엔/달러 환율 추이를 통해 확인할 수 있다. 2024년에는 1달러당 100엔 근처에서 형성되었으나, 2025년에 와서 1달러당 120엔을 넘었다. 즉, 1달러당 지불해야 할 엔화가 늘어난 것으로 달러는 강세, 엔화는 약세로 설명할 수 있다.
㉢ 두 번째 그래프에서 원/달러 환율 추이를 통해 원/달러 환율이 전년 대비 상승했다는 것을 확인할 수 있다. 그러나 원/달러 환율이 1,000원대가 아닌 1,100원대에서 형성되어 있다. 따라서 1,000원을 중심으로 등락하고 있다는 설명은 옳지 않다.

29

정답 ①

i) 첫 번째 조건에서 전체 석유수요 증가규모가 동일한 국가는 B와 C이므로 이 둘이 인도 혹은 중동임을 알 수 있다. 따라서 선택지 ③, ④가 제외되며, 나머지 조건을 통해서는 인도 혹은 중동을 확정지을 수 있는 것만 찾아보면 된다.
ii) 마지막 조건에서 교통부문의 증가규모가 전체 증가규모의 50%인 지역이 중동이라고 하였으므로 C가 중동이라는 것을 알 수 있다. 따라서 답은 여기서 확정지을 수 있다.
iii) 그래프상에서 양의 방향으로 가장 긴 길이를 가지고 있는 것이 A이므로 두 번째 조건을 통해 A가 중국임을 알 수 있다.
iv) 세 번째 조건을 통해 전력생산부문의 석유수요 규모가 감소하는 지역은 D뿐이므로 D가 남미임을 확인할 수 있다.

30

정답 ②

㉠ 표 1에 따르면 회원기금원금은 2021년과 2022년에 전년에 비해 각각 감소하였으므로 옳지 않다.

㉢ 표 3에 따르면 2024년 회원급여저축총액은 37,952억 원인 데 반해, 표 1에 따르면 2024년 회원급여저축원금은 26,081억 원으로 50%를 훨씬 넘는다. 따라서 회원급여저축총액의 또 다른 구성요소인 누적이자총액의 비중은 50%에 한참 미치지 못하므로 옳지 않다.

오답분석

㉡ 표 2에 따르면 공제회 회원 수가 가장 적은 해는 2022년(159,398명)이며, 표 1에 따르면 목돈수탁원금이 가장 적은 해는 역시 2022년(6,157억 원)이다. 따라서 옳은 내용이다.

㉣ 표 2에 따르면 1인당 평균 계좌 수가 가장 많은 해는 2024년(70.93개)이며, 표 1에 따르면 회원기금원금이 가장 많은 해도 2024년(38,720억 원)이다. 따라서 옳은 내용이다.

31

정답 ②

도색이 벗겨진 차선과 지워지기 직전의 흐릿한 차선은 현재 직면하고 있으면서 바로 해결 방법을 찾아야 하는 문제이므로 눈에 보이는 발생형 문제에 해당한다. 발생형 문제는 기준을 일탈함으로써 발생하는 일탈 문제와 기준에 미달하여 생기는 미달 문제로 나눌 수 있는데, 기사에서는 정해진 규격 기준에 미달하는 불량 도료를 사용하여 문제가 발생하였다고 하였으므로 이를 미달 문제로 분류할 수 있다. 따라서 기사에 나타난 문제는 발생형 문제로, 미달 문제에 해당한다.

32

정답 ③

제시된 조건에 따라 접근성을 고려하지 않으며, 환경영향력의 등급이 최저등급인 참가자를 제외한다.

구분	예상 소모비용 (만 원/월)	경제성	노동효율	환경영향력
가	500	A	A	C
나	750	B	B	A
다	900	C	A	A
라	600	B	B	B
마	850	B	C	A
바	950	C	B	A
사	550	A	A	C
아	800	B	A	A
자	700	A	B	B

환경영향력을 제외한 분야 중에서 어느 한 분야라도 최고등급이 없는 참가자를 제외한다.

구분	예상 소모비용 (만 원/월)	경제성	노동효율	환경영향력
나	750	B	B	A
다	900	C	A	A
라	600	B	B	B
마	850	B	C	A
바	950	C	B	A
아	800	B	A	A
자	700	A	B	B

따라서 채택된 참가자는 다, 아, 자이므로, 참가자가 제시한 아이디어의 예상 소모비용의 합은 900+800+700=2,400만 원/월이다.

33

정답 ④

을이 차장이고, 정이 운전을 하고, 부상 중인 사람이 없기 때문에 17:00에 도착하므로 정의 당직 근무에도 문제가 없다. 따라서 '을 · 정 · 무'는 가능한 조합이다.

오답분석

① 갑 · 을 · 병 : 갑이 부상인 상태이므로 B지점에 17시 30분에 도착하는데, 을이 17시 15분에 계약업체 면담이 진행될 예정이므로 가능하지 않은 조합이다.
② 갑 · 병 · 정 : 갑이 부상인 상태이므로 B지점에 17시 30분에 도착하는데, 정이 17시 10분부터 당직 근무가 예정되어 있으므로 가능하지 않은 조합이다.
③ 을 · 병 · 무 : 1종 보통 운전면허를 소지하고 있는 사람이 없으므로 가능하지 않은 조합이다.

34

정답 ①

먼저 사과 사탕만을 먹은 B, 사과 사탕을 먹지 않은 C, 한 종류의 사탕만 먹은 D는 사과 사탕 1개와 딸기 사탕 1개를 함께 먹은 사람이 아님을 알 수 있다. 따라서 사과 사탕 1개와 딸기 사탕 1개를 함께 먹은 사람은 A 또는 E가 된다.
만약 E가 사과 사탕과 딸기 사탕을 각각 1개씩 먹었다면 A～D 중 1명은 반드시 딸기 사탕 1개만을 먹어야 한다. 이때, 남은 사과 사탕 1개는 B가 먹었으므로 포도 사탕을 먹지 않은 A가 남은 딸기 사탕 1개를 먹었음을 알 수 있게 된다. 그러므로 E는 딸기 사탕을 먹은 2명을 모두 알 수 있다. 그러나 E는 딸기 사탕을 먹은 2명 다 알 수는 없다고 진술하였으므로 사과 사탕 1개와 딸기 사탕 1개를 함께 먹은 사람은 E가 아닌 A가 된다.

구분	A	B	C	D	E
사과	○	○	×	×	×
포도	×	×			
딸기	○	×			

또한 마찬가지로 E가 남은 포도 사탕과 딸기 사탕 중 딸기 사탕을 먹었다면, A가 딸기 사탕 1개를 먹었음을 알 수 있으므로 자신을 포함하여 딸기 사탕을 먹은 사람을 모두 알 수 있다. 따라서 E는 딸기 사탕이 아닌 포도 사탕 1개를 먹었음을 알 수 있다.

35

정답 ②

B버스(9시 출발, 소요시간 40분) → KTX(9시 45분 출발, 소요시간 1시간 32분) → 도착시간 오전 11시 17분으로 가장 먼저 도착한다.

오답분석

① A버스(9시 20분 출발, 소요시간 24분) → 새마을호(9시 45분 출발, 소요시간 3시간) → 도착시간 오후 12시 45분
③ B버스(9시 출발, 소요시간 40분) → 새마을호(9시 40분 출발, 소요시간 3시간) → 도착시간 오후 12시 40분
④ 지하철(9시 30분 출발, 소요시간 20분) → KTX(10시 30분 출발, 소요시간 1시간 32분) → 도착시간 오후 12시 2분

36

정답 ①

먼저 청소 횟수가 가장 많은 C구역을 살펴보면, 청소를 한 구역은 바로 다음 영업일에는 청소를 하지 않는다고 하였으므로 일요일 전후인 월요일과 토요일은 청소를 하지 않는다. 그러므로 C구역은 휴업일인 수요일을 제외하고 화요일, 목요일, 금요일에 청소가 가능하다. 그러나 목요일과 금요일에 연달아 청소를 할 수 없으므로 반드시 화요일에 청소를 해야 하며, 다음 영업일인 목요일에는 청소를 하지 않는다. 이를 표로 정리하면 다음과 같다.

일요일	월요일	화요일	수요일	목요일	금요일	토요일
C		C	휴업		C	

그러므로 C구역 청소를 하는 요일은 일요일, 화요일, 금요일이다.

다음으로 B구역을 살펴보면, B구역은 나머지 월요일, 목요일, 토요일에 청소가 가능하다. 그러나 B구역의 경우 청소를 한 후 이틀간 청소를 하지 않으므로 다음 청소일과의 사이가 이틀이 되지 않는 토요일에는 청소를 할 수 없다. 이를 표로 정리하면 다음과 같다.

일요일	월요일	화요일	수요일	목요일	금요일	토요일
C	B	C	휴업	B	C	

그러므로 B구역 청소를 하는 요일은 월요일, 목요일이다.
A구역은 남은 토요일에 청소하므로 갑레스토랑의 청소 일정표는 다음과 같다.

일요일	월요일	화요일	수요일	목요일	금요일	토요일
C	B	C	휴업	B	C	A

따라서 B구역 청소를 하는 요일은 월요일, 목요일이다.

37

정답 ②

'gwpyi'는 gw(잎), p(네 번째 차이), yi(여덟 번째 종)를 의미한다.

오답분석

① ditu : di(돌), t(물에 녹는 지구의 응결물), u(여섯 번째 종)
③ dige : di(돌), g(덜 투명한 가치 있는 돌), e(세 번째 종)
④ deda : de(원소), d(두 번째 차이), a(두 번째 종)

38

정답 ③

다음의 논리 순서를 따라 제시된 조건을 정리하면 쉽게 접근할 수 있다.

- 두 번째 조건 : 홍보팀은 5실에 위치한다.
- 첫 번째 조건 : 홍보팀이 5실에 위치하므로, 마주보는 홀수실인 3실 또는 7실에 기획조정 1팀과 미래전략 2팀이 위치한다.
- 네 번째 조건 : 보안팀은 남은 홀수실인 1실에 위치하고, 이에 따라 인사팀은 8실에 위치한다.
- 세 번째 조건 : 7실에 미래전략 2팀, 3실에 기획조정 1팀이 위치한다.
- 다섯 번째 조건 : 2실에 기획조정 3팀, 4실에 기획조정 2팀이 위치하고, 남은 6실에는 자연스럽게 미래전략 1팀이 위치함을 알 수 있다.

이 사실을 종합하여 제시된 조건에 따라 사무실을 배치하면 다음과 같다.

1실 보안팀	2실 기획조정 3팀	3실 기획조정 1팀	4실 기획조정 2팀
복도			
5실 홍보팀	6실 미래전략 1팀	7실 미래전략 2팀	8실 인사팀

따라서 기획조정 1팀(3실)은 기획조정 2팀(4실)과 3팀(2실) 사이에 위치한다.

오답분석

① 인사팀은 8실에 위치한다.
② 미래전략 1팀은 6실에 위치한다.
④ 미래전략 2팀과 기획조정 3팀은 복도를 사이에 두고 위치한다.

39

정답 ④

제시된 조건을 식으로 표현하면 다음과 같다.

- 첫 번째 조건의 대우 : A → C
- 네 번째 조건의 대우 : C → ~E
- 두 번째 조건 : ~E → B
- 세 번째 조건의 대우 : B → D

위의 조건식을 정리하면 A → C → ~E → B → D이므로 주말 여행에 참가하는 사람은 A, B, C, D 4명이다.

40

정답 ④

전세금 총액이 지원 한도액인 2.0억 원의 200%인 4.0억 원까지 가능한 것이며, 지원 한도액은 최대 2.0억 원이다.

41

정답 ④

- A : 만 62세이므로 (가)보험이나, (나)보험에 가입이 가능하다. 두 상품 모두 A가 선호하는 월납 방식 선택이 가능하며, 암 보장형 상품에 해당한다. 하지만 (가)보험은 이미 납입한 보험료에 대해 80%까지만 환급이 가능하므로 A의 요구조건을 충족하지 못한다. 따라서 A의 경우 (나)보험을 가입하는 것이 적절하다.
- B : 단발성 납입을 선호하므로 월납 등 정기적인 납부방식이 적용된 (가)·(나)보험보다 (다)보험이 적합하다. 또한 필요기간만 가입하는 것을 선호하므로, 보험기간이 1년·3년으로 타 상품에 비해 상대적으로 단기인 (다)보험을 추천하는 것이 적절하다.

42

정답 ④

오답분석

① 재질이 티타늄, 용도가 일반이므로 옳지 않다.
② 용도가 선박이므로 옳지 않다.
③ 재질이 크롬 도금, 직경이 12mm이므로 옳지 않다.

43

정답 ③

조건을 보면 첫 시행에서는 모든 1 ~ 30번 발전기를 테스트하고, 두 번째 시행에서는 2, 4 , 6, …, 30번 발전기를 테스트하고, 세 번째 시행에서는 3, 6, 9, …, 30번 발전기를 테스트한다. 즉, $n(1 \leq n \leq 30$인 자연수)번째 시행에서는 발전기 번호가 n의 배수인 발전기를 테스트한다. 따라서 n번 발전기의 테스트 횟수는 n의 약수이다. 1부터 30까지 약수의 개수를 구하면 다음과 같다.

숫자	1	2	3	4	5	6	7	8	9	10
약수의 개수	1	2	2	3	2	4	2	4	3	4
숫자	11	12	13	14	15	16	17	18	19	20
약수의 개수	2	6	2	4	4	5	2	6	2	6
숫자	21	22	23	24	25	26	27	28	29	30
약수의 개수	4	4	2	8	3	4	4	6	2	8

따라서 30번 발전기는 8번의 테스트를 거치게 된다.

오답분석

① 테스트 횟수가 2회인 발전기는 2, 3, 5, 7, 11, 13, 17, 19, 23, 29번 발전기로 총 10대다.
② 8번의 테스트를 거친 발전기는 24, 30번 발전기로 총 2대다.
④ 1번의 테스트를 거치는 발전기는 1번 발전기뿐이다.

44

정답 ②

수준 높은 금융 서비스를 통해 글로벌 경쟁에서 우위를 차지하는 것은 강점을 이용해 글로벌 금융사와의 경쟁 심화라는 위협을 극복하는 ST전략이다.

오답분석

① 해외 비즈니스TF팀을 신설해 해외 금융시장 진출을 확대하는 것은 글로벌 경쟁력이 낮다는 약점을 극복하고 해외 금융시장 진출 확대라는 기회를 활용하는 WO전략이다.
③ 탄탄한 국내시장 점유율이 국내 금융그룹의 핀테크 사업 진출의 기반이 되는 것은 강점을 통해 기회를 살리는 SO전략이다.
④ 우수한 자산건전성 지표를 홍보하여 고객 신뢰를 회복하는 것은 강점으로 위협을 극복하는 ST전략이다.

45

정답 ②

- A호텔 예약 시
  - 스위트룸 1실, 2박 : 200만 원 / 디럭스룸 2실, 2박 : 100만 원 / 싱글룸 4실, 2박 : 144만 원
  - 조식요금 4인, 2식 : 28만 원(스위트룸, 디럭스룸에 투숙한 4명의 조식요금 무료)

  ∴ 472만 원
- B호텔 예약 시
  - 스위트룸 1실, 2박 : 171만 원 / 디럭스룸 2실, 2박 : 108만 원 / 싱글룸 4실, 2박 : 108만 원(객실 5개 이상 예약으로 숙박비 10% 할인)
  - 조식요금 7인, 2식 : 63만 원

  ∴ 450만 원
- C호텔 예약 시
  - 스위트룸 1실, 2박 : 180만 원(스위트룸 2박 이상 연박으로 10% 할인) / 디럭스룸 2실, 2박 : 120만 원 / 싱글룸 4실, 2박 : 96만 원
  - 조식요금 7인, 2식 : 56만 원

  ∴ 452만 원

따라서 가장 비용이 적은 것은 B호텔이며, 비용은 450만 원이다.

46

정답 ③

면접에 참여하는 직원들의 휴가 일정은 다음과 같다.

- 마케팅팀 차장 : 6월 29일 ~ 7월 3일
- 인사팀 차장 : 7월 6 ~ 10일
- 인사팀 부장 : 7월 6 ~ 10일
- 인사팀 과장 : 7월 6 ~ 9일
- 총무팀 주임 : 7월 1 ~ 3일

선택지에 제시된 날짜 중에서 직원들의 휴가 일정이 잡히지 않은 유일한 날짜가 면접 가능 날짜가 되므로 답은 '7월 5일'이다.

47

정답 ①

12/5(토)에 근무하기로 예정된 1팀 차도선이 근무를 대체하려고 할 경우, 그 주에 근무가 없는 3팀의 1명과 바꿔야 한다. 대체근무자인 하선오는 3팀에 소속된 인원이긴 하나, 대체근무일이 12/12(토)로 1팀인 차도선이 근무하게 될 경우 12/13(일)에도 1팀이 근무하는 날이기 때문에 주말근무 규정에 어긋나 부적절하다.

48

정답 ①

과목별 의무 교육이수 시간은 다음과 같다.

구분	글로벌 경영	해외사무영어	국제회계
의무 교육이수 시간	$\frac{15점}{1점/h}$=15시간	$\frac{60점}{1점/h}$=60시간	$\frac{20점}{2점/h}$=10시간

B과장이 이수한 시간을 계산해 보면, 글로벌 경영과 국제회계의 초과 이수 시간은 2+14=16시간이며, 해외사무영어의 부족한 시간은 10시간이다. 초과 이수 시간을 점수로 환산하면 3.2점이고, 이 점수를 부족한 해외사무영어 점수 10점에서 제외하면 6.8점이 부족하다. 따라서 미달인 과목은 해외사무영어이며, 부족한 점수는 6.8점이다.

49

정답 ④

- C강사 : 셋째 주 화요일 오전, 목 ~ 금요일 오전에 스케줄이 비어 있으므로, 목요일과 금요일에 이틀간 강의가 가능하다.
- E강사 : 첫째 · 셋째 주 화 ~ 목요일 오전에 스케줄이 있으므로, 수요일과 목요일 오후에 강의가 가능하다.

오답분석

- A강사 : 매주 수 ~ 목요일에 스케줄이 있으므로 화요일과 금요일 오전에 강의가 가능하지만 강의가 연속 이틀에 걸쳐 진행되어야 한다는 조건에 부합하지 않는다.
- B강사 : 첫째 · 셋째 주 화요일과 목요일에 스케줄이 있으므로 수요일 오후와 금요일 오전에 강의가 가능하지만 강의가 연속 이틀에 걸쳐 진행되어야 한다는 조건에 부합하지 않는다.
- D강사 : 매주 수요일 오후와 금요일 오전에 스케줄이 있으므로 화요일 오전과 목요일에 강의가 가능하지만 강의가 연속 이틀에 걸쳐 진행되어야 한다는 조건에 부합하지 않는다.

50

정답 ③

오답분석

- A지원자 : 9월에 복학 예정이기 때문에 인턴기간이 연장될 경우 근무할 수 없으므로 적절하지 않다.
- B지원자 : 경력사항이 없으므로 적절하지 않다.
- D지원자 : 근무시간(9 ~ 18시) 이후에 업무가 불가능하므로 적절하지 않다.

51

정답 ①

두 번째 조건에서 집과의 거리가 1.2km 이하여야 한다고 하였으므로 K버스는 제외된다. 네 번째 조건에서 나머지 교통편의 왕복시간은 다음과 같이 5시간 이하임을 확인할 수 있다.

- 비행기 : 45분×2=1시간 30분
- E열차 : 2시간 11분×2=4시간 22분
- P버스 : 2시간 25분×2=4시간 50분

또한 각각에 해당하는 4인 가족 총교통비를 구하면 다음과 같다.

- 비행기 : 119,000×4×0.97=461,720원
- E열차 : 134,000×4×0.95=509,200원
- P버스 : 116,000×4=464,000원

세 번째 조건에서 E열차는 총금액이 50만 원을 초과하였으므로 조건에 부합하지 않는다.
따라서 비행기와 P버스 중 비행기의 교통비가 가장 저렴하므로, 지우네 가족이 이용할 교통편은 비행기이며, 총비용은 461,720원임을 알 수 있다.

52

정답 ④

먼저 조건과 급여명세서가 바르게 표시되어 있는지 확인해보면, 국민연금과 고용보험은 조건의 금액과 일치한다. 4대 보험 중 건강보험과 장기요양을 계산하면 건강보험은 기본급의 6.24%로 회사와 50%씩 부담한다고 하여 2,000,000×0.0624×0.5=62,400원이지만 급여명세서에는 67,400−62,400=5,000원이 더 공제되어 다음 달에 5,000원을 돌려받게 된다. 또한 장기요양은 건강보험료의 7% 중 50%로 2,000,000×0.0624×0.07×0.5=4,368원이며, 약 4,360원이므로 맞게 지급되었다.

야근수당은 기본급의 2%로 2,000,000×0.02=40,000원이며, 이틀 동안 야근하여 8만 원을 받고, 상여금은 5%로 2,000,000×0.05=100,000원을 받아야 하지만 급여명세서에는 50,000원으로 명시되어 있다.

그러므로 A대리가 다음 달에 받게 될 소급액은 덜 받은 상여금과 더 공제된 건강보험료로 50,000+5,000=55,000원이다. 상여금과 다른 수당들이 없고, 소급액을 반영한 다음 달 급여명세서는 다음과 같다.

(단위 : 원)

성명 : A	직책 : 대리	지급일 : 2025-11-25	
지급항목	지급액	공제항목	공제액
기본급	2,000,000	소득세	17,000
상여금	−	주민세	1,950
기타	−	고용보험	13,000
식대	100,000	국민연금	90,000
교통비	−	장기요양	4,360
복지후생	−	건강보험	62,400
소급액	55,000	연말정산	−
		공제합계	188,710
급여합계	2,155,000	차감수령액	1,966,290

따라서 A대리가 받게 될 다음 달 수령액은 1,966,290원이다.

53

정답 ④

모든 팀원의 10:00 ~ 19:00의 일정을 표로 정리하면 다음과 같다.

〈영업팀 근무 일정〉

구분	10:00 ~ 11:00	11:00 ~ 12:00	12:00 ~ 13:00	13:00 ~ 14:00	14:00 ~ 15:00	15:00 ~ 16:00	16:00 ~ 17:00	17:00 ~ 18:00	18:00 ~ 19:00
강부장	외근								
성과장				미팅					
양과장	반차								
김주임		회의		점심					
민사원		회의		점심					
신사원				점심				외근	
한사원				점심				외근	

따라서 모든 구성원의 시간이 비어있는 16:00 ~ 17:00에 회의실을 예약하는 것이 적절하다.

54

정답 ④

10잔 이상의 음료 또는 디저트를 구매하면 음료 2잔을 무료로 제공받을 수 있다. 커피를 못 마시는 2명을 위해 NON – COFFEE 종류 중 4,500원 이하의 가격인 그린티라테 2잔을 무료로 제공받고 나머지 10명 중 4명은 가장 저렴한 아메리카노를 주문한다(3,500×4=14,000원). 이때 2인에 1개씩 디저트를 주문한다고 했으므로, 나머지 6명은 베이글과 아메리카노 세트를 시키고 10% 할인을 받으면 7,000×0.9×6=37,800원이다.

총금액은 14,000+37,800=51,800원이므로, 남는 돈은 240,000−51,800=188,200원이다.

55

정답 ④

모스크바에서의 체류시간을 구하기 위해서는 모스크바에 도착하는 시각과 모스크바에서 런던으로 출발하는 시각을 알아야 한다. 우선 각국의 시차를 알아보면, 러시아는 한국보다 6시간이 느리고(GMT+9−GMT+3), 영국보다는 3시간이 빠르다(GMT+0−GMT+3). 이를 참고하여 모스크바의 도착 및 출발시각을 구하면 다음과 같다.

- 모스크바 도착시간 : 7/14 09:00(한국 기준)+09:30(비행시간)−06:00(시차)=7/14 12:30(러시아 기준)
- 모스크바 출발시간(런던행) : 7/14 18:30(영국 기준)−04:00(비행시간)+03:00(시차)=7/14 17:30(러시아 기준)

따라서 모스크바에서는 총 5시간(12:30 ~ 17:30)을 체류한다.

56

정답 ③

총성과급을 x만 원이라 하면, 다음과 같은 식이 성립한다.

- A의 성과급 : $\left(\frac{1}{3}x+20\right)$만 원
- B의 성과급 : $\frac{1}{2}\left[x-\left(\frac{1}{3}x+20\right)\right]+10=\frac{1}{3}x$만 원
- C의 성과급 : $\frac{1}{3}\left[x-\left(\frac{1}{3}x+20+\frac{1}{3}x\right)\right]+60=\left(\frac{1}{9}x+\frac{160}{3}\right)$만 원
- D의 성과급 : $\frac{1}{2}\left[x-\left(\frac{1}{3}x+20+\frac{1}{3}x+\frac{1}{9}x+\frac{160}{3}\right)\right]+70=\left(\frac{1}{9}x+\frac{100}{3}\right)$만 원

→ $x=\frac{1}{3}x+20+\frac{1}{3}x+\frac{1}{9}x+\frac{160}{3}+\frac{1}{9}x+\frac{100}{3}$

∴ $x=960$

따라서 총성과급은 960만 원이다.

57

정답 ④

다음의 논리 순서를 따라 주어진 조건을 정리하면 쉽게 접근할 수 있다.

- 네 번째 조건 : 22일부터 26일 동안 워크숍이므로 4주 차에는 어떠한 교육도 실시될 수 없다.
- 첫 번째 조건 : 주 1회 금연교육이 실시되어야 하는데 매주 월요일과 4주 차에는 금연교육을 실시할 수 없으므로 매주 화요일에 금연교육을 한다.
- 두 번째・세 번째 조건 : 화・수・목요일에 금주교육을 실시하는데 첫째 주에 성교육 2회를 연속해서 시행해야 하므로 3일에는 금주교육을, 4 ~ 5일에는 성교육을 실시한다. 그리고 2 ~ 3주 차에 금주교육은 10일 또는 11일에 1회, 17일 또는 18일에 1회 실시해야 한다.

이 사실을 종합하여 달력에 표시하면 다음과 같다.

일	월	화	수	목	금	토
	1	2 금연교육	3 금주교육	4 성교육	5 성교육	6 (×)
7 (×)	8	9 금연교육	10 (금주교육)	11 (금주교육)	12	13 (×)
14 (×)	15	16 금연교육	17 (금주교육)	18 (금주교육)	19	20 (×)
21 (×)	22 워크숍	23 워크숍	24 워크숍	25 워크숍	26 워크숍	27 (×)
28 (×)	29	30 금연교육				

따라서 9월 30일에는 금연교육이 예정되어 있다.

오답분석

① 수요일에 금연교육을 시행할 경우, 수요일은 4번밖에 없으므로 워크숍이 포함된 주를 제외하면 4회를 모두 시행할 수 없다.
② 금주교육은 반드시 같은 요일에 시행되어야 하는 것은 아니다.
③ 금주교육은 첫째 주부터 셋째 주 사이에 3회 모두 시행된다.

58

정답 ③

C대리의 2024년 업무평가 점수는 직전연도 업무평가 점수인 89점에서 지각 1회에 따른 5점, 결근 1회에 따른 10점을 제한 74점이다. 따라서 승진 대상에 포함되지 않으므로 그대로 대리일 것이다.

오답분석

① A사원은 근속연수가 3년 미만이므로 승진 대상이 아니다.
② B주임은 출산휴가 35일을 제외하면 근속연수가 3년 미만이므로 승진 대상이 아니다.
④ 승진 대상에 대한 자료이므로 과장과 대리가 될 수 없다.

59

정답 ③

우선 B사원의 대화내용을 살펴보면, 16:00부터 2시간 동안 사내 정기 강연이 있다는 것을 알 수 있다. 또한 B사원은 강연 준비로 30분 정도 더 일찍 나서야 하므로, 15:30부터는 가용할 시간이 없다. 그리고 기획안 작성업무는 2시간 정도 걸릴 것으로 예상되는데, A팀장이 먼저 기획안부터 마무리 짓자고 하였으므로, 11:00부터 업무를 시작하는 것으로 볼 수 있다. 그런데 중간에 점심시간이 껴 있으므로, 기획안 업무는 14:00에 완료할 수 있다. 따라서 A팀장과 B사원 모두 여유가 되는 시간은 14:00 ~ 15:30이므로 두 사람이 함께 시장조사를 갈 시간대로 옳은 것은 ③이다.

60

정답 ③

4월 21일의 팀미팅은 워크숍 시작 전 오후 1시 30분에 끝나므로 3시에 출발 가능하며, 22일의 일정이 없기 때문에 4월 21 ~ 22일이 워크숍 날짜로 가장 적절하다.

오답분석

① 4월 9 ~ 10일 : 다른 팀과 함께하는 업무가 있는 주로 워크숍 날짜로 적절하지 않다.
② 4월 18 ~ 19일 : 19일은 주말이므로 워크숍 날짜로 적절하지 않다.
④ 4월 28 ~ 29일 : E대리 휴가로 모든 팀원이 워크숍에 참여하지 못하므로 워크숍 날짜로 적절하지 않다.

61

정답 ④

제시된 사례는 버스기사의 불친절로 인하여 승객이 불쾌함 등을 느꼈다는 내용이므로 버스기사가 발휘해야 할 태도로 '효율적인 업무처리를 통한 신속한 응대'는 옳지 않다.

62

정답 ④

버스기사는 공무원이 아니기 때문에 공무원들의 책임감 증가를 직접적인 방안으로 볼 수 없다.

63

정답 ③

일반적으로 리더십 유형은 크게 독재자 유형, 민주주의에 근접한 유형, 파트너십 유형, 변혁적 유형 등 크게 4가지로 구분할 수 있다.

- 독재자 유형 : 질문 금지, 모든 정보는 자신의 것, 실수를 용납하지 않음
- 민주주의에 근접한 유형 : 참여, 토론의 장려, 거부권
- 파트너십 유형 : 평등, 집단의 비전, 책임 공유
- 변혁적 유형 : 카리스마, 자기 확신, 존경심과 충성심, 풍부한 칭찬, 감화

64

정답 ③

Win – Win 전략은 통합형(협력형) 갈등 해결방법으로 모두의 목표를 달성할 수 있는 해법을 찾는 것이다. 반면, 서로가 받아들일 수 있는 결정을 하기 위하여 중간지점에서 타협하며 주고받는 것은 타협형 갈등 해결방안이다.

Win – Win 전략에 의거한 갈등 해결 단계

1. 충실한 사전 준비
   - 비판적인 패러다임 전환
   - 자신의 위치와 관심사 확인
   - 상대방의 입장과 드러내지 않은 관심사 연구
2. 긍정적인 접근 방식
   - 상대방이 필요로 하는 것에 대해 생각해 보았다는 점을 인정
   - 자신의 'Win – Win 의도' 명시
   - Win – Win 절차, 즉 협동적인 절차에 임할 자세가 되어 있는지 알아보기
3. 두 사람의 입장을 명확히 하기
   - 동의하는 부분 인정하기
   - 기본적으로 다른 부분 인정하기
   - 자신이 이해한 바를 점검하기
4. Win – Win에 기초한 기준에 동의하기
   - 상대방에게 중요한 기준을 명확히 하기
   - 자신에게 어떠한 기준이 중요한지 말하기
5. 몇 가지 해결책을 생각해 내기
6. 몇 가지 해결책 평가하기
7. 최종 해결책을 선택하고, 실행하는 것에 동의하기

65

정답 ②

대인관계능력이란 직장생활에서 협조적인 관계를 유지하고, 조직구성원들에게 도움을 줄 수 있으며, 조직 내부 및 외부의 갈등을 원만히 해결하고 고객의 요구를 충족시켜줄 수 있는 능력이다.

- B : 신입직원의 잘한 점을 칭찬하지 않고 못한 점만을 과도하게 지적하여 신입직원의 사기를 저하할 수 있고, 신입직원과 보이지 않는 벽이 생길 수 있으므로 좋은 대인관계능력이라고 할 수 없다.
- F : 인간관계를 형성할 때 가장 중요한 요소는 무엇을 말하느냐, 어떻게 행동하느냐보다 개인의 사람됨이다. 만약 그 사람의 말이나 행동이 깊은 내면에서가 아니라 피상적인 인간관계 기법이나 테크닉에서 나온다면, 상대방도 곧 그 사람의 이중성을 감지하게 된다. 따라서 효과적인 상호의존성을 위해 필요한 상호신뢰와 교감, 관계를 만들 수도 유지할 수도 없게 된다.

66

정답 ①

㉠ : 특정 값의 변화에 따른 결괏값의 변화를 알아보는 경우는 '시나리오'와 '데이터 표' 2가지가 있다. 이 중 표 형태로 표시해주는 것은 '데이터 표'에 해당한다.

㉡ : 비슷한 형식의 여러 데이터 결과를 요약해주는 경우는 '부분합'과 '통합'이 있다. 이 중 통합하여 요약해주는 것은 '통합'(데이터 통합)에 해당한다. 참고로 '부분합'은 하나로 통합하지 않고 그룹끼리 모아서 계산한다.

67

정답 ②

②는 거품형 차트에 대한 설명이며, 방사형 차트는 많은 데이터 계열의 집합적인 값을 나타낼 때 사용된다.

68

정답 ④

LEFT 함수의 함수식은 「=LEFT(문자 혹은 문자가 들어있는 셀, 추출할 문자 수)」이다. 따라서 [B3] 셀에 들어갈 함수식으로 옳은 것은 「=LEFT(A3,2)」이다.

69

정답 ②

「=INDEX(범위, 행, 열)」는 해당하는 범위 안에서 지정한 행, 열의 위치에 있는 값을 출력한다. 따라서 [B2:D9]의 범위에서 2행 3열에 있는 값 23,200,000이 출력된다.

70

정답 ④

VLOOKUP 함수는 열의 첫 열에서 수직으로 검색하여 원하는 값을 출력하는 함수이다. 함수의 형식은 「=VLOOKUP(찾을 값, 범위, 열 번호, 찾기 옵션)」이며 이 중 근삿값을 찾기 위해서는 찾기 옵션에 1을 입력하고, 정확히 일치하는 값을 찾기 위해서는 0을 입력해야 한다. 상품코드 S3310897의 값을 일정한 범위에서 찾아야 하는 것이므로 범위는 절대참조로 지정해야 하며, 크기 중은 범위 중 3번째 열에 위치하고, 정확히 일치하는 값을 찾아야 하므로 입력해야 하는 함수식은 「=VLOOKUP("S3310897",$B$2:$E$8,3,0)」이다.

오답분석

① · ② HLOOKUP 함수를 사용하려면 찾고자 하는 값은 '중'이고, [B2:E8] 범위에서 찾고자 하는 행 'S3310897'은 6번째 행이므로 「=HLOOKUP("중",$B$2:$E$8,6,0)」을 입력해야 한다.

③ '중'은 테이블 범위에서 3번째 열이다.

71

정답 ③

① · ② · ④는 전략과제에서 도출할 수 있는 추진방향이지만, ③의 '국제경쟁입찰의 과열 경쟁 심화와 컨소시엄 구성 시 민간기업과 업무배분, 이윤추구성향 조율의 어려움' 등은 문제점에 대한 언급이기 때문에 추진방향으로 적절하지 않다.

72

정답 ①

자신의 역량을 발전시키면 조직의 발전에 도움이 되기 때문에 여유가 있을 때 직무 능력을 향상시키는 역량개발 활동은 조직인으로서 실천해야 하는 행동이다.

73

정답 ②

외부경영활동은 조직 외부에서 조직의 효과성을 높이기 위해 이루어지는 활동이다.

74

정답 ②

K은행의 사내 봉사 동아리이기 때문에 공식이 아닌 비공식조직에 해당한다. 비공식조직의 특징에는 인간관계에 따라 형성된 자발적인 조직, 내면적 · 비가시적 · 비제도적 · 감정적, 사적 목적 추구, 부분적 질서를 위한 활동 등이 있다.

오답분석

① 영리조직

③ · ④ 공식조직

75

정답 ①

조직변화의 과정

1. 환경변화 인지
2. 조직변화 방향 수립
3. 조직변화 실행
4. 변화결과 평가

76

정답 ②

가정에 있을 경우 전력수급 비상단계를 신속하게 극복하기 위해 전력기기 등의 전원을 차단하거나 사용을 중지하는 것이 필요하나, 4번 항목에 따르면 안전, 보안 등을 위한 최소한의 조명까지 소등할 필요는 없다.

오답분석

① 공장에서는 비상발전기의 가동을 점검하여 가동을 준비해야 한다.
③ 가정에 있을 경우, TV, 라디오 등을 통해 재난상황을 파악하여 대처하라고 하였으므로, 전력수급 비상단계 발생 시 대중매체를 통해 재난상황에 대한 정보를 파악할 수 있다는 것을 알 수 있다.
④ 사무실에 있을 경우 즉시 사용이 필요하지 않은 사무기기의 전원을 차단하여야 한다.

77

정답 ④

㉡ 사무실에서의 행동요령에 따르면 본사의 중앙보안시스템은 긴급한 설비로 볼 수 있다. 따라서 3번 항목의 예외에 해당하므로 중앙보안시스템의 전원을 차단해버린 이주임의 행동은 옳지 않다.
㉣ 상가에서의 행동요령에 따르면 식재료의 부패와 관련 없는 가전제품의 가동을 중지하거나 조정하도록 설명되어 있다. 하지만 최사장은 횟감을 포함한 식재료를 보관 중인 모든 냉동고의 전원을 차단하였으므로 옳지 않다.

오답분석

㉠ 집에 있던 중 세탁기 사용을 중지하고 실내조명을 최소화한 것은 행동요령에 따른 것으로 옳은 행동이다.
㉢ 공장에 있던 중 공장 내부 조명 밝기를 최소화한 박주임의 행동은 옳은 행동이다.

78

정답 ③

A사가 한 벤치마킹은 경쟁관계에 있지 않은 기업 중 마케팅이 우수한 곳을 찾아가 벤치마킹을 했기 때문에 비경쟁적 벤치마킹이다. B사는 동일 업종이지만 외국에 있어 비경쟁적 기업을 대상으로 벤치마킹을 했기 때문에 글로벌 벤치마킹이다.

오답분석

- 경쟁적 벤치마킹 : 동일 업종이면서 경쟁관계에 있는 기업을 대상으로 하는 벤치마킹
- 직접적 벤치마킹 : 벤치마킹 대상을 직접 방문하여 수행하는 벤치마킹
- 간접적 벤치마킹 : 인터넷 및 문서형태의 자료를 통해서 수행하는 벤치마킹

79

정답 ④

'폴더 공유 보안 설정 변경 / 확인'에서 네트워크 설정이 스캔 후에 문서 저장에 영향을 미칠 수 있다고 주의를 주고 있다. 그러므로 네트워크 설정이 올바르게 되었는지 다시 점검하여 이러한 문제점이 발생되는 원인을 찾아보아야 한다. 따라서 이와 관련 없는 내용인 ④는 확인해야 할 사항이 아니다.

80

정답 ①

귀하의 컴퓨터에서 파일 및 프린터 공유가 끄기로 설정되어 있을 경우, A인턴이 귀하의 컴퓨터에 접근하여 파일을 열람할 수 없으므로 공유폴더를 볼 수 없다.

81

정답 ③

스놉효과(Snob Effect)는 특정 재화를 남들이 소비하지 않거나 소수만 소비하기 때문에 더 큰 가치를 느끼고 소비하는 현상으로 재화의 희소성이 떨어지면 그 재화의 소비를 중단하거나 줄이게 된다. 반면, 베블런 효과(Veblen Effect)는 가격이 오를수록 오히려 수요가 증가하는 현상으로 가격이 높을수록 소비자가 부와 지위를 과시할 수 있다고 생각하기 때문에 발생한다.

82

정답 ②

케인스학파는 생산물시장과 화폐시장을 동시에 고려하는 IS–LM모형으로 재정정책과 금융정책의 효과를 분석했다. 케인스학파에 따르면 투자의 이자율탄력성이 작기 때문에 IS곡선은 대체로 급경사이고, 화폐수요의 이자율탄력성이 크므로 LM곡선은 매우 완만한 형태이다. 따라서 재정정책은 매우 효과적이나 금융정책은 별로 효과가 없다는 입장이다.

83

정답 ②

다수의 공급자, 상품 차별화, 어느 정도의 시장 지배력 등의 특징을 갖고 있는 시장은 독점적 경쟁시장이다.

오답분석

① 과점시장 : 소수의 기업이나 생산자가 시장을 장악하고 비슷한 상품을 제조하며 동일한 시장에서 경쟁하는 시장형태이다. 대표적인 예로는 우리나라 이동통신회사가 있다.

84

정답 ④

죄수의 딜레마(Prisoner's Dilemma)는 두 명의 개인이 서로 협력하거나 배신할 수 있는 선택을 하는 상황에서 나타나는 게임 이론의 대표적 사례로, 각 개인이 합리적으로 자신의 이익을 극대화하려고 하면 집단 전체적으로는 비합리적인 결과가 발생할 수 있음을 의미한다. 따라서 죄수의 딜레마는 정보 비대칭 및 의사소통의 부재가 원인으로 작용하므로, 서로 협력 관계에 있다면 둘 다 이익이 발생할 수 있고, 서로 배신하면 둘 다 손해를 보게 된다. 그러므로 한쪽의 이득이 다른 쪽의 손실로 이어지는 제로섬 게임이 아니다.

85

정답 ③

케인스학파는 화폐수요의 이자율 탄력성이 크기 때문에 LM곡선이 완만하고, 투자의 이자율 탄력성이 작기 때문에 IS곡선은 급경사인 것으로 본다. 따라서 LM곡선이 완만하고, IS곡선이 급경사이면 확대적인 금융정책을 실시하더라도 국민소득은 거의 증가하지 않는다.

86

정답 ①

IS곡선 혹은 LM곡선이 오른쪽으로 이동하면 총수요곡선도 우측으로 이동한다. 개별소득세가 인하(㉠)되면 투자가 증가하며, 장래경기에 대한 낙관적인 전망(㉡)은 미래 소득 및 미래 소비심리의 상승에 영향을 미치기 때문에 소비가 증가하여 IS곡선이 오른쪽으로 이동한다.

- IS곡선의 우측이동 요인 : 소비 증가, 투자 증가, 정부지출 증가, 수출 증가
- LM곡선의 우측이동 요인 : 통화량 증가

87

정답 ②

개별기업의 수요곡선을 수평으로 합한 시장 전체의 수요곡선은 우하향하는 형태이다. 그러나 완전경쟁기업은 시장에서 결정된 시장가격으로 원하는 만큼 판매하는 것이 가능하므로 개별기업이 직면하는 수요곡선은 수평선으로 도출된다.

88

정답 ③

X재 수입에 대해 관세를 부과하면 X재의 국내 가격이 상승한다. X재의 국내 가격이 상승하면 국내 생산량은 증가하고 소비량은 감소하게 된다. 또한 국내 가격 상승으로 생산자잉여는 증가하지만 소비자잉여는 감소하게 된다. X재 수요와 공급의 가격탄력성이 낮다면 관세가 부과되더라도 수입량은 별로 줄어들지 않으므로 관세부과에 따른 손실이 작아진다.

89

정답 ①

가격차별(Price Discrimination)이란 동일한 상품에 대하여 서로 다른 가격을 설정하는 것을 의미한다. 가격차별이 가능하기 위해서는 소비자를 특성에 따라 구분할 수 있어야 하며, 다른 시장 간 재판매가 불가능해야 하고, 시장분리에 드는 비용보다 시장분리를 통해 얻을 수 있는 수입이 많아야 한다. 한편, 경쟁시장에서는 기업이 시장가격보다 높은 가격을 받으면 소비자는 다른 기업의 상품을 구매할 것이므로 기업들은 가격차별을 할 수 없다. 따라서 가격차별이 가능하다는 것은 기업이 시장지배력이 있다는 의미이다.

90

정답 ②

전기요금의 변화는 전력에 대한 수요곡선의 이동요인이 아니라 수요곡선상의 이동을 가져오는 요인이다. 해당 재화 가격의 변화로 인한 수요곡선상에서의 변동을 '수요량 변화'라고 한다.

오답분석

①·③·④ 수요 변화의 요인에 해당한다. 해당 재화의 가격 이외의 변수들(소득수준, 다른 재화의 가격, 인구수, 소비자의 선호, 광고 등)의 변화로 수요곡선 자체가 이동하는 것을 '수요 변화'라고 한다.

91

정답 ④

BCG 매트릭스는 기업의 사업 포트폴리오를 분석하고, 자원 배분을 결정하는 경영 전략 도구이다. BCG 매트릭스는 시장 성장률과 시장 점유율을 기준으로 물음표(Question Marks), 별(Star), 자금젖소(Cash Cow), 개(Dog) 사업 4가지 유형으로 나눈다.

- 물음표(Question Marks) 사업 : 시장 성장률은 높지만, 시장 점유율은 낮은 사업
- 별(Star) 사업 : 시장 성장률과 시장 점유율이 모두 높은 사업
- 자금젖소(Cash Cow) 사업 : 시장 성장률은 낮지만, 시장 점유율은 높은 사업
- 개(Dog) 사업 : 시장 성장률과 시장 점유율 모두 낮은 사업

따라서 BCG 매트릭스 4가지 유형에 해당하지 않는 것은 느낌표 사업이다.

92

정답 ④

맥그리거(McGregor)의 Y이론의 인간관에 대한 내용이다.

93

정답 ④

오답분석

① 감자 : 주식회사가 주식 금액이나 주식 수의 감면 등을 통해 자본금을 줄이는 것을 말한다.
② 순환출자 : 한 그룹 안에서 A기업이 B기업에, B기업이 C기업에, C기업이 A기업에 다시 출자하는 식으로 돌려가며 자본을 늘리는 방식을 말한다.
③ 상호출자 : 회사 간에 주식을 서로 투자하고 상대 회사의 주식을 상호 보유하는 것을 말한다.

94

정답 ③

시장지향적 마케팅이란 고객지향적 마케팅의 장점을 포함하면서 그 한계점을 극복하기 위한 포괄적 마케팅으로, 기업이 최종 고객들과 원활한 교환을 통하여 최상의 가치를 제공해 주기 위해 기업 내외의 모든 구성요소들 간 상호작용을 관리하는 총체적 노력이 수반되기도 한다. 그에 따른 노력으로 외부사업이나 이익 기회들을 확인해 다양한 시장 구성요소들이 완만하게 상호작용하도록 관리하며, 외부시장의 기회에 대해 적시하고 정확하게 대응한다. 또한, 때에 따라 기존 사업시장을 포기하고 전혀 다른 사업부분으로 진출하기도 한다.

95

정답 ③

원가우위전략은 경쟁사보다 저렴한 원가로 경쟁하며 동일한 품질의 제품을 경쟁사보다 낮은 가격에 생산 및 유통한다는 점에 집중되어 있다. 한편, 디자인, 브랜드 충성도 또는 성능 등으로 우위를 점하는 전략은 차별화전략이다.

96

정답 ④

리스트럭처링(Restructuring)은 미래의 모습을 설정하고 그 계획을 실행하는 기업혁신 방안으로, 기존 사업 단위를 통폐합하거나 축소 또는 폐지하여 신규 사업에 진출하기도 하며 기업 전체의 경쟁력 제고를 위해 사업 단위들을 어떻게 통합해 나갈 것인가를 결정한다.

오답분석

① 벤치마킹(Benchmarking) : 기업에서 경쟁력을 제고하기 위한 방법의 일환으로 타사에서 배워오는 혁신 기법이다.
② 학습조직(Learning Organization) : 조직의 지속적인 경쟁우위를 확보하기 위한 근본적이고 총체적이며, 지속적인 경영혁신 전략이다.
③ 리엔지니어링(Re-Engineering) : 전면적으로 기업의 구조와 경영방식을 재설계하여 경쟁력을 확보하고자 하는 혁신 기법이다.

PART 3

97

정답 ①

시장 세분화 단계에서는 시장을 기준에 따라 세분화하고, 각 세분시장의 고객 프로필을 개발하여 차별화된 마케팅을 실행한다.

오답분석

②·③ 표적시장 선정 단계 : 각 세분시장의 매력도를 평가하여 표적시장을 선정한다.
④ 포지셔닝 단계 : 각각의 시장에 대응하는 포지셔닝을 개발하고 전달한다.

98

정답 ②

수평적 합병은 동종 산업에서 유사한 생산단계에 있는 기업 간의 합병으로, 주로 규모의 경제 효과나 시장지배력을 높이기 위해서 이루어진다. 반면, 기업의 생산이나 판매과정 전후에 있는 기업 간의 합병으로, 주로 원자재 공급의 안정성 등을 목적으로 하는 것은 수직적 합병이다.

99

정답 ④

제시문에서 설명하는 용어는 B2B이다. B2B는 기업(Business)과 기업(Business)이 거래 주체가 되어 상호간에 전자상거래를 하는 것을 말하며, B2B의 '2'는 영어에서 'to'와 발음이 같은 숫자를 차용한 것이다.

100

정답 ④

오답분석

① 바이럴 마케팅(Viral Marketing) : 블로그나 카페 등을 통해 소비자들에게 자연스럽게 정보를 제공하여 기업의 신뢰도 및 인지도를 상승시키고 구매 욕구를 자극시키는 마케팅 전략이다.
② 니치 마케팅(Niche Marketing) : 니치란 '틈새'라는 뜻으로 이미 타 기업이 점유하고 있는 시장 이외의 곳을 찾아서 경영자원을 집중적으로 투하하는 마케팅 전략이다.
③ 프리 마케팅(Free Marketing) : 서비스와 제품을 무료로 제공하는 새로운 타입의 마케팅 전략이다.

101

정답 ③

지급준비율이 인상될 경우 시중은행들은 더 많은 지급준비금을 예치해야 하므로 대출취급을 축소하게 된다.

오답분석

① 중앙은행은 지급준비율 조정을 통해 시중 유동성을 조절하고 금융안정을 도모할 수 있다.
② 2011년 한국은행법 개정에 따라 금융채에 대해서도 지급준비율 부과가 가능하다.

102

정답 ③

오답분석

① CMA(Cash Management Account) : 고객이 맡긴 예금을 어음이나 채권에 투자하여 그 수익을 고객에게 돌려주는 실적배당 금융상품을 말한다.
② 사모펀드(Private Equity Fund) : 투자자로부터 모은 자금을 주식#채권 등에 운용하는 펀드를 말한다.
④ ETF(Exchange Traded Funds) : 상장지수펀드로 특정지수를 모방한 포트폴리오를 구성하여 산출된 가격을 상장시킴으로써 주식처럼 자유롭게 거래되도록 설계된 지수상품을 말한다.

103

정답 ③

옵션(Option)은 미리 정해진 조건에 따라 일정한 기간 내에 상품이나 유가증권 등의 특정자산을 사거나 팔 수 있는 권리를 말하며 이를 매매하는 것을 옵션거래라고 한다.

오답분석

① 선물(Futher) : 계약은 현재시점에서 하고, 결제는 미래의 일정시점에 이행하는 거래를 말한다.
② 스왑(Swap) : 다양한 계약 조건에 따라 일정 시점에서 통화, 금리 등의 교환을 통해 이루어지는 금융기법을 말한다.
④ 스톡옵션(Stock Option) : 기업이 임직원에게 자기회사의 주식을 일정 수량, 일정 가격으로 매수할 수 있는 권리를 부여하는 제도를 말한다.

104

정답 ③

비과세종합저축은 저소득 및 소외계층을 대상으로 1인당 5천만 원 한도 내에서 비과세되는 특별우대저축이다.

105

정답 ③

환매조건부채권(RP)은 예금자 보호 대상에 해당되지 않지만, 판매기관 및 보증기관의 지급보증과 우량채권의 담보력 등으로 안정성이 높은 편이다.

106

정답 ②

주당 100원의 현금배당을 실시했으므로, 10,000,000주×100원=10억 원을 배당금으로 사용한다.
따라서 배당 이후 PER은 20,000원÷200원(=20억 원÷10,000,000주)=100이다.

107

정답 ②

배당성향이 낮아지면 사내유보율이 높아지고 이로 인해 무상증자 등 자본금 확충 가능성이 증가한다.

오답분석

① 배당성향은 (배당금)÷(순이익) 또는 1−(사내유보율)로 구한다.
③ 지나친 배당은 기업 재무 상태에 부담이 될 수 있다.
④ 배당금은 순이익에서 지급되므로 순이익이 커질수록 배당성향은 높아지게 된다.

108

정답 ④

금융투자상품은 현재 또는 장래의 특정 시점에 금전, 그 밖의 재산적 가치가 있는 것을 지급하기로 약속하는 상품으로, 금전 등의 지급 시점이 현재이면 증권으로, 지급 시점이 장래의 특정 시점이면 파생상품으로 구분한다.

오답분석

①・③ 금융투자상품은 장래에 이익을 얻거나 손실을 회피할 수 있도록 해주는 금융상품이다.
② 금융투자상품 중 원금초과손실 가능성이 있으면 파생상품, 없으면 증권으로 구분된다.

109

정답 ①

어음관리계좌(CMA)는 고객이 맡긴 예금을 어음이나 채권에 투자하여 그 수익을 고객에게 돌려주는 실적배당 금융상품이다.

CMA의 특징

- 입출금이 자유롭다.
- 단기금융상품에 투자하여 운용되는 만큼 하루를 맡겨도 이자가 지급된다.
- 공과금자동납부, 급여이체, 인터넷뱅킹 등 은행 업무가 가능하다.
- 상품에 따라 주식을 청약할 수 있는 자격도 주어진다.

110

정답 ①

두 자산의 수익률 간에 완전 정의 상관관계가 존재할 경우에만 두 자산에 분산투자하여도 위험감소 효과가 없다.

111

정답 ②

파스타(PaaS-TA)는 과학기술정보통신부와 한국정보화진흥원이 함께 개발한 개방형 클라우드 플랫폼으로, 'PaaS에 올라타.' 또는 'PaaS야, 고마워(Thank you)'라는 의미를 지닌다.

112

정답 ②

NFT(Non Fungible Token, 대체불가능토큰)는 하나의 토큰을 다른 토큰과 대체하거나 교환할 수 없는 가상화폐이다. 2017년에 그 시장이 처음 등장했고, 주로 미술품과 게임 아이템 거래를 통해 성장했으며 토큰 하나마다 다른 가치와 특성을 갖고 있어 가격 또한 천차만별이다.

113

정답 ④

오답분석

ⓒ 통계패키지(SAS), 데이터 마이닝, 관계형 데이터베이스 등은 기존 환경에서의 대표적인 소프트웨어 분석 방법이며, 빅데이터 환경의 소프트웨어 분석 방법에는 텍스트 마이닝, 온라인 버즈 분석, 감성 분석 등이 있다.

114

정답 ③

오답분석

① 슈퍼 컴퓨터(Super Computer) : 현재 사용되는 PC보다 계산 속도가 수백, 수천 배 빠르고 많은 자료를 오랜 시간 동안 꾸준히 처리할 수 있는 컴퓨터이다.
② 양자 컴퓨터(Quantum Computer) : 양자역학의 원리에 따라 작동되는 미래형 첨단 컴퓨터이다.
④ 데이터 마이닝(Data Mining) : 대용량의 데이터 속에서 유용한 정보를 발견하는 과정이며, 기대했던 정보뿐만 아니라 기대하지 못했던 정보를 찾을 수 있는 기술을 의미한다.

115

정답 ④

데이터 마이닝은 많은 데이터 가운데 숨겨져 있는 유용한 상관관계를 발견하여, 미래에 실행 가능한 정보를 추출해 내고 의사 결정에 이용하는 과정으로 통계분석기술인 연관규칙 분석, 로지스틱 회귀분석 등의 기법 등을 사용한다.

오답분석

㉠ 기대했던 정보뿐만 아니라 기대하지 않았던 정보를 찾아내는 기술을 의미한다.
㉡ 비계획적으로 축적한 대용량의 데이터를 대상으로 한다.

116

정답 ②

제시문은 SSD(Solid State Driv)에 대한 설명이다. HDD는 플래터와 헤드를 이용해 데이터를 저장하는 기존 방식의 하드웨어로 고속으로 디스크를 회전시켜 저장하는 방식으로 충격에 약하며 소음이 발생한다. 이러한 HDD의 단점을 보완한 SSD의 사용이 증가하고 있다.

117

정답 ④

증강현실(AR)이란 현실의 이미지나 배경에 3차원 가상 이미지를 겹쳐서 하나의 영상으로 보여주는 기술을 뜻한다. 반면, 인공적으로 만들어냈지만 현실과 비슷한, 공간을 체험할 수 있는 IT 기술은 가상현실(VR)이다.

118

정답 ②

레그테크(Regtech)는 금융회사로 하여금 내부 통제와 법규 준수를 용이하게 하는 정보기술로, 저비용으로 규제 수준에 대한 신뢰도를 높이고 규제 변화에 유연하고 능동적으로 대처할 수 있도록 한다. 주로 데이터 관리, 위험 분석 및 예측 분야를 중심으로 활용되고 있다.

119

정답 ①

제시문은 OTP에 대한 설명으로, OTP(One Time Password)는 개별 단말기를 통해 인증 시마다 새로운 암호를 전달받아 그 암호를 입력해야만 잠금을 해제할 수 있는 체계의 보안방식이다.

120

정답 ③

애그테크는 농업을 의미하는 'Agriculture'와 기술을 의미하는 'Technology'의 합성어로, 식량 부족 시대의 도래에 대비하기 위해 첨단기술을 활용해 최소 면적에서 최대 생산량을 얻는 것이 목적이다. 애그테크를 적용하면 작물에 최적화되도록 온도, 습도, 일조량, 풍향 등의 환경이 자동으로 조절되고, 작물에 어떤 비료를 언제 줬는지 등의 상세한 정보를 확인해 수확시기를 예측하거나 당도도 끌어올릴 수 있다.

은행권 필기시험 통합기본서 OMR 답안카드

성 명

지원 분야

문제지 형별기재란	
(　　)형	Ⓐ Ⓑ

수 험 번 호						
⓪	⓪	⓪	⓪	⓪	⓪	⓪
①	①	①	①	①	①	①
②	②	②	②	②	②	②
③	③	③	③	③	③	③
④	④	④	④	④	④	④
⑤	⑤	⑤	⑤	⑤	⑤	⑤
⑥	⑥	⑥	⑥	⑥	⑥	⑥
⑦	⑦	⑦	⑦	⑦	⑦	⑦
⑧	⑧	⑧	⑧	⑧	⑧	⑧
⑨	⑨	⑨	⑨	⑨	⑨	⑨

감독위원 확인
인

1	① ② ③ ④	26	① ② ③ ④	51	① ② ③ ④	76	① ② ③ ④	101	① ② ③ ④
2	① ② ③ ④	27	① ② ③ ④	52	① ② ③ ④	77	① ② ③ ④	102	① ② ③ ④
3	① ② ③ ④	28	① ② ③ ④	53	① ② ③ ④	78	① ② ③ ④	103	① ② ③ ④
4	① ② ③ ④	29	① ② ③ ④	54	① ② ③ ④	79	① ② ③ ④	104	① ② ③ ④
5	① ② ③ ④	30	① ② ③ ④	55	① ② ③ ④	80	① ② ③ ④	105	① ② ③ ④
6	① ② ③ ④	31	① ② ③ ④	56	① ② ③ ④	81	① ② ③ ④	106	① ② ③ ④
7	① ② ③ ④	32	① ② ③ ④	57	① ② ③ ④	82	① ② ③ ④	107	① ② ③ ④
8	① ② ③ ④	33	① ② ③ ④	58	① ② ③ ④	83	① ② ③ ④	108	① ② ③ ④
9	① ② ③ ④	34	① ② ③ ④	59	① ② ③ ④	84	① ② ③ ④	109	① ② ③ ④
10	① ② ③ ④	35	① ② ③ ④	60	① ② ③ ④	85	① ② ③ ④	110	① ② ③ ④
11	① ② ③ ④	36	① ② ③ ④	61	① ② ③ ④	86	① ② ③ ④	111	① ② ③ ④
12	① ② ③ ④	37	① ② ③ ④	62	① ② ③ ④	87	① ② ③ ④	112	① ② ③ ④
13	① ② ③ ④	38	① ② ③ ④	63	① ② ③ ④	88	① ② ③ ④	113	① ② ③ ④
14	① ② ③ ④	39	① ② ③ ④	64	① ② ③ ④	89	① ② ③ ④	114	① ② ③ ④
15	① ② ③ ④	40	① ② ③ ④	65	① ② ③ ④	90	① ② ③ ④	115	① ② ③ ④
16	① ② ③ ④	41	① ② ③ ④	66	① ② ③ ④	91	① ② ③ ④	116	① ② ③ ④
17	① ② ③ ④	42	① ② ③ ④	67	① ② ③ ④	92	① ② ③ ④	117	① ② ③ ④
18	① ② ③ ④	43	① ② ③ ④	68	① ② ③ ④	93	① ② ③ ④	118	① ② ③ ④
19	① ② ③ ④	44	① ② ③ ④	69	① ② ③ ④	94	① ② ③ ④	119	① ② ③ ④
20	① ② ③ ④	45	① ② ③ ④	70	① ② ③ ④	95	① ② ③ ④	120	① ② ③ ④
21	① ② ③ ④	46	① ② ③ ④	71	① ② ③ ④	96	① ② ③ ④		
22	① ② ③ ④	47	① ② ③ ④	72	① ② ③ ④	97	① ② ③ ④		
23	① ② ③ ④	48	① ② ③ ④	73	① ② ③ ④	98	① ② ③ ④		
24	① ② ③ ④	49	① ② ③ ④	74	① ② ③ ④	99	① ② ③ ④		
25	① ② ③ ④	50	① ② ③ ④	75	① ② ③ ④	100	① ② ③ ④		

※ 본 답안카드는 마킹연습용 모의 답안카드입니다.

〈절취선〉

은행권 필기시험 통합기본서 OMR 답안카드

성 명

지원 분야

문제지 형별기재란	
(　　)형	Ⓐ Ⓑ

수 험 번 호						
⓪	⓪	⓪	⓪	⓪	⓪	⓪
①	①	①	①	①	①	①
②	②	②	②	②	②	②
③	③	③	③	③	③	③
④	④	④	④	④	④	④
⑤	⑤	⑤	⑤	⑤	⑤	⑤
⑥	⑥	⑥	⑥	⑥	⑥	⑥
⑦	⑦	⑦	⑦	⑦	⑦	⑦
⑧	⑧	⑧	⑧	⑧	⑧	⑧
⑨	⑨	⑨	⑨	⑨	⑨	⑨

감독위원 확인
㉵

1	① ② ③ ④	26	① ② ③ ④	51	① ② ③ ④	76	① ② ③ ④	101	① ② ③ ④
2	① ② ③ ④	27	① ② ③ ④	52	① ② ③ ④	77	① ② ③ ④	102	① ② ③ ④
3	① ② ③ ④	28	① ② ③ ④	53	① ② ③ ④	78	① ② ③ ④	103	① ② ③ ④
4	① ② ③ ④	29	① ② ③ ④	54	① ② ③ ④	79	① ② ③ ④	104	① ② ③ ④
5	① ② ③ ④	30	① ② ③ ④	55	① ② ③ ④	80	① ② ③ ④	105	① ② ③ ④
6	① ② ③ ④	31	① ② ③ ④	56	① ② ③ ④	81	① ② ③ ④	106	① ② ③ ④
7	① ② ③ ④	32	① ② ③ ④	57	① ② ③ ④	82	① ② ③ ④	107	① ② ③ ④
8	① ② ③ ④	33	① ② ③ ④	58	① ② ③ ④	83	① ② ③ ④	108	① ② ③ ④
9	① ② ③ ④	34	① ② ③ ④	59	① ② ③ ④	84	① ② ③ ④	109	① ② ③ ④
10	① ② ③ ④	35	① ② ③ ④	60	① ② ③ ④	85	① ② ③ ④	110	① ② ③ ④
11	① ② ③ ④	36	① ② ③ ④	61	① ② ③ ④	86	① ② ③ ④	111	① ② ③ ④
12	① ② ③ ④	37	① ② ③ ④	62	① ② ③ ④	87	① ② ③ ④	112	① ② ③ ④
13	① ② ③ ④	38	① ② ③ ④	63	① ② ③ ④	88	① ② ③ ④	113	① ② ③ ④
14	① ② ③ ④	39	① ② ③ ④	64	① ② ③ ④	89	① ② ③ ④	114	① ② ③ ④
15	① ② ③ ④	40	① ② ③ ④	65	① ② ③ ④	90	① ② ③ ④	115	① ② ③ ④
16	① ② ③ ④	41	① ② ③ ④	66	① ② ③ ④	91	① ② ③ ④	116	① ② ③ ④
17	① ② ③ ④	42	① ② ③ ④	67	① ② ③ ④	92	① ② ③ ④	117	① ② ③ ④
18	① ② ③ ④	43	① ② ③ ④	68	① ② ③ ④	93	① ② ③ ④	118	① ② ③ ④
19	① ② ③ ④	44	① ② ③ ④	69	① ② ③ ④	94	① ② ③ ④	119	① ② ③ ④
20	① ② ③ ④	45	① ② ③ ④	70	① ② ③ ④	95	① ② ③ ④	120	① ② ③ ④
21	① ② ③ ④	46	① ② ③ ④	71	① ② ③ ④	96	① ② ③ ④		
22	① ② ③ ④	47	① ② ③ ④	72	① ② ③ ④	97	① ② ③ ④		
23	① ② ③ ④	48	① ② ③ ④	73	① ② ③ ④	98	① ② ③ ④		
24	① ② ③ ④	49	① ② ③ ④	74	① ② ③ ④	99	① ② ③ ④		
25	① ② ③ ④	50	① ② ③ ④	75	① ② ③ ④	100	① ② ③ ④		

※ 본 답안카드는 마킹연습용 모의 답안카드입니다.

은행권 필기시험 통합기본서 OMR 답안카드

성 명

지원 분야

문제지 형별기재란	
(　　)형	Ⓐ Ⓑ

수 험 번 호						
⓪	⓪	⓪	⓪	⓪	⓪	⓪
①	①	①	①	①	①	①
②	②	②	②	②	②	②
③	③	③	③	③	③	③
④	④	④	④	④	④	④
⑤	⑤	⑤	⑤	⑤	⑤	⑤
⑥	⑥	⑥	⑥	⑥	⑥	⑥
⑦	⑦	⑦	⑦	⑦	⑦	⑦
⑧	⑧	⑧	⑧	⑧	⑧	⑧
⑨	⑨	⑨	⑨	⑨	⑨	⑨

감독위원 확인
인

1	① ② ③ ④	26	① ② ③ ④	51	① ② ③ ④	76	① ② ③ ④	101	① ② ③ ④
2	① ② ③ ④	27	① ② ③ ④	52	① ② ③ ④	77	① ② ③ ④	102	① ② ③ ④
3	① ② ③ ④	28	① ② ③ ④	53	① ② ③ ④	78	① ② ③ ④	103	① ② ③ ④
4	① ② ③ ④	29	① ② ③ ④	54	① ② ③ ④	79	① ② ③ ④	104	① ② ③ ④
5	① ② ③ ④	30	① ② ③ ④	55	① ② ③ ④	80	① ② ③ ④	105	① ② ③ ④
6	① ② ③ ④	31	① ② ③ ④	56	① ② ③ ④	81	① ② ③ ④	106	① ② ③ ④
7	① ② ③ ④	32	① ② ③ ④	57	① ② ③ ④	82	① ② ③ ④	107	① ② ③ ④
8	① ② ③ ④	33	① ② ③ ④	58	① ② ③ ④	83	① ② ③ ④	108	① ② ③ ④
9	① ② ③ ④	34	① ② ③ ④	59	① ② ③ ④	84	① ② ③ ④	109	① ② ③ ④
10	① ② ③ ④	35	① ② ③ ④	60	① ② ③ ④	85	① ② ③ ④	110	① ② ③ ④
11	① ② ③ ④	36	① ② ③ ④	61	① ② ③ ④	86	① ② ③ ④	111	① ② ③ ④
12	① ② ③ ④	37	① ② ③ ④	62	① ② ③ ④	87	① ② ③ ④	112	① ② ③ ④
13	① ② ③ ④	38	① ② ③ ④	63	① ② ③ ④	88	① ② ③ ④	113	① ② ③ ④
14	① ② ③ ④	39	① ② ③ ④	64	① ② ③ ④	89	① ② ③ ④	114	① ② ③ ④
15	① ② ③ ④	40	① ② ③ ④	65	① ② ③ ④	90	① ② ③ ④	115	① ② ③ ④
16	① ② ③ ④	41	① ② ③ ④	66	① ② ③ ④	91	① ② ③ ④	116	① ② ③ ④
17	① ② ③ ④	42	① ② ③ ④	67	① ② ③ ④	92	① ② ③ ④	117	① ② ③ ④
18	① ② ③ ④	43	① ② ③ ④	68	① ② ③ ④	93	① ② ③ ④	118	① ② ③ ④
19	① ② ③ ④	44	① ② ③ ④	69	① ② ③ ④	94	① ② ③ ④	119	① ② ③ ④
20	① ② ③ ④	45	① ② ③ ④	70	① ② ③ ④	95	① ② ③ ④	120	① ② ③ ④
21	① ② ③ ④	46	① ② ③ ④	71	① ② ③ ④	96	① ② ③ ④		
22	① ② ③ ④	47	① ② ③ ④	72	① ② ③ ④	97	① ② ③ ④		
23	① ② ③ ④	48	① ② ③ ④	73	① ② ③ ④	98	① ② ③ ④		
24	① ② ③ ④	49	① ② ③ ④	74	① ② ③ ④	99	① ② ③ ④		
25	① ② ③ ④	50	① ② ③ ④	75	① ② ③ ④	100	① ② ③ ④		

※ 본 답안카드는 마킹연습용 모의 답안카드입니다.

〈절취선〉

은행권 필기시험 통합기본서 OMR 답안카드

성 명

지원 분야

문제지 형별기재란	
(　　)형	Ⓐ Ⓑ

수 험 번 호						
⓪	⓪	⓪	⓪	⓪	⓪	⓪
①	①	①	①	①	①	①
②	②	②	②	②	②	②
③	③	③	③	③	③	③
④	④	④	④	④	④	④
⑤	⑤	⑤	⑤	⑤	⑤	⑤
⑥	⑥	⑥	⑥	⑥	⑥	⑥
⑦	⑦	⑦	⑦	⑦	⑦	⑦
⑧	⑧	⑧	⑧	⑧	⑧	⑧
⑨	⑨	⑨	⑨	⑨	⑨	⑨

감독위원 확인
인

1	① ② ③ ④	26	① ② ③ ④	51	① ② ③ ④	76	① ② ③ ④	101	① ② ③ ④
2	① ② ③ ④	27	① ② ③ ④	52	① ② ③ ④	77	① ② ③ ④	102	① ② ③ ④
3	① ② ③ ④	28	① ② ③ ④	53	① ② ③ ④	78	① ② ③ ④	103	① ② ③ ④
4	① ② ③ ④	29	① ② ③ ④	54	① ② ③ ④	79	① ② ③ ④	104	① ② ③ ④
5	① ② ③ ④	30	① ② ③ ④	55	① ② ③ ④	80	① ② ③ ④	105	① ② ③ ④
6	① ② ③ ④	31	① ② ③ ④	56	① ② ③ ④	81	① ② ③ ④	106	① ② ③ ④
7	① ② ③ ④	32	① ② ③ ④	57	① ② ③ ④	82	① ② ③ ④	107	① ② ③ ④
8	① ② ③ ④	33	① ② ③ ④	58	① ② ③ ④	83	① ② ③ ④	108	① ② ③ ④
9	① ② ③ ④	34	① ② ③ ④	59	① ② ③ ④	84	① ② ③ ④	109	① ② ③ ④
10	① ② ③ ④	35	① ② ③ ④	60	① ② ③ ④	85	① ② ③ ④	110	① ② ③ ④
11	① ② ③ ④	36	① ② ③ ④	61	① ② ③ ④	86	① ② ③ ④	111	① ② ③ ④
12	① ② ③ ④	37	① ② ③ ④	62	① ② ③ ④	87	① ② ③ ④	112	① ② ③ ④
13	① ② ③ ④	38	① ② ③ ④	63	① ② ③ ④	88	① ② ③ ④	113	① ② ③ ④
14	① ② ③ ④	39	① ② ③ ④	64	① ② ③ ④	89	① ② ③ ④	114	① ② ③ ④
15	① ② ③ ④	40	① ② ③ ④	65	① ② ③ ④	90	① ② ③ ④	115	① ② ③ ④
16	① ② ③ ④	41	① ② ③ ④	66	① ② ③ ④	91	① ② ③ ④	116	① ② ③ ④
17	① ② ③ ④	42	① ② ③ ④	67	① ② ③ ④	92	① ② ③ ④	117	① ② ③ ④
18	① ② ③ ④	43	① ② ③ ④	68	① ② ③ ④	93	① ② ③ ④	118	① ② ③ ④
19	① ② ③ ④	44	① ② ③ ④	69	① ② ③ ④	94	① ② ③ ④	119	① ② ③ ④
20	① ② ③ ④	45	① ② ③ ④	70	① ② ③ ④	95	① ② ③ ④	120	① ② ③ ④
21	① ② ③ ④	46	① ② ③ ④	71	① ② ③ ④	96	① ② ③ ④		
22	① ② ③ ④	47	① ② ③ ④	72	① ② ③ ④	97	① ② ③ ④		
23	① ② ③ ④	48	① ② ③ ④	73	① ② ③ ④	98	① ② ③ ④		
24	① ② ③ ④	49	① ② ③ ④	74	① ② ③ ④	99	① ② ③ ④		
25	① ② ③ ④	50	① ② ③ ④	75	① ② ③ ④	100	① ② ③ ④		

※ 본 답안카드는 마킹연습용 모의 답안카드입니다.

2026 시대에듀 유튜브로 쉽게 끝내는 은행권 NCS 필기시험 통합기본서

개정7판1쇄 발행	2026년 01월 20일 (인쇄 2025년 10월 31일)
초 판 발 행	2019년 08월 05일 (인쇄 2019년 06월 20일)
발 행 인	박영일
책 임 편 집	이해욱
편 저	SDC(Sidae Data Center)
편 집 진 행	안희선 · 신주희
표지디자인	조혜령
편집디자인	차성미 · 장성복
발 행 처	(주)시대고시기획
출 판 등 록	제10-1521호
주 소	서울시 마포구 큰우물로 75 [도화동 538 성지 B/D] 9F
전 화	1600-3600
팩 스	02-701-8823
홈 페 이 지	www.sdedu.co.kr
I S B N	979-11-434-0300-1 (13320)
정 가	27,000원